Versicherungsgesetz für Angestellte

vom 20. Dezember 1911, 28. Mai 1924, 28. Juli 1925.

Erläutert von

K. Meinel
Senatspräsidenten im B. Landesversicherungsamt

3. Auflage

1926
München, Berlin und Leipzig
J. Schweitzer Verlag (Arthur Sellier).

Vorwort zur ersten Auflage.

Das vorliegende Werkchen ist nicht nur für Juristen bestimmt, sondern namentlich auch für die Versicherten selbst und ihre Arbeitgeber. Die Wirkungen des Gesetzes sind für alle, die es angeht, so einschneidend, daß es im Interesse jedes Beteiligten liegt, sich über das Gesetz rasch und gründlich zu unterrichten. Dazu soll dieses Buch ein Hilfsmittel bieten.

Bei der Bearbeitung ist auch darauf Rücksicht genommen worden. Die Erläuterungen enthalten manches, was in einem nur für Juristen bestimmten Werke hätte wegbleiben können, während anderes weggelassen oder kürzer gefaßt werden mußte als in einer rein fachwissenschaftlichen Bearbeitung. Die für das Verständnis des Gesetzes wichtige Vergleichung mit der Invalidenversicherung ist überall durchgeführt. Beigegeben ist eine Einleitung, aus der sich der Leser über die Art des Zustandekommens und über die Grundzüge des Gesetzes leicht unterrichten kann, sowie ein ausführliches Sachregister.

Der Verfasser hofft, daß es ihm gelungen ist, etwas Brauchbares zu schaffen. Möge das Werkchen eine freundliche Aufnahme finden!

München, am 31. Dezember 1911.

Meinel.

Vorwort zur zweiten Auflage.

Die erste Auflage war rasch vergriffen, die zweite war in Vorbereitung, als der Krieg ausbrach; dieser hat ihr Erscheinen aus verschiedenen Gründen stark verzögert.

Gegenüber der ersten Auflage, die nur ein erster Wegweiser durch das neue Gebiet der Angestelltenversicherung sein sollte, hat sich die zweite ihr Ziel etwas weiter gesteckt. Sie berücksichtigt die Rechtsprechung, die bisher erwachsen ist, und die zahlreichen Vollzugsvorschriften vollständig. Daher ist auch der Umfang beträchtlich gewachsen.

Möge die zweite Auflage eine gleich günstige Aufnahme finden wie die erste!

München, im Juli 1916.

Meinel.

Vorwort zur dritten Auflage.

Die zweite Auflage ist längst vergriffen, eine dritte war aber lange Zeit — angesichts der unaufhörlichen Gesetzesänderungen — nicht möglich. Nachdem aber das neue Gesetz in der Fassung vom 28. Mai 1924 erschienen war, sollte auch dieses Buch in neuer Bearbeitung wieder in die Öffentlichkeit treten. Die Arbeit war schon weit vorgeschritten, als bekannt wurde, daß das neue Gesetz wieder wesentliche Änderungen erfahren werde. Diese mußten selbstverständlich abgewartet werden.

Sie sind nunmehr durch das Gesetz vom 28. Juli 1925 (RGBl. I S. 157) Tatsache geworden. Und nun konnte endlich die Bearbeitung der dritten Auflage abgeschlossen werden.

Die Art und Weise der Bearbeitung ist die gleiche wie bei der zweiten Auflage.

Möge auch die dritte Auflage eine gleich günstige Aufnahme finden wie die beiden vorigen!

München, im Dezember 1925.

Meinel.

Inhalt.

Abkürzungen.

1. Anl.	=	Anleitung des Direktoriums der Reichsversicherungsanstalt für Angestellte, betr. den Kreis der nach dem Versicherungsgesetz für Angestellte vom 20. Dez. 1911 versicherten Personen, vom 20. Juni 1922.
2. AN.	=	Amtliche Nachrichten des Reichsversicherungsamts.
3. AV., AVG.	=	Angestelltenversicherung, Angestelltenversicherungsgesetz.
4. AVN.	=	Die Angestelltenversicherung. Amtliche Nachrichten der Reichsversicherungsanstalt und der Spruchbehörden der Angestelltenversicherung (bis 1922 einschl.)
5. BGB.	=	Bürgerliches Gesetzbuch.
6. HGB.	=	Handelsgesetzbuch.
7. MonSchr.	=	Monatsschrift für Arbeiter- und Angestelltenversicherung, herausgeg. von Prof. Dr. Kaskel, Berlin, Verlag von J. Springer.
8. OVAmt	=	Oberversicherungsamt.
9. OVAO.	=	Kais. Verordnung über Geschäftsgang und Verfahren der Oberversicherungsämter, vom 24. Dez. 1911, RGBl. S. 1095.
10. OVAO. f. AV.	=	Verfahrensordnung für die Kammern der Angestelltenversicherung, vom 21. Dezember 1922, RGBl. I S. 959.
11. RBesBl.	=	Reichsbesoldungsblatt.
12. RGBl.	=	Reichsgesetzblatt.
13. RMinBl.	=	Reichsministerialblatt.
14. RStGB.	=	Reichsstrafgesetzbuch.
15. RStPrO.	=	Reichsstrafprozeßordnung.
16. RVAmt.	=	Reichsversicherungsamt.
17. RVAnstalt	=	Reichsversicherungsanstalt für Angestellte.
18. RVO.	=	Reichsversicherungsordnung.
19. VAmt	=	Versicherungsamt.
20. VAO.	=	Kais. Verordnung über Geschäftsgang und Verfahren der Versicherungsämter, vom 24. Dez. 1911, RGBl. S. 1107.
21. VAO. f. AV.	=	Verfahrensordnung für die Ausschüsse der Angestelltenversicherung, vom 22. Dez. 1922, RGBl. I S. 956.
22. ZPO.	=	Reichszivilprozeßordnung.

Einleitung.*)

I. Entstehung des Gesetzes.

Die Bemühungen der privaten Angestellten um eine bessere Versorgung, als sie ihnen und ihren Angehörigen durch die Arbeiterversicherung geboten wird, reichen schon bis in das Jahr 1901 zurück. Um ihren Wünschen mehr Nachdruck geben zu können, haben die Angestellten einen Hauptausschuß zur Herbeiführung einer staatlichen Pensions- und Hinterbliebenenversicherung gebildet.

Der deutsche Reichstag hat diesen Bestrebungen gegenüber von Anfang an eine wohlwollende Stellung eingenommen. Schon am 13. Januar 1902 ist die Sache im Reichstag zum ersten Male zur Sprache gekommen, und seitdem ist alljährlich durch Interpellationen, Anträge und Resolutionen die Regelung der Angestelltenversicherung von allen Parteien gefordert worden.

Die Regierung hat im Frühjahr 1903 die erste Besprechung der Angelegenheit mit Vertretern der Organisationen im Reichsamt des Innern abgehalten. Dabei wurde aber festgestellt, daß Voraussetzungen, Zweck und Ziele der Bestrebungen in den Kreisen der Beteiligten noch nicht genügend aufgeklärt waren. Es erschien daher geboten, zunächst durch die Organisationen Erhebungen anstellen zu lassen, die über die wirtschaftliche Lage und die bestehenden Wirtschaftsverhältnisse der Angestellten bessere Aufklärung gäben. Diese Erhebungen haben im Oktober 1903 stattgefunden; es lag ihnen ein Fragebogen zugrunde, der im Einvernehmen mit dem Reichsamt des Innern aufgestellt worden war.

Der Staatssekretär des Innern sagte in der Sitzung des Reichstags vom 10. Mai 1904 zu, daß das von den Organisationen der Privatbeamten gesammelte Material im Reichsamt des Innern oder im Kaiserlichen Statistischen Amt aufgearbeitet und daß, soweit das Material sich hiezu eigne, auch über die Ergebnisse dieser Bearbeitung eine Denkschrift ausgearbeitet werden solle. Am 8. Februar 1905 wurde das Kaiserliche Statistische Amt beauftragt, die eingegangenen Fragebogen statistisch zu bearbeiten. Die Ergebnisse dieser

*) Wir folgen bei der Darstellung in Abschnitt I und II der Einleitung hauptsächlich der Begründung des Gesetzentwurfs.

Bearbeitung sind dem Reichsamt des Innern am 2. Juni 1906 vorgelegt und von diesem zu einer Denkschrift verwertet worden, die dem Reichstag unter dem 14. März 1907 mitgeteilt worden ist. In dieser Denkschrift sind zugleich die Kosten berechnet, welche die Angestelltenversicherung erfordern würde, wenn die Leistungen in gleicher Höhe wie die den Reichs- und Staatsbeamten zustehenden Fürsorgesätze angenommen würden. Der für die Versicherung erforderliche Betrag ist damals auf 19 vom Hundert des Jahresgehalts der Angestellten berechnet worden.

Die Denkschrift hat in den beteiligten Kreisen Bedenken hervorgerufen, namentlich wegen der Höhe des für erforderlich erachteten Beitrags.

In der Sitzung des Reichstags vom 2. Dezember 1907 hat der Stellvertreter des Reichskanzlers eine neue Denkschrift in Aussicht gestellt, welche den Plan einer Angestelltenversicherung technisch erörtern und mit ihrer Veröffentlichung zugleich den Beteiligten die Möglichkeit gewähren sollte, ihrerseits die wirtschaftliche Durchführbarkeit und die wirtschaftlichen Folgen des Unternehmens zu beurteilen.

Diese zweite Denkschrift ist dem Reichstag am 11. Juni 1908 mitgeteilt worden. In der Kostenberechnung ist dargelegt, welche Leistungen gewährt werden könnten, wenn der Gesamtbeitrag der Arbeitgeber und der Angestellten in der Höhe von 8 vom Hundert des Jahreseinkommens festgesetzt, die Berufsinvalidität eingeführt und als Altersgrenze zum Bezuge der Altersrente das 65. Lebensjahr bestimmt würde. Die Denkschrift kommt im übrigen zu dem Ergebnis, daß die Versicherung neben der Invalidenversicherung durch eine besondere Reichsanstalt durchzuführen sei.

Die Ausführungen der Denkschrift haben fast durchweg die Zustimmung der beteiligten Kreise gefunden; besonders hat der Hauptausschuß für die Herbeiführung einer staatlichen Pensions- und Hinterbliebenenversicherung sich eingehend mit dieser Denkschrift beschäftigt und einstimmig dem Wunsche Ausdruck gegeben, eine Angestellten- und Hinterbliebenenversicherung auf der Grundlage, wie sie die Denkschrift vorsah, zu erbitten.

Der Entwurf des Gesetzes, an dem im Reichsamt des Innern mit Eifer gearbeitet wurde, war im Herbst 1910 fertiggestellt; am 26. November 1910 konnte der Staatssekretär des Innern dem Reichstage mitteilen, daß der Entwurf fertiggestellt und dem preußischen Staatsministerium zur Beschlußfassung vorgelegt sei.

Der Entwurf ist auch der öffentlichen Kritik unterbreitet worden. Die durch den Hauptausschuß vertretene große Mehrheit der Angestellten erblickte in dem Gesetzentwurf eine brauchbare Grundlage für die Lösung der Angestelltenversicherung; in den Kreisen der Arbeitgeber waren die Meinungen geteilt. Am 20. Mai 1911 gelangte der Gesetzentwurf zur verfassungsmäßigen Beschlußfassung an den Reichstag. Von diesem wurde der Entwurf am 20. Oktober 1911 der 16. Kommission, die bereits mit der Beratung des Entwurfs der Reichsversicherungsordnung betraut gewesen war, überwiesen. Diese trat am 25. Oktober in die Beratung des Entwurfes ein und veranstaltete zwei Lesungen. Ihren Bericht erstattete sie dem Reichstage am 18. November 1911.

Die Kommission nahm zwar zahlreiche Verbesserungen einzelner Bestimmungen, aber keine Änderungen grundsätzlicher Art an dem Entwurfe vor. Sie beantragte demgemäß, der Reichstag wolle dem Entwurfe in der Fassung, die er in der Kommissionsberatung erhalten hatte, die verfassungsmäßige Zustimmung erteilen.

Der Reichstag begann die zweite Lesung des Gesetzentwurfs am 30. November und beendete sie am 2. Dezember 1911; die dritte Lesung, welche zur einstimmigen Annahme des Gesetzentwurfes führte, fand am 5. Dezember 1911 statt.

Am 20. Dez. 1911 erhielt das Gesetz die Kaiserliche Unterschrift. Der Bestimmung in § 399 Abs. 2 zufolge war die Inkraftsetzung Kaiserlicher Verordnung mit Zustimmung des Bundesrats vorbehalten. Diese Verordnung ist am 8. Nov. 1912 ergangen; das Gesetz trat hiernach am 1. Jan. 1913 in vollem Umfang in Kraft.

Es war nicht viel über $1^1/_2$ Jahre in Geltung gewesen, als der Krieg ausbrach. Dieser gab dem Gesetzgeber Veranlassung, mit verschiedenen Verordnungen in das eben erst neugeregelte Rechtsgebiet einzugreifen. Der Regelung bedurften hauptsächlich die folgenden Fragen: Anrechnung militärischer und ähnlicher Dienstleistungen als Beitragszeiten, Versicherungspflicht von Angestellten für Beschäftigungen während des Kriegs, Versicherung der im vaterländischen Hilfsdienst Beschäftigten, Abkürzung der Wartezeit des § 395 (alt), Berechnung der Frist des § 398 (alt) und Beitragserstattung nach diesem Paragraphen, Verlängerung verschiedener Fristen (§§ 50, 201, 205, 209 u. 228 Abs. 2 alt), Aufschub der Wahlen zu den Ehrenämtern der Angestelltenversicherung. Als letzte „Kriegsverordnung" zu bezeichnen ist wohl die vom 25. Mai 1920 (RGBl. S. 1081), welche als den „Zeitpunkt, in dem der Krieg beendet ist" im Sinn verschiedener der vorausgehenden Verordnungen den 10. Jan. 1920 bestimmt.

Der beginnende und immer schneller fortschreitende Verfall der deutschen Währung zwang aber den Gesetzgeber weiterhin, ebenso wie in den anderen Zweigen der sozialen Versicherung so auch in der Angestelltenversicherung die Bestimmungen des Gesetzes den veränderten Verhältnissen anzupassen. Versicherungsgrenzen, Gehaltsklassen, Leistungen und Beiträge mußten in immer rascherer Folge geändert werden, bis endlich nach Festigung der Währung durch Einführung der Rentenmark zu Beginn des Jahres 1924 auch hier ein Stillstand eintrat.

Gleichzeitig aber hatte der Gesetzgeber mit dem Gesetz vom 11. Juni 1922 (RGBl. S. 505) begonnen, das Gesetz in wesentlichen Stücken umzugestalten, und zwar in einer Weise, die auf die Dauer berechnet war. So brachte dieses Gesetz hauptsächlich das Markenverfahren an Stelle der bisherigen Versicherungskonten mit Postscheckverfahren. Diese Einrichtung hatte sich — entgegen den großen Erwartungen, die man s. Zt. daran geknüpft hatte — durchaus nicht bewährt; sie hatte sich als viel zu umständlich und kostspielig erwiesen.

Ein weiteres, sehr umfangreiches Gesetz vom 10. Nov. 1922 (RGBl. S. 849) brachte eine ganze Reihe einschneidender Änderungen, von denen besonders die Beseitigung der Rentenausschüsse, der Schiedsgerichte und des Oberschiedsgerichts und die Übertragung der Rechtsprechung an Versicherungsbehörden der reichsgesetzlichen Arbeiterversicherung zu nennen ist; der Beweggrund, der den Gesetzgeber dabei leitete, war wiederum Vereinfachung und Sparsamkeit.

Schon durch diese Änderungen war das Gesetz derart unübersichtlich geworden, daß Art. XX der Novelle vom 10. Nov. 1922 die Reichsregierung ermächtigte, den neuen Wortlaut festzustellen und zu veröffentlichen. Aber es sollten noch volle $1^1/_2$ Jahre vergehen, ehe es dazu kommen konnte (wegen der unaufhörlichen Verordnungen, die die Inflationszeit notwendig machte). Erst unterm 28. Mai 1924 konnte der Wortlaut des Gesetzes in seiner neuen Fassung bekannt gemacht werden (RGBl. I S. 563 ff).

Eine besondere Verordnung vom gleichen Tag (RGBl. I S. 606) hebt mit Wirkung vom 1. Juni 1924 alle Gesetze und Verordnungen auf, die das Angestelltenversicherungsgesetz geändert oder seine Vorschriften erweitert oder eingeengt haben; zum Ausgleich von Härten bleibt in Einzelfällen ihre Weiteranwendung zulässig.

Das neue Gesetz war aber doch zu sehr auf die Verhältnisse unmittelbar nach Abschluß der Geldentwertungszeit zugeschnitten; die fortschreitende Entwicklung der Verhältnisse im Laufe des Jahres 1924, so besonders das Steigen der Gehälter, ließ Änderungen erwünscht erscheinen.

Am 17. März 1925 hat daher der Reichstag auf Grund des mündlichen Berichts des 9. Ausschusses (Soziale Angelegenheiten) — Nr. 620 der Drucksachen in der berichtigten Fassung — beschlossen

> „Die Reichsregierung zu ersuchen, dem Reichstag unverzüglich einen Gesetzentwurf vorzulegen, der neben einer Erhöhung der Versicherungspflichtgrenze in der Angestelltenversicherung*) eine der gesunden inneren Entwicklung der Angestelltenversicherung entsprechende Erhöhung der Leistungen vorsieht, und zwar:
> a) eine Erhöhung des Grundbetrags beim Ruhegeld auf etwa 480 ℳ jährlich,
> b) eine Erhöhung des Steigerungsbetrags von 10 auf 15 %,
> c) eine Erhöhung des Kinderzuschlags von 36 ℳ auf mindestens 90 ℳ jährlich.

Der Entwurf soll auch die Vorschläge über eine durch die Erhöhung der Leistungen etwa erforderliche Beitragserhöhung enthalten.

---

*) Diese war durch Verordnung des Reichsarbeitsministers (auf Grund der dem jetzigen § 3 entsprechenden Ermächtigung) vom 17. Dez. 1923 auf nur 4000 ℳ (an Stelle des früheren Betrags von 5000 ℳ) festgesetzt worden.

Gemäß der weiteren Versicherungspflicht sollen neue Beitragsklassen geschaffen werden."

Bei der Beratung dieser Entschließung erklärte die Reichsregierung, sie habe gegen den Inhalt der Entschließung im allgemeinen keine Erinnerung und werde nach Anhörung der beteiligten Wirtschaftsverbände im April 1925 einen entsprechenden Gesetzentwurf den gesetzgebenden Körperschaften vorlegen.

Dieses Versprechen hat die Reichsregierung pünktlich eingehalten. Der Entwurf wurde auch — mit nur unwesentlichen Änderungen — Gesetz. Dasselbe erhielt unter 28. Juli 1925 die Unterschrift des Reichspräsidenten. Verkündet ist es im Reichsgesetzblatt, Teil I, Nr. 35 unterm 31. Juli 1925.

Nach Abschnitt D, Art. 1 des neuen Gesetzes trat dasselbe im großen und ganzen mit dem 1. Juli 1925, also rückwirkend, in Kraft. Für die Bestimmungen über die neuen Beiträge (Abschn. A Art. III Nr. 3—7) ist jedoch als Tag des Inkrafttretens der 1. September 1925 bestimmt. Die bis zum 1. Juli 1925 bewilligten und an diesem Tage noch laufenden Renten erhalten vom 1. Juli 1925 an die erhöhten Leistungen nach Abschnitt A Art. II des neuen Gesetzes. —

Schon ehe dieses neue Gesetz zustande kam, hatte jedoch ein Gesetz vom 23. März 1925 (RGBl. I S. 27) die Vorschrift des § 56 AVG. über die Steigerungssätze in einem für die Versicherten günstigeren Sinne geändert.

Ferner hatte der Reichsarbeitsminister durch Verordnung vom 23. April 1925 (RGBl. I S. 51) auf Grund der ihm in § 3 AVG. erteilten Ermächtigung die Jahresarbeitsverdienstgrenze im Sinne des § 1 Abs. 3 AVG. mit Wirkung vom 1. Mai 1925 (von 4000) auf 6000 ℳ erhöht.

II. Die grundlegenden Erwägungen des Gesetzgebers.

Das Gesetz will den Angestellten in leitender Stellung, Werkmeistern, Technikern, Betriebsbeamten und anderen, in einer gehobenen Tätigkeit berufsmäßig Beschäftigten sowie den Handlungsgehilfen und -Lehrlingen, Büroangestellten und -Lehrlingen, Bühnenmitgliedern und Musikern, Angestellten in Berufen der Erziehung usw., endlich einem Teil der Schiffsbesatzungen einen Anspruch auf ein höheres Maß staatlicher Fürsorge sichern, als ihnen durch die Arbeiterversicherung geboten werden kann. Diese Personen sind der reichsgesetzlichen Invaliden- und Hinterbliebenenversicherung überhaupt nicht unterstellt. Diese umfaßt nur Arbeiter, Gesellen, Hausgehilfen, Hausgewerbetreibende u. dgl., die Schiffsbesatzung deutscher Seefahrzeuge sowie die Besatzung von Fahrzeugen der Binnenschiffahrt mit Ausnahme der Schiffsführer, Offiziere usw.; Betriebsbeamte, Werkmeister und andere Angestellte in einer ähnlich gehobenen Stellung unterliegen ihr nicht.

Die Aussicht für diese Personen, jemals selbständig zu werden und eine Erwerbsquelle im eigenen Unternehmen zu begründen, das über die Zeit der Arbeitsfähigkeit hinaus den Unterhalt der Familie sichert, ist, wie die Ergebnisse der berufsstatistischen Erhebungen von 1882, 1895 und 1907 über die Zusammensetzung der Bevölkerung schließen lassen, gering. Die Ergebnisse zeigen, daß die Zunahme der Zahl der Selbständigen keine steigende, sondern eine abnehmende Tendenz aufweist und weit geringer ist als die Zunahme der Angestellten.

Es ist hiernach seit dem Jahre 1882 eine große Veränderung in dem Aufbau der Bevölkerung eingetreten. Es werden die kleineren Unternehmungen auf vielen Gebieten in bedeutendem Umfang von großen Unternehmungen aufgesaugt und Personen, die früher selbständig wurden, in die unselbständige Angestellten- und Beamtentätigkeit hineingedrängt. Die Zahl der Angestellten hat infolgedessen beträchtlich zugenommen. Es sind nämlich als Angestellte gezählt worden

im Jahre	1882	307 268
„ „	1895	621 825
„ „	1907	1 290 728.

Die Zunahme beträgt somit von 1882 auf 1895 insgesamt 314 557 oder 102,4 % der 1882 gezählten und von 1895 auf 1907 insgesamt 668 903 oder 107,6 % der 1895 gezählten Angestellten. Mit Einschluß der Handlungsgehilfen und der im Handelsgewerbe mittätigen Familienangehörigen erhöhen sich diese Zahlen noch beträchtlich.

Der gesamte Aufbau der Bevölkerung nach den drei Berufszählungen ergibt sich aus folgenden Zahlen:

Auf 1000 Personen der Gesamtbevölkerung kamen

im Jahre	Selbständige	Angestellte usw.	freie Berufe	Arbeiter	sonstige Personen	Zusammen
1882	114,8	11,0	22,8	232,6	618,8	1000
1895	105,7	18,2	27,5	241,4	607,2	1000
1907	89,0	29,7	28,2	280,2	572,9	1000

Die vorstehenden Darlegungen lassen erkennen, daß **die Zahl derjenigen Angestellten, welche dauernd zu den unselbständig Erwerbstätigen gehören, die überwiegende Mehrheit bildet.** Aus der fortdauernden Unselbständigkeit der überwiegenden Mehrheit der Angestellten ergibt sich ebenso wie bei den der reichsgesetzlichen Arbeiterversicherung unterstellten Personen **die Notwendigkeit, durch Versicherungen die wirtschaftliche Notlage zu beseitigen, die der Familie für den Fall der Berufsunfähigkeit oder des frühzeitigen Todes des Angestellten droht.** Die reichsgesetzliche Invalidenversicherung gewährt einem Teile dieser Personen beim Eintritt der allgemeinen Invalidität Invalidenrenten, deren Höhe über das allgemeine Existenzminimum, das nur die Möglichkeit einer bescheidenen Lebenshaltung an billigen Orten bietet, nicht hinausgeht. Diese Renten können schon aus dem Grunde nicht von einem früheren Zeitpunkt oder in höherem Betrage gewährt werden, weil das Reich namhafte Zuschüsse zu den Renten aus öffentlichen Mitteln leistet, die nicht zu rechtfertigen wären, sobald die Bezüge über das allgemeine Existenzminimum hinausgehen würden. Auch die Hinterbliebenenbezüge müssen aus dem gleichen Grunde niedrig gehalten und für die Witwen auf invalide Witwen beschränkt werden. Der Bildungsgang, die Lebensverhältnisse und die soziale Stellung bedingen indessen bei der Mehrheit der Angestellten eine weitergehende Fürsorge. Dies gilt sowohl wegen des frühzeitigeren Verbrauchs der geistigen Fähigkeiten für die Gewährung von Bezügen im Falle der Berufsunfähigkeit als auch für die Gewährung von Hinterbliebenenbezügen, um so mehr als die Frauen der Angestellten vielfach nicht erwerbstätig sind, auch wegen mangelnder Ausbildung nach dem Tode des Mannes in vielen Fällen schwer eine geeignete Berufstätigkeit finden oder sich beliebigen Erwerbsformen nicht so leicht anpassen können wie Arbeiterwitwen. Hierzu kommt, daß die höheren Aufwendungen für die Ausbildung und Erziehung der Kinder gegenüber dem Arbeiterstande die Notlage der Familie noch verschlimmern. Das praktische Leben bietet täglich solche Fälle in großer Anzahl. Man kann deshalb nicht bestreiten, daß ein ernstes und allgemeines sozialpolitisches Bedürfnis vorliegt, das völlig und sicher nur befriedigt werden kann, wenn die Versicherung nicht dem freien Willen des Beteiligten überlassen bleibt.

Dieselben Gründe, welche für die bestehende Arbeiterversicherung den gesetzlichen Zwang haben unabweisbar erscheinen lassen, treffen auch hier zu. Stellt man die Versicherung in das Belieben der einzelnen Angestellten oder ihrer Arbeitgeber, so kann das Ziel, daß die zu schaffende Fürsorge allen Beteiligten zugute kommen soll, nicht erreicht werden. Denn es werden namentlich die jüngeren sowie die sich in ihrer Vollkraft fühlenden Angestellten zunächst der Versicherung fern bleiben und sich ihr freiwillig erst dann anschließen, wenn sie in vorgerückteren Jahren stehen oder in den Ehestand treten. Je älter die Versicherten beim Eintritt in die Versicherung sind und je größer das Prozentverhältnis der Verheirateten ist, desto höher werden die Beiträge. Denn einerseits ist die Versicherungsdauer, in der die Mittel zur Deckung der Leistungen aufgebracht werden müssen, beim späten Eintritt in die Versicherung nur kurz, und andererseits wächst das Risiko infolge der vermehrten Zahl der Versicherungsfälle. Gerade in den jüngeren Jahren müssen die Angestellten der Versicherung zugeführt werden; es steht ihnen dann nicht nur die weit längere Beitragszeit zur Aufbringung der Mittel und zur Steigerung der Leistungen bevor, sondern sie sind auch weit eher in der Lage, diese weit niedrigeren Beiträge zu ersparen als später, wenn sie beim Eintritt im vorgerückteren Alter aus dem Jahresarbeitsverdienste nicht nur die bedeutend höheren Beiträge und die eigenen Lebensbedürfnisse, sondern auch die Aufwendungen für die Familie bestreiten müssen. Daß die jüngeren Versicherten nur in verhältnismäßig geringer Anzahl freiwillig Versicherungen abschließen, das lehrt die Erfahrung auf dem Gebiete des privaten Versicherungswesens.

Eine gesetzliche Beschränkung des Versicherungszwanges der genannten Personenkreise ist jedoch nach zwei Richtungen hin erforderlich. In Übereinstimmung mit dem auf ähnlichen Gebieten beobachteten Vorgehen liegt auch hier kein Bedürfnis vor, die gesetzliche Fürsorgepflicht über eine gewisse Gehaltsgrenze auszudehnen. Angestellte mit höheren Gehaltsbezügen sind in der Lage, sich die eigene und die Versorgung ihrer Angehörigen aus eigenen Mitteln zu sichern und den wirtschaftlichen Notlagen, in die sie und ihre Angehörigen beim frühzeitigen Eintritt der Berufsunfähigkeit oder des Todes geraten können, durch anderweiten Abschluß von Versicherungen möglichst vorzubeugen. Hierzu bieten die privaten Versicherungsgesellschaften ausreichende Gelegenheit.

Sodann ist es nötig, den Kreis der zum Eintreten in die neue Angestelltenversicherung verpflichteten Personen in bezug auf die höheren Altersjahre einzuschränken. Zur Feststellung dieser Altersgrenze ist zu prüfen, ob die in die Pflichtversicherung eintretenden älteren Personen wegen der Wartezeit im Durchschnitt noch einen Anspruch erwerben können, der für ihre voraussichtliche Beitragsleistung eine genügende Gegenleistung bietet. Das Gesetz sieht die Erhebung eines Beitrages von 8 % des versicherten Einkommens vor. Nach den angestellten Berechnungen würde die Anwartschaft auf die Leistungen des Gesetzes, mit Einschluß der weiter vorgesehenen Leistungen während der zehnjährigen Wartezeit, für einen 59jährigen männlichen Angestellten durch einen Jahresbeitrag von 8,13 % des versicherten Einkommens gedeckt werden, so daß Angestellten dieser Altersjahre im Durchschnitt noch mindestens ein ihren durchschnittlichen Beitragsleistungen entsprechender Anspruch erwächst. Hiernach empfiehlt es sich, diejenigen Angestellten, welche beim Inkrafttreten des Gesetzes das 60. Lebensjahr bereits vollendet haben oder nach diesem Zeitpunkt im Alter von 60 oder mehr Jahren in eine die Versicherungspflicht an sich begründende Beschäftigung eintreten, von der Versicherungspflicht zu befreien. Wer beim Inkrafttreten der neuen Versicherung im Alter von 56, 57 usw. vollendeten Jahren steht, würde hiernach das Ruhegeld ohne Nachweis der Berufsunfähigkeit bei regelmäßiger Beitragsentrichtung nach Ablauf von 10 Jahren, d. i. vom Alter von 66, 67, 68 usw. Jahren an erhalten. Dagegen empfiehlt es sich nicht, die Altersgrenze für die Pflichtversicherten weiter herabzusetzen. Es würde als eine Härte von den Beteiligten empfunden werden und die Wirkung des neuen Gesetzes wesentlich einschränken, wollte man die Altersklassen unter 60 Jahren vom Eintritt in die Versicherung ausschließen.

Wie bei der Invaliden- und Hinterbliebenenversicherung, so ist auch hier der Versicherungszwang nicht auf diejenigen Personen auszudehnen, welche eine Anwartschaft auf Ruhegeld oder Hinterbliebenenbezüge anderweitig durch das Reich, die Bundesstaaten, Gemeinden usw. gewährleistet ist oder welche in der Vorbereitung für ihren künftigen Beruf begriffen sind.

Des weiteren bleibt zu erörtern, ob die Durchführung des Versicherungszwanges privaten Versicherungsunternehmungen oder zweckmäßiger öffentlichen Versicherungseinrichtungen zu übertragen ist. Die Durchführung der neuen Versicherung durch private Versicherungsunternehmungen würde notgedrungen zu einer Auswahl von Risiken und zu einer Prämienabstufung nach den verschiedensten Richtungen führen. Die Versicherung von älteren oder weniger gesunden oder von verheirateten Personen, die Versicherung von kinderreichen Familienvätern oder von Personen, deren Beruf eine besondere Gefahr für Leben und Gesundheit bietet, würde wegen der unerschwinglichen Beiträge unmöglich sein; auch würden die verschieden hohen Prämien zu einer bedenklichen Verschiebung des Arbeitsmarkts für die von den hohen Beiträgen betroffenen Angestellten führen. Hierzu kommt die Belästigung der Arbeitgeber, die bei größerem Wechsel des Personals zu den verschiedensten Versicherungsunternehmungen Beiträge zu entrichten haben würden. Diese Art der Regelung würde nicht nur nicht befriedigen, sondern auch wegen der Schwierigkeit und der hohen Kosten der Kontrolle dazu führen, daß eine große Anzahl von Angestellten sich der Versicherung mit Erfolg dauernd entziehen würde. Die Absicht des Gesetzentwurfs, für alle Angestellten eine Fürsorge zu schaffen, würde dadurch vielfach vereitelt werden.

Gegen die Durchführung der neuen Versicherung durch private Versicherungsunternehmungen spricht aber auch die Verteuerung der Versicherung. Die gesamten Unkosten der deutschen Lebensversicherungsunternehmungen haben im Jahre 1909 auf 557 956 000 ℳ Prämieneinnahme 92 327 817 ℳ oder 16,5 % betragen. Auf eine Police umgewendet, sind ausgerechnet worden 8,80 ℳ. Die hohen Aufwendungen sind erklärlich, wenn man sich den scharfen Wettbewerb der zahlreichen Unternehmungen auf dem Gebiete der Lebensversicherung vergegenwärtigt, der die gleichen kostspieligen Organisationen für alle in Frage kommenden Unternehmungen in den verschiedenen Bezirken des Reichs erfordert. Hierzu kommen die Gehälter, Tantiemen usw. der Direktionen und Aufsichtsräte, die Dividenden der Aktionäre, die Kosten der vielen Geschäftshäuser u. dgl. m. Die für die Invalidenversicherung eingerichteten Landesversicherungsanstalten weisen einen verhältnismäßig wesentlich geringeren Kostenaufwand auf. Sie umfassen alle Versicherungspflichtigen des Bezirks, für den sie errichtet sind und brauchen nicht in einen gegenseitigen Wettbewerb einzutreten und hierfür Kosten aufzuwenden. Vergleicht man ihre Aufwendungen mit der Zahl der Personen, für die nach der Berufsstatistik vom 12. Juni 1907 Beiträge zur Invalidenversicherung entrichtet wurden, so ergibt sich für dieses Jahr auf den Kopf der Versicherten ein Kostenaufwand von 1,16 ℳ.

Ein gewichtiger Grund gegen die Übertragung der Versicherung auf private Versicherungsunternehmungen ist endlich der, daß den Angestellten und ihren Arbeitgebern eine ausschlaggebende Mitwirkung bei der Verwaltung und Rechtsprechung, insbesondere bei Bewilligung der Versicherungsleistungen, zu sichern ist. Es muß vermieden werden, daß jene zahlreichen Prozesse, wie sie nach Erlaß des Haftpflichtgesetzes vom Jahre 1871 dadurch entstanden, daß das Haftpflichtrisiko aus diesem Gesetze durch private Versicherungsunternehmungen übernommen wurde, erneut entstehen. Es gibt aber wohl kaum einen Versicherungsfall, dessen Feststellung so sehr geeignet ist, Streit zu erregen, als die Feststellung der Berufsunfähigkeit. Die Streitfälle lassen sich aber auf eine Mindestzahl herabdrücken, wenn die Ansprüche durch die Versicherten und deren Arbeitgeber selbst geprüft und entschieden werden. Aus all diesen Gründen kann die Durchführung der Zwangsversicherung der Angestellten nicht privaten Versicherungsunternehmungen übertragen werden.

Von vielen Seiten wird befürwortet, den Angestellten ein höheres Maß staatlicher Fürsorge durch den Ausbau der reichsgesetzlichen Invalidenversicherung zuzuwenden. Will man den als berechtigt anerkannten Wünschen der Angestellten einigermaßen entgegenkommen, so könnte der Ausbau der Invaliden- und Hinterbliebenenversicherung nur in der Richtung stattfinden, daß

1. den bisherigen fünf Lohnklassen weitere höhere Lohnklassen hinzugefügt würden,
2. die Begriffsbestimmung der Invalidität durch die der Berufsunfähigkeit ersetzt, und an Stelle der Rente für die invalide Witwe die allgemeine Witwenrente gewährt würde.

Zu 1. Die finanziellen Bedenken, die gegen die Vermehrung der Lohnklassen bei der Invalidenversicherung geltend zu machen sind, wurden eingehend im allgemeinen Teil der Begründung zum Vierten Buche des Entwurfs der Reichsversicherungsordnung dargelegt. Von einer Wiederholung wird Abstand genommen.

Es kommen aber auch die folgenden, sowohl die Belastung des Reichs als auch die der Arbeitgeber und der Arbeitnehmer treffenden Bedenken in Betracht.

Die Ergebnisse der Invalidenversicherung *) über die Zahlen der in den einzelnen Lohnklassen vereinnahmten Beiträge zeigen ein sehr großes Anwachsen der Beiträge in der höchsten Lohnklasse. In der V. Lohnklasse ist die Verhältniszahl dieser Beiträge zu den anderen Lohnklassen auf das 2,491fache gestiegen (seit 1900), die wirkliche Zahl hat sich von 53 089 328 auf 171 683 879 Beiträge oder auf das 3,2fache erhöht. Eine weitere Steigerung muß bei dem bisherigen Verlaufe der Zahlen auch für die Zukunft erwartet werden. Würden vier neue Lohnklassen angefügt werden und würde hierfür der Beitrag zur Invaliden- und Hinterbliebenenversicherung auf nur 2 % des durchschnittlichen Einkommensatzes der vorstehenden

*) Bezieht sich auf die Zeit vor dem Kriege!

Klassen festgesetzt werden, so würde die jährliche Mehrbelastung der Arbeitgeber und Arbeitnehmer voraussichtlich

79 171 800 ℳ

betragen gegenüber der Belastung nach den Beitragssätzen in der Reichsversicherungsordnung. Hierzu würde noch die Belastung durch rund 500 000 Angestellte mit etwa 24 Millionen Mark jährlich kommen, die der Invalidenversicherung nicht angehören *). Die Mehrbelastung würde sich somit auf rund

103,2 Millionen Mark

jährlich stellen. Diese Schätzung hat aber nur dann Wert, wenn angenommen werden darf, daß die Invaliden- und Hinterbliebenenversicherung in ihren Grundlagen nicht erschüttert wird. Das dürfte aber der Fall sein, sobald durch höhere Lohnklassen die Möglichkeit geboten wird, höhere Renten versichern zu können. Denn es ist anzunehmen, daß ein großer Teil der Personen, die aus dem Versicherungsverhältnisse jetzt ausscheiden, die Versicherung demnächst wegen der gebotenen höheren Leistungen freiwillig fortsetzen würde. Ebenso darf erwartet werden, daß sehr viele von den bereits Ausgeschiedenen die Versicherung erneuern würden. Dadurch fällt aber für die dauernd Pflichtversicherten die große Ersparnis weg, die ihnen aus dem Verfalle der Anwartschaften der Ausgeschiedenen bisher erwachsen ist und die die niedrigen Beiträge der Invalidenversicherung rechtfertigt. Fällt aber die Ersparnis ganz oder zum Teil weg, so müssen die Beiträge entsprechend erhöht werden.

Die hierüber angestellten Berechnungen haben ergeben, daß je nach dem Umfang der freiwilligen Versicherung die Beitragserhöhung bis auf das 1,8fache der Beiträge, wie sie sich nach der Reichsversicherungsordnung stellen, steigen kann. Auf die Beitragszahlen des Jahres 1909 übertragen, würde dies eine jährliche Mehrbelastung von rund 196,6 Millionen Mark ausmachen, die sich bei Anfügung der gedachten neuen Lohnklassen auf jährlich rund 382,3 Millionen Mark steigern könnte. Den Wünschen der Angestellten wäre trotz dieser großen neuen Opfer auch nicht annähernd genügt.

Im ähnlichen Verhältnis würde sich die Reichsbelastung erhöhen, wenn die aus dem Versicherungsverhältnisse künftig Ausscheidenden die Versicherung freiwillig fortsetzen würden.

Die Arbeitgeber würden hiernach weit mehr als das Doppelte derjenigen Belastung zu tragen haben, welche ihnen durch die neue Versicherung zugemutet wird; das Reich hätte Zuschüsse zu leisten, deren Deckung nur durch Einführung neuer Steuern ermöglicht werden könnte.

Die Gewährung höherer Bezüge durch Vermehrung der Lohnklassen der Invalidenversicherung würde auch den Interessen der

*) Der Gesetzgeber geht hier noch von der — jetzt beseitigten — Doppelversicherung aus.

Angestellten durchaus nicht entsprechen und deshalb wenig befriedigen können. Denn die versicherungstechnischen Grundlagen, die die Höhe der Belastung bestimmen, sind für den Kreis der Angestellten wesentlich günstiger als für die Pflichtversicherten der Arbeiterversicherung, weil die Arbeitskraft der Angestellten infolge der besseren Lebenshaltung und der verhältnismäßig geringen körperlichen Anstrengung von längerer Dauer ist, wodurch der Versicherungsaufwand erheblich vermindert wird. Man würde also durch die neuen Lohnklassen den Angestellten keine Wohltaten zuweisen, sondern die Leistungen der Arbeiterversicherung auf Kosten der Angestellten erhöhen.

Bei der Versicherung des Existenzminimums der Invalidenversicherung unter Leistung von Reichszuschüssen kann dies, um die Durchführung des Gesetzes zu vereinfachen, mit in den Kauf genommen werden. Anders liegt die Sache bei Einführung höherer Leistungen durch Anfügung höherer Lohnklassen, die über das durch die allgemeine Arbeiterversicherung zu befriedigende Bedürfnis hinausgehen. Hier muß eine von der Invalidenversicherung völlig getrennte Gefahrengemeinschaft der Angestellten eintreten und die Versicherung der letzteren deshalb besonders durchgeführt werden.

Zu 2. Gleich schwerwiegend sind die Bedenken, die dagegen geltend zu machen sind, die allgemeine Invalidität des Invalidenversicherungsgesetzes in Berufsunfähigkeit umzuwandeln. Dies verbietet sich schon aus dem Grunde, weil die daraus folgende Belastung zu hoch wird.

Die Bestimmung im § 5 Abs. 4 des Invalidenversicherungsgesetzes von 1899 (jetzt § 1255 Abs. 2 der Reichsversicherungsordnung) hat nicht den Begriff der Berufsinvalidität einführen, sondern, wie es in der Begründung heißt, die verwickelte und infolgedessen schwer verständliche Berechnung im § 9 Abs. 3 des Invaliditäts- und Altersversicherungsgesetzes von 1889 über die Verdienstgrenze beim Eintritt der Erwerbsunfähigkeit beseitigen wollen.

Ohne ausdrückliche Änderung des § 1255 Abs. 2 a. a. O. würden also die Wünsche der Privatangestellten auf Einführung der Berufsinvalidität nicht erfüllt werden.

Die Einführung der Berufsinvalidität an Stelle der allgemeinen Erwerbsunfähigkeit im § 1255 a. a. O. kann aber nicht in Aussicht genommen werden wegen der Höhe der Kosten, welche alsdann die Invalidenversicherung der Arbeiter erfordern würde.

Auch aus der Gewährung von Witwenrenten für alle Witwen würde eine sehr große Mehrbelastung erwachsen.

Beim Rückblick auf die besprochenen Steigerungen der Kosten für die Invalidenversicherung kann nicht verkannt werden, daß eine Umgestaltung der Invalidenversicherung im Sinne der Wünsche der Angestellten schwerwiegenden Bedenken begegnet.

Um diese Bedenken zu beseitigen, wird von verschiedenen Seiten geltend gemacht, daß es möglich sei, die bestehende Invalidenversicherung unberührt zu lassen und die durch Einführung der Berufsunfähigkeit und Herabsetzung der Altersgrenze entstehenden Mehrkosten durch besondere Zusatzbeiträge zu decken. Indessen sprechen auch gegen diese Lösung gewichtige Gründe.

Große Gruppen der Angestellten werden auch künftig im Anfang ihrer Berufstätigkeit lediglich als Arbeiter usw. gegen die bei der Invalidenversicherung vorgesehenen Beiträge versichert sein. Rückt ein solcher Versicherter in die Stellung als Angestellter auf und in die für den Ausbau der Invalidenversicherung geforderten neuen Lohnklassen ein und wird er später Berufsinvalide, so entsteht die Schwierigkeit, wie die Rente für diejenige Zeit bemessen werden soll, in welcher die Beiträge nach den Sätzen der Invalidenversicherung entrichtet worden sind. Die volle Anrechnung dieser Beiträge ist ausgeschlossen, da durch sie ein ganz anderes Risiko, die allgemeine Erwerbsunfähigkeit, versichert worden ist. Der Versicherte ist auch im Sinne der Invalidenversicherung noch nicht erwerbsunfähig, so daß ihm eine Rente auf Grund dieser Beitragsleistung nicht gewährt werden kann. Dasselbe gilt vom Reichszuschuß, dessen Bewilligung gleichfalls vom Eintritt der allgemeinen Erwerbsunfähigkeit abhängig gemacht ist. Noch verwickelter wird der Fall, wenn ein Versicherter im weiteren Verlaufe wieder nach der Invalidenversicherung und nicht mehr als Angestellter versichert wird, oder auch, wenn den nicht invaliden Witwen von Angestellten Renten gewährt werden sollen. Eine einwandfreie Lösung all dieser Fälle ist kaum zu finden. Entweder werden die Pflichtversicherten der Invalidenversicherung benachteiligt oder die Angestellten. Hierzu kommen die kaum zu überwindenden Schwierigkeiten der Verteilung der Renten auf die verschiedenen Versicherungsträger, denen die Beiträge zugeflossen sind.

Eine weitere Schwierigkeit bietet die Bemessung von Zusatzbeiträgen dieser Art. Werden sie, wie es bei einer sozialen Versicherung in der Regel notwendig ist, für die Rentenbemessung als gleichwertig angesehen, so stehen im einzelnen Leistung des Versicherten und Gegenleistung des Versicherungsträgers nicht im Einklang. Der versicherungstechnische Wert einer Einzahlung ist je nach dem Alter des Versicherten verschieden.

Werden aber die Zusatzbeiträge so bemessen, daß Leistung und Gegenleistung einander im einzelnen entsprechen, wird z. B. ein Tarif aufgestellt, der für jede in den einzelnen Altersjahren geleistete Einzahlung die im Falle der Invalidität, der Erreichung der festgesetzten Altersgrenze oder des Todes zu gewährenden Renten darstellt, so erfolgt die Versicherung abseits von der bestehenden Invalidenversicherung in einer besonderen Versicherungseinrichtung. Ob es bei der jetzigen Organisation der Invalidenversicherung zweckmäßig ist, daß jedem Versicherungsträger eine besondere Versicherungsabteilung für die nach Zusatzbeiträgen versicherten Angestellten angegliedert wird, ist zum mindesten sehr fraglich. Es empfiehlt sich daher die Errichtung einer besonderen Versicherungsanstalt für die Angestellten.

Die neue Angestelltenversicherung verlangt von den Arbeitgebern und ihren Angestellten neue Opfer. Von vielen Seiten wird die berechtigte Frage aufgeworfen, ob die deutsche Volkswirtschaft diese neue Last überhaupt tragen könne. Diese Frage muß bejaht werden. Zunächst kann festgestellt werden, daß ein Teil der deutschen Arbeitgeber bisher schon freiwillig sich der Aufgabe unterzogen hat, für die Angestellten in höherem Maße zu sorgen, als das durch die Arbeiterversicherung geschehen kann. Nach den von den Organisationen der Angestellten im Oktober 1903 angestellten Erhebungen zahlten viele Arbeitgeber Zuschüsse zu den von ihnen eingerichteten Pensionskassen oder zu den für ihre Angestellten anderweitig abgeschlossenen Versicherungen, die im Durchschnitt die jetzt im Gesetz vorgesehenen Beiträge nicht unerheblich überstiegen. Sie betrugen durchschnittlich mehr als 4 % des wirklichen Jahresarbeitsverdienstes der Angestellten. Die Angestellten zahlten im Durchschnitt etwas niedrigere Beiträge. Es erschien an sich nicht unbillig, wie auch von der Mehrheit der Arbeitgeber anerkannt wurde, allen Arbeitgebern Aufwendungen für ein höheres Maß der Fürsorge für ihre Angestellten zuzumuten; nur über deren Höhe bestanden Meinungsverschiedenheiten. Den Angestellten, besonders den technischen und kaufmännischen Beamten, ist in gewissem Sinne die Führung der deutschen Arbeiter anvertraut und von ihrer Mitarbeit hängt vermöge ihrer Vorbildung und ihrer Fähigkeiten der Erfolg der produktiven Tätigkeit des deutschen Volks, die gesamte deutsche Volkswirtschaft, wesentlich ab. Werden sie von ihren Zukunftssorgen um das Wohl ihrer Familien befreit, so erhält das ihre Zufriedenheit, sichert die freudige Einsetzung ihrer vollen Arbeitskraft und ihren für Staat und Gesellschaft in wirtschaftlicher und politischer Hinsicht gleich wichtigen Bestand.

Die deutsche Volkswirtschaft hat die bisherigen Lasten der sozialen Versicherung getragen, ohne in ihrer Entwicklung gegen die anderen Staaten zurückzubleiben. Die Kosten der sozialen Versicherung sind dabei einmal infolge des Umlageverfahrens bei der Unfallversicherung und sodann wegen der Bevölkerungszunahme und allgemeinen Steigerung der Lohnverhältnisse fortgesetzt gestiegen. Die Bevölkerung stieg von 49,2 Millionen im Jahre 1890 auf 63,9 Millionen im Jahre 1909 oder um rund 30 %; die von den gewerblichen Berufsgenossenschaften für die Unfallversicherung nachgewiesenen Lohnsummen haben sich im Durchschnitt auf den Kopf von 646,24 ℳ im Jahre 1890 auf 953,77 ℳ im Jahre 1909 oder um 47,6 % erhöht. Die Kosten der sozialen Versicherung sind in demselben Zeitraum von 139,1 Millionen Mark im Jahre 1890 auf 810,7 Millionen Mark im Jahre 1909 oder um 483 % gestiegen. Die deutsche Volkswirtschaft zeigt in dieser Zeit ein stetes Ansteigen und eine lebhafte Geschäftstätigkeit auf den Hauptgebieten unseres Wirtschaftslebens. Trotz des immer heftiger werdenden Wettbewerbes auf dem Weltmarkt hat

Deutschland seine Stellung innerhalb der Weltwirtschaft gewahrt und gekräftigt. Diese Stellung wird auch durch die Belastung, die aus der Angestelltenversicherung entsteht, nicht erschüttert werden. Die Nützlichkeit der Versicherung, ihr hohes Ziel und ihre politische Bedeutung können nicht wohl bestritten werden und müssen etwaige noch bestehende volkswirtschaftliche Bedenken überwiegen. Die Angestelltenversicherung befreit den Arbeitgeber nicht nur von der Pflicht, alternde, größtenteils berufsunfähige Angestellte wegen langjähriger treuer Dienstleistungen gegen ihre bisherigen Gehaltsbezüge weiter zu beschäftigen, sie erleichtert ihm auch die Verjüngung seines Personals. Die neuen Opfer werden dem eigenen Unternehmen förderlich und zweckdienlich sein, seine Leistungsfähigkeit heben und für die weitere Entwicklung der deutschen Volkswirtschaft von weittragender Bedeutung sein.

Von diesen Gesichtspunkten ausgehend, hat der Gesetzgeber die Angestelltenversicherung auf folgenden Hauptgrundsätzen aufgebaut, nämlich

1. auf dem Grundsatz des Versicherungszwangs,
2. auf dem der Berufsinvalidität,
3. auf dem der gleichen Beitragsleistung der Arbeitgeber und der Versicherten,
4. auf dem einer besonderen Versicherungsanstalt für das ganze Reichsgebiet, und
5. auf dem der gleichberechtigten Mitwirkung der Arbeitgeber und der Versicherten bei der Verwaltung und Rechtsprechung.

III. Die Grundzüge des Gesetzes im einzelnen.

Das Gesetz beruht, wie erwähnt, auf dem Grundsatze des Versicherungszwangs; es steht nicht im Belieben des einzelnen Angestellten (oder seines Arbeitgebers), ob er versichert werden soll oder nicht. Der Versicherung unterliegen kraft Gesetzes alle Personen der in § 1 genannten Art; ein Versicherungsvertrag kommt also nicht zustande (Unterschied gegenüber der Privatversicherung!). Eine Ausnahme von diesen Grundsätzen besteht jedoch nunmehr bei Soldaten und Angehörigen der Schutzpolizei, deren Versicherung von einem Antrag abhängt.

Die Versicherungspflicht unterliegt verschiedenen Beschränkungen. Was das Lebensalter anlangt, so ist die bisherige untere Altersgrenze (vollendetes 16. Lebensjahr) jetzt beseitigt; wer aber beim Eintritt in eine versicherungspflichtige Beschäftigung das 60. Lebensjahr schon vollendet hat, ist nicht mehr versicherungspflichtig *). Hinsichtlich des Einkommens ist eine untere Grenze nicht gezogen; wohl aber sind solche Angestellte, deren Jahresarbeitsverdienst einen vom Reichs-

*) Das Gesetz vom 28. Juli 1925 hat jedoch auch hier eine Ausnahme geschaffen.

arbeitsminister festzusetzenden Betrag (z. Zt. 6000 ℳ) übersteigt, versicherungsfrei. Nicht versicherungspflichtig ist endlich auch, wer nicht gegen Entgelt beschäftigt wird.

Nach früherem Recht waren Angestellte, deren Jahresarbeitsverdienst 2000 ℳ nicht überstieg, gleichzeitig auch invalidenversicherungspflichtig. Diese Doppelversicherung, die als unnötig und drückend empfunden wurde, ist jetzt beseitigt.

Bei Angestellten in leitender Stellung, Betriebsbeamten, Werkmeistern usw., sowie Büroangestellten und Schiffsbesatzungen war es früher ein Erfordernis der Versicherungspflicht, daß diese Beschäftigung ihren Hauptberuf bildete; diese Beschränkung ist jetzt weggefallen. Die Versicherungspflicht besteht daher jetzt bei diesen Berufsgruppen auch dann, wenn die in Betracht kommende Tätigkeit nur im Nebenberuf ausgeübt wird.

Die der Versicherung unterliegenden Personenkreise sind in §§ 1, 4 und 5 des Gesetzes aufgezählt, doch enthalten diese keine völlig scharfe Umgrenzung des Kreises der Versicherungspflichtigen, da sich eine solche durch das Gesetz überhaupt nicht gut geben läßt; es bleibt der Rechtsprechung überlassen, hier die Grenzen zu finden. Der Begriff der Angestellten ist nach der Absicht des Gesetzgebers nur insofern umschrieben, als nach unten alle der bloß handarbeitenden Bevölkerungsklasse angehörigen Personen (Arbeiter, Gehilfen, Gesellen, Lehrlinge, Dienstboten usw.), nach oben aber die beruflich selbständigen Personen ausscheiden.

Die Frage, ob ein gewisser Angestellter zu einer der Berufsgruppen gehöre, die der Versicherungspflicht unterliegen, hat von jeher zu sehr vielen Streitigkeiten geführt. Um dem abzuhelfen, hat daher das Gesetz vom 10. Nov. 1922 den RArbMinister ermächtigt, die Berufsgruppen, die unter die Versicherung fallen sollen, näher zu bezeichnen. Das ist im März 1924 geschehen (RGBl. I S. 274 mit Berichtigungen S. 410).

Eine wesentliche Voraussetzung der Versicherungspflicht ist es, daß die Beschäftigung gegen Entgelt stattfindet. Zum Entgelt gehören aber nicht bloß Barbezüge, sondern auch Gewinnanteile, Sachbezüge u. dgl. (§ 2). Eine Beschäftigung jedoch, für welche nur freier Unterhalt gewährt wird, ist nicht versicherungspflichtig (§ 9).

„Vorübergehende" Dienstleistungen sind versicherungsfrei nach näherer Bestimmung des Reichsarbeitsministers (§ 10 und Verordn. vom 9. Febr. 1923, RGBl. I S. 109).

Die Beschäftigung eines Ehegatten durch den anderen begründet keine Versicherungspflicht (§ 8). Versicherungsfrei sind auch die in Betrieben oder im Dienste des Reichs, eines Landes, eines Gemeindeverbands, einer Gemeinde oder eines Trägers der Reichsversicherung Beschäftigten, wenn sie mit Anwartschaft auf Ruhegeld und Hinterbliebenenrenten angestellt sind (§§ 11 ff.), ferner die in § 12 genannten Personen. Versicherungsfrei ist ferner, wer berufsunfähig ist u. dgl. (§ 13). Andere Personenklassen können auf ihren eigenen Antrag (§ 14) oder auf den des Arbeitgebers (§ 17) von der Versicherungspflicht befreit werden. Zu diesen Bestimmungen haben sowohl das Reich als auch die einzelnen Länder zahlreiche Ausführungsvorschriften erlassen.

Mit der Befreiung von der Versicherungspflicht darf die Befreiung von der Beitragsleistung (§§ 375 ff.) nicht verwechselt werden.

Besondere Vorschriften enthält das Gesetz jetzt für die Fälle des Ausscheidens aus einer versicherungsfreien Beschäftigung und des Eintritts eines bisher Versicherungspflichtigen in ein versicherungsfreies Beschäftigungsverhältnis (§§ 18—20).

Als freiwillige Versicherung kannte das frühere Gesetz in der Hauptsache nur die sogen. Weiterversicherung, d. h. die freiwillige Fortsetzung einer aufhörenden Pflichtversicherung. Diese Einrichtung ist, wenn auch etwas geändert, geblieben (§ 21). Dazu kommt aber jetzt die sogen. Selbstversicherung, d. i. der freiwillige Eintritt in die Versicherung (§ 22), die das frühere Gesetz nur nebenher, als Übergangseinrichtung, zugelassen hatte (§ 394 alt).

Die Angestellten werden versichert für den Fall der Berufsunfähigkeit und des Alters sowie zugunsten der Hinterbliebenen (§§ 1 Abs. 1; 23).

Als berufsunfähig ist nach Vorschrift des Gesetzes (§ 30) anzusehen, wer durch körperliche Gebrechen oder wegen Schwäche seiner körperlichen und geistigen Kräfte zur Ausübung seines Berufs dauernd unfähig ist. Das Ruhegeld erhalten auch Versicherte, die das Alter von 65 Jahren vollendet haben. Ferner erhalten dasselbe Versicherte, welche zwar noch nicht dauernd berufsunfähig sind, aber schon 26 Wochen ununterbrochen berufsunfähig gewesen sind, für die weitere Dauer der Berufsunfähigkeit (§ 30 Abs. 2).

Unter den Hinterbliebenen, zu deren Gunsten die Angestellten versichert werden, sind zu verstehen die Witwen, die Waisen und der erwerbsunfähige Witwer (§§ 32—35). Die Witwe braucht nicht, wie bei der Invalidenversicherung, erwerbsunfähig zu sein (§ 32).

Um in den Genuß der Versicherungsleistungen zu kommen, genügt es jedoch nicht, daß der Versicherte berufsunfähig geworden ist oder das 65. Lebensjahr vollendet hat (oder für die Hinterbliebenen, daß er gestorben ist), sondern es müssen auch die weiteren Voraussetzungen gegeben sein, daß die Wartezeit erfüllt und die Anwartschaft aufrechterhalten ist (§§ 53—55).

Die Wartezeit dauert beim Ruhegeld für männliche Versicherte 120, für weibliche 60 Beitragsmonate, bei den Hinterbliebenenrenten 120 Beitragsmonate ohne Unterschied des Geschlechts der Versicherten (§ 53). Eine gesetzliche Abkürzung der Wartezeit sieht § 383 als Übergangseinrichtung vor. Ferner kann nach Vorschrift des § 384 einzelnen Versicherten gestattet werden, die Wartezeit durch Einzahlung der entsprechenden Deckungsmittel abzukürzen.

Die Anwartschaft erlischt durch gewisse längere Unterbrechungen der Beitragsleistung nach näherer Bestimmung des § 54. Jedoch gelten die erworbenen Anwartschaften als bis zum 31. Dez. 1923 aufrechterhalten (§ 54 Abs. 2). Eine erloschene Anwartschaft kann nach näherer Vorschrift des § 55 wieder aufleben.

Eine sehr wichtige und für die Versicherten segensreiche Bestimmung des Gesetzes geht dahin, daß die Versicherungsanstalt, um die infolge einer Erkrankung drohende Berufsunfähigkeit eines Versicherten abzuwenden, ein Heilverfahren einleiten kann (§ 41). Von dieser Vorschrift wird denn auch in weitem Umfange Gebrauch gemacht. Das Heilverfahren war eine Zeitlang, solange Ruhegelder und Hinterbliebenenrenten — weil die gesetzlichen Wartezeiten noch nicht erfüllt waren — noch nicht bezogen werden konnten, die einzige Versicherungsleistung, deren Gewährung möglich war.

Nach dem neuen § 49 a kann die RVAnstalt mit Genehmigung des Reichsarbeitsministers Mittel aufwenden, um allgemeine Maßnahmen zur Verhütung des Eintritts vorzeitiger Berufsunfähigkeit oder zur Hebung der gesundheitlichen Verhältnisse der versicherten Bevölkerung zu fördern oder durchzuführen. Die Genehmigung kann auch für Pauschbeträge erteilt werden.

S. ferner Abschnitt C des Gesetzes vom 28. Juli 1925.

Die Höhe des Ruhegeldes und der Hinterbliebenenrenten richtet sich nach den Beiträgen, die für den Versicherten geleistet sind, nach näherer Bestimmung in §§ 56 ff. Die Berechnung ist gegenüber dem früheren Gesetz völlig umgestaltet und der der Invalidenversicherung genähert.

Eine Erstattung von Beiträgen findet nur bei weiblichen Versicherten und nur in beschränktem Maße statt (§§ 61, 62). Die frühere Bestimmung, daß weiblichen Versicherten, welche aus der Versicherungspflicht ausschieden, auf ihren Antrag eine Leibrente gewährt werden konnte (§ 63 alt), ist aufgehoben (auch diese Einrichtung hatte sich nicht bewährt).

Die Witwen- und Witwerrenten fallen bei der Wiederverheiratung weg, die Waisenrenten, wenn die Waise das 18. Lebensjahr vollendet oder sich verheiratet (§ 63). Als Abfindung wird der Witwe — aber nur dieser — das Dreifache ihrer Jahresrente gewährt.

Ist der Empfänger eines Ruhegeldes nicht mehr berufsunfähig, so wird ihm das Ruhegeld wieder entzogen (§ 67); unter gewissen Voraussetzungen ruhen auch die Leistungen der Versicherung, d. h. sie werden, solange die Voraussetzungen bestehen, nicht ausbezahlt (§§ 72 ff.).

Hervorzuheben ist sodann noch die Bestimmung, daß die Leistungen, die nach diesem Gesetz gewährt werden, keine öffentlichen Armenunterstützungen sind (§ 90). Der Berechtigte hat daher weder den Verlust staatsbürgerlicher Rechte zu befürchten noch die armenpolizeiliche Ausweisung oder dgl. zu gewärtigen.

Träger der Versicherung ist die in Berlin errichtete Reichsanstalt (§ 93), die ihre Tätigkeit im März 1912 begonnen hat. Neben der Reichsversicherungsanstalt sind auch besondere Zuschuß- sowie Ersatzkassen zugelassen (§§ 360 ff., 363 ff.). Ferner kann ein Angestellter, der bei einer Lebensversicherungsunternehmung versichert ist, unter gewissen Voraussetzungen von der Beitragsleistung befreit werden (§§ 375 ff.).

Die Reichsversicherungsanstalt ist rechtsfähig und hat die Eigenschaft einer öffentlichen Behörde (§ 94). Ihre Organe sind das Direktorium, der Verwaltungsrat und die Vertrauensmänner (§ 97).

Das Direktorium vertritt die Anstalt gerichtlich und außergerichtlich; es besteht aus einem Präsidenten, seinem Stellvertreter und weiteren beamteten Mitgliedern, sowie aus je 3 Vertretern der Versicherten und ihrer Arbeitgeber (§ 99). Diese Vertreter werden vom Verwaltungsrat auf 6 Jahre gewählt (§ 102).

Die Aufgaben des Verwaltungsrats sind in § 104 näher umschrieben. Er besteht aus dem Präsidenten des Direktoriums und mindestens je 12 Vertretern der Versicherten und ihrer Arbeitgeber. Diese Vertreter werden von den Vertrauensmännern gewählt (§ 105); die Wahl findet nach den Grundsätzen der Verhältniswahl statt (§ 108).

Die früheren Rentenausschüsse (§§ 122—142 alt; es war jedoch erst einer, in Berlin, errichtet) hat das neue Gesetz beseitigt. Ihre Aufgaben sind auf die Reichsversicherungsanstalt selbst übergegangen.

Die Vertrauensmänner wählen die Mitglieder des Verwaltungsrats sowie die Beisitzer der Angestelltenversicherung für die Versicherungsämter, die Oberversicherungsämter und das Reichsversicherungsamt (§ 118). Das Versicherungsamt kann ihnen zu seiner Unterstützung Aufträge erteilen; außerdem aber sollen sie auch ohne Auftrag alle ihnen bekannt gewordenen Tatsachen mitteilen, die nach ihrer Ansicht für das Versicherungsamt oder für die Reichsversicherungsanstalt wichtig sind (§ 119). Die Zahl der Vertrauensmänner beträgt für den Bezirk einer jeden unteren Verwaltungsbehörde mindestens 6; gewählt werden sie unmittelbar von den Versicherten und ihren Arbeitgebern, und zwar je zur Hälfte aus den Versicherten und den Arbeitgebern (§§ 120, 121) nach den Grundsätzen der Verhältniswahl (§ 124).

Die früheren Spruchbehörden der Angestelltenversicherung (Schiedsgerichte, deren jedoch erst eines errichtet war, und ein Oberschiedsgericht; §§ 156 ff., 162 ff. alt) sind beseitigt. An ihre Stelle sind Behörden der reichsgesetzlichen Arbeiterversicherung getreten, nämlich Versicherungsämter, Oberversicherungsämter und das Reichsversicherungsamt (§§ 131—167). Die Entscheidungen des Reichsversicherungsamts sind endgültig (§ 158).

Die Vertrauensmänner sowie die Versicherungsvertreter bei den Versicherungsämtern und die Beisitzer der Oberversicherungsämter und des Reichsversicherungsamts verwalten ihr Amt unentgeltlich als

Ehrenamt. Sie erhalten nur Ersatz ihrer baren Auslagen und nach näherer Vorschrift des Gesetzes auch Entschädigung für Zeitverlust oder für entgangenen Arbeitsverdienst (§§ 130, 143, 152, 161 Abs. 2).

Die Mittel für die Versicherung werden durch Beiträge aufgebracht, welche von den Versicherten und ihren Arbeitgebern zu gleichen Teilen entrichtet werden (§ 168). In gewissen Fällen trägt der Arbeitgeber den Beitrag allein (§ 168 Abs. 2 Satz 2). Ein Reichszuschuß wird nicht geleistet. Die Beiträge werden monatlich entrichtet und sind nach 6 Gehaltsklassen abgestuft (§§ 171, 172), innerhalb einer jeden Gehaltsklasse aber für die sämtlichen Versicherten (also namentlich auch für männliche und weibliche Versicherte) gleich hoch. Auch ein Unterschied nach dem Alter wie bei Lebensversicherungen findet hier nicht statt. Für freiwillige Beitragsentrichtung sind 2 besondere Beitragsklassen gebildet. Die Beiträge sind von den Arbeitgebern im ganzen zu entrichten; die Arbeitgeber können dann den Versicherten die sie treffende Beitragshälfte am Gehalt wieder abziehen (§§ 182, 183). Zuwiderhandlungen sind mit Strafe bedroht (§§ 336—338).

Versicherungspflichtige, die nur einen Teil des Kalendermonats bei einem Arbeitgeber oder die bei mehreren Arbeitgebern im Kalendermonate beschäftigt sind (Teilbeschäftigte), haben selbst die Pflichten der Arbeitgeber zu erfüllen nach näherer Vorschrift des § 184. Damit dürften die Schwierigkeiten und Unzuträglichkeiten, die früher in solchen Fällen hervortraten, beseitigt sein.

Entrichtet werden die Beiträge nach dem neuen Gesetz in ganz ähnlicher Weise wie bei der Invalidenversicherung, nämlich durch Einkleben von Marken in eine „Versicherungskarte", die jeder Versicherte haben muß (§§ 176—181). Im übrigen ist das Beitragsverfahren durch eine Beitragsordnung geregelt, die der Reichsarbeitsminister erläßt (§ 174; RGBl. 1924, I S. 745).

Wie bei der Invalidenversicherung darf auch hier die Versicherungskarte nur die gesetzlich vorgeschriebenen Angaben enthalten und keine besonderen Merkmale tragen; vor allem darf nach ausdrücklicher Vorschrift des Gesetzes sich aus ihr nichts über Führung oder Leistungen des Inhabers ergeben. Auch darf niemand eine Versicherungskarte wider den Willen des Inhabers zurückbehalten.

Die sog. Ersatzzeiten, d. h. Kalendermonate, die auch ohne Beitragsentrichtung als Beitragszeiten angerechnet werden, sind in § 170 in ganz ähnlicher Weise wie in der Invalidenversicherung geregelt (die Anrechnung von Ersatzzeiten auf die Rentensteigerung, die die Angestelltenversicherung von Anfang an nicht kannte, ist jetzt auch in der Invalidenversicherung beseitigt). Eine besondere Vergünstigung hinsichtlich der Anrechnung der Zeit des Kriegsdienstes enthält § 382.

Auch die Bestimmungen des Gesetzes über unwirksame und irrtümlich geleistete Beiträge sind denen der Invalidenversicherung angeglichen (§§ 187—191).

Eine wichtige Neuerung bringt § 193 für Beitragsstreitigkeiten. Entsteht nämlich zwischen den Versicherungsträgern der Angestellten- und der Invalidenversicherung Streit darüber, welchem von diesen Versicherungszweigen ein Angestellter unterstehe, so ist zunächst die — schriftlich einzuholende — gemeinsame Erklärung des Arbeitgebers und des Arbeitnehmers maßgebend. Nur wenn diese eine Erklärung nicht abgeben oder sich nicht einigen können, wird im Beitragsstreitverfahren entschieden, und zwar entscheidet zunächst das Versicherungsamt und auf Beschwerde das Oberversicherungsamt (§ 194)

Die rechtzeitige und vollständige Entrichtung der Beiträge wird von der Reichsversicherungsanstalt überwacht (§§ 199—202).

Das Gesetz enthält sodann Bestimmungen über die Verwendung der Mittel der Reichsversicherungsanstalt und die Anlegung ihres Vermögens, und zwar eingehendere als früher (§§ 204—211). Bezeichnend für die Zeitverhältnisse ist die Vorschrift, daß das Vermögen, „soweit Anlagemöglichkeit vorhanden", wertbeständig angelegt werden muß (§ 205).

Die früheren Vorschriften über das **Verfahren** (§§ 229 bis 312 alt) sind aufgehoben und durch solche ersetzt, die sich den Verfahrensvorschriften der Reichsversicherungsordnung sehr nähern (§§ 214—312).

Auch das Gesetz über die Angestelltenversicherung unterscheidet jetzt zwischen dem „Feststellungsverfahren" (§§ 214—285) und dem „Beschlußverfahren" (§§ 286—294). In dem ersten ergehen die Entscheidungen über die Feststellung der Versicherungsleistungen; das andere tritt für die übrigen Angelegenheiten (z. B. Beitragsstreitigkeiten) ein.

Anträge auf Leistung sind jetzt an die Reichsversicherungsanstalt zu richten, können aber auch beim Versicherungsamt angebracht werden, das den Antrag unverzüglich an die Versicherungsanstalt abzugeben hat (§ 214). Diese kann die Sache zur Begutachtung an das Versicherungsamt abgeben (§§ 214 Abs. 2 bis 246). Die Feststellung der Leistungen ist nunmehr dem Direktorium der Reichsversicherungsanstalt übertragen (§ 248). Gegen ihren Bescheid findet Berufung an das Oberversicherungsamt statt (§ 252), und gegen dessen Urteil ist (in gewissem Umfang, §§ 270, 271) das Rechtsmittel der Revision zulässig.

Die Wiederaufnahme des (rechtskräftig abgeschlossenen) Verfahrens ist ebenso geregelt wie in der Reichsversicherungsordnung (§§ 295—306).

Ausgezahlt werden die Versicherungsleistungen auf Anweisung des Direktoriums durch die Post (§§ 313—315).

Verfehlungen gegen die Bestimmungen des Gesetzes, so namentlich die Einreichung falscher Beitragsnachweisungen seitens eines Arbeitgebers, die Unterlassung der rechtzeitigen Beitragsentrichtung, die Vornahme zu hoher Gehaltsabzüge, die widerrechtliche Vorenthaltung einer Versicherungskarte, die Beschränkung der Versicherten in der Übernahme oder Ausübung eines Ehrenamtes, das ihnen auf Grund des Gesetzes übertragen wird, die Abschließung von Vertragsbestimmungen u. dgl., durch die die Bestimmungen des Gesetzes zum Nachteil der Versicherten ausgeschlossen werden sollen, die Vornahme unzulässiger Eintragungen in Versicherungskarten oder die Anbringung unzulässiger Merkmale an solchen usw. ist vom Gesetz mit Strafen, und zwar teilweise mit ziemlich strengen, bedroht (§§ 335 ff.).

Das Gesetz regelt sodann die Bedingungen, unter denen private Pensionseinrichtungen als Zuschußkassen wirken dürfen (§§ 360 ff.), sowie die Versicherung bei Ersatzkassen (§§ 363—374).

Daß Angestellte, welche mit einer Lebensversicherungsunternehmung einen Versicherungsvertrag abgeschlossen haben, auf ihren Antrag unter gewissen Voraussetzungen von der Beitragspflicht der Angestelltenversicherung befreit werden können (§ 375), wurde schon erwähnt.

Der letzte (zehnte) Abschnitt des Gesetzes enthält Übergangs- und Schlußvorschriften (§§ 378—396). Unter diesen sind besonders hervorzuheben gewisse Erleichterungen in bezug auf Befreiung von der Versicherungspflicht (§ 380), die Erfüllung der Wartezeit (§ 383) oder deren Abkürzung (§ 384), die Vorschrift des § 382 über die Anrechnung der Zeiten des Kriegsdienstes auf die Wartezeiten, § 385, nach welchem wenn der Versicherungsfall bis zum 31. Dez. 1927 vorzeitig, ehe ein Leistungsanspruch geltend gemacht werden konnte, eingetreten ist, beim Tode des Versicherten den Hinterbliebenen ein Anspruch auf Beitragserstattung zusteht, und endlich § 388, wonach Beiträge, die für die Zeit vor dem 1. Sept. 1925 nachentrichtet werden sollen, vom 10. Sept. 1925 an nach den Vorschriften des neuen Gesetzes (nicht desjenigen, das zur Zeit der Fälligkeit galt), also in Reichsmark zu entrichten sind.

Schließlich ist noch die Regelung zu erwähnen, die die Angestelltenversicherung in den ehemals deutschen Gebieten gefunden hat, die infolge des Friedensvertrages von Versailles vom 28. Juni 1919 an feindliche Mächte abgetreten werden mußten. Hierüber vgl. zunächst im allgemeinen AVN. 1920 S. 191; sodann hinsichtlich

a) Frankreichs: Entscheidung des Völkerbundsrats vom 21. Juni 1921 (RGBl. S. 1289; abgedruckt in AVN. 1921 S. 211), §§ 17 u. 18. Dazu § 18 der Verordnung vom 31. Juli 1924 (RGBl. I S. 671).

Hiernach werden Angestellte, die am 1. Jan. 1919 in Elsaß-Lothringen wohnten, bei dem elsaß-lothringischen Versicherungsträger versichert. Die RVAnstalt hat einen Pauschbetrag an die französische Regierung zu zahlen; die Ersatzkassen haben die reichsgesetzlichen Nettobeiträge nebst Zinsen, umgerechnet zum Kurs an der Genfer Börse vom 11. Nov. 1918, zu erstatten.

b) Polens: Entscheidung des Völkerbundsrats vom 17. Juli 1922 (RGBl. II S. 745; abgedr. in AVN. 1922 S. 158); sie betrifft die ehemals deutschen Gebietsteile, die unmittelbar durch den Vertrag von Versailles an Polen übergegangen sind. Das Deutsche Reich hat an Polen eine Entschädigung zu zahlen, in der auch Anteile aus dem Vermögen der RVAnstalt und der Ersatzkassen enthalten sind.

Bezüglich Oberschlesiens s. AVN. 1921 S. 228. Das Gesetz über das am 15. Mai 1922 in Genf abgeschlossene deutsch-polnische Abkommen über Oberschlesien, vom 16. Juni 1922 (RGBl. II S. 237; abgedr. in AVN. 1922 S. 76) regelt die Versicherung der in Polnisch-Oberschlesien Beschäftigten. Die Vermögensauseinandersetzung hat noch nicht stattgefunden.

c) **Belgiens**: Gesetz, betr. das deutsch-belgische Abkommen zu Art. 312 des Friedensvertrags von Versailles, vom 20. Juni 1921 (RGBl. S. 1177).

Nach Art. 19—22 des Abkommens hat die RVAnstalt an Belgien einen Vermögensanteil abzuführen, dessen Berechnung näher geregelt wird. Die Ersatzkassen werden hier nicht erwähnt.

d) **Dänemarks**: Gesetz über den deutsch-dänischen Vertrag, betr. die Regelung der durch den Übergang der Staatshoheit in Nordschleswig auf Dänemark entstandenen Fragen, vom 1. Juni 1922 (RGBl. II S. 141).

Nach Art. 13—15 des Abkommens hat die RVAnstalt, ebenso wie an Polen und Belgien, einen Vermögensanteil abzuführen. Die Ersatzkassen haben die reichsgesetzlichen Nettobeiträge nebst Zinsen für ihre in Nordschleswig wohnenden Mitglieder abzuführen.

e) **des Saargebiets**: Dieses ist zwar nicht an Frankreich abgetreten, gleichwohl aber behandelt Frankreich dasselbe fast wie ein abgetretenes Gebiet.

Nach § 24 der Anlage zu Art. 50 des Friedensvertrags von Versailles werden die Rechte der Einwohner des Saargebiets in Versicherungs- und Rentenangelegenheiten durch die Bestimmungen des Friedensvertrags nicht berührt. Demgemäß hatte die deutsche Reichsregierung durch Gesetz vom 19. Juli 1922 (RGBl. I S. 462) bereits die Ermächtigung erhalten, die Sozialversicherung in Ansehung des Saargebiets im Verordnungsweg, abweichend von den gesetzlichen Vorschriften, zu regeln. Im Widerspruch mit den Bestimmungen des Friedensvertrags hat jedoch die Regierung des Saargebiets, die bekanntlich ganz unter französischem Einflusse steht, dort besondere Versicherungsträger und -Behörden geschaffen und nach Einführung der Frankenwährung auch neue Versicherungsbedingungen eingeführt. Die deutsche Regierung hat dem widersprochen; die eingeleiteten Verhandlungen sind noch nicht abgeschlossen.

f) Hinsichtlich **Danzigs**, des **Memelgebiets**, der **Tschechoslowakei** und **Polens** (in betreff der Vermögensauseinandersetzung in Ansehung Oberschlesiens) sind die Verhandlungen noch in der Schwebe. Nach dem Gesetz zur Regelung von Angelegenheiten der sozialen Versicherung und des Arbeitsrechts bei der Durchführung des Vertrags von Versailles, vom 20. Juli 1922 (RGBl. II

S. 678) bedarf die Reichsregierung nicht der Zustimmung des Reichstags beim Schließen der noch ausstehenden Übereinkommen. —

Infolge des Übergangs der Angestelltenversicherung in den abgetretenen Gebietsteilen auf die fremden Versicherungsanstalten haben diese die Anwartschaften der Angestellten in jenen Gebietsteilen übernommen. Die Angestellten haben an die Deutsche RVAnstalt keinerlei Ansprüche mehr.

Die ehemaligen Angehörigen der Abt. III der Allgemeinen Deutschen Pensionsanstalt für Lehrer und Lehrerinnen (die die RV-Anstalt übernommen hat, s. Anm. 7 zu § 17!) fallen, wenn sie in einem der abgetretenen Gebietsteile wohnen, nicht unter die vorhin erwähnten Abkommen, sondern sie gelten als Versicherte im Ausland (vgl. § 73 ff.).

Nach der Verordnung zur Durchführung des Münzgesetzes, vom 12. Dez. 1924 (RGBl. I S. 775), tritt u. a. auch im Angestelltenversicherungsgesetz an die Stelle von „Goldmark" und „Goldpfennig" die Bezeichnung „Reichsmark" und „Reichspfennig".

Bekanntmachung der neuen Fassung des Angestelltenversicherungsgesetzes. Vom 28. Mai 1924.

Auf Grund des Abschnitts A Artikel XX des Gesetzes über Änderung des Versicherungsgesetzes für Angestellte und der Reichsversicherungsordnung vom 10. November 1922 (Reichsgesetzbl. I S. 849) und des Artikel LXIII des Gesetzes über Änderungen der Reichsversicherungsordnung vom 19. Juli 1923 (Reichsgesetzbl. I S. 686) wird das Versicherungsgesetz für Angestellte vom 20. Dezember 1911 (Reichsgesetzbl. S. 989) unter der Bezeichnung „Angestelltenversicherungsgesetz" in der vom 1. Juni 1924 an gültigen Fassung nachstehend bekanntgegeben.

Berlin, den 28. Mai 1924.

Der Reichsarbeitsminister

In Vertretung

Dr. Geib.

Angestelltenversicherungsgesetz.

Erster Abschnitt

Umfang der Versicherung

I. Versicherungspflicht [1])

§ 1 (1)*).

Für den Fall der Berufsunfähigkeit (§ 30)[2]) und des Alters[3]) sowie zugunsten der Hinterbliebenen[4]) werden Angestellte[5]) nach den Vorschriften dieses Gesetzes[6]) versichert, insbesondere

---

*) Die in Klammern beigesetzten §§ bedeuten die des alten Gesetzes.

1. Angestellte in leitender Stellung[7])[8]),
2. Betriebsbeamte[9]), Werkmeister[10]) und andere Angestellte in einer ähnlich gehobenen oder höheren Stellung[11]),
3. Büroangestellte[12]), soweit sie nicht ausschließlich mit Botengängen, Reinigung, Aufräumung und ähnlichen Arbeiten beschäftigt werden, einschließlich der Bürolehrlinge und Werkstattschreiber[13]),
4. Handlungsgehilfen[14]) und Handlungslehrlinge[15]), andere Angestellte für kaufmännische Dienste[16]), auch wenn der Gegenstand des Unternehmens kein Handelsgewerbe ist, Gehilfen und Lehrlinge in Apotheken[17]),
5. Bühnenmitglieder und Musiker[18]) ohne Rücksicht auf den Kunstwert ihrer Leistungen[19]),
6. Angestellte in Berufen der Erziehung, des Unterrichts[20]), der Fürsorge, der Kranken- und Wohlfahrtspflege[21]),
7. aus der Schiffsbesatzung[22]) deutscher Seefahrzeuge und aus der Besatzung von Fahrzeugen der Binnenschiffahrt Schiffsführer, Offiziere des Decks- und Maschinendienstes, Verwalter und Verwaltungsassistenten sowie die in einer ähnlich gehobenen oder höheren Stellung befindlichen Angestellten ohne Rücksicht auf ihre Vorbildung. Als deutsches Seefahrzeug gilt jedes Fahrzeug, das unter deutscher Flagge fährt und ausschließlich oder vorzugsweise zur Seefahrt benutzt wird.

Unter Abs. 1 Nr. 5, 6 fallen auch Lehrlinge[23]), die sich in einer geregelten Ausbildung zu einem dieser Berufe befinden.

Voraussetzung der Versicherung ist für alle diese Personen, daß sie gegen Entgelt[24]) in einem Dienstverhältnis beschäftigt[25]) werden, daß ihr Jahresarbeitsverdienst[26]) die nach § 3 festgesetzte Grenze[27]) nicht übersteigt[28]), und daß sie beim Eintritt in die versicherungspflichtige Beschäftigung[29]) das Alter von 60 Jahren[30]) noch nicht vollendet haben. Die Altersgrenze gilt nicht, wenn ein nach dem Vierten Buche der Reichsversicherungsordnung Versicherter in eine nach diesem Gesetze versicherungspflichtige Beschäftigung übertritt[31]).

Der Reichsarbeitsminister ist ermächtigt, durch Ausführungsbestimmungen nach Anhören der Reichsversicherungsanstalt und des Reichsversicherungsamts die Berufsgruppen, die in den Kreis des Abs. 1 fallen, näher zu bezeichnen[32]).

1. Versicherungspflicht: Die Versicherungspflicht nach dem AVG. schließt zwar nicht die Kranken- und die Unfallversicherungspflicht, wohl aber die Invalidenversicherungspflicht nach der RVO. aus.

Darin liegt eine grundsätzliche Änderung gegenüber dem früheren Gesetz, die durch die neue Fassung des § 1226 RVO., welche die Novelle vom 10. Nov. 1922 eingeführt hat, bewirkt ist. Diese neue Fassung beseitigt die Doppelversicherung (Invaliden- und Angestelltenversicherung), der früher solche Angestellte unterlagen, deren Jahresarbeitsverdienst 2000 ℳ nicht überstieg. Die Doppelversicherung war als drückende Last empfunden worden, obwohl früher die Beiträge in den unteren Gehaltsklassen der Angestelltenversicherung entsprechend niedriger bemessen waren; vollends unhaltbar aber wurde sie durch die neuerdings eingetretene Steigerung der Beiträge.

Die neue Regelung beseitigt aber nur die doppelte Pflichtversicherung für ein und dasselbe Beschäftigungsverhältnis. Dagegen ist es auch jetzt noch möglich und zulässig, daß jemand neben der Versicherungspflicht in dem einen Versicherungszweig von der freiwilligen Weiterversicherung in dem anderen Gebrauch macht, oder daß jemand gleichzeitig in zwei verschiedenen Beschäftigungsverhältnissen steht, deren eines ihn der Invaliden-, das andere aber der Angestelltenversicherung unterwirft; dieser Fall ist jetzt um so eher möglich, als in § 1 Z. 1, 2, 3 u. 4 AVG. die frühere Forderung, daß diese Beschäftigung den Hauptberuf des Angestellten bilden müsse, nicht mehr aufgestellt ist.

2. Berufsunfähigkeit: Nach § 30 ist als berufsunfähig anzusehen, wer durch körperliche Gebrechen oder wegen Schwäche seiner körperlichen und geistigen Kräfte zur Ausübung seines Berufes dauernd unfähig ist; näheres hierüber bei § 30.

Anders § 1255 RVO.: Hiernach kann ein gegen Invalidität Versicherter nicht schon deshalb als erwerbsunfähig angesehen werden, weil er seinen Beruf nicht mehr auszuüben vermag.

3. Alter: Vollendetes 65. Lebensjahr (§ 30). Bei der Invalidenversicherung war bekanntlich früher das vollendete 70. Lebensjahr erforderlich, jetzt ist auch dort das gesetzliche Alter auf 65 Jahre festgesetzt (RVO. § 1255 Abs. 1 neuer Fassung).

Das 65. Lebensjahr ist vollendet nach der Ausdrucksweise des Gesetzes mit dem 66. Geburtstage, den Tag der Geburt selbst eingerechnet (§ 187 Abs. 2 Satz 2 BGB. und AVN. 1913 S. 127), nach gewöhnlichem Sprachgebrauch mit der 65. Wiederkehr des Tages der Geburt (in manchen Gegenden herrscht ein davon abweichender, unrichtiger Sprachgebrauch).

4. der Hinterbliebenen: Das sind die Witwe (§ 32), die Waisen (§§ 33—35), der erwerbsunfähige Witwer (§ 34).

5. Angestellte: Hier gibt das Gesetz (abweichend von der früheren Fassung) einen Oberbegriff derjenigen, die der Versicherung unterstehen sollen; die folgende Aufzählung in Z. 1—7 enthält daher, wie das Wort „insbesondere" ersehen läßt, nur Beispiele, die Aufzählung ist nicht erschöpfend. Freilich ist nicht zu verkennen, daß der Oberbegriff im wesentlichen nur theoretische Bedeutung hat; die Praxis wird sich in der Hauptsache immer an die Aufzählung in Z. 1—7 halten müssen.

Eine Bestimmung des Begriffs der „Angestellten" gibt das Gesetz nicht. Die Entscheidung darüber, ob jemand Angestellter im gesetzlichen Sinne sei oder nicht, kann nur von Fall zu Fall getroffen werden (AVN. 1917 S. 54 Z. 185).

Der Kreis der Versicherungspflichtigen ist jedoch dadurch abgegrenzt, daß nach unten hin alle, die der nur handarbeitenden Bevölkerungsklasse angehören (Arbeiter, Gehilfen, Gesellen, Lehrlinge, Dienstboten usw.), nach oben hin die Selbständigen (s. aber § 6) von der Versicherung ausgeschlossen sind (unbeschadet der Vorschrift in § 1 Abs. 3, wonach auch Angestellte mit einem Jahresarbeitsverdienst, der die festgesetzte Grenze überschreitet, da für sie das Bedürfnis der Versicherung nicht mehr besteht, versicherungsfrei sind).

Angestellte im Sinne des Gesetzes sind auch Reichs- und Landesbeamte und die diesen in §§ 11—17 gleichgestellten Personen (AVN. 1913 S. 209). Jedoch begründen bei ihnen die §§ 11—17 Ausnahmen von der Versicherungspflicht. Näheres hierüber s. in den Anmerkungen zu diesen Paragraphen.

Im einzelnen sind hinsichtlich der Versicherungspflicht von Reichs- und Landesbeamten usw. noch die folgenden Erlasse anzuführen:

a) Für das Reich: Bekanntm. des Reichskanzlers vom 30. Sept. 1912 (Reichsanz. Nr. 234), letzter Absatz, die Versicherungspflicht im Bereich der Reichseisenbahnverwaltung betr., die auch jetzt für das Personal der Deutschen Reichsbahngesellschaft weiter gilt.

Verfügung des Reichspostamts vom 14. Okt. 1912 (Amtsbl. d. Reichspostamts S. 235) über die Versicherungspflicht im Bereich der Reichspost- und Telegraphenverwaltung;

b) für Preußen: Erlaß des k. pr. Ministers der öffentl. Arbeiten vom 19. Sept. 1912 (Min.-Bl. f. innere Verw. S. 281), Ziff. I Abs. 2, den Bereich der allgem. Bauverwaltung betr.;

Zwei Erlasse des k. pr. Ministers der geistl. und Unterrichtsangelegenheiten vom 28. Dez. 1912 (Min.-Amtsbl. der pr. Handels- u. Gewerbeverw. 1913 S. 80, 82), betr. die Versicherungspflicht im Bereiche der Verwaltung der geistlichen und Unterrichtsangelegenheiten, und die Versicherungspflicht der im Kirchendienst Angestellten,

Erlaß des k. pr. Ministers für Handel und Gewerbe vom 31. Dez. 1912 (Min.-Bl. der pr. Handels- u. Gewerbeverw. 1913 S. 24), betr. das Personal der Eichverwaltung,

Zwei Erlasse des k. pr. Ministers für Landwirtschaft, Domänen und Forsten vom 31. Dez. 1912 (Min.-Bl. der k. pr. Verw. f. Landw. usw. 1913 S. 29) und vom 17. Febr. 1913 (ebenda S. 78), betr. die Vers.-Pflicht der Meliorationstechniker und der Rechengehilfen in den Landmesserbureaux der k. Generalkommission,

Erlaß des k. pr. Kriegsministers vom 29. März 1913 (Armee-Verordn.-Bl. S. 50), letzter Absatz, den Bereich der Heeresverwaltung betr.;

c) für Bayern: Min.-Bekanntm. vom 10. Jan. 1913 (Amtsbl. der k. Staatsministerien des Königl. Hauses und des Äußeren und des Inneren S. 81), betr. das Personal der inneren Staatsbauverwaltung,

Ziff. I Abs. 3 der Min.-Bekanntm. vom 23. Dez. 1912 (ebenda — 1913 — S. 71), betr. die Notariatsgehilfen,

Ziff. II der Min.-Bekanntm. vom 11. Nov. 1912 (ebenda — 1912 — S. 1075), betr. das Verhältnis der Gemeindebeamten zum Versicherungsgesetz für Angestellte,

Min.-Bekanntm. vom 17. Mai 1915 (Just.-Min.-Bl. S. 42), betr. die Notariatspraktikanten und gepr. Rechtspraktikanten (Assessoren),

Min.-Bekanntm. vom 13. Jan. 1917 (Fin.-Min.-Bl. S. 23), betr. die Versicherung der Aushilfen bei den Behörden und der Angestellten der kriegswirtschaftlichen Einrichtungen,

Min.-Bekanntm. vom 1. April 1924 (Fin.-Min.-Bl. S. 33) über die Angestellten der bayer. Staatsverwaltung;

d) für Baden: Erlaß vom 30. Dez. 1922 über die Versicherung der im Justizdienst beschäftigten Personen (Just.-Min.-Bl. 1923 S. 1 ff.), und

Erlaß vom 13. Mai 1923 (Kult.-Min.-A.-Bl. S. 117).

Die Reichsversicherungsanstalt hat am 20. Juni 1912 eine „Anleitung betr. den Kreis der nach dem Versicherungsgesetz für Angestellte vom 20. Dezember 1911 versicherten Personen“ herausgegeben. Sie ist im Anhang abgedruckt. Freilich ist sie durch die Änderungen des Gesetzes vielfach in Mitleidenschaft gezogen, was nunmehr bei ihrer Benützung stets zu beachten ist.

Bemerkt sei noch, daß das Gesetz vom 19. Juli 1923 (RGBl. I S. 686) die Berufsgruppen der Krankenversicherung denen der Angestelltenversicherung so ziemlich (wenn auch nicht völlig) angeglichen hat.

6. nach den Vorschriften dieses Gesetzes versichert: Grundsatz des Versicherungszwangs, wie bei der Invalidenversicherung (§ 1226 RVO.); ein Versicherungs**vertrag** kommt daher **nicht** zustande.

Für den Eintritt der Versicherung bestehen die Voraussetzungen,

a) daß die zu versichernde Person noch nicht berufsunfähig ist (§ 11),

b) daß sie gegen Entgelt als Angestellter beschäftigt wird (§ 1 Abs. 3),

c) daß ihr Jahresarbeitsverdienst die festgesetzte Grenze nicht übersteigt (§ 1 Abs. 3),

d) daß sie beim Eintritt in die versicherungspflichtige Beschäftigung das Alter von 60 Jahren noch nicht vollendet hat (§ 1 Abs. 3; die untere Altersgrenze von 16 Jahren ist im neuen Gesetz beseitigt); endlich

e) daß nicht aus besonderen Gründen Versicherungsfreiheit besteht §§ 8—17).

Eine Sonderstellung nehmen nach § 4 Z. 1 Angehörige der Schutzpolizei und Soldaten ein. Sie unterliegen der Versicherung nicht kraft Gesetzes, sondern nur dann, wenn sie bei ihrer vorgesetzten Dienstesstelle die Versicherung beantragen. Stellen sie jedoch einen solchen Antrag, so erlangen sie dadurch die rechtliche Stellung Versicherungspflichtiger. Die gleiche Befugnis gewährt ihnen das Gesetz auch hinsichtlich der Invalidenversicherung (§ 1226 a RVO.). Ob sie überhaupt von einer Versicherung Gebrauch machen wollen, und gegebenenfalls von welcher, ist ihrer Wahl überlassen.

Keinen Unterschied für die Versicherungspflicht (und ebenso für die Beitragsleistung) begründet das Geschlecht; wohl aber ist dieses von Belang für die Bemessung der Versicherungsleistungen (vgl. §§ 53, 61, 62, 63, 170 Abs. 2).

Ohne Bedeutung für die Versicherungspflicht ist auch der Familienstand; Ausnahme: § 8.

Das gleiche gilt auch von der Staatsangehörigkeit (s. auch § 5, andererseits aber auch §§ 358 Abs. 2, 359). Der Umstand, daß ein Angestellter Ausländer ist, steht daher seiner Versicherungspflicht nicht im Weg, und zwar auch dann nicht, wenn er demnächst ins Ausland zurückzukehren beabsichtigt und daher keine Aussicht auf Erfüllung der Wartezeit und Bezug der Versicherungsleistungen hat (Anl. Z. 3; AVN. 1915 S. 160 u. 219).

Da die Gesetzgebungshoheit des Deutschen Reichs nicht über dessen Grenzen hinausreicht (vgl. auch § 1 Abs. 1 Z. 7, letzten Satz, sowie § 5), so kann sich der Versicherungszwang grundsätzlich nur auf die Angestellten erstrecken, die im Inland beschäftigt sind (AVN. 1915 S. 123; 1916 S. 267 Z. 162; 1919 S. 15 Z. 331). Das gilt auch für die Binnenschiffahrt. Eine Ausnahme bildet aber die Seeschiffahrt. Hier entscheidet lediglich die Staatsangehörigkeit des Fahrzeugs. Die deutschen Seeschiffe gelten, wo sie sich auch befinden, gewissermaßen als deutscher Boden, die Tätigkeit der Besatzung (der Inländer wie der Ausländer) als Tätigkeit im Inland (Anl. Ziff. 2). Doch kann auch eine andere Beschäftigung im Ausland unter Umständen als Teil oder Ausstrahlung einer inländischen Beschäftigung oder eines inländischen Betriebs anzusehen, und daher versicherungspflichtig sein. Hierüber kann im Zweifel nur nach Lage des einzelnen Falles entschieden werden.

Der Wohnort (Wohnsitz) des Versicherten ist ohne Belang. Deutsche Schutzgebiete gelten hier als Ausland (AVN. 1918 S. 187 Z. 289). Wer aber im Inland beschäftigt wird (in einer Weise, die unter das Gesetz fällt), ist versicherungspflichtig ohne Rücksicht darauf, ob etwa seine Tätigkeit mit einem ausländischen Betriebe zusammenhängt, z. B. auf Fahrzeugen eines ausländischen Binnenschiffahrtsbetriebes geleistet wird (die Besatzung fremder Seefahrzeuge ist auch in deutschen Gewässern von der Versicherung frei). Über die Berechtigung, die Versicherung im Ausland freiwillig fortzusetzen, s. § 21 Abs. 2.

Da auch die Angestelltenversicherung eine Zwangsversicherung ist, so stellt sich auch bei ihr gleichwie bei der Invalidenversicherung als Grundlage des Versicherungsverhältnisses zunächst nicht die Beitragsentrichtung, sondern allein die Ausübung einer versicherungspflichtigen Tätigkeit dar; erst diese bedingt ihrerseits die Beitragspflicht, deren Erfüllung allerdings der Bewilligung der Versicherungsleistungen vorausgehen muß (die Kranken- und die Unfallversicherung weichen in diesem letzteren Punkte von der Invaliden- und der Angestelltenversicherung ab; denn dort kann die Bewilligung der Versicherungsleistungen grundsätzlich nicht deswegen versagt werden, weil keine Beiträge geleistet seien).

Erweiterungen der Versicherungspflicht enthalten die §§ 5 und 6, Einschränkungen die §§ 8—17. Über die Versicherungsberechtigung s. die §§ 21 und 22.

7. Angestellte in leitender Stellung: S. Anl. Ziff. 10. Den Gegensatz bildet die bloß ausführende Tätigkeit. Solche Angestellte (in nicht leitender Stellung) folgen in Ziff. 2—6 des § 1 Abs. 1. S. auch MonSchr. 1924 S. 562.

Man hat verschiedene Versuche gemacht, den Kreis der „Angestellten in leitender Stellung" durch eine allgemeine Formel abzugrenzen; solche Versuche sind jedoch aussichtslos. Darüber, ob ein Angestellter ein solcher „in leitender Stellung" sei, wird stets nur nach Lage des Einzelfalles entschieden werden können.

8. Hauptberuf: Das frühere Gesetz unterwarf die Angestellten in leitender Stellung nur dann der Versicherungspflicht, wenn diese Beschäftigung ihren Hauptberuf bildete. Das neue Gesetz hat dieses Erfordernis beseitigt. Angestellte in leitender Stellung unterliegen daher jetzt der Versicherungspflicht auch dann, wenn sie diese Tätigkeit nur im Nebenberuf ausüben (sofern nicht etwa § 10 zutrifft).

9. Betriebsbeamte: S. Anl. Ziff. 12. Auch die Entscheidung darüber, wer als Betriebsbeamter anzusehen ist, wird vielfach nur von Fall zu Fall möglich sein. Anm. 8 gilt auch hier.

10. Werkmeister: S. Anl. Z. 12. Eine werkmeisterähnlich gehobene Stellung ist nur dann gegeben, wenn dem Angestellten die Befugnis zu selbständigen Entscheidungen und Anordnungen unter eigener Verantwortlichkeit zusteht (AVN. 1921 S. 14/16). Anm. 8 gilt auch hier.

11. Andere Angestellte S. Anl. Z. 13, ferner Ber.-Gr.*) A, I—XX. Die Büroangestellten sind vom Gesetz besonders behandelt; vgl. Anm. 12. Anm. 8 gilt auch hier.

12. Büroangestellte: S. „Ber.-Gr." Buchst. B. Das frühere Gesetz unterwarf diese der Versicherungspflicht, soweit sie nicht „mit niederen oder lediglich mechanischen" Dienstleistungen beschäftigt werden. Die Rechtsprechung hat die Worte: „mit niederen Dienstleistungen" ausgelegt als gleichbedeutend mit: „überwiegend mit niederen Dienstleistungen". Die Unterscheidung zwischen „mechanischen" und höheren Dienstleistungen hat zahlreiche Streitfälle hervorgerufen.

Um solche abzuschneiden, unterscheidet das neue Gesetz nicht mehr zwischen mechanischen und höheren Dienstleistungen, der Begriff der „mechanischen Dienstleistungen" ist vielmehr aus dem Gesetz entfernt. Daher sind jetzt z. B. auch Schreiber, die nur mit Abschreibarbeiten beschäftigt werden, zweifellos versicherungspflichtig.

Die Einschränkung dagegen, daß Büroangestellte nicht versicherungspflichtig sein sollen, soweit sie mit niederen Dienstleistungen beschäftigt werden, ist im neuen Gesetz aufrechterhalten. Jedoch gebraucht es den Ausdruck „niedere Dienstleistungen" nicht mehr, vielmehr umschreibt es diesen Begriff näher durch die Worte: „mit Botengängen, Reinigung, Aufräumung und ähnlichen Arbeiten". Ferner bestimmt das Gesetz jetzt ausdrücklich, daß Büroangestellte nur dann versicherungsfrei sein sollen, wenn sie ausschließlich mit solchen niederen Dienstleistungen beschäftigt werden. Daher ist jetzt z. B. ein Angestellter, der überwiegend mit Botengängen u. dgl., nebenbei aber auch mit Schreibarbeiten beschäftigt wird, versicherungspflichtig (immerhin muß aber die Tätigkeit eines solchen Beschäftigten derart sein, daß er überhaupt noch als Büroangestellter angesehen werden kann; s. AN. 1925 S. 181 Z. 2862).

Sind Angestellte hiernach von der Angestelltenversicherung frei, so können sie sehr wohl als „Gehilfen" im Sinn des § 1226 Abs. 1 Z. 4 RVO. der Invalidenversicherungspflicht unterliegen, was dort ausdrücklich vorbehalten ist.

Ein Büroangestellter ist auch in der Zeit, in der er keine Bürodienste leistet, aber im Einverständnis mit dem Arbeitgeber sich zu solchen bereit hält, versicherungspflichtig (AVN. 1921 S. 73 Z. 464). Anm. 8 gilt auch hier.

---

*) „Bestimmung von Berufsgruppen der Angestelltenversicherung", vom 8. März 1924 (RGBl. I S. 274); s. Anm. 31 und den Anhang!

S. endlich für **Baden** den Min.-Erl. vom 16. Dez. 1922 über die Versicherungspflicht der Büroangestellten, welche nicht ausschließlich mit Botengängen, Reinigung, Aufräumen und ähnlichen Arbeiten beschäftigt werden (Kult.-Min.-A.-Bl. 1923 S. 1).

13. Bürolehrlinge und Werkstattschreiber: Die Versicherungspflicht der Bürolehrlinge ist neu eingeführt. Der Grund, aus dem das frühere Gesetz sie (ebenso wie Handlungslehrlinge und Lehrlinge in Apotheken) versicherungsfrei gelassen hatte, lag in der früheren Berechnung des Ruhegelds (§ 55 alt), die auf die Beiträge, die in den ersten 120 Beitragsmonaten entrichtet sind, ein besonderes Gewicht legte. Dadurch wären alle Angestellte, die als Lehrlinge angefangen haben, unter Umständen empfindlich geschädigt worden, da Lehrlinge durchwegs ein geringes Einkommen haben und daher für sie auch nur niedere Beiträge zu entrichten sind. Der Gesetzgeber hat es daher s. Zt. vorgezogen, sie überhaupt versicherungsfrei zu lassen. Der Grund dafür ist aber jetzt, durch die veränderte Berechnung des Ruhegelds (§ 56 neu), weggefallen.

Die Werkstattschreiber führt das Gesetz jetzt deshalb ausdrücklich an, um gewisse Zweifel über ihre Versicherungspflicht, die früher hervorgetreten waren, abzuschneiden.

14. Handlungsgehilfen: S. Anl. Ziff. 15, sowie § 59 des Handelsgesetzbuchs. Hienach ist Handlungsgehilfe, wer in einem Handelsgewerbe (s. §§ 1—3 des Handelsgesetzbuchs) zur Leistung kaufmännischer Dienste gegen Entgelt angestellt ist. Darunter fällt auch die Anstellung in einem Laden oder einem Warenlager. Es kommt wesentlich darauf an, daß jemand zur Leistung kaufmännischer Dienste angestellt ist; die jeweilige tatsächliche Beschäftigung, mag diese auch zeitweise in anderen Diensten bestehen, ist nicht maßgebend (AVN. 1913 S. 209, 1915 S. 47). Die Art der Entlohnung entscheidet nicht (AVN. 1917 S. 267 Z. 254).

Den Gegensatz zu den Handlungsgehilfen bilden die Gewerbsgehilfen; diese unterliegen nicht der Angestellten-, sondern nur der Invalidenversicherung.

15. Handlungslehrlinge waren nach früherem Recht versicherungsfrei, sind aber jetzt in die Versicherung einbezogen (s. Anm. 13). Auch der Begriff des Handlungslehrlings bestimmt sich nach dem Handelsgesetzbuch.

16. andere Angestellte für kaufmännische Dienste: Solche sind, wenn der Gegenstand des Unternehmens kein Handelsgewerbe ist, trotz der Art ihrer Beschäftigung nicht Handlungsgehilfen im Sinn des Handelsgesetzbuchs (§ 59 HGB., s. o. Anm. 14); sie waren daher nach dem alten Gesetz versicherungsfrei. Des Versicherungsschutzes bedürfen sie aber ebensogut wie die eigentlichen Handlungsgehilfen; das neue Gesetz bezieht sie daher ausdrücklich in die Versicherung ein. Der Gesetzgeber denkt dabei namentlich an

Angestellte in gemeindlichen Verkaufsstellen, wie solche während des Kriegs vielfach entstanden sind, u. dgl.

17. Lehrlinge in Apotheken: **Von ihnen gilt** das gleiche wie von den Handlungslehrlingen (s. o. Anm. 13 u. 15).

18. Bühnenmitglieder und Musiker: **Das** frühere Gesetz sagte: „Bühnen- und Orchestermitglieder." Hier verursachte besonders die Schwierigkeit, den Begriff des „Orchesters" nach der Mindestzahl der Teilnehmer abzugrenzen, viele Weiterungen und Streitigkeiten. Um diese künftig abzuschneiden, vermeidet das neue Gesetz den Ausdruck „Orchester" vollständig und setzt dafür „Musiker". Hiernach fallen jetzt unter die Versicherung sowohl einzelne Musiker als auch die Mitglieder eines Orchesters (oder auch einer Vereinigung von Musikern, von der es bisher zweifelhaft war, ob sie ein „Orchester" sei).

Dabei gilt jedoch wie für alle anderen Angestellten so auch für Musiker die Voraussetzung des § 1 Abs. 3, daß sie nämlich „in einem Dienstverhältnis" beschäftigt sein müssen. Diese ist jedoch nicht immer gegeben, manche Musiker treten selbständig auf; sie sind dann nicht versicherungspflichtig. Die Entscheidung darüber kann nur von Fall zu Fall getroffen werden. Bei Musikkapellen, die in öffentlichen Gaststätten u. dgl. spielen, kann es auch zweifelhaft sein, ob die Mitglieder einschließlich des Leiters der Kapelle Angestellte des Wirts seien, oder ob der Leiter selbständiger Unternehmer und die Anderen seine Angestellten seien. Auch hierüber — die Unterscheidung ist wichtig für die Frage, wer beitragspflichtig sei! — kann nur von Fall zu Fall entschieden werden. Musikkapellen, die in Gaststätten auf Zeit verpflichtet sind, betrachtet jedoch die Rechtsprechung als unselbständig.

Als „Bühnenmitglieder" kommt nur das Bühnenpersonal in Betracht, das als Darsteller auftritt (einschließlich der Tänzer und Tänzerinnen). Andere Angestellte einer Bühne unterliegen der Angestelltenversicherung nicht auf Grund der Z. 5, sondern der Z. 1 oder 2 des § 1 (s. „Ver.-Gr." A XX). Die niederen Beschäftigten einer Bühne (Theaterarbeiter, Garderobefrauen usw.) unterliegen als „Arbeiter" oder „Gehilfen" nur der Invalidenversicherung.

Bühnengrößen (sog. „Sterne"), sowie bedeutende Orchesterdirigenten unterliegen aber bekanntlich der Angestelltenversicherung nicht. Der Grund liegt jedoch einzig und allein darin, daß solche Angestellte die nach § 3 festgesetzte Verdienstgrenze überschreiten. —

Darauf, ob die Leistungen der Bühnenmitglieder und Musiker einen Kunstwert haben, kommt es nach ausdrücklicher Vorschrift des Gesetzes nicht an. S. auch Anl. Z. 16 Abs. 3.

Zu den „Bühnenmitgliedern" gehören — eben, weil es auf den Kunstwert der Leistungen nicht ankommt — auch die „**Artisten**"; doch treten diese sehr häufig selbständig auf, so daß sie nicht versicherungspflichtig sind (ABN. 1918 S. 90 Z. 278; s. auch AN. 1924 S. 187 Z. 2807). S. endlich auch Abs. 2 dieses Paragraphen!

20. Angestellte in Berufen der Erziehung, des Unterrichts: S. „Ver.-Gr." Buchst. C. Das frühere Gesetz sagte: „Lehrer und Erzieher." Hieran knüpfte sich sofort nach seinem Inkrafttreten die Streitfrage, ob solche Privatlehrer, die, ohne Inhaber einer Lehranstalt zu sein, unterrichten (sei es in ihrer Wohnung oder sei es in den Wohnungen der Schüler), versicherungspflichtig seien. Die richtige Ansicht (die gegenteilige beruhte auf einer Überspannung des Unternehmerbegriffs) hat sie als versicherungspflichtig betrachtet. Sie erfuhr alsbald eine mittelbare Bestätigung durch das „Gesetz über die Angestelltenversicherung der Privatlehrer", vom 22. Juli 1913 (RGBl. S. 600); s. ferner auch AVN. 1913 S. 127, 1915 S. 57, 1922 S. 4.

Auch das neue Gesetz hat die Frage in diesem Sinn entschieden. Nach seiner (veränderten) Fassung gilt allerdings § 1 Z. 6 nur mehr für eigentliche Angestellte in Berufen der Erziehung und des Unterrichts. Nach § 4 Z. 2 stehen diesen jedoch gleich (nämlich hinsichtlich der Versicherungspflicht) selbständige Lehrer und Erzieher, die in ihren Betrieben keine Angestellten beschäftigen. Das trifft auf die große Menge der Privatlehrer, die bei wechselnden Auftraggebern Stunden geben, zu; sie unterliegen daher jetzt zweifellos der Versicherungspflicht. Wegen der Beitragsentrichtung für sie vgl. jetzt § 184.

Beschäftigt ein selbständiger Lehrer oder Erzieher in seinem Betrieb Angestellte, so betrachtet das Gesetz ihn selbst nicht mehr als Angestellten (seiner Auftraggeber), sondern als selbständigen Unternehmer.

Als Lehrer und Erzieher im Sinne des Gesetzes sind jedoch nur solche anzusehen, die höheren Unterricht in Wissenschaft und Kunst und zur Bildung des Charakters und Gemüts erteilen (also in Musik, Sprachen, Zeichnen und Malen usw.). Ausgenommen ist dagegen in der Regel, wer nur in körperlichen oder mechanischen Fertigkeiten (Reiten, Schwimmen, Tanzen, Radfahren u. dgl.) unterrichtet; nur, wenn auch ein solcher Unterricht zu Zwecken der Erziehung erteilt wird, kann der betr. Lehrer unter das Gesetz fallen (AVN. 1917 S. 194 Z. 226); s. ferner auch AVN. 1917 S. 276 Z. 256 u. S. 278 Z. 258.

Doch können solche Lehrer, die hienach nicht unter § 1 Z. 6 fallen, gleichwohl aus anderen Gesichtspunkten (§ 1 Z. 1 oder 2) versicherungspflichtig sein.

Hochschullehrer fallen nicht unter das Gesetz. Siehe endlich auch Abs. 2 dieses Paragraphen!

21. Angestellte in Berufen der Fürsorge, der Kranken- und Wohlfahrtspflege: Diese sind der Versicherungspflicht neu unterstellt.

22. Schiffsbesatzung: S. Anl. Z. 18, ferner o. Anm. 6 Abs. 6 u. „Ver.-Gr." Buchst. D.

Auch die Versicherungspflicht der Besatzung von Fahrzeugen der Binnenschiffahrt ist nur nach Z. 7 (nicht etwa nach Z. 1 oder 2) zu beurteilen (AVN. 1918 S. 77 Z. 275).

Das frühere Wort „Kapitän" ist in „Schiffsführer" verdeutscht. Auch hier handelt es sich, wie Aufzählung in Z. 7 ersehen läßt, nur um die höheren Angestellten. Das niedere Personal der Schiffsbesatzungen unterliegt zuf. § 1226 Abs. 1 Z. 3 RVO. der Invalidenversicherung.

23. Lehrlinge: Abs. 2 ist neu, er bezieht sich nur auf die Z. 5 u. 6 und bildet eine Ergänzung zu der Anführung der Lehrlinge in Z. 3 u. 4.

24. gegen Entgelt: S. Anl. Z. 6—8. Nach § 2 gehören zum Entgelt zunächst Arbeitsverdienst, Gehalt und Lohn, sodann aber auch Gewinnanteile, Sach- und andere Bezüge (Tantièmen, Naturalbezüge usw). S. jedoch § 9.

Über die Löhnung durch Dritte oder an Dritte s. Anl. Z. 8 und AVN. 1913 S. 127.

Über die Versicherungsfreiheit einer nur ehrenamtlichen Tätigkeit (Kirchenrechner) vgl. AVN. 1913 S. 209, sowie 1917 S. 79 Z. 196; dagegen s. auch AVN. 1916 S. 55 Z. 91 (Bürgermeister und Standesbeamter).

Das Fortbestehen eines versicherungspflichtigen Lohnarbeitsverhältnisses wird nicht dadurch ausgeschlossen, daß für die Zeit einer verhältnismäßig nicht zu langen Unterbrechung der Arbeitsleistung, in der das Beschäftigungsverhältnis fortdauert, kein Entgelt gezahlt wird. Ob das Beschäftigungverhältnis auch in dieser Zeit als ein entgeltliches anzusehen sei, läßt sich nur nach den Umständen des einzelnen Falls entscheiden (AN. 1924 S. 84 Z. 2789).

25. in einem Dienstverhältnis beschäftigt: Das ist nur, wer bei einem Arbeitgeber eine der Tätigkeiten, die im § 1 Abs. 1 Z. 1—7 bezeichnet sind, tatsächlich ausübt, oder wenigstens vor dem Beginn der eigentlichen Beschäftigung sich dienstbereit zu halten hat (z. B. Choristen eines Theaters, die vor Beginn der Spielzeit an Proben teilzunehmen haben). Stellenlose sind aber keine „Angestellten"; ihnen kann daher keine Versicherungskarte (§ 176) ausgestellt werden. Hierüber vgl. AVN. 1913 S. 127 u. 1918 S. 9 Z. 265.

Bei der Prüfung, ob ein Dienstverhältnis vorliege oder nicht, ist nicht so sehr die rechtliche Gestaltung (die die Beteiligten willkürlich vornehmen können) maßgebend, es entscheiden vielmehr die tatsächlichen, wirtschaftlichen Verhältnisse (AVN. 1918 S. 97). Es ist daher nicht maßgebend, wenn z. B. dem Vertrag, den jemand mit einem Auftraggeber abgeschlossen hat, die Form eines Werkvertrags gegeben ist, während er in Wirklichkeit kein solcher ist, sondern ein Dienstvertrag, oder wenn der Auftraggeber im Vertrag seinen Vertragsgegner als selbständigen Unternehmer hinzustellen sucht, während dieser das in Wirklichkeit nicht ist, usw.

Anstellung auf Probe schließt die Versicherungspflicht nicht aus, sofern nur die Beschäftigung an sich versicherungspflichtig ist (AVN. 1917 S. 85 Z. 201).

Die Angestellteneigenschaft wird auch nicht ohne weiteres dadurch ausgeschlossen, daß der Betreffende z. B. zugleich als selbständiger Kaufmann tätig ist (AVN. 1917 S. 178 Z. 215); das muß jetzt um so mehr gelten, als das neue Gesetz, wie bereits ausgeführt, in § 1 Abs. 1 Z. 1, 2, 3 und 7 das Erfordernis, daß diese Tätigkeit den Hauptberuf bilden müsse, nicht mehr aufstellt.

Nicht selten sind sog. mittelbare Beschäftigungsverhältnisse; so besonders, wenn ein Angestellter seinem Arbeitgeber gegenüber vertraglich verpflichtet ist, seine Ehefrau mit zu beschäftigen. Hier ist auch die Ehefrau als Angestellte des Arbeitgebers anzusehen, wenn ihre Tätigkeit unter das Gesetz fällt, und hiernach versicherungspflichtig; in dem dem Manne gewährten Entgelt ist dasjenige seiner Ehefrau mit enthalten (AVN. 1913 S. 127). Aber auch umgekehrt wird die Versicherungspflicht nicht dadurch ausgeschlossen, daß ein Beschäftigter (Angestellter) seinerseits auf eigene Kosten Angestellte beschäftigt (z. B. Generalagent einer Versicherungsgesellschaft); vgl. AVN. 1920 S. 180 Z. 411.

Nähere persönliche Beziehungen zwischen Arbeitgeber und Angestelltem stehen der Annahme eines Dienstverhältnisses nicht im Wege (AVN. 1917 S. 191 Z. 224); jedoch sind bei der Beurteilung, ob zwischen Eltern und Kindern ein Dienstverhältnis vorliege, neben den wirtschaftlichen auch ethische Gesichtspunkte zu berücksichtigen (AN. 1924 S. 125 Z. 2795). Vgl. auch AVN. 1915 S. 127 u. 1917 S. 107.

Kriegsteilnehmer, an deren Angehörige der Arbeitgeber einen Teil ihres bisherigen Gehalts als Unterstützung während des Kriegs weiterzahlt, sind nicht „beschäftigt" (auch wird ihnen kein „Entgelt" gezahlt); s. AVN. 1916 S. 143 Z. 106. Anders jedoch, wenn das Dienstverhältnis ausdrücklich aufrechterhalten ist (AVN. 1915 S. 140).

Ein Dienstverhältnis besteht dann nicht mehr, wenn es durch (sei es auch ungerechtfertigte, vorzeitige) Entlassung des Angestellten tatsächlich beendet ist (AVN. 1915 S. 208 Z. 56; s. auch 1915 S. 199, sowie ebenda S. 218).

Das Gesetz hat nur Beschäftigte im Auge, die im Besitz ihrer persönlichen Freiheit sind. Strafgefangene (und ebenso die Insassen von Arbeits- und Besserungshäusern) können daher nicht „Angestellte" sein. Das gleiche gilt auch von Kriegsgefangenen (AVN. 1919 S. 7 Z. 316), und auch von feindlichen Zivilgefangenen, von diesen jedoch nur, wenn sie nicht etwa aus dem Gefangenenlager zu freier Arbeit entlassen sind (AVN. 1917 S. 242).

Liegt nach all dem ein Dienstverhältnis vor, so ist seine Dauer gleichgültig (vorbehaltlich des § 10). Die Versicherungspflicht besteht auch dann, wenn nach der Art des Anstellungsverhältnisses die Anwartschaft nicht aufrechterhalten werden kann (Beschäftigung nur je 2 Monate im Jahr); s. AVN. 1917 S. 36.

Aus der Rechtsprechung sind noch die folgenden Einzelfälle anzuführen:

Die Angestellteneigenschaft wurde bejaht (und die Unternehmereigenschaft verneint) in AVN. 1913 S. 126 (Rechtsanwalt als Leiter in einem Erwerbsgeschäft), 1913 S. 127 (bisheriger Inhaber einer in Konkurs geratenen Firma, der im Auftrag des Konkursverwalters gegen Entgelt das Geschäft weiterführt), ebenda (Zeitungsberichterstatter), S. 169 (Werkmeister einer Zigarrenfabrik), 1914 S. 9 (Zieglmeister), 1914 S. 42 (Miterbe, der ein Gut für eine Erbengemeinschaft gegen Entgelt verwaltet), 1916 S. 55 Z. 91 (Bürgermeister und Standesbeamter), 1918 S. 54 (Gerichtsassessor bei einer Auskunftsstelle), 1918 S. 92 (Fleischbeschauer in Preußen).

Dagegen wurde die Angestellteneigenschaft verneint (und die eines selbständigen Unternehmers oder Gewerbetreibenden angenommen) in AVN. 1913 S. 125 (Probeentnehmer bei Handelskammern), 1913 S. 127, 1918 S. 183 Z. 287 u. S. 191 Z. 292 (Teilnehmer einer offenen Handelsgesellschaft), 1915 S. 45 (Sohn, der am Geschäft der Mutter mit Kapital beteiligt), 1916 S. 5 Z. 69 (Hebammen), 1916 S. 239 Z. 154 (Rendant einer Jagdgesellschaft, selbst Mitglied), 1916 S. 269 Z. 163 u. 1917 S. 234 (Bücherrevisor), 1916 S. 294 Z. 171 (Kommissär und Einnehmer einer öffentlichen Feuerversicherungsanstalt), 1917 S. 34 (Kaufmann, der nach dem Verkauf seines Geschäfts in diesem noch tätig ist), 1918 S. 62 Z. 271 (Assistenten an einer Hochschule).

26. Jahresarbeitsverdienst: Maßgebend ist nur das Einkommen aus dem versicherten Beruf; anderweitiges Einkommen, z. B. aus Grundbesitz, aus Kapitalrenten usw. bleibt außer Betracht (anders § 176 RVO.); s. AVN. 1915 S. 135 Z. 32. Nicht zum Jahresarbeitsverdienst zählt daher z. B. ein Ruhegehalt, das der Angestellte auf Grund einer früheren Beschäftigung bezieht (AVN. 1918 S. 98 Z. 283), oder das Einkommen aus einer Tätigkeit, die für einen ausländischen Arbeitgeber im Ausland entrichtet wird (AVN. 1915 S. 125).

27. Die nach § 3 festgesetzte Grenze: Der Gesetzgeber nimmt an, daß Angestellte, deren Arbeitsverdienst die Grenze übersteigt, imstande sein werden, selbst für sich und ihre Hinterbliebenen zu sorgen.

Das frühere Gesetz hatte die Grenze selbst festgesetzt, und zwar auf 5000 M. Unter dem Einfluß der Geldentwertung mußte sie öfter erhöht werden. Um die Grenze den jeweiligen wirtschaftlichen Verhältnissen leichter anpassen zu können, hat der Gesetzgeber sie aus dem Gesetz selbst entfernt und die Festsetzung dem Reichsarbeitsminister übertragen.

S. im übrigen die Bemerkungen zu § 3.

28. nicht übersteigt: Zur Beurteilung, ob der Arbeitsverdienst die festgesetzte Grenze überschreitet oder nicht, ist derselbe im Weg der freien Schätzung zu ermitteln, wobei alle Umstände zu berücksichtigen sind, die den zu erwartenden Verdienst des Angestellten betreffen (AVN. 1917 S. 10).

Demnach ist das feste Einkommen auf das zwölffache der Monatsbezüge zu schätzen, jedoch ohne Rücksicht auf das Kalenderjahr (AVN. 1917 S. 10 u. 1919 S. 180 Z. 355).

Beispiel:

Der Angestellte hat vom 1. Jan. bis 31. Juli monatl. 300 ℳ und
„ 1. Aug. „ 31. Dez. „ 510 ℳ erhalten;
der Jahresarbeitsverdienst beträgt sohin schon vom 1. August an, nicht etwa erst vom 1. Januar des nächsten Jahres an, über 6000 ℳ (s. die Bem. zu § 3).

Bei schwankenden Bezügen (Provisionen, Gewinnanteilen) ist nicht ausschließlich der Betrag des Jahres zugrundezulegen, sondern für jeden Zeitpunkt der Fälligkeit einer Beitragszahlung unter Würdigung aller Umstände, besonders mit Rücksicht auf die bisher erzielten Erträgnisse und die Entwicklung der Verhältnisse im laufenden Jahr festzustellen, ob die Verdienstgrenze überschritten wird oder nicht (AVN. 1916 S. 296 Z. 172; s. auch 1916 S. 8 Z. 70). Gewinnanteile sind nur insoweit zu berücksichtigen, als der Angestellte sie entweder eine Reihe von Jahren hindurch in einer gewissen gleichmäßigen Höhe bezogen hat oder auf sie, von nicht vorauszusehenden besonderen Zufällen abgesehen, mit Bestimmtheit rechnen kann (AVN. 1921 S. 206 Z. 494).

Die Versicherungspflicht tritt auch ein, wenn der Jahresarbeitsverdienst nur vorübergehend unter die Grenze sinkt (AVN. 1917 S. 23 Z. 176); umgekehrt aber: ist die Annahme begründet, der Jahresarbeitsverdienst werde unter der Grenze bleiben, so besteht die Versicherungspflicht auch hinsichtlich solcher Monate, in denen die Bezüge ausnahmsweise die Grenze übersteigen (AVN. 1917 S. 39).

Eine einmalige Beschaffungsbeihilfe, die für eine nicht feststehende zurückliegende Zeit nachträglich gezahlt wird, ist bei der Berechnung des Jahresarbeitsverdienstes nicht zu berücksichtigen (AVN. 1922 S. 61 Z. 522).

Die RVAnstalt hat über den Jahresarbeitsverdienst ein Merkblatt herausgegeben (AVN. 1921 S. 84), das im Anhang abgedruckt ist.

Angestellte, deren Jahresarbeitsverdienst die festgesetzte Grenze übersteigt, können sich nach § 22 Z. 1 freiwillig versichern.

29. beim Eintritt in die versicherungspflichtige Beschäftigung: Diesem stand s. Zt. das Inkrafttreten des Gesetzes gleich (AVN. 1913 S. 127, 167, 186). Man wird ihm aber auch eine etwaige künftige Erhöhung der Verdienstgrenze (§ 3) gleichsetzen müssen, durch die Angestellte, die bisher nicht versicherungspflichtig waren, der Versicherungspflicht unterworfen werden (vgl. auch § 380). Das gleiche gilt ferner vom Fall des § 18.

Maßgebend ist aber nur der Eintritt in die versicherungspflichtige Beschäftigung; wird das Alter von 60 Jahren erst später überschritten, so hört damit die Versicherungspflicht keineswegs auf.

30. von 60 Jahren: Durch die Festsetzung dieser Altersgrenze soll verhütet werden, daß Leute die Versicherung in Anspruch nehmen, die nicht mehr imstande sind, durch ihre Beiträge eine genügende Gegenleistung zu bieten. Die Grenze ist übrigens nicht willkürlich gewählt, sondern sie beruht auf statistischen Berechnungen.

31. wenn ... übertritt: Satz 2 des Abs. 3 ist erst durch das Gesetz vom 28. Juli 1925 (RGBl. I S. 157) angefügt worden. Der Grund für diese Maßnahme des Gesetzgebers liegt darin, daß die Altersgrenze von der Angestelltenversicherung auch Arbeiter ausschließt, die in hohen Jahren Aufseher, Meister, Poliere usw., also Angestellte in gehobener Stellung, werden. Sie können zwar die Invalidenversicherung freiwillig fortsetzen (denn als Angestellte in gehobener Stellung unterliegen sie ja der Invalidenversicherungs pflicht nicht mehr; vgl. § 1226 RVO.!), haben dann aber auch den Beitragsanteil des Arbeitgebers aus eigenen Mitteln zu entrichten. Die neue Gesetzesvorschrift hebt daher für solche Fälle die Altersgrenze auf; diese Angestellten können daher jetzt auch aus dem Arbeitgeberanteil der Beiträge (§ 168 Abs. 2) höhere Steigerungsbeträge erdienen (vgl. § 56).

32. durch Ausführungsbestimmungen ... näher zu bezeichnen: Das ist schon unterm 8. März 1924 geschehen (RGBl. I S. 274, mit Berichtigungen S. 410). Die Bekanntmachung ist im Anhang abgedruckt (die Berichtigungen sind dabei bereits berücksichtigt). Die frühere Bestimmung von Berufsgruppen vom 16. Dez. 1923 (RMinBl. S. 2016) ist durch die vom 8. März 1924 aufgehoben.

§ 2 (2).

Zum Entgelt[1])[2]) im Sinne dieses Gesetzes gehören neben Gehalt oder Lohn auch Gewinnanteile, Sach-[3]) und andere Bezüge[4]), die der Versicherte, wenn auch nur gewohnheitsmäßig[5]), statt des Gehalts oder Lohnes[6]) oder neben ihm von dem Arbeitgeber oder einem Dritten[7]) erhält. Als Wert der Sachbezüge gelten die Sätze, die auf Grund des § 160 der Reichsversicherungsordnung[8]) festgesetzt sind.

1. S. Anl. Z. 6 u. 8, besonders wegen der Begriffe „Gehalt", „Lohn" und „Gewinnanteil" Z. 6 Abs. 4. Satz 1 des § 2 stimmt wörtlich überein mit § 160 RVO.

2. Entgelt: Das ist jede Leistung, die für eine versicherungspflichtige Tätigkeit gewährt wird und für den Angestellten einen wirtschaftlichen Vorteil bedeutet (AVN. 1915 S. 161).

Wenn daher der Arbeitgeber krankenversicherungspflichtiger Angestellter deren gesetzliche Beiträge zur Versicherung freiwillig übernommen hat, so ist die Summe dieser Beiträge dem Jahresarbeitsverdienste hinzuzurechnen. Das gleiche kann auch von der den Versicherten auf Grund der Angestelltenversicherung treffenden Beitragshälfte gelten. Die Übernahme dieser Verpflichtung kann sonach die Zugehörigkeit zu einer höheren Gehaltsklasse begründen. Wird durch die Anrechnung der für den Versicherten übernommenen Beiträge die festgesetzte Verdienstgrenze überschritten, so tritt gleichwohl die Versicherungsfreiheit gemäß § 1 Abs. 3 nicht ein, da nur eine tatsächlich erfolgte Barleistung die Versicherungsfreiheit begründet (AVN. 1913 S. 128).

Zum Entgelt zählen ferner auch Teuerungs- und Kinderzulagen, sowie die sog. Besatzungszulagen im besetzten Gebiet (AVN. 1916 S. 177, 1917 S. 78 Z. 195, 1918 S. 207 Z. 298; AN. 1923 S. 280 Z. 563).

3. Sachbezüge: Namentlich Kost und Wohnung, weiter aber alles, was als Gegenstand des menschlichen Gebrauchs oder Verbrauchs verwendbar oder verwertbar ist. Über die Abschätzung des Werts der freien Wohnung vgl. AVN. 1916 S. 173 Z. 122.

4. andere Bezüge: Taschengeld, Provisionen, Reisespesen (soweit sie für den Versicherten einen wirtschaftlichen Vorteil bedeuten, s. AVN. 1916 S. 140 Z. 103), Gelegenheit zu einem lohnenden Nebenerwerb usw. Weihnachtsgratifikationen gehören im allgemeinen ebenfalls zum Entgelt, wenn sie neben anderen Bezügen regelmäßig gewährt werden; in anderen Fällen aber können auch Zweifel bestehen, so daß nur von Fall zu Fall entschieden werden kann. Auch eine Entschädigung für die Umzugskosten kann hierher zu rechnen sein (AVN. 1917 S. 11).

Jahresbeiträge, die ein Arbeitgeber einem Angestellten zu einem Sparguthaben gewährt, gelten als Entgelt auch dann, wenn der Angestellte einen Anspruch auf Auszahlung des Sparguthabens erst nach einer bestimmten Zeit oder bei seinem Austritt hat (AVN. 1915 S. 219).

Der Zuschuß des Arbeitgebers zur Lebensversicherung des Angestellten (und gegebenenfalls der ganze Prämienbetrag) ist bei der Berechnung des Jahresarbeitsverdienstes in Ansatz zu bringen, wenn die Versicherung derart abgeschlossen ist, daß dem Angestellten ein unmittelbares Recht auf die Versicherungsleistung zusteht; dagegen nicht, wenn der Arbeitgeber Anspruch auf die Versicherungsleistungen hat (AVN. 1913 S. 127).

Gratifikationen sind bei der Berechnung des Jahresarbeitsverdienstes, soweit für die Frage der Versicherungspflicht § 1 Abs. 3 in Betracht kommt, grundsätzlich in derjenigen Höhe, in der sie im letzten Jahre bezogen worden sind, anzusetzen. Dieser Ansatz ist solange maßgebend, als neue Beträge nicht gewährt worden sind. Wird z. B. im Jahre 1913 die Versicherungspflicht geprüft, so kommt hiebei zunächst die Gratifikation aus dem Geschäftsjahr 1912 in Ansatz; wird aber dann im Jahre 1913 ein neuer Jahresbetrag für Gratifikationen festgesetzt und gewährt, so gilt von dem nächstfälligen Beitrag an dieser Betrag (AVN. 1913 S. 209).

Mankogelder, die in bestimmter Höhe gezahlt werden, sind voll (also auch soweit sie tatsächlich zur Deckung von Fehlbeträgen verwendet werden müssen) als Entgelt im Sinne des Gesetzes anzusehen, da sie eine Gehaltserhöhung mit Rücksicht auf das besondere Risiko darstellen (AVN. 1913 S. 265, 1914 S. 19).

Die Vergütung eines Lehrlings ist im allgemeinen nur als Taschengeld, nicht als Entgelt im Sinne des Gesetzes anzusehen, wenn sie nicht mehr beträgt als die Hälfte des Ortslohns junger Leute (§ 150 RVO.). In solchen Fällen besteht daher Versicherungsfreiheit (AVN. 1914 S. 14; s. auch 1920 S. 59 Z. 391).

Weihnachtsgratifikationen, die den Empfängern ohne anderen Entgelt gewährt werden, zählen nicht als Entgelt und begründen daher die Versicherungspflicht nicht.

Die Extravergütung, die eine Verkäuferin vom Arbeitgeber für die im Geschäft gebrauchte Wäsche erhält, ist dem Jahresarbeitsverdienst nicht hinzuzurechnen.

Nicht zum Entgelt zählen ferner Bauzulagen für Bauleiter insoweit, als infolge der Tätigkeit auf der Baustelle ein Mehraufwand erforderlich ist (AVN. 1921 S. 8 Z. 439); Beiträge des Arbeitgebers zu einer für seinen Betrieb eingerichteten Pensionskasse (AVN. 1919 S. 9 Z. 317); eine Entschädigung, die für die Führung eines getrennten Haushalts gewährt und verbraucht wird (AVN. 1922 S. 11 Z. 508), sowie Zinsen für Spareinlagen, die der Angestellte von seinem Gehalt beim Arbeitgeber macht (AVN. 1917 S. 203; 1922 S. 11 Z. 508).

5. wenn auch nur gewohnheitsmäßig: Auf die der Versicherte also keinen Rechtsanspruch hat.

6. statt des Gehaltes oder Lohnes: Also für die Arbeitsleistung, und nicht etwa auf Grund gesetzlicher oder vertragsmäßiger Unterhaltspflicht. Wird als Entgelt für die Beschäftigung nur freier Unterhalt gewährt, so besteht keine Versicherungspflicht (§ 7).

7. oder einem Dritten: Es kommt nicht selten vor, daß Angestellte auf Trinkgelder, Gebühren usw., die sie von Dritten erhalten, angewiesen sind.

Der Entgelt kann auch an einen Dritten gezahlt werden, z. B. Mitbeschäftigung einer Ehefrau durch ihren Ehemann; die

Frau gilt gleichfalls als Angestellte des Arbeitgebers, ihr Entgelt ist in dem an den Mann gezahlten inbegriffen (AVN. 1913 S. 127).

8. § 160 der Reichsversicherungsordnung: Hier kommt nur dessen Abs. 2 in Betracht. Derselbe lautet in seiner jetzigen Fassung, die er durch § 5 des „Ges. zur Erhaltung leistungsfähiger Krankenkassen", vom 27. März 1923 (RGBl. I S. 225) erhalten hat:

„Den Wert der Sachbezüge stellt das Versicherungsamt nach Ortspreisen fest; vorher hat es den beteiligten Krankenkassen Gelegenheit zur Äußerung zu geben. Die oberste Verwaltungsbehörde kann Näheres bestimmen, insbesondere vorschreiben, daß die Festsetzung des Versicherungsamts der Zustimmung des Oberversicherungsamts bedarf, und daß das Oberversicherungsamt die Festsetzung vorzunehmen hat, wenn es die Genehmigung versagt."

Daraus, daß die Festsetzung nach Ortspreisen vorzunehmen ist, folgt besonders, daß der Selbstkostenpreis des Arbeitgebers nicht maßgebend sein kann.

Früher wurde § 160 RVO. so aufgefaßt, daß die Festsetzung nur nach Bedarf von Fall zu Fall vorzunehmen sei. Diese Anschauung ist jetzt verlassen; die Festsetzungen werden nunmehr von den Versicherungsämtern allgemein für ihren ganzen Bezirk vorgenommen.

§ 3 (neu).

Der Reichsarbeitsminister setzt die Jahresarbeitsverdienstgrenze im Sinne des § 1 Abs. 3 dieses Gesetzes fest[1]); die Festsetzung ist dem Reichsrat und dem Ausschuß des Reichstags für soziale Angelegenheiten alsbald mitzuteilen und auf ihr gemeinsames Verlangen zu ändern. Für die Jahresarbeitsverdienstgrenze werden Zuschläge, die mit Rücksicht auf den Familienstand gezahlt werden, nicht angerechnet.

Wer die für seine Versicherungspflicht maßgebende Verdienstgrenze überschreitet, scheidet erst mit dem ersten Tage des vierten Monats[2]) nach Überschreiten der Verdienstgrenze aus der Versicherungspflicht aus.

1. setzt ... fest: Die z. Zt. gültige Festsetzung ist enthalten in der Verordnung des Reichsarbeitsministers vom 23. Apr. 1925 (RGBl. I S. 51), in Geltung seit 1. Mai 1925. Sie setzt die Verdienstgrenze auf 6000 RM. fest. Die Verordn. vom 17. Dez. 1923 (RGBl. I S. 51), die die Verdienstgrenze auf 4000 GM. festgesetzt hatte, ist dadurch aufgehoben.

Eine untere Grenze für den Jahresarbeitsverdienst besteht nicht (wie in der Invalidenversicherung).

2. mit dem ersten Tage des vierten Monats: Die Vorschrift stammt aus der Zeit der Geldentwertung. Sie sollte, um Härten zu vermeiden, verhindern, daß zwischen zwei aufeinanderfolgenden Verordnungen über die Verdienstgrenze ein leerer Zeitraum, innerhalb dessen der Angestellte versicherungsfrei gewesen wäre, entstehen konnte. Da auch z. Zt. noch mit Erhöhungen der Verdienstgrenze gerechnet werden muß, so wurde die Vorschrift in das neue Gesetz übernommen. Wenn aber die Verhältnisse wieder so gefestigt sein werden, daß in absehbarer Zeit keine Erhöhung der Verdienstgrenze mehr zu erwarten ist, wird die Vorschrift wohl wieder aufgehoben werden. Im Entwurfe des Gesetzes vom 28. Juli 1925 war ihre Aufhebung vorgesehen; doch wurde diese Bestimmung des Entwurfs nicht Gesetz. § 3 Abs. 2 gilt daher weiter.

§ 4 (neu).

Den im § 1 Abs. 1 bezeichneten Personen stehen gleich

1. Angehörige der Schutzpolizei [1]) im Sinne des § 1 des Reichsgesetzes über die Schutzpolizei der Länder vom 17. Juli 1922 (Reichsgesetzbl. I S. 597) und Soldaten [1]), wenn sie bei ihrer vorgesetzten Dienststelle die Versicherung beantragen,
2. selbständige Lehrer und Erzieher [2]), die in ihrem Betriebe keine Angestellten beschäftigen.

1. Angehörige der Schutzpolizei ... und Soldaten: S. Anm. 6 zu § 1. S. ferner die Ausführungsverordnung des Reichsarbeitsministers vom 10. März 1924 (RGBl. I S. 270), und § 42.

Solange die allgemeine Wehrpflicht bestand, waren die Soldaten nicht versicherungspflichtig. Übten sie im Dienste oder während der Vorbereitung zu einer bürgerlichen Beschäftigung eine Tätigkeit aus, die an sich der Versicherungspflicht unterlag, so waren sie auch dann befreit (AVG. § 10 Z. 3 alter Fassung). Den Soldaten, die vor ihrer Einziehung versichert gewesen waren, wurden, solange sie ihrer Wehrpflicht genügten, die Beiträge in einer bestimmten Höhe angerechnet, obwohl sie nicht gezahlt wurden. Soldaten, die vor ihrem Eintritt ins Heer versichert gewesen waren und über die gesetzliche Zeit hinaus oder überhaupt freiwillig dienten, konnten sich auf eigene Rechnung weiterversichern (§§ 15, 51 alter Fassung).

Mit dem Wegfall der Wehrpflicht war der Begünstigung der Soldaten auch auf dem Gebiete der Angestelltenversicherung die Grundlage entzogen.

Im alten Heere wurden fast alle Kapitulanten später Beamte. Die Zahl der Soldaten, die jährlich mit der Aussicht auf Anstellung als Beamte ausscheiden, ist zwar ungefähr dieselbe geblieben wie früher, aber außer den Soldaten stehen die Beamtenstellen jetzt auch den Kriegsbeschädigten und den Beamten der Schutzpolizei offen. Die vorhandenen Beamtenstellen haben sich verringert. Infolgedessen wird ein großer Teil der ausgeschiedenen Soldaten ein Unterkommen in freien Berufen finden müssen.

Während die Altersgenossen eines Soldaten durch die ihnen obliegende Versicherungspflicht für ihren Lebensabend und für ihre Hinterbliebenen sorgen, verliert der Soldat die zwölf Jahre seiner Dienstzeit und steht nach seinem Ausscheiden im vorgerückten Lebensalter nicht besser da als bei seinem Diensteintritt, weil er keinen Anspruch auf Ruhegehalt und Hinterbliebenenversorgung erwirbt. Der Kapitulant des früheren Heeres konnte weiterdienen, bis er in eine Beamtenstellung einberufen wurde. Dadurch war für ihn und seine Familie dauernd gesorgt. Wer heute Beamter werden will, kann seine Einberufung nicht mehr bei seiner Truppe abwarten, sondern muß nach Ablauf des zwölften Dienstjahres ausscheiden. Es werden Jahre vergehen, bevor er einberufen, und weitere Jahre, bevor er fest angestellt wird. In dieser Zwischenzeit können auch die späteren Beamten ohne den Schutz der sozialen Versicherung in schwere Notlagen kommen.

Danach ließ sich die Einführung einer Versicherung für die Berufssoldaten usw. nicht mehr umgehen. Von einem Versicherungszwang mußte aber abgesehen werden, weil viele Soldaten es vorziehen werden, auf die Versicherung zu verzichten. Dabei wird es sich um Leute handeln, die selbständige Unternehmer werden oder die Beamtenlaufbahn einschlagen wollen. Auch ließe sich nicht grundsätzlich entscheiden, in welche der beiden Versicherungen (Invaliden- oder Angestelltenversicherung) der Soldat einzuweisen wäre. Die Wahl ist daher dem Soldaten überlassen. Beantragt er die Versicherung, so sollen für ihn die selben Bestimmungen gelten wie für Pflichtversicherte (Schulz, RVO.).

2. selbständige Lehrer und Erzieher, die usw.: S. Anm. 20 zu § 1. Sie haben selbst die Beitragspflicht zu erfüllen (§ 184 Abs. 1 Satz 3).

Nach AVN. 1915 S. 181 sollte eine Lehrerin, die mit Genehmigung der Aufsichtsbehörde Knaben klassenweise in 3 Jahrgängen gegen ein vierteljährlich zahlbares Schulgeld für den Besuch eines Gymnasiums vorbereitet, als Inhaberin einer Privatlehranstalt anzusehen und daher nicht versicherungspflichtig sein. Das wird sich angesichts des neuen § 4 Z. 2 nicht mehr aufrechterhalten lassen.

§ 5 (3).

Versichert sind auch[1]) Deutsche[2]), die bei einer amtlichen Vertretung[3]) des Reichs oder eines deutschen Landes[4]) im Ausland[5]) oder bei deren Leitern oder Mitgliedern beschäftigt sind.

1. Versichert sind auch: § 5 geht davon aus, daß im allgemeinen die Versicherten, welche im Ausland beschäftigt werden, von der Versicherung frei sind. Eine Ausnahme hievon sollen indes — neben den unter anderen Gesichtspunkten zu beurteilenden Angestellten deutscher Betriebe, die ihre Betriebstätigkeit im Ausland ausüben — die deutschen Bediensteten derjenigen Behörden, ihrer Leiter und Mitglieder, die zur amtlichen Vertretung des Reichs im Ausland berufen sind, bilden (vgl. RVO. § 1228).

Nach der „Verordnung über die Versicherung Deutscher im Ausland", vom 26. April 1923 (RGBl. I S. 273) können die Beiträge für die Versicherung gemäß § 5 am Schlusse des Kalenderjahrs an die RVAnstalt bar entrichtet werden.

2. Deutsche: Gleichbedeutend mit „Deutsche Reichsangehörige".

3. amtlichen Vertretung: Das sind nur solche Stellen, die das Reich usw. völkerrechtlich zu vertreten haben (AVN. 1918 S. 187 Z. 289). Dazu gehören die Botschaften, Gesandtschaften, Ministerresidentschaften, Generalkonsulate und die Berufskonsuln. Ob auch Wahlkonsuln hierher zu rechnen seien, ist bestritten.

4. des Reichs oder eines deutschen Landes: Die Pflege der Beziehungen zu auswärtigen Staaten ist ausschließlich Sache des Reichs (Art. 78 Abs. 1 der Reichsverfassung). Die Länder können jedoch Vertretungen beim Heiligen Stuhl in Rom unterhalten.

5. Ausland: Deutsche Schutzgebiete können hier nicht in Betracht kommen, weil das Deutsche Reich dort keine „amtlichen Vertretungen" (im Sinne des § 3) unterhält.

§ 6 (4).

Die Reichsregierung kann mit Zustimmung des Reichsrats[1]) die Versicherungspflicht auch auf andere Personen erstrecken, die eine ähnliche Tätigkeit wie die im § 1 bezeichneten auf eigene Rechnung[2]) ausüben, ohne in ihrem Betrieb Angestellte zu beschäftigen.

1. Reichsregierung mit Zustimmung des Reichsrats. Früher stand diese Befugnis dem Bundesrat (allein) zu.

2. auf eigene Rechnung: Also selbständig. Hier können nur ganz vereinzelte Personengruppen — keine einzelnen Personen — in Frage kommen, für die ein besonders dringendes Bedürfnis nach einer auf Zwang beruhenden Fürsorge vorliegt, und Personenkreise, deren wirtschaftliche Lage im allgemeinen die gleiche ist wie die Lage der nach diesem Gesetz Versicherungspflichtigen. Beschäftigen aber solche Personen in ihren Betrieben Angestellte, so ist die Anwendung des § 4 ausgeschlossen.

Handelsgewerbetreibende fallen nicht unter § 6, da sie nicht auf eigene Rechnung arbeiten. Krankenpflegerinnen, die aus der Krankenpflege bei verschiedenen Auftraggebern ein Gewerbe machen, werden als versicherungspflichtige Angestellte betrachtet (AVN. 1913 S. 125 Z. 11).

Von der Befugnis des § 6 ist bisher noch kein Gebrauch gemacht worden. Wohl aber hat das Gesetz selbst in § 4 Z. 2 einen Personenkreis, der eigentlich auch unter § 6 fallen würde, in die Versicherungspflicht einbezogen.

Wird von § 6 Gebrauch gemacht, so haben die davon Betroffenen selbst die Beitragspflicht zu erfüllen (§ 184 Abs. 1 Satz 3).

§ 7 (5).

Der Reichsarbeitsminister kann mit Zustimmung des Reichsrats[1]) bestimmen[2]), wie weit die deutschen Bediensteten ausländischer Staaten und solcher Personen, welche nicht der inländischen Gerichtsbarkeit unterstehen[3]), die Pflichten der Arbeitgeber zu erfüllen haben.

1. Reichsarbeitsminister mit Zustimmung des Reichsrats: Auch diese Befugnis stand früher dem Bundesrat (allein) zu.

2. kann ... bestimmen: S. die Bekanntm. des Reichskanzlers vom 29. Juni 1912, RGBl. S. 407, die noch gilt.

3. nicht der inländischen Gerichtsbarkeit unterstehen: Die sog. Exterritorialen. Dazu gehören die fremden Botschafter und Gesandten, deren Familienmitglieder und Geschäftspersonal, das Dienstpersonal jedoch nur insoweit, als es nicht die deutsche Reichsangehörigkeit besitzt; auf die deutschen Bediensteten bezieht sich eben § 5.

Die gleiche Bestimmung findet sich für die Invalidenversicherung in § 1231 RVO.

§ 8 (6).

Die Beschäftigung eines Ehegatten durch den anderen begründet keine Versicherungspflicht.

Die Bestimmung entspricht der bisherigen Rechtsprechung des Reichsversicherungsamts zu den Unfallversicherungsgesetzen und zum Invalidenversicherungsgesetz (s. auch § 159 RVO., der diesen Grundsatz jetzt allgemein auf die ganze Arbeiterversicherung ausdehnt). Der Grund ist der sittliche Charakter des Ehebundes, welcher die Annahme eines Arbeitsverhältnisses des einen Ehegatten gegenüber dem anderen ausschließt.

Im einzelnen Falle kann jedoch die Beschäftigung des einen Ehegatten durch den anderen nur scheinbar, die Sache vielmehr so aufzufassen sein, daß beide Ehegatten Angestellte eines Dritten sind; vgl. AVN. 1913 S. 127, sowie Anm. 25 Abs. 4 zu § 1.

Nicht selten liegt auch nur eine Schiebung vor, so daß der, der angeblich von seinem Ehegatten beschäftigt wird, in Wirklichkeit selbst Unternehmer und Arbeitgeber ist (der Betrieb oder das Geschäft wird „auf die Frau geschrieben"!).

§ 9 (7).

Eine Beschäftigung, für die als Entgelt nur freier Unterhalt [1]) gewährt wird, ist versicherungsfrei [2]).

1. nur freier Unterhalt: S. Anl. Z. 7. Nach § 2 gelten als Entgelt auch Sachbezüge. Eine Beschäftigung dagegen, für welche nur freier Unterhalt gewährt wird, soll die Versicherungspflicht nicht begründen (ebenso § 1227 RVO.). Ob und inwieweit eine neben dem freien Unterhalt gewährte geringfügige Geldentschädigung (Taschengeld usw.) geeignet ist, die Versicherungsfreiheit zu beseitigen, muß von Fall zu Fall entschieden werden. S. auch AVN. 1913 S. 126 u. 1916 S. 227 Z. 149 (Diakonissen); ferner 1915 S. 125 (Oberin eines Siechenheims).

2. ist versicherungsfrei: Er bleibt dies auch dann, wenn er etwa zeitweise an Stelle des freien Unterhalts den zu seiner Beschaffung nötigen Geldbetrag (aber nicht mehr) erhält (AVN. 1918 S. 5 Z. 262).

Eine den §§ 1243 Nr. 3, 1227 RVO. entsprechende Berechtigung gab es bei der Angestelltenversicherung früher nicht. Jetzt ist jedoch denen, die unter § 9 fallen, durch § 22 Z. 2 ebenfalls das Recht der Selbstversicherung eingeräumt (solange sie das 40. Lebensjahr noch nicht überschritten haben).

War ferner der Angestellte, ehe er in die unter § 9 fallende Beschäftigung eintrat, schon in einer anderen, nach § 1 versicherungspflichtigen Beschäftigung gestanden, so hat er (wenn die Voraussetzung des § 21 Abs. 1 gegeben ist) auch das Recht der Weiterversicherung. Dieses ist an keine Altersgrenze gebunden.

§ 10 (8).

Der Reichsarbeitsminister bestimmt mit Zustimmung des Reichsrats [1]), wieweit vorübergehende Dienstleistungen [2]) versicherungsfrei [3]) bleiben.

1. Reichsarbeitsminister mit Zustimmung des Reichsrats: Auch diese Befugnis stand früher dem Bundesrat (allein) zu.

2. vorübergehende Dienstleistungen: Hiezu s. die Verordn. vom 9. Febr. 1923 (RGBl. I S. 109). Sie ist im Anhang abgedruckt.

3. versicherungsfrei bleiben: Anm. 2 Abs. 2 u. 3 zu § 9 gilt auch hier.

Die gleiche Vorschrift findet sich für die Invalidenversicherung in § 1232 RVO.

Durch diese Bestimmungen soll vermieden werden, daß Personen unter das Gesetz fallen, die nach der Art ihrer Beschäftigung voraussichtlich nicht imstande sind, die Wartezeit zu erfüllen. —

Nach § 1 Z. 1, a der Verordn. vom 9. Febr. 1923 ist aber keineswegs jeder, der einmal nur zu gelegentlicher Aushilfe tätig ist, ohne weiteres versicherungsfrei, sondern nur dann, wenn er sonst überhaupt berufsmäßig keine versicherungspflichtige Beschäftigung hat. Daher ist ein Handlungsgehilfe, der sonst in fester Stellung, dazwischen aber einmal nur zu gelegentlicher Aushilfe tätig ist, auch bei dieser letzteren Tätigkeit versicherungspflichtig (AVN. 1916 S. 18).

§ 11 (9).

Versicherungsfrei [1]) sind die in Betrieben, oder im Dienste des Reichs, der Deutschen Reichsbahn-Gesellschaft [2]), eines Landes, eines Gemeindeverbandes, einer Gemeinde [3]) oder eines Trägers der Reichsversicherung [4]) Beschäftigten [5]), wenn ihnen Anwartschaft [6]) auf Ruhegeld und Hinterbliebenenrenten [7]) im Mindestbetrage der ihrem Diensteinkommen [8]) entsprechenden Höhe gewährleistet ist [9]).

Das gleiche gilt [10]) für die Geistlichen der als öffentlich-rechtliche Korporationen anerkannten Religionsgesellschaften [11]) sowie für Lehrer und Erzieher an öffentlichen Schulen oder Anstalten [12]).

Ob eine Anwartschaft als gewährleistet anzusehen ist, entscheidet [13]) [14]) für die Beschäftigten in Betrieben oder im Dienste des Reichs, der Deutschen Reichsbahn-Gesellschaft [2]) oder eines vom Reiche beaufsichtigten Trägers der Reichsversicherung der zuständige Reichsminister; im übrigen entscheidet die oberste Verwaltungsbehörde desjenigen Landes, in dessen Betrieben oder Dienste die Beschäftigung stattfindet, oder in dessen Gebiete der Gemeindeverband oder die Gemeinde liegt oder der Träger der reichsgesetzlichen Arbeiterversicherung seinen Sitz hat. In den Fällen des

Abs. 2 entscheidet die oberste Verwaltungsbehörde desjenigen Landes, in dessen Gebiete die Korporation oder die öffentliche Schule oder Anstalt ihren Sitz hat.

Die Gewährleistung der Anwartschaften bewirkt Befreiung von der Versicherungspflicht von dem Zeitpunkt ab, an dem sie tatsächlich verliehen werden[15]. Sie hat keine rückwirkende Kraft.

1. Versicherungsfrei sind: § 11 befreit von der Versicherungspflicht kraft Gesetzes (anders §§ 14, 17), die Personen, denen eine Anwartschaft auf Ruhegeld und Hinterbliebenenrenten gewährleistet ist. Im Falle des § 11 bedarf es daher keines Antrags des Beteiligten, auch seine Zustimmung ist nicht erforderlich.

Betreibt ein Angestellter, der im Hauptberuf gemäß § 9 versicherungsfrei ist, im Nebenberufe noch andere Beschäftigungen, die an sich unter § 1 des Gesetzes fallen, so sind auch diese nicht versicherungspflichtig, und zwar einerlei, ob sie in einer Privatstellung oder im öffentlichen Dienst ausgeübt werden (AVN. 1913 S. 125, 1918 S. 177, 1921 S. 57 Z. 457).

Über den Beginn der Versicherungsfreiheit entscheidet nunmehr Abs. 4 des § 11; sie endet, wenn die Voraussetzungen wegfallen, insbesondere also mit der Beendigung des zugrundeliegenden, unter Abs. 1 fallenden Beschäftigungsverhältnisses (AVN. 1921 S. 92 Z. 471), jedoch nicht etwa durch Verzicht.

Durch die Lösung des unter Abs. 1 des § 11 fallenden Beschäftigungsverhältnisses und die dadurch bewirkte Aufhebung der Versicherungsfreiheit können für die Beteiligten Härten entstehen, denen das neue Gesetz durch die Bestimmungen der §§ 18—20 zu begegnen sucht; Näheres s. dort!

Die §§ 11—17 sind den §§ 1234—1242 RVO. nachgebildet.

2. der deutschen Reichsbahngesellschaft: Diese Bestimmung wurde in das Gesetz eingefügt durch § 10 Abs. 2 Z. I des Reichsbahn-Personalgesetzes vom 30. Aug. 1924 (RGBl. II S. 288). Sie wurde dadurch notwendig, daß die Beamten und Bediensteten der Reichsbahngesellschaft aus dem Reichsdienst ausgeschieden sind.

3. eines Gemeindeverbands, einer Gemeinde: Es kommen nur die politischen Verbände und Gemeinden in Betracht. Welche Verbände als Gemeindeverbände zu gelten haben, bestimmt nach § 317 die oberste Verwaltungsbehörde des betr. Landes (s. die Anm. zu jenem Paragraphen); hat sie bezüglich eines Verbands keine Entscheidung getroffen, so entscheiden die rechtsprechenden Behörden.

4. eines Trägers der Reichsversicherung: Das sind die Krankenkassen (§ 225 RVO.), die Berufsgenossenschaften

(§§ 623, 956, 1118 RVO.) samt den einer Anzahl von ihnen angegliederten Zweiganstalten (§§ 629 Abs. 1 mit 783, 1120 mit 1186 RVO.), die Versicherungsgenossenschaft für das Halten von Reittieren und Fahrzeugen (§ 629 Abs. 2 RVO., Bekanntm. d. Reichskanzlers vom 10. Okt. 1912), die Landesversicherungsanstalten (§ 1326 RVO.), die Reichsversicherungsanstalt der Angestelltenversicherung (§ 93 dieses Gesetzes) und der Reichsknappschaftsverein (§ 4 des Reichsknappschaftsgesetzes vom 23. Juni 1923, RGBl. I S. 431). An sich würden auch die Ausführungsbehörden der Unfallversicherung (§§ 892, 1033, 1218 RVO.) und die Sonderanstalten der Invalidenversicherung (§ 1360 RVO.) hierher gehören; doch wird sich die Beschäftigung bei einem solchen Versicherungsträger regelmäßig als Beschäftigung im Dienste des Reichs, eines Landes oder eines Gemeindeverbands darstellen und daher ohnehin schon unter § 11 fallen. Nicht hierher gehören die Ersatzkassen der Krankenversicherung (§ 503 RVO., vgl. auch § 3 RVO.), und die Ersatzeinrichtungen der Angestelltenversicherung (§ 363 ff. dieses Gesetzes).

5. Beschäftigten: Beamte sind zwar hier mit inbegriffen, doch ist die Beamteneigenschaft keineswegs immer erforderlich. Es ist ohne Belang, ob das Beschäftigungsverhältnis öffentlich- oder privatrechtlicher Natur ist; daher können auch Arbeiter usw. unter § 11 fallen, sofern ihnen nur die vom Gesetz geforderte Anwartschaft gewährleistet ist.

Der Begriff des Beamten bestimmt sich nach den maßgebenden Dienstesvorschriften.

Wie soeben bemerkt, fallen an sich auch Beamte unter die Bestimmungen des Gesetzes (AVN. 1915 S. 192); doch entspricht dies, sofern die Beamten mit Pensionsberechtigung angestellt sind, im allgemeinen nicht der Absicht des Gesetzgebers. Es sind daher Vorschriften notwendig, daß solche Beamte nicht unter das Gesetz fallen; sie sind enthalten in den §§ 11 ff. Allerdings beschränkt sich nun der Gesetzgeber nicht darauf, nur die mit förmlicher Pensionsberechtigung angestellten Beamten von der Versicherung auszunehmen, sondern er geht weiter, wie schon oben in Abs. 1 bemerkt.

6. Anwartschaft: Es kommt nur die durch das Beschäftigungsverhältnis selbst begründete Anwartschaft in Betracht, dagegen nicht etwa eine durch Versicherung auf Grund der RVO. bestehende Anwartschaft auf Invaliden- und Hinterbliebenenrenten.

7. auf Ruhegeld und Hinterbliebenenrenten: Bloße Anwartschaft auf Ruhegeld für den Versicherten selbst genügt daher nicht zur Befreiung von der Versicherungspflicht.

Ledige weibliche Angestellte, die unter § 9 fallen, würden nach dem Wortlaut des Gesetzes auch nur dann versicherungsfrei sein, wenn ihnen Anwartschaft auf Ruhegeld und Hinterbliebenenrenten gewährleistet wäre. Da dies meistens nicht der Fall ist, so wären sie (trotz ihrer Anwartschaft auf Ruhegeld) durchwegs versicherungspflichtig. Es wurde jedoch von jeher meist angenommen, daß diese Auslegung der Absicht des Gesetzes nicht entspreche (für die Auslegung der Vorschrift des § 1234 RVO. vgl. AN. 1913 S. 360 Nr. 1672), daß vielmehr hier die Anwartschaft auf Ruhegeld allein genüge; s. auch (für Lehrerinnen) den Erlaß des pr. Kultusministeriums vom 2. Jan. 1913 (Handelsmin.-Bl. S. 82). Neuerdings haben sich die maßgebenden Stellen dahin geeinigt, daß die Befreiung bedingt auszusprechen sei, nämlich mit der Maßgabe, daß sie wegfallen soll, wenn ihre Voraussetzungen nicht mehr vorliegen, d. h. wenn die Betreffende heiratet oder wenn bekannt wird, daß Kinder vorhanden sind (Rundschr. des RArbMinisters vom 24. Juli 1923, RArbBl. S. 542, Z. II).

8. ihrem Diensteinkommen: Gemeint ist das jeweilige Diensteinkommen. Bei dessen Änderung ist daher veranlaßten Falls nachzuprüfen, ob die Voraussetzungen für die Versicherungsfreiheit noch bestehen (Besch. des RArbMinisters vom 7. Aug. 1924, RArbBl. 1924 S. 321).

9. Gewährleistet: Das ist die Anwartschaft, wenn es sich um rechtlich geregelte Bezüge handelt, so daß es also nicht bloß im Ermessen der vorgesetzten Dienstbehörde steht, ob ein Ruhegehalt gewährt (oder ein bewilligtes weitergezahlt) werden soll. Hiernach gilt aber die Anwartschaft nicht erst dann als gewährleistet, wenn dem Angestellten die Ruhegeldberechtigung (für den Fall seiner Dienstuntauglichkeit) schon jetzt zusteht, sondern auch dann, wenn er diese Berechtigung erst nach Zurücklegung einer bestimmten Dienstzeit erreicht, und selbst dann, wenn er nur eine Stelle einnimmt, die nach den bestehenden Verwaltungsgrundsätzen den allgemein üblichen Übergang zu einer Anstellung mit späteren Ansprüchen auf Ruhegeld und Hinterbliebenenrenten bildet. Dagegen erfordert die Anwartschaft, daß das Dienstverhältnis beim Einrücken in die Ruhegeldberechtigung gegen Entlassungswillkür gesichert ist, daß es also nach diesem Zeitpunkt entweder „lebenslänglich", „unwiderruflich" usw. ist oder daß es doch ohne Zustimmung des Angestellten nur aus einem wichtigen Grunde gelöst werden kann. Hierüber vgl.

für Preußen: die Ministerialerlasse vom 14. Novbr., 15. und 17. Dez. 1912 (Min.-Bl. der k. pr. Verw. für Landwirtschaft usw. 1913 S. 22, 24, 25); vom 16., 28. u. 31. Dez. 1912 (Min.-Bl. der Handels- u. Gew.-Verw. 1913 S. 80, 82, 255); vom 23. Nov. u. 24. Dez. 1912 und vom 22. März 1913 (Min.-A.-Bl. für innere Verw. 1912 S. 315, 1913 S. 13 u. 67), vom 19. Okt. 1921 (Landw.-Min.-Bl. Sp. 350), vom 30. Mai 1923 (ebenda Sp. 505), vom 31. Aug. 1922 (Min.-A.-Bl. d. J. Sp. 873) und vom 22. Febr. 1924 (ebenda Sp. 222);

für Bayern: Bekanntm. des Min. d. Innern vom 11. Nov. 1912 Z. III Abs. 2 Min.-A.-Bl. des Äußern u. des Innern S. 1075);

für Baden: Kult.-Min.-Erlaß vom 4. März 1922 (Kult.-Min.-Bl. S. 98);

für Sachsen: Bekanntm. vom 20. Febr. 1917 (Fin.-Min.-Bl. S. 10) und Min.-Entschl. vom 23. Nov. 1923 (Min.-Bl. d. S. Inneren Verw. S. 252).

Neuerdings haben sich auf Anregung des Reichsarbeitsministers die Regierungen der Länder auf die folgenden Richtlinien geeinigt (RArbBl. 1923 S. 543):

Richtlinien für die Anwendung des § 9 (jetzt 11) des Versicherungsgesetzes für Angestellte.

Die in § 9 (jetzt 11) Abs. 1 des Versicherungsgesetzes für Angestellte bezeichneten Anwartschaften sind im Bereiche der ......verwaltung bei sämtlichen im Geschäftsbereich der ..... verwaltung beschäftigten Personen als gewährleistet anzusehen, denen eine Anwartschaft auf Ruhegeld und Hinterbliebenenrente zusteht.

Eine solche Anwartschaft liegt — außer bei allen planmäßigen Beamten — auch schon bei widerruflicher Beschäftigung vor, wenn diese nach der tatsächlichen Gestaltung der Verhältnisse regelmäßig nach einiger Zeit in eine feste, mit Ruhegeldberechtigung und Hinterbliebenenversorgung ausgestattete Anstellung übergeht, z. B.

a) **wenn einer Person eine Stelle übertragen ist, welche nach den bestehenden Verwaltungsgrundsätzen den allgemein üblichen Übergang zu einer Anstellung mit späterer Ruhegehaltsberechtigung bildet, oder**

b) **wenn die Übernahme eines vertragsmäßig Bediensteten in das Beamtenverhältnis mit Sicherheit zu erwarten ist, oder**

c) **wenn jemand in Erwartung der späteren Einberufung als Zivilsupernumerar oder als Militäranwärter zunächst im Vertragsverhältnis beschäftigt wird.**

Eine „feste, mit Ruhegeld und Hinterbliebenenversorgung ausgestattete Anstellung" ist eine solche, bei welcher der Angestellte gegen willkürliche Entlassung gesichert ist. Bei kündbarer Anstellung ist diese Sicherung nur gegeben, wenn die Kündigung auf wichtige Gründe (§ 626 des Bürgerlichen Gesetzbuchs) beschränkt ist und wenn für den Fall, daß bei Streit hierüber der Rechtsweg ausgeschlossen ist, der Angestellte die Möglichkeit hat, die Entscheidung einer dritten, unbeteiligten Stelle anzurufen. —

Angesichts dessen, daß durch die Vorschriften über den Personalabbau die Aussichten auf Anstellung im Staatsdienst beträchtlich vermindert sind, kann es unter Umständen jetzt veranlaßt sein, nachzuprüfen, ob eine gewisse Stelle noch eine solche sei, die „nach den allgemeinen Verwaltungsgrundsätzen den allgemein üblichen Übergang zu einer Anstellung mit späteren Ansprüchen auf Ruhegehalt usw. bildet und tatsächlich regelmäßig in angemessener Zeit in eine solche Stellung übergeht". Doch kann hier nur von Fall zu Fall entschieden werden (Schr. des RArbMinisters vom 21. Okt. 1924 an den pr. Finanzminister, RArbBl. S. 442).

§ 11 Abs. 1 trifft übrigens auch dann zu, wenn die Anwartschaft nicht unmittelbar gegenüber der Anstellungsbehörde besteht, sondern z. B. auch, wenn der Beamte dienstlich verpflichtet ist, einer (selbständigen) Pensionskasse anzugehören, deren Leistungen durch eine Körperschaft des öffentlichen Rechts sichergestellt sind.

10. Das gleiche gilt: es gilt daher für Abs. 2 auch alles, was oben in Anm. 1—9 ausgeführt ist, entsprechend.

11. als öffentlich-rechtliche Korporationen anerkannten Religionsgesellschaften: Deren Begriff bestimmt sich nach Landesrecht. Für die Befreiung der Geistlichen ist es nicht erforderlich, daß sie ein geistliches Amt in der betreffenden Religionsgesellschaft bekleiden; es genügt, daß sie an den für die Geistlichen ihrer Religionsgesellschaft bestehenden Pensionseinrichtungen teilnehmen.

12. öffentlichen Schulen oder Anstalten: Welche Schulen usw. als öffentliche anzusehen sind, entscheidet nach dem letzten Satze des Abs. 3 die oberste Verwaltungsbehörde (und zwar auf Grund des Landesrechts). Vgl. den Erlaß des pr. Ministers für Handel und Gewerbe vom 18. Nov. 1912 (Buchst. D), Min.-Bl. d. Handels- u. Gew.-Verw. S. 561.

13. entscheidet: Diese Entscheidung steht also nicht den Instanzen der Angestelltenversicherung zu.

Sie ist nur deklaratorischer Art, d. h. sie begründet nicht erst die Versicherungsfreiheit, sondern sie stellt nur fest, was schon auf Grund des Gesetzes selbst Rechtens ist. Den Zeitpunkt aber, von dem an eine solche Entscheidung wirksam wird, hat jetzt das Gesetz selbst in Abs. 4 des § 11 geregelt (s. Anm. 15).

14. Auf Grund des Abs. 3 sind von Seite des Reichs und der einzelnen Länder die folgenden Bestimmungen erlassen worden.

a) von seiten des Reichs:

Bekanntm. des Reichskanzlers vom 29. Juni 1912, RGBl. S. 405;

Bekanntm. des Reichskanzlers vom 30. Sept. 1912 (Reichsanz. Nr. 234), betr. die in der Verwaltung der Reichseisenbahnen Beschäftigten; sie gilt auch für die Beschäftigten der Deutschen Reichsbahngesellschaft weiter; dazu Bekanntm. vom 18. Sept 1915 Z. 1 (AVN. 1915 S. 185);

Bekanntm. des Reichskanzlers vom 16. Febr. 1913 (Armee-Verordn.-Bl. S. 49), betr. die aus Reichsfonds besoldeten, in Betrieben oder im Dienste der Heeresverwaltung Beschäftigten;

Erlasse des Staatssekretärs des Reichsmarineamts vom 5. Aug. 1912 (abgedr. AVN. 1913 S. 227), vom 3. Okt. 1912 (AVN. 1913 S. 227) und vom 21. Dez. 1912 (AVN. 1913 S. 228), betr. die im Bereich der Marineverwaltung Beschäftigten.

Die in diesen Bekanntmachungen und Erlassen benannten Angestellten sind versicherungsfrei, wenn ihnen nach den reichsgesetzlichen Vorschriften eine Anwartschaft auf Pension und auf Hinterbliebenenbezüge zusteht. —

Ferner

Verfügungen des Staatssekretärs des Reichspostamts vom 14. Okt. 1912 und vom 8. Febr. 1913 (Amtsbl. d. Reichspost-A. 1912 S. 235, 1913 S. 37).

Hiernach sind versicherungsfrei die sämtlichen, im Bereiche der Reichspost- und Telegraphenverwaltung beschäftigten männlichen Beamten mit Ausschluß der Postagenten und der übrigen im Nebenamte beschäftigten Personen, ferner die sämtlichen bei der Reichspost- und Telegraphenverwaltung beschäftigten Postgehilfinnen.

Weiter

Bekanntm. des Reichspostministers vom 7. Juni 1921 (Amtsbl. des Reichspostmin. Nr. 20), betr. die Befreiung von der Angestelltenversicherung. Hiernach sind die im § 9 (jetzt 11) Abs. 1 AVG. und in der dazu ergangenen Bekanntmachung des Reichskanzlers vom 29. Juni 1912 (s. o.!) bezeichneten Anwartschaften als gewährleistet anzusehen:

1. a) für alle bei der Reichspost- und Telegraphenverwaltung beschäftigten Anwärterinnen für die Stellen von Postgehilfinnen und Telegraphengehilfinnen;
   b) für diejenigen Posthelferinnen, die in die Bewerberliste aufgenommen sind;
2. für alle Anwärter für die Stellen des mittleren Post- und Telegraphendienstes (Militäranwärter), die als Aushilfskräfte oder als Vertreter von Beamten beschäftigt werden.

Die vorbezeichneten Angestellten sind hiernach versicherungsfrei. — Endlich

Bekanntm. des Reichskanzlers vom 11. Febr. 1913 (RGBl. S. 299) betr. die Angestellten der vom Reichsversicherungsamt beaufsichtigten Berufsgenossenschaften.

b) In Preußen:

Ministerial-Erlasse vom 13. Sept. 1912 (Min.-Bl. f. innere Verw. S. 281), den Bereich der allgemeinen Bauverwaltung betr.;

vom 7. Nov. 1912 (Handelsmin.-Bl. 1913 S. 79), den Bereich der allgemeinen Verwaltung betr.;

vom 18. Nov. 1912 (Handelsmin.-Bl. S. 561), den Bereich des Ministeriums für Handel und Gewerbe — Staatsbeamte, sowie Lehrer an öffentlichen Schulen und Anstalten im Bereich dieses Ministeriums — betr., dazu Erlasse

vom 31. Dez. 1912 (Handelsmin.-Bl. 1913 S. 24), das Personal der Eichverwaltung betr.;

vom 25. Jan. 1913, Z. IV (Handelsmin.-Bl. S. 83), weibliche Beamte und Lehrerinnen betr.;

vom 4. Sept. 1913 (Handelsmin.-Bl. S. 602), das Personal der staatlichen Berg-, Hütten- und Salinenverwaltung betr.;

vom 28. Dez. 1914 (Handelsmin.-Bl. 1915 S. 17), Schreibmaschinen- und Telephondamen betr.;

(vom 9. Dez. 1912 (Justizmin.-Bl. S. 409), den Bereich der Justizverwaltung betr.); dieser ist jetzt aufgehoben und ersetzt durch Allgem. Verfügung vom 9. Juni 1922 (Just.-Min.-Bl. S. 215);

vom 10. Dez. 1912 (Zentralbl. d. Abgabengesetzgebung u. Verw. S. 381), den Bereich der Verwaltung der Zölle und indirekten Steuern betr.;

vom 15. Dez. 1912 (Landw.-Min.-Bl. 1913 S. 24) und vom 6. Jan. 1913 (Handelsmin.-Bl. S. 48), den Bereich des Ministeriums für Landwirtschaft, Domänen und Forsten betr.;

vom 16. und 28. Dez. 1912 und vom 2. Jan. 1913 (Handelsmin.-Bl. 1913 S. 80, 82), den Bereich der Verwaltung der geistlichen und Unterrichtsangelegenheiten betr.; endlich

Allg. Verfügung vom 18. Juli 1922 (Just.-Min.-Bl. S. 268), betr. ehemalige Elsaß-Lothringische Beamte, und Bekanntm. der pr. Minister des Innern und der Finanzen vom 17. März 1921 (D. Reichsanz. Nr. 69; Anwartschaft gewährleistet bei den im Vertragsverhältnis bediensteten Beamtenanwärtern, deren Übernahme in das Beamtenverhältnis also mit Sicherheit zu erwarten ist).

Fälle, in denen die nach § 11 Abs. 1 erforderliche Anwartschaft nicht als gewährleistet angesehen wurde, behandeln die Ministerial-Erlasse

vom 22. April und 31. Dez. 1912 (Landw.-Min.-Bl. 1912 S. 189, 1913 S. 29), die Meliorationstechniker betr. und

vom 17. Febr. 1913 (Landw.-Min.-Bl. S. 78), die Rechengehilfen bei den Landmesserbüros der K. Generalkommission betr.

In mehreren Fällen haben die zuständigen Ministerien zwar die nach § 11 Abs. 3 zu treffende Entscheidung gemäß § 316 anderen Behörden übertragen, diesen aber die Grundsätze vorgezeichnet, nach denen sie verfahren sollen; vgl. die Erlasse

vom 23. Nov. 1912 (Min.-Bl. f. innere Verw. S. 315), 24. Dez. 1912 (Min.-Bl. f. innere Verw. 1913 S. 13), 22. März 1913 (Min.-Bl. f. innere Verw. S. 67), 11. Mai 1913 (Handelsmin.-Bl. S. 404), vom 22. Mai 1913 (Handelsmin.-Bl. S. 405), und vom 24. Febr. 1919 (Handelsmin.-Bl. S. 60), sämtlich die Angestellten der Gemeinden betr.;

vom 31. März 1913 (Handelsmin.-Bl. S. 255), die Angestellten der Handelsvertretungen und Handwerkskammern betr.; endlich vom 2. Juni 1913 (Handelsmin.-Bl. S. 442) und Min.-Erlaß des Min. für Volkswohlfahrt, vom 13. Nov. 1920 (Handelsmin.-Bl. S. 341), die Angestellten der Krankenkassen betr.

c) In Bayern:

Durch Art. 51 des Ausführungsgesetzes vom 3. Nov. 1912 (Ges.- u. Verordn.-Bl. S. 1135) zur RVO., das sich auch auf die Angestelltenversicherung erstreckt, ist die Staatsregierung ermächtigt worden, Personen, die in Betrieben oder im Dienste des Staates beschäftigt sind, zum Zweck der Befreiung von der Versicherungspflicht nach dem Versicherungsgesetz für Angestellte die Leistungen zuzusichern, die in § 11 des Gesetzes bezeichnet sind. Auf Grund dessen ist ergangen die Z. I der Bekanntmachung des b. Justizministeriums vom 23. Dezember 1912 (Just.-Min.-Bl. S. 354), die die Gerichtsschreibergehilfen und die Notariatsgehilfen betrifft, ferner die Bekanntm. des b. Finanzministeriums vom 9. Juli 1913 (Fin.-Min.-Bl. S. 361), betr. die pfälzischen Steuereinnehmer usw.

Das gleiche wie nach Art. 51 Abs. 1 gilt nach dessen Abs. 2 für die an öffentlichen Volksschulen Beschäftigten, soweit die anderweite öffentliche Fürsorge nicht ausreicht.

Auf Grund des § 11 Abs. 3 des Gesetzes sind weiter ergangen:

Z. II der vorhin erwähnten Justizministerialbekanntmachung vom 23. Dez. 1912;

Min.-Bekanntmachung vom 9. Jan. 1913, den Geschäftskreis des K. Staatsministeriums des Innern betr. (Min.-A.-Bl. d. Äußeren u. d. Inneren S. 70);

desgl. vom 18. Jan. 1913, den Bereich der Verkehrsverwaltung betr. (ebenda S. 110);

desgl. vom 1. Febr. 1913, den Geschäftsbereich des Kriegsministeriums betr. (ebenda S. 157);

desgl. vom 2. Febr. 1913, den Geschäftskreis des Staatsministeriums des K. Hauses und des Äußern betr. (ebenda S. 124); endlich

Min.-Entschließung vom 7. Febr. 1914, die staatl. Eichmeister betr. (ebenda 1914 S. 61).

Aut. Min.-Entschl. vom 13. und 20. März 1925, Nr. 5027 b 1 u. 7, betr. die im Dienste des Staates stehenden Ärzte, Zahnärzte und Tierärzte, die nach § 2 der Satzung der bayer. Ärzteversorgung zur Mitgliedschaft bei dieser verpflichtet sind (Anwartschaft gewährleistet).

Nach Art. 57 des erwähnten Ausführungs-Gesetzes zur RVO. sind ferner die Gemeinden und Gemeindeverbände verpflichtet, denjenigen ihrer Beamten — aber nur diesen, nicht auch den anderen Angestellten — die nach dem Versicherungsgesetz für Angestellte versicherungspflichtig sind, zum Zweck der Befreiung von dieser Pflicht die Anwartschaft zu gewährleisten, die in § 11 des Gesetzes bezeichnet ist. Die Verpflichtung besteht nicht, wenn die Gemeinde oder der Gemeindeverband für den Beamten Beiträge zu einer Versicherungsunternehmung entrichtet oder dem Beamten solche Beiträge ersetzt. Das Staatsministerium des Innern kann aus wichtigen Gründen weitere Ausnahmen zulassen.

Zur Durchführung dieser Vorschrift ist ergangen die Min.-Bekanntmachung vom 11. Nov. 1912,

„über das Verhältnis der Gemeindebeamten zum Versicherungsgesetz für Angestellte" (Min.-A.-Bl. d. Äußern u. d. Innern S. 1075).

Hinsichtlich der bayer. Distriktsbaumeister, Distriktskassiere und Distriktssparkassenkassiere s. auch Entsch. des bayer. Verwaltungsgerichtshofs vom 30. April 1913 (Regers Entsch. Bd. 33 S. 459).

Die katholische und die protestantische Geistlichkeit betreffen die beiden Ministerial-Bekanntmachungen vom 13. Febr. 1914 (Min.-A.-Bl. d. Äußern u. d. Innern S. 99, 100).

Endlich ist hier anzuführen die aut. Min.-Entschl. vom 4. März 1925, Nr. 5239 f 10, über das Verhältnis der Beamten und Beamtenanwärter bei den Kreis-Heil- und Pflegeanstalten und bei der Kreis-Kranken- und Pflegeanstalt Frankenthal zum Angestelltenversicherungsgesetz.

d) Im vorm. Königreich Sachsen:

Verordnung vom 29. Jan. 1913 (Nr. 121 J H).

Verordn. über die Versicherungspflicht verschiedener staatlicher Angestellter, vom 23. Nov. 1924 (Fin.-Min.-Bl. S. 133; s. auch ebenda 1916 S. 50 u. 1920 S. 153).

e) In Württemberg:

Min.-Verfügung vom 30. Nov. 1912 (Amtsbl. d. Min. d. J. S. 402).

f) In Baden:

Min.-Verordn. vom 5. Aug. 1912 ((Ges.- u. Verordn.-Bl. S. 339), § 1 Nr. 2 (betrifft nur Zuständigkeit) und dazu Bekanntm. des Arb.-Min. vom 10. Juli 1922 (GVBl. S. 488).

g) In Braunschweig:

Min.-Bekanntm. vom 27. Dez. 1912 (Ges.- u. Verordn.-Samml. S. 703).

h) In Mecklenburg-Schwerin:

Bekanntm. vom 6. März und 10. Juli 1916 (Reg.-Bl. S. 233 u. 625), betr. Lehrer und Lehrerinnen.

i) In Mecklenburg-Strelitz:

Bekanntm. vom 10. Mai und 22. Juli 1916 (Amtl. Anz. S. 489 u. 797), betr. Lehrer und Lehrerinnen, ferner Bekanntm. vom 13. Dez. 1919 (Amtl. Anz. S. 1050), betr. die Lehrer an den ritterschaftlichen Schulen.

k) In Schaumburg-Lippe:

Min.-Bekanntm. vom 10. Aug. 1912 (Anz. d. Fürstent. Sch.-L. S. 305), und

Min.-Erlaß vom 31. Jan. 1913 (Anz. d. Fürstent. Sch.-L. S. 60).

l) In Lübeck:
Gesetz vom 30. Dez. 1912 (Ges.- u. Verordn.-Bl. S. 592).

m) In Bremen:
Gesetz vom 25. Dez. 1912 (Ges.-Bl. S. 291).

n) In Hamburg:
Gesetz vom 27. Jan. 1913 (Amtsbl. S. 91).

15. tatsächlich verliehen werden: Die Verleihung hat daher, wie das Gesetz überdies im nächsten Satze selbst ausdrücklich sagt, keine rückwirkende Kraft. Dadurch soll gewissen Mißbräuchen, die unter dem früheren Gesetz hervorgetreten waren, vorgebeugt werden.

§ 12 (10).

Versicherungsfrei sind [1])

1. Beamte [2]) des Reichs, der Deutschen Reichsbahngesellschaft [3]), der Länder, der Gemeindeverbände und der Gemeinden, Geistliche der als öffentlich-rechtliche Korporationen anerkannten Religionsgesellschaften, Lehrer und Erzieher an öffentlichen Schulen oder Anstalten, solange sie lediglich für ihren Beruf ausgebildet werden [4]), sowie die im Reichs- oder Landesdienste vorläufig beschäftigten Beamten und vorläufig beschäftigten Geistlichen der als öffentlich-rechtliche Korporationen anerkannten Religionsgesellschaften,
2. Angestellte in Post- und Telegraphenbetrieben des Reichs sowie Angestellte der Deutschen Reichsbahngesellschaft [3]), die Aussicht auf Übernahme in das Beamtenverhältnis und Anwartschaft auf eine ausreichende Invaliden- und Hinterbliebenenfürsorge haben [5]),
3. Soldaten [6]), die eine der im § 1 bezeichneten Tätigkeiten während der Vorbereitung zu einer bürgerlichen Beschäftigung ausüben [7]), auf die § 11 anzuwenden ist,
4. Personen, die zu ihrer wissenschaftlichen Ausbildung [8]) für den zukünftigen Beruf gegen Entgelt tätig sind [9]) [10]).

Ob die Voraussetzungen der Nrn. 1, 2 vorliegen, entscheiden die nach § 11 Abs. 3 zuständigen Stellen [11]).

1. Versicherungsfrei sind: Auch hier tritt die Befreiung von der Versicherungspflicht kraft Gesetzes ein.

2. Beamte: Hier handelt es sich nicht um die definitiv Angestellten, sondern nur um die vorläufig beschäftigten Beamten des Reichs usw. Beamte der Versicherungsträger (Krankenkassen, Berufsgenossenschaften, Versicherungsanstalten) sind hier nicht genannt; sie werden daher, so lange sie nur vorläufig beschäftigt sind, von der Versicherungspflicht der Angestelltenversicherung durch § 12 nicht befreit. Ferner handelt es sich hier nur um Beamte, nicht auch um andere Angestellte, endlich auch nur um unmittelbare Beamte des Reichs usw. Beamte anderer Körperschaften als der in § 12 Z. 1 genannten fallen unter § 17 Z. 1. Die Beamteneigenschaft muß schon während der Ausbildungszeit vorliegen (so für das Gebiet der Invalidenversicherung AN. 1923 S. 36 Z. 2730, bes. S. 39).

3. Der Deutschen Reichsbahngesellschaft: Eingefügt durch § 10 Z. II des Reichsbahn-Personalgesetzes vom 30. Aug. 1924 (RGBl. II S. 287).

Andere Eisenbahnen fallen, soweit sie dem öffentlichen Verkehr dienen, unter § 17 Z. 1, im übrigen bleiben sie überhaupt außer Betracht.

4. so lange sie ... ausgebildet werden: Die Worte „so lange sie lediglich für ihren Beruf ausgebildet werden" beziehen sich natürlich auf alle vorher genannten Gruppen, nicht bloß auf Lehrer und Erzieher.

5. die Aussicht ... haben: Diese Bestimmung enthält eine Abweichung von der RVO. (§ 1235), wo eine solche Vorschrift fehlt. Es handelt sich hier um Hilfsbeamte, die aus dem Stande der Arbeiter hervorgegangen sind und später nach Maßgabe der vorhandenen Stellen in das Beamtenverhältnis übernommen werden. Diese Personen haben nicht nur Anwartschaft auf die reichsgesetzlichen Leistungen der Invaliden- und Hinterbliebenenversicherung, sondern es stehen ihnen auch die Leistungen der für die Post- und Telegraphenverwaltung des Reichs und für die Deutsche Reichsbahngesellschaft bestehenden Pensionskassen, Abteilung B, zu, die unter anderem auch Renten an alle Witwen vorsehen.

6. Soldaten: Dazu gehören auch die Offiziere aller Art, Deckoffiziere und Unteroffiziere, dagegen nicht die Militärbeamten (§ 1 des Wehrgesetzes vom 23. März 1921, RGBl. S. 329).

7. die ... ausüben: Gemeint ist insbesondere die Vorbereitungspraxis der Militäranwärter.

Es handelt sich übrigens hier nur um Militäranwärter, die dem Soldatenstande noch angehören. Sind sie aus diesem bereits ausgeschieden, so können sie unter § 12 Z. 1 fallen (vgl. hierüber z. B. die Bekanntm. des Reichskanzlers vom 16. Febr. 1913, Armee-Verordn.-Bl. S. 49, und den Erlaß des pr. Kriegsministers vom 29. März 1913, Armee-Verordn.-Bl. S. 50).

8. zu ihrer wissenschaftlichen Ausbildung: Im früheren Gesetz hieß es, wie noch jetzt in der RVO., „während der" wissenschaftlichen Ausbildung; dadurch war besonders auch das Stundengeben der Studenten für versicherungsfrei erklärt. Die jetzige Vorschrift ist also bedeutend enger. Darunter fallen in der Regel Assistenzärzte (AN. 1925 S. 203 Z. 2863). Die Ausbildung für den Schauspielerberuf ist keine „wissenschaftliche" im Sinne der Z. 4 (AVN. 1913 S. 210).

9. tätig sind: Im früheren Gesetz hieß es „unterrichten". Hier enthält also das neue Gesetz eine Erweiterung.

10. Im alten Gesetz folgte hier noch eine Z. 5, welche Ärzte, Zahnärzte und Tierärzte in ihrer beruflichen Tätigkeit für versicherungsfrei erklärte. Es konnte sich natürlich auch damals nur um solche Ärzte usw. handeln, die als Angestellte beschäftigt sind (Assistenzärzte, Schiffsärzte usw.). Denn Ärzte, die eine selbständige Praxis ausüben, fallen ohnehin nicht unter das Gesetz. Durch die Aufhebung jener Vorschrift ist jetzt festgestellt, daß Ärzte usw., die als Angestellte beschäftigt sind, der Versicherungspflicht unterliegen (sofern die übrigen Voraussetzungen gegeben sind — für Bayern vgl. aut. Min.-Entschl. vom 13. März 1925 Nr. 5072 b 7); wegen der Assistenzärzte s. jedoch Anm. 9!

11. entscheiden die ... zuständigen Stellen: Auf Grund dieser Bestimmung sind die nachstehend angeführten Entscheidungen der zuständigen Stellen ergangen.

a) Von seiten des Reichs:

Bekanntm. des Reichskanzlers vom 30. Sept. 1912 (Reichsanz. Nr. 234) und dazu Z. 2 der Bekanntm. vom 18. Sept. 1915 (AVN. 1915 S. 185). Hiernach sind versicherungsfrei alle im Reichsbeamtenverhältnis vorläufig oder auf Probe Beschäftigten sowie in der Ausbildung begriffenen Bediensteten; ferner die außerhalb des Reichsbeamtenverhältnisses beschäftigten Angestellten, die Aussicht auf Übernahme in das Beamtenverhältnis haben und der Abteilung B der Pensionskasse der Reichseisenbahnen als Pflichtmitglieder angehören (für die der Abt. B als freiwillige Mitglieder beigetretenen Bediensteten tritt eine Befreiung von der Versicherungspflicht nicht ein).

Bekanntm. des Reichskanzlers vom 16. Febr. 1913 (Armee-Verordn.-Bl. S. 49). Hiernach besteht Versicherungsfreiheit bei den auf Widerruf angestellten, nicht etatsmäßigen, unbesoldeten Reichsbeamten für die Zeit, in der ihnen unter besonderen Verhältnissen eine Besoldung aus Reichsfonds gewährt wird, und bei den Militäranwärtern, die bereits aus dem Soldatenstand ausgeschieden und zur Probedienstleistung in Beamtenstellen bei den Behörden der Heeresverwaltung einberufen sind.

Verfügung des Staatssekretärs des Reichspostamts vom 14. Okt. 1912 (Amtsbl. d. Reichspost-A. S. 235), betr. die im Dienste der Reichspost- und Telegraphenverwaltung stehenden Regierungsbauführer; endlich

Erlaß des Staatssekretärs des Reichsmarineamts vom 3. Okt. 1912 (AVN. S. 227). Hiernach sind versicherungsfrei die sämtlichen in der Ausbildung begriffenen Beamten (der Marineverwaltung), Marinebauführer, technische Sekretariatsaspiranten, Werftbuchführeranwärter und die zur Probedienstleistung eingestellten Betriebsbeamten (Kap. 60 Tit. 2 des Marine-Etats).

b) In Preußen:

Min.-Erlaß vom 13. Sept. 1912 (Min.-Bl. für d. innere Verw. S. 281, Z. I Abs. 2, den Bereich der allgem. Bauverwaltung betr.;

desgl. vom 7. Nov. 1912 (Handelsmin.-Bl. 1913 S. 79), Abs. 3, den Bereich der allgem. Verwaltung betr.;

desgl. vom 18. Nov. 1912 (Handelsmin.-Bl. S. 561), Buchst. B u. C, den Bereich des Ministeriums für Handel und Gewerbe betr.;

desgl. vom 9. Dez. 1912 (Just.-Min.-Bl. S. 409), Z. II, den Bereich der Justizverwaltung betr.;

desgl. vom 10. Dez. 1912 (Zentr.-Bl. d. Abg.-Gesetzg. u. Verw. S. 381), Abs. 3, den Bereich der Verwaltung der Zölle und indirekten Steuern betr.;

desgl. vom 16. Dez. 1912 (Handelsmin.-Bl. 1913 S. 82), stellvertretungsweise beschäftigte Lehrkräfte an öffentlichen Schulen betr. (sie fallen nicht unter § 12 Z. 1, event. aber unter § 11);

desgl. vom 28. Dez. 1912 (Handelsmin.-Bl. 1913 S. 80), Z. 4, den Bereich der Verwaltung der geistlichen und Unterrichtsangelegenheiten betr.;

desgl. vom 6. Jan. 1913 (Handelsmin.-Bl. S. 48), Abs. 2, den Bereich des Ministeriums für Landwirtschaft betr.;

desgl. vom 29. März 1913 (Armee-Verordn.-Bl. S. 50), den Bereich der Heeresverwaltung betr.;

endlich vom 7. Juli 1916 (Handelsmin.-Bl. 1916 S. 226), betr. die Versicherungspflicht der probeweise oder stellvertretungsweise gegen Kündigung angestellten Lehrer.

Die Rechengehilfen bei den Landmesserbüros der k. Generalkommission und die Meliorationstechniker fallen (wie nicht unter § 11, so auch) nicht unter § 12 Z. 1, da sie nicht die Eigenschaft von Beamten haben (Min.-Erlasse vom 17. Febr. 1913, Landw.-Min.-Bl. S. 78, ferner vom 22. April u. 31. Dez. 1912, Landw.-Min.-Bl. 1912 S. 189, 1913 S. 29).

c) In Bayern:

Min.-Bekanntm. vom 8. Juni 1909 (GVBl. S. 386), betr. die Erklärung von im Staatsdienste verwendeten Personen zu Beamten im Sinne des Art. 1 des bayer. Beamtengesetzes;

Min.-Bekanntm. vom 23. Dez. 1912 (Just.-Min.-Bl. S. 354), Z. II, den Bereich der Justizverwaltung betr.;

desgl. vom 9. Jan. 1913 (Min.-A.-Bl. d. Äuß. u. d. Inn. S. 110), Z. 2, den Bereich der Verkehrsverwaltung betr.;

desgl. vom 2. Febr. 1913 (Min.-A.-Bl. d. Auß. u. d. Inn. S. 124), Z. 2, den Bereich des Staatsministeriums des K. Hauses u. des Außeren betr.;

Min.-Bekanntm. vom 13. Febr. 1914 (Min.-A.-Bl. d. Auß. u. d. Inn. S. 100), die prot. Geistlichkeit betr.; endlich

Aut. Min.-Entschließ. vom 14. März 1925 Nr. 5239 f 10, betr. das Verhältnis der Beamten und Beamtenanwärter bei den Kreis-Heil- und Pflegeanstalten und bei der Kreis-Kranken- u. Pflegeanstalt Frankenthal zum Angestelltenversicherungsgesetz:

d) Im vorm. Königreich Sachsen:
Verordn. vom 29. Jan. 1913 (Nr. 121 JH.), Ziff. II.

e) In Württemberg:
Min.-Verfügung vom 30. Nov. 1912 (Amtsbl. d. Min. d. Inn. S. 402).

f) In Braunschweig:
Min.-Bekanntm. vom 27. Dez. 1912 (Gesetz- u. Verordn.-Samml. S. 703).

g) In Schaumburg-Lippe:
Min.-Erlaß vom 31. Jan. 1913 (Anz. d. Fürstent. Sch.-L. S. 60).

§ 13 (1 Abs. 3, 170 Abs. 3).

Versicherungsfrei [1]) ist, wer berufsunfähig [2]) ist, oder wer Ruhegeld [3]) oder Witwenrente nach den Vorschriften dieses Gesetzes oder eine Invalidenpension [4]) nach den Vorschriften des Reichsknappschaftsgesetzes oder eine Invaliden- [5]), Witwer- oder Witwenrente aus der Invalidenversicherung bezieht [6]).

1. Versicherungsfrei: Im früheren Gesetz war es nach § 1 Abs. 3 Voraussetzung der Versicherungspflicht, daß der Angestellte „nicht berufsunfähig" sei; ferner war nach § 170 Abs. 3 „beitragsfrei", wer Ruhegeld nach den Vorschriften dieses Gesetzes bezog. Weitere Einschränkungen dieser Art kannte das alte Gesetz nicht.

Die dem § 13 entsprechende Vorschrift für die Invalidenversicherung findet sich in § 1236 RVO., und beide Vorschriften sind jetzt so gefaßt, daß sie in Wechselbeziehung zueinander stehen. § 1236 RVO. lautet nämlich:

> Versicherungsfrei ist, wer invalide ist oder wer eine Invaliden-, Witwen- oder Witwerrente nach den Vorschriften dieses Gesetzes oder eine Witwerrente nach den Vorschriften des Angestelltenversicherungsgesetzes bezieht.

Hiernach sind in der Angestelltenversicherung versicherungsfrei alle, die es auch in der Invalidenversicherung sind. Denn der Begriff der Invalidität umfaßt stets den der Berufsunfähigkeit mit; § 1255 Abs. 2 RVO. stellt strengere Anforderungen als § 30 Abs. 1 Satz 2 AVG. (im Einzelfall bedarf es aber stets der Prüfung, ob der Empfänger einer Invalidenrente auch wirklich berufsunfähig im Sinn des AVG. sei; s. AN. 1924 S. 218 Z. 2823). Nur in der Angestelltenversicherung, aber nicht in der Invalidenversicherung versicherungsfrei ist, wer zwar berufsunfähig, aber noch nicht invalide ist (doch kann, wer Ruhegeld aus der Angestelltenversicherung bezieht, auf seinen Antrag von der Invalidenversicherungspflicht befreit werden; vgl. § 1237 Abs. 2 RVO.).

Die Versicherungsfreiheit nach § 13 tritt kraft Gesetzes ein. Beiträge, die etwa trotzdem entrichtet werden, sind ungültig.

2. berufsunfähig: S. § 30 Abs. 1 Satz 2! Bei vorübergehender Berufsunfähigkeit (§ 30 Abs. 2) tritt der Versicherungsfall erst mit Ablauf der 26. Woche nach Beginn der Berufsunfähigkeit ein; Beiträge, die bis dahin geleistet werden, sind gültig (AVN. 1919 S. 59 Z. 338).

Die Berufsunfähigkeit macht versicherungsfrei auch dann, wenn der Betreffende kein Ruhegeld bezieht, z. B. weil er die Wartezeit nicht erfüllt hatte.

3. Ruhegeld: Gemeint ist nur das Ruhegeld für Berufsunfähigkeit, nicht aber das Altersruhegeld für Vollendung des 65. Lebensjahrs; dessen Bezug schließt die Versicherungspflicht nicht aus (vgl. für die Invalidenversicherung AN. 1924 S. 89 Z. 2792).

4. Invalidenpension: S. die §§ 25 u. 26 des Reichsknappschaftsgesetzes vom 23. Juni 1923 (RGBl. I S. 431).

5. Invalidenrente: Nach AN. 1924 S. 218 Z. 2823 und 1925 S. 98 Z. 2844 schließt der Bezug einer Invalidenrente nur die Versicherungspflicht in der Angestelltenversicherung aus, dagegen nicht die Berechtigung, sich freiwillig weiterzuversichern.

Diese Auslegung ist begründet mit der Entstehungsgeschichte des § 13 (§ 10a des Ges. vom 10. Nov. 1922) und mit seiner Stellung im Gesetz, nämlich im 1. Unterabschnitt zum 1. Abschnitt des AVG., der lediglich von der Versicherungspflicht handelt, während die freiwillige Versicherung erst im 2. Unterabschnitt geregelt ist.

6. bezieht: Ruhegeld usw. wird auch dann „bezogen", wenn es nach § 72ff. (§ 1312ff. RVO.) ruht (AVN. 1920 S. 202 Z. 423).

§ 14 (11).

Auf seinen Antrag[1]) wird von der Versicherungspflicht befreit,

wem von dem Reiche, der Deutschen Reichsbahngesellschaft[2]), einem Lande, einem Gemeindeverbande, einer Gemeinde[3]) oder einem Träger der Reichsversicherung[4]), oder

wem auf Grund früherer Beschäftigung als Lehrer oder Erzieher an öffentlichen Schulen oder Anstalten Ruhegeld[5]), Wartegeld oder ähnliche Bezüge[6]) im Mindestbetrage der seinem Diensteinkommen entsprechenden Höhe bewilligt sind[7]) und daneben Anwartschaft[8]) auf Hinterbliebenenfürsorge (§ 11) gewährleistet ist[9]).

1. Auf seinen Antrag: Hier tritt die Befreiung von der Versicherungspflicht nicht kraft Gesetzes, wie nach §§ 11 und 12, sondern nur auf Antrag ein. Der Antrag ist hier vom Versicherten selbst zu stellen, nicht vom Arbeitgeber (anders im Falle des § 17). Über den Antrag entscheidet nach § 15 die RVAnstalt. Nach § 15 Abs. 2 wirkt die Befreiung vom Eingang des Antrags bei der RVAnstalt an. Gemäß § 16 kann die Befreiung widerrufen, auch kann auf sie verzichtet werden. Ferner ist es zulässig, während der Dauer der Befreiung von der Weiterversicherung (§ 21) Gebrauch zu machen (so für die Invalidenversicherung AN. 1897 S. 589 Nr. 614).

Eine weitere Möglichkeit, von der Versicherungspflicht auf Antrag befreit zu werden, enthält § 380.

Ein Merkblatt über die Befreiung der Ruhegeldempfänger von der Versicherungspflicht ist abgedruckt in AVN. 1916 S. 64.

2. der deutschen Reichsbahngesellschaft: Eingefügt durch § 10 Z. III des Reichsbahnpersonalgesetzes vom 30. Aug. 1924 (RGBl. II S. 287).

3. einem Gemeindeverbande, einer Gemeinde: S. Anm. 3 zu § 11.

4. einem Träger der Reichsversicherung: S. Anm. 4 zu § 11.

5. Ruhegeld: Militärrenten auf Grund des Reichsversorgungsgesetzes oder der früheren Militärversorgungsgesetze sind keine „Ruhegelder" im Sinn des § 14 (AN. 1917 S. 560 Z. 2382 und 1924 S. 15 Z. 2775). Das gleiche gilt von der Witwenzusatzrente von der Abt. B der Pensionskasse für die Arbeiter der vorm. preußisch-hessischen Eisenbahngemeinschaft (AVN. 1917 S. 232 Z. 244).

6. ähnliche Bezüge: Auch das sind nur Bezüge, die auf Grund früherer Dienstleistung gewährt werden und Dauergeltung haben (AN. 1924 S. 15 Z. 2775). Wenn sie nicht auf einem Rechtsanspruch beruhen, so müssen sie doch tatsächlich so gesichert sein, daß sie dem Ruhe- oder Wartegeld gleichwertig sind ((AN. 1904 S. 358 Nr. 1116, 1907 S. 412 Nr. 1297).

7. bewilligt sind: Es handelt sich also hier um bereits pensionierte Personen (nicht bloß Beamte), die den Rest ihrer Arbeitskraft noch zu einer bezahlten Beschäftigung ausnützen. Die

Bestimmung entspricht dem § 1237 RVO. Ohne Belang ist es, wenn das bewilligte Ruhegeld aus irgendeinem Grunde ruht (vgl. die Rechtsprechung des RVAmts zur Invalidenversicherung). Jedoch muß es sich um Bezüge handeln, die auf Grund eines früheren Dienstverhältnisses gewährt werden; Haftpflichtentschädigungen o. dgl. kommen nicht in Betracht, ebensowenig ausländische Pensionen.

8. und daneben Anwartschaft: Der Pensionsbezug für sich allein genügt nicht, es muß dem Betreffenden außerdem auch noch für den Fall seines Ablebens Anwartschaft auf Hinterbliebenenfürsorge im Mindestbetrage dieses Gesetzes gewährleistet sein. S. aber auch Anm. 7 Abs. 2 zu § 11.

9. Gewährleistet ist: Ob dies der Fall ist, entscheiden nötigenfalls die in § 11 Abs. 3 genannten Stellen (AVN. 1916 S. 70 Z. 96). Ihre Entscheidung ist für die Instanzen der Angestelltenversicherung bindend.

Vgl. hiezu für Bayern: Min.-Bekanntmachungen vom 20. Mai und 16. Dez. 1913 (Min.-A.-Bl. d. Auß. u. d. Inn. S. 457, 922);

für Hessen: Ausf.-Anweisung zum Vers.-Ges. f. gemeindl. Beamte vom 30. Sept. 1920 (Reg.-Bl. S. 301 ff.), vom 12. Okt. 1920 (Reg.-Bl. S. 319).

§ 15 (12).

Über den Antrag entscheidet[1]) die Reichsversicherungsanstalt. Auf Beschwerde[2]) entscheidet[1]) das Oberversicherungsamt, in dessen Bezirk der Antragsteller wohnt.

Die Befreiung wirkt vom Eingang des Antrags bei der Reichsversicherungsanstalt an[3]).

Der Reichsarbeitsminister kann Näheres über die Voraussetzungen der Befreiung bestimmen[4]).

1. entscheidet: Zu entscheiden ist nur, wenn die Versicherungspflicht feststeht; ist das nicht der Fall, so ist das Verfahren über den Antrag auf Grund des § 14 auszusetzen, bis über die Versicherungspflicht entschieden ist (AVN. 1919 S. 38 Z. 327). Das gleiche gilt natürlich auch, wenn eine Entscheidung der zuständigen Stelle darüber, ob die Anwartschaft auf Hinterbliebenenfürsorge gewährleistet sei, noch nicht vorliegt.

Der Antrag muß genehmigt werden, wenn die gesetzlichen Voraussetzungen vorliegen. Er kann auch zurückgenommen werden (vgl. auch § 16 Abs. 2).

Entschieden wird im Beschlußverfahren (§ 286 ff.).

2. auf Beschwerde: Nach § 324 Abs. 1 muß die Beschwerde binnen einem Monat nach Zustellung der angefochtenen Entscheidung eingelegt werden; s. auch § 324 Abs. 2 und § 325.

Der Auslegung des § 1240 RVO. entsprechend wird man auch hier annehmen müssen, daß nur der Versicherte selbst Beschwerde einlegen kann, dagegen nicht sein Arbeitgeber.

3. vom Eingang des Antrags an: Also rückwirkend. Aufschiebende Wirkung hat der Antrag daher nicht. Der Antragsteller (und sein Arbeitgeber) muß, solange das Verfahren über den Antrag schwebt, die Beiträge vorläufig entrichten. Wird der Antrag genehmigt, so werden die Beiträge zurückerstattet.

4. kann ... bestimmen: Bisher nicht geschehen.

§ 16 (13).

Die Reichsversicherungsanstalt widerruft [1]) die Befreiung, sobald ihre Voraussetzungen nicht mehr vorliegen [2]). Auf Beschwerde [3]) entscheidet das Oberversicherungsamt (§ 15 Abs. 1 Satz 2).

Bei Verzicht [4]) auf die Befreiung und bei ihrem endgültigen Widerrufe tritt die Versicherungspflicht wieder in Kraft [5]).

1. widerruft: Ebenfalls im Beschlußverfahren nach § 286 ff. (vgl. Anm. 1 zu § 15, a. E.). Der Widerruf hat keine rückwirkende Kraft; er wird vielmehr erst mit der Rechtskraft des Beschlusses, der ihn ausspricht, wirksam (AVN. 1918 S. 79 Z. 276).

2. sobald ihre Voraussetzungen nicht mehr vorliegen: Z. B. weil das Ruhegeld oder Wartegeld (§ 14) aus irgendeinem Grunde weggefallen ist. Dem Wegfall der Voraussetzungen muß aber auch der Fall gleichgestellt werden, daß die Voraussetzungen der Befreiung überhaupt nicht vorgelegen haben, diese also zu Unrecht bewilligt worden ist.

3. auf Beschwerde: S. Anm. 3 zu § 15.

4. Bei Verzicht: Dieser muß der RVAnstalt gegenüber erklärt werden, was jedoch auch stillschweigend (durch sog. schlüssige Handlungen) geschehen kann, besonders durch Wiederaufnahme der Beitragsleistung.

5. tritt die Versicherungspflicht wieder in Kraft: Jedoch nicht rückwirkend. In der Zwischenzeit, in der die Befreiung galt, wird daher sehr häufig die — vor der Befreiung erworbene — Anwartschaft erloschen sein (§ 54).

§ 17 (14).

Das Reichsversicherungsamt [1]) kann [2]) auf Antrag des Arbeitgebers [3]) bestimmen, wieweit § 11, § 12 Nr. 1, 2, §§ 14 bis 16 gelten [4]) für

1. die in Betrieben oder im Dienste anderer öffentlicher Verbände oder von Körperschaften[5]) oder von Eisenbahnen des öffentlichen Verkehrs[6]) oder als Lehrer und Erzieher an nichtöffentlichen Schulen oder Anstalten[7]) Beschäftigten, wenn ihnen mindestens die im § 11 bezeichneten Anwartschaften gewährleistet sind[8]) oder sie lediglich für ihren Beruf ausgebildet werden,
2. Personen, denen auf Grund früherer Beschäftigung bei solchen Verbänden oder Körperschaften oder Eisenbahnen, Schulen oder Anstalten Ruhegeld, Wartegeld oder ähnliche Bezüge im Mindestbetrage der ihrem Diensteinkommen entsprechenden Höhe bewilligt sind und daneben eine Anwartschaft auf Hinterbliebenenfürsorge (§ 11) gewährleistet ist[8]),
3. Beamte und Bedienstete der landesherrlichen Hof-, Domanial-, Kameral-, Forst- und ähnlichen Verwaltungen, der Herzoglich Braunschweigischen Landschaft, der Fürstlich Hohenzollernschen Fideikommißverwaltung und der standesherrlichen Verwaltungen sowie Angestellte in Betrieben, für die eine besondere Invaliden- und Hinterbliebenenversorgung bereits durch reichs- oder landesrechtliche Vorschriften geregelt ist[9]).

1. Das Reichsversicherungsamt: Die Befugnis des § 14 stand früher dem Bundesrat zu, dann dem Reichsrat. Nunmehr ist sie dem RVAmt übertragen.

§ 17 entspricht dem § 1242 RVO.

2. kann: Nach freiem Ermessen; das RVAmt muß daher auch für befugt erachtet werden, die Vorschriften der §§ 11, 12 Nr. 1, 2, §§ 14 u. 16 für die im § 17 Genannten nur teilweise oder mit Beschränkungen in Kraft zu setzen.

3. auf Antrag des Arbeitgebers: Hier kann nur dieser den Antrag stellen, dagegen nicht der Versicherte (vgl. auch Anm. 1 zu § 14). Auch der Arbeitgeber kann den Antrag nicht für einzelne Versicherte, sondern nur für die ganzen, jeweils in Betracht kommenden Gruppen von Beschäftigten stellen.

4. gelten: Macht das RVAmt von § 17 Gebrauch, so werden dadurch die in Z. 1 u. 3 Genannten ohne weiteres versicherungsfrei (vgl. §§ 11 u. 12), während den in Z. 2 Genannten das Antragsrecht des § 14 erwächst.

5. anderer öffentlicher Verbände oder von Körperschaften: Nämlich anderer als der in §§ 11 Abs. 1 und 2, 12 Nr. 1 und 2, 14 genannten. In Betracht kommen also

z. B. Handels-, Handwerks- und Landwirtschaftskammern, kirchliche Verbände usw. Unter „öffentlichen Verbänden" sind auch nicht bloß solche des Inlands zu verstehen; vielmehr sind besonders auch ausländische Staaten als Körperschaften im Sinne des § 17 zu betrachten (AVN. 1913 S. 265). Körperschaften im Sinne dieses Paragraphen sind ferner nicht bloß öffentliche, sondern auch privatrechtliche.

6. Eisenbahnen des öffentlichen Verkehrs: Soweit sie nicht als solche der Deutschen Reichsbahngesellschaft schon unter §§ 11 Abs. 1, 12 Nr. 2 fallen; also Privateisenbahnen, Straßen- und Kleinbahnen u. dgl.

7. Lehrer und Erzieher an nichtöffentlichen Schulen oder Anstalten: Lehrer und Erzieher an öffentlichen Schulen fallen unter §§ 11—14, solche, die an nichtöffentlichen Schulen oder Anstalten beschäftigt sind, aber unter § 17. Solche, die nicht an Schulen oder Anstalten beschäftigt sind, sondern privaten Einzelunterricht erteilen, waren nach dem Gesetz „über die Angestelltenversicherung der Privatlehrer", vom 22. Juli 1913 (RGBl. S. 600) den im § 17 (früher 14) Nr. 1, 2 aufgeführten Lehrern und Erziehern an nichtöffentlichen Schulen „gleichgestellt, soweit sie bei öffentlichen Pensionsanstalten für Lehrer und Erzieher versichert waren".

Hiernach konnte also auch für die Lehrer und Erzieher, die privaten Einzelunterricht erteilen, der Bundesrat bestimmen, wieweit die §§ 9, 10 Nr. 1 u. 2, 11—13 (jetzt 11, 12 Nr. 1 u. 2, 14—16) für sie gelten. Demgemäß hat der Bundesrat beschlossen (Bekanntm. des Reichskanzlers vom 18. Aug. 1913, Zentralbl. f. d. Deutsche Reich S. 752), daß die angeführten Paragraphen mit Wirkung vom 1. Jan. 1913 an gelten sollten für

1. Lehrer und Erzieher, die an nichtöffentlichen Schulen oder Anstalten beschäftigt sind oder privaten Einzelunterricht erteilen, soweit sie bei der Allgemeinen Deutschen Pensionsanstalt für Lehrer und Lehrerinnen (gegründet 1875) versichert und soweit ihnen auf Grund der Satzungen dieser Anstalt mindestens die im § 9 (jetzt 11) des Gesetzes bezeichneten Anwartschaften gewährleistet sind oder sie lediglich für ihren Beruf ausgebildet werden;
2. Personen, denen auf Grund früherer Beschäftigung als Lehrer oder Erzieher an nichtöffentlichen Schulen oder Anstalten oder als privaten Einzelunterricht erteilende Lehrer oder Erzieher von der Allgemeinen Deutschen Pensionsanstalt für Lehrer und Lehrerinnen in Berlin Ruhegeld, Wartegeld oder ähnliche Bezüge im Mindestbetrage nach den Sätzen der vom Bundesrate festgesetzten Gehaltsklasse (§ 9; frühere Fassung des jetzigen § 11!) bewilligt sind und daneben eine Anwartschaft auf Hinterbliebenenfürsorge gewährleistet ist.

Ob die Anwartschaft gewährleistet sei, hatten auch hier die nach § 9 (11) Abs. 3 zuständigen Behörden zu entscheiden. Auf Grund dessen sind s. Zt. in Preußen ergangen

ein Erlaß des Ministers der geistl. und Unterrichtsangelegenheiten an den Vorstand der Allgemeinen Deutschen Pensionsanstalt (abgedr. in AVN. 1913 S. 202),

dann ein Erlaß des Handelsministers vom 7. Okt. 1913 (AVN. 1913 S. 234)

und ein Erlaß des Landwirtschaftsministers vom 9. Okt. 1913 (AVN. 1913 S. 272).

Durch diese Erlasse wurde anerkannt, daß die vom Gesetz geforderten Anwartschaften bei den Privatlehrern (oder Lehrerinnen), die bei der Abteilung III der Allgemeinen Deutschen Pensionsanstalt in Berlin versichert sind, gewährleistet seien.

Diese Pensionsanstalt hat jedoch nunmehr mit Wirkung vom 1. Jan. 1923 den Versicherungsbestand ihrer Abteilung III (s. den vorigen Absatz!) der RVAnstalt übertragen. Angesichts dessen hat Art. X des Gesetzes „über Änderung des Versicherungsgesetzes für Angestellte (und der Reichsversicherungsordnung)", vom 13. Juli 1923 (RGBl. I S. 636) das Gesetz über Angestelltenversicherung der Privatlehrer vom 22. Juli und die Bekanntmachung vom 18. Aug. 1913 (s. o.!) mit Wirkung vom 1. Jan. 1923 an außer Kraft gesetzt.

Für Lehrer und Erzieher an nichtöffentlichen Schulen oder Anstalten bewendet es daher jetzt bei der Vorschrift des § 17 Z. 1 und 2, während „selbständige Lehrer und Erzieher, die in ihrem Betriebe keine Angestellten beschäftigen" — das sind eben diejenigen, die „privaten Einzelunterricht erteilen" im Sinn der Bekanntmachung vom 18. Aug. 1913 — nunmehr unter § 4 Z. 2 fallen (s. die Bemerkung zu jenem Paragraphen!).

8. gewährleistet sind (ist): Ob das der Fall sei, entscheiden, wie schon vorhin bemerkt, die nach § 11 Abs. 3 zuständigen Stellen.

Zur Ausführung von § 17 Z. 1 und 2 sind folgende Erlasse ergangen:

Bekanntm. des Reichskanzlers vom 4. März 1913 (Zentr.-Bl. f. d. D. R. S. 192). Sie regelt die Voraussetzungen, unter denen die §§ 11, 12 Nr. 1, 14—16 des Gesetzes gelten

1. für Personen, welche in Betrieben oder im Dienste anderer als der im § 11 Abs. 1 bezeichneten öffentlichen Verbände oder von öffentlichen Körperschaften oder von Eisenbahnen des öffentlichen Verkehrs oder als Lehrer oder Erzieher an nichtöffentlichen Schulen oder Anstalten beschäftigt sind;
2. denen auf Grund früherer Beschäftigung bei den in Nr. 1 bezeichneten Verbänden oder Körperschaften oder Eisenbahnen,

Schulen oder Anstalten Ruhegeld usw. bewilligt und daneben eine Anwartschaft auf Hinterbliebenenfürsorge gewährleistet ist;

desgl. vom 7. März 1913 (Zentr.-Bl. S. 220), betr. die im Betriebe oder im Dienste der hessischen Eisenbahnaktiengesellschaft Beschäftigten;

desgl. vom 8. März 1913 (ebenda S. 218), zwei Bekanntm. vom 11. März 1913 (ebenda S. 219, 220) und eine vom 13. März 1913 (pr. Handels-Min.-Bl. S. 255; im Zentr.-Bl. f. d. D. R. nicht erschienen), betr. die Bediensteten verschiedener öffentlicher Körperschaften, so besonders von Handels-, Handwerks- und Landwirtschaftskammern, dann Feuersozietäten, Landschaften und deren Lebensversicherungsanstalten, endlich Sparkassen.

Hierzu vgl. auch den Erlaß des pr. Handelsministers vom 31. März 1913 (abgedr. in AVN. 1913 S. 96).

9. geregelt ist: Hier sind einschlägig noch drei Erlasse des Reichskanzlers, nämlich

Bekanntm. vom 11. Febr. 1913 (Zentr.-Bl. f. d. D. R. S. 173), betr. Beamte und Bedienstete der landesherrlichen und prinzlichen Hof-, Kameral-, Domanial- und Forstverwaltungen usw.;

desgl. vom 16. Febr. 1913 (ebenda S. 182), betr. Beamte und Bedienstete der großherzogl. Luxemburgschen Vermögensverwaltung, und

desgl. vom 19. Febr. 1913 (ebenda S. 182), betr. Beamte und Angestellte verschiedener standesherrlicher u. dgl. Verwaltungen.

§ 18 (neu)[1].

Scheiden Personen, die gemäß § 11, § 12 Nr. 1—3, § 17 versicherungsfrei[2]) sind, aus der versicherungsfreien Beschäftigung aus, ohne daß gegen den Arbeitgeber ein Anspruch auf Ruhegeld oder Hinterbliebenenrente (§ 11 Abs. 1) entsteht oder im Falle des Vorhandenseins von Hinterbliebenen ein Anspruch auf Hinterbliebenenrente entstehen würde[3]), so sind für die Zeit dieser Beschäftigung, frühestens jedoch von dem Zeitpunkt der Einführung der Versicherungspflicht für die in Frage kommende Berufsgruppe, Beitragsmarken der Gehaltsklasse zu verwenden[4]), der die versicherungsfreien Personen im Falle ihrer Versicherungspflicht angehören würden. Für jeden Monat bis zum Schlusse des Jahres 1923 sind Beiträge der Gehaltsklasse C[5]) zu entrichten. Für Ersatzzeiten[6]) im Sinne des § 170 unterbleibt die Beitragsentrichtung. Die Beiträge gelten als

Pflichtbeiträge [7]). Der Eintritt des Versicherungsfalls steht der Nachentrichtung von Beiträgen bis zu diesem Zeitpunkt nicht entgegen [8]).

Solange die Personen Anspruch auf Wartegeld haben oder ihnen Ruhegehalt nach Artikel 4 der Verordnung zur Herabminderung der Personalausgaben des Reichs (Personal-Abbau-Verordnung) vom 27. Oktober 1923 (Reichsgesetzbl. I S. 999) oder Ruhegehalt nach einer entsprechenden landesrechtlichen Regelung oder nach einer vom Reichsarbeitsminister bezeichneten anderen Vorschrift zugesichert ist, unterbleibt die Beitragsentrichtung [9]) nach Abs. 1.

Ob ein Anspruch auf Ruhegeld, Ruhegehalt, Wartegeld oder Hinterbliebenenrente entsteht oder entstehen würde (Abs. 1, 2), entscheiden [10]) die nach § 11 Abs. 3 bestimmten Stellen.

Die Zeiten, in denen der Beschäftigte gemäß § 11, § 12 Nr. 1 bis 3, § 17 oder auch ohne diese Vorschriften schon wegen der Höhe seines Jahresarbeitsverdienstes nicht versicherungspflichtig gewesen ist, werden als Ersatzzeiten nach § 170 angerechnet [11]), sofern nicht die im § 20 bezeichnete Erklärung abgegeben wird. Beiträge, aus denen die Anwartschaft erloschen wäre, sind nicht nachzuentrichten [12]).

1. Die §§ 18—20 sind neu und füllen eine wesentliche Lücke des alten Gesetzes aus. Sie beziehen sich auf die Fälle, in denen die Beschäftigung eines Angestellten zwischen versicherungsfreier und versicherungspflichtiger Beschäftigung wechselt (§ 18) oder umgekehrt (§ 19). Hier können große Härten entstehen, denen das frühere Gesetz keine Rechnung trug.

2. gemäß § 11, § 12 Nr. 1—3, § 17 versicherungsfrei: Es handelt sich also hauptsächlich um Beamte und Beamtenanwärter.

Die übrigen Fälle von Versicherungsfreiheit (§ 12 Z. 4 und § 13), sowie die Fälle, in denen jemand auf Antrag von der Versicherungspflicht befreit wurde (§ 14), kommen hier nicht in Betracht.

3. Scheiden ... aus, ohne daß ... entsteht oder ... entstehen würde: Scheidet ein Angestellter, der bisher infolge seiner Dienststellung versicherungsfrei war, aus dieser Stellung aus und zwar aus einem Grunde, der zugleich gegen den Arbeitgeber (Reich, Land, Gemeinde usw.) einen Versorgungsanspruch entstehen läßt (also Dienstesunfähigkeit oder Tod), so ist dadurch für den Angestellten oder seine Hinterbliebenen gesorgt und eine weitere gesetzgeberische Maßnahme nicht veranlaßt. Scheidet er aber aus einem anderen Grunde, also noch in erwerbsfähigem Zustande, aus der versicherungsfreien Stellung aus, so wird er sich, um sich und seine Familie ernähren zu können, um eine andere Beschäftigung umsehen müssen, in der er dann versicherungspflichtig sein wird, falls er nicht das 60. Lebensjahr bereits überschritten hat (§ 1 Abs. 3).

In diesem Falle ist aber die Zeit, in der der Angestellte versicherungsfrei war, für die Versicherung und Beitragsleistung und damit für die Erfüllung der Wartezeit und die Rentensteigerung (§§ 53 und 56) verloren; ist er schon über 60 Jahre alt, so ist eine Pflichtversicherung überhaupt nicht mehr möglich. Hierdurch kann sich die Lage eines Angestellten, der bisher versicherungsfrei war, wesentlich ungünstiger gestalten als die eines anderen von gleichem Lebensalter, der von Anfang an versichert war.

Diesen Härten, denen das frühere Gesetz, wie schon bemerkt, keine Rechnung trug, hilft nun § 18 ab.

4. Beitragsmarken ... zu verwenden: D. h. nachzuentrichten für die Zeit der versicherungsfreien Beschäftigung, wobei hier § 187 Abs. 1 nicht im Wege steht. Wegen der Beschaffung dieser Marken s. § 389.

Zweifelhaft ist es, ob die Beiträge auch dann nachzuentrichten seien, wenn der Angestellte aus der versicherungsfreien Beschäftigung ausscheidet, um in eine andere versicherungsfreie Beschäftigung überzutreten. Die Frage dürfte zu bejahen sein (vgl. „Arbeiterversorgung" 1925 S. 314).

5. Gehaltsklasse C: Nämlich des § 172, also monatlich 8 RM. Die früheren Beiträge, wie sie für die Zeiten der Geldentwertung festgesetzt waren, kommen nicht mehr in Betracht (vgl. auch § 388 Abs. 1).

Die Gehaltsklasse C ist erst durch das Gesetz vom 28. Juli 1925 (RGBl. I S. 157) vorgeschrieben worden. Das Gesetz in der Fassung vom 28. Mai 1924 hatte nur die Gehaltsklasse A nach der damaligen Fassung des § 172 vorgesehen, also monatlich 1,50 GM. Die jetzige Vorschrift bedeutet also eine beträchtliche Verbesserung für die beteiligten Angestellten.

6. Ersatzzeiten: Für diese unterbleibt die Beitragsentrichtung, weil sie ohnehin als Beitragsmonate gelten (§ 170 Abs. 1).

7. gelten als Pflichtbeiträge: Damit ist also die Lage des betr. Angestellten genau so, wie wenn er von Anfang an zwangsversichert gewesen wäre; einen Nachteil erleidet er dann nicht mehr.

8. steht ... nicht entgegen: Dieser Satz versteht sich, da die betr. Beiträge als Pflichtbeiträge gelten sollen (s. den vorhergehenden Satz des Gesetzes, hier Anm. 7), eigentlich von selbst. Der Eintritt des Versicherungsfalls steht nämlich der Nachentrichtung rückständiger Pflichtbeiträge auch sonst nicht im Wege, sondern

nur der Nachentrichtung freiwilliger Beiträge (§ 188, 2. Halbsatz).

Besser wäre es gewesen, wenn der Gesetzgeber ausdrücklich bestimmt hätte, daß § 187 Abs. 1 der Nachentrichtung nicht entgegenstehe.

9. unterbleibt die Beitragsentrichtung: Weil in den Fällen des Abs. 2 ein Bedürfnis dafür, den Angestellten (nachträglich) zu versichern, nicht besteht.

10. entscheiden: Eine solche Entscheidung ist nur erforderlich, wenn beim Ausscheiden eines Angestellten aus einer versicherungsfreien Tätigkeit es zweifelhaft ist, ob ein Anspruch auf Ruhegeld, Ruhegehalt, Wartegeld oder Hinterbliebenenrente entsteht oder ob im Fall, daß Hinterbliebene vorhanden sind, ein Anspruch auf Hinterbliebenenrente entstehen würde (Bayer. Min.-Bekanntm. vom 31. Juli 1924 Nr. 1115 a 60, Staatsanz. 1924, Nr. 17).

11. werden als Ersatzzeiten nach § 170 angerechnet: Es handelt sich hier nur um Zeiten, für die eine Beitragsentrichtung nach Abs. 2 u. 3 unterbleibt. Auch die Worte des Gesetzes: „oder ohne diese Vorschriften schon wegen der Höhe seines Jahresarbeitsverdienstes nicht versicherungspflichtig gewesen ist", setzen stets voraus, daß der Angestellte sich in einer Stellung befand, die unter § 11, § 12 Nr. 1—3, § 17 fiel.

12. sind nicht nachzuentrichten: Weil das keinen Zweck hätte; denn die Beiträge wären wegen des Erlöschens der Anwartschaft doch unwirksam.

§ 19 (neu).

Treten Personen, die bisher versicherungspflichtig waren, in ein nach § 11, § 12 Nr. 1 bis 3, § 17 versicherungsfreies Beschäftigungsverhältnis [1]), so sind, wenn sie in den Ruhestand versetzt werden oder mit Hinterlassung von anspruchsberechtigten Hinterbliebenen sterben, von dem Versicherungsträger achtzig vom Hundert der seit dem 1. Januar 1924 entrichteten Versicherungsbeiträge [2]) dem Versicherten oder seiner Witwe oder, falls eine solche nicht vorhanden ist, den hinterlassenen Kindern [3]) unter achtzehn Jahren auszuzahlen.

Ein weitergehender Anspruch gegen den Versicherungsträger ist ausgeschlossen.

1. Treten ... in ein ... versicherungsfreies Beschäftigungsverhältnis: Das ist das Gegenstück zum Fall des § 18.

In diesem Fall hat allerdings der Angestellte, sofern er die leichte Bedingung des § 21 Abs. 1 erfüllt hat, das Recht, sich weiterzuversichern, und er kann dadurch das Erlöschen der Anwartschaft verhindern (§ 54), so daß die bisherige Versicherung für ihn nicht verloren ist. Will er es so halten, so braucht er nur die in § 20 vorgesehene Erklärung abzugeben. Aber es ist auch denkbar, daß ihm z. B. die Geldopfer, die die Aufrechterhaltung der Anwartschaft fordert, schwer fallen. Für solche Fälle trifft § 19 — durch die hier angeordnete Rückzahlung des größten Teils der geleisteten Beiträge — Vorsorge.

2. seit dem 1. Januar 1924 entrichteten Versicherungsbeiträge: Die Rückzahlung früherer Beiträge hätte keinen Wert. Es kommen aber hier die gesamten Beiträge in Betracht, nicht bloß die Beitragshälfte, die der Angestellte selbst entrichtet hat.

3. seiner Witwe oder ... den hinterlassenen Kindern unter 18 Jahren: Andere Hinterbliebene kommen nicht in Betracht, auch nicht andere zivilrechtliche Erben.

§ 20 (neu).

Die im § 19 Abs. 1 Satz 1 bezeichneten Personen können binnen zwei Monaten nach ihrem Eintritt in eine gemäß § 11, § 12 Nr. 1 bis 3, § 17 versicherungsfreie Beschäftigung dem Arbeitgeber gegenüber erklären, daß sie auf das ihnen nach § 19 Abs. 1 zustehende Recht verzichten[1]). Der Arbeitgeber hat unverzüglich eine Abschrift der Erklärung dem zuständigen Versicherungsträger zu übersenden.

Ist der Verzicht erklärt, so gelten die allgemeinen Vorschriften[2]).

1. auf das ... Recht verzichten: S. Anm. 1 zu § 19.

2. gelten die allgemeinen Vorschriften: D. h. der Angestellte hat, wenn der Bedingung des § 21 genügt ist, das Recht, sich weiterzuversichern. Tut er das nicht, so erlischt seine Anwartschaft (§ 54). Auch wenn er von der Weiterversicherung Gebrauch macht, muß er, um das Erlöschen der Anwartschaft zu verhindern, alljährlich Beiträge in genügender Zahl entrichten (vgl. § 54).

Diesen Pflichten steht der Vorteil gegenüber, daß ihm im Fall der Erkrankung ein Heilverfahren gewährt werden kann (§§ 41, 43, 44) und daß, wenn der Versicherungsfall eintritt, ihm oder seinen Hinterbliebenen der Anspruch auf die Versicherungsleistungen erwächst (§§ 30, 32—35), wobei die geleisteten Beiträge den Steigerungsbetrag erhöhen (§ 56).

II. Freiwillige Versicherung [1]).

§ 21 (15).

Wer aus einer versicherungspflichtigen Beschäftigung ausscheidet [2]) und mindestens vier Beitragsmonate [3]) auf Grund der Versicherungspflicht zurückgelegt hat, kann die Versicherung freiwillig fortsetzen [4]) (Weiterversicherung).

Unter der gleichen Voraussetzung kann die Versicherung auch während des Aufenthalts des Versicherten im Ausland [5]) freiwillig fortgesetzt werden.

1. Freiwillige Versicherung: Das frühere Gesetz kannte nur die sog. Weiterversicherung (vgl. § 1244 RVO.), d. i. die freiwillige Fortsetzung einer aufhörenden Pflichtversicherung, dagegen nicht die sog. Selbstversicherung (§ 1243 RVO.), d. i. den freiwilligen Eintritt in die Versicherung seitens eines nicht Versicherungspflichtigen und bisher nicht versichert Gewesenen.

Das neue Gesetz hat auch die Selbstversicherung eingeführt (§ 22).

2. ausscheidet: Der Grund ist im allgemeinen gleichgültig; es kommt daher in Betracht Selbständigmachung, Erhöhung des Jahresarbeitsverdienstes über die festgesetzte Grenze, Eintreten der Versicherungsfreiheit auf Grund der §§ 11—17 (AVN. 1918 S. 214 Z. 301), bei weiblichen Versicherten Verheiratung, u. a.

S. jedoch auch Anm. 4 Abs. 3.

3. mindestens vier Beitragsmonate: Das frühere Gesetz verlangte deren sechs. Die Bestimmung soll gegen Mißbrauch des Gesetzes (nur vorübergehenden Eintritt in eine versicherungspflichtige Beschäftigung lediglich zu dem Zweck, um sich und seinen Angehörigen die Vorteile des Gesetzes zuzuwenden) schützen. Die Wartezeit (§ 53) reicht für sich allein hier nicht aus. Die RVO. (§ 1244) kennt keine solche Beschränkung.

Die vier Beitragsmonate müssen nicht zusammenhängen.

Die Beiträge können auch durch die in § 170 bezeichneten sog. Ersatzzeiten ersetzt werden. Die Anm. zu diesem Paragraphen sind zu vergleichen, besonders auch die dort angeführte Verordn. vom 7. Febr. 1925 (RGBl. S. 10).

Daß Beitragsmonate bei Festsetzung einer Invalidenrente als Steigerungssätze angerechnet worden sind (§ 1290 a RVO.), steht ihrer Anrechenbarkeit nach § 21 nicht entgegen (AN. 1925 S. 98 Z. 2844 u. S. 172 Z. 2854).

4. freiwillig fortsetzen: Das frühere Gesetz kannte außerdem auch die Umwandlung der Versicherung in eine beitragsfreie durch Entrichtung der sog. Anerkennungsgebühr; diese Einrichtung hat das neue Gesetz beseitigt.

Die Wahl der Gehaltsklasse steht dem sich freiwillig Weiterversichernden nicht, wie nach der RVO. (§ 1440 Abs. 1 Satz 2) vollständig frei, sondern nur insofern, als die Weiterversicherung nach § 185 nicht unter derjenigen Gehaltsklasse zulässig ist, die dem Durchschnitt der letzten vier Pflichtbeiträge entspricht oder am nächsten kommt (diese Vorschrift weicht von § 18 des früheren Gesetzes beträchtlich ab; dieser hatte bestimmt: höchstens in derjenigen Gehaltsklasse usw. — also das gerade Gegenteil!) Jedoch ist sie in einer niedrigeren Gehaltsklasse dann zulässig, wenn der Versicherte nachweist, daß diese Gehaltsklasse seinem Einkommen entspricht.

Wer infolge Eintritts dauernder Berufsunfähigkeit (§ 30 Abs. 1) oder nach Ablauf von 26 Wochen vorübergehender Berufsunfähigkeit (§ 30 Abs. 2) aus einer versicherungspflichtigen Beschäftigung ausscheidet (wenn auch zu einer Zeit, da die Wartezeit noch nicht erfüllt ist), kann freiwillige Beiträge nicht mehr entrichten (188); das gleiche gilt für den, der Altersruhegeld bezieht (AVN. 1922 S. 175 Z. 543; s. auch § 13). Auch nach endgültigem Erlöschen der Anwartschaft ist die Weiterversicherung unzulässig (AVN. 1918 S. 195 Z. 295); ein Eintritt in die Weiterversicherung, um die erloschene Anwartschaft wieder aufleben zu machen (wie bei der Invalidenversicherung, § 1283 Abs. 1 RVO.) ist hier nicht möglich (s. § 55 Abs. 2, der eine solche Wirkung nur dem neuerlichen Eintritt in ein Pflicht- oder ein Selbstversicherungsverhältnis beilegt).

Abgesehen davon aber, daß die entrichteten Beiträge nicht durch Erlöschen der Anwartschaft ungültig geworden sein dürfen, besteht für den Eintritt in die Weiterversicherung keine zeitliche Grenze.

5. während des Aufenthalts im Ausland: Wie schon bei §§ 1 u. 5 bemerkt, umfaßt die Versicherung nur inländische Betriebe (darüber, was ein inländischer oder ein ausländischer Betrieb ist, kann im Zweifel nur von Fall zu Fall entschieden werden). Wer im Ausland auf Grund eines unmittelbaren Vertragsverhältnisses mit einer inländischen Firma beschäftigt wird, ist versicherungspflichtig; hierüber vgl. besonders Anm. 6, Abs. 6 und 7, zu § 1, ferner auch Anm. 1 zu § 5. Wer aber zuerst im Inland (oder auch im Ausland auf die soeben erwähnte Weise) beschäftigt und versicherungspflichtig war und dann in eine ausländische, nicht versicherungspflichtige Stellung eintritt, ist nach § 21 Abs. 2 berechtigt, die Versicherung freiwillig fortzusetzen.

§ 22 (394).

Zum freiwilligen Eintritt in die Versicherung (Selbstversicherung)[1] sind bis zum vollendeten vierzigsten Lebensjahre[2]) berechtigt

1. die im § 1 Abs. 1 genannten Angestellten, wenn ihr Jahresarbeitsverdienst die für die Versicherungspflicht festgesetzte Grenze übersteigt[3]),
2. Personen, die für eigene Rechnung eine ähnliche Tätigkeit wie die im § 1 Genannten ausüben,
3. Personen, die nach §§ 9, 10, § 12 Nr. 4 versicherungsfrei[4]) sind.

Sie können, wenn die Voraussetzungen für ihre Selbstversicherung wegfallen[5]) und mindestens vier Beitragsmonate[6]) auf Grund der Selbstversicherung zurückgelegt sind, die Selbstversicherung fortsetzen.

1. Selbstversicherung: S. Anm. 1 zu § 21! Ferner vgl. § 1243 RVO.!

Das AVG. in seiner ursprünglichen Fassung vom 20. Dez. 1911 hatte nur für die Übergangszeit eine freiwillige Versicherung unter gewissen Voraussetzungen bei Angestellten mit einem Jahresarbeitsverdienste von über 5000 RM. und bei selbständigen Betriebsunternehmern zugelassen (§ 394 des alten Gesetzes). Im übrigen war ihm die freiwillige Selbstversicherung, abweichend von der Invalidenversicherung, unbekannt. Der Gesetzgeber hatte damals befürchtet, „daß nur solche Personen sich freiwillig versichern würden, denen die Versicherung auch für den Todesfall von Nutzen ist, die also verheiratet sind und anspruchsberechtigte Kinder haben. Dadurch würde aber das durchschnittliche Risiko zuungunsten der Pflichtversicherten erhöht werden. Die unvermeidliche Folge der Zulassung der freiwilligen Selbstversicherung würde eine Beitragserhöhung für die Pflichtversicherten sein, um Deckung der Mehrbelastung aus der freiwilligen Selbstversicherung zu erhalten."

Später schlug jedoch der Gesetzgeber diese Gefahr niedriger an. Schon die Novelle vom 10. Nov. 1922 (RGBl. I S. 849) ließ daher die Selbstversicherung in Anlehnung an die Invalidenversicherung (§ 1243 RVO.) zu, ebenso § 22 des AVG. in der Fassung vom 28. Mai 1924 (RGBl. I S. 563). Die jetzige Z. 1 des § 22 ist aber erst durch das Gesetz vom 28. Juli 1925 (RGBl. I S. 157) eingefügt worden. —

Obwohl das Gesetz in § 188 gestattet, freiwillige Beiträge bis „auf ein Jahr zurück" zu entrichten, so bezieht sich diese Bestimmung doch nur auf ein bereits bestehendes Versicherungsverhältnis; der freiwillige Eintritt in die Versicherung kann dagegen nicht rückwirkend gemacht werden (AN. 1902 S. 549 Z. 1006).

Wegen der Gehaltsklasse, in der eine freiwillige Versicherung zulässig ist, s. § 185 Abs. 2, wegen der Versicherungskarte § 17 Abs. 5 der Beitr.-O.

2. vollendeten vierzigsten Lebensjahr: Wie in der Invalidenversicherung (§ 1243 RVO.). Der Gesetzgeber setzt diese Grenze, weil er annimmt, daß jemand, der schon über 40 Jahre alt ist, durch seine Beiträge dem Versicherungsträger nicht mehr den entsprechenden Gegenwert für die Leistungen der Versicherung bieten kann.

3. Angestellten, wenn ... übersteigt: Diese Vorschrift ist, wie schon in Anm. 1 erwähnt, erst durch das Gesetz vom 28. Juli 1925 eingefügt worden. Die Billigkeit spricht dafür, daß den in Z. 2 bezeichneten selbständigen Personen die Angestellten gleichstehen, die beim Eintritt in die an sich versicherte Beschäftigung ein Gehalt beziehen, das die nach § 1 Abs. 3 und § 3 festgesetzte Grenze überschreitet. Dazu kommt, daß der Vermögensschwund infolge der Inflation Leute, die früher selbständig waren, zwang und noch zwingt, in einem Dienstverhältnisse, besonders in leitender Stellung, ihr Fortkommen zu suchen. Das Gesetz macht ihnen nunmehr (soweit sie nicht ohnehin versicherungspflichtig sind), die Selbstversicherung möglich; sie können aus ihrem Einkommen die ganzen Beiträge aufbringen. Ein Bedürfnis aber, den Versicherungszwang auf alle Angestellten, ohne Rücksicht auf die Höhe ihres Jahresarbeitsverdienstes, auszudehnen, besteht auch jetzt nicht.

4. nach §§ 9, 10, 12 Nr. 4 versicherungsfrei: Das sind also Personen,

a) für deren Beschäftigung als Entgelt nur freier Unterhalt gewährt wird,

b) die vorübergehende Dienstleistungen ausüben, und

c) die zu ihrer wissenschaftlichen Ausbildung für den zukünftigen Beruf gegen Entgelt tätig sind.

Auf andere Fälle der Versicherungsfreiheit (§§ 11, 12 Z. 1—3, §§ 13, 14, 17) erstreckt sich die Berechtigung nach § 22 Z. 3 nicht.

5. wenn die Voraussetzungen ... weggefallen sind: Also insbesondere auch, wenn das 40. Lebensjahr bereits überschritten ist.

6. Beitragsmonate: Es müssen wirklich Beiträge entrichtet sein; Ersatzzeiten (§ 170 Abs. 1, 2, 4 u. 5 — letzterer mit Verordnung vom 7. Febr. 1925, s. Anm. 22 zu § 170 —, §§ 381, 382) kommen hier nicht in Anrechnung. Wenn in § 170 Abs. 1 u. 2, in der Verordn. vom 7. Febr. 1925 und in § 381 von „Vormonaten für die freiwillige Versicherung" die Rede ist, so bezieht sich das nur auf die Weiterversicherung, was ohne weiteres daraus hervorgeht, daß dort überall nur § 21 angeführt ist, § 22 jedoch nicht.

Zweiter Abschnitt.

Gegenstand der Versicherung.

I. Allgemeines.

§ 23 (20).

Gegenstand der Versicherung[1]) sind Ruhegeld und Hinterbliebenenrenten[2])[3]).

1. Gegenstand der Versicherung: Der zweite Abschnitt des Gesetzes (§§ 23—92) regelt die Leistungen der Versicherung.

Neben diese tritt z. Zt. noch die Unterstützung der Rentenempfänger auf Grund des Gesetzes „über Notstandsmaßnahmen zur Unterstützung von Rentenempfängern der Invaliden- und Angestelltenversicherung", vom 7. Dez. 1921, RGBl. S. 1533 (das übrigens auch wiederholt geändert wurde). Hiervon ist jedoch hier nicht zu handeln.

Nach § 90 sind die Versicherungsleistungen keine öffentlichen Armenunterstützungen. Ihr Bezug kann daher solche Folgen, wie sie der Bezug öffentlicher Armenunterstützung unter Umständen nach sich zieht (Verlust gewisser staatsbürgerlicher Rechte usw.) niemals haben.

2. Ruhegeld und Hinterbliebenenrenten: Vgl. § 1250 RVO. Die Angestelltenversicherung macht von jeher keinen Unterschied zwischen Invaliden- und Altersrente (wie früher § 1251 RVO.); ferner waren ihr Witwengeld und Waisenaussteuer (§§ 1250, 1252 RVO.) von jeher unbekannt.

Durch die Änderungen der einschlägigen Bestimmungen der RVO. (Beseitigung der Altersrente, sowie des Witwengelds und der Waisenaussteuer) sind die Leistungen der Invalidenversicherung denen der Angestelltenversicherung jetzt völlig gleichartig geworden.

3. Weitere Versicherungsleistungen sind das Heilverfahren §§ 41 ff.) und Sachleistungen (§§ 50 ff.); jedoch haben die Versicherten keinen Rechtsanspruch auf diese Leistungen. S. ferner auch die §§ 61, 62 und 385.

§ 24 (21).

Ruhegeld erhält[1])[2]), wer die Berufsunfähigkeit (§ 30) oder das gesetzliche Alter[3]) nachweist[4]) sowie die Wartezeit[5]) erfüllt und die Anwartschaft[6]) aufrechterhalten hat.

1. Vgl. § 1251 RVO.

2. erhält: Der Versicherte hat einen Rechtsanspruch auf die Versicherungsleistungen, der, wenn nötig, vor den Versicherungsbehörden klagweise verfolgt werden kann (§§ 214 ff.).

3. das gesetzliche Alter: 65 Jahre (§ 30).

4. nachweist: Die Versicherungsleistungen werden nicht von Amts wegen, sondern nur auf Antrag festgestellt (§ 214). Eine eigentliche Beweislast wie im Zivilprozeß gibt es jedoch hier nicht, da das Verfahren von dem sog. Offizialprinzip beherrscht wird.

5. Wartezeit: § 53, s. ferner §§ 334, 380.

6. Anwartschaft: §§ 54, 55; ferner § 170.

§ 25 (22).

Hinterbliebenenrenten[1]) werden gewährt, wenn der Verstorbene zur Zeit seines Todes[2]) die Wartezeit erfüllt[3])[4]) und die Anwartschaft aufrechterhalten hat[3]).

1. Vgl. § 1252 RVO.

2. seines Todes: Die Todesart oder Todesursache ist gleichgültig. Daher sind die Hinterbliebenenrenten z. B. auch dann zu gewähren, wenn der Versicherte in zurechnungsfähigem Zustand Selbstmord begangen hat.

3. Wartezeit und Anwartschaft: S. Anm. 5 u. 6 zu § 24.

4. Wartezeit: Es ist nicht die in § 53 Abs. 1 Nr. 1, sondern die in Nr. 2 dortselbst bestimmte Wartezeit gemeint. Diese war durch § 396 (alter Fassung) für die ersten 10 Jahre nach dem Inkrafttreten des Gesetzes abgekürzt (also für die Jahre 1913 mit 1922), nunmehr vgl. § 383. Abgesehen von diesem Fall aber müssen seit dem Jahre 1923 männliche wie weibliche Versicherte ohne Unterschied eine Wartezeit von 120 Beitragsmonaten (§ 53 Abs. 1 Nr. 2) zurückgelegt haben, wenn ihren Hinterbliebenen ein Anspruch gemäß § 25 zustehen soll. Über eine unter Umständen eintretende Verlängerung dieser Wartezeit vgl. § 53 Abs. 2.

§ 26 (24).

Wer sich vorsätzlich berufsunfähig macht[1])[2]), verliert[3]) den Anspruch auf das Ruhegeld.

Hat sich der Versicherte die Berufsunfähigkeit beim Begehen[4]) einer Handlung, die nach strafgerichtlichem Urteil[5]) ein Verbrechen oder vorsätzliches Vergehen[6]) ist, zugezogen, so kann das Ruhegeld ganz oder teilweise versagt werden[7]). Die Verletzung bergpolizeilicher Verordnungen oder des

§ 93 Abs. 2, 3 und der §§ 95 bis 97 der Seemannsordnung gilt nicht als Vergehen im Sinne des vorstehenden Satzes. Das Ruhegeld kann den im Inland wohnenden[8]) Angehörigen[9]) ganz oder teilweise zugewiesen werden[10]), wenn der Versicherte sie bisher ganz oder überwiegend aus seinem Arbeitsverdienst unterhalten[11]) hat. Deutsche Schutzgebiete gelten im Sinne dieser Vorschrift als Inland.

Das Ruhegeld kann auch versagt werden, wenn wegen des Todes, der Abwesenheit oder eines anderen in der Person des Antragstellers liegenden Grundes[12]) kein strafgerichtliches Urteil ergeht.

1. Entspricht dem § 1254 RVO.; s. ferner auch § 170 Abs. 3 dieses Gesetzes.

2. vorsätzlich: Nach der Rechtsprechung des RVAmts auf dem Gebiete der Invalidenversicherung (AN. 1912 S. 823 Z. 1603, 1916 S. 337 Z. 2138) kommt es bei der Auslegung dieses Begriffs nicht so sehr auf die Vorsätzlichkeit bei Herbeiführung der Berufsunfähigkeit an als vielmehr auf die Vorsätzlichkeit beim Begehen der Handlung, die die Berufsunfähigkeit zur Folge hat. „Vorsatz" sei nicht gleichbedeutend mit „Absicht". Diese Begriffe seien hier ebenso auszulegen wie auf dem Gebiete des Strafrechts und des Bürgerlichen Rechts. „Absicht" bedeute die Richtung des Willens auf ein bestimmtes Ziel, und gehe somit weiter als der „Vorsatz". Zu diesem genüge nämlich das Bewußtsein von sämtlichen Tatbestandsmerkmalen, wobei es ausreiche, wenn der Tatbestand oder einzelne Merkmale auch nur unbestimmt als Nebenerfolge, Möglichkeiten usw. vorgestellt und gewollt sind.

Von diesen Grundsätzen ausgehend hat daher das RVAmt auch eine Krankheit, die die Folge eines mißglückten Selbstmordversuchs ist, als „vorsätzlich zugezogen" erklärt. Jedoch setzt das RVAmt dabei voraus, daß der Versicherte z. Zt. der Tat zurechnungsfähig war.

Da das aber häufig nicht der Fall sein wird, so verliert hiedurch die Anschauung des RVAmts wenigstens einen Teil ihrer Strenge. Da sie aber trotzdem immer noch zu großen Härten führen kann, so kann ihr nicht beigetreten werden. Es ist vielmehr die Auffassung vorzuziehen, daß die Willensbestimmung unmittelbar darauf gegangen sein muß, die Berufsunfähigkeit herbeizuführen.

Daher wird ein Selbstmordversuch, der die Berufsunfähigkeit zur Folge hat, den Anspruch auf Ruhegeld nicht ausschließen.

Selbstverständlich ist, wie auch das RVAmt annimmt, § 26 dann nicht anwendbar, wenn der Täter bei Begehung der Tat nicht zurechnungsfähig war.

3. verliert: ohne weiteres von Rechts wegen; anders Abs. 2. Es besteht auch kein Anspruch auf Erstattung der geleisteten Beiträge. Verloren geht jedoch nur der Anspruch auf das Ruhegeld, dagegen nicht der auf Hinterbliebenenrenten.

4. beim Begehen: Zwischen dem Begehen der Tat und dem Eintritt der Berufsunfähigkeit muß ein ursächlicher Zusammenhang bestehen.

5. nach strafgerichtlichem Urteil: Es muß also die Begehung der Tat durch strafgerichtliches Urteil ausdrücklich festgestellt sein, und zwar rechtskräftig. Dem Urteil steht ein rechtskräftiger Strafbefehl nicht gleich, da er nicht auf einer Beweiswürdigung beruht. Dagegen kommt auf die erkannte Strafe, und darauf, ob sie verbüßt oder erlassen ist, nichts an.

6. Verbrechen oder vorsätzliches Vergehen: § 1 des Reichsstrafgesetzbuchs. Durch Fahrlässigkeit begangene Vergehen oder Übertretungen aller Art gehören nicht hierher.

7. kann ... versagt werden: Es besteht kein Zwang, vom § 26 Abs. 2 Gebrauch zu machen. Die Entscheidung steht der RVAnstalt zu.

8. im Inland wohnenden: Inland = Gebiet des Deutschen Reichs samt Schutzgebieten.

9. Angehörigen: Deren Begriff ist vom Gesetz nicht bestimmt. Es werden aber darunter nicht nur die Personen zu verstehen sein, die beim Tode des Versicherten Anspruch auf Hinterbliebenenrenten hätten (§§ 32 ff.), sondern auch andere Verwandte oder Verschwägerte, die mit ihm in Familiengemeinschaft zusammenleben. Uneheliche Kinder können nur als Angehörige ihrer Mutter in Betracht kommen; vgl. §§ 1589 Abs. 2, 1705 BGB.

10. kann ... zugewiesen werden: Die Angehörigen haben keinen Rechtsanspruch hierauf. Zu entscheiden hat auch hier die RVAnstalt.

11. aus seinem Arbeitsverdienst unterhalten hat: Daher kann z. B. einer von dem Versicherten getrennt lebenden Ehefrau, die von ihm nicht unterhalten wird, das Ruhegeld nicht zugewiesen werden; auch bloße Unterstützung der Angehörigen durch den Versicherten genügt nicht.

12. oder eines anderen Grundes: z. B. wegen Zurechnungsunfähigkeit.

§ 27 (neu).

Hat ein Versicherter Beiträge zur Angestelltenversicherung und zur Invalidenversicherung entrichtet (Wanderversicherter)[1], und ist die Wartezeit für das Ruhegeld der Angestelltenversicherung erfüllt und die Anwartschaft nicht erloschen, so werden ihm nur[2]) die Leistungen der Angestelltenversicherung zuzüglich des Steigerungsbetrags der Invalidenversicherung (§ 57) gewährt, auch wenn er die Voraussetzungen für die Gewährung der Invalidenrente erfüllt hat[3]).

Den Hinterbliebenen[4]) des Wanderversicherten werden, wenn die Wartezeit für die Hinterbliebenenrenten der Angestelltenversicherung erfüllt und die Anwartschaft nicht erloschen ist, nur die Leistungen der Angestelltenversicherung zuzüglich des Steigerungsbetrags der Invalidenversicherung (§ 57, 59) gewährt, auch wenn die Voraussetzungen für die Gewährung der Hinterbliebenenrenten der Invalidenversicherung erfüllt sind. Im Falle des § 40 Satz 1[5]) steht den Hinterbliebenen der Anspruch auf die Hinterbliebenenrenten der Invalidenversicherung zu, wenn deren Voraussetzungen erfüllt sind.

Näheres über die Durchführung dieser Vorschriften kann der Reichsarbeitsminister bestimmen[6]).

1. Wanderversicherter: Kunstausdruck des Gesetzes; er bezeichnet, wie das Gesetz selbst ausdrücklich sagt, solche Versicherte, die Beiträge sowohl zur Angestellten- als auch zur Invalidenversicherung entrichtet haben.

Nach früherem Recht, solange die Doppelversicherung in der Angestellten- und der Invalidenversicherung bestand, konnten solche Doppelbeiträge gleichzeitig entrichtet werden; diese Möglichkeit ist, was Pflichtbeiträge anlangt, jetzt, seit Beseitigung der Doppelversicherung, weggefallen. Dagegen besteht die andere Möglichkeit, daß die verschiedenen Beiträge nacheinander entrichtet werden, jetzt natürlich noch fort; Arbeiter treten in Beschäftigungsverhältnisse über, die sie unter das AVG. bringen, aber auch umgekehrt. Endlich aber können auch neben Pflichtbeiträgen des einen Versicherungszweigs gleichzeitig freiwillige Beiträge des anderen geleistet werden; weder die Bestimmungen der RVO. noch die des AVG. bieten dafür ein Hindernis. Auch kann ein Arbeitnehmer gleichzeitig in zwei Beschäftigungsverhältnissen stehen, von denen das eine ihn der Angestellten-, das andere der Invalidenversicherungspflicht unterwirft (AN. 1925 S. 304 Z. 2894).

All diese Fälle faßt das Gesetz unter der Bezeichnung „Wanderversicherung" zusammen.

2. nur: Die gesetzliche Regelung der Leistungen für Wanderversicherte hat wiederholt gewechselt. Ursprünglich gewährte das Gesetz den Doppeltversicherten auch die doppelten Leistungen, wenn die Voraussetzungen dafür in beiden Versicherungszweigen erfüllt waren. Später (Novelle vom 10. Nov. 1922) räumte es den „Wanderver-

sicherten" — welche Bezeichnung jetzt neu eingeführt wurde — ein Wahlrecht ein; eine Verordnung vom 21. Dez. 1922 (RGBl. I S. 961) regelte dasselbe näher. Nunmehr ist dieses Wahlrecht wieder beseitigt, da es zu Unzuträglichkeiten geführt hatte. Das Gesetz gewährt jetzt nur die Leistungen der Angestelltenversicherung; jedoch erhöhen sich diese insofern, als zu ihnen gemäß § 57 AVG. „als Ergänzung" der Steigerungsbetrag der Invalidenversicherung für anrechnungsfähige Beitragswochen (aber nicht für Ersatzzeiten!) dieser Versicherung tritt (hiezu vgl. auch § 4 der Verordn. vom 1. April 1925, RGBl. I S. 41).

Möglicherweise kann der Versicherte die Beiträge zur Invalidenversicherung erst entrichtet haben, nachdem für ihn ein Ruhegeld der Angestelltenversicherung festgesetzt war. Dann ist, wenn er invalide im Sinn des § 1255 RVO. wird, sein Ruhegeld durch Bescheid der RVAnstalt gemäß § 57 Abs. 2 AVG. zu ergänzen.

Die gleiche Vorschrift wie § 27 enthält auch § 1254a RVO.

3. auch wenn er ... erfüllt hat: Der Versicherte kann also jetzt unter keinen Umständen mehr die doppelten Leistungen im vollen Betrage fordern.

Aber auch wenn der Versicherte die Voraussetzungen für die Gewährung der Invalidenrente nicht erfüllt hat, werden bei Berechnung des Ruhegeldes der Angestelltenversicherung die anrechnungsfähigen Beitragswochen der Invalidenversicherung einbezogen.

Sind umgekehrt nur die Voraussetzungen für die Gewährung der Invalidenrente erfüllt, dagegen nicht die des Ruhegelds der Angestelltenversicherung, so gilt § 1290a RVO. Hienach tritt zur Invalidenrente der Steigerungsbetrag der Angestelltenversicherung (§ 56 Satz 3).

4. Den Hinterbliebenen: Die Regelung entspricht vollständig der des Abs. 1.

5. Im Fall des § 40 Satz 1. Nach dieser Vorschrift hatten die Hinterbliebenen keinen Anspruch auf Rente, wenn der verstorbene Ernährer erst nach dem Eintritt der Berufsunfähigkeit geheiratet hatte und der Tod innerhalb der ersten drei Jahre der Ehe eingetreten war. Das Zusammenwirken dieser Vorschrift mit § 27 Abs. 2 Satz 1 würde dazu geführt haben, daß die Hinterbliebenen in diesem Falle überhaupt nichts hätten erhalten können, auch wenn die Voraussetzungen für die Gewährung der Renten in beiden Versicherungszweigen erfüllt gewesen wären. Dieser Härte sollte Satz 2 des § 27 Abs. 2 abhelfen.

§ 40 ist jedoch durch das Gesetz vom 28. Juli 1925 (RGBl. I S. 157) wieder aufgehoben worden. Die Vorschrift in § 27 Abs. 2 Satz 2 ist dadurch selbstverständlich gegenstandslos geworden; der Gesetzgeber hat aber vergessen, sie zu streichen.

Nunmehr haben also die Hinterbliebenen eines Wanderversicherten, der erst nach Eintritt der Berufsunfähigkeit geheiratet hatte und innerhalb der ersten drei Jahre verstorben ist, den Anspruch auf die Hinterbliebenenrenten der Angestelltenversicherung, wenn die übrigen Voraussetzungen dafür erfüllt sind.

Die gleiche Vorschrift enthält auch § 1254 a Abs. 2 Satz 2 RVO. Durch die Aufhebung des § 40 AVG. ist sie ebenfalls gegenstandslos geworden.

6. Näheres ... kann ... bestimmen: Bis jetzt nicht geschehen.

§ 28 (23).

Länger als auf ein Jahr rückwärts[1]) vom ersten Tage des Monats an[2]) gerechnet, in dem der Antrag eingegangen ist[3]) (§ 214), werden Ruhegeld und sonstige Renten nicht gezahlt, sofern nicht der Berechtigte durch Verhältnisse, die außerhalb seines Willens liegen, verhindert worden ist, den Antrag rechtzeitig zu stellen[4]). Der Antrag ist binnen drei Monaten nach Wegfall des Hindernisses zu stellen.

1. Länger ... rückwärts: Entspricht dem § 1253 RVO.

2. ersten Tage des Monats an: Nicht mehr, wie früher, vom Tag der Antragstellung an.

3. der Antrag eingegangen ist: Nach § 214 Abs. 1 sind Anträge auf Leistungen an die RVAnstalt oder an das Versicherungsamt (§ 132) zu richten. Sie können aber nach Abs. 4 a. a. O. auch bei einer anderen deutschen Behörde oder bei einem Organe der Reichsversicherung gestellt werden.

4. sofern nicht ... zu stellen: Damit beseitigt das Gesetz eine Härte, die hier früher gegenüber der RVO. bestand.

§ 29 (228 Abs. 3).

Der Anspruch[1]) auf Leistungen der Reichsversicherungsanstalt[2]) verjährt[3]) in vier Jahren nach der Fälligkeit[4]).

1. Der Anspruch: Ungenaue Ausdrucksweise des Gesetzes. Der Anspruch selbst verjährt niemals; es ist z. B. gänzlich ausgeschlossen, daß jemand durch Ablauf einer gewissen Zeit seines Rechts auf Ruhegeld verlustig gehen könnte. Gemeint ist vielmehr nur die einzelne Zahlung, beim Ruhegeld also die Monatsrate (§ 60).

2. Leistungen der RVAnstalt: Also: Ruhegeld (§ 30), Hinterbliebenenrenten (§§ 32 ff.), Hausgeld (§ 44), Sachleistungen (§§ 50 ff.), Beitragserstattungen (§§ 61, 62, 385) und Abfindung (§ 63). Das Heilverfahren (§ 41 ff.) gehört nicht hieher, da der Versicherte keinen Anspruch darauf hat.

3. verjährt: Darüber, worin die Wirkung der Verjährung bestehen soll — ob sie nämlich, wie nach Bürgerlichem Recht (§ 222 BGB.) lediglich eine Einrede erzeuge, oder ob durch sie der Anspruch selbst untergehe — spricht sich das Gesetz nicht näher aus. Jedenfalls ist die RVAnstalt nicht gezwungen, die Verjährung geltend zu machen; nach der Ansicht des RVAmts dürfen aber auch die Versicherungsbehörden die Verjährung rückständiger Leistungen nur dann berücksichtigen, wenn der Versicherungsträger einen dahin gehenden Einwand erhebt.

Ob die betr. Leistung bereits festgestellt war oder nicht, ist belanglos.

Unterbrochen wird die Verjährung, wenn die Leistung noch nicht festgestellt ist, durch die Anmeldung des Anspruchs nach § 214, anderenfalls aber durch Erhebung des Anspruchs auf die betr. einzelne Leistung.

4. nach der Fälligkeit: Nicht etwa erst nach Ablauf des Kalenderjahrs der Fälligkeit, wie auf anderen Rechtsgebieten vielfach bestimmt (vgl. z. B. § 213).

Regelmäßig wiederkehrende Leistungen, wie besonders Ruhegeld und Hinterbliebenenrenten, verjähren daher in der Weise, daß Monat für Monat (vgl. § 60!) je eine Rate verjährt.

II. Ruhegeld.

§ 30 (25).

Ruhegeld[1]) erhält der Versicherte, der das Alter von fünfundsechzig Jahren[2]) vollendet hat oder durch körperliche Gebrechen[3]) oder wegen Schwäche seiner körperlichen und geistigen Kräfte[4]) zur Ausübung seines Berufs[5]) dauernd unfähig[6]) ist. Berufsunfähigkeit ist dann anzunehmen[7]), wenn seine Arbeitsfähigkeit auf weniger als die Hälfte[8]) derjenigen eines körperlich und geistig gesunden Versicherten von ähnlicher Ausbildung[9]) und gleichwertigen Kenntnissen und Fähigkeiten[10]) herabgesunken ist.

Ruhegeld erhält auch der Versicherte, der nicht dauernd[11]) berufsunfähig ist, aber während sechsundzwanzig Wochen[12]) ununterbrochen[13]) berufsunfähig gewesen ist, für die weitere Dauer der Berufsunfähigkeit.

1. Ruhegeld: Hier hat der Gesetzgeber von Anfang an Invaliden- und Altersrente, die in der Invalidenversicherung ursprünglich verschiedene Leistungen waren, in dem einheitlichen Begriff des „Ruhegelds" zusammengefaßt. Nach der neuen Fassung der

RVO. ist aber die Sache in der Invalidenversicherung jetzt ebenso geregelt (§ 1255 Abs. 1).

2. von fünfundsechzig Jahren: Berufsunfähigkeit ist in diesem Falle natürlich nicht erforderlich.

Auch in der Invalidenversicherung ist das gesetzliche Alter (seit 1916) von 70 auf 65 Jahre herabgesetzt (§ 1255 Abs. 1).

3. Gebrechen: Hierher gehören alle Krankheiten und sonstigen pathologischen Zustände, einerlei ob sie ärztliche Behandlung erfordern oder nicht.

4. Schwäche der körperlichen und (richtiger sollte es heißen: „oder"!) geistigen Kräfte. Diese braucht nicht auf einem wirklichen Gebrechen zu beruhen, die Schwäche der geistigen Kräfte braucht auch keine wirkliche „Geistesschwäche" (§ 6 Nr. 1 BGB.) zu sein.

In allen Fällen muß aber ein erst während der Versicherung (und nach Erfüllung der Wartezeit) eingetretener Zustand vorliegen. Eine schon von Anfang an mangelhafte Körperbeschaffenheit oder Begabung gehört nicht hierher.

5. Zur Ausübung seines Berufs: Berufsinvalidität, jedoch nicht im engern Sinn (letztere würde zur Folge haben, daß der Versicherte schon dann den Anspruch auf Ruhegeld erhalten müßte, wenn er den Anforderungen seines Berufszweiges nach dem Maße seiner körperlichen oder geistigen Kräfte nicht mehr völlig genügen kann, auch wenn er noch eine andere Tätigkeit auszuüben imstande ist und sie vielleicht auch ausübt).

Der Versicherte muß sich mit körperlich und geistig gesunden Versicherten in irgendeiner, unter das Gesetz fallenden Berufsstellung vergleichen lassen. Jedoch müssen diese Versicherten solche von ähnlicher Ausbildung und gleichwertigen (nicht „gleichen" oder „gleichartigen") Kenntnissen und Fähigkeiten sein. Sie müssen sich aber nicht gerade in der gleichen Berufsstellung befinden (vgl. AN. 1925 S. 226 Z. 2865, S. 228 Z. 2866, S. 298 Z. 2890). Auf eine Tätigkeit als Unternehmer kann der Versicherte nicht verwiesen werden.

Der Versicherte braucht sich daher nicht jede beliebige versicherungspflichtige Beschäftigung anbieten zu lassen, und er braucht, bis er für berufsunfähig erklärt werden kann, nicht die absteigende Reihenfolge aller möglichen Beschäftigungen zu durchlaufen (s. AVN. 1919 S. 65 Z. 339). Auf einen Berufswechsel muß er sich aber unter Umständen verweisen lassen.

Es kann leicht sein, daß ein Versicherter zwar schon berufsunfähig im Sinne dieses Gesetzes, jedoch noch nicht invalide im Sinne der Invalidenversicherung ist. Die umgekehrte Frage, ob die Invalidität der RVO. stets Berufsunfähigkeit in sich schließe, kann nicht ohne weiteres bejaht werden (s. hierüber die Ausführungen in der Zeitschrift „die Ortskrankenkasse" 1924 Nr. 38). Das RVAmt hat sie in der Rev.-Entscheidung 2823 (AN. 1924 S. 218) offen gelassen: es hat dort nur ausgesprochen, daß der Empfänger einer Invalidenrente nicht schon wegen des Rentenbezugs an sich als als berufsunfähig angesehen werden dürfe (denn es kann die Invalidenrente von Anfang an zu Unrecht bewilligt worden sein, oder es kann eine Änderung der Verhältnisse eingetreten sein, die den Rentenempfänger nicht mehr als invalide — und berufsunfähig — erscheinen läßt, so daß er die Invalidenrente mit Unrecht fortbezieht).

6. dauernd unfähig: Soweit das nach menschlichem (sachverständigem) Ermessen beurteilt werden kann, d. h. soweit hienach die Hoffnung, daß in absehbarer Zeit Besserung eintreten werde, ausgeschlossen erscheint. Es kommt aber vor, daß Leute, die schon für dauernd invalide oder berufsunfähig erklärt sind, später doch wieder erwerbsfähig werden.

Stellt sich im Verlauf einer Krankheit heraus, daß sie keine Aussicht auf Heilung bietet, so ist zu prüfen, ob der ungünstige Ausgang durch das Hinzutreten besonderer, nicht voraussehbarer Umstände veranlaßt wurde. Ist das der Fall, so ist bis zum Eintritt dieser Umstände vorübergehende und von da an dauernde Berufsunfähigkeit anzunehmen (AVN. 1919 S. 163 Z. 350; s. auch AN. 1925 S. 166 Z. 2848).

Berufsunfähigkeit besteht auch dann, wenn ein Angestellter, der an einem ansteckenden Leiden erkrankt ist, zwar an sich nach seinem körperlichen Zustand noch seinen Beruf ausüben könnte, aber tatsächlich infolge der nach der besonderen Sachlage gerechtfertigten Weigerung der Mitangestellten seine Arbeitskraft nicht verwerten kann (AN. 1925 S. 35 Z. 2836).

7. anzunehmen: Die Entscheidung steht zunächst dem Versicherungsträger zu (§§ 248, 249), im Streitfall den Versicherungsbehörden (§§ 252, 270).

In der Regel wird ein ärztliches Gutachten erforderlich sein, jedoch bindet es weder den Versicherungsträger noch die rechtsprechenden Stellen; es ist nur ein — allerdings sehr wichtiges — Beweismittel, das als solches der freien Würdigung unterliegt.

Wegen der Art der Gutachtenserstattung und deren Bezahlung s. das Rundschreiben der RVAnstalt an die Vertrauensärzte in AVN. 1919 S. 159.

Wegen der Mitwirkung amtlicher Ärzte s. für Preußen den Ministerialerlaß vom 5. Dez. 1912 über die vertrauensärztliche Tätigkeit des Kreisarztes (Min.-Bl. f. Med.-Angelegenheiten S. 409).

8. Hälfte: Zur Erlangung der Invalidenrente muß die Erwerbsfähigkeit unter ein Drittel gesunken sein (§ 1255 Abs. 2 RVO.).

Bei der Prüfung, ob die Arbeitsfähigkeit des Versicherten unter die Hälfte der maßgebenden gesunken sei, kommt es grundsätzlich nicht darauf an, was der Versicherte tatsächlich verdient, sondern nur auf das Maß der noch vorhandenen Erwerbsfähigkeit. D. h. also: Daraus, daß der Versicherte einen schlechten Verdienst hat, kann nicht ohne weiteres geschlossen werden, daß er berufsunfähig sei; denn hier können möglicherweise ganz andere Umstände entscheidend sein. Umgekehrt kann aber nach AVN. 1915 S. 24 unter Umständen ein höherer Verdienst, den der Versicherte tatsächlich erzielt, darauf schließen lassen, daß er noch nicht berufsunfähig sei; aber auch dieser Satz darf nicht zu sehr verallgemeinert werden.

Die größere oder geringere Arbeitsgelegenheit ist nicht maßgebend.

9. von ähnlicher Ausbildung: Es ist nicht schlechthin die letzte Tätigkeit des Versicherten maßgebend, die er vor der Gesuchstellung, sondern der Beruf, den er zuletzt bei einer im wesentlichen ungeschwächten Arbeitskraft ausgeübt hatte (s. AN. 1925 S. 298 Z. 2890). Anderenfalls würden Versicherte, die infolge Nachlassens ihrer Arbeitskraft zu geringer entlohnten Beschäftigungen übergehen müssen, außerordentlich benachteiligt werden; es würde ihnen sehr erschwert werden, als berufsunfähig anerkannt zu werden.

10. gleichwertigen Kenntnissen und Fähigkeiten: Nicht „gleichen" oder „gleichartigen"; der Begriff „gleichwertig" ist weiter (s. auch Anm. 5).

11. nicht dauernd: Das ist eine Berufsunfähigkeit, bei der nach menschlichem (sachverständigem) Ermessen die Hoffnung besteht, daß sie in absehbarer Zeit werde beseitigt werden können.

12. sechsundzwanzig Wochen: Wie in der Invalidenversicherung (§ 1255 Abs. 3 RVO.). Damit schließen sich die Leistungen der AV. unmittelbar an die der Krankenversicherung an (§ 183 RVO.).

13. ununterbrochen: Kürzere Zeiten der Berufsunfähigkeit können daher nicht zusammengezählt werden. Andererseits bleiben kurze, vorübergehende Zeiten der Besserung außer Betracht.

§ 31 (26).

Das Ruhegeld beginnt, unbeschadet des § 28 [1]), mit dem ersten Tage des Monats [2]), in dem die Voraussetzungen des § 30 [3]) vorliegen. Läßt sich der Beginn der Berufsunfähigkeit nicht feststellen [4]), so gilt als solcher der Tag, an dem der Antrag auf Ruhegeld eingegangen ist (§ 214).

1. unbeschadet des § 28: Bei verspäteter Stellung des Antrags.

2. mit dem ersten Tage des Monats: Nicht mehr, wie früher, mit dem Tage, an dem die Voraussetzungen eingetreten sind. Darin liegt eine Vergünstigung für die Versicherten. Denn ist z. B. ein Versicherter am letzten Tage eines Monats berufsunfähig geworden, so hat er das Ruhegeld doch für diesen ganzen Monat zu beanspruchen.

3. Voraussetzungen des § 30: D. i. die Vollendung des 65. Lebensjahrs oder der Eintritt der Berufsunfähigkeit.

4. Läßt sich ... nicht feststellen: Es läßt sich häufig (besonders bei chronischen Leiden) nicht auf den Tag genau feststellen, wann jemand berufsunfähig geworden ist. Ebenso § 1256 Satz 2 RVO. —

Im alten Gesetz folgte hier § 27, der bestimmte:

Zeiten, während deren Ruhegeld bezogen wird, ohne daß eine nach der reichsgesetzlichen Arbeiterversicherung versicherungspflichtige Beschäftigung ausgeübt wird, gelten als Beitragszeiten für die Erhaltung der Anwartschaft auf die Leistungen der reichsgesetzlichen Arbeiterversicherung.

Diese Bestimmung ist jetzt in die RVO. versetzt, wohin sie auch sachlich gehört. Sie findet sich dort in § 1281 Z. 5.

III. Hinterbliebenenrenten.

§ 32 (28).

Witwenrente erhält[1]) die Witwe[2]) nach dem Tode[3]) ihres versicherten[4]) Mannes.

1. erhält: über Beginn und Ende der Witwenrente s. die §§ 36 und 63, über das Zusammentreffen der Witwenrente mit einer anderen Rente der Angestelltenversicherung (z. B. dem Ruhegeld der Witwe auf Grund eigener Versicherung) oder mit einem Rentenanspruch aus der Invalidenversicherung (Invalidenrente der Witwe) s. § 78, über den Betrag der Witwenrente § 59.

2. Witwe: Das ist die Frau, die mit dem Verstorbenen in rechtsgültiger Ehe verbunden war. Die Ehe (aber nicht auch die häusliche Gemeinschaft) muß beim Tode des Versicherten bestanden haben; sie darf auch erst nach Eintritt der Berufsunfähigkeit des Versicherten geschlossen sein.

Erwerbsunfähigkeit der Witwe ist hier nicht erforderlich (anders § 1258 RVO.); ebenso auch nicht Bedürftigkeit.

3. nach dem Tode: Demselben steht die Verschollenheit gleich (§ 37).

4. versicherten: Der Mann muß die Wartezeit erfüllt und bis zu seinem Tode die Anwartschaft aufrechterhalten haben (§§ 53, 54). Er kann aber selbst schon Ruhegeld bezogen haben; um so weniger ist es erforderlich, daß er z. Zt. seines Todes noch in einem versicherungspflichtigen Beschäftigungsverhältnis gestanden ist.

§ 33 (29).

Waisenrente erhalten[1]) nach dem Tode[2]) des versicherten Vaters[3]) seine ehelichen Kinder[4]) unter achtzehn Jahren[5]) und nach dem Tode einer Versicherten[6]) ihre vaterlosen Kinder[7]) unter achtzehn Jahren. Als vaterlos gelten auch uneheliche Kinder.

Den ehelichen Kindern werden gleichgestellt[8])

1. die für ehelich erklärten Kinder,
2. die an Kindes Statt angenommenen Kinder,
3. die Stiefkinder und die Enkel, die der Verstorbene unmittelbar vor seinem Tode mindestens ein Jahr lang unentgeltlich unterhalten oder für die er Kinderzuschuß[9]) bezogen hat.
4. die unehelichen Kinder, wenn die Vaterschaft des Verstorbenen festgestellt ist.

Treffen die Voraussetzungen für mehrere Waisenrenten zusammen, so wird die Waisenrente nur einmal[10]) gewährt, und zwar zum höheren Betrage.

1. Waisenrente erhalten: Vgl. § 1259 RVO.

Für die Voraussetzungen und den Beginn des Anspruchs gilt das gleiche wie bei § 32.

Bedürftigkeit der Kinder ist nicht erforderlich. Einerlei ist es ferner, ob die Mutter noch lebt oder nicht. Ohne Belang ist es auch, ob ein Kind beim Tode des versicherten Vaters schon geboren war oder nicht; auch Nachgeborene sind rentenberechtigt (s. auch § 36, letzten Satz).

2. nach dem Tode: S. auch hier § 37!

3. versicherten Vaters: S. Anm. 4 zu § 32!

4. ehelichen Kinder: Alle ohne Ausnahme, ferner die Kinder, welche Abs. 2 dieses Paragraphen den ehelichen ausdrücklich gleichstellt.

5. unter 18 Jahren: S. § 63 Abs. 2!

6. einer Versicherten: Das in Anm. 4 zu § 32 Gesagte gilt auch hier entsprechend.

Die Kinder einer weiblichen Versicherten erhalten aber die Waisenrente nicht ausnahmslos, sondern nur unter der Voraussetzung, daß sie vaterlos sind (vgl. Anm. 7). Dazu kommen dann noch die Fälle der §§ 34 und 35.

7. vaterlosen Kinder: Dies sind solche, die einen ehelichen Vater nicht (s. den Schlußsatz des Abs. 1) oder nicht mehr haben. Im letzteren Falle muß also der Vater vor der Mutter verstorben sein.

8. werden gleichgestellt: Die Vorschrift des Abs. 2 ist neu.

Die für ehelich erklärten und die an Kindesstatt angenommenen Kinder haben schon nach dem BGB. (§§ 1723 mit 1736, 1741 mit 1757) die rechtliche Stellung ehelicher Kinder. Aber auch die in § 1719 (und § 1699) BGB. genannten Kinder wird man hierher rechnen müssen; es kann doch nicht angenommen werden, daß der Gesetzgeber Kinder, die durch nachfolgende Ehe legitimiert sind, vom Bezug der Waisenrente habe ausschließen, also schlechter stellen wollen als Kinder, die unehelich geblieben sind (Abs. 2 Z. 4 dieses Paragraphen).

Daß die Enkel (Z. 3) elternlos seien, ist nicht erforderlich.

9. Kinderzuschuß: Vgl. § 58 Abs. 2 Z. 3!

10. nur einmal: Waren die beiden Eltern (von denen der Vater vor der Mutter verstorben ist) auf Grund dieses Gesetzes versichert, so konnten nach dem früheren Gesetz die Kinder die ihnen hiernach zustehenden zwei Waisenrenten ohne Kürzung nebeneinander beziehen. Das ist jetzt durch Abs. 3 des § 33 geändert.

§ 34 (30).

Nach dem Tode der versicherten Ehefrau[1])[2]) eines erwerbsunfähigen Ehemanns[3]), die den Lebensunterhalt ihrer Familie[4]) ganz oder überwiegend aus ihrem Arbeitsverdienste bestritten hat[5]), steht den ehelichen Kindern[6]) unter achtzehn Jahren[7]) Waisenrente zu, ebenso dem Manne Witwerrente, solange er bedürftig[8]) ist. § 33 Abs. 2 gilt entsprechend.

Für die Waisenrente gilt dies auch, wenn zur Zeit des Todes der Versicherten die Ehe nicht mehr bestand[9]).

1. § 34 enthält eine der Mehrleistungen, die das Gesetz den weiblichen Versicherten gewährt. Da diese der Versicherungsanstalt keine Witwenbezüge und in den meisten Fällen auch keine Waisenbezüge verursachen, aber die gleichen Beiträge zu leisten haben wie die männlichen Versicherten, so sieht das Gesetz für die weiblichen Versicherten gewisse Mehrleistungen vor. Deren erster Fall ist, wie erwähnt, in § 34 geregelt. Die Vorschrift entspricht dem § 1260 RVO. Die anderen Mehrleistungen sind die Herabsetzung der Wartezeit auf 60 Beitragsmonate gemäß § 53 Z. 1, ferner die Beitragserstattung in den Fällen der §§ 61 und 62. Die Gewährung von Leibrenten, die das frühere Gesetz (§ 63 alt) gleichfalls vorsah, ist beseitigt.

2. Ehefrau: Die Ehe muß bei dem Tode des Mannes noch bestanden haben; s. jedoch Abs. 2.

3. eines erwerbsunfähigen Ehemannes: Nämlich dauernd erwerbsunfähigen; für den Begriff der Erwerbsunfähigkeit ist aber hier weder § 30 dieses Gesetzes noch § 1255 RVO. unmittelbar maßgebend. Gleichwohl wird man sich an die letztere Bestimmung halten müssen.

4. Familie: Das sind die in § 34 selbst genannten Personen, also der Ehegatte und die ehelichen Kinder unter 18 Jahren.

5. bestritten hat: Längere Zeit hindurch. Fälle, in denen eine Ehefrau wegen vorübergehender Erwerbsunfähigkeit des Ehemannes nur zeitweise die Familie ernährt hat, bleiben außer Betracht.

6. den ehelichen Kindern: Nach dem letzten Satze des Abs. 1 gilt § 33 Abs. 2 hier entsprechend. Es kommen also die dort genannten Kinder auch hier in Betracht. S. auch Anm. 8 zu § 33!

7. unter 18 Jahren: Auch hier fällt die Waisenrente nach der Vollendung des 18. Lebensjahres weg (§ 63 Abs. 2). Für den Mann besteht keine zeitliche Beschränkung des Rentenbezugs.

8. bedürftig: Dies gilt nur für den Mann, dagegen nicht für die Kinder. Ob Bedürftigkeit vorliegt, kann nur von Fall zu Fall entschieden werden.

9. nicht mehr bestand: D. h. durch den Tod des Mannes aufgelöst, oder für nichtig erklärt (§§ 1323 ff. BGB.) oder geschieden war (§§ 1564 ff. BGB.).

§ 35 (31).

Nach dem Tode einer versicherten Ehefrau[1]), deren Ehemann sich ohne gesetzlichen Grund[2]) von der häuslichen Gemeinschaft ferngehalten und[3]) seiner väterlichen Unterhaltspflicht[4]) entzogen hat[5]), steht den ehelichen Kindern unter achtzehn Jahren Waisenrente[6]) zu. § 33 Abs. 2 gilt entsprechend.

Dies gilt auch, wenn zur Zeit des Todes der Versicherten die Ehe nicht mehr bestand[7]) und der Ehemann sich seiner väterlichen Unterhaltspflicht entzogen hat.

1. versicherten Ehefrau: Die Nachschrift entspricht dem § 1261 RVO.

Es ist hier nicht erforderlich, daß die Versicherte den Unterhalt ihrer Familie aus ihrem Arbeitsverdienst bestritten hat (vgl. § 34). Auch Bedürftigkeit der Kinder ist nicht erforderlich.

2. ohne gesetzlichen Grund: S. § 1353 Abs. 2 BGB.

3. und: Die beiden Voraussetzungen müssen zusammentreffen.

4. väterlichen Unterhaltspflicht: S. die §§ 1602 Abs. 2, 1603, 1610—1615 BGB.

5. entzogen hat: Schuldhaft! Der Fall des Unvermögens bleibt außer Betracht.

6. ehelichen Kindern unter 18 Jahren Waisenrente: S. Anm. 6 u. 7 zu § 34.

7. nicht mehr bestand: d. h. für nichtig erklärt (§§ 1323 ff. BGB.) oder geschieden war (§§ 1564 ff. BGB.). Die Auflösung der Ehe durch den Tod des Mannes kann nach der Natur der Sache hier nicht in Betracht kommen.

§ 36 (32).

Die Renten der Hinterbliebenen beginnen [1]), unbeschadet des § 28 [2]), mit dem ersten Tage des Monats [3]), in den der Todestag [4]) des Ernährers [5]) fällt, sofern dieser ein Ruhegeld nicht bezog, andernfalls mit dem ersten Tage des Monats, der auf den Todestag folgt [6]). Bei nachgeborenen Waisen beginnt die Rente mit dem ersten Tage des Geburtsmonats [7]).

1. beginnen: Vgl. § 1263 RVO.

2. unbeschadet des § 28: Verspätete Antragstellung.

3. erstem Tage des Monats: Das frühere Gesetz ließ alle Hinterbliebenenrenten erst mit dem Todestage des Ernährers beginnen. Das jetzige Gesetz ist daher für die Hinterbliebenen günstiger.

4. Todestag: Hinsichtlich Verschollener s. § 38.

5. des Ernährers: Das ist der Ehemann (§ 32), der eheliche Vater (§ 33), die eheliche Mutter (§§ 34, 35), die uneheliche Mutter (§ 33), die Ehefrau (§ 34).

6. ersten Tage des Monats, der auf den Todestag folgt: Weil in diesem Falle für den Sterbemonat das Ruhegeld noch voll gezahlt wird (§ 64).

7. Geburtsmonats: Auch hier konnte nach dem früheren Gesetz die Rente erst mit dem Geburtstage beginnen.

§ 37 (33).

Die gesetzlichen Leistungen [1]) werden auch dann gewährt [2]), wenn der Versicherte verschollen ist [3]). Er gilt als verschollen, wenn während eines Jahres keine glaubhaften Nachrichten von ihm eingegangen sind und die Umstände seinen Tod wahrscheinlich machen.

Von den Hinterbliebenen kann die eidesstattliche Erklärung[4]) verlangt werden[5]), daß sie von dem Leben des Vermißten keine anderen als die angezeigten Nachrichten erhalten haben.

1. gesetzliche Leistungen: Dazu gehört neben den Hinterbliebenenrenten auch die Beitragserstattung (§§ 61, 385).

2. werden auch dann gewährt: Ebenso § 1265 RVO.

3. verschollen ist: Sind die Voraussetzungen des § 37 Abs. 1 gegeben, so bedarf es der gerichtlichen Todeserklärung (§§ 13 ff. BGB.) im allgemeinen nicht. S. jedoch Anm. 1 zu § 38! — Vgl. auch § 71.

4. eidesstattliche Erklärung: Neben dieser (die nur von den Hinterbliebenen verlangt werden kann), können natürlich auch noch andere Ermittlungen angestellt, besonders können Zeugen vernommen werden.

Wegen Abgabe einer unrichtigen Erklärung vgl. die §§ 156, 163 RStGB.

5. kann ... verlangt werden: Die Befugnis steht zunächst der RVAnstalt, sodann den Behörden der Rechtsprechung zu.

§ 38 (34).

Den Todestag Verschollener stellt die Reichsversicherungsanstalt nach billigem Ermessen fest[1]). Für die auf See Verschollenen gilt als Todestag[1]) der Tag des Unterganges des Schiffes. Ist das Schiff als verschollen anzusehen, so gilt als Todestag der Tag der Beendigung des Dienstverhältnisses nach § 53 Abs. 1 der Seemannsordnung.

1. stellt ... nach billigem Ermessen fest ... gilt als Todestag: Vgl. § 1266 RVO.

Der erste Satz des § 38 bezieht sich auf die zu Lande, der zweite auf die zur See Verschollenen. Für die ersten wird der Todestag nach billigem Ermessen (Satz 1), für die auf See Verschollenen aber nach festen Regeln (Satz 2 u. 3) festgestellt.

Die Befugnis der RVAnstalt, den Todestag festzusetzen, hat ihren inneren Grund darin, daß es für die Hinterbliebenen von der größten Wichtigkeit ist, möglichst bald in den Genuß der Hinterbliebenenrenten zu gelangen. Es soll deshalb für die Frage des Beginns des Rentenbezugs nicht das zeitraubende Verfahren der Todeserklärung nach den Bestimmungen des BGB. durchgeführt werden, sondern die RVAnstalt soll in einem abgekürzten Verfahren mit Wirkung für den Beginn der Hinterbliebenenrenten den Todestag Verschollener festsetzen.

Von diesen Gesichtspunkten ausgehend spricht die Entscheidung in AVN. 1916 S. 274 aus, daß § 38 nur für die Hinterbliebenenrenten, dagegen nicht für Beitragserstattungen (§§ 61, 385) gelte; in diesen Fällen muß also die gerichtliche Todeserklärung vorausgehen.

Die Feststellung geschieht im Bescheid über die Festsetzung der Versicherungsleistungen (§ 248). Dagegen ist Berufung zulässig (§ 252), die Revision ist ausgeschlossen (§ 271 Z. 1).

§ 39 (35).

Hinterbliebene haben keinen Anspruch[1]) auf die Versicherungsleistungen[2]), falls sie[3]) den Tod des Versicherten vorsätzlich[4]) herbeigeführt haben.

1. haben keinen Anspruch: Vgl. § 1267 RVO.

2. Versicherungsleistungen: S. Anm. 1 zu § 37.

3. sie: D. h. ausgeschlossen ist natürlich nur, wen eine Schuld am Tode des Versicherten trifft. Andere Hinterbliebene behalten ihre Rechte.

4. vorsätzlich: Die Absicht muß unmittelbar auf die Herbeiführung des Todes gegangen sein, fahrlässige Herbeiführung kommt nicht in Betracht.

§ 40.

Diese Bestimmung, die im Gesetz von 1924 neu war, ist durch das Gesetz vom 24. Juli 1925 wieder aufgehoben worden. Sie lautete:

Die Hinterbliebenen haben keinen Anspruch auf Rente, wenn der verstorbene Ernährer erst nach dem Eintritt der Berufsunfähigkeit geheiratet hat und der Tod innerhalb der ersten drei Jahre der Ehe eingetreten ist. Die Reichsversicherungsanstalt kann unter besonderen Umständen auch dann Hinterbliebenenrente gewähren.

Das Gesetz von 1911 gewährte die Hinterbliebenenrente auch dann, wenn der verstorbene Ernährer erst nach dem Eintritt der Berufsunfähigkeit geheiratet hatte, unbeschränkt. § 40 des Gesetzes von 1924 schränkte dies für die ersten drei Jahre der Ehe ein. Durch die Wiederaufhebung dieser Vorschrift ist also der Rechtszustand von 1911 wiederhergestellt.

Für den Anspruch auf Hinterbliebenenrente ist es also jetzt wieder belanglos, ob der verstorbene Ernährer schon vor oder erst nach dem Eintritt der Berufsunfähigkeit geheiratet hatte.

IV. Heilverfahren [1]).

§ 41 (36).

Um die infolge einer Erkrankung drohende Berufsunfähigkeit eines Versicherten [2]) abzuwenden, kann die Reichsversicherungsanstalt ein Heilverfahren einleiten [3]) [5]), soweit nicht [4]) bereits durch einen Träger der reichsgesetzlichen Arbeiterversicherung ein Heilverfahren eingeleitet ist.

Dasselbe gilt, wenn zu erwarten ist, daß ein Heilverfahren den Empfänger eines Ruhegeldes wieder berufsfähig macht [6]).

Anträge auf Heilverfahren sind an die Reichsversicherungsanstalt [7]) zu richten.

1. Vgl. §§ 1269 ff. RVO.

2. Versicherten: Einerlei, ob er zwangsweise oder freiwillig versichert ist.

Für die sog. Halbversicherten (§ 375) hat jedoch die RVAnstalt am 28. Juli 1921 besondere Bestimmungen erlassen (abgedruckt in AVN. 1921 S. 162). Hiezu s. auch AVN. 1922 S. 28.

3. kann ... einleiten: Es besteht kein Rechtsanspruch des Versicherten auf die Einleitung des Heilverfahrens; Beschwerden gegen die Ablehnung sind daher zwecklos. Auch das Oberversicherungsamt ist nicht zuständig, zu entscheiden, ob die RVAnstalt die Kosten eines Heilverfahrens zu übernehmen habe, das der Versicherte ohne Genehmigung der Anstalt durchgeführt hat (AVN. 1913 S. 218); auch diese Entscheidung steht allein der RVAnstalt selbst zu. Dieselbe braucht auch für die Ablehnung eines Heilverfahrens keine Gründe anzugeben (zur Schonung des Versicherten ist es manchmal geradezu geboten, die Gründe der Ablehnung nicht anzugeben).

Der Versicherte ist nicht geradezu verpflichtet, sich einem von der RVAnstalt angeordneten Heilverfahren zu unterwerfen; weigert er sich aber, so muß er gewärtigen, daß von § 45 Gebrauch gemacht wird.

4. soweit nicht...: Weil dadurch dem Bedürfnis schon Rechnung getragen wird, man auch vom Versicherten nicht verlangen kann, daß er sich gleichzeitig zwei verschiedenen Heilverfahren unterwerfen solle. Vgl. auch AVN. 1913 S. 178, ferner § 48.

Der RVAnstalt und den Trägern der Arbeiterversicherung ist es unbenommen, die gemeinsame Einleitung eines Heilverfahrens in der Weise zu vereinbaren, daß der eine Versicherungsträger die Durchführung des Heilverfahrens gegen Erstattung eines Teiles der Kosten durch den anderen übernimmt. Vgl. das Abkommen zwischen der RVAnstalt und den Hauptverbänden Deutscher Krankenkassen, vom 3. Nov. 1917 (AVN. 1917 S. 254).

5. Mit dem Heilverfahren ist alsbald nach dem Inkrafttreten des Gesetzes begonnen worden, da die Einleitung des Heilverfahrens an die Zurücklegung der Wartezeit nicht gebunden ist.

Das von der RVAnstalt herausgegebene „Merkblatt für die Einleitung eines Heilverfahrens" (AVN. 1913 S. 77) ist im Anhang abgedruckt.

Über die mit den Vertretungen der Ärzte gepflogenen Verhandlungen s. AVN. 1913 S. 93, über die Aufstellung von Vertrauensärzten das Rundschreiben der RVAnstalt vom März 1913 (AVN. 1913 S. 85).

Die von der RVAnstalt zur Unterweisung der Vertrauensmänner erlassenen „Mitteilungen" über das Heilverfahren sind abgedruckt in AVN. 1913 S. 74 und 150, ebenda S. 74 auch die „Grundsätze für die Gewährung eines Heilverfahrens" (zum Gebrauch für die Vertrauensmänner) und S. 75 die „Grundsätze" zum Gebrauch für die Vertrauensärzte.

Auf dem Gebiete des Heilverfahrens hat die RVAnstalt Hervorragendes geleistet. Sie führte z. B. im Jahre 1920 fast 25 000 ständige Heilverfahren in Lungenheilstätten, Sanatorien, Bädern usw. durch. Dazu kamen noch 7000 kleinere Heilverfahren. Für das Jahr 1925 stellt das Haushalt der Anstalt 1 2 Millionen RM. für Heilverfahren bereit. Die Anstalt hat eigene Sanatorien in Kreischa (Sachsen) und Birkenhof (Schlesien) mit rund 250 Betten und die Lungenheilstätte Stammburg (Baden) mit 110 Betten.

6. wieder berufsfähig macht: Diese Vorschrift entspricht dem § 1305 RVO. Nach Zweck und Sinn des Gesetzes wird die Bestimmung auch auf den Empfänger der Witwerrente im Falle des § 34 angewendet werden müssen.

Wegen der Rechtsfolgen der Weigerung s. auch hier § 45.

7. an die Reichsversicherungsanstalt: Namens derselben entscheidet das Direktorium (§ 248).

§ 42 (neu).

Versicherten Soldaten[1]) wird während ihrer Zugehörigkeit zur Wehrmacht ein Heilverfahren von der Reichsversicherungsanstalt nicht gewährt[2]). Dafür hat diese der Wehrmacht nach Abschluß des Kalenderjahrs für jeden entrichteten Beitrag einen Betrag zu vergüten, den der Reichsarbeitsminister festsetzt[3]). Diese Mittel sind zur Hälfte aufzuwenden, um allgemeine Maßnahmen zu treffen, die den Eintritt vorzeitiger Invalidität unter den versicherten Soldaten verhüten und ihre und ihrer Angehörigen gesundheitlichen Verhältnisse fördern können; zur anderen Hälfte werden sie den Einnahmen des Reichs wieder zugeführt.

Entsprechendes gilt bei versicherten Angehörigen der Schutzpolizei[4]).

1. Versicherten Soldaten: S. Anm. 6 Abs. 2 zu § 1 und Anm. 1 zu § 4.

2. nicht gewährt: Weil sie schon Anspruch auf Heilverfahren gegen die Heeresverwaltung haben.

3. festgesetzt: Nach jetziger Übung alljährlich.

4. Schutzpolizei: S. ebenfalls Anm. 6 Abs. 2 zu § 1 und Anm. 1 zu § 4.

§ 43 (37).

Die Reichsversicherungsanstalt kann[1]) den Erkrankten in einem Krankenhaus oder in einer Anstalt für Genesende[2]) unterbringen.

Ist er verheiratet und lebt er mit seiner Familie[3]) zusammen, oder hat er einen eigenen Haushalt[4]), oder ist er Mitglied des Haushalts seiner Familie[3]), so bedarf es seiner Zustimmung[5]).

Bei einem Minderjährigen genügt[6]) seine Zustimmung.

1. kann ... unterbringen: Vgl. § 1270 RVO. Die Maßregel steht im freien Ermessen der RVAnstalt.

2. in einem Krankenhaus oder usw.: Die RVAnstalt kann das Heilverfahren auch auf andere Weise durchführen; so kann sie z. B. auch anordnen, daß der Versicherte durch einen von ihr bestimmten Arzt oder Facharzt zu behandeln sei, u. dgl. Wegen Operationen s. Anm. 3 zu § 45.

Zu den Krankenhäusern gehören auch Spezialanstalten.

3. Familie: Das Wort ist in diesem Absatze in doppeltem Sinne gebraucht. Das erste Mal ist es gleichbedeutend mit „Ehefrau und Kindern", das zweite Mal (Haushalt seiner Familie) ist es in weiterem Sinne zu nehmen.

4. eigenen Haushalt: Daß er verheiratet sei, ist nicht erforderlich.

5. Zustimmung: Diese ist natürlich bloß zur Unterbringung im Krankenhaus erforderlich, dagegen nicht zu anderweitiger Durchführung des Heilverfahrens (s. auch Anm. 3, letzten Absatz, zu § 41).

6. Minderjährigen genügt: Die Zustimmung des Minderjährigen kann auch durch die seines gesetzlichen Vertreters ersetzt werden. Bei anderen beschränkt Geschäftsfähigen (§ 6 BGB.) ist stets die Zustimmung des gesetzlichen Vertreters erforderlich.

§ 44 (38).

Angehörige[1]) des Erkrankten, deren Unterhalt er ganz oder überwiegend[2]) aus seinem Arbeitsverdienste[3]) bestritten hat, erhalten[4]) während des Heilverfahrens[5]) (§ 43) ein Hausgeld. Es beträgt täglich[6]) mindestens[7]) drei Zwanzigstel des zuletzt gezahlten Monatsbeitrags.

Das Hausgeld fällt weg, solange und soweit Gehalt oder Lohn auf Grund eines Rechtsanspruchs[8]) gezahlt wird.

Die Zahlung des Ruhegeldes[9]) kann für die Dauer des Heilverfahrens ganz oder teilweise eingestellt werden[10]).

1. Angehörige: Vgl. § 1271 RVO. Wegen der Frage, wer unter „Angehörigen" zu verstehen sei, vgl. Anm. 9 zu § 26.

2. ganz oder überwiegend: Als „überwiegend" bestritten kann der Unterhalt eines Angehörigen auch dann gelten, wenn sein Betrag zahlenmäßig die Hälfte der Unterhaltskosten nicht ganz erreicht (AN. 1923 S. 280 Z. 568).

3. Arbeitsverdienste: Voraussetzung für die Gewährung des Hausgelds ist es, daß der Unterhalt der Angehörigen ganz oder überwiegend aus dem Arbeitsverdienst (nicht etwa aus Ersparnissen o. dgl.) bestritten worden ist (AVN. 1916 S. 59).

4. erhalten: Es besteht ein Rechtsanspruch auf das Hausgeld, und zwar steht er dem Versicherten (Erkrankten) selbst zu.

Das Hausgeld wird vom Direktorium der RVAnstalt festgesetzt. Streitigkeiten über das Hausgeld werden im Spruchverfahren entschieden (AVN. 1921 S. 231 Z. 502).

5. Heilverfahrens (§ 43): Also nur dann, wenn das Heilverfahren in einem Krankenhaus oder in einer Anstalt für Genesende durchgeführt wird. Das ergibt eben die Verweisung auf § 43. Und zwar muß der Erkrankte im Krankenhaus usw. durch die RVAnstalt untergebracht sein (AVN. 1921 S. 231 Z. 502).

6. täglich: Auch an Sonn- und Feiertagen.

7. mindestens: Die RVAnstalt kann auch (nach ihrem freien Ermessen) mehr gewähren.

8. auf Grund eines Rechtsanspruchs: z. B. § 616 BGB., § 63 HGB. Aber auch vertragsmäßige Ansprüche gehören hierher.

9. Ruhegeldes: Es ist der Fall des § 41 Abs. 2 gemeint.

10. kann ... eingestellt werden: Es besteht kein Zwang hiezu. Andererseits hat der Erkrankte keinen Rechtsanspruch auf die Fortzahlung des Ruhegeldes.

Die Einstellung geschieht durch die RVAnstalt.

§ 45 (39).

Entzieht sich[1]) ein Erkrankter ohne gesetzlichen[2]) oder sonst triftigen[3]) Grund dem Heilverfahren (§ 41)[4]), und wäre die Berufsunfähigkeit[5]) durch das Heilverfahren voraussichtlich verhütet oder beseitigt[6]) worden, so kann[7]) das Ruhegeld auf Zeit[8]) ganz oder teilweise versagt werden, wenn der Erkrankte auf diese Folge hingewiesen worden ist[9]).

1. Entzieht sich usw.: Die Vorschrift entspricht dem § 1272 RVO.

2. ohne gesetzlichen Grund: § 43 Abs. 2 (Versagung seiner Zustimmung).

3. sonst triftigen Grund: Darüber, was ein triftiger Grund ist, entscheidet das Oberversicherungsamt endgültig (§ 47).

Operationen, die in den Bestand oder die Unversehrtheit des Körpers eingreifen oder die nicht ohne Lebensgefahr vorgenommen werden können (Chloroformnarkose!) braucht der Versicherte nicht an sich vornehmen zu lassen. Wird ihm eine solche zugemutet, so liegt darin ein „triftiger Grund", aus dem er sich einem solchen Heilverfahren entziehen darf.

4. Heilverfahren (§ 41): Hier kommt also jedes Heilverfahren in Betracht, nicht bloß die Einweisung in ein Krankenhaus.

5. Berufsunfähigkeit: Im Sinne des § 30 Abs. 1 oder 2.

6. verhütet oder beseitigt: Das erste betrifft den Fall des § 36 Abs. 1, das zweite den des Abs. 2 jenes Paragraphen. Den Nachweis dafür, daß die Berufsunfähigkeit verhütet oder beseitigt worden wäre, muß die RVAnstalt führen (der Versicherte braucht keinen Gegenbeweis zu liefern).

7. kann ... versagt werden: Die Anwendung dieser Maßregel steht im freien Ermessen der RVAnstalt; ein Zwang, davon Gebrauch zu machen, besteht nicht.

Gibt der Erkrankte seinen Widerspruch gegen die Durchführung des Heilverfahrens auf, so sind die schon verhängten Maßregeln wieder aufzuheben.

8. auf Zeit: Also nicht auf die Dauer. Darüber, welche Zeit angemessen ist, entscheidet gleichfalls das Oberversicherungsamt (s. o. Anm. 3).

9. hingewiesen worden ist: Vor der Weigerung, sich dem Heilverfahren zu unterziehen.

§ 46 (40).

Läßt die Reichsversicherungsanstalt ein Heilverfahren bei einem Erkrankten eintreten, welcher der reichsgesetzlichen Arbeiterversicherung unterliegt[1]), so kann sie die Zahlung des Hausgeldes oder des Ruhegeldes[2]) während der Dauer von Barbezügen[3]) aus der reichsgesetzlichen Arbeiterversicherung bis zur Höhe dieser Barbezüge[4]) einstellen[5]).

1. unterliegt: Dies bedeutet nur die Tatsache des Versichertseins (nicht etwa die Zwangsversicherung), auch freiwillig Versicherte gehören deshalb hierher. Ferner kommen alle drei Zweige der reichsgesetzlichen Arbeiterversicherung (Kranken-, Unfall-, Invaliden- und Hinterbliebenenversicherung) in Betracht.

2. Ruhegelds: Fall des § 41 Abs. 2 (s. Anm. 9 zu § 44).

3. Barbezügen: Das sind Krankengeld, Unfallrente, Invalidenrente, ferner Hausgeld, endlich Wochen-, Schwangeren- und Stillgeld (§§ 195, 195a Z. 3 u. 4, 199 RVO.).

4. bis zur Höhe dieser Barbezüge: d. i. nur bis zu dieser Höhe, also nicht gänzlich.

5. kann ... einstellen: Die Maßregel steht auch hier im Ermessen der Versicherungsanstalt, es besteht kein Zwang zur Anwendung.

§ 47 (41).

Streitigkeiten[1]), die zwischen der Reichsversicherungsanstalt und dem Versicherten[2]) aus den Vorschriften der §§ 43 bis 46[3]) entstehen und nicht bei der Rentenfeststellung erledigt werden[4]), entscheidet auf Beschwerde das Oberversicherungsamt[5]).

1. Streitigkeiten: Vgl. § 1273 RVO.

2. Versicherten: Dazu gehören auch die Empfänger von Ruhegeld und Witwerrenten (§§ 41 Abs. 2, 34).

3. §§ 43—46: § 41 gehört also nicht hierher. Denn über die Frage, ob ein Heilverfahren einzuleiten sei, entscheidet die RVAnstalt nach freiem Ermessen (Anm. 3 zu § 41).

4. und nicht bei der Rentenfeststellung erledigt werden: Streitigkeiten aus den §§ 43—46, die bei der Rentenfeststellung hervortreten, werden im Feststellungsverfahren (§§ 214—285) als sog. Inzidentfragen mit entschieden.

5. auf Beschwerde das Oberversicherungsamt: Also im Beschlußverfahren (§§ 286—294). Erste Instanz ist das Ver-

sicherungsamt (§§ 131 Z. 1, 132). Wegen der Beschwerdefrist s. die §§ 324, 325. Die Entscheidung des Oberversicherungsamts ist endgültig (§ 294).

§ 48 (43).

Gegen die Träger der reichsgesetzlichen Arbeiterversicherung[1]) steht der Reichsversicherungsanstalt[2]) ein Ersatzanspruch wegen Einleitung des Heilverfahrens nicht zu.

1. Träger der reichsgesetzlichen Arbeiterversicherung: Vgl. § 3 RVO.

2. der Reichsversicherungsanstalt: Auch nicht umgekehrt den Trägern der reichsgesetzlichen Arbeiterversicherung gegen die RVAnstalt (weil weder im 5. Buche der RVO. noch in diesem Gesetz vorgesehen; s. auch Anm. 4 zu § 41).

§ 49 (42).

Als reichsgesetzliche Arbeiterversicherung[1]) gilt auch die Versicherung beim Reichsknappschaftsverein als Träger der Krankenversicherung und bei Ersatzkassen (§§ 4, 11 ff. des Reichsknappschaftsgesetzes, §§ 503 ff. der Reichsversicherungsordnung).

1. reichsgesetzliche Arbeiterversicherung: Im Sinn der §§ 41 Abs. 1, 46, 48, dieses Gesetzes.

§ 49a[1]) (neu).

Die Reichsversicherungsanstalt kann mit Genehmigung des Reichsarbeitsministers Mittel aufwenden, um allgemeine Maßnahmen[2]) zur Verhütung des Eintritts vorzeitiger Berufsunfähigkeit oder zur Hebung der gesundheitlichen Verhältnisse der versicherten Bevölkerung zu fördern oder durchzuführen[3]). Die Genehmigung kann auch für Pauschbeträge erteilt werden.

1. § 49a ist erst durch das Gesetz vom 28. Juli 1925 eingefügt worden.

Mit ihm eng zusammen hängt Abschnitt C des erwähnten Gesetzes, der lautet:

„Die Reichsregierung kann nach Anhörung der Versicherungsträger und der Ärzte oder ihrer Spitzenverbände mit Zustimmung des Reichsrats und eines 28gliedrigen Ausschusses des Reichstags Richtlinien erlassen, betreffend das

Heilverfahren in der Reichsversicherung und die allgemeinen Maßnahmen der Versicherungsträger zur Verhütung des Eintritts vorzeitiger Berufsunfähigkeit oder Invalidität oder zur Hebung der gesundheitlichen Verhältnisse der versicherten Bevölkerung. Diese Richtlinien sollen ferner das Zusammenwirken der Träger der Reichsversicherung untereinander und mit den Trägern der öffentlichen und freien*) Wohlfahrtspflege auf dem Gebiete des Heilverfahrens und der sozialen Hygiene regeln."

2. allgemeine Maßnahmen. Die Bestimmungen des Gesetzes über das Heilverfahren (§§ 41—49) ermöglichen immer nur Maßnahmen zugunsten einzelner Versicherter. Not tut aber auch eine planvolle Beteiligung der Träger der Reichsversicherung an den sozialhygienischen Aufgaben für die versicherte Bevölkerung (darunter wird man nicht bloß die Versicherten selbst in ihrer Gesamtheit, sondern auch ihre Angehörigen, überhaupt die ganze Bevölkerungsschicht, aus der die Versicherten hervorgehen, zu verstehen haben).

Von den obigen neuen Gesetzesvorschriften schafft § 49 a AVG. die rechtliche Grundlage für die Beteiligung der RVAnstalt an den allgemeinen Maßnahmen der sozialen Hygiene, Abschn. C des Gesetzes vom 28. Juli 1925 dagegen die Grundlage für das Zusammenwirken aller Träger der Reichsversicherung auf dem Gebiete des Heilverfahrens und der sozialen Hygiene.

3. zu fördern oder durchzuführen: Die RVAnstalt kann also allgemeine Maßnahmen im Sinn des Gesetzes sowohl selbst durchführen als auch, wenn sie von anderer Seite durchgeführt werden, dieselben fördern.

V. Sachleistungen.

§ 50 (44).

Empfänger von Ruhegeld oder sonstiger Rente[1]) können[2]) auf ihren Antrag[3]) in einem Invaliden- oder Waisenhaus oder einer ähnlichen Anstalt[4]) untergebracht werden. Dazu können die Barbezüge ganz oder teilweise verwendet werden.[5])

Die Aufnahme verpflichtet[6]) den Bezugsberechtigten auf ein Vierteljahr und, wenn er nicht einen Monat vor Ablauf dieser Zeit widerspricht, jedesmal auf ein weiteres Vierteljahr zum Verzicht auf die Barbezüge, soweit sie zu verwenden sind.

*) Schlechtes Deutsch! Da die öffentliche Wohlfahrtspflege von der freien verschieden ist, so sollte es richtiger heißen: „und der freien"!

1. Ruhegeld oder sonstiger Rente: Wegen des Ruhegeldes s. § 30, wegen der Renten die §§ 32—35.

2. können ... untergebracht werden: Entspricht dem § 1277 RVO. Jedoch bedarf es hier nicht erst einer Ermächtigung der Versicherungsanstalt durch die Satzung wie nach § 1277 a. a. O.

3. auf ihren Antrag: Also niemals wider ihren Willen. Bei Waisen (und anderen beschränkt Geschäftsfähigen) ist der Antrag von dem gesetzlichen Vertreter zu stellen. Er kann auch zurückgenommen werden.

4. ähnlichen Anstalt: Die Versicherungsanstalt kann auch selbst eine solche errichten.

5. können verwendet werden: Dagegen gibt es keine Beschwerde (auch keine Aufsichtsbeschwerde an den Reichsarbeitsminister, § 94 Abs. 2). Die Versicherungsanstalt kann aber diese Bezüge dem Empfänger auch belassen.

6. Die Aufnahme verpflichtet: Der Bezugsberechtigte kann auch schon vor Ablauf des Vierteljahrs aus der Anstalt austreten, den Anspruch auf Weitergewährung der Barbezüge erlangt er jedoch erst nach Ablauf des Vierteljahrs wieder.

§ 51 (45).

Trunksüchtigen[1]), die nicht entmündigt[2]) sind, können ganz oder teilweise Sachleistungen gewährt werden. Auf Antrag eines beteiligten Fürsorgeverbandes oder der Gemeindebehörde[3]) des Wohnorts des Trunksüchtigen muß dies geschehen. Bei Trunksüchtigen, die entmündigt[2]) sind, ist die Gewährung der Sachleistungen nur mit Zustimmung des Vormundes zulässig. Auf seinen Antrag muß sie geschehen.

Die Sachleistungen gewährt die Gemeinde des Wohnorts. Der Anspruch auf Barleistungen geht im Werte der Sachbezüge auf die Gemeinde über. Die Sachleistung kann auch durch Aufnahme in eine Trinkerheilanstalt oder mit Zustimmung der Gemeinde durch Vermittlung einer Trinkerfürsorgestelle gewährt werden.

Ein Rest der Barleistungen ist dem Ehegatten des Bezugsberechtigten, seinen Kindern oder seinen Eltern und, falls solche nicht vorhanden sind, der Gemeinde zur Verwendung für ihn zu überweisen.

1. Trunksüchtigen: Vgl. § 6 Z. 3 BGB.
Die Vorschrift entspricht dem § 120 RVO.

2. nicht entmündigt — entmündigt: S. die §§ 114, 1896, 1906 BGB., § 680 ZPO.

3. Gemeindebehörde: Darüber, welche Behörden als Gemeindebehörden zu gelten haben, sind die folgenden Bestimmungen erlassen worden:

Für Preußen: Ziff. 4 der Min.-Bek. vom 30. Juli 1912 (HandMinBl. S. 411);

„ Bayern: § 3 Abs. 2 der Min.-Bek. vom 8. Aug. 1912 (GVBl. S. 701);

„ Württemberg: § 1 der Min.-Verf. vom 29. Dez. 1922 (RegBl. 1923 S. 39);

„ Baden: § 1 Z. 6 der V. vom 5. Aug. 1912 (GVBl. S. 339);

„ Hessen: § 1 der Min.-Bek. vom 11. Juli 1912 (RegBl. S. 411);

„ Mecklenburg-Schwerin: Z. IV der Min.-Bek. vom 25. Juli 1912 (RegBl. S. 463);

„ Mecklenburg-Strelitz: Z. IV der Min.-Bek. vom 7. Aug. 1912 (OffizAnz. S. 363);

„ Braunschweig: § 1 der Min.-Bek. vom 13. Aug. 1912 (GVSamml. S. 363);

„ Anhalt: Z. 4 der V. vom 10. Aug. 1912 (GesSamml. S. 147);

„ Waldeck: Z. 5 der Bek. des Landesdirektors vom 29. Aug. 1912 (RegBl. S. 131);

„ Schaumburg-Lippe: Z. I, 4 der Min.-Bek. vom 23. Mai 1912 (Anz. d. Fürstent. Sch.-L. S. 213);

„ Lippe-Detmold: Z. I, 3 der V. vom 13. Juli 1912 (GesSamml. S. 804);

„ Lübeck: § 5 der Bek. des Senats vom 20. Juli 1912 (GVBl. S. 510);

„ Bremen: § 1 der V. vom 19. Juli 1912 (GBl. S. 183);

„ Hamburg: § 6 der Bek. des Senats vom 12. Juli 1912 (ABl. S. 743);

§ 52 (46).

Das Versicherungsamt [1]) (Beschlußausschuß) [2]) erläßt die Anordnung nach Anhören der Gemeindebehörde und des Bezugsberechtigten [3]) und teilt sie ihnen und der Reichsversicherungsanstalt schriftlich mit. Es entscheidet [4]) bei Streit zwischen der Gemeinde und dem Bezugsberechtigten [5]).

1. Das Versicherungsamt: Dieses ist an die Stelle des Rentenausschusses getreten, dem die Befugnis früher zustand.

Die Vorschrift entspricht dem § 121 RVO.

2. Beschlußausschuß: S. § 2 der Verfahrensordnung für die Ausschüsse der Angestelltenversicherung vom 21. Dez. 1922 (im Anhang abgedruckt).

3. Anhören des Bezugsberechtigten: Dieser ist stets zu hören, auch wenn er entmündigt ist.

4. es entscheidet: Dagegen ist Beschwerde an das Oberversicherungsamt zulässig, das endgültig entscheidet (§§ 286, 290, 294. Beschwerdefrist: §§ 324, 325).

5. zwischen der Gemeinde und dem Bezugsberechtigten: Streit zwischen der RVAnstalt und dem Bezugsberechtigten wäre im Feststellungsverfahren (§ 214 ff.) zu entscheiden.

VI. Wartezeit.

§ 53 (48; Abs. 3 neu).

Die Wartezeit[1]) dauert

1. beim Ruhegeld[2]) für männliche Versicherte einhundertundzwanzig Beitragsmonate[3]), für weibliche Versicherte sechzig Beitragsmonate,
2. bei den Hinterbliebenenrenten[2]) einhundertundzwanzig Beitragsmonate.

Sind weniger als sechzig Beitragsmonate auf Grund der Versicherungspflicht[4]) nachgewiesen, so beträgt die Wartezeit beim Ruhegeld für weibliche Versicherte neunzig Beitragsmonate, im übrigen einhundertundfünfzig Beitragsmonate.

Die Wartezeit für Selbstversicherer[5]) beträgt in allen Fällen[6]) einhundertundachtzig Beitragsmonate[7]).

1. Vgl. § 1278 RVO., wo jedoch die Sache abweichend geregelt ist.

Die Einführung einer Wartezeit für den Anspruch auf Versicherungsleistungen ist notwendig, um zu verhindern, daß ein solcher Anspruch durch ungenügende Beitragsleistung erworben wird. Die Folge wäre sonst eine empfindliche Beitragserhöhung, die aber natürlich auch diejenigen Angestellten treffen (und ungerechtfertigt belasten) würde, die Zeit ihres Lebens versichert sind und Beiträge in ausreichender Zahl leisten.

2. Ruhegeld — Hinterbliebenenrenten: Die Wartezeit ist also beim Ruhegeld verschieden für männliche und für weibliche Versicherte.

Darin, daß die Wartezeit für weibliche Versicherte beim Ruhegeld gekürzt wird, besteht eine der den weiblichen Versicherten vom Gesetz gewährten Mehrleistungen; s. Anm. 1 zu § 34.

Bei den Hinterbliebenenrenten besteht kein Unterschied in der Wartezeit für männliche und für weibliche Versicherte.

Die Wartezeit besteht nur für Ruhegeld und Hinterbliebenenrenten. Die Einleitung des Heilverfahrens (§ 41) setzt ihre Erfüllung nicht voraus.

Ob der Versicherungsfall beim Ruhegeld durch Berufsunfähigkeit oder durch Vollendung des 65. Lebensjahrs eintritt, ist einerlei. Dagegen besteht ein wesentlicher Unterschied darin, daß, wenn der Versicherungsfall durch Tod oder Berufsunfähigkeit des Versicherten, ehe die Wartezeit erfüllt ist, eintritt, der Anspruch auf die Versicherungsleistungen verloren ist, während, wenn der Versicherungsfall durch Vollendung des 65. Lebensjahrs eintritt, der Anspruch durch Nichterfüllung der Wartezeit nur aufgeschoben wird, die Wartezeit aber auch nachher noch vollendet werden kann (AVN. 1913 S. 128).

3. Beitragsmonate: Nach § 169 sind das Kalendermonate, für die Beiträge entrichtet sind (jedoch mit gewissen Ausnahmen; Näheres bei § 169). Es genügt also nicht, daß ein Versicherungsverhältnis bestanden hat (und die Beiträge hätten entrichtet werden sollen, aber nicht entrichtet worden sind).

Auch die sog. Ersatzzeiten des § 170 Abs. 1—4 zählen hier nicht. Noch weniger kann die Wartezeit durch Beiträge zur Invalidenversicherung erfüllt werden (anders § 1279b RVO.).

Dagegen zählen gemäß § 170 Abs. 5 mit Verordnung des R.-Arb.-Ministers vom 7. Febr. 1925 (RGBl. I S. 10) nach Entrichtung mindestens eines Beitrags die Kalendermonate, in denen der Versicherte aus dem besetzten Gebiet und den Einbruchsgebieten des Westens ausgewiesen oder aus gleich zwingenden Gründen verdrängt war, längstens bis zum Ablauf desjenigen Monats, in welchem dem Versicherten die Rückkehr möglich war. Diese Vergünstigung gilt jedoch nicht für die Monate, in denen der Versicherte im unbesetzten Gebiete versicherungspflichtig beschäftigt war. — Ferner zählen die Zeiten der §§ 381, 382.

Die zur Erfüllung der Wartezeit nötigen Beiträge brauchen nicht zusammenhängend geleistet zu sein. Unterbrechungen sind unschädlich, soweit nicht gemäß § 54 die Anwartschaft erloschen ist.

Jeder Kalendermonat kann nur einmal gezählt werden, auch wenn für ihn auf Grund des früheren § 177 von mehreren Arbeitgebern Beiträge entrichtet sind (AVN. 1920 S. 44 Z. 385). Dieser Fall kann jetzt nicht mehr vorkommen, da die Sache für die sog. Teilbeschäftigten in § 184 jetzt wesentlich anders geregelt ist (Näheres bei § 184).

Als Beitragsmonate für die Erfüllung der Wartezeit gelten auch Monate, in denen der Versicherte nur zeitweise beschäftigt worden ist (vgl. jetzt § 184). Auch der Tod des Versicherten hindert nicht, daß der Sterbemonat auf die Wartezeit angerechnet wird (AVN. 1919 S. 192 Z. 362).

4. sechzig Beitragsmonate auf Grund der Versicherungspflicht: Von der gesamten Wartezeit müssen mindestens sechzig Beitragsmonate auf Grund der Versicherungspflicht nachgewiesen, die anderen können durch freiwillige Beiträge (§ 21) gedeckt sein. Nur für diesen Fall gilt Abs. 1; anderenfalls tritt die in Abs. 2 bestimmte Verlängerung der Wartezeit ein, die nach der Natur der Sache nur durch freiwillige Beiträge erfüllt sein kann.

Auch die 60 Beitragsmonate des Abs. 2 brauchen nicht zusammenhängend geleistet zu sein.

Von gewissen Abkürzungen der Wartezeit handeln die §§ 383 und 384.

5. Wartezeit für Selbstversicherer: Richtiger wäre „Selbstversicherte"; denn „Versicherer" ist doch der Versicherungsträger!

6. in allen Fällen: Also sowohl für männliche als auch für weibliche Versicherte, und beim Ruhegeld wie bei den Hinterbliebenenrenten.

7. einhundertachtzig Beitragsmonate: Die Wartezeit ist hier länger bemessen, um die RVAnstalt vor der Gefahr, die ihr durch den Eintritt Selbstversicherter mit schlechtem Gesundheitszustand entstehen kann, besser zu schützen.

Dem früheren Gesetz war diese Vorschrift fremd, da es die Selbstversicherung nicht kannte.

VII. Erlöschen der Anwartschaft.

§ 54 (49).

Die Anwartschaft [1]) erlischt [2]), wenn nach dem Kalenderjahr, in dem der erste Beitragsmonat zurückgelegt worden ist, innerhalb der zunächst folgenden zehn Kalenderjahre weniger als acht [3]) und nach dieser Zeit weniger als vier [3]) Beitragsmonate während eines Kalenderjahrs zurückgelegt worden [4]) sind.

Die erworbenen Anwartschaften gelten als bis zum 31. Dezember 1923 aufrechterhalten [5]).

1. Anwartschaft: Vgl. §§ 1280, 1282 RVO., wo jedoch die Sache wesentlich anders geregelt ist als hier.

Anwartschaft ist der Zustand des Versichertseins vor Erwerb des Anspruchs auf Versicherungsleistungen (AVN. 1913 S. 175).

2. erlischt: Das Erlöschen der Anwartschaft hat zur Folge, daß die bisherigen Beiträge ungültig werden. Wird auch versäumt, das Wiederaufleben der Anwartschaft herbeizuführen (§ 55), so muß mit der Versicherung von vorn begonnen werden, sofern noch die Versicherungspflicht oder Versicherungsberechtigung besteht (AVN. 1918 S. 51).

Die Anwartschaft erlischt erst mit dem Ablauf des Kalenderjahrs, in dem zu wenig Beiträge entrichtet sind.

3. weniger als acht ... weniger als vier: Beispiel: Der erste Beitragsmonat sei im Jahre 1913 (einerlei in welchem Kalendermonat) zurückgelegt worden. Dann genügt für 1913 dieser eine Beitragsmonat; weiter müssen aber, um die Anwartschaft aufrechtzuerhalten, in den Jahren 1914 mit 1923 mindestens je 8 Beitragsmonate zurückgelegt werden; vom Jahre 1924 an genügen jährlich je 4 Beitragsmonate (s. auch AVN. 1917 S. 8).

Die nötigen Beitragsmonate können auf Grund der Versicherungspflicht oder freiwillig (§§ 21, 22) erfüllt oder durch die sog. Ersatzzeiten des § 170 Abs. 1, 2 u. 4 gedeckt werden. S. ferner auch § 170 Abs. 5 und die Verordnung des R.-Arb.-Ministers vom 7. Febr. 1925 (RGBl. I S. 10).

Das Erlöschen der Anwartschaft wird gegebenenfalls auch durch Nachentrichtung rückständiger Beiträge (§ 55 Abs. 1) aufgehalten, sowie durch den Eintritt des Versicherungsfalls; denn durch diesen verwandelt sich die Anwartschaft in den Anspruch, der nicht mehr erlischt.

Scheidet ein Angestellter aus einem Beschäftigungsverhältnis, das die Zugehörigkeit zu einer Ersatzkasse begründet hat, aus, so wird das Erlöschen der Anwartschaft nicht schon dadurch verhindert, daß nach der Satzung der Ersatzkasse die dort begründete Versicherung fortdauert oder sich in eine beitragsfreie umwandelt (AVN. 1921 S. 220 Z. 499).

4. Beitragsmonate ... zurückgelegt worden sind: § 54 weicht von § 1280 Abs. 1 RVO. insofern ab, als dieser ausdrücklich fordert, daß die Beiträge entrichtet sein müssen, während § 54 AVG. nur verlangt, daß „Beitragsmonate zurückgelegt" seien (ebenso wie jetzt § 54 lautete auch § 49 des alten Gesetzes).

Hieraus in Verbindung mit § 171 des alten Gesetzes, wo bestimmt war, daß als Beitragsmonate für die Berechnung der Leistungen Kalendermonate gelten sollten, für die Beiträge entrichtet sind, hat man früher folgern wollen, daß die wirkliche Entrichtung der Beiträge bei der Angestelltenversicherung nur für die Berechnung der Versicherungsleistungen von Bedeutung sei, daß es dagegen für die Erhaltung der Anwartschaft genüge, wenn nur ein versicherungspflichtiges Beschäftigungsverhältnis besteht, auch wenn die fälligen Beiträge nicht entrichtet werden. Diese allzu wörtliche Auslegung des Gesetzes wurde schon früher im Schrifttum überwiegend abgelehnt (so auch in der 2. Auflage des vorliegenden Buches).

Dagegen ist ihr das vorm. Schiedsgericht beigetreten (AVN. 1908 S. 47), während das vorm. Oberschiedsgericht sie verwarf (AVN. 1921 S. 168 Z. 474). Nunmehr ist die Frage im Gesetz selbst entschieden; § 169 bestimmt nämlich jetzt allgemein (nicht mehr, wie der alte § 171, nur für die Berechnung der Leistungen), daß Beitragsmonate (von Ersatzzeiten abgesehen) nur solche Kalendermonate sind, für die Beiträge entrichtet sind. Das gilt also jetzt auch für § 54.

5. gelten als ... aufrechterhalten: Die Vorschrift will den Verhältnissen, die die Wirren der Inflationszeit geschaffen haben, Rechnung tragen.

Die erworbenen Anwartschaften gelten schlechthin als bis zum 31. Dez. 1923 aufrechterhalten, auch wenn eine Anwartschaft nach Zahl und Entrichtungszeit der Beiträge offenbar erloschen wäre.

Dadurch sind auch alle Ersatzzeiten, die unter dem alten Gesetz entstanden waren, gegenstandslos geworden.

§ 55 (50; Abs. 2 u. 3 neu).

Die Anwartschaft lebt [1]), unbeschadet der Nachzahlungsmöglichkeit nach § 187 [2]), wieder auf, wenn der Versicherte [3]) die zur Aufrechterhaltung der Anwartschaft noch erforderlichen freiwilligen Beiträge [4]) innerhalb der zwei Kalenderjahre nachentrichtet [5]), die dem Kalenderjahre der Fälligkeit [6]) der Beiträge folgen.

Die Anwartschaft lebt auch dann wieder auf [7]), wenn der Versicherte von neuem auf Grund einer versicherungspflichtigen Beschäftigung oder eines Selbstversicherungsverhältnisses Beiträge entrichtet hat, und zwar,

falls vor dem Erlöschen der Anwartschaft die Wartezeit erfüllt war, für mindestens vierundzwanzig Beitragsmonate,

andernfalls für mindestens achtundvierzig Beitragsmonate.

Die Anwartschaft gilt als nicht erloschen [8]), wenn die Zeit, die zwischen dem erstmaligen Eintritt in die Versicherung und dem Versicherungsfalle liegt, mindestens zu drei Vierteln mit Beiträgen [9]) oder Ersatzzeiten im Sinne des § 382 Abs. 1 [10]) belegt ist.

1. lebt wieder auf: D. h. sie gilt als nicht erloschen gewesen; die durch das Erlöschen ungültig gewordenen Beiträge werden wieder gültig.

2. Nachzahlungsmöglichkeit nach § 187: Gemeint sind nur Pflichtbeiträge. Solche können nicht nur, sondern müssen auch, wenn sie nicht rechtzeitig entrichtet worden sind, nachentrichtet werden, solange die Möglichkeit der Nachentrichtung noch nicht durch Ablauf der Fristen des § 187 abgeschnitten ist, daher auch noch nach Eintritt des Versicherungsfalls (Berufsunfähigkeit oder Tod); vgl. AVN. 1921 S. 170 Z. 475.

3. der Versicherte: Richtiger der versichert Gewesene (AVN. 1916 S. 228); denn nach Erlöschen der Anwartschaft ist er eben nicht mehr versichert. In Betracht kommen sowohl zwangsweise als auch freiwillig Versicherte.

4. freiwilligen Beiträge: Hier ist § 188 zu beachten, wonach freiwillige Beiträge nach Eintritt der Berufsunfähigkeit (und auch nach dem Tode des Versicherten durch die Hinterbliebenen) nicht „entrichtet", d. h. auch nicht nachentrichtet werden dürfen; der Vorbehalt des § 55 Abs. 1 in § 188 bezieht sich nicht auf Fälle, in denen der Versicherungsfall bereits eingetreten ist. Vgl. auch AVN. 1916 S. 228 und 1920 S. 5 Z. 367.

5. nachentrichtet: Geschieht das nicht, so ist die Anwartschaft endgültig erloschen, sofern nicht Abs. 2 oder 3 des § 55 zutrifft.

6. Fälligkeit: S. §§ 182, 183 u. § 6 der Beitragsordnung (im Anhang abgedruckt!).

7. lebt auch dann wieder auf: Diese Bestimmung entspricht dem § 1283 RVO. Sie weicht aber von ihm sehr wesentlich ab; namentlich enthält sie nicht die in § 1283 Abs. 2 u. 3 RVO. vorgesehenen Erschwerungen des Wiederauflebens.

Nach Abs. 2 kann die erloschene Anwartschaft sowohl durch Eingehen eines neuen Pflichtversicherungsverhältnisses als auch durch neuerliche Selbstversicherung zum Wiederaufleben gebracht werden.

Die Zahl der hierzu erforderlichen neuen Beiträge ist verschieden, je nachdem vor dem Erlöschen der Wartezeit (§ 53 Abs. 1 Z. 1, Abs. 2 u. 3) erfüllt war oder nicht. Die Entrichtung der neuen Beiträge wird jedoch dem § 54 Abs. 1 entsprechen müssen, d. h. sie wird keine solchen Lücken aufweisen dürfen, daß dadurch die Anwartschaft abermals erloschen ist.

8. gilt als nicht erloschen: Die Bestimmung entspricht dem § 1280 Abs. 2 RVO. und enthält eine gesetzliche Fiktion. Die Anwartschaft gilt, sofern dem Abs. 3 des § 55 genügt ist, als nicht erloschen, auch wenn sie nach § 54 unzweifelhaft erloschen wäre.

Die Vorschrift will die große Härte beseitigen, die darin liegt, daß ein Versicherter, für den vielleicht schon seit vielen Jahren die Beiträge regelmäßig entrichtet worden sind, schließlich einmal dadurch, daß in einem Jahre nur ein einziger Monatsbeitrag zu wenig entrichtet wird (§ 54 Abs. 1!), um die gesamten Rechte aus seiner bisherigen Versicherung kommt. Die Erfahrung in der Invalidenversicherung hat jedoch bereits gezeigt, daß die Vorschrift nicht ausreicht, um in allen Fällen Abhilfe zu schaffen.

Beispiel: Ein Angestellter ist in die Versicherung eingetreten am 1. April 1913. Entrichtet sind 1913: 6 Beiträge, 1914: 8, 1915 mit 1922 je 12, 1923: 3, 1924: 6, 1925 nur 2. Ersatzzeiten sind nicht nachgewiesen. Am 1. April 1926 stirbt der Versicherte. Hinterbliebenenrenten können nach § 25 nur gewährt werden, wenn der Verstorbene bis zum 1. April 1926 die Anwartschaft aufrechterhalten hatte. Diese wäre nach § 49 des alten (§ 54 des neuen) Gesetzes schon mit Ablauf des Jahres 1923 erloschen, weil in diesem Jahre 1 Beitrag zu wenig entrichtet ist; sie gilt jedoch bis 31. Dez. 1923 als gewahrt zufolge § 54 Abs. 2 des neuen Gesetzes. Mit Ablauf des Jahres 1925 ist sie jedoch abermals erloschen, da in diesem Jahre 2 Beiträge zu wenig entrichtet sind. Hier gilt nun aber die Anwartschaft trotzdem als gewahrt gemäß § 55 Abs. 3. Denn vom erstmaligen Eintritt in die Versicherung (1. April 1913) bis zum Versicherungsfall (hier dem Tode des Versicherten, 1. April 1926) sind 156 Beitragsmonate; drei Viertel davon sind 117. Der Verstorbene hatte aber 121 Beiträge (genügt hätten natürlich auch schon 117), so daß dem § 55 Abs. 3 entsprochen ist.

9. mit Beiträgen: Das Gesetz vermeidet hier die recht unklare Ausdrucksweise der RVO. in § 1280 Abs. 2: „ordnungsmäßig verwendete Beitragsmarken" (es ist hier nicht der Ort, auf die Zweifel, die sich daran knüpfen, näher einzugehen).

Selbstverständlich müssen die Beiträge im Sinn des § 55 Abs. 3 gültig sein; sie dürfen z. B. nicht für eine Zeit entrichtet sein, in der weder die Versicherungspflicht noch die Berechtigung, sich freiwillig zu versichern, bestanden hat; sie dürfen auch nicht nach § 187 unwirksam sein, usw.

10. Ersatzzeiten im Sinne des § 382 Abs. 1: Zeiten des Kriegs- usw.-Dienstes im Weltkriege. Andere Ersatzzeiten kommen also nicht in Betracht, weder die des § 170 Abs. 1—3 noch die des § 381 Abs. 1. Dagegen kommen zufolge ausdrücklicher Vorschrift in § 170 Abs. 4 auch die dort bestimmten Ersatzzeiten (Wochen, für die Beiträge in der Invalidenversicherung entrichtet sind) hier in Anrechnung. Im Falle des § 55 Abs. 3 (aber nur in diesem Falle) sind solche Zeiten, wenn für dieselben gleichzeitig auch Beiträge zur Angestelltenversicherung entrichtet sind, sogar doppelt zu rechnen (§ 170 Abs. 4 Satz 2).

VIII. Berechnung der Leistungen.

§ 56 (55).

Das jährliche[1]) Ruhegeld[2]) besteht aus Grundbetrag und Steigerungsbetrag[3]). Der Grundbetrag ist für alle

Gehaltsklassen 480 Goldmark[4]). Als Steigerungsbetrag werden fünfzehn vom Hundert[5]) der Beiträge gewährt, die für die Zeit seit dem 1. Januar 1924[6]) gültig entrichtet worden sind.

Ferner wird für Beiträge der Gehaltsklassen F bis I[7]) aus der Zeit vom 1. Januar 1913 bis 31. Juli 1921[8]) ein Steigerungsbetrag gewährt[9]); er beträgt[10]) für jeden Beitrag

in der Gehaltsklasse	F	1	Reichsmark,
" " "	G	2	"
" " "	H	3	"
" " "	I	4	"

1. jährliche: Das frühere Gesetz hatte vergessen, zu sagen, daß für das Ruhegeld ein Jahresbetrag zu berechnen sei.

2. Ruhegeld: In allen Fällen; sowohl bei dauernder Berufsunfähigkeit (§ 30 Abs. 1) als auch bei nicht dauernder (§ 30 Abs. 2) als auch bei Vollendung des 65. Lebensjahrs (§ 30 Abs. 1).

3. Grundbetrag und Steigerungsbetrag: Damit hat das Gesetz die abweichende Berechnungsweise des früheren § 55 verlassen und die der RVO. (§§ 1284—1289) angenommen.

4. Goldmark: An deren Stelle ist nach der 2. Verordnung zur Durchführung des Münzgesetzes, vom 12. Dez. 1924 (RGBl. I S. 775), Anl. 3 Z. 11, die „Reichsmark" getreten.

Der Grundbetrag betrug ursprünglich, nach dem Gesetz von 1924, nur 360 GM. Das Gesetz vom 28. Juli 1925 hat ihn auf 480 RM. erhöht.

5. Fünfzehn vom Hundert: Nach dem Gesetz vom 28. Juli 1925; ursprünglich betrug der Steigerungssatz nur zehn vom Hundert.

6. seit dem 1. Jan. 1924: S. aber den neuen Abs. 2!

7. Gehaltsklassen F bis I. Für die Gehaltsklassen A bis E wird also auch jetzt kein Steigerungsbetrag gewährt.

8. vom 1. Januar 1913 bis 31. Juli 1921. Am 1. Jan. 1913 ist das AVG. in Kraft getreten; für die Wahl des 31. Juli 1921 war der Umstand maßgebend, daß bis zu diesem Tage die alten Gehaltsklassen unverändert in Geltung gewesen sind (seit jenem Tage wurden sie, dem Sinken des Geldwerts entsprechend, fortgesetzt geändert). In der Zeit seit dem 1. Aug. 1921 war der Goldwert auch der höchsten Beiträge so gering, daß eine weitere Abstufung der Versicherungsleistungen keinesfalls mehr in Frage kam.

9. Ferner wird . . . gewährt: Abs. 2 ist angefügt durch das „Gesetz über Zusatzsteigerung der Renten in der Angestelltenver-

sicherung", vom 23. März 1925, RGBl. I S. 28.

Dazu ist ergangen die Verordnung des R.-Arb.-Ministers vom 1. April 1925 (RGBl. I S. 41).

Die Zusatzsteigerungsbeträge aus der Angestellten- wie aus der Invalidenversicherung wurden von Amts wegen ausbezahlt. Es bedurfte also keines besonderen Antrags, um die Rentenerhöhung zu erhalten. Hievon erhielten alle Rentenberechtigten durch ein Postkartenvordruck Nachricht. Da aber sämtliche Renten nachgeprüft und bei Wanderversicherten noch die Unterlagen der Invalidenversicherung beigezogen werden mußten, so nahm die Umrechnung längere Zeit in Anspruch.

10. er beträgt: Beispiele für die hienach eintretende Rentensteigerung: Hat ein Versicherter vom 1. Jan. 1913 bis zum 31. Juli 1921 der Gehaltsklasse F (Jahresarbeitsverdienst 2000 bis 2500 ℳ) angehört, so erhöht sich sein jährliches Ruhegeld um 103 ℳ. Denn vom 1. Jan. 1913 bis zum 31. Juli 1921 sind 103 Beitragsmonate; für jeden erhält er nach dem neuen Abs. 2 jährlich je 1 RM. Hat der Versicherte der Gehaltsklasse G (Jahresarbeitsverdienst von 2500 bis 3000 ℳ) angehört, so erhöht sich sein jährliches Ruhegeld um 206 ℳ, hat er der Gehaltsklasse H (J.A.V. 3000 bis 4000 ℳ) angehört, um 309 ℳ, und hat er der Gehaltsklasse I (J.A.V. 4000 bis 5000 ℳ) angehört, um 412 ℳ. Witwen erhalten 60 v. H. und Waisen 50 v. H. dieser Beträge (vgl. § 59).

Für die Berechnung des Ruhegelds, die sich hieraus ergibt, sei das nachfolgende Beispiel angeführt:

Ein Handlungsgehilfe hatte vom Beginn seiner Beschäftigung (1. Juli 1900) bis zum Eintritt der Berufsunfähigkeit (1. Juli 1925) das durchschnittliche Monatseinkommen von 200 ℳ. Er hat eine 15jährige Tochter. Vor dem 1. Jan. 1913 war er überhaupt nicht versichert; denn damals kam für ihn nur die Invalidenversicherung in Betracht, der er jedoch, weil er die Verdienstgrenze von 2000 ℳ überschritt (§ 1 des Inv.-Vers.-Gesetzes von 1899; § 1226 RVO. in der Fassung von 1911), nicht unterlag. Seit dem 1. Jan. 1913 war er in der Angestelltenversicherung.

Nach dem jetzigen Recht erhält er als Ruhegeld:

Den Grundbetrag von	480.—	RM.
den Kinderzuschuß von	90.—	"
den Steigerungsbetrag (§ 56 Abs. 1) für die seit 1. Januar 1924 geleisteten Beiträge, 0,15×18×6 RM. = ...	16.20	"
ferner nach § 56 Abs. 2 für die Beitragsmonate vom 1. Januar 1913 bis 31. Juli 1921 je 1 RM. = ...	103.—	"
insgesamt	689.20	RM.

jährlich oder 57.44 RM. monatlich (vgl. § 60).

Die große Bedeutung des neuen Abs. 2 liegt aber darin, daß die Angestellten im Laufe der Kriegs- und Nachkriegszeit wohl ausnahmslos von den unteren in die höheren Gehaltsklassen aufgestiegen sind. Seit dem 1. Mai 1920 betrug die Versicherungsgrenze, die im Frieden auf 5000 ℳ festgesetzt worden war, 15 000 ℳ; seitdem umfaßte also die Gehaltsklasse I alle Versicherten mit einem Jahresarbeitsverdienst von 4000—15 000 ℳ. Infolgedessen darf angenommen werden, daß zu dieser Zeit die überwiegende Mehrzahl aller Angestellten sich in der Gehaltsklasse I befunden hat. Jedenfalls dürften damals Angestellte mit einem Jahresarbeitsverdienst von weniger als 2000 ℳ (also in den Gehaltsklassen A—E) seltene Ausnahmen gewesen sein. Wenn aber ein Angestellter z. B. nur $1^1/_2$ Jahre in der Gehaltsklasse I gewesen ist, so erhöht sich schon dadurch sein jährliches Ruhegeld um 72 ℳ. Außerdem wird er einige Zeit, bevor er die Gehaltsklasse I erreichte, in einer der Gehaltsklassen F—H gewesen sein, er kann also auch noch für diese Zeit mit weiteren Steigerungsbeträgen rechnen.

Für die Wanderversicherten (§ 27) kommt außerdem noch der Zusatzsteigerungsbetrag hinzu, den die Invalidenversicherung für die bis zum 30. Sept. 1921 in den Lohnklassen II—V gültig entrichteten Beiträge zu gewähren hat; hierüber s. Anm. 2 zu § 57.

Da die Änderung des AVG (§ 56 Abs. 2) mit Wirkung vom 1. Jan. 1924 eingetreten ist (Art. 2 des Ges. vom 23. März 1925, RGBl. I S. 28), so erhielten die vorhandenen Rentenberechtigten nicht nur eine Erhöhung ihrer laufenden Bezüge, sondern außerdem eine Nachzahlung für die Rentenbeträge, die seit dem 1. Jan. 1924 fällig geworden waren (der Zusatzsteigerungsbetrag der Invalidenversicherung wurde jedoch erst mit Wirkung vom 1. April 1925 gezahlt).

§ 57 (neu).

Bei Wanderversicherten [1]) (§ 27) tritt zu den Leistungen der Angestelltenversicherung als Ergänzung der Steigerungsbetrag [2]) [3]) der Invalidenversicherung für anrechnungsfähige Beitragswochen dieser Versicherung.

Hat der Versicherte nach Festsetzung des Ruhegeldes Beiträge zur Invalidenversicherung entrichtet, so ist, wenn er invalide im Sinne des § 1255 der Reichsversicherungsordnung wird, sein Ruhegeld durch Bescheid der Reichsversicherungsanstalt nach Abs. 1 zu ergänzen [4]).

Die Träger der Invalidenversicherung erstatten der Reichsversicherungsanstalt den Steigerungsbetrag nach näherer Bestimmung des Reichsarbeitsministers [5]).

1. S. Anm. 1—3 zu § 27.

2. Steigerungsbetrag: Nur dieser; der Grundbetrag und gegebenenfalls der Kinderzuschuß wird nur einmal gewährt.

Der Steigerungsbetrag der Invalidenversicherung bemißt sich nach § 1289 RVO. Dieser lautet (in der nunmehr gültigen Fassung nach den Gesetzen vom 23. März und 28. Juli 1925, RGBl. I S. 27 u. 157):

„Bei der Invalidenrente werden zwanzig vom Hundert der gültig entrichteten Beiträge*) als Steigerungsbetrag gewährt.

Ferner wird für jede ordnungsmäßig verwendete Beitragsmarke der bis zum 30. September 1921 gültigen Lohnklassen II—V ein Steigerungsbetrag gewährt; er beträgt für jede Beitragsmarke

in der Lohnklasse	II	2	Reichspfennige
„ „ „	III	4	„
„ „ „	IV	7	„
„ „ „	V	10	„

Hiebei ist also zu beachten, daß für Marken der früheren Lohnklasse I, sowie für Beiträge, die nach dem 30. Sept. 1921 entrichtet sind, ein Steigerungsbetrag nicht gewährt wird.

3. Beispiele für die Berechnung des Ruhegelds, die sich hiernach ergibt:

I. Ein Gehilfe trat am 1. Juli 1900 in eine versicherte Arbeit und wurde am 1. Jan. 1913 Werkmeister. Sein durchschnittlicher Verdienst war bis 1. Jan. 1913 monatlich 100 ℳ, dann 150 ℳ und seit 1. Jan. 1915 monatlich 250 ℳ. Der Versicherte wird am 1. Juli 1925 berufsunfähig und hat einen 15jährigen Sohn. Vom 1. Jan. 1913 bis 1. Jan. 1915 gehörte er der Invaliden- und der Angestelltenversicherung zugleich an, vorher nur der Invalidenversicherung, seit 1. Jan. 1915 (wegen überschreitens der damaligen Verdienstgrenze von 2000 ℳ — § 1226 RVO. alter Fassung) nur mehr der Angestelltenversicherung.

Er erhält als jährliches Ruhegeld nach jetzigem Recht:

a) aus der Angestelltenversicherung:

den Grundbetrag (§ 56 Abs. 1 Satz 1 u. 2) von	480.—	RM.
den Kinderzuschuß (§ 58) von	90.—	„
die Steigerungsbeträge für die seit 1. Jan. 1924 geleisteten Beiträge (§ 56 Abs. 1 Satz 1 u. 3), 0,15×18×9 RM. = ...	24.30	„
ferner nach § 56 Abs. 2 für die Beitragsmonate vom 1. Jan. 1915 bis 31. Juli 1921, je 2 ℳ =	158.—	„
zusammen	752.30	RM.

b) aus der Invalidenversicherung:

den Steigerungsbetrag nach § 1289 Abs. 2 RVO. für die Beitragswochen vom 1. Juli 1900 bis 31. Dez. 1914, je 10 RPf.	75.40	„
insgesamt	827.70	RM.

jährlich oder 68.98 RM. monatlich (vgl. § 60).

*) Gemeint sind hier nur Beiträge, die seit dem 1. Jan. 1924 entrichtet sind.

II. Eine Büroangestellte trat am 1. Juli 1900 in den Dienst und wurde am 1. Juli 1925 berufsunfähig. Sie hat einen 15jährigen Sohn. Ihr durchschnittlicher Monatsgehalt betrug 100 M. Sie war vom 1. Jan. 1913 bis 1. Jan. 1923 doppelt versichert, vorher gehörte sie nur der Invalidenversicherung, nachher nur der Angestelltenversicherung an.

Sie erhält jetzt als Ruhegeld:

a) aus der Angestelltenversicherung:

den Grundbetrag von	480.—	RM.
den Kinderzuschuß (§ 58 Abs. 1)	90.—	„
den Steigerungsbetrag für die seit 1. Jan. 1924 geleisteten Beiträge von	8.10	„
zusammen	578.10	RM.

b) aus der Invalidenversicherung:

den Steigerungsbetrag für die Beitragswochen vom 1. Juli 1900 bis 30. Sept. 1921, je 10 Pf. = ...	110.50	„
insgesamt	688.60	RM.

jährlich oder monatlich 57,39 RM. (§ 60).

3. zu ergänzen: S. Anm. 2 Abs. 2 zu § 27.

4. nach näherer Bestimmung des Reichsarbeitsministers: S. die Verordn. über die Verrechnung von Beiträgen der Wanderversicherten, vom 25. Jan. 1923 (RGBl. I S. 73); dazu auch (für die Zeit vor dem 1. April 1923) die Verordn. vom 22. Nov. 1923 (RGBl. I S. 1110). Die Verordn. vom 25. Jan. 1923 ist im Anhang abgedruckt; nach der Verordnung vom 22. Nov. 1923 fand eine Verrechnung nicht statt.

§ 58 (neu).

Hat der Ruhegeldempfänger Kinder[1]) unter achtzehn Jahren, so erhöht sich für jedes von ihnen das Ruhegeld um jährlich 90 Goldmark[2]) (Kinderzuschuß).

Bei Gewährung des Kinderzuschusses werden ehelichen Kindern gleichgestellt[3])

1. die für ehelich erklärten Kinder,
2. die an Kindes Statt angenommenen Kinder, wenn sie vor Eintritt der Berufsunfähigkeit angenommen sind,
3. die Stiefkinder und die Enkel[4]), wenn sie vor Eintritt der Berufsunfähigkeit von dem Ruhegeldempfänger unentgeltlich unterhalten worden sind,

4. die unehelichen Kinder, wenn die Vaterschaft des Ruhegeldempfängers festgestellt ist.

Für uneheliche Kinder, die das sechzehnte Lebensjahr vollendet haben[5]), sowie für Stiefkinder und Enkel wird der Kinderzuschuß nur gewährt, solange sie von dem Ruhegeldempfänger unterhalten werden.

1. Kinder: Vgl. § 1291 RVO.

Im Gesetz von 1924 hieß es hier: „eheliche Kinder" (ebenso wie damals in der RVO.). Hier wie dort ist das Wort „eheliche" durch das Gesetz vom 28. Juli 1925 gestrichen worden. Der Zweck dieser Änderung ist, festzustellen, daß auch für uneheliche Kinder einer Versicherten der Kinderzuschuß zu zahlen ist.

Abs. 1 gilt also

a) für eheliche Kinder, wenn der Vater,

b) für uneheliche, wenn die Mutter Ruhegeld erhält.

Für nichteheliche Kinder eines männlichen Ruhegeldempfängers gelten die Abs. 2 u. 3.

Daß der Ruhegeldempfänger die Kinder bisher aus seinem Arbeitsverdienst unterhalten haben müsse — welche Vorschrift man erwarten sollte — hat der Gesetzgeber nicht bestimmt. Das hat zur Folge, daß der Kinderzuschuß auch dann gewährt werden muß, wenn der Versicherte schon seit Jahren für seine Familie nicht mehr gesorgt hat!

2. Goldmark: S. Anm. 4 zu § 56. Ursprünglich betrug der Kinderzuschuß nur 36 GM. Die Erhöhung auf 90 RM. brachte erst das Gesetz vom 28. Juli 1925.

3. werden ... gleichgestellt: Den ehelichen Kindern stehen schon nach Bürgerlichem Recht und in erster Linie die durch nachfolgende Ehe legitimierten gleich (§ 1719 BGB.).

Abs. 2 entspricht dem Abs. 2 des § 33 (vgl. Anm. 8 zu jenem Paragraphen), weicht jedoch in Z. 2 u. 3 davon ab.

Nach Z. 2 des § 58 Abs. 2 kommen hier die an Kindes Statt angenommenen Kinder nicht schlechthin in Betracht, sondern nur, wenn sie vor Eintritt der Berufsunfähigkeit angenommen sind (im Falle des § 33 kann eine solche Vorschrift natürlich nicht in Frage kommen).

Nach Z. 2 des § 58 Abs. 2 ist es nicht (wie nach § 33) erforderlich, daß der Versicherte die Stiefkinder und Enkel mindestens ein Jahr lang unentgeltlich unterhalten hat.

Elternlosigkeit der Enkel ist auch hier, wie nach § 33, nicht erforderlich.

4. die Stiefkinder und die Enkel: Zu den Stiefkindern und Enkeln gehören nicht die sog. Stiefenkel (AN. 1925 S. 229 Z. 2867).

5. uneheliche Kinder, die das sechzehnte Lebensjahr vollendet haben ... unterhalten werden: Nämlich unentgeltlich (vgl. Abs. 2 Z. 3). Die Vorschrift hat, was

die unehelichen Kinder anlangt, natürlich nur Bedeutung für männliche Ruhegeldempfänger (vgl. o. Anm. 1).

§ 59 (57).

Die Witwenrente und die Witwerrente[1]) betragen sechs Zehntel[2]), Waisenrenten für jede Waise fünf Zehntel[2]) des nach §§ 56, 57 zu berechnenden[3]) Ruhegeldes.

1. Die Witwenrente und die Witwerrente: S. §§ 32 u. 34. Die Vorschrift entspricht dem § 1292 RVO.

2. sechs Zehntel . . . fünf Zehntel: Früher waren die Bezüge für Witwen- und Witwerrenten auf zwei Fünftel, für Waisen auf ein Fünftel, für Doppelwaisen auf ein Drittel des Ruhegelds festgesetzt. Sie sind daher jetzt wesentlich erhöht. Dagegen erhalten Doppelwaisen jetzt keine höheren Bezüge mehr als einfache Waisen.

Über das Zusammentreffen mehrerer Waisenrenten s. § 33 Abs. 3; s. ferner auch § 78.

3. nach §§ 56, 57 zu berechnenden: Die Vorschrift regelt lediglich die Höhe des Ruhegelds, nach dem sich die Bezüge der Hinterbliebenen berechnen. Daß das Ruhegeld von dem Versicherten selbst etwa verwirkt (§ 26 Abs. 1) oder daß es eingestellt oder versagt war (§§ 26 Abs. 2, 3; 44 Abs. 3; 45, 46) oder daß es ruhte (§§ 72—74), bleibt hier außer Betracht.

§ 60 (59).

Ruhegeld und sonstige Renten[1]) werden, auf volle Goldpfennig[2]) aufgerundet[3]), in Teilbeträgen monatlich im voraus mit den im Postverkehr üblichen Zahlungsmitteln gezahlt.

1. Ruhegeld und sonstige Renten: Entspricht dem § 1297 RVO. Die Vorschrift gilt nicht für Hausgeld und Abfindung (§§ 44 Abs. 1; 63 Abs. 1; 76).

2. Goldpfennig: S. Anm. 4 zu § 56! Nach dem früheren Gesetz wurde auf volle 5 Pfg. aufgerundet.

3. aufgerundet: Die Aufrundung findet für jeden einzelnen Berechtigten besonders statt.

IX. Erstattung von Beiträgen.

§ 61 (60).

Stirbt[1]) eine Versicherte[2]) nach Ablauf der Wartezeit für das Ruhegeld[3]) vor Eintritt in den Genuß eines Ruhegeldes[4]), und besteht kein Anspruch auf Hinterbliebenenrente[5]), so ist auf Verlangen[6]) die Hälfte[7]) der für die Zeit vom 1. Januar 1924[8]) bis zum Tode der Versicherten entrichteten Beiträge zu erstatten[9]).

Anspruchsberechtigt sind nacheinander[10]) der Ehegatte[11]), die Kinder[12]), der Vater, die Mutter[13]), die Geschwister[14]), wenn sie mit der Versicherten zur Zeit ihres Todes in häuslicher Gemeinschaft gelebt[15]) haben oder von der Versicherten wesentlich aus ihrem Arbeitsverdienst unterhalten[16]) worden sind. Der Anspruch verfällt[17]), wenn er nicht innerhalb eines Jahres nach dem Tode der Versicherten geltend gemacht wird[18]).

1. Stirbt: Versicherungsfall ist hier der Tod; in diesem Zeitpunkt müssen also die Voraussetzungen des § 61 sämtlich gegeben sein.

2. eine Versicherte: Bei Todesfällen männlicher Versicherter findet eine Beitragserstattung nur während der Übergangszeit nach Maßgabe des § 385 statt.

Die Versicherung kann sowohl eine Pflicht- als auch eine freiwillige Versicherung gewesen sein; jedoch hat die Art der Versicherung zufolge § 53 Einfluß auf die Dauer der Wartezeit für das Ruhegeld, die nach § 61 erfüllt sein muß (s. die nächste Anm.).

3. Wartezeit für das Ruhegeld: S. § 53. In Betracht kommt hienach

a) eine Wartezeit von 60 Beitragsmonaten, wenn sechzig Beitragsmonate auf Grund der Versicherungspflicht nachgewiesen sind (§ 53 Abs. 1 Z. 1 u. Abs. 2),

b) eine solche von 90 Beitragsmonaten, wenn weniger als 60 Beitragsmonate auf Grund der Versicherungspflicht nachgewiesen sind (§ 53 Abs. 1 Z. 1 u. Abs. 2),

c) eine solche von 180 Beitragsmonaten, wenn die Verstorbene selbstversichert war (§ 53 Abs. 3).

4. vor Eintritt in den Genuß eines Ruhegelds: Es liegt im Wesen der Sache, daß der Eintritt in den Genuß eines Ruhegelds, durch den die Gegenleistung des Versicherungsträgers gewährt wird, die Beitragserstattung ausschließt.

In den Genuß eines Ruhegelds „getreten" ist eine Versicherte, wenn ihr das Ruhegeld bewilligt ist, mag es auch aus einem besonderen Grund, z. B. weil ein Heilverfahren eingeleitet war (§ 44 Abs. 3), nicht ausbezahlt worden sein (AVN. 1922 S. 7 Z. 507).

5. Hinterbliebenenrente: Nämlich der Angestelltenversicherung (§§ 33—35); Hinterbliebenenrente der Invalidenversicherung kommt nicht in Betracht.

Auch der Anspruch auf Hinterbliebenenrente schließt nach dem Wesen der Sache die Beitragserstattung aus.

6. auf Verlangen: Die Beitragserstattung tritt nur auf Verlangen der Berechtigten (Abs. 2), nicht von Amts wegen, ein. Die in Abs. 2 Genannten sind nacheinander, nicht nebeneinander, berechtigt.

7. die Hälfte: Zurückgewährt wird die Hälfte der für die Versicherte bis zu ihrem Tode gezahlten Beiträge, d. i. der Betrag, der von ihr selbst nach dem Gesetz (§ 168 Abs. 2) zu zahlen war (auch wenn ihn tatsächlich der Arbeitgeber bezahlt haben sollte).

8. vom 1. Januar 1924: Frühere Beiträge bleiben außer Betracht, weil sie durch den Währungsverfall entwertet sind.

Sind jedoch für die Zeit vor dem 1. Jan. 1924 mindestens 30 Beiträge entrichtet, so erstattet die RVAnstalt dafür freiwillig den Betrag von 30 RM.

9. zu erstatten: Auch diese Bestimmung bildet eine der Mehrleistungen, die das Gesetz den weiblichen Versicherten gewährt; s. Anm. 1 zu § 34.

Die Beitragserstattung ist also an die folgenden Voraussetzungen geknüpft:

a) Muß die Wartezeit für das Ruhegeld zurückgelegt sein,
b) darf die Anwartschaft nicht erloschen sein (denn sonst wäre die Verstorbene keine „Versicherte" mehr gewesen),
c) darf die Verstorbene noch nicht in den Genuß des Ruhegelds getreten sein,
d) darf kein Anspruch auf Hinterbliebenenrenten bestehen, und
e) muß eine der Bedingungen des Abs. 2 Satz 1 erfüllt sein.

Sind diese Voraussetzungen nicht sämtlich gegeben, so besteht kein Anspruch auf Beitragserstattung.

Er besteht ferner auch dann nicht, wenn die Verstorbene auf Grund des § 375 von der eigenen Beitragsleistung befreit war (AVN. 1919 S. 15 u. 1921 S. 197 Z. 487).

10. nacheinander: Also nicht nebeneinander; jeder der vom Gesetz vorher Genannten schließt die sämtlichen später Genannten aus. Ist jedoch der, der z. Zt. des Todes der Versicherten bezugsberechtigt war, gestorben, ohne seinen Anspruch geltend gemacht zu haben, so tritt der Nächstberechtigte an seine Stelle (AN. 1925 S. 167 Z. 2849). Zweifelhaft ist es, ob, wenn Bezugsberechtigte nicht vorhanden sind, die bürgerlich-rechtliche Erbfolge eintrete. In Übereinstimmung mit dem RVAmt auf dem Gebiete der Invalidenversicherung (AN. 1914 S. 694 Z. 1895) hat auch das frühere Oberschiedsgericht die Frage bejaht (AVN. 1919 S. 39 Z. 328).

11. Ehegatte: Die Ehe muß zur Zeit des Todes der Versicherten bestanden haben (s. o. Anm. 1).

12. die Kinder: Eheliche und uneheliche, auch an Kindes Statt angenommen; aber nicht Stiefkinder.

13. der Vater, die Mutter: Nur die leiblichen Eltern; Stiefeltern sind nicht berechtigt. Vater im Sinn des § 61 ist auch nur der eheliche.

Auf Grund des § 61 Abs. 2 können also unter Umständen auch Vater oder Mutter einer Versicherten eine Zuwendung aus der Angestelltenversicherung erhalten, was im übrigen ausgeschlossen ist (Aszendentenrenten wie bei der Unfallversicherung sind nicht eingeführt).

14. die Geschwister: Vollbürtige wie Halbgeschwister; dagegen nicht Stiefgeschwister. Unehelich Geborne können aber nur in Betracht kommen, wenn sie mit der Verstorbenen die gleiche Mutter haben.

15. in häuslicher Gemeinschaft gelebt: Diese Voraussetzung muß bei allen Berechtigten, die § 61 Abs. 2 nennt, nicht etwa bloß bei den Geschwistern, gegeben sein (AVN. 1920 S. 30 Z. 379).

16. wesentlich . . . unterhalten: Das ist der, dessen Lebensunterhalt durch Wegfall der Unterstützung gefährdet würde (AVN. 1919 S. 191 Z. 360). Regelmäßiges Erfordernis ist es ferner, daß der wesentliche Unterhalt an die anspruchsberechtigten Verwandten der verstorbenen Versicherten bis zu ihrem Tode fortgewährt worden ist, es sei denn, daß die Versicherte nur vorübergehend durch äußere Umstände gehindert war, die Leistungen fortzugewähren (AVN. 1921 S. 182 Z. 479).

17. verfällt: Der Anspruch ist auch jedenfalls dann, wenn er nicht erhoben ist, unvererblich (AVN. 1921 S. 8 Z. 438; s. auch 1920 S. 198 Z. 419), im übrigen aber vererblich. Er unterliegt auch der Verjährung nach § 29 (s. die Anm. zu diesem Paragraphen).

18. geltend gemacht wird: S. § 214!

Die einjährige Frist für die Geltendmachung ist eine Ausschluß-(keine Verjährungs-)frist. Gegen ihren Ablauf ist Wiedereinsetzung in den vorigen Stand (§ 327) nicht zulässig (AVN. 1920 S. 83).

§ 62 (62).

Heiratet eine Versicherte[1]) nach Ablauf[2]) der Wartezeit für das Ruhegeld[3]) und[4]) scheidet sie[5]) binnen drei Jahren nach der Verheiratung[6]) aus der versicherungspflichtigen Beschäftigung[7]) aus, so steht ihr[8]) ein Anspruch auf Erstattung der Hälfte[9]) der für die Zeit vom 1. Januar **1924**[10]) bis zu dem Ausscheiden geleisteten Beiträge zu. Der Anspruch verfällt[11]), wenn er nicht binnen drei Jahren nach der Verheiratung geltend gemacht wird. Die Erstattung schließt weitere Ansprüche an die Reichsversicherungsanstalt aus den erstatteten Beiträgen aus[12]).

Die Vorschriften des Abs. 1 gelten auch[13]) für Versicherte[1]), die durch Eintritt[14]) in eine Schwesternschaft oder religiöse Gemeinschaft aus der Versicherungspflicht[15]) ausscheiden und sich nicht freiwillig weiterversichern[16]).

1. Versicherte: Da jemand, dessen Anwartschaft erloschen ist, kein „Versicherter" im gesetzlichen Sinn mehr ist, so muß auch hier die Anwartschaft erhalten sein (AVN. 1920 S. 5 Z. 367 u. AN. 1923 S. 152 Z. 2737).

§ 62 gilt nicht für solche Versicherte, die nach § 375 von der eigenen Beitragsleistung befreit sind (AVN. 1918 S. 243 u. 1920 S. 27 Z. 376).

Da das Gesetz im nächsten Halbsatz (und scheidet sie ... aus) nur von einem Ausscheiden aus der „versicherungspflichtigen Beschäftigung" so läge an sich die Annahme nahe, daß unter „Versicherten" hier nur Zwangsversicherte zu verstehen seien. Jedoch ist ein innerer Grund, freiwillig Versicherte von der Vergünstigung des § 62 auszuschließen, nicht ersichtlich. Das Erfordernis des Ausscheidens aus der „versicherungspflichtigen Beschäftigung" war im alten Gesetz, das nur die Zwangsversicherung und die Weiterversicherung (jetzt § 21), aber nicht die Selbstversicherung (jetzt § 22) kannte, enthalten gewesen und wurde dann durch die Novelle vom 10. Nov. 1922 beseitigt, durch Gesetz vom 13. Juli 1923 aber wieder eingeführt. Inzwischen war aber — eben durch das Gesetz vom 10. Nov. 1922 — auch die freiwillige Selbstversicherung eingeführt worden, was der Gesetzgeber bei der Neufassung des § 62 durch das Gesetz vom 12. Juli 1923 hätte berücksichtigen sollen; er hat das aber augenscheinlich übersehen. Man wird daher zu den „Versicherten" im Sinn des § 62 jedenfalls auch die Selbstversicherten zählen müssen; aber auch dafür, daß Frauen, die die Weiterversicherung aufgeben, von der Vergünstigung des § 62 ausgeschlossen sein sollen, ist ein Grund eigentlich nicht ersichtlich.

2. nach Ablauf: Hienach müßte die Wartezeit für das Ruhegeld schon z. Zt. der Verheiratung zurückgelegt sein. Nun kommt es aber nicht selten vor, daß sie erst nach der Heirat erfüllt wird. Auch hier ist kein Grund ersichtlich, solche Frauen von der Vergünstigung des § 62 auszuschließen; man wird die Bestimmung daher auch auf diesen Fall anwenden müssen.

Das Gesetz ist eben hier leider nicht sehr gut gefaßt.

3. Wartezeit für das Ruhegeld: S. Anm. 3 zu § 61!

4. und: Die beiden Erfordernisse der Verheiratung und des Ausscheidens aus der Versicherung müssen zusammen vorliegen; eines für sich allein begründet noch keinen Erstattungsanspruch.

5. scheidet sie ... aus: Das frühere Gesetz verlangte, daß der Grund des Ausscheidens die Verheiratung ge-

wesen sein müsse. Die Feststellung, ob das zutreffe, hat aber in der Praxis oft zu Schwierigkeiten und Streit geführt. Das Gesetz hat daher jenes Erfordernis beseitigt. Der Grund des Ausscheidens ist also jetzt gleichgültig.

Dagegen kann unter dem „Ausscheiden" aus der Versicherung nicht schon das bloße Aufgeben eines einzelnen Beschäftigungsverhältnisses, z. B. infolge von Kündigung oder Krankheit, verstanden werden, sondern es muß nach den Umständen des Falls ein endgültiges Ausscheiden aus dem Kreise der Versicherten überhaupt vorliegen.

6. binnen 3 Jahren nach der Verheiratung: Auch hier ist das Gesetz ungenau gefaßt. Nach seinem Wortlaut müßte man fordern, daß die Versicherte zuerst sich verheiratet habe und dann aus der Versicherung ausgeschieden sei; es ist aber wiederum kein Grund ersichtlich, weshalb im umgekehrten Falle der Erstattungsanspruch ausgeschlossen sein soll. Der Gesetzgeber hat den Erstattungsanspruch wohl nur dann ausschließen wollen, wenn das Ausscheiden mehr als 3 Jahre nach der Heirat stattfindet, sonst aber nicht.

7. versicherungspflichtigen Beschäftigung: S. o. Anm. 1 Abs. 3!

8. ihr: § 62 enthält gleichfalls eine der den weiblichen Versicherten gewährten Mehrleistungen, und zugleich den einzigen Fall, in dem den Versicherten selbst Beiträge erstattet werden.

Die RVO. kennt keine Beitragserstattungen mehr (im Gegensatz zum früheren Recht).

9. der Hälfte: S. Anm. 7 zu § 61; nur bestimmt sich hier das Ende des Zeitraums, für den Beiträge erstattet werden, durch das Ausscheiden aus der Versicherung.

Der Anspruch besteht auch hier nicht, wenn die aus der Versicherung Ausgeschiedenen gemäß § 375 von der eigenen Beitragsleistung befreit war (AVN. 1919 S. 15 u. 1921 S. 197 Z. 487).

10. vom 1. Jan. 1924: S. Anm. 8 zu § 61.

11. verfällt: S. Anm. 17 zu § 61. Die Frist, innerhalb deren der Erstattungsanspruch geltend gemacht werden muß, beträgt hier 3 Jahre (nach der Verheiratung).

12. schließt weitere Ansprüche . . . aus: Nicht nur den Anspruch auf Ruhegeld und Hinterbliebenenrenten, sondern es kann auch bei späterer Erkrankung von der Versicherungsanstalt kein Heilverfahren mehr eingeleitet werden. Tritt die Betreffende wieder in ein Versicherungsverhältnis, so muß mit der Zurücklegung der Wartezeit von vorne angefangen werden.

Auch im Sinne der §§ 1281 Z. 1, 1290a RVO. können die erstatteten Beiträge nicht mehr in Betracht kommen.

13. gelten auch: Abs. 2 ist erst durch das Gesetz vom 28. Juli 1925 angefügt worden.

14. durch Eintritt: Hier müßte also nach dem Wortlaut des Gesetzes der Eintritt in die Schwesternschaft usw. die Ursache des Ausscheidens gewesen sein. Ob aber der Gesetzgeber das wirklich gewollt hat, ist zu bezweifeln. Denn wollte man das Gesetz so wörtlich nehmen, so würden hier gerade die Schwierigkeiten, die sich früher aus Abs. 1 ergaben und die der Gesetzgeber durch dessen veränderte Fassung (s. o. Anm. 5!) beseitigt hat, wieder herbeigeführt werden. Man wird daher auch nach Abs. 2 nicht fordern dürfen, daß der Eintritt in die Schwesternschaft usw. die Ursache des Ausscheidens aus der Versicherung war.

15. aus der Versicherungspflicht: Vgl. Anm. 1 Abs. 3!

16. und sich nicht freiwillig weiterversichern: Warum das gerade hier — abweichend von Abs. 1 — ausdrücklich gesagt wird, ist nicht ersichtlich. Selbstverständlich kann jemand, der aus der Versicherungspflicht ausscheidet, sich aber freiwillig weiterversichert, nicht gleichzeitig die Beitragserstattung verlangen. —

Im alten Gesetz folgte hier § 63, der von der Zulässigkeit der Gewährung von Leibrenten an weibliche Versicherte, die aus einer versicherungspflichtigen Beschäftigung ausscheiden, handelte. Diese nicht sehr gelungene Schöpfung (es ergaben sich manchmal Leibrenten in allzu geringen Jahresbeträgen) hat der Gesetzgeber wieder beseitigt.

X. Wegfall der Leistungen.

§ 63 (64).

Die Witwen- und Witwerrenten[1]) fallen mit dem Ablauf des Monats[2]) weg, in dem der Berechtigte wieder heiratet. Die Witwe wird mit dem dreifachen Betrag ihrer Jahresrente[3]) abgefunden[4]). Der Anspruch verfällt[5]), wenn er nicht innerhalb eines Jahres nach der Wiederverheiratung geltend gemacht wird.

Die Waisenrente fällt mit dem Ablauf des Monats[6]) weg, in dem die Waise das achtzehnte Lebensjahr vollendet oder heiratet[7]).

1. Die Witwen- und Witwerrenten: Dagegen nicht die gleichzeitig laufenden Waisenrenten; wegen dieser s. Abs. 2.

Wenn Witwen wieder in den Ehestand treten, so fällt das Fürsorgebedürfnis weg. Es liegt kein Grund vor, die Rente alsdann noch weiter zu gewähren. Das gleiche gilt auch von einem sich wieder verheiratenden Witwer.

2. mit dem Ablauf des Monats: Nach dem früheren Gesetz „bei", d. h. mit dem Tage der Wiederverheiratung. Insofern ist das neue Gesetz günstiger.

Die Vorschrift entspricht dem § 1298 RVO.

3. mit dem dreifachen Betrag ihrer Jahresrente: Damit ist die ungünstigere Bestimmung des Gesetzes von 1924, die nur den einfachen Betrag der Jahresrente als Abfindung gewährte, beseitigt und die Fassung des alten Gesetzes von 1911 wiederhergestellt.

4. abgefunden: Die Abfindung beruht auf Billigkeitsgründen und wird nur der Witwe, nicht dem Witwer gewährt. Ebenso § 1298 RVO.

Die Abfindung wird auch dann gewährt, wenn die Rente zur Zeit der Wiederverheiratung ganz oder teilweise ruhte (§§ 72—74).

5. verfällt: S. Anm. 17 zu § 61.

6. mit dem Ablauf des Monats: Auch die Waisenrente fiel nach dem früheren Gesetz weg, „sobald", d. h. mit dem Tage, an dem die Waise das 18. Lebensjahr vollendete oder heiratete.

Wird eine Waise an Kindes Statt angenommen, so hat dies den Wegfall der Waisenrente nicht zur Folge (AVN. 1921 S. 26 Z. 447).

7. das achtzehnte Lebensjahr vollendet oder heiratet: Für die Waisen wird ein Fürsorgebedürfnis nicht mehr anerkannt, wenn sie das 18. Lebensjahr vollendet haben. Das gleiche gilt im Falle der Verheiratung einer Waise, auch wenn sie in diesem Zeitpunkt das 18. Lebensjahr noch nicht vollendet hat.

§ 64 (65).

Für den Sterbemonat und den Monat, der das Ruhen der Rente bringt, werden die Beträge voll gezahlt[1]).

1. voll gezahlt: Die Vorschrift entspricht dem § 1301 RVO.

§ 65 des früheren Gesetzes enthielt noch einen zweiten Absatz, der bestimmte, daß, wenn für einen Monatsteil zu dem Ruhegelde des Versicherten noch die Renten der Hinterbliebenen kamen, diese nur das Ruhegeld zu beanspruchen hatten. Diese Bestimmung ist im neuen Gesetz gestrichen, weil sie überflüssig geworden ist. Denn nach § 36 kann ein Zusammentreffen von Ruhegeld und Hinterbliebenenrenten nicht mehr stattfinden.

§ 65 (66).

Ist beim Tode des Empfängers[1]) die fällige Rente[2]) noch nicht abgehoben, so sind nacheinander bezugsberechtigt[3]) der Ehegatte, die Kinder, der Vater, die Mutter, die Geschwister, wenn sie mit dem Empfänger zur Zeit seines

Todes in häuslicher Gemeinschaft gelebt haben oder von ihm wesentlich aus seinem Arbeitsverdienst unterhalten worden sind.

1. Empfängers: Die Vorschrift entspricht dem § 1302 RVO. Hier wie dort handelt es sich um bereits festgestellte Ansprüche (anderenfalls gilt § 66).

2. fällige Rente S. § 60! Abfindungen (§§ 63, 76) und Beitragserstattungen (§ 61) gehören nicht hierher.

3. bezugsberechtigt: Hierüber s. Anm. 10—16 zu § 61! Eine Verfallzeit für den Anspruch wie in § 61 ist in § 65 nicht bestimmt.

§ 66 (67).

Stirbt ein Versicherter oder ein zum Bezug einer Witwen- oder Witwerrente[1]) Berechtigter, nachdem er seinen Anspruch erhoben hatte[2]), so sind zur Fortsetzung des Verfahrens und zum Bezuge der bis zum Todestage fälligen Beträge nacheinander berechtigt[3]) der Ehegatte, die Kinder, der Vater, die Mutter, die Geschwister, wenn sie mit dem Berechtigten zur Zeit seines Todes in häuslicher Gemeinschaft gelebt haben oder von ihm wesentlich aus seinem Arbeitsverdienst unterhalten worden sind.

1. Witwen- oder Witwerrente: Der Fall, daß ein zum Bezug einer Waisenrente Berechtigter stirbt, ist hier nicht genannt. Er wird aber den ausdrücklich genannten Fällen gleichzustellen sein (sofern die gesetzlichen Voraussetzungen für die Bezugsberechtigung vorliegen, was allerdings in diesem Falle öfter nicht zutreffen wird).

Auch der Anspruch auf Beitragserstattung (§ 62) ist hierher zu rechnen (AN. 1923 S. 279 Z. 556).

2. nachdem er ... erhoben hatte: Die Vorschrift entspricht dem § 1303 RVO. und bezieht sich wie dieser nur auf Ansprüche, die noch nicht festgestellt sind.

3. berechtigt: Auch für diese Bezugsberechtigung sind die Anm. 10—16 zu § 61 zu vergleichen.

Eine Verfallzeit ist auch hier nicht bestimmt (vgl. Anm. 3 zu § 65).

XI. Entziehung der Leistungen.

§ 67 (68).

Ist der Empfänger eines Ruhegeldes[1]) nicht mehr berufsunfähig[2]) im Sinne des § 30, so entzieht ihm[3]) die Reichsversicherungsanstalt das Ruhegeld.

1. Empfänger eines Ruhegelds: Das wegen Vollendung des 65. Lebensjahrs bewilligte Ruhegeld kann selbstverständlich hier nicht in Betracht kommen, sondern nur das wegen Berufsunfähigkeit bewilligte. Aber auch dieses kann — trotz Wiedereintretens der Berufsfähigkeit — nicht mehr entzogen werden, wenn der Empfänger inzwischen das 65. Lebensjahr vollendet hat.

2. nicht mehr berufsunfähig: Die Vorschrift entspricht den §§ 608 und 1304 RVO.

Die Gewährung des Ruhegelds setzt zwar nach § 30 „dauernde Berufsunfähigkeit" voraus. Die Erfahrung (bei der Unfall- und der Invalidenversicherung) hat jedoch gelehrt, daß auch Personen, die von den Ärzten als dauernd erwerbsunfähig erklärt sind, manchmal später wieder erwerbsfähig werden. Wollte man einer solchen Person das Ruhegeld belassen, so würde das nicht nur die Versicherungsanstalt ungerechtfertigterweise belasten, sondern auch bei den übrigen Versicherten Unzufriedenheit und Unwillen erregen.

Die Anwendung des § 67 setzt aber stets voraus, daß eine „wesentliche Änderung in den Verhältnissen" des Empfängers eines Ruhegelds eingetreten ist, d. h. eine objektive Veränderung in seinem Gesundheitszustand oder in den sonstigen Verhältnissen, die für die Gewährung des Ruhegelds maßgebend waren. Die §§ 608 und 1304 RVO. sprechen das ausdrücklich aus; es unterliegt aber keinem Zweifel, daß auch § 67 des vorliegenden Gesetzes nicht anders gemeint sein kann. Denn durch die Bewilligung des Ruhegelds (§§ 248, 249) erwirbt der Beteiligte einen Rechtsanspruch auf das Ruhegeld, der ihm nicht beliebig wieder entzogen werden kann.

Die erwähnte wesentliche Änderung der Verhältnisse kann unter Umständen auch in der Gewöhnung an ein Gebrechen gefunden werden, wie in neuerer Zeit namentlich die Erfahrungen mit den Kriegsbeschädigten gezeigt haben. Dagegen kann lediglich in der veränderten Beurteilung der Sache, besonders vom ärztlichen Standpunkt aus, eine „Änderung der Verhältnisse" nicht gefunden werden. Diesen Grundsatz hat das RVAmt auf dem Gebiete der Unfall- wie der Invalidenversicherung in langjähriger Rechtsprechung stets festgehalten.

Die Frage, ob die Berufsfähigkeit wieder erlangt sei, ist nach den gleichen Gesichtspunkten zu prüfen wie s. Zt. die Frage, ob die Berufsunfähigkeit eingetreten war (§ 30). Eine vom Emfpfänger des Ruhegelds mit dem Reste seiner Arbeitskraft etwa noch verrichtete, gegenüber seiner früheren Berufsstellung geringwertige Arbeitsleistung kommt nicht in Betracht.

Zum Zweck der Feststellung, ob eine wesentliche Änderung der Verhältnisse eingetreten sei, muß sich der Empfänger des Ruhegelds auf Verlangen der RVAnstalt ärztlich untersuchen und, wenn nötig, in einem Krankenhause so lange beobachten lassen, als es die Ärzte für erforderlich halten. Weigert er sich, so kann daraus der nach Lage des Falles zulässige, für ihn ungünstigste Schluß gezogen werden (der hier natürlich dahin gehen wird, daß er nicht mehr berufsunfähig sei).

3. entzieht ihm: Das Ruhegeld muß, wenn die Voraussetzungen des § 67 vorliegen, entzogen werden.

Wegen des Verfahrens s. §§ 250, 252, 270.

§ 68 (69).

Witwerrenten[1]), die nach § 34[2]) gewährt sind, entzieht[3]) die Reichsversicherungsanstalt, sobald die Bedürftigkeit des Empfängers wegfällt.

1. Witwerrenten: § 68 entspricht dem § 1307 RVO.

2. nach § 34: Nämlich wegen Bedürftigkeit. Es handelt sich hier um den einzigen Fall, in dem die Bewilligung einer Rente an die Bedürftigkeit des Berechtigten geknüpft ist.

3. entzieht: Auch hier (vgl. Anm. 3 zu § 67) muß die Rente entzogen werden, sobald die Bedürftigkeit des Empfängers wegfällt.

Im übrigen s. auch hier die §§ 250, 252, 270.

§ 69 (70).

Ein Bescheid[1]), der das Ruhegeld oder die sonstige Rente[2]) entzieht[3]), wird mit Ablauf des Monats[4]) wirksam, in dem er zugestellt worden ist.

1. Bescheid: S. § 250!

2. sonstige Rente: Es kommt nur die Witwerrente (§ 34) in Betracht; Waisenrenten können ja nicht entzogen werden.

3. entzieht: Es handelt sich nur um Entziehung wider den Willen des Berechtigten (§§ 67 u. 68).

Der Berechtigte kann aber auch, etwa weil er selbst anerkennen muß, daß er nicht mehr berufsunfähig oder bedürftig ist, auf die Rente verzichten. Für diesen Fall gilt aber § 69 nicht. Der Zeitpunkt, mit dem in einem solchen Fall die Rente wegfällt, ist aus der Verzichtserklärung selbst zu beurteilen.

4. mit Ablauf des Monats: Entspricht dem § 1308 RVO., ist aber für die Berechtigten ungünstiger; denn § 1308 RVO. läßt die Entziehung erst mit Ablauf des Monats wirksam werden, der auf die Zustellung folgt.

§ 70 (71).

Wird Ruhegeld von neuem bewilligt, so wird die frühere Beitragsleistung dem Versicherten angerechnet[1]).

1. wird ... angerechnet: Das versteht sich eigentlich von selbst.

§ 70 setzt aber stillschweigend voraus, daß nicht inzwischen die Anwartschaft erloschen ist. Dies kann allerdings, solange Ruhegeld bezogen wird, nicht eintreten (weil der Versicherungsfall vorliegt). Bei Entziehung des Ruhegelds aber muß der Betreffende sich die Anwartschaft sichern (§§ 54, 55), also entweder durch Wiederaufnahme einer versicherungspflichtigen Beschäftigung oder Weiterversicherung oder Selbstversicherung (§§ 21 u. 22).

Nicht angerechnet wird die Zeit des früheren Rentenbezugs (die entsprechende Vorschrift in § 1309 RVO., die das vorschrieb, ist jetzt ebenfalls aufgehoben).

§ 71 (72).

Wird nachgewiesen[1]), daß ein Versicherter, der als verschollen[2]) galt, noch lebt, so wird die weitere Zahlung von Hinterbliebenenrente eingestellt[3]). Die Reichsversicherungsanstalt braucht die zu Unrecht gezahlten Beträge nicht zurückzufordern[4]).

1. Wird nachgewiesen: Entspricht dem § 1310 RVO. Der Nachweis liegt der RVAnstalt ob.

2. verschollen: Vgl. § 37 u. 38.

3. eingestellt: Durch Bescheid der RVAnstalt (§ 250). Für den Zeitpunkt, von dem an er wirksam wird, gilt § 69.

4. braucht ... nicht zurückzufordern: Ob die RV-Anstalt von ihrem Rückforderungsrecht Gebrauch machen will oder nicht, steht in ihrem freien Ermessen; die Hinterbliebenen können nicht etwa der Rückforderung unter Hinweis auf § 71 Satz 2 widersprechen.

Streit über die Rückforderung ist im Spruchverfahren zu entscheiden.

XII. Ruhen der Rente.

Vorbemerkung.

Die Ruhensvorschriften in §§ 73, 74 des alten Gesetzes (Ruhen neben Renten der reichsgesetzlichen Arbeiterversicherung usw.) sind aufgehoben.

§ 72 (75).

Die Rente ruht[1]), solange der Berechtigte eine Freiheitsstrafe[2]) von mehr als einem Monat[3]) verbüßt oder in einem Arbeitshaus oder in einer Besserungsanstalt untergebracht ist.

Hat er im Inland[4]) Angehörige[5]), die er ganz oder überwiegend[6]) aus seinem Arbeitsverdienst unterhalten hat[7]), so wird ihnen das Ruhegeld[8]) überwiesen[9]).

1. ruht: Entspricht dem § 1312 RVO. Die Rente „ruht" heißt soviel als sie wird nicht ausbezahlt (und, beim Wegfall der Voraussetzungen des Ruhens, auch nicht nachgezahlt). Der Anspruch bleibt aber an sich bestehen; der Berechtigte gilt daher auch als Ruhegeldempfänger im Sinne der §§ 13, 41 Abs. 2, 59, 67.

Das Ruhen ist durch Bescheid der RVAnstalt auszusprechen (§ 250).

2. Freiheitsstrafe: Eine Untersuchungshaft steht dieser nicht gleich, auch wenn sie später auf die Strafe angerechnet wird.

3. von mehr als einem Monat: Oder unmittelbar nacheinander mehrere kürzere Strafen, die zusammen mehr als einen Monat ausmachen.

4. Inland: S. auch § 77!

5. Angehörige: S. Anm. 9 zu § 26!

6. ganz oder überwiegend: D. i. mehr als zur Hälfte; ein bloß „wesentliches" Unterhalten (s. z. B. § 65, ferner § 593 RVO. im Gegensatz zu § 589 *) genügt hier nicht.

7. aus seinem Arbeitsverdienst unterhalten hat: Selbstverständlich bis zur Bewilligung des Ruhegelds. Der Fall, daß der Berechtigte die Angehörigen aus seinem Ruhegeld unterhalten hat, ist zwar vom Gesetz nicht ausdrücklich genannt, aber zweifellos gleichfalls mit gemeint.

8. Ruhegeld: Hinterbliebenenrenten kommen hier nicht in Betracht.

9. wird . . . überwiesen: Es besteht ein Anspruch hierauf, und zwar steht er den Angehörigen selbst zu (den Antrag auf Überweisung kann natürlich auch der Berechtigte selbst an Stelle der Angehörigen stellen).

§ 73 (76)[1]).

Die Rente ruht[2]), solange sich der berechtigte Inländer[3]) im Ausland aufhält[4]) und es unterläßt, der Reichsversicherungsanstalt seinen Aufenthaltsort mitzuteilen. Weist der Berechtigte nach, daß er ohne sein Verschulden die Mitteilung unterlassen hat, so lebt insoweit das Recht auf die Rente wieder auf[5]).

---

*) Jetzige Fassung nach Art. 16 des Ges. vom 14. Juli 1925, RGBl. I S. 97 ff.!

1. Vorbemerkung: Die §§ 73—76 entsprechen den §§ 1313—1317 RVO. und regeln die Sache jetzt in engem Anschluß an die dortigen Vorschriften (im früheren Gesetz war sie insofern anders geregelt, als kein Unterschied zwischen In- und Ausländern gemacht war).

2. ruht: S. Anm. 1 zu § 72!

3. Inländer: Es handelt sich also hier um deutsche Reichsangehörige; die Vorschriften für Ausländer — die von denen des § 73 abweichen — enthält § 74.

4. im Ausland aufhält: Es kommt jeder Aufenthalt in Betracht, derselbe braucht weder der gewöhnliche noch ein freiwilliger zu sein (anders § 74 Z. 1); die Vorschrift geht daher entschieden zu weit. Daß der Wohnsitz ins Ausland verlegt wird, ist vollends nicht erforderlich. — S. auch § 77!

5. lebt ... wieder auf: Ungenaue Ausdrucksweise des Gesetzes; ruht eine Rente, so ist ohnehin die Rentenberechtigung an sich nicht erloschen (s. Anm. 1 zu § 72). Das Gesetz will sagen, daß insoweit die Rente nachgezahlt wird.

§ 74 (76).

Die Rente ruht [1],

1. solange sich der berechtigte Ausländer [2]) freiwillig gewöhnlich [3]) im Ausland [4]) aufhält,
2. solange der berechtigte Ausländer wegen Verurteilung in einem Strafverfahren [5]) aus dem Reichsgebiet ausgewiesen ist [6]). Das gleiche gilt für einen berechtigten Ausländer, der aus Anlaß der Verurteilung in einem Strafverfahren [5]) aus dem Gebiet eines deutschen Landes ausgewiesen ist, solange er sich nicht in einem anderen deutschen Lande aufhält.

1. ruht: S. Anm. 1 zu § 72!

2. Ausländer: Das ist jeder Nichtdeutsche, auch der Staatenlose. S. auch Anm. 3 zu § 73!

3. freiwillig gewöhnlich: Hier ist also die Art des Aufenthalts näher umschrieben. Der Aufenthalt des Ausländers im Ausland muß

a) freiwillig sein, d. h. auf freier Entschließung des Betreffenden (oder seines gesetzlichen Vertreters) beruhen. Der Aufenthalt ist unfreiwillig, wenn er durch die zuständigen Behörden erzwungen ist, oder wenn gesundheitliche Rücksichten ihn zwingend erfordern,

b) der gewöhnliche sein. Das ist er solange nicht, als der Betreffende die Absicht hat, ins Inland zurückzukehren.

Hält sich also ein Ausländer unfreiwillig und nicht gewöhnlich im Ausland auf, so ruht seine Rente nicht, auch wenn er es unterläßt, der RVAnstalt seinen Aufenthaltsort mitzuteilen. Darin liegt eine ungerechtfertigte Bevorzugung der Ausländer gegenüber den Deutschen (vgl. § 73!).

4. im Ausland aufhält: S. § 77! Daß der Wohnsitz ins Ausland verlegt wird, ist hier ebensowenig erforderlich wie nach § 73.

5. Verurteilung in einem Strafverfahren: Die lediglich aus politischen Gründen verfügte Ausweisung eines „lästigen Ausländers" z. B. genügt also nicht.

6. ausgewiesen ist: Die Ausweisung muß auch vollzogen sein. Wird dem Ausgewiesenen von der zuständigen Behörde der Aufenthalt im Inland weiter gestattet, so ruht die Rente nicht.

§ 75 (77).

Die Reichsregierung kann mit Zustimmung des Reichsrats das Ruhen der Rente für ausländische Grenzgebiete oder für auswärtige Staaten ausschließen[1]), deren Gesetzgebung Deutschen und ihren Hinterbliebenen eine entsprechende Fürsorge gewährleistet.

1. kann ... ausschließen: Entspricht dem § 1314 RVO.

Die Verordn. der Reichsregierung vom 7. Febr. 1925 (RGBl. I S. 11) bestimmt, daß für die in der Anlage bezeichneten Grenzgebiete die Vorschrift des § 74 Z. 1 über das Ruhen des Rechts aus der Angestelltenversicherung außer Kraft gesetzt wird.

Die Anlage ist im Anhang abgedruckt (sie enthält ausschließlich Gebiete der Republik Österreich und der tschechoslowakischen Republik).

Eine weitere Verordnung vom 24. Aug. 1925 (RGBl. I S. 320) betrifft schweizerische Grenzgebiete; sie ist ebenfalls im Anhang abgedruckt.

§ 76 (47).

Die Reichsversicherungsanstalt kann[1]) einen berechtigten Ausländer, der sich gewöhnlich im Ausland aufhält, mit dem Kapitalwert seiner Bezüge abfinden. Der Reichsarbeitsminister bestimmt das Nähere[2]).

1. kann ... abfinden: Entspricht dem § 1317 RVO. Die Abfindung steht im freien Ermessen der RVAnstalt, der Berechtigte hat kein Widerspruchsrecht, auch seines Antrags bedarf es nicht.

Die Abfindung ist durch berufungsfähigen Bescheid auszusprechen. Das Berufungsgericht hat jedoch nur zu prüfen, ob die rechtlichen

Voraussetzungen für die Abfindung vorliegen und ob die Abfindungssumme richtig berechnet ist; dagegen hat es nicht darüber zu entscheiden, ob von dem Abfindungsrecht Gebrauch zu machen ist oder nicht. Die Revision ist hier ausgeschlossen (§ 271 Nr. 3).

2. Der Reichsarbeitsminister bestimmt das Nähere: Auf Grund dessen hat er Bestimmungen erlassen „über die Abfindung berechtigter Ausländer, die sich gewöhnlich im Ausland aufhalten", vom 8. Sept. 1924 (RArbBl. S. 375). Sie sind im Anhang abgedruckt.

§ 77 (78).

Deutsche Schutzgebiete gelten im Sinne der §§ 72 bis 76 als Inland[1]).

1. gelten ... als Inland: Obwohl sie Deutschland z. Zt. geraubt sind. Ebenso § 1315 RVO.

§ 78 (neu).

Treffen außer den Fällen des § 27 und des § 33 Abs. 3[1]) die Voraussetzungen für mehrere Renten aus der Angestelltenversicherung[2]) zusammen, oder tritt neben den Anspruch auf eine Rente aus der Angestelltenversicherung der Anspruch auf eine Rente aus der Invalidenversicherunng[3]), so erhält der Berechtigte die höchste Rente und von den anderen Renten ohne Kinderzuschuß die Hälfte als Zusatzrente[4]).

1. außer den Fällen des § 27 und des § 33 Abs. 3: Das sind die Fälle der sog. Wanderversicherten und des Zusammentreffens mehrerer Waisenrenten der Angestelltenversicherung; für diese gilt also § 78 nicht, weil der Gesetzgeber sie besonders geregelt hat.

2. Voraussetzungen für mehrere Renten aus der Angestelltenversicherung. Das ist in der Regel nur in einem einzigen Falle möglich, nämlich wenn von einem Ehepaar beide Ehegatten versichert waren und sodann der Mann stirbt und die Frau berufsunfähig wird, so daß bei ihr die Ansprüche auf Witwenrente und Ruhegeld zusammentreffen. Denkbar ist freilich auch der, aber naturgemäß sehr seltene, Fall, daß eine Ehefrau, deren Mann und deren Vater versichert sind, noch nicht 18 Jahre alt ist, und daß dann, ehe sie das 18. Lebensjahr vollendet hat, ihr Mann und ihr Vater sterben, so daß bei ihr die Ansprüche auf Witwen- und auf Waisenrente zusammentreffen.

3. Rente aus der Angestelltenversicherung... aus der Invalidenversicherung: Dies wird öfter zutreffen. Es ist hier hauptsächlich an den Fall zu denken, daß von einem Ehepaar der eine Ehegatte der Angestelltenversicherung und der andere der Invalidenversicherung unterliegt. Stirbt dann der Mann und wird die Frau berufsunfähig oder invalide, so treffen bei ihr wieder die Ansprüche auf Witwenrente und Ruhegeld oder Invalidenrente zusammen; und sterben beide Ehegatten, so haben die Kinder, wenn sie noch nicht 18 Jahre alt sind, den Anspruch auf Waisenrente aus beiden Versicherungen.

4. höchste Rente ... Zusatzrente: Diese Regelung entspricht dem § 1318 RVO. und ersetzt die §§ 73 Z. 1 u. 74 des alten Gesetzes über die Angestelltenversicherung. Nach diesen ruhten Ruhegeld und Hinterbliebenenrenten der Angestelltenversicherung in gewissen Beträgen neben Renten der reichsgesetzlichen Arbeiterversicherung. Die jetzige Regelung ist einfacher.

XIII. Verhältnis zu anderen Ansprüchen.

Vorbemerkung.

Abschn. XIII entspricht dem zweiten Abschnitt im V. Buche der RVO. *) und regelt wie dieser das Verhältnis der Fürsorge (früher Armenpflege) zur Angestelltenversicherung sowie den Übergang gesetzlicher Schadensersatzansprüche auf die RVAnstalt.

§ 79 (81).

Unberührt von diesem Gesetze bleiben [1]) die gesetzlichen Pflichten der Gemeinden und Fürsorgeverbände [2]) zur Unterstützung Hilfsbedürftiger und andere auf Gesetz [3]), Satzung, Vertrag oder letztwilliger Verfügung beruhende Pflichten zur Fürsorge für die nach diesem Gesetze Versicherten und ihre Hinterbliebenen.

1. Unberührt ... bleiben: Der Satz ist nur in beschränkter Weise richtig. Die im § 79 genannten Verpflichtungen werden allerdings durch dieses Gesetz grundsätzlich nicht berührt. Wohl aber kann durch die Leistungen der Versicherung bewirkt werden, daß der Empfänger nicht mehr unterstützungsbedürftig ist und hiedurch eine Fürsorgepflicht der Gemeinde usw., die sonst bestanden hätte, wegfällt.

---

*) Jetzige Fassung nach Art. 103—107 des Ges. vom 14. Juli 1925, RGBl. I S. 97 ff.!

2. der Gemeinden und Fürsorgeverbände: S. die Reichsverordnung über die Fürsorgepflicht, vom 13. Febr. 1924 (RGBl. I S. 100). Durch diese ist das frühere Reichsgesetz über den Unterstützungswohnsitz aufgehoben und ersetzt.

3. auf Gesetz: Hierunter sind nicht nur privatrechtliche Bestimmungen zu verstehen (wie in erster Linie das Bürgerliche Gesetzbuch), sondern auch öffentlichrechtliche, vor allem die Reichsversicherungsordnung, ferner die reichs- und die landesrechtlichen Pensionsgesetze u. dgl.

§ 80 (82).

Unterstützt eine Gemeinde oder ein Fürsorgeverband[1]) als Träger der Armenfürsorge[2]) nach gesetzlicher Pflicht[3]) einen Hilfsbedürftigen[4]) für eine Zeit[5]), für die er einen Anspruch nach diesem Gesetze hatte oder noch hat, so kann die Gemeinde oder der Fürsorgeverband, jedoch nur bis zur Höhe dieses Anspruchs[6]), Ersatz beanspruchen[7]).

1. eine Gemeinde oder ein Fürsorgeverband: Es kommen nur inländische in Betracht, und nur solche Unterstützungen, die die Gemeinde usw. in ihrer Eigenschaft als Trägerin der öffentlichen Fürsorge gewährt hat. Maßregeln rein sicherheits- oder gesundheitspolizeilicher Art (so z. B. die Einschaffung eines Geisteskranken in eine Irrenanstalt lediglich deshalb, weil er gemeingefährlich ist) kommen hier nicht in Betracht.

Für die sog. gehobene Fürsorge (§ 1 Abs. 1 der Fürs.-Verordn. vom 13. Febr. 1924) wird ein Ersatzanspruch nicht bestehen („Arbeiterversorgung" 1925 S. 401).

2. als Träger der Armenfürsorge: Diese Worte sind erst durch das Gesetz vom 28. Juli 1925 eingefügt worden.

3. nach gesetzlicher Pflicht: Also namentlich auf Grund der Verordnung über die Fürsorgepflicht. Freiwillige Leistungen begründen keinen Ersatzanspruch.

4. Hilfsbedürftigen: Es fragt sich zwar stets, ob nicht gerade durch den Anspruch auf Versicherungsleistungen die Hilfsbedürftigkeit behoben sei. Aber der Leistungsanspruch kann z. B. streitig sein, und dann kann, wenigstens solange der Streit dauert, Hilfsbedürftigkeit bestehen.

5. für eine Zeit usw.: Die Einheit des Leistungsgrundes ist hier nicht erforderlich, wohl aber die Einheit der Zeit und der Person. D. h. die Unterstützung braucht nicht aus dem gleichen Grunde gewährt zu sein, der z. B. zur Bewilligung des Ruhegelds geführt hat; erforderlich ist es dagegen (als Voraussetzung für den Ersatzanspruch, nicht zu verwechseln mit den in §§ 81, 82 geregelten Gegenständen des Zugriffs

behufs Verwirklichung eines feststehenden Ersatzanspruchs), daß die Unterstützung für den gleichen Zeitraum geleistet ist, für den dem Unterstützten auch ein Anspruch auf Grund dieses Gesetzes zustand oder noch zusteht. Eine Ausnahme von dem Erfordernis der Einheit der Person enthält § 81.

6. bis zur Höhe dieses Anspruchs: Hiedurch wird also der Ersatzanspruch der Gemeinde usw. dem Betrage nach eingeschränkt; das Maß der wirklichen Aufwendungen ist nicht entscheidend. Eine weitergehende Beschränkung besteht jedoch nicht.

7. Ersatz beanspruchen: Der Ersatzanspruch richtet sich gegen die RVAnstalt (nicht etwa gegen den Unterstützten) und kann von der Gemeinde usw. selbständig geltend gemacht werden (§§ 83, 87).

§ 81 (83).

Der Ersatz von Bestattungskosten, die beim Tode des Versicherten gewährt worden sind, kann, soweit nicht der Träger der reichsgesetzlichen Unfallversicherung oder Krankenversicherung Ersatz zu leisten[1]) hat, aus den gemäß § 61 zu erstattenden Beiträgen[2]) beansprucht werden; im übrigen darf nur auf Ruhegeld oder sonstige Renten zugegriffen werden[3]).

1. soweit nicht . . . zu leisten hat: S. §§ 1532 bis 1535 RVO. *).

2. gemäß § 61 zu erstattenden Beiträgen: Hier kommen also nur weibliche Versicherte in Betracht. Die Fälle der §§ 62 u. 385 gehören nicht hieher.

3. zugegriffen werden: Hier und in § 82 handelt es sich nur um die Gegenstände des Zugriffs zur Verwirklichung eines festgestellten Ersatzanspruchs. Der Anspruch selbst bemißt sich nach § 80.

Zugegriffen werden darf nur auf Ruhegeld und sonstige Renten, dagegen nicht auf Abfindungen (§§ 63, 76), auf Hausgeld (§ 44) und Beitragserstattungen (§§ 61, 62 u. 385; auch die Beitragserstattung des § 61 kommt hier, „im übrigen", d. h. wenn es sich nicht um den Ersatz von Bestattungskosten handelt, nicht in Betracht).

§ 82 (84).

Zur Befriedigung des Ersatzanspruchs[1]) darf auf rückständige Rentenbeträge[2]) bis zu ihrer vollen Höhe, auf andere Rentenbeträge nur bis zu ihrer halben Höhe[3]) zugegriffen werden.

*) Jetzige Fassung nach Art. 103 u. 104 des Ges. vom 14. Juli 1925, RGBl. I S. 97.

1. Befriedigung des Ersatzanspruchs: S. Anm. 3 zu § 81.

2. rückständige Rentenbeträge: Das sind solche, die entweder vom Versicherten nicht rechtzeitig abgehoben, oder ihm erst nachträglich zuerkannt worden sind. Maßgebend ist der Zeitpunkt, in dem der Ersatzanspruch geltend gemacht wird.

3. bis zur halben Höhe: Die Hälfte der laufenden Bezüge soll also dem Versicherten verbleiben.

§ 83 (85).

Der Ersatzanspruch[1]) ist bei der Reichsversicherungsanstalt[2]) anzumelden[3]).

1. Ersatzanspruch: Der Ersatzanspruch selbst muß unstreitig sein; anderenfalls gilt § 87.

2. bei der Reichsversicherungsanstalt: Weil er sich gegen diese richtet; s. Anm. 5 zu § 80.

3. anzumelden: Innerhalb der Frist des § 86.

§ 84 (86).

Eine Gemeinde oder ein Fürsorgeverband als Träger der Armenfürsorge[1]) kann auch dann Ersatz beanspruchen, wenn der Hilfsbedürftige, der einen Anspruch auf Ruhegeld oder sonstige Rente hat, stirbt, ohne den Anspruch angemeldet zu haben[2]).

1. als Träger der Armenfürsorge: Diese Worte sind erst durch das Gesetz vom 28. Juli 1925 eingefügt worden.

2. ohne ... angemeldet zu haben: Stirbt der Berechtigte, ohne seinen Leistungsanspruch geltend gemacht zu haben, so geht im allgemeinen dieser Anspruch unter (auch die Bezugsberechtigung des § 66 kann, wie dort ausdrücklich bestimmt, nur geltend gemacht werden, wenn der Berechtigte selbst seinen Anspruch noch erhoben hatte). Davon macht aber § 84 zugunsten der ersatzberechtigten Gemeinden usw. eine Ausnahme.

§ 85 (87).

Auch die Ersatzberechtigten können die Feststellung der Leistungen nach diesem Gesetze[1]) betreiben und Rechtsmittel einlegen[2]). Der Ablauf der Fristen[3]), die ohne ihr Verschulden verstrichen sind, wirkt nicht gegen sie[4]); dies gilt nicht für Verfahrensfristen, soweit die Ersatzberechtigten das Verfahren selbst betreiben[5]).

1. Feststellung ... nach diesem Gesetz: D. h. im Verfahren nach §§ 214—285; nicht etwa im Streitverfahren nach § 87.

2. können ... betreiben und Rechtsmittel einlegen: Der Ersatzberechtigte ist hier nicht etwa bloß sog. Nebenintervenient und Streitgehilfe des Versicherten (§§ 66—71 ZPO.), sondern er ist „notwendiger Streitgenosse" (§ 62 ZPO.) und hat als solcher das Recht, das Verfahren selbständig zu betreiben (§ 63 ZPO.), auch wenn der Versicherte selbst nicht tätig wird.

3. Fristen: Es sind nur die Verfahrensfristen gemeint (§§ 252, 270, 320—330). Die Frist des § 86 gehört nicht hierher.

4. wirkt nicht gegen sie: Die Ersatzberechtigten sind daher, wenn der Versicherte selbst das Verfahren betrieben und eine Frist versäumt hat, dadurch nicht gehindert, ihrerseits das Verfahren nochmals einzuleiten und durchzuführen.

5. selbst betreiben: Diese Vorschrift versteht sich eigentlich von selbst. Es liegt im Wesen der Sache, daß ein Ersatzberechtigter, der das Verfahren betreibt, eine Frist, die in diesem Verfahren ihm gegenüber läuft (von dem Tage an, an welchem die anzufechtende Entscheidung ihm zugestellt wurde), wahren muß.

§ 86 (88).

Der Anspruch auf Ersatz ist ausgeschlossen[1]), wenn er nicht spätestens sechs Monate nach Ablauf der Unterstützung geltend gemacht wird[2]).

1. ausgeschlossen: Die Frist des § 86 ist keine Verjährungs-, sondern eine Ausschlußfrist, durch deren Ablauf der nicht angemeldete Ersatzanspruch untergeht. Gegen ihren Ablauf ist auch keine Wiedereinsetzung in den vorigen Stand (§§ 327—330) zulässig.

2. geltend gemacht wird: S. § 83!

§ 87 (89).

Streit über Ersatzansprüche[1]) aus den §§ 80 bis 86 wird im Verwaltungsstreitverfahren[2]) oder, wo ein solches nicht besteht, durch die dem Ersatzberechtigten vorgesetzte Aufsichtsbehörde entschieden. Die Entscheidung der letzteren kann binnen einem Monat nach Zustellung im Wege des

Rekurses nach den §§ 20, 21 der Gewerbeordnung angefochten werden.

1. Streit über Ersatzansprüche: § 87 weicht von § 1540 RVO. ab. Er betrifft den Fall, daß der Ersatzanspruch selbst, sei es vom Unterstützten selbst oder auch der RVAnstalt bestritten wird. S. auch Anm. 1 zu § 83.

Es kann sich hier stets nur um Ersatzansprüche handeln; ist der Leistungsanspruch des Versicherten selbst streitig, so ist hierüber im Spruchverfahren (§§ 214 ff.) zu entscheiden.

2. Verwaltungsstreitverfahren: In Preußen besteht ein solches auf Grund der §§ 61—114 des Landesverwaltungsgesetzes vom 30. Juli 1883, in Bayern nach dem Gesetz über die Errichtung eines Verwaltungsgerichtshofs und das Verfahren in Verwaltungsrechtsachen vom 8. Aug. 1878.

S. ferner wegen der Zuständigkeit der Behörden

für Baden: § 2 der Min.-Verordn. vom 5. Aug. 1912, Ges.- u. Verordn.-Bl. S. 339;

„ Mecklenburg-Strelitz: Verordn. vom 17. Jan. 1913, Off. Anz. S. 51;

„ Anhalt: Verordn. vom 21. Febr. 1913, GesSammI. S. 167,

„ Bremen: Verordn. vom 12. Okt. 1912, GesBl. S. 233.

§ 88 (90).

Was in diesem Abschnitt für Gemeinden und Fürsorgeverbände vorgeschrieben ist, gilt auch für Betriebsunternehmer und Kassen, die statt solcher Verpflichteten nach gesetzlicher Pflicht[1]) Hilfsbedürftige unterstützen.

1. nach gesetzlicher Pflicht: Es kommen nur vereinzelte landesrechtliche Vorschriften in Betracht; in Preußen, Bayern und Sachsen bestehen solche nicht.

§ 89 (91).

Soweit die nach diesem Gesetze Versicherten oder ihre Hinterbliebenen gesetzlich[1]) von Dritten Ersatz eines Schadens[2]) beanspruchen können, der ihnen durch die Berufsunfähigkeit oder durch den Tod des Ernährers erwachsen ist, geht der Anspruch auf die Reichsversicherungsanstalt[3]) bis zum Betrage derjenigen Leistungen über[4]), die sie infolge des Schadens zu tragen hat.

Hat ein ordentliches Gericht über solche Ansprüche zu erkennen, so ist es an die Entscheidung[5]) gebunden, die in einem Verfahren nach diesem Gesetze darüber ergeht, ob und in welchem Umfang die Reichsversicherungsanstalt verpflichtet ist.

1. gesetzlich: Vertragsmäßige Ansprüche, so namentlich solche aus Versicherungsverträgen, gehören also nicht hierher. In Betracht kommen hauptsächlich die §§ 618, 823 ff. BGB., das Haftpflichtgesetz vom 7. Juni 1871 (in der Fassung des Art. 42 des Einf.-Ges. z. BGB.), das Gesetz über den Verkehr mit Kraftfahrzeugen vom 3. Mai 1909 (§§ 7—20).

2. Ersatz eines Schadens: Es handelt sich nur um bürgerlichrechtliche Schadensersatzansprüche. Solche Ansprüche, die auf dem öffentlichen Recht beruhen, wie namentlich Ansprüche aus der Militärversorgung, gehören also nicht hierher.

3. auf die Reichsversicherungsanstalt: Die gleiche Vorschrift enthält auch § 1542 RVO.*) für die Träger der reichsgesetzlichen Arbeiterversicherung. Beim Zusammentreffen der RV-Anstalt mit diesen wird anzunehmen sein, daß der Anspruch auf jeden der beteiligten Versicherungsträger nach Verhältnis seiner Leistungen übergeht.

4. geht . . . über: Kraft Gesetzes. Nach der Auffassung des Reichsgerichts (Entsch. in Ziv.-Sachen Bd. 60 S. 200) entsteht der Schadensersatzanspruch in der Person des Geschädigten und geht durch diese hindurch auf den Versicherungsträger über, so daß Entstehung und Übergang sich zeitlich berühren.

Maßgebend ist im allgemeinen der Zeitpunkt, in dem die Leistungspflicht der RVAnstalt eintritt. Fällt aber dieser mit dem Zeitpunkt der Schädigung nicht zusammen (z. B. § 30 Abs. 2, in welchem Fall der Rechtsübergang auf die RVAnstalt nur ein bedingter sein kann), so hat für diesen Fall das Reichsgericht den Versicherungsträgern eine Feststellungsklage eingeräumt (Entsch. in Ziv.-Sachen Bd. 61 S. 164).

Schließt der Schadensstifter mit dem Geschädigten einen Vergleich und findet er auf Grund dessen den Geschädigten ab, ehe die RVAnstalt imstande ist, den auf sie übergegangenen Schadensersatzanspruch geltend zu machen, so gelten an sich die §§ 407 mit 412 BGB. Hienach müßte die RVAnstalt den Vergleich gegen sich gelten lassen, es sei denn, daß bei dessen Abschluß der Schadensstifter den Rechtsübergang auf die RVAnstalt kannte; der Beweis würde der RV-Anstalt obliegen. So hat auch das Reichsgericht früher die Sache behandelt. In einer neueren Entscheidung vom 28. Nov. 1911 (mitgeteilt in AN. 1912 S. 836) hat das Reichsgericht jedoch ausgesprochen, daß der Schadensstifter den Rechtsübergang „kenne" (im

*) Jetzige Fassung nach Art. 107 des Ges. vom 14. Juli 1925, RGBl. I S. 97.

Sinn des § 407 Abs. 1 BGB.), wenn er den Umständen nach annehmen muß, daß ein Rechtsübergang nach § 89 stattgefunden hat, d. h. wenn er die Tatsachen kennt, auf denen der Rechtsübergang beruht.

Die RVAnstalt kann den auf sie übergegangenen Anspruch nicht nur gegenüber dem, der nach dem Gesetz haftet, sondern wenn etwa der Versicherte die zivilrechtliche Entschädigung von dem Verpflichteten schon erhalten haben sollte, auch gegenüber dem Versicherten im Wege der Aufrechnung (§ 92) geltend machen (ebenso §§ 223, 1324 RVO., abweichend dagegen § 622 RVO.).

5. Entscheidung: Dazu gehört auch ein rechtskräftiger Bescheid der RVAnstalt selbst.

XIV. Besondere Vorschriften.

§ 90 (92).

Leistungen, die nach diesem Gesetze gewährt werden[1]), und die durch den Übergang des Anspruchs darauf ersetzten Unterstützungen[2]) sind keine öffentlichen Armenunterstützungen[3]).

1. Leistungen, die ... gewährt werden: S. die §§ 23—52.

2. ersetzten Unterstützungen: §§ 80—88.

3. keine öffentlichen Armenunterstützungen: Vgl. § 118 RVO. Sofern also ein Gesetz an den Empfang öffentlicher Armenunterstützung gewisse Rechtsbeschränkungen anknüpfen sollte, könnte dies niemals die Folge des Bezugs der Versicherungsleistungen sein. Denn auf diesen hat der Versicherte ein Recht, er bildet die Gegenleistung für seine Beiträge.

§ 91 (93).

Die Ansprüche[1]) des Berechtigten[2]) können mit rechtlicher Wirkung übertragen, verpfändet und gepfändet[3]) werden nur[4]) wegen

1. eines Vorschusses, den der Berechtigte auf seine Ansprüche vor Anweisung der Leistungen vom Arbeitgeber oder von der Reichsversicherungsanstalt erhalten hat,
2. der im § 850 Abs. 4 der Zivilprozeßordnung[5]) bezeichneten Forderungen,

3. der Forderungen der nach § 80 ersatzberechtigten Gemeinden und Fürsorgeverbände sowie der an ihre Stelle tretenden ersatzberechtigten Arbeitgeber, Ersatzkassen (§ 363) und Versicherungsträger der reichsgesetzlichen Arbeiterversicherung einschließlich des Reichsknappschaftsvereins; die Übertragung, Verpfändung und Pfändung ist nur in Höhe der gesetzlichen Ersatzansprüche zulässig,

4. rückständiger Beiträge[6]), die nicht seit länger als drei Monaten fällig sind.

Ausnahmsweise[7]) darf der Berechtigte auch in anderen Fällen den Anspruch mit Genehmigung des Versicherungsamts[8]) ganz oder zum Teil auf andere übertragen[9]).

1. Ansprüche: Alle aus dem Versicherungsverhältnis entspringenden Ansprüche, also die auf Ruhegeld und Hinterbliebenenrenten, Hausgeld, Beitragserstattung, Abfindung. Dagegen muß es sich um bereits vorhandene Ansprüche handeln, nicht um bloße Anwartschaften; denn bei solchen kann von einer Übertragung usw. keine Rede sein. Es muß also der Versicherungsfall bereits eingetreten, die Wartezeit erfüllt und die Anwartschaft aufrechterhalten sein (AVN. 1914 S. 82).

Andererseits darf der Anspruch vom Versicherungsträger noch nicht befriedigt sein; bereits ausbezahlte Versicherungsleistungen genießen den Schutz des § 91 nicht mehr.

2. des Berechtigten: Nur dieses selbst; Bezugsberechtigte (§§ 65, 66) gehören nicht hieher.

3. übertragen, verpfändet und gepfändet: Nach den Vorschriften des BGB. Bei Streit entscheiden die ordentlichen Gerichte.

4. nur: Vgl. § 119 RVO. Die Übertragung usw. wegen anderer Forderungen als der hier in Z. 1—4 genannten ist also ohne Rechtswirkung.

5. § 850 Abs. 4 der Zivilprozeßordnung: Diese Bestimmung betrifft die Unterhaltsbeiträge, die an Verwandte, den Ehegatten, den früheren Ehegatten oder an uneheliche Kinder zu entrichten sind.

6. rückständige Beiträge: Der Versicherte muß zugleich unmittelbarer Beitragsschuldner sein. Das ist er aber in der Regel nicht (vgl. § 182); in Betracht kommen vielmehr nur die Fälle der §§ 4 Z. 2; 6; 7 u. 184.

7. Ausnahmsweise: Nur dann, wenn die Übertragung den Belangen des Berechtigten selbst dient.

8. Genehmigung des Versicherungsamts: Gegen deren Versagung ist nach § 290 Beschwerde an das Oberversicherungsamt zulässig.

Hiezu vgl. f. Württemberg § 7 b der Vollz.-Verf. vom 29. Dez. 1922 in der Fassung der Verf. vom 10. März 1923 (Reg.-Bl. 1923 S. 39 u. 124).

Vgl. auch §§ 182, 184 BGB.

9. übertragen: auch verpfänden, da auch hierin eine Übertragung im Rechtssinne liegt. Pfändung dagegen ist hier ausgeschlossen.

§ 92 (94).

Ansprüche auf Ruhegeld oder sonstige Renten dürfen nur aufgerechnet werden[1]) auf

Ersatzforderungen für bezogene Unfallrenten und Entschädigungen, soweit der Reichsversicherungsanstalt ein Anspruch darauf nach § 89 zusteht,

geschuldete Beiträge,

gezahlte Vorschüsse,

zu Unrecht gezahlte Rentenbeträge,

die zu erstattenden Kosten des Verfahrens (§ 310),

die von der Reichsversicherungsanstalt verhängten Geldstrafen.

1. aufgerechnet werden: S. §§ 1324, 1325 RVO. Während § 91 das Verhältnis des Versicherten zu anderen Gläubigern regelt, handelt es sich in § 92 um das Verhältnis der RVAnstalt zu ihm. Die Aufrechnung steht im freien Ermessen der Anstalt. Vgl. auch §§ 388, 389 BGB.

Auf dem Gebiete der Unfall- und Invalidenversicherung hat das RVAmt von jeher daran festgehalten, daß von der Befugnis zur Aufrechnung nur in schonender Weise Gebrauch gemacht werden soll und daß daher die laufende Rente höchstens zu einem Drittel einbehalten werden dürfe (AN. 1903 S. 263 Z. 1029 und S. 601 Z. 1099, Schlußabsatz; 1910 S. 505 Z. 1479, letzter Absatz; Handb. der Unf.-Vers. 3. Aufl. Bd. 1 S. 554, Anm. 10.

Die Möglichkeit, aufzurechnen, beschränkt sich auf die im Gesetz hier ausdrücklich genannten Fälle; sonst ist sie schlechthin ausgeschlossen. Gegenüber einem Anspruch auf Beitragserstattung gemäß § 62 kann daher die RVAnstalt mit den Kosten eines Heilverfahrens, das sie gewährt hat, nicht aufrechnen (AVN. 1921 S. 60 Z. 459, ebensowenig gegen Ruhegeld mit Altersrentenbeträgen der Invalidenversicherung, die zu Unrecht gezahlt worden sind (AN. 1925 S. 168 Z. 2850).

Dritter Abschnitt.

Träger der Versicherung.

I. Bezeichnung.

§ 93 (96).

Träger[1]) der Versicherung ist, soweit nichts anderes bestimmt ist,[2]) die Reichsversicherungsanstalt für Angestellte. Sie hat ihren Sitz in Berlin.[3])

1. Träger der Versicherung: Für die Angestelltenversicherung besteht also nur 1 solcher im Gegensatz zur Invalidenversicherung, wo die zu große Zahl der Versicherungsträger schon längst als organisatorischer Fehler erkannt ist.

2. soweit nichts anderes bestimmt ist: D. h. soweit nicht private Ersatzkassen (§§ 363—374) zugelassen sind. Außerdem kommt jetzt auf Grund des Reichsknappschaftsgesetzes vom 23. Juni 1923 (RGBl. I S. 431 ff.), §§ 1 Abs. 1 u. 2, 3 Z. 3 u. 4 auch der Reichsknappschaftsverein in Betracht.

3. in Berlin: Einschl. der Vororte (Groß-Berlin). Die Geschäftsräume der Anstalt befinden sich jetzt in Berlin-Wilmersdorf, Ruhrstraße 2 am Fehrbelliner Platz.

II. Rechtsfähigkeit und Aufsicht.

§ 94 (97, 100 Abs. 3).

Die Reichsversicherungsanstalt ist rechtsfähig[1]). Sie ist eine öffentliche Behörde[2]).

Der Reichsarbeitsminister übt die Aufsicht[3]) über die Reichsversicherungsanstalt aus[4]).

1. rechtsfähig: D. h. sie kann Rechte erwerben und Verbindlichkeiten eingehen, vor Gericht klagen und verklagt werden; für ihre Verbindlichkeiten haftet den Gläubigern nur das Anstaltsvermögen (auch nicht das Reich).

Vgl. auch § 4 RVO.

Auf die RVAnstalt finden auch die §§ 89 mit 31 BGB. Anwendung.

2. öffentliche Behörde: Jedoch keine Reichsbehörde. Ihre Kosten bringt auch nicht das Reich auf (§ 168). — Vgl. auch § 1343 RVO.

3. übt die Aufsicht . . . aus: Der Inhalt dieses Aufsichtsrechts ist hier vom Gesetz nicht näher umschrieben. Man wird jedoch § 30 RVO. heranziehen dürfen. Hienach erstreckt sich das Aufsichtsrecht darauf, daß das Gesetz (eine Satzung hat die RVAnstalt nicht) so beobachtet wird, wie es der Zweck der Versicherung erfordert (die Bedeutung der Worte „so . . . wie es . . . erfordert", die erst durch Verordn. vom 30. Okt. 1923 beigefügt wurden, ist allerdings unklar). Das Aufsichtsrecht beschränkt sich also, kurz gesagt, darauf, daß das Gesetz beobachtet wird; keinesfalls aber hat das R.-Arb.-Ministerium die fortlaufenden Maßnahmen des Direktoriums zu kontrollieren.

4. über die Reichsversicherungsanstalt: Das frühere Gesetz (§ 100 Abs. 3) unterwarf nur das Direktorium der Aufsicht.

§ 95 (105).

Die Bücher der Reichsversicherungsanstalt sind jährlich abzuschließen; auf Grund der Bücher ist für das abgelaufene Geschäftsjahr ein Rechnungsabschluß [1]) und ein die Verhältnisse sowie die Entwicklung der Anstalt darstellender Bericht anzufertigen und dem Reichsarbeitsminister mitzuteilen. Der Rechnungsabschluß und der Bericht sind dem Reichstag [2]) vorzulegen.

Als Geschäftsjahr gilt das Kalenderjahr.

1. Rechnungsabschluß: Diesen hat der Verwaltungsrat abzunehmen (§ 104 Z. 3).

2. der Reichstag: Nur zur Kenntnis und Besprechung; in die Verwaltung der RVAnstalt eingreifen kann der Reichstag nicht.

§ 96 (107).

Die Rechnungen der Reichsversicherungsanstalt über ihre persönlichen und sachlichen Verwaltungskosten [1]) werden durch den Rechnungshof [2]) des Deutschen Reichs geprüft [3]).

1. persönliche und sachliche Verwaltungskosten: Bezüge der Beamten und ihrer Hinterbliebenen, Reisekosten, Bürobedarf usw.

2. Rechnungshof: S. das Reichsgesetz vom 18. April 1907, RGBl. S. 95.

3. geprüft: Unbeschadet der durch § 108 Abs. 1 Z. 2 begründeten Befugnis des Verwaltungsrats.

III. Organe.

§ 97 (98).

Die Organe[1]) der Reichsversicherungsanstalt sind
1. das Direktorium,
2. der Verwaltungsrat,
3. die Vertrauensmänner.

1. Organe: Zu diesen gehörten früher auch die Rentenausschüsse, die jetzt aufgehoben sind.

Die Versicherungsbehörden (§§ 131—167) sind nicht Organe der RVAnstalt.

1. Direktorium.

§ 98 (99).

Das Direktorium vertritt[1]) die Reichsversicherungsanstalt gerichtlich und außergerichtlich. Es hat die Stellung eines gesetzlichen Vertreters.

1. Direktorium vertritt: Vgl. § 5 RVO. Das Direktorium kann seinerseits durch einzelne seiner Mitglieder vertreten werden nach Maßgabe der Geschäftsordnung (§ 99 Abs. 2). S. auch § 164 BGB.

Wegen der Haftung der RVAnstalt für das Direktorium s. §§ 89 mit 31 BGB.

§ 99 (100).

Das Direktorium besteht aus einem Präsidenten[1]), seinem Stellvertreter und weiteren beamteten Mitgliedern[2]) sowie aus je drei Vertretern der Versicherten und ihrer Arbeitgeber (ehrenamtliche Mitglieder)[3]). Die Zahl der ehrenamtlichen Mitglieder muß größer sein als die der beamteten.[4]) Sind zu einer Sitzung des Direktoriums nicht sämtliche ehrenamtliche Mitglieder erschienen, so scheiden bei der Abstimmung die beamteten Mitglieder in entsprechender Anzahl aus.

Das Direktorium faßt seine Beschlüsse nach Stimmenmehrheit. Bei Stimmengleichheit gibt die Stimme des Präsidenten den Ausschlag. Im übrigen wird die Geschäftsführung durch eine Geschäftsordnung[5]) geregelt, die der Verwaltungsrat im Einvernehmen mit dem Direktorium erläßt; sie bedarf der Zustimmung des Reichsarbeitsministers.

1. Präsidenten: Er ist selbstverständlich der Vorsitzende des Direktoriums; zugleich ist er aber auch der Vorsitzende des Verwaltungsrats (§ 105).

2. weiteren beamteten Mitgliedern: Deren Zahl ist gesetzlich nicht festgelegt (z. Zt. sind es drei).

3. ehrenamtliche Mitglieder: Sie werden vom Verwaltungsrat gewählt (§ 102). Im übrigen s. § 115.

4. muß größer sein als die der beamteten: Nach dem früheren Gesetz hatten, umgekehrt wie jetzt, bei der Beschlußfassung soviel nichtbeamtete Mitglieder auszuscheiden, daß die beamteten in der Mehrzahl waren. Dadurch war die Verwaltung der RVAnstalt wesentlich in die Hände der beamteten Direktoriumsmitglieder gelegt. Um diesen Rechtszustand zu beseitigen und das Selbstverwaltungsrecht der RVAnstalt zu erweitern, wurde die jetzige Bestimmung getroffen. Zu dem gleichen Zweck ist auch die Zahl der nichtbeamteten Direktoriumsmitglieder von vier auf sechs erhöht.

5. Geschäftsordnung: Z. Zt. gilt die Geschäftsordnung vom 19. Juni 1920, abgedruckt in AVN. 1920 S. 145.

§ 100 (101.)

Die beamteten Direktoriumsmitglieder und die übrigen planmäßigen Beamten des höheren Dienstes[1]) ernennt der Reichspräsident nach Vorschlag des Reichsrats auf Lebenszeit. Der Verwaltungsrat ist vorher zu hören.

Bei der Ernennung der beamteten Direktoriumsmitglieder kann für die ersten drei Jahre der Dienstzeit der Widerruf[2]) vorbehalten werden.

1. übrigen planmäßigen Beamten des höheren Dienstes: Z. Zt. nur Oberregierungsräte und Regierungsräte. Sie erhalten ihre Geschäfte vom Direktorium zugewiesen und haben sie nach dessen Beschlüssen und Weisungen zu erledigen. Da sie nicht Mitglieder des Direktoriums sind, haben sie in diesem auch kein Stimmrecht. Im übrigen s. § 101.

Außerdem gibt es auch außerplanmäßige Beamte des höheren Dienstes; diese können je nach der Form ihrer Ernennung entweder Reichsbeamte sein (§ 101) oder unter § 103 fallen.

2. Widerruf vorbehalten: Die Vorschrift gilt nur für die beamteten Direktoriumsmitglieder, nicht für die übrigen Beamten des höheren Dienstes. Sie ist neu angefügt und soll ebenfalls das Selbstverwaltungsrecht der RVAnstalt erweitern.

Da der Verwaltungsrat vor der Ernennung der beamteten Direktoriumsmitglieder (§ 99 Abs. 1) zu hören ist — nämlich vom

Reichspräsidenten — so ist er auch vor Erlassung eines Widerrufs zu hören.

§ 101 (102).

Die im § 100 bezeichneten Beamten haben die Rechte und Pflichten der Reichsbeamten[1]).

Ihre Besoldungen, Pensionen und sonstigen Dienstbezüge sowie die Pensionen und Unterstützungen für ihre Hinterbliebenen trägt die Reichsversicherungsanstalt[2]). Der Besoldungs- und Pensionshaushalt wird für das Direktorium durch den Reichshaushalt, für die übrigen im § 100 bezeichneten Beamten vom Reichsrat auf den Antrag des Reichsarbeitsministers jährlich festgesetzt.

1. Rechte und Pflichten der Reichsbeamten: Vgl. das Reichsbeamtengesetz vom 31. März 1873 in der Fassung der Bekanntm. des Reichskanzlers vom 18. Mai 1907 (RGBl. S. 245), mit späteren Abänderungen und Ergänzungen.

2. trägt die Reichsversicherungsanstalt: Nach dem folgenden Satze des Abs. 2 hat sie aber auf die Festsetzung der Bezüge keinen Einfluß; daher auch der Vorbehalt in § 104 Z. 2: unbeschadet des § 101 Abs. 2 Satz 2.

§ 102 (103).

Die ehrenamtlichen Mitglieder[1]) des Direktoriums wählt der Verwaltungsrat[2]) auf sechs Jahre. Für jedes Mitglied werden mindestens zwei Ersatzmänner gewählt; sie vertreten es, wenn es verhindert ist, und treten, wenn es ausscheidet, für den Rest der Wahlzeit in der Reihenfolge ihrer Wahl ein.

Die Vertreter der Arbeitgeber werden von den Arbeitgebervertretern, die übrigen von den Versichertenvertretern unter den Mitgliedern des Verwaltungsrats gewählt.

Die §§ 109 bis 111, 117[2]) gelten entsprechend.

Ein Mitglied des Verwaltungsrats, das Mitglied des Direktoriums wird, scheidet aus dem Verwaltungsrat aus.

1. ehrenamtliche Mitglieder: S. § 99 Abs. 1.

2. wählt der Verwaltungsrat: Auch Frauen sind wählbar. Da sie auch dem Verwaltungsrat angehören können (s. § 105 Abs. 2), so sind solche Frauen auch aktiv wahlberechtigt.

Das Wahlverfahren ist durch die Geschäftsordnung des Verwaltungsrats (§ 107 Abs. 1) zu regeln.

3. §§ 109 bis 111, 117: § 108 ist nicht angeführt, die Verhältniswahl ist also nicht vorgeschrieben, abweichend von von der sonst allgemeinen Regelung in der Sozialversicherung.

§ 103 (104).

Die übrigen Beamten und die Angestellten [1]) werden vom Direktorium [2]) angestellt [3]). Das Direktorium erläßt im Einverständnis mit dem Verwaltungsrat eine Dienstordnung [4]), in der die Zahl, die Gehaltsbezüge [5]), die Grundsätze für Anstellung [6]), Dienstentlassung, Ruhestandsversorgung und Hinterbliebenenfürsorge zu regeln sind.

1. Die übrigen Beamten und die Angestellten: Das sind die nicht planmäßig Beschäftigten des höheren Dienstes (vgl. Anm. 1 zu § 100), sowie der Beschäftigten des mittleren und unteren Dienstes.

Diese haben nicht die Rechte und Pflichten der Reichsbeamten (vgl. § 101 Abs. 1), sondern sind Angestellte der RVAnstalt.

2. vom Direktorium: Die Mitwirkung des Verwaltungsrats (vgl. § 100 Abs. 1 Satz 2) ist hier nicht vorgeschrieben.

3. angestellt: S. die „Anstellungsgrundsätze" (Grundsätze für die Anstellung der Inhaber eines Versorgungsscheins) vom 26. Juli 1922 / 16. Juli 1923, Zentralblatt für das Deutsche Reich 1922 S. 445, RGBl. 1923 I S. 651. Hienach ist mindestens ein Drittel der planmäßigen Beamtenstellen in jeder Eingangsgruppe mit Versorgungsanwärtern zu besetzen. Früher war dies für die RVAnstalt im AVG. selbst vorgeschrieben (§ 104 Abs. 1 Satz 3 alter Fassung).

4. Dienstordnung: Die derzeit geltende (vom 23. Juli/ 4. Aug. 1919) ist abgedruckt in AVN. 1919 S. 172.

Die Dienstordnung bedarf (abweichend von § 700 Abs. 2 RVO.) keiner Genehmigung.

Zweifelhaft ist, ob sie nicht gemäß § 78 Z. 3 des Betriebsrätegesetzes vom 4. Febr. 1920 (RGBl. S. 147 ff.) mit dem Betriebsrat vereinbart werden muß. Für die Angestellten der gewerblichen Berufsgenossenschaften hat das RVAmt (AN. 1924 S. 185 Z. 3176) im verneinenden Sinn entschieden. Dieser Auffassung wird man auch hier beitreten müssen.

5. Gehaltsbezüge: In dieser Hinsicht sind die Beschäftigten des mittleren und unteren Dienstes jetzt den Reichsbeamten gleichgestellt; die frühere Besoldungsordnung von 1920 (AVN. 1920 S. 148) ist dadurch aufgehoben.

6. Grundsätze für die Anstellung: Dazu gehören auch die Bestimmungen über Vorbildung und Befähigung. Hiezu vgl. die Prüfungsordnung vom 21. Jan. 1920 (AVN. 1920 S. 3).

2. Verwaltungsrat.

§ 104 (108).

Der Verwaltungsrat[1]) hat folgende Aufgaben[2]):

1. Er vertritt die Reichsversicherungsanstalt gegenüber dem Direktorium.
2. Er beschließt über die Festsetzung des Voranschlags, unbeschadet[3]) des § 101 Abs. 2 Satz 2.
   Für Ausgaben, die im Laufe des Geschäftsjahrs notwendig werden, ohne daß sie im Voranschlage vorgesehen sind, ist die Zustimmung des Verwaltungsrats erforderlich; war sie vorher nicht möglich, so ist die Genehmigung des Verwaltungsrats unverzüglich einzuholen.
3. Er nimmt den Rechnungsabschluß (§ 95) und die Bilanz (§ 173)[4]) ab. Dies schließt das Recht zur Prüfung der Einnahmen, Ausgaben und Belege ein.
4. Er ist befugt, durch Beauftragte aus seiner Mitte jederzeit Einblick in die Geschäftsführung zu nehmen. Der Beauftragte kann Sachverständige und Hilfskräfte zuziehen.
5. Er bestimmt gemeinsam mit dem Direktorium die Grundsätze für die Anlegung des Vermögens. Die Geschäftsordnung[5]) kann für den Erwerb von Grundstücken und für Verfügungen über Grundstücke die Zustimmung des Verwaltungsrats oder eines Ausschusses vorschreiben.
6. Er hat bei der Vorbereitung wichtiger Beschlüsse des Direktoriums gutachtlich[6]) mitzuwirken.

1. Verwaltungsrat: Vgl. § 97 Z. 2. Der Verwaltungsrat entspricht den Ausschüssen der Landesversicherungsanstalten für die Invalidenversicherung (§ 1351 RVO.). Seine Befugnisse sind gegen früher beträchtlich erweitert (§ 108 des alten Gesetzes enthielt nur die jetzigen Nr. 2 u. 3); hiezu s. auch § 106!

2. folgende Aufgaben: Die Aufzählung in Nr. 1—6 ist nicht vollständig; weitere Aufgaben des Verwaltungsrats finden sich in den §§ 99 Abs. 2, 100, 102, 103 u. 107 Abs. 1.

3. zu Nr. 2: unbeschadet: S. Anm. 2 zu § 101!

4. Rechnungsabschluß und Bilanz: Vgl. § 95!

5. Geschäftsordnung: S. § 107!

6. gutachtlich: Hier ist also, anders als bei den Nr. 2—5, die Stellungnahme des Verwaltungsrats für das Direktorium nicht bindend.

§ 105 (109).

Der Verwaltungsrat besteht aus dem Präsidenten des Direktoriums[1]) oder seinem Stellvertreter als Vorsitzendem und mindestens je zwölf Vertretern der Versicherten und ihrer Arbeitgeber. Der Reichsarbeitsminister kann die Zahl der Mitglieder nach Bedarf erhöhen.

Die Vertreter der Arbeitgeber werden von den Arbeitgebervertretern unter den Vertrauensmännern, die übrigen von den Versichertenvertretern unter den Vertrauensmännern gewählt[2]).

1. Präsidenten des Direktoriums: Vgl. Anm. 1 zu § 99! Die anderen Mitglieder des Direktoriums können dem Verwaltungsrat nicht angehören.

2. gewählt: Wegen der Wahlordnung s. § 108, wegen der Wählbarkeit §§ 109—111, wegen der Wahlzeit § 112.

Die als Mitglieder des Verwaltungsrats zu wählenden Vertreter brauchen nicht selbst Vertrauensmänner zu sein.

Auch Frauen sind wählbar. Da ihnen auch das Amt eines Vertrauensmannes übertragen werden kann (§§ 120, 126), so sind solche Frauen auch stimmberechtigt.

§ 106 (neu).

Der Verwaltungsrat ist befugt[1]),

aus seinen Mitgliedern für einzelne Arbeitsgebiete Ausschüsse zu bilden und

einzelne Obliegenheiten mit Ausnahme der Festsetzung des Voranschlags, der Abnahme des Rechnungsabschlusses und der Bilanz[2]) einem solchen Ausschuß zu übertragen.

1. ist befugt: § 106 ist neu und bezweckt ebenfalls (s. bes. § 104), das Selbstverwaltungsrecht der RVAnstalt auszubauen.

2. mit Ausnahme . . . Bilanz: S. § 104 Nr. 2 u. 3; diese Gegenstände müssen also der Vollversammlung des Verwaltungsrats vorbehalten bleiben.

§ 107 (110).

Der Verwaltungsrat faßt seine Beschlüsse nach Stimmenmehrheit. Im übrigen wird die Geschäftsführung durch eine Geschäftsordnung[1]) geregelt, die der Verwaltungsrat[2]) erläßt; sie bedarf der Zustimmung des Reichsarbeitsministers.

Der Präsident beruft den Verwaltungsrat. Auf Verlangen der Mehrheit des Verwaltungsrats ist dieser zu berufen.

1. Geschäftsordnung: S. die Bekanntm. des Reichskanzlers vom 10. Nov. 1913, AVN. 1913 S. 49, sowie die Bekanntm. vom 2. Jan. 1920, betr. Abänderung der Geschäftsordnung für den Verwaltungsrat (AVN. 1920 S. 22).

2. der Verwaltungsrat: Nach früherem Recht stand diese Befugnis dem Reichskanzler zu (§ 110 Abs. 1 (Satz 2 alter Fassung); der Verwaltungsrat war nur „anzuhören". Jetzt ist die Befugnis dem Verwaltungsrat selbst übertragen; die Geschäftsordnung, die er erläßt, bedarf aber der „Zustimmung" des Reichsarbeitsministers. Aus dem Ausdruck „Zustimmung" (nicht „Genehmigung") wird zu folgern sein, daß der Arbeitsminister, falls er seine Zustimmung verweigert, sich nicht bloß auf Rechtsgründe (weil die Geschäftsordnung mit dem Gesetz nicht vereinbar sei), sondern auch auf Gründe der Zweckmäßigkeit stützen kann.

Da jedoch z. Zt. noch die alte Geschäftsordnung gilt (Anm. 1), so ist die neue Vorschrift tatsächlich noch nicht ins Leben getreten.

§ 108 (111).

Die Wahl findet nach den Grundsätzen der Verhältniswahl[1]) statt.

Der Reichsarbeitsminister erläßt eine Wahlordnung[2]) und leitet die Wahl durch seine Beauftragten.

Für jeden Vertreter werden mindestens zwei Ersatzmänner gewählt; sie ersetzen ihn, wenn er verhindert ist, und treten, wenn er ausscheidet, für den Rest der Wahlzeit in der Reihenfolge ihrer Wahl ein.

Bei Streit über die Wahl entscheidet der Reichsarbeitsminister.

1. Verhältniswahl: Deren Wesen, die Arten der Abstimmung (gebundene oder freie Listen) und die verschiedenen Verfahren für die Ermittlung des Wahlergebnisses dürfen wohl als bekannt angesehen werden.

In der Angestelltenversicherung ist die Verhältniswahl außer in § 108 auch vorgeschrieben für die Wahl der Vertrauensmänner (§ 124) und der Beisitzer der Versicherungsbehörden (§ 136), dagegen nicht für die Wahl der ehrenamtlichen Mitglieder des Direktoriums (s. Anm. 3 zu § 102).

2. Wahlordnung: Die frühere Wahlordnung vom 22. Okt. 1912 (RGBl. S. 513) ist jetzt ersetzt durch die Wahlordnung vom 17. Juni 1924 (RGBl. I S. 649 ff.).

Sie beruht (wie übrigens auch die frühere) auf der Wahl nach sog. streng gebundenen Listen unter Zulassung verbundener Listen, das Wahlergebnis wird nach dem sog. Höchstzahlensystem ermittelt (§§ 15 Abs. 3, 12 u. 19 der Wahlordnung).

Nach der früheren Wahlordnung war es infolge davon, daß sie auch die Sitze der Ersatzmänner auf die zugelassenen Vorschlagslisten verteilen ließ, möglich, daß ein ausscheidender Gewählter durch einen Ersatzmann anderer Richtung ersetzt werden konnte. Die neue Wahlordnung vermeidet diesen Mißstand dadurch, daß sie, wenn Gewählte ausscheiden, als Ersatzmänner die auf derselben Vorschlagsliste gültig vorgeschlagenen, noch nicht gewählten Bewerber der Reihe nach einrücken läßt.

Die Wahlordnung ist im Anhang abgedruckt.

§ 109 (112).

Wählbar[1]) zum Verwaltungsrate sind nur volljährige Deutsche[2]).

Nicht wählbar ist,

1.[3]) wer infolge strafgerichtlicher Verurteilung die Fähigkeit zur Bekleidung öffentlicher Ämter verloren hat oder wegen eines Verbrechens oder Vergehens, das den Verlust dieser Fähigkeit zur Folge haben kann, verfolgt wird, falls gegen ihn das Hauptverfahren eröffnet ist,

2.[4]) wer infolge gerichtlicher Anordnung in der Verfügung über sein Vermögen beschränkt ist.

1. Wählbar: Die Wahl eines nicht Wählbaren ist ungültig (§§ 11 Z. 2 u. 26 Z. 1 der Wahlordnung); vgl. auch § 117.
Weitere Voraussetzungen der Wählbarkeit s. in §§ 110, 111.

2. Volljährige Deutsche: Ein Deutscher ist, wer entweder die Staatsangehörigkeit in einem deutschen Bundesstaat oder die bloße Reichsangehörigkeit besitzt.
Auch Frauen sind wählbar (vgl. Anm. 2 Abs. 3 zu § 105).

Wegen der Volljährigkeit s. § 2 BGB. (21. Lebensjahr), ferner §§ 3 ff. BGB.

3. Z. 1: S. §§ 31, 33, 34, 35 RStGB.

4. Z. 2: §§ 6, 104, 114, 1910 BGB., §§ 645, 680 ZPO., §§ 6, 106 KonkO.

§ 110 (113).

Wählbar[1]) als Vertreter der Arbeitgeber[2]) ist, wer regelmäßig[3]) mindestens einen versicherten Angestellten[4]) beschäftigt.

1. Wählbar: S. Anm. 1 zu § 109!

2. Arbeitgeber: Dieser Begriff bezeichnet lediglich das Verhältnis zum versicherten Angestellten; er deckt sich nicht mit dem des Unternehmers (§§ 633, 958, 1121 RVO.) und erfordert also nicht das Vorhandensein eines Betriebs, d. h. einer wirtschaftlichen Unternehmung. Daher ist z. B. auch der Arbeitgeber eines Privatlehrers (auch wenn er nur diesen allein beschäftigt) wählbar.

Für juristische Personen sind ihre gesetzlichen Vertreter wählbar (das Gesetz enthält zwar keine dem § 13 RVO. entsprechende Vorschrift; gleichwohl kann nicht angenommen werden, daß das Gesetz juristische Personen — die versicherte Angestellte oft in großer Zahl beschäftigen — von jedem Einflusse auf Verwaltung und Rechtsprechung in der Angestelltenversicherung ausschließen wollte).

Auch für andere Arbeitgeber, die einen gesetzlichen Vertreter haben, ist dieser wählbar.

Ferner wird ein vom Arbeitgeber bevollmächtigter Betriebsleiter wählbar sein, vorausgesetzt, daß er nicht nach § 111 als Vertreter der Versicherten wählbar ist (das letztere ist z. B. nicht der Fall, wenn der Betriebsleiter die Verdienstgrenze des § 3 überschreitet).

3. regelmäßig: D. h. nicht bloß gelegentlich oder zeitweise.

4. versicherten Angestellten: Das sind die unter §§ 1, 5 (und 6) des Gesetzes fallenden Personen. Freiwillig Versicherte gehören nicht hierher, dagegen die bei Ersatzkassen Versicherten (§ 363) und die von der eigenen Beitragsleistung Befreiten (§ 375).

§ 111 (114).

Wählbar[1]) als Vertreter der Versicherten sind nur Versicherte[2]), die nicht als Vertreter der Arbeitgeber wählbar sind[3].

1. Wählbar: S. Anm. 1 zu § 109!

2. Versicherte: Dazu gehört hier auch, wer freiwillig versichert ist, ferner die bei Ersatzkassen Versicherten und die von der eigenen Beitragsleistung Befreiten (§§ 363, 375).

3. als Vertreter der Arbeitgeber ... wählbar sind: Das sind versicherte Arbeitgeber — die entweder früher Angestellte waren (§ 21) oder sich gemäß § 22 versichert haben —, wenn sie regelmäßig mindestens 1 versicherten Angestellten beschäftigen (§ 110).

Das Gesetz will eben die doppelte Wählbarkeit (als Vertreter der Arbeitgeber und der Versicherten zugleich) ausschließen.

§ 112 (115).

Die Wahlzeit dauert sechs Jahre[1]).

Die Gewählten bleiben nach Ablauf dieser Zeit im Amte, bis ihre Nachfolger eintreten.

Wer ausscheidet, kann wiedergewählt werden[2]).

1. sechs Jahre: Abweichend von der Arbeiterversicherung (§ 16 RVO.), wo sie nur 4 Jahre dauert.

2. wiedergewählt werden: Unbeschadet des Ablehnungsrechts (für Arbeitgeber s. § 113 Abs. 2, für Versicherte Anm. 1 zu § 113!).

§ 113 (116).

Ein Arbeitgeber[1]) kann die Wahl nur aus einem wichtigen Grunde ablehnen, insbesondere[2]) wenn er

1. das sechzigste Lebensjahr vollendet hat,
2. mehr als vier minderjährige eheliche Kinder hat; Kinder, die ein anderer an Kindes Statt angenommen hat, werden dabei nicht gerechnet,
3. durch Krankheit oder Gebrechen verhindert ist, das Amt ordnungsmäßig zu führen,
4. mehr als eine Vormundschaft oder Pflegschaft führt. Die Vormundschaft oder Pflegschaft über mehrere Geschwister gilt nur als eine; zwei Gegenvormundschaften stehen einer Vormundschaft, ein Ehrenamt der Reichsversicherung einer Gegenvormundschaft gleich.

Nach mindestens zweijähriger Amtsführung[3]) kann eine Wiederwahl für die nächste Wahlzeit[4]) abgelehnt werden.

1. Arbeitgeber: Vgl. § 110. Die Versicherten sind in bezug auf die Ablehnung der Wahl nicht beschränkt.

2. insbesondere: Die Aufzählung der Ablehnungsgründe in § 116 ist daher nicht erschöpfend; es können auch noch andere wichtige Gründe geltend gemacht werden. Insofern weicht das Gesetz

von § 17 RVO. ab. Darüber, was ein wichtiger Grund ist, entscheidet das Direktorium, auf Beschwerde der Reichsarbeitsminister; s. § 114 Abs. 1 u. 4.

Das Ablehnungsrecht kann nur vor Antritt des Amts geltend gemacht werden, nicht nachträglich (s. auch Anm. 7 zu § 114).

3. zweijähriger Amtsführung: Bei Ersatzmännern kann nur die Zeit in Betracht kommen, während deren sie für ein ausgeschiedenes Mitglied eingetreten waren; gelegentliche Vertretungen bei Verhinderung eines Mitglieds bleiben außer Betracht.

4. für die nächste Wahlzeit: Nur für diese, aber nicht für spätere Zeiten oder gar für immer.

§ 114 (117).

Über die Zulässigkeit der Ablehnung[1]) entscheidet das Direktorium.

Wer die Wahl ohne zulässigen Grund[2]) ablehnt, kann[3]) vom Präsidenten des Direktoriums mit Ordnungsstrafe in Geld[4]) bestraft werden.

Das Direktorium kann[5]) einen Vertreter[6]) von seinem Amte entbinden, wenn ein wichtiger Grund vorliegt[7]).

Auf Beschwerde[8]) entscheidet der Reichsarbeitsminister endgültig.

1. Ablehnung: Eines Arbeitgebers; Versicherte kommen nicht in Betracht (s. § 113 u. Anm. 1 hiezu).

2. ohne zulässigen Grund: D. h. ohne einen der in § 113 genannten oder einen andern, vom Direktorium (oder Reichsarbeitsminister) anerkannten wichtigen Grund.

3. kann ... bestraft werden: Der Präsident ist nicht gezwungen, von der Strafbefugnis Gebrauch zu machen. — S. auch § 355.

4. Ordnungsstrafe in Geld: D. i. von einer bis zu tausend RM. (Art. II Abs. 1 u. 2 der Verordn. über Vermögensstrafen und Bußen, vom 6. Febr. 1924, RGBl. I S. 44 ff.); nach dem früherem Gesetz war der Höchstbetrag nur 500 ℳ.

5. kann: Dieses Wort dürfte hier nicht bedeuten, daß es im Belieben des Direktoriums steht, ob es einen Vertreter von seinem Amt entbinden will oder nicht; das Direktorium wird vielmehr, wenn ein wichtiger Grund vorliegt, den Vertreter auf sein Verlangen des Amts entheben müssen.

6. Vertreter: Hier sind sowohl Arbeitgeber als auch Versicherte gemeint.

7. wichtiger Grund vorliegt: Das ist nur dann der Fall, wenn ein solcher Grund erst nachträglich — nachdem der Ver-

treter sein Amt angetreten hatte — entstanden ist. Eine nachträgliche Ausübung des Ablehnungsrechts ist jedoch unzulässig und wird auch durch § 114 Abs. 3 nicht zulässig (s. auch Anm. 2 Abs. 2 zu § 113).

8. Beschwerde: Wegen der Frist s. § 324 Abs. 1. Aufschiebende Wirkung hat die Beschwerde nicht (§ 326).

§ 115 (118).

Die Mitglieder des Verwaltungsrats und die ehrenamtlichen Direktoriumsmitglieder[1]) verwalten ihr Amt unentgeltlich als Ehrenamt. Für ihre Teilnahme an Sitzungen erhalten sie Tagegelder und Vergütung der Reisekosten nach festen, von dem Reichsarbeitsminister bestimmten Sätzen[2]).

1. Mitglieder des Verwaltungsrats und die ehrenamtlichen Direktionsmitglieder: Vgl. die von § 115 abweichende Regelung in den §§ 130, 143, 152 u. 161 Abs. 3.

2. von dem Reichsarbeitsminister bestimmten Sätzen: S. die Bekanntm. des Reichsarbeitsministers vom 7. Aug. 1922 (ABN. 1922 S. 159); dort ist bestimmt:

Für ihre Teilnahme an Sitzungen erhalten vom 1. Jan. 1922 ab:

I. die Mitglieder des Verwaltungsrats der Reichsversicherungsanstalt für Angestellte und ihre Ersatzmänner:

a) wenn sie in Berlin oder in einem Umkreise von Berlin wohnen, für den Reisekosten nach der Reisekostenverordnung nicht zuständig sind, eine Aufwandsentschädigung in Höhe eines vollen Tagegelds nach dem Satze der Tagegeldstufe III für nicht teure Orte gemäß der Reisekostenverordnung für die Reichsbeamten vom 14. Okt. 1921 (RGBl. S. 1345),

b) die übrigen Mitglieder und ihre Ersatzmänner Reisekosten nach derselben Verordnung unter Zugrundelegung der Sätze der Tagegeldstufe III, soweit aber die Aufwandsentschädigung zu a) höher ist als das Tage- und Übernachtungsgeld, die Aufwandsentschädigung,

c) übersteigen die durch die Teilnahme an der Sitzung verursachten sonstigen notwendigen Auslagen und der Ausfall an Arbeitsverdienst die Entschädigung zu a und b, den nachgewiesenen Mehrbetrag in angemessenem Umfange;

II. die nichtbeamteten Mitglieder des Direktoriums der Reichsversicherungsanstalt für Angestellte:

Entschädigungen nach den gleichen Grundsätzen wie zu I, jedoch unter Zugrundelegung der Sätze der Tagegeldstufe II der genannten Verordnung.

§ 116 (119).

Die Vertreter der Versicherten haben ihrem Arbeitgeber jede Einberufung zu den Sitzungen anzuzeigen. Tun sie es rechtzeitig, so gibt das Fernbleiben von der Arbeit dem Arbeitgeber keinen wichtigen Grund[1]), das Arbeitsverhältnis ohne Einhalten einer Kündigungsfrist zu lösen.

1. wichtigen Grund: Siehe § 626 des Bürgerl. Gesetzbuchs und §§ 70, 72 des Handelsgesetzbuchs.

Weitere Schutzvorschriften für die Versicherten sind enthalten in den §§ 341, 342.

2. ohne Einhalten einer Kündigungsfrist: Mit ihrer Einhaltung kann aber gekündigt werden, und zwar ohne Angabe eines Grundes.

§ 117 (120).

Werden von einem Gewählten Tatsachen bekannt, die seine Wählbarkeit ausschließen[1]), so hat ihn der Verwaltungsrat seines Amtes durch Beschluß zu entheben[2]).

Vor der Beschlußfassung ist ihm Gelegenheit zur Äußerung zu geben.

Gegen den Beschluß ist die Beschwerde[3]) bei dem Reichsarbeitsminister zulässig.

1. Werden ... Tatsachen bekannt, die ... ausschließen: S. § 109. Gleichgültig ist es, ob diese Tatsachen schon bei der Wahl bestanden, aber nicht bekannt waren und im Wege der Wahlanfechtung nicht geltend gemacht worden sind, oder ob sie erst später entstanden sind.

Vgl. § 24 RVO., welcher aber auch den weiteren Enthebungsgrund kennt, daß die Vertrauenswürdigkeit für die Geschäftsführung ausgeschlossen ist.

2. zu entheben: Erst hiedurch, nicht schon dadurch, daß der Verlust der Wählbarkeit eintritt, erlischt das Amt; dies gilt auch von solchen, die von Anfang an nicht wählbar waren (s. Anm. 1 zu diesem Paragraphen).

3. Beschwerde: Wegen der Frist usw. vgl. §§ 324 ff.

Die Beschwerde hat keine aufschiebende Wirkung, da in § 117 hierüber nichts vorgeschrieben ist (vgl. § 326). —

Im alten Gesetz folgten hier die Bestimmungen über die Rentenausschüsse (§§ 122—142); sie sind, da die Rentenausschüsse beseitigt sind, weggefallen.

3. Vertrauensmänner.

§ 118 (143).

Die Vertrauensmänner wählen [1]) die Mitglieder des Verwaltungsrats sowie die Beisitzer der Angestelltenversicherung für die Versicherungsämter, die Oberversicherungsämter und das Reichsversicherungsamt.

1. wählen: Dieser Paragraph enthält die erste Aufgabe der Vertrauensmänner, den Wahlkörper für alle Vertreterwahlen zu bilden (§§ 105 Abs. 2, 135 Abs. 2, 152, 161).

§ 119 (144).

Den Vertrauensmännern kann das Versicherungsamt [1]) zu seiner Unterstützung Aufträge erteilen [2]). Sie sollen auch ohne Auftrag alle ihnen bekannt gewordenen Tatsachen mitteilen [3]), die nach ihrer Ansicht für das Versicherungsamt oder die Reichsversicherungsanstalt wichtig sind.

1. Versicherungsamt: Früher der Rentenausschuß, an dessen Stelle jetzt das Versicherungsamt getreten ist.

2. Aufträge erteilen: Dies ist die zweite Aufgabe der Vertrauensmänner als Hilfsorgane der Versicherungsämter und der RVAnstalt.

Schon in der Begründung des Gesetzentwurfs über die Angestelltenversicherung war in Aussicht genommen, da die Inanspruchnahme der Vertrauensmänner voraussichtlich vielseitig werden und häufiger eintreten werde, sie zu Ortsausschüssen zusammenzuschließen, die ihre Geschäfte auf Grund einer von der RVAnstalt aufzustellenden Geschäftsordnung erledigen könnten.

Die RVAnstalt hat die Gründung solcher Ortsausschüsse angeregt durch Rundschr. vom 8. Mai 1913 (AVN. S. 107). Dieser Anregung ist auch allenthalben entsprochen worden; schon bald nachher waren über 800 solcher Ausschüsse gegründet.

Über ihre jetzige Organisation (Bezirksvereinigungen und Reichsvereinigung) s. AVN. 1920 S. 53 (Satzung vom 25. Mai 1920).

Die Geschäftsordnung für die Ortsausschüsse ist abgedruckt in AVN. 1922 S. 26.

3. alle ihnen bekanntgewordenen Tatsachen mitteilen: Dazu gehört in erster Linie die Benennung der in ihrem Wahlbezirke zur Versicherung noch nicht angemeldeten versicherungspflichtigen Personen (AVN. 1914 S. 111).

Näheres über den Aufgabenkreis der Vertrauensmänner ist ausgeführt in dem Rundschreiben des Direktoriums der RVAnstalt vom 10. Juli 1922, AVN. 1922 S. 78.

§ 120 (145).

Die Vertrauensmänner werden je zur Hälfte aus den Versicherten, die nicht Arbeitgeber sind[1]), und aus den Arbeitgebern der versicherten Angestellten gewählt[2]).

Die Zahl beträgt für den Bezirk einer unteren Verwaltungsbehörde sechs; wohnen im Bezirke der unteren Verwaltungsbehörde mehr als zehntausend Versicherte, so kann die oberste Verwaltungsbehörde für je angefangene weitere zehntausend die Zahl der Vertrauensmänner um zwei erhöhen.

Der obersten Verwaltungsbehörde bleibt vorbehalten, für kleinere Bezirke die Zahl der Vertrauensmänner bis auf zwei herabzusetzen oder die Bezirke mehrerer unteren Verwaltungsbehörden[3]) zu einem Bezirke zusammenzufassen und zu bestimmen, welche untere Verwaltungsbehörde die im § 124 Abs. 3, § 127 Abs. 2, § 128, § 129 Abs. 1 dieser Behörde zugewiesenen Geschäfte wahrzunehmen hat.

1. Versicherte, die nicht Arbeitgeber sind: Ein Versicherter, der durch Selbständigmachung aus der Versicherungspflicht ausscheidet und Arbeitgeber wird, aber die Versicherung freiwillig fortsetzt, ist Versicherter und Arbeitgeber zugleich, ebenso, wer sich auf Grund des § 22 Abs. 1 Z. 1 freiwillig versichert. Er ist auf Seite der Versicherten nicht wählbar. Unter „Arbeitgebern" sind auch hier (vgl. § 111) nur die zu verstehen, die gemäß § 110 als Vertreter der Arbeitgeber wählbar sind, d. h. die regelmäßig mindestens einen versicherten Angestellten beschäftigen.

2. gewählt: Auch Frauen sind wählbar, und zwar sowohl auf Seite der Arbeitgeber als auch der Angestellten; s. § 126.

3. unterer Verwaltungsbehörden: S. § 317!

§ 121 (146).

Die Vertrauensmänner aus den Arbeitgebern werden von den Arbeitgebern der versicherten Angestellten, die übrigen von den versicherten Angestellten gewählt[1]).

1. werden gewählt: Die §§ 121—124 regeln die Wahlberechtigung — das sog. aktive Wahlrecht —, während die Wählbarkeit — das sog. passive Wahlrecht — in den §§ 126—129 behandelt ist.

Wahlberechtigt sind auch Frauen (§ 122).

Die Wahl wird für beide Gruppen, Arbeitgeber und Versicherte, getrennt vorgenommen.

§ 122 (147).

Wahlberechtigt sind volljährige Deutsche[1]), sofern sie zu den versicherten Angestellten oder ihren Arbeitgebern gehören und im Bezirke der unteren Verwaltungsbehörde wohnen[2]).

Nicht wahlberechtigt sind die im § 109 Abs. 2[3]) bezeichneten Personen.

1. volljährige Deutsche: S. Anm. 2 zu § 109!

2. wohnen: Der zivilrechtliche Wohnsitz (§§ 7—11 BGB.) ist nicht erforderlich, es genügt das tatsächliche Wohnen (das z. B. auch durch einen längeren Kuraufenthalt begründet werden kann).

3. § 109 Abs. 2: S. Anm. 3 u. 4 zu § 109!

§ 123 (148).

Für die Wahlen der Arbeitgeber kann der Reichsarbeitsminister das Stimmrecht nach der Zahl der von ihnen beschäftigten Versicherten verschieden festsetzen[1]).

1. verschieden festsetzen: Vgl. § 4 der Wahlordnung (§ 124 Abs. 2). Die Vorschrift will Gewerbszweige, in denen der Großbetrieb überwiegt, entsprechend berücksichtigen.

§ 124 (149).

Gewählt wird schriftlich[1]) nach den Grundsätzen der Verhältniswahl. Für die versicherten Angestellten dient die Versicherungskarte (§ 176) als Ausweis, für die Arbeitgeber eine von der Gemeindebehörde ausgestellte Bescheinigung[2]). In der Versicherungskarte muß wenigstens ein Beitrag[3]) innerhalb der letzten zwölf Monate vor der Wahl nachgewiesen sein.

Der Reichsarbeitsminister erläßt eine Wahlordnung[4])[5]) und bestellt den Leiter der Wahl.

Bei Streit über die Wahl entscheidet die untere Verwaltungsbehörde[6]).

1. schriftlich: Brieflich oder durch gedruckte Stimmzettel.

2. Bescheinigung: Ein Muster dafür ist der Wahlordnung beigegeben (Anlage 2). Die Bescheinigung ist jedoch für den Wahlleiter nicht bindend; er kann eine Bescheinigung, die zu Unrecht ausgestellt ist, zurückweisen. Die Bescheinigung für sich allein begründet daher kein Stimmrecht.

3. Beitrag: Ersatztatsachen (§ 170) können hier nicht in Betracht kommen.

4. Wahlordnung: S. die Bekanntm. des Reichskanzlers vom 3. Juli 1912, RGBl. S. 419. Sie ist im Anhang abgedruckt.

5. Zu § 5 Abs. 2 der Wahlordnung (Reich oder Staat Arbeitgeber) siehe

Verf. des Staatssekretärs des Reichspostamts vom 7. Okt. 1912, Amtsbl. d. R.-P.-A. S. 227,

Erlaß des pr. Handelsministers vom 7. Okt. 1912, Handelsmin.-Bl. S. 504, und

für Mecklenburg-Schwerin Z. V der Min.-Bekanntm. vom 21. Aug. 1912, Reg.-Bl. S. 487.

6. untere Verwaltungsbehörde: S. § 317 Abs. 1 Ziff. 1.

§ 125 (150).

Für jeden Vertrauensmann werden in gleicher Weise[1]) je zwei Ersatzmänner gewählt; sie ersetzen ihn, wenn er verhindert ist, und treten, wenn er ausscheidet, für den Rest der Wahlzeit in der Reihenfolge ihrer Wahl[2]) ein.

1. in gleicher Weise: Und in der gleichen Wahlhandlung (§§ 8, 28 der Wahlordnung). Es findet also keine besondere Wahl der Ersatzmänner statt.

2. in der Reihenfolge ihrer Wahl: Das kann zur Folge haben, daß für einen wegfallenden Vertrauensmann ein Ersatzmann von einer anderen Vorschlagsliste einzutreten hat, was mit dem Grundsatz der Verhältniswahl eigentlich unvereinbar ist. Die neue Wahlordnung für die Wahl der Vertreter im Verwaltungsrat vermeidet diesen Übelstand (s. Anm. 2 Abs. 3 zu § 108).

§ 126 (151).

Wählbar[1]) sind nur Versicherte, die nicht Arbeitgeber sind, und Arbeitgeber[2]) der versicherten Angestellten, die im Bezirke der unteren Verwaltungsbehörde wohnen oder beschäftigt werden oder ihren Betriebssitz haben[3]), und die nicht nach § 109 ausgeschlossen[4]) sind.

1. Wählbar: Auch Frauen sind wählbar: Im übrigen s. Anm. 1 zu § 121.

2. Versicherte, die nicht Arbeitgeber sind, und Arbeitgeber: S. Anm. 1 zu § 120!

3. wohnen oder beschäftigt werden oder ihren Betriebssitz haben: Diese drei Voraussetzungen der Wähl-

barkeit stehen einander völlig gleich; es genügt, wenn eine von ihnen gegeben ist.

Wegen des Wohnens vgl. Anm. 2 zu § 122.

4. nach § 109 ausgeschlossen: S. Anm. 3 u. 4 zu jenem Paragraphen!

§ 127 (152).

Die §§ 112, 113, 116[1]) gelten entsprechend.

Solange und soweit keine Wahl zustande kommt[2]) oder die Gewählten die Dienstleistung verweigern[3]), beruft die untere Verwaltungsbehörde Vertrauensmänner aus der Zahl der Wählbaren.

1. §§ 112, 113, 116: Sechsjährige Wahlzeit, Ablehnungsrecht der Arbeitgeber, Anzeigepflicht der Versichertenvertreter bei Einberufung. Die Anm. zu jenen Paragraphen sind zu vergleichen!

2. Solange und soweit keine Wahl zustande kommt: Diese Worte finden nicht allein auf eine gerade fällige Wahl Anwendung, sondern ebenfalls auf eine künftige Wahl, die aus rechtlichen Gründen erst nach Beendigung einer augenblicklich laufenden Wahlzeit zustande kommen kann. Das gilt insbesondere dann, wenn § 125 sowie die Wahlordnung vom 3. Juli 1912 nicht mehr ausreichen, die Erhaltung der einem Wahlbezirke zustehenden Vertrauensmännerzahl bis zum Ablaufe der Wahlzeit sicherzustellen (AVN. 1913 S. 265).

3. die Dienstleistung verweigern: Dies würde eine „grobe Verletzung der Amtspflicht" (§ 129) darstellen, die die untere Verwaltungsbehörde berechtigen würde, die Betreffenden ihres Amts zu entheben (in diesem Falle hätten allerdings zunächst die Ersatzmänner einzutreten, aber auch diese könnten ja die Dienstleistung verweigern).

4. untere Verwaltungsbehörde: S. § 317 Nr. 1.

§ 128 (153).

Über die Zulässigkeit der Ablehnung[1]) beschließt die untere Verwaltungsbehörde.

Wer die Wahl oder die Berufung ohne zulässigen Grund ablehnt, kann von der unteren Verwaltungsbehörde mit Ordnungsstrafe in Geld bestraft werden.

Die untere Verwaltungsbehörde kann einen Vertrauensmann von seinem Amte entbinden, wenn ein wichtiger Grund vorliegt.

Auf Beschwerde entscheidet die höhere Verwaltungsbehörde[2]).

1. Zulässigkeit der Ablehnung usw.: Vgl. die Anm. 1—5 zu § 114!

2. höhere Verwaltungsbehörde: S. § 317 Abs. 1 Ziff. 1.

§ 129 (154).

Werden von einem Vertrauensmanne Tatsachen bekannt, die seine Wählbarkeit ausschließen[1]) oder eine grobe Verletzung seiner Amtstätigkeit darstellen[2]), so enthebt ihn[3]) die untere Verwaltungsbehörde[4]) seines Amtes.

Auf Beschwerde[5]) entscheidet die höhere Verwaltungsbehörde[4]).

1. Tatsachen ... die seine Wählbarkeit ausschließen: S. Anm. 1 zu § 117!

2. grobe Verletzung seiner Amtspflicht: Dieser Enthebungsgrund fehlt in § 117; er gilt daher nur für die Vertrauensmänner. Es handelt sich nur um sachlich schwerwiegende Pflichtverletzungen, dagegen nicht um einmalige Verstöße gegen die Ordnung, wie Verspätungen u. dgl.

3. enthebt ihn: S. Anm. 2 zu § 117.

4. untere Verwaltungsbehörde — höhere Verwaltungsbehörde: S. § 317 Abs. 1 Z. 1.

5. Auf Beschwerde: S. §§ 324 ff.; die Beschwerde hat keine aufschiebende Wirkung (§ 326).

§ 130 (155).

Die Vertrauensmänner verwalten ihr Amt unentgeltlich als Ehrenamt.

Die Reichsversicherungsanstalt erstattet ihnen ihre baren Auslagen[1]). In besonderen Fällen kann ihnen eine Entschädigung für Zeitverlust[1]) oder für entgangenen Arbeitsverdienst[1]) gewährt werden. Die Reichsversicherungsanstalt kann hierüber Bestimmungen erlassen[2]).

1. baren Auslagen — Zeitverlust — entgangenen Arbeitsverdienst: Diese Regelung weicht von jener des § 115 ab; s. Anm. 2 zu jenem Paragraphen!

2. Bestimmungen erlassen: Das ist geschehen durch Bekanntmachung des Direktoriums vom 17. März 1924. Diese bestimmt:

I. Für die Tätigkeit eines Vertrauensmannes bei der Aufnahme von Rentenanträgen, bei der Überwachung von Ruhegeldempfängern, bei der Erledigung von Aufträgen nach § 200 sowie bei allen sonstigen Ermittlungsversuchen der Reichsversicherungsanstalt oder eines Versicherungsamts, die innerhalb des Wohnortes des Vertrauensmannes oder eines Umkreises von 2 Kilometern ausgeübt wird, sowie in gleicher Weise für die Teilnahme eines Vertrauensmannes an den Sitzungen eines mit der Reichsversicherungsanstalt im Geschäftsverkehr stehenden Ortsausschusses werden die nachgewiesenen baren Auslagen für Straßenbahn und sonstige regelmäßige, öffentliche Verkehrsmittel erstattet.

Das gleiche gilt für Reisen nach Orten, die mit dem Wohnorte des Vertrauensmannes räumlich zusammenhängen oder weniger als 5 Kilometer von der Ortsgrenze entfernt und mit der Straßenbahn oder sonstigen regelmäßigen, öffentlichen Verkehrsmitteln zu erreichen sind.

II. Für die Tätigkeit eines Vertrauensmannes und für dessen Teilnahme an den Sitzungen eines mit der Reichsversicherungsanstalt im Geschäftsverkehr stehenden Ortsausschusses außerhalb seines Wohnortes oder eines Umkreises von 2 Kilometern und in Orten, in denen die Voraussetzungen unter Abs. 2 nicht zutreffen, werden folgende Entschädigungen bewilligt:

1. Für Verzehr an jedem Reisetage wird eine Vergütung gewährt, die beträgt:
   a) bei einer Abwesenheit von mehr als drei, jedoch nicht über sechs Stunden 2 Reichsmark,
   b) bei einer Anwesenheit von mehr als sechs, jedoch nicht über neun Stunden 3 Reichsmark,
   c) bei einer Abwesenheit von mehr als neun Stunden 4 Reichsmark.

   Bei einer Abwesenheit bis zu drei Stunden wird eine Vergütung nicht gewährt.
2. Für jede notwendige Übernachtung 3 Reichsmark.
3. Die Kosten des jeweils geltenden Fahrpreises der dritten Eisenbahn- und zweiten Schiffsklasse; für Wegstrecken, die nicht mit der Eisenbahn zurückgelegt werden können, werden die für die Reichsbeamten in solchen Fällen festgesetzten Entschädigungen gezahlt (Verordn. des Reichsministers der Finanzen vom 17. Jan. 1924 — Reichsbesoldungsblatt S. 4 — in Verbindung mit der Reisekosten-Verordnung für die Reichsbeamten vom 14. Okt. 1921, RGBl. S. 1345).

III. Die vorstehenden Grundsätze gelten auch für die vertretungsberechtigten Ersatzmänner.

Vorbemerkung.

Im früheren Gesetz folgten hier die §§ 156—169, die von den Schiedsgerichten (es war allerdings erst eines errichtet) und dem Oberschiedsgericht handelten. Das Gesetz vom 10. November 1922 hat (mit Wirkung vom 1. Januar 1923) diese besonderen Versicherungsbehörden der Angestelltenversicherung beseitigt und die Rechtsprechung den Versicherungsbehörden der reichsgesetzlichen Arbeiterversicherung übertragen. Aufsichtsbehörden (wie in der Arbeiterversicherung) sind diese jedoch in der Angestelltenversicherung nicht (vgl. § 94 Abs. 2, wonach die Aufsicht über die RVAnstalt der Reichsarbeitsminister führt).

Die §§ 156—169 sind daher im neuen Gesetz ersetzt durch die §§ 131—167.

Vierter Abschnitt.

Versicherungsbehörden.

I. Allgemeines.

§ 131.

Die Spruchbehörden[1]) der Angestelltenversicherung sind

1. Versicherungsämter,
2. Oberversicherungsämter,
3. das Reichsversicherungsamt.

1. Spruchbehörden: Sie sind nicht Organe der RV-Anstalt (vgl. Anm. zu § 97), sondern in jeder Hinsicht unabhängige Gerichtsbehörden, auf die Art. 102 der Reichsverfassung Anwendung findet.

II. Versicherungsämter.

§ 132.

Die Versicherungsämter, die in der Angestelltenversicherung zuständig[1] sind, bestimmt der Reichsarbeitsminister[2]) nach Anhören der Reichsversicherungsanstalt mit Zustimmung des Reichsrats.

Bei diesen Versicherungsämtern werden ein oder mehrere Ausschüsse für Angestelltenversicherung[3]) gebildet. Sie bestehen, unbeschadet des § 232[4]), aus dem Vorsitzenden und aus Versicherungsvertretern der Angestelltenversicherung, und zwar je einem Vertreter der Versicherten (Versichertenvertreter) der Angestelltenversicherung und ihrer Arbeitgeber.

1. in der Angestelltenversicherung zuständig: Nicht sämtliche Versicherungsämter der Arbeiterversicherung sind auch mit den Aufgaben der Angestelltenversicherung betraut worden, sondern nur eine beschränkte Zahl; der Gesetzgeber nahm an, daß sonst die Kosten zu hoch geworden und daß auch verschiedene Versicherungsämter mit Sachen der Angestelltenversicherung nicht genügend beschäftigt gewesen wären.

2. bestimmt der Reichsarbeitsminister: Das ist geschehen durch die Verordnung über Errichtung von Ausschüssen und Kammern für Angestelltenversicherung, vom 21. Dez. 1922 (RGBl. I S. 963), mit Änderung vom 21. März 1924, RGBl. I S. 410. Sie ist im Anhang abgedruckt.

Den örtlichen Wirkungskreis der Ausschüsse und Kammern für Angestelltenversicherung bestimmt nach § 2 der Verordnung die Oberste Verwaltungsbehörde des Landes, in welchem die Ausschüsse und Kammern ihren Sitz haben.

3. Ausschüsse für Angestelltenversicherung: Hiezu vgl. § 2 der Verfahrensordnung für die Ausschüsse der Angestelltenversicherung, vom 21. Dez. 1922 (RGBl. I S. 956); sie ist ebenfalls im Anhang abgedruckt.

§ 2 a. a. O. spricht noch davon, daß bei den Versicherungsämtern „Spruch- und Beschlußausschüsse" gebildet werden sollen. Das ist insofern nicht mehr richtig, als jetzt nach § 232 Satz 2 des Gesetzes in Spruchsachen, d. i. bei Feststellung der Versicherungsleistungen (soweit das Versicherungsamt hier überhaupt tätig wird, vgl. §§ 214 bis 247 und hingegen § 248, 252, 270) Beisitzer nicht zugezogen werden, sondern der Vorsitzende allein tätig wird, so daß man von einem „Ausschuß" nicht wohl sprechen kann.

4. unbeschadet des § 232: Damit ist eben die in Anm. 3 erörterte Vorschrift des § 232 Satz 2 gemeint.

§ 133.

Der Leiter des Versicherungsamts ist zugleich der Vorsitzende des Ausschusses für Angestelltenversicherung, soweit nicht ein besonderer Vorsitzender für den Ausschuß bestellt wird. Ein oder mehrere ständige Stellvertreter des Vorsitzenden werden bestellt. Der bestellte Vorsitzende und die Stellvertreter sollen durch Vorbildung und Erfahrung auf dem Gebiete der Reichsversicherung geeignet sein[1]). Sie sollen besondere Kenntnisse und praktische Erfahrung in der Angestelltenversicherung besitzen.

Der besondere Vorsitzende und die ständigen Stellvertreter werden von der obersten Verwaltungsbehörde bestellt, in deren Bezirk das Versicherungsamt seinen Sitz hat.

1. sollen ... geeignet sein: Die Bestellung sachkundiger Vorsitzender entspricht den Wünschen der Angestelltenvertretungen (ebenso §§ 149 Abs. 2, 160).

§ 134.

Die Zahl der Beisitzer der Angestelltenversicherung, die insgesamt bei dem Versicherungsamte [1]) zur Verfügung stehen, muß mindestens zwanzig betragen. Sie kann vom Versicherungsamte mit Genehmigung des Oberversicherungsamts sowie von diesem nach Anhören des Versicherungsamts erhöht werden.

Ein Versicherungsvertreter der Angestelltenversicherung darf nicht zugleich [2]) besoldeter Beamter des Versicherungsamts [3]), Versicherungsvertreter bei einem anderen Versicherungsamte, Beisitzer bei einem Oberversicherungsamt oder nichtständiges Mitglied des Reichsversicherungsamts sein.

1. bei dem Versicherungsamte: Es kommt nur das sog. Beschlußverfahren in Betracht (§§ 286—294); für das Spruchverfahren s. § 1232 Satz 2 (vgl. auch Anm. 3 zu § 132).

2. darf nicht zugleich ... sein: Weil sonst ein Widerstreit der Pflichten eintreten könnte. Wer mehrfach gewählt (oder berufen, § 142) wird, muß sich entscheiden, welches Amt er annehmen will.

3. besoldeter Beamter des Versicherungsamts: Nämlich desjenigen, bei dem er gewählt (oder berufen) ist. Besoldeter Beamter eines anderen Versicherungsamts kann er sein (was in Städten, wo mehrere Versicherungsämter ihren Sitz haben, vorkommen kann).

§ 135.

Die Arbeitgeberbeisitzer der Angestelltenversicherung werden von den Arbeitgebervertretern unter den Vertrauensmännern, die Versichertenbeisitzer der Angestelltenversicherung von den Versichertenvertretern unter den Vertrauensmännern [1]) in schriftlicher Abstimmung gewählt.

Wahlberechtigt sind die Vertrauensmänner des Bezirkes, für den der Ausschuß beim Versicherungsamte zuständig ist.

1. von den Versicherungsvertretern unter den Vertrauensmännern: Hiezu bestimmte die Verordnung vom 13. Febr. 1924 (RGBl. I S. 62): „Der Reichsarbeitsminister kann die bevorstehende Wahl der Beisitzer in den Ausschüssen, Kammern und Senaten für Angestelltenversicherung dem Verwaltungsrate der Reichsversicherungsanstalt übertragen." Das ist dann auch geschehen durch die Verordnung über die Wahl der Beisitzer in den Ausschüssen, Kammern und Senaten der Angestelltenversicherung, vom 28. Mai 1924 (RGBl. I S. 612); dabei war die Mehrheitswahl (nicht die Verhältniswahl) vorgesehen. Die Maßregel hätte der Vereinfachung und Kostenersparnis gedient. Durch Verordnung vom 31. Juli 1924 (RGBl. I S. 676) ist jedoch die Verordnung vom 28. Mai 1924 wieder aufgehoben worden; die Gründe dieser Maßnahme sind nicht bekannt.

§ 136.

Die §§ 108 bis 111[1]) gelten entsprechend.

Bei Streit über die Wahl entscheidet die oberste Verwaltungsbehörde, in deren Bezirk das Versicherungsamt seinen Sitz hat.

1. §§ 108 bis 111: Bestimmungen über die Verhältniswahl und die Wählbarkeit.

§ 137.

Die Versicherungsvertreter sollen mindestens je zur Hälfte am Sitze des Versicherungsamts selbst oder nicht über zehn Kilometer entfernt wohnen[1]) oder beschäftigt sein.

Bei der Wahl sollen die hauptsächlichen Berufszweige und die verschiedenen Teile des Bezirkes berücksichtigt werden[2]).

Der Reichsarbeitsminister kann mit Zustimmung des Reichsrats darüber Besonderes oder Abweichendes bestimmen[3]).

1. wohnen: S. Anm. 2 zu § 122!

2. sollen ... berücksichtigt werden: Die Vorschrift ist also nicht zwingend. Sie ist übrigens nicht ganz leicht zu erfüllen.

3. kann ... bestimmen: Bis jetzt nicht geschehen.

§ 138.

Die §§ 112, 113, 116[1]) gelten entsprechend.

1. §§ 112, 113, 116: Das sind die Bestimmungen über die Wahlzeit, das Ablehnungsrecht der Arbeitgeber und die Anzeigepflicht der Versichertenvertreter bei Einberufung.

§ 139.

Über die Zulässigkeit der Ablehnung [1]) beschließt das für den Wohnort des Gewählten zuständige Versicherungsamt.

Wer die Wahl ohne zulässigen Grund ablehnt, kann vom Versicherungsamt mit Ordnungsstrafe in Geld [2]) bestraft werden.

Das Versicherungsamt kann einen Vertreter von seinem Amte entbinden, wenn ein wichtiger Grund vorliegt [3]).

Auf Beschwerde [4]) beschließt das Oberversicherungsamt (Beschlußkammer) endgültig.

1. Zulässigkeit der Ablehnung: S. Anm. 1 zu § 113 und Anm. 1 zu § 114!

2. Ordnungsstrafe in Geld: S. Anm. 4 zu § 114!

3. ein wichtiger Grund vorliegt: S. Anm. 5, 6 u. 7 zu § 114!

4. Beschwerde: S. Anm. 8 zu § 114!

§ 140.

Werden von einem Versicherungsvertreter Tatsachen bekannt [1]), die seine Wählbarkeit ausschließen oder eine grobe Verletzung seiner Amtspflicht [2]) darstellen, so enthebt das Versicherungsamt ihn [3]) seines Amtes.

Auf Beschwerde [4]) beschließt das Oberversicherungsamt (Beschlußkammer) endgültig.

1. Werden ... Tatsachen bekannt: Nach § 4 der Verordn. über Geschäftsgang und Verfahren der Versicherungsämter, vom 14. Dez. 1911 (RGBl. S. 1107), die hier nach § 1 der Verfahrensordnung für die Ausschüsse der Angestelltenversicherung entsprechend gilt, haben die Versicherungsvertreter dem Vorsitzenden anzuzeigen, wenn durch eine Änderung in ihren persönlichen Verhältnissen die Voraussetzungen ihrer Wählbarkeit wegfallen.

2. grobe Verletzung seiner Amtspflicht: Siehe Anm. 2 zu § 129!

3. enthebt ... ihn: S. Anm. 2 zu § 117!

4. Beschwerde: S. Anm. 8 zu § 114!

§ 141.

Der Vorsitzende des Versicherungsamts verpflichtet die Versicherungsvertreter vor ihrer ersten Dienstleistung auf die gewissenhafte Erfüllung ihrer Pflichten.

Das Versicherungsamt kann gegen einen Vertreter, der sich der Erfüllung seiner Pflichten entzieht [1]), Ordnungsstrafe in Geld [2]) verhängen. Es hat die Strafe zurückzunehmen, wenn nachträglich eine genügende Entschuldigung nachgewiesen wird.

Auf Beschwerde [3]) beschließt das Oberversicherungsamt (Beschlußkammer) endgültig.

1. entzieht: Absichtlich; bloßes Zuspätekommen u. dgl. steht nicht in Frage.

2. Ordnungsstrafe in Geld: S. Anm. 4 zu § 114! Die Kosten eines Termins, der dadurch vereitelt worden ist, daß ein Versicherungsvertreter unentschuldigt ausgeblieben ist, können ihm mangels einer gesetzlichen Vorschrift nicht auferlegt werden.

3. Beschwerde: S. Anm. 8 zu § 114!

§ 142.

Solange und soweit keine Wahl zustande kommt [1]) oder die Gewählten die Dienstleistung verweigern [2]), beruft das Versicherungsamt Vertreter aus der Zahl der Wählbaren.

1. keine Wahl zustande kommt: S. Anm. 2 zu § 127!

2. die Dienstleistung verweigern: S. Anm. 3 zu § 127!

§ 143.

Die Versicherungsvertreter der Angestelltenversicherung verwalten ihr Amt unentgeltlich als Ehrenamt.

Das Versicherungsamt erstattet ihnen ihre baren Auslagen [1]).

Daneben gewährt es den Versichertenvertretern [2]) Ersatz für entgangenen Arbeitsverdienst oder statt dessen einen Pauschbetrag für Zeitverlust. Einen solchen Pauschbetrag kann es auch den Vertretern der Arbeitgeber zubilligen [2]). Die Pauschbeträge bedürfen der Genehmigung des Oberversicherungsamts (Beschlußkammer).

1. bare Auslagen: Dazu gehören besonders Reise- und Zehrungskosten. Dieselben sind nachzuweisen oder wenigstens glaubhaft zu machen und müssen sich in angemessenen Grenzen halten.

2. gewährt es ... kann es zubilligen: Den Versichertenvertretern muß Ersatz für entgangenen Arbeitsverdienst gewährt werden; hinsichtlich der Vertreter der Arbeitgeber aber steht dies im Ermessen des Versicherungsamts.

Auch der entgangene Arbeitsverdienst ist nachzuweisen oder glaubhaft zu machen.

§ 144.

Die oberste Verwaltungsbehörde kann bestimmen[1]), wieweit das Versicherungsamt technische, staatliche und gemeindliche Beamte seines Bezirkes als Beiräte mit beratender Stimme zum Beschlußverfahren zuziehen darf.

1. kann bestimmen: Solche Bestimmungen sind bis jetzt nicht bekannt geworden.

§ 145.

Die Kosten des Ausschusses für Angestelltenversicherung schießt das Land und, wenn das Versicherungsamt bei einer gemeindlichen Behörde errichtet ist, der Gemeindeverband vor[1]), dessen Bezirk von dem des Versicherungsamts umfaßt wird; ist das Versicherungsamt für die Bezirke mehrerer unteren Verwaltungsbehörden gemeinsam errichtet, so bestimmt die oberste Verwaltungsbehörde, wie der Vorschuß zu leisten ist.

Die Kosten werden von der Reichsversicherungsanstalt nach Grundsätzen erstattet, die der Reichsarbeitsminister nach Anhören des Reichsrats und der Reichsversicherungsanstalt einheitlich für das Reich festsetzt[2]). Je am Ende des Kalendervierteljahrs hat die Reichsversicherungsanstalt angemessene Abschlagszahlungen zu leisten.

1. schießt ... vor: Endgültig hat diese Kosten nach Abs. 2 die RVAnstalt zu tragen.

Diese Regelung weicht von der in § 59 RVO. wesentlich ab.

2. nach Grundsätzen, die ... festsetzt: S. die „Grundsätze für die Erstattung der Kosten der Spruchbehörden der Angestelltenversicherung", vom 24. März 1924, RGBl. I S. 372 (dazu Anl. 3 Z. 9 zur 2. Verordn. über die Durchführung des

Münzgesetzes, vom 12. Dez. 1924, RGBl. I S. 775; hiernach treten an Stelle der Worte „Goldmark" und „Goldpfennig" die Worte „Reichsmark" und „Reichspfennig").

§ 146.

Das Versicherungsamt erteilt auch Auskunft[1])[2]) in Angelegenheiten der Angestelltenversicherung.

1. erteilt . . . Auskunft: Das ist eine gesetzliche Pflicht des Versicherungsamts, dem damit unter Umständen eine nichts weniger als leichte Aufgabe gestellt wird. Das Versicherungsamt muß, will es dieser Aufgabe gerecht werden, das ganze Gebiet der Angestellten- wie der Invalidenversicherung vollständig und gründlich beherrschen (die gleiche Aufgabe ist ihm für das Gebiet der Arbeiterversicherung durch § 37 Abs. 1 RVO. gestellt).

Die Bestimmungen der §§ 37 Abs. 1 RVO. und 146 AVG. enthalten für sich allein schon eine schlagende Widerlegung der nicht selten anzutreffenden, aber törichten und nur auf Unkenntnis beruhenden Meinung, die Tätigkeit der Versicherungsbehörden sei ganz besonders leicht.

2. Eine unrichtige Auskunft des Versicherungsamts (wie jeder anderen berufenen Stelle) ist nach der ständigen Rechtsprechung zur Arbeiterversicherungsgesetzgebung als „unabwendbarer Zufall" im Sinne des § 131 Abs. 1 RVO. anzusehen, der die Wiedereinsetzung in den vorigen Stand gegen den Ablauf einer Frist begründet; das gleiche wird zu § 327 Abs. 1 AVG. gelten müssen. Auskünften Unberufener kommt diese Wirkung nicht zu.

Dagegen wird der Verlust der Anwartschaft auch dadurch, daß der Versicherte von einer zuständigen Stelle (insbesondere einem Versicherungsamt) unrichtig belehrt worden ist, nach der Rechtsprechung des RVAmts nicht verhindert (AN. 1911 S. 494 Z. 1558 u. S. 495 Z. 1559, 1560). Das gleiche wird auch für die Angestelltenversicherung gelten müssen.

III. Oberversicherungsämter.

§ 147.

Die Oberversicherungsämter, die in der Angestelltenversicherung zuständig sind, bestimmt der Reichsarbeitsminister[1]) nach Anhören der Reichsversicherungsanstalt mit Zustimmung des Reichsrats.

Bei diesen Oberversicherungsämtern werden Kammern[2]) für Angestelltenversicherung gebildet.

1. bestimmt der Reichsarbeitsminister: Was in Anm. 1 u. 2 zu § 132 ausgeführt ist, gilt hier entsprechend.

2. Kammern: Nach §§ 148, 153, 154 bestehen die Kammern aus Mitgliedern des Oberversicherungsamts und aus Beisitzern. Den Spruchkammern ist eine rechtsprechende Tätigkeit in Leistungsstreitigkeiten übertragen (§§ 286 mit 252). Was in Anm. 3 Abs. 2 zu § 132 über die „Spruchausschüsse" der Versicherungsämter ausgeführt ist, gilt daher nicht für die Spruchkammer der OVÄmter.

§ 148.

Die Kammern für Angestelltenversicherung bestehen aus [1]) Mitgliedern des Oberversicherungsamts und aus Beisitzern.

1. bestehen aus: Näheres hierüber bestimmen die §§ 153 u. 154.

§ 149.

Ist das Oberversicherungsamt an eine höhere Reichs- oder Landesbehörde angegliedert, so ist ihr Leiter zugleich der Vorsitzende der Kammer für Angestelltenversicherung. Als sein ständiger Stellvertreter wird ein Direktor des Oberversicherungsamts bestellt.

Mindestens ein weiteres Mitglied des Oberversicherungsamts muß zugleich als Stellvertreter des Direktors für die Kammern für Angestelltenversicherung bestellt werden; für jedes solche Mitglied muß mindestens ein Stellvertreter für Angestelltenversicherung bestellt werden. Der bestellte Vorsitzende und die Stellvertreter sollen durch Vorbildung und Erfahrung auf dem Gebiete der Reichsversicherung geeignet sein[1]). Sie sollen besondere Kenntnisse und praktische Erfahrung in der Angestelltenversicherung besitzen.

1. sollen ... geeignet sein: S. Anm. 1 zu § 133.

§ 150.

Die oberste Verwaltungsbehörde kann bestimmen, daß dem Direktor noch andere Dienstgeschäfte übertragen werden, und daß die übrigen Mitglieder der Kammer für Angestelltenversicherung das Amt im Nebenberuf ausüben.

§ 151.

Die Beisitzer der Kammern für Angestelltenversicherung werden je zur Hälfte aus Vertretern der Versicherten der Angestelltenversicherung und ihrer Arbeitgeber gewählt.

Ihre Gesamtzahl muß mindestens zwölf betragen. Sie kann von der obersten Verwaltungsbehörde des Landes, in dem das Oberversicherungsamt seinen Sitz hat, erhöht werden.

Ein Beisitzer darf nicht zugleich nichtständiges Mitglied des Reichsversicherungsamts sein [1]).

1. darf nicht zugleich ... sein: S. Anm. 2 zu § 134. Obwohl es in § 151 Abs. 3 nicht mehr ausdrücklich gesagt ist, darf ein Beisitzer des RVAmts auch nicht zugleich Beisitzer eines VAmts sein; denn das ist schon in § 134 Abs. 2 verboten.

§ 152.

Für Wahl, Rechte und Pflichten der Beisitzer und ihrer Stellvertreter gelten die §§ 135 bis 143 entsprechend [1]). Jedoch gehen Beschwerden an die oberste Verwaltungsbehörde.

1. gelten ... entsprechend: Die Bemerkungen zu §§ 135—143 sind zu vergleichen.

§ 153.

Das Oberversicherungsamt bildet eine oder mehrere Spruchkammern für Angestelltenversicherung für diejenigen Angelegenheiten aus der Angestelltenversicherung, die dieses Gesetz dem Spruchverfahren überweist [1]).

Die Spruchkammer besteht aus einem Mitglied des Oberversicherungsamts (§ 149 Abs. 2) als Vorsitzendem und je einem Beisitzer der Arbeitgeber und der Versicherten.

1. die dieses Gesetz dem Spruchverfahren überweist: Es kommen nur Leistungsstreitigkeiten (§ 286) in Betracht; sog. „andere Spruchsachen", wie sie die §§ 1771—1779 RVO. behandeln, sind dem AVG. unbekannt (es könnten in dieser Hinsicht nur Streitigkeiten über Ersatzansprüche aus §§ 80—86 in Frage kommen; solche werden aber nach § 87 im Verwaltungsstreitverfahren entschieden).

§ 154.

Das Oberversicherungsamt bildet eine oder mehrere Beschlußkammern für Angestelltenversicherung für diejenigen

Angelegenheiten aus der Angestelltenversicherung, die dieses Gesetz dem Beschlußverfahren [1]) überweist.

Die Beschlußkammer besteht aus dem Vorsitzenden, einem zweiten Mitglied (§ 149 Abs. 2) und zwei Beisitzern.

Bei Stimmengleichheit gibt der Vorsitzende den Ausschlag.

1. Beschlußverfahren: S. § 286; hienach kommen hier alle Streitigkeiten in Betracht, die nicht Versicherungsleistungen zum Gegenstand haben, also z. B. Beitragsstreitigkeiten, Streit über Versicherungspflicht oder -Berechtigung, sofern er nicht in einem Leistungsstreit entsteht (vgl. § 194), Streitigkeiten aus § 202, Strafbeschwerden auf Grund der §§ 335, 336, 343 mit 354, usw.

§ 155.

Die oberste Verwaltungsbehörde führt die Aufsicht über die Kammern für Angestelltenversicherung bei dem Oberversicherungsamte.

Sie gibt ihnen die erforderlichen Hilfskräfte bei und beschafft ihre Geschäftsräume.

Die Beamten des mittleren und unteren Dienstes haben die Rechte [1]) und Pflichten der Reichs- oder Landesbeamten, wenn sie im Hauptamt und nicht nur vorübergehend oder zur Vorbereitung beschäftigt werden; das Nähere bestimmt die Landesregierung.

Der Vorsitzende des Oberversicherungsamts verpflichtet sie auf die gewissenhafte Erfüllung der Amtspflichten, soweit sie nicht bereits durch einen Diensteid verpflichtet sind.

1. haben die Rechte: Also kraft Gesetzes, sofern nur die Voraussetzungen des Abs. 2 gegeben sind. Einer besonderen Übertragung durch die Landesregierung bedarf es nicht; diese hat nur „das Nähere zu bestimmen".

§ 156.

Für die Kosten der Kammern für Angestelltenversicherung gelten die Vorschriften des § 145 [1]).

1. Vorschriften des § 145: Die Anmerkungen zu jenem Paragraphen sind zu vergleichen.

IV. Reichsversicherungsamt.

§ 157.

Für die Aufgaben der Angestelltenversicherung, die dem Reichsversicherungsamt übertragen[1]) sind, werden bei dem Reichsversicherungsamte Senate[2]) für Angestelltenversicherung gebildet.

1. dem Reichsversicherungsamt übertragen: Den Landesversicherungsämtern sind Aufgaben der Angestelltenversicherung nicht übertragen.

2. Senate: Nämlich Spruch- und Beschlußsenate (§§ 164, 166).

§ 158.

Ihre Entscheidungen sind endgültig[1]).

1. endgültig: Hier ausnahmslos (die RVO. kennt in einigen Fällen — §§ 681, 683, 973, 1144, 1339, 1341 — gegen Entscheidungen des RVAmts eine Beschwerde an den Reichsrat).

Endgültig heißt soviel als: Es gibt nicht nur keine weiteren Rechtsmittel gegen die Entscheidungen des RVAmts, sondern es sind auch Beschwerden beim Reichstag oder Reichsrat oder Gnadengesuche an den Reichspräsidenten usw. unzulässig. Nur die Wiederaufnahme des Verfahrens kann, wenn die Voraussetzungen (§§ 295 ff.) gegeben sind, stattfinden. Hiervon abgesehen kann das RVAmt (wie übrigens auch die OVÄmter) seine Entscheidungen auch selbst nicht mehr abändern; es sind daher auch Vorstellungen an das RVAmt selbst zwecklos. Die Reichsversicherungsanstalt kann jedoch gegenüber einer Entscheidung des RVAmts von der ihr in § 308 eingeräumten Befugnis Gebrauch machen.

§ 159.

Die Senate für Angestelltenversicherung bestehen aus ständigen und nichtständigen Mitgliedern des Reichsversicherungsamts nach den besonderen Vorschriften dieses Gesetzes[1]).

1. besonderen Vorschriften dieses Gesetzes: S. die §§ 160—163.

§ 160.

Die ständigen Mitglieder des Reichsversicherungsamts, die in den Senaten für Angestelltenversicherung tätig sind, werden vom Reichsarbeitsminister bestellt; sie sollen besondere Kenntnisse und praktische Erfahrung in der Angestelltenversicherung besitzen[1]).

1. sollen ... besitzen: S. Anm. 1 zu § 133.

§ 161.

Die Zahl der nichtständigen Mitglieder des Reichsversicherungsamts aus den Arbeitgebern und den Versicherten wird um zwölf vermehrt, die je zur Hälfte aus Vertretern der Versicherten der Angestelltenversicherung und ihrer Arbeitgeber gewählt werden.

Für Wahl, Rechte und Pflichten dieser Beisitzer und ihrer Stellvertreter gelten die §§ 135 bis 143 entsprechend[1]). Für die Bestrafung und Amtsenthebung ist jedoch das Reichsversicherungsamt (Beschlußsenat) zuständig.

1. gelten ... entsprechend: Die Anm. zu §§ 135 bis 143 sind zu vergleichen. Die Verweisungen auf § 143 ist insofern unzutreffend, als hier nur dessen Abs. 1 (Ehrenamt) Geltung beanspruchen kann. Die Vergütung aber anlangend, so gelten für die nichtständigen Mitglieder des RVAmts nicht die Bestimmungen für die Versicherungsvertreter beim Versicherungsamt, sondern § 96 RVO. Dieser lautet:

„Die nichtständigen Mitglieder (des Reichsversicherungsamts) „und ihre Stellvertreter erhalten für die Teilnahme an den Arbeiten „und Sitzungen des Reichsversicherungsamts eine Vergütung, wobei „auch der etwaige Verdienstausfall in angemessener Höhe zu berück„sichtigen ist. Das Nähere bestimmt der Reichsarbeitsminister im Ein„vernehmen mit dem Reichsminister der Finanzen."

§ 162.

Der Reichsrat bezeichnet aus der Zahl der von ihm gewählten[1]) nichtständigen Mitglieder diejenigen, die in die Senate für Angestelltenversicherung eintreten. Erforderlichenfalls kann er zu diesem Zwecke höchstens zwei nichtständige Mitglieder hinzuwählen; entsprechend ist die Zahl der Mitglieder erhöht, die der Reichsrat zu entsenden hat.

1. der von ihm gewählten: S. § 87 RVO.

§ 163.

Der Reichsarbeitsminister verpflichtet die vom Reichsrat für die Senate für Angestelltenversicherung gewählten nichtständigen Mitglieder, der Präsident des Reichsversicherungsamts die übrigen und ihre Stellvertreter vor ihrer ersten Dienstleistung auf die gewissenhafte Erfüllung ihrer Pflichten.

§ 164.

Das Reichsversicherungsamt bildet Spruchsenate für Angestelltenversicherung für diejenigen Angelegenheiten aus der Angestelltenversicherung, die dieses Gesetz dem Spruchverfahren[1]) überweist.

Der Spruchsenat besteht aus einem Vorsitzenden, einem ständigen Mitglied (§ 160), einem hinzugezogenen richterlichen Beamten und je einem Vertreter der Versicherten der Angestelltenversicherung und ihrer Arbeitgeber.

1. Spruchverfahren: S. Anm. 1 zu § 153.

§ 165.

Den Vorsitz im Spruchsenate führt der Präsident oder ein Direktor (§ 160) oder ein Senatspräsident (§ 160). Der Reichsarbeitsminister kann ein anderes ständiges Mitglied (§ 160) vorübergehend mit dem Vorsitz betrauen.

Die Reichsregierung beruft die richterlichen Beamten zu den Spruchsenaten.

§ 166.

Das Reichsversicherungsamt bildet Beschlußsenate für Angestelltenversicherung für diejenigen Angelegenheiten aus der Angestelltenversicherung, die dieses Gesetz dem Beschlußverfahren[1]) überweist.

Der Beschlußsenat besteht aus dem Präsidenten, einem Direktor (§ 160) oder einem Senatspräsidenten (§ 160) als Vorsitzendem, einem vom Reichsrat gewählten nichtständigen (§ 162), einem ständigen Mitglied (§ 160) und je einem Vertreter der Versicherten der Angestelltenversicherung und ihrer Arbeitgeber. An Stelle des vom Reichsrat gewählten kann ein ständiges Mitglied (§ 160) treten.

1. Beschlußverfahren: S. Anm. 1 zu § 154.

§ 167.

Für die Kosten der Senate für Angestelltenversicherung beim Reichsversicherungsamte gelten die Vorschriften des § 145[1]) entsprechend.

1. Vorschriften des § 145: Die Bemerkungen zu jenem Paragraphen sind zu vergleichen.

Vorbemerkung.

Der fünfte Abschnitt des Gesetzes (§§ 168—213) gilt nicht für die Ersatzkassen (vgl. § 367).

Fünfter Abschnitt.

Deckung der Leistungen.

I. Aufbringung der Mittel.

1. Allgemeines.

§ 168 (170 Abs. 1, 2).

Die Arbeitgeber und Versicherten[1]) bringen die Mittel für die Versicherung[2]) auf.

Sie entrichten für Zeiten versicherungspflichtiger Beschäftigung[3]) und für Krankheitszeiten, in denen die Versicherten das Gehalt fortbezogen haben[4]), Beiträge zu gleichen Teilen[5]). Für Versicherte, deren monatliches Entgelt fünfzig Reichsmark nicht übersteigt, sowie für Lehrlinge entrichtet der Arbeitgeber die vollen Beiträge[6]).

1. Die Arbeitgeber und die Versicherten: Zuschüsse des Reichs (wie bei der Invalidenversicherung, § 1387 RVO.) finden nicht statt.

„Arbeitgeber" ist der, auf dessen Rechnung das Entgelt für die Tätigkeit der Versicherten gezahlt wird.

Weibliche Versicherte haben die gleichen Beiträge zu entrichten wie männliche. Dafür, daß sie die Versicherung weniger in Anspruch nehmen, sind ihnen die schon bei den §§ 53, 61 u. 62 erwähnten Mehrleistungen gewährt.

Auch die ledigen Versicherten haben die gleichen Beiträge zu entrichten wie die Verheirateten.

Die Beiträge werden hier nicht wie bei der Invalidenversicherung (§ 1387 Abs. 2 RVO.) wöchentlich, sondern **monatlich** (für den Kalendermonat) entrichtet.

Die §§ 168, 182 ff. gelten nur für die Zwangsversicherung. Bei freiwilliger Versicherung haben die Versicherten die ganzen Beiträge selbst zu entrichten.

Wegen der nach §§ 5 u. 6 Versicherungspflichtigen s. § 176, zweiten Halbsatz.

Nach den Vorschriften des AVG. regelt sich auch die Entrichtung der Beiträge für die Angestelltenversicherung beim **Reichsknappschaftsverein** (§ 107 Abs. 2 des Reichsknappschaftsgesetzes vom 23. Juni 1923, RGBl. I S. 431).

2. Mittel für die Versicherung: Dazu gehören nicht nur die Mittel für die Deckung der Versicherungsleistungen (§§ 23 ff.), sondern auch die Verwaltungskosten der RVAnstalt einschließlich der Kosten der Rechtsprechung.

3. Zeiten versicherungspflichtiger Beschäftigung: Es ist nicht notwendig, daß die Beschäftigung den ganzen Monat hindurch gedauert hat. Für diesen Fall, sowie für den, daß der Versicherte in einem Monat von mehreren Arbeitgebern (zugleich oder nacheinander) beschäftigt worden ist, s. § 184.

Für die Dauer der Gehaltszahlung besteht grundsätzlich die Versicherungs- und demgemäß auch die Beitragspflicht nach dem Gesetz. Hierbei wird von der Erfahrung ausgegangen, daß regelmäßig das Beschäftigungsverhältnis als solches während der Dauer der Gehaltszahlung fortbesteht, mag auch eine wirkliche Betätigung im Dienste des Arbeitgebers zeitweilig durch Urlaub, vorzeitige Entlassung u. dgl. wegfallen. Im Falle **vorzeitiger Entlassung** eines Angestellten sind demgemäß, wenn noch **bis zum Schluß der ursprünglichen Vertragszeit das Gehalt fortbezahlt wird, grundsätzlich die Beiträge bis zu diesem letzteren Zeitpunkt fortzuentrichten.** Dies gilt sowohl dann, wenn die Gehaltszahlung für die Zeit nach der Entlassung seitens des Arbeitgebers auf Grund eines vom Angestellten erwirkten Zivilurteils, als auch dann, wenn sie ohnedies geleistet wird. In Ausnahmefällen wird allerdings mit dem Aufhören der Dienstleistung im Falle vorzeitiger Entlassung auch das Beschäftigungsverhältnis als solches seinen Abschluß finden. Dazu genügt aber nicht die einseitige Erklärung des Arbeitgebers, daß er auf die Dienste des Angestellten verzichte. Vielmehr bedarf es hierzu einer Vereinbarung beider Teile dahin, daß nicht nur die Tätigkeit des Angestellten für den seitherigen Arbeitgeber aufhören, sondern das gesamte Beschäftigungsverhältnis als solches vorzeitig aufgelöst sein solle. Eine solche Vereinbarung wird selten sein. Sie wird besonders dann anzunehmen sein, wenn der Angestellte nach der Entlassung noch vor Ablauf der ursprünglichen Vertragszeit einen neuen Dienst gegen Entgelt antritt (AVN. 1914 S. 88).

Das Fortbestehen eines versicherungspflichtigen Beschäftigungsverhältnisses wird nicht dadurch ausgeschlossen, daß für die Zeit einer verhältnismäßig nicht zu langen Unterbrechung der Arbeitsleistung kein Entgelt gezahlt wird (ob freilich das Beschäftigungsverhältnis in dieser Zeit als ein entgeltliches anzusehen sei — vgl. § 1 Abs. 3 AVG. — läßt sich nur nach den Umständen des einzelnen Falls entscheiden); vgl. AN. 1924 S. 84 Z. 2789.

4. Krankheitszeiten ... fortbezogen haben: Einerlei, ob auf Grund eines Rechtsanspruchs oder ohne solchen. Krankheitszeiten, in denen das Gehalt fortbezogen worden ist, gelten als versicherte Tätigkeit, es sind daher für sie Beiträge zu entrichten. Krankheitszeiten, in denen das Gehalt nicht fortbezogen worden ist, kommen als Beitragszeiten für die Zurücklegung der Wartezeit und für die Berechnung des Ruhegelds usw. nicht in Betracht, sondern nur gemäß § 170 Abs. 1 Z. 1 bei der freiwilligen Versicherung und für die Erhaltung der Anwartschaft (§§ 21, 54).

Der Versicherte ist jedoch während einer solchen Krankheit zur Weiterversicherung berechtigt nach Maßgabe des § 21, falls nicht die Krankheitswochen erst für die Zulässigkeit der Weiterversicherung heranzuziehen sind.

Nach § 13 ist versicherungsfrei, wer berufsunfähig ist. § 168 Abs. 2 hat jedoch nicht die Bedeutung einer Ausnahme von § 13, sondern soll nur feststellen, daß eine Krankheit, wenn die sonstigen Voraussetzungen der Versicherungspflicht vorliegen — d. h. also insbesondere, wenn der Kranke noch nicht berufsunfähig ist — von der Beitragspflicht nicht befreit (AN. 1924 S. 220 Z. 2824). Ist aber bereits die Berufsunfähigkeit eingetreten, so gilt § 13.

Das Krankengeld kann nach § 616 Abs. 2 BGB. auf den Gehalt des Angestellten angerechnet werden. Hat hiernach ein Versicherter seinen Gehalt im Sinne des § 168 Abs. 2 während der Krankheitszeit nicht fortbezogen, so sind Beiträge für diese Zeit nicht zu entrichten. Wird ihm dagegen nach Abzug des Krankengelds noch ein Restbetrag des Gehalts gewährt, so sind Beiträge nach Maßgabe des Restbetrags zu leisten (AVN. 1913 S. 128).

5. zu gleichen Teilen: Wie bei der Invalidenversicherung (§ 1387 Abs. 2 RVO.), jedoch mit der Ausnahme des nächsten Satzes (s. Anm. 6). Mit der Halbierung der Beiträge steht die Gewährung gleicher Rechte an die Arbeitgeber und die Versicherten bei der Verwaltung und Rechtsprechung im Zusammenhang.

Vertragsmäßige und andere Abweichungen von dieser gesetzlichen Regel sind nur zugunsten des Versicherten zulässig (§ 341). Zuwiderhandlungen sind strafbar nach § 342. Die betr. Vertragsbestimmungen sind nichtig gemäß § 341 Abs. 2.

6. Die vollen Beiträge: Diese Bestimmung ist erst durch das Gesetz vom 28. Juli 1925 angefügt worden.

Sie enthält eine Vergünstigung für die am geringsten entlohnten Angestellten, mit der der Gesetzgeber den sonst (in der Angestellten- wie in der Invalidenversicherung) festgehaltenen Grundsatz der Halbierung der Beiträge durchbricht.

Die Vergünstigung gilt

a) für Versicherte jeder Art, wenn ihr monatliches Entgelt 50 RM. nicht übersteigt,

b) für Lehrlinge (§ 1 Z. 3 u. 4) ohne Rücksicht auf die Höhe ihres Entgelts.

Macht ein Arbeitgeber solchen Versicherten gleichwohl Gehaltsabzüge, so ist er strafbar nach § 337 Z. 1.

§ 169 (171).

Beitragsmonate[1]) sind nur Kalendermonate, für die Beiträge entrichtet sind[2]), soweit nicht im § 170 oder im § 382 Abs. 1 etwas anderes bestimmt ist[3]).

1. Beitragsmonate: Abweichend von der Invalidenversicherung (§ 1387 RVO.) werden die Beiträge hier nicht wöchentlich, sondern monatlich entrichtet. Der Grund für diese Abweichung liegt in der verschiedenen Art der Lohn- und Gehaltszahlung.

Der Beitragsmonat bildet die Grundlage für das ganze System des Gesetzes. Er ist maßgebend nicht nur für die Erhebung der Beiträge, sondern auch für die Berechnung der Leistungen, die Erfüllung der Wartezeiten, die Wahrung der Anwartschaft u. A.

2. für die Beiträge entrichtet sind: Diese Vorschrift gilt ganz allgemein; in jeder Hinsicht müssen die Beiträge wirklich entrichtet sein, wenn die betr. Kalendermonate als Beitragsmonate gelten sollen.

Die unter dem früheren Gesetz aufgetretene, ganz unhaltbare Ansicht, daß es für die Erhaltung der Anwartschaft genüge, wenn, ohne daß die Beiträge wirklich entrichtet werden, nur das versicherungspflichtige Beschäftigungsverhältnis bestanden habe, ist damit jetzt vom Gesetz selbst widerlegt (vgl. Anm. 4 zu § 54).

3. soweit nicht ... bestimmt ist: D. h. soweit nicht Ersatzzeiten anrechenbar sind; die Bemerkungen zu §§ 170 u. 382 sind zu vergleichen!

§ 170 (51—53).

Als Beitragsmonate für die Erhaltung der Anwartschaft (§ 54) und als Vormonate für die freiwillige Versicherung (§ 21)[1]) (Ersatzzeiten) rechnen[2]) nach Entrichtung mindestens eines Beitrags[3]) auch ohne weitere Beitragsleistung[4]) die Kalendermonate, in denen[5]) der Versicherte

1. durch Krankheit zeitweise arbeitsunfähig[6]) und nachweislich in seiner Berufstätigkeit verhindert ist[7]) und kein Entgelt erhält[8]),
2. zur beruflichen Fortbildung eine staatlich anerkannte Lehranstalt besucht[9]); die oberste Verwaltungsbehörde bestimmt[10]) die staatlich anerkannten Lehranstalten im Sinne dieser Vorschrift,
3. in Mobilmachungs- oder Kriegszeiten[11]) militärische Dienstleistungen oder freiwillige Kriegskrankenpflege bei der deutschen Wehrmacht[12]) verrichtet hat.

Wie Krankheitszeit rechnet Genesungszeit und bis zu zwei Monaten[13]) eine Arbeitsunfähigkeit, die durch Schwangerschaft oder ein regelmäßiges verlaufenes Wochenbett[14]) veranlaßt ist.

Nicht angerechnet wird eine Krankheit, die sich der Versicherte vorsätzlich[15]) oder bei Begehung eines durch Strafurteil festgestellten Verbrechens[16]) oder durch schuldhafte Beteiligung[17]) bei Schlägereien oder Raufhändeln zugezogen hat.

Als Beitragszeit in bezug auf das Erlöschen und das Wiederaufleben der Anwartschaft[18]) (§§ 54, 55) gelten auch die Wochen, für die Beiträge in der Invalidenversicherung[19]) entrichtet sind. Dabei werden je vier Beitragswochen der Invalidenversicherung als ein Beitragsmonat der Angestelltenversicherung gerechnet. Dies gilt, abgesehen von § 55 Abs. 3[20]), nicht für solche Beitragswochen der Invalidenversicherung, die mit den in der Angestelltenversicherung zurückgelegten Beitragsmonaten voll zusammenfallen[21]).

Der Reichsarbeitsminister kann bestimmen, in welchen weiteren Fällen[22]) eine Anrechnung von Beitragsmonaten stattfindet, ohne daß Beiträge entrichtet zu werden brauchen. Er kann auch bestimmen, daß die Beitragsmonate für die Erfüllung der Wartezeit und bei der Rentenberechnung (§ 56) berücksichtigt werden[23]).

1. für die Erhaltung der Anwartschaft (§ 54) und als Vormonate für die freiwillige Versicherung (§ 21). Diese Zeiten nennt jetzt das Gesetz selbst „Ersatzzeiten".

Sie sind nur für die Zwecke der beiden genannten §§ 21 u. 54 anrechenbar, dagegen nicht in den Fällen der §§ 22 Abs. 2, 53, 55

Abs. 3 u. 56 (Vormonate für die Fortsetzung der Selbstversicherung; Wartezeiten; Prüfung, ob die gesamte Versicherungszeit zu mindestens drei Vierteln mit Beiträgen belegt sei; Berechnung des Ruhegelds).

Man spricht daher hier von „unvollkommenen" Ersatzzeiten. Solche finden sich ferner in § 382. Vollkommene Ersatzzeiten gibt es z. Zt. nicht. Man könnte hierunter nur solche verstehen, die in allen Fällen, also besonders auch zum Zweck der Rentensteigerung, anrechenbar wären. Das kann zwar der R.-Arb.-Minister auf Grund des § 170 Abs. 5 bestimmen, es ist aber bis jetzt noch nicht geschehen (in der Invalidenversicherung gab es früher vollkommene Ersatzzeiten, durch die neue Fassung der §§ 1279, 1281, 1288, 1289 und die Aufhebung des § 1393 RVO. sind sie aber auch dort beseitigt).

Die Rechtswirkung des § 170 kommt andererseits auch nur den hier genannten Tatsachen zu, nicht etwa z. B. der Zugehörigkeit zu einer landesgesetzlichen Fürsorgeeinrichtung, die im Sinn des § 11 Versicherungsfreiheit bewirkt (AVN. 1920 S. 81 Z. 404).

2. rechnen: über den Nachweis der Ersatzzeiten s. § 12 der Beitr.-Ordnung.

3. mindestens eines Beitrags: Vgl. § 1279 Abs. 2 RVO. Die Versicherung kann also nicht mit den Zeiten des § 170 beginnen! Ferner darf natürlich aus dem einen Beitrag die Anwartschaft nicht erloschen sein.

Der Beitrag darf aber auch auf Grund der §§ 22 oder 184 entrichtet sein.

4. auch ohne weitere Beitragsleistung: Darin liegt eben die Bedeutung der ganzen Einrichtung; daher auch der Name „Ersatzzeiten"!

5. in denen: Die betr. Tatsache (Abs. 1 Z. 1—3, Abs. 2 bis 5) braucht also nicht den ganzen Kalendermonat auszufüllen (anders jedoch § 382!).

6. durch Krankheit zeitweise arbeitsunfähig: Der Begriff der „Arbeitsunfähigkeit" ist der gleiche wie in § 182 Z. 2 RVO.; er ist gleichbedeutend mit „Berufsinvalidität" (also nicht gleichbedeutend mit der Berufsunfähigkeit der §§ 24 u. 30 AVG.).

Arbeitsunfähigkeit ist gegeben, wenn der Versicherte infolge der Krankheit seine bisherige Erwerbstätigkeit („seine Arbeit", wie die Begründung zur RVO. sagt) entweder nicht oder doch nur mit der Gefahr, seine Krankheit zu verschlimmern, fortsetzen kann.

Eine Beschränkung für die Dauer der Anrechenbarkeit, wie in § 1279 Abs. 2 RVO., besteht in der AV. nicht.

Berufsunfähigkeit im Sinn der AVG. ist, wie gesagt, nicht erforderlich. Sie kann aber gleichwohl mit der Arbeitsunfähigkeit tatsächlich verbunden sein. Ist das der Fall und ist die Berufsunfähigkeit eine dauernde (§ 30 Abs. 1), dann ist die betr. Krankheitszeit trotz § 170 nicht als Ersatzzeit anrechenbar; denn dann ist bereits der Versicherungsfall eingetreten! Ist aber die Berufsunfähigkeit eine vorübergehende (§ 30 Abs. 2), dann ist die Krankheit nur bis zu 26 Wochen anrechenbar; denn mit dem Beginn der 27. Woche tritt auch hier der Versicherungsfall ein.

7. in seiner Berufstätigkeit verhindert ist: Die Krankheit muß also eine Berufstätigkeit unterbrochen haben, und zwar eine solche, die unter das AVG. fällt (also nicht etwa eine Tätigkeit als selbständiger Unternehmer). Dagegen ist es nicht erforderlich, daß die Berufstätigkeit durch die Krankheit unmittelbar unterbrochen worden ist; die Krankheitszeit ist vielmehr auch anrechenbar, wenn z. B. der Angestellte z. Zt. der Erkrankung gerade vorübergehend stellenlos war (AVN. 1916 S. 251 u. 275, 1917 S. 202, 1921 S. 74 Z. 465).

8. kein Entgelt erhält: Wird der Entgelt fortgezahlt, so besteht nach § 168 Abs. 2 die Beitragspflicht!

S. auch das Merkblatt des vorm. Rentenausschusses „über die Beitragsentrichtung in Krankheitszeiten" in AVN. 1916 S. 42.

9. eine staatlich anerkannte Lehranstalt besucht: Der Besuch einer solchen Anstalt braucht keine Berufstätigkeit unterbrochen zu haben; auch braucht er nicht in Beziehung zum bisherigen Beruf des Versicherten zu stehen.

10. bestimmt die staatlich anerkannten Lehranstalten: Welche Lehranstalten in den einzelnen Bundesstaaten staatlich anerkannt sind, ergibt sich aus den folgenden Erlassen der obersten Verwaltungsbehörden:

a) Für Preußen:

Min.-Erlaß vom 16. Aug. 1912, Handels-Min.-Bl. S. 457 (Bergakademien und -Schulen betr.);

desgl. vom 23. Okt. 1912, Handels-Min.-Bl. S. 547 (Fortbildungs- und Fachschulen betr.);

desgl. vom 4. Febr. 1913, Landw.-Min.-Bl. S. 69 u. Handels-Min.-Bl. S. 92 (landw. Lehranstalten betr.), und dazu Min.-Entschl. vom 24. Juni 1917 (Handels-Min.-Bl. S. 199) und vom 12. April 1921 (ebenda S. 159);

desgl. vom 21. Juni 1913, Handels-Min.-Bl. S. 470 (landw. Haushaltungsschulen betr.), und

vom 23. Jan. 1914, Handels-Min.-Bl. S. 70.

b) Für Bayern:

§ 8 der Min.-Bekanntm. vom 8. Aug. 1912, Ges.- u. Verordn.-Bl. S. 702.

c) Für das vorm. Königreich Sachsen:

§ 3 der k. Verordn. vom 30. Dez. 1912, Ges.- u. Verordn.-Bl. S. 565.

d) Für Württemberg:
§ 1 der Min.-Verf. vom 26. Juni 1912, Reg.-Bl. S. 198, u. § 6 der Min.-Verf. vom 29. Dez. 1922 (Reg.-Bl. 1923 S. 39);

e) Für Baden:
§ 1 Nr. 2 der Min.-Verordn. vom 5. Aug. 1912, Ges.- u. Verordn.-Bl. S. 339, ferner Min.-Bekanntm. vom 11. Nov. 1912, ebenda S. 443.

f) Für Hessen:
§ 1 der Min.-Bekanntm. vom 4. Okt. 1912, Reg.-Bl. S. 489.

g) Für Mecklenburg-Schwerin:
Min.-Bekanntm. vom 8. Nov. 1912, Reg.-Bl. S. 534 u. Min.-Bekanntm. vom 26. Jan. 1921 (Reg.-Bl. S. 123);

h) Für Mecklenburg-Strelitz:
Ziff. I der Min.-Bekanntm. vom 11. Nov. 1912, Offiz. Anz. S. 451.

i) Für Oldenburg:
Z. I der Min.-Bekanntm. vom 6. Jan. 1913, Ges.-Bl. S. 335.

k) Für Hamburg:
Bekanntm. des Senats vom 2. Aug. 1912, Amtsbl. S. 797.

l) Für Bremen:
Bekanntm. des Senats vom 28. Dez. 1912, Ges.-Bl. 1913 S. 7.

m) Für Lübeck:
Bekanntm. des Senats vom 18. Dez. 1912, Ges.- u. Verordn.-Bl. S. 585.

11. in Mobilmachungs- oder Kriegszeiten: Die Zeiten, in denen ein Versicherter früher im Frieden zur Erfüllung seiner Wehrpflicht gedient hat, sind hiernach nicht mehr anrechenbar; ebensowenig ist anrechenbar die Zeit des Dienstes in der Reichswehr (im Frieden) oder in der Schutzpolizei.

Auch hier braucht die Berufstätigkeit nicht unmittelbar (vgl. Anm. 7!) unterbrochen worden zu sein (AVN. 1919 S. 27).

Nach § 382 Abs. 1 werden die vollen Kalendermonate, in denen Versicherte während des letzten Krieges dem Deutschen Reiche oder einem mit ihm verbündeten oder befreundeten Staate Kriegs-, Sanitäts- oder ähnliche Dienste geleistet haben, auch auf die Wartezeiten (also nicht bloß, wie nach § 170, in den Fällen der §§ 21 u. 54) angerechnet.

12. bei der deutschen Wehrmacht: Hier kommt nur diese in Betracht, dagegen nicht die Wehrmacht eines mit dem Deutschen Reiche verbündeten oder befreundeten Staates; anders § 382!

13. zwei Monaten: Nicht gleichbedeutend mit Kalendermonaten. Wegen der Berechnung s. §§ 320 ff.

14. Schwangerschaft . . . Wochenbett: Verläuft die Schwangerschaft oder das Wochenbett unregelmäßig, so liegt eine „Krankheit" im Sinn der Z. 1 von § 170 Abs. 1 vor.

Ob es sich um eine eheliche oder eine uneheliche Geburt handelt, ist ohne Belang.

15. vorsätzlich: S. Anm. 2 zu § 26!

16. Verbrechens: § 1 des Reichsstrafgesetzbuchs. Der Täter muß hiewegen rechtskräftig verurteilt sein. Vergehen (im Sinne des Reichsstrafgesetzbuchs) kommen hier nicht in Betracht, soweit nicht etwa eine „schuldhafte Beteiligung bei Schlägereien oder Raufhändeln" in Frage steht. Übertretungen kommen nicht in Betracht.

17. schuldhafte Beteiligung: Eine andere Beteiligung, z. B. die bloße Notwehr eines Überfallenen, schadet nicht. Daß die schuldhafte Beteiligung durch strafgerichtliches Urteil festgestellt sei, ist nicht erforderlich. —

Andere Ursachen einer Krankheit, so besonders Trunksucht oder geschlechtliche Ausschweifungen, stehen der Anrechenbarkeit der Krankheit nicht im Wege.

18. Erlöschen und Wiederaufleben der Anwartschaft: Hier ist also auch § 55 einbezogen, was in Abs. 1 des § 170 nicht der Fall ist. Dagegen ist hier § 21 nicht angeführt.

19. Beiträge in der Invalidenversicherung: Diese Bestimmung hat die sog. Wanderversicherung (§ 27) im Auge. Es kommen nur Beiträge, nicht Ersatzzeiten, der Invalidenversicherung in Betracht.

20. abgesehen von § 55 Abs. 3: Diese Vorschrift handelt von der Prüfung, ob die gesamte Versicherungszeit zu mindestens drei Vierteln mit Beiträgen usw. belegt sei. Hier gilt also die Ausnahme von Satz 1 des Abs. 4, die Satz 2 aufstellt, nicht, d. h. in diesem Falle sind auch solche Beitragswochen der Invalidenversicherung anrechenbar, die mit den in der Angestelltenversicherung zurückgelegten Beitragsmonaten voll zusammenfallen.

21. Dies gilt ... nicht ... zusammenfallen: Die gesetzliche Regel, die in diesen Worten enthalten ist, geht also dahin, daß eine doppelte Anrechnung solcher Zeiten (gleichzeitig in der Invaliden- und in der Angestelltenversicherung) im allgemeinen ausgeschlossen ist. Wegen der Ausnahme, die das Gesetz zuläßt, s. Anm. 20.

22. in welchen weiteren Fällen: Auf Grund dieser Vorschrift hat der R.-Arb.-Minister die „Verordnung über die Anrechnung von Beitragsmarken in der Angestelltenversicherung", vom 7. Febr. 1925 (RGBl. I S. 10), erlassen. Sie lautet:

> Als Beitragsmonate für die Erfüllung der Wartezeit (§ 53), für die Erhaltung der Anwartschaft (§ 54) und als Vormonate für die freiwillige Versicherung (§ 21) (Ersatzzeiten) rechnen nach Entrichtung mindestens eines Beitrags auch ohne weitere Beitragsleistung die Kalendermonate, in denen der Versicherte aus den besetzten und den Einbruchsgebieten des Westens ausgewiesen oder aus gleich zwingenden Gründen verdrängt war, längstens bis zum Ablauf desjenigen Monats, in welchem dem Versicherten die Rückkehr möglich war. Diese Vergünstigung gilt nicht für

die Monate, in denen der Versicherte im unbesetzten Gebiete versicherungspflichtig beschäftigt war.

Die oberste Verwaltungsbehörde bestimmt das Nähere über die Bescheinigung der Ausweisung oder Verdrängung. Die Bescheinigung gilt als Ersatzzeitschein und ist bei der Aufrechnung der Versicherungskarte zu berücksichtigen. —

Auch hier handelt es sich um sog. unvollkommene Ersatzzeiten, da sie in den Fällen der §§ 22 Abs. 2, 55 u. 56 nicht angerechnet werden können.

23. für die Erfüllung der Wartezeit und bei der Rentenberechnung (§ 56) berücksichtigt werden: Eine solche Bestimmung ist bis jetzt nicht erlassen worden.

Die Worte „für die Erfüllung der Wartezeit und" hat erst das Gesetz vom 28. Juli 1925 eingefügt.

Auf Grund dieses und des ersten Satzes des Abs. 5 könnte der Reichsarbeitsminister sog. vollkommene Ersatzzeiten schaffen; doch gibt es, wie schon in Anm. 1 bemerkt, solche z. Zt. nicht.

2. Gehalts- und Beitragsklassen.

Diese Überschrift lautete ursprünglich nur „Gehaltsklassen". Das Gesetz vom 28. Juli 1925 hat sie geändert mit Rücksicht auf die freiwillige Versicherung, bei der ein Gehalt des Versicherten vielfach gar nicht in Betracht kommt (vgl. auch §§ 171 a u. 172 a).

§ 171 (16).

Nach der Höhe des monatlichen Arbeitsverdienstes[1]) werden für die Versicherungspflichtigen[2]) folgende Gehaltsklassen[3]) gebildet:

Klasse	A	. . . .	bis zu 50	Reichsmark,
„	B	von mehr als 50	„ „ 100	„
„	C	„ „ „ 100	„ „ 200	„
„	D	„ „ „ 200	„ „ 300	„
„	E	„ „ „ 300	„ „ 400	„
„	F	„ „ „ 400 Reichsmark.		

Der Reichsarbeitsminister bestimmt das Nähere[4]). Er kann insbesondere Gehaltsklassen an die bestehenden anfügen[4]).

1. monatlichen Arbeitsverdienstes: über dessen Feststellung für die Beitragsberechnung vgl. § 4 der Beitr.-O.

Das frühere Gesetz bemaß die Beiträge nach dem Jahresarbeitsverdienst; es bestimmte zu diesem Zweck die folgenden 8 Gehaltsklassen:

Klasse A	. . . .		bis	zu	550	Mark
„ B	von mehr als	550	„	„	850	„
„ C	„ „ „	850	„	„	1150	„
„ D	„ „ „	1150	„	„	1500	„
„ E	„ „ „	1500	„	„	2000	„
„ F	„ „ „	2000	„	„	2500	„
„ G	„ „ „	2500	„	„	3000	„
„ H	„ „ „	3000	„	„	4000	„
„ I	„ „ „	4000	„	„	5000	„

Die jetzigen Gehaltsklassen bemessen sich nicht mehr nach dem jährlichen, sondern nach dem monatlichen Arbeitsverdienst. Dadurch wird die Bemessung der Beitragshöhe wesentlich erleichtert.

Auch in der Invalidenversicherung ist der Gesetzgeber dazu übergegangen, für die Bestimmung der Lohnklassen und Beiträge statt des Jahres- den Wochenverdienst maßgebend sein zu lassen (§ 1245 RVO. neuer Fassung, geändert durch Abschn. B Z. 2 des Ges. vom 28. Juli 1925).

2. die Versicherungspflichtigen: Das Gesetz sagte bisher: „die Versicherten", unter welchem Ausdruck also Pflicht- wie freiwillig Versicherte zusammengefaßt waren. Die Änderung beruht auf dem Gesetz vom 28. Juli 1925. Hiernach gilt also § 171 zunächst nur für Versicherungspflichtige; für freiwillig Versicherte s. die §§ 171a u. 185.

3. folgende Gehaltsklassen: Die Gehaltsklassen des alten Gesetzes sind schon in Anm. 1 angeführt.

Unter dem Einflusse der Geldentwertung mußten immer neue Gehaltsklassen aufgebaut, die unteren dagegen gesperrt werden. Schließlich vermochte dieses Verfahren und der Druck der Marken dem immer rascher werdenden Verfall der Währung nicht mehr zu folgen; der Gesetzgeber ging daher dazu über, die Lohnklassen, die Beiträge und die Verkaufspreise der Marken (inzwischen war ja, 1922, das Markenverfahren eingeführt worden) zu vervielfachen. Endlich, nach Festigung der Währung, brachte die Verordnung vom 20. Dez. 1923 (RGBl. I S. 1235) mit Wirkung vom 1. Jan. 1924 die neuen, auf wertbeständiger Grundlage ruhenden Gehaltsklassen A—E mit den entsprechenden Beiträgen. Sie waren in „Goldmark" ausgedrückt; an deren Stelle ist inzwischen die Reichsmark getreten (s. Anm. 4 zu § 56. Die Gehaltsklasse F hat erst das Gesetz vom 28. Juli 1925 angefügt mit Rücksicht auf die seit dem 1. Jan. 1924 eingetretene Steigerung der Gehälter und Löhne und die dadurch notwendig gewordene Erhöhung der Versicherungsgrenze des § 1 Abs. 3 (6000 RM. jährlich).

Den Versuch, die Gehaltsklassen der Angestelltenversicherung mit den Lohnklassen der Invalidenversicherung und den Stufen des Grundlohns in der Krankenversicherung (§ 180 RVO.) in Übereinstimmung zu bringen, hat der Gesetzgeber wieder aufgegeben.

4. bestimmt das Nähere . . . kann . . . anfügen: Um namentlich, falls die Gehälter weiter steigen sollten, behufs Anfügung weiterer Lohnklassen nicht die Gesetzgebung in Bewegung setzen zu müssen.

§ 171 a (neu).

Für freiwillige Beitragsentrichtung[1]) (§ 184 Abs. 2 Satz 2, § 185) werden die Beitragsklassen G und H[2]) gebildet.

1. freiwillige Beitragsentrichtung: § 171 a ist durch das Gesetz vom 28. Juli 1925 eingefügt worden.

Er gilt, wie aus den Anführungen (§ 184 Abs. 2 Satz 2, § 185) hervorgeht, für alle Fälle der freiwilligen Beitragsentrichtung, also

a) für den Fall, daß der Versicherte an Stelle des Arbeitgebers die vollen Pflichtbeiträge entrichtet und hiebei eine höhere als die gesetzliche Gehaltsklasse wählt (§ 184 Abs. 2 Satz 2),
b) für die freiwillige Weiterversicherung (§ 185 Abs. 1) und
c) für die Selbstversicherung (§ 185 Abs. 2).

2. Beitragsklassen G u. H: Die Höhe der Beiträge, die diesen Klassen entsprechen, ist in § 172 a bestimmt.

Ein Zwang, Beiträge nach diesen beiden Klassen zu entrichten, besteht nicht. Ihre Bedeutung ist vielmehr diese: Nach § 184 Abs. 2 kann ein versicherungspflichtiger Angestellter für die Beitragsentrichtung eine höhere als die gesetzliche Gehaltsklasse wählen (wobei allerdings dem Arbeitgeber, wenn nichts anderes vereinbart ist, nur die Hälfte des gesetzlichen Beitrags zur Last fällt). Auf diese Weise können die Angestellten die Steigerungsbeträge ihres künftigen Ruhegelds (§ 56) freiwillig aufbessern. Angestellten aber, die kraft Gesetzes in der obersten Gehaltsklasse versichert sind, fehlt eine solche Gelegenheit. Das Gesetz führt daher für die freiwillige Beitragsentrichtung die neuen Beitragsklassen G und H ein; macht ein Versicherter davon Gebrauch, so kommt dies dem freiwilligen Erwerb von Steigerungsbeträgen in Teilzahlungen gleich.

Das Gesetz hat aber diese Neuerung nicht auf den Fall des § 184 Abs. 2 Satz 2 beschränkt (vgl. Anm. 1); denn auch bei Weiterversicherten und Selbstversicherten kann der Wunsch bestehen, höhere Beiträge als nach Klasse F der §§ 171, 172 zu entrichten.

3. Höhe der Beiträge.

§ 172 (172).

Der Monatsbeitrag beträgt[1])

in Gehaltsklasse	A	. . .	2	Reichsmark
„ „	B	. . .	4	„
„ „	C	. . .	8	„
„ „	D	. . .	12	„
„ „	E	. . .	16	„
„ „	F	. . .	20	„

Der Reichsarbeitsminister kann anordnen[2]), daß Beiträge unter oder über einer bestimmten Gehaltsklasse nicht entrichtet werden dürfen. Er setzt im Falle des § 171 Abs. 2 Satz 2 die Beiträge für die neuen Gehaltsklassen fest[3]).

1. Der Monatsbeitrag beträgt: Nach dem früheren Gesetz waren die Beiträge nach dem Prämiendurchschnittsverfahren bemessen. Außer diesem gibt es für die Aufbringung der Mittel bekanntlich auch das Umlage- und das Kapitaldeckungsverfahren.

Nach dem Umlageverfahren ist der in jedem Jahre (oder auch in einem anderen Zeitraum) dem Versicherungsträger erwachsene Gesamtbedarf (für Versicherungsleistungen; die hier notwendige Rücklage; Verwaltungskosten) auf die Versicherten (oder ihre Arbeitgeber) nach dem Maßstabe des von jedem einzelnen Versicherten im betr. Jahre verdienten Entgelts umzulegen. Es bewirkt bis zur Erreichung des Beharrungszustandes eine fortwährende Steigerung der Beiträge.

Beim Kapitaldeckungsverfahren werden die voraussichtlich erwachsenden Aufwendungen an Renten und Verwaltungskosten für eine bestimmte Zeit im voraus berechnet und umgelegt. Hier steigen die Beiträge periodisch.

Beim Prämiendurchschnittsverfahren muß zu jeder Zeit der Gesamtwert aller künftigen, gleichbleibenden Beiträge unter Hinzurechnung des vorhandenen Vermögens dem Gesamtwert aller Verpflichtungen gleich sein. Aus den anfangs die Jahresausgaben übersteigenden Einnahmen bildet sich eine der Prämienreserve der Lebensversicherungsgesellschaften ähnliche Rücklage, aus deren Zinsen später die Jahresausgaben, die alsdann die Jahreseinnahmen aus Beiträgen übersteigen, zu bestreiten sind. Hier bleiben die Beiträge, sofern nur die Rechnungsgrundlagen nicht geändert werden, dauernd gleich.

Dieses System hatte das Gesetz ursprünglich angenommen. Es hatte aber die Möglichkeit, daß in der Zukunft die Rechnungsgrundlagen und damit die Beiträge zu ändern sein würden, sofort ins Auge gefaßt, es bestimmte die Beiträge nur „bis auf weiteres".

Angesichts der veränderten Verhältnisse, die der Krieg und der Währungsverfall geschaffen haben, namentlich, um die darniederliegende Wirtschaft nicht zu stark zu belasten, hat der Gesetzgeber das Prämiendurchschnittsverfahren verlassen und ist zum Umlageverfahren übergegangen. Auf diesem beruhen daher die Beiträge nach dem Gesetz von 1924; sie sind unter der Annahme errechnet, daß die Leistungen und Verwaltungsausgaben, die in den Jahren 1924 bis 1928 anfallen, gedeckt werden können.

Das Gesetz vom 28. Juli 1925 hat die Beiträge, der Steigerung der Leistungen entsprechend (vgl. § 56), um ein Drittel erhöht.

Die Beiträge sind nach dem neuen wie nach dem alten Gesetz für alle Versicherten gleich hoch. Ein Unterschied nach dem Alter, wie bei den privaten Lebensversicherungen, findet nicht statt. Es würde sonst die Versicherung der in höheren Lebensjahren stehenden Angestellten wegen zu hoher Beiträge kaum möglich sein. Auch ein Unterschied nach dem Geschlecht oder Familienstand findet nicht statt.

Nach dem Gesetz von 1911 betrugen die Beiträge

in Gehaltsklasse	A	. . . .	1,60	Mark
" "	B	. . . .	3,20	"
" "	C	. . . .	4,80	"
" "	D	. . . .	6,80	"
" "	E	. . . .	9,60	"
" "	F	. . . .	13,20	"
" "	G	. . . .	16,60	"
" "	H	. . . .	20,00	"
" "	I	. . . .	26,60	"

(Wegen der Gehaltsklassen des alten Gesetzes s. dessen § 16; sie sind in Anm. 1 zu § 171 angegeben).

Das Gesetz von 1924 hatte sie festgesetzt

in Gehaltsklasse	A auf	. . . . . .	1,50	Goldmark
" "	B "	. . . .	3,—	"
" "	C "	. . . .	6,—	"
" "	D "	. . . .	9,—	"
" "	E "	. . . .	12,—	"

Gegenüber diesen sind die jetzigen Beiträge nach dem Gesetz vom 28. Juli 1925, wie schon bemerkt, um ein Drittel erhöht.

2. kann anordnen: Diese Vorschrift ist ein Überbleibsel aus der Zeit des Währungsverfalls (vgl. Art. IV Abs. 1 des Ges. vom 13. Juli 1923, RGBl. I S. 636).

3. setzt . . . fest: S. Anm. 4 zu § 171.

§ 172a (neu).

Der freiwillige Monatsbeitrag[1]) beträgt

in der Beitragsklasse	G	. . .	25	Reichsmark
" " "	H	. . .	30	"

1. freiwillige Monatsbeitrag: S. § 171a und die Anm. zu demselben.

Auch § 172a ist durch das Gesetz vom 28. Juli 1925 eingefügt worden.

§ 173 (173, 174; Abs. 2 neu).

Zur Nachprüfung der Beiträge stellt die Reichsversicherungsanstalt in fünfjährigen Zeitabschnitten[1]), erstmalig für den 31. Dezember 1926, eine versicherungstechnische Bilanz[2]) auf. Der Reichsarbeitsminister kann nähere Vorschriften hierüber erlassen[3]).

Das Ergebnis der Prüfung ist dem Reichstag mitzuteilen.

1. in fünfjährigen Zeitabschnitten: In der Zwischenzeit ist gemäß § 95 alljährlich für das abgelaufene Geschäftsjahr ein Rechnungsabschluß und ein die Verhältnisse sowie die Entwicklung der RVAnstalt darstellender Bericht anzufertigen und dem R.-Arb.-Minister mitzuteilen. Der Rechnungsabschluß und der Bericht sind dem Reichstag vorzulegen.

2. versicherungstechnische Bilanz: Hiebei ist dem gegenwärtigen Wert aller in der Zukunft zu erwartenden Belastungen das vorhandene Vermögen gegenüberzustellen. Als solches (Aktiva) erscheinen hiebei Vermögenswerte aller Art (Grundbesitz, Hypotheken, Wertpapiere usw. sowie der gegenwärtige Wert der künftig zu erwartenden Beitragseinnahmen), während zur Ermittlung der Belastung (Passiva) die Kapitalwerte einzustellen sind, die voraussichtlich zur dauernden Erfüllung der Leistungen notwendig sein werden; sie werden auf Grund der Wahrscheinlichkeits- und Zinseszinsrechnung ermittelt.

3. kann nähere Vorschriften hierüber erlassen: Noch nicht geschehen.

4. Beitragsverfahren.

§ 174 (neu).

Das Beitragsverfahren regelt der Reichsarbeitsminister[1]) nach Anhören der Reichsversicherungsanstalt, soweit nicht im folgenden etwas anderes bestimmt ist.

1. regelt der Reichsarbeitsminister: Diese Bestimmung hat in der Invalidenversicherung kein Seitenstück.

Auf Grund des § 174 sind ergangen die Beitragsordnung vom 21. Nov. 1924 (RGBl. I S. 745; sie ist im Anhang abgedruckt), ferner die beiden Verordnungen über die Vergütung der Ausgabestellen, vom 5. Okt. 1923 und 4. März 1924 (RGBl. 1923 I S. 933, 1924 I S. 170).

a) Marken.

§ 175 (183).

Zur Beitragsleistung gibt die Reichsversicherungsanstalt Marken aus[1]).

Ungültig gewordene Marken können binnen drei Monaten nach Ablauf der Gültigkeitsdauer bei den Verkaufsstellen [2]) umgetauscht werden.

1. gibt ... Marken aus: Nach dem früheren Gesetz (§ 181) sollten die Beiträge bar einbezahlt werden; in § 183 war zwar die Ausgabe von Marken vorgesehen; dieselben sollten jedoch nicht als Zahlungsmittel dienen, sondern es sollte durch sie nur über die bereits eingezahlten Beiträge „quittiert" werden. Nach § 182 (alt) hatte die RVAnstalt auf Grund der Beitragsnachweise, die die Arbeitgeber einzureichen hatten, für die Versicherten Versicherungskonten aufzustellen. Nach § 184 des alten Gesetzes konnte aber die RVAnstalt mit Genehmigung des Reichskanzlers ein anderes Zahlungsverfahren und andere Quittungsleistung zulassen. Auf Grund dessen hat die RVAnstalt (Bekanntm. des Direktoriums vom 24. Mai 1912, Reichsanz. Nr. 125) das Postscheckverfahren zugelassen. Nach § 187 des alten Gesetzes sollten ferner für die Fälle des § 177 (alt), d. i. für den Fall, daß mehrere Arbeitgeber den Versicherten während des Monats beschäftigten oder daß die Beschäftigung nicht den Beitragsmonat hindurch stattfand, besondere Marken verwendet werden. Diese Bestimmung ist aber nie in Kraft getreten. Denn nach Abs. 3 des § 187 konnte die RV-Anstalt (mit Genehmigung des Reichskanzlers) auch für die Erhebung dieser Beiträge andere Bestimmungen erlassen. Und auf Grund dessen hat sie in der Bekanntmachung vom 24. Mai 1912 für die Fälle des § 187 das Postscheckverfahren bindend vorgeschrieben (nicht bloß zugelassen); Marken zu verwenden war also hier nicht mehr zulässig. Aber auch soweit die Verwendung noch zulässig (d. h. das Postscheckverfahren nur zugelassen, nicht vorgeschrieben) war, wurde davon fast gar kein Gebrauch gemacht.

Versicherungskonten und Postscheckverfahren haben sich aber — entgegen den großen Hoffnungen, die man darauf gesetzt hatte — in der Praxis durchaus nicht bewährt. Namentlich das damit verknüpfte Buchungsverfahren erwies sich als sehr umständlich und erforderte eine viel zu große Zahl von Beamten. Auf die Schwierigkeiten, die es für die Versicherten manchmal mit sich brachte, läßt Z. 2 der RE. des RVAmts 2852 (AN. 1925 S. 169) schließen.

Das Gesetz vom 10. Nov. 1922 hat daher dieses Verfahren beseitigt und ist zu dem Markenverfahren der Invalidenversicherung übergegangen.

Hiernach sind die Marken jetzt nicht mehr bloß Beweis-, sondern Zahlungsmittel. Deshalb sagt auch das neue Gesetz, daß sie „zur Beitragsleistung" ausgegeben werden.

Näheres über die Beitragsmarken bestimmen die §§ 1 u. 2 der Beitragsordnung.

2. bei den Verkaufsstellen: Nach § 2 Abs. 2 der Beitrags-O. werden die Marken durch die Deutsche Reichspost verkauft; Verkaufsstellen sind also die Postanstalten (einschl. der Postagenturen).

b) Versicherungskarte.

§ 176 (182).

Die Beiträge werden durch Einkleben der Marken in die Versicherungskarte[1]) entrichtet[2]); Ausnahmen[3]) kann der Reichsarbeitsminister nach Anhören der Reichsversicherungsanstalt regeln.

1. Versicherungskarte: Diese entspricht jetzt der Quittungskarte der Invalidenversicherung (§ 1413 ff. RVO.); die frühere Aufnahmekarte (§ 188 ff. des alten Gesetzes) ist weggefallen.

2. werden durch Einkleben ... entrichtet: Nach dem früheren Beitragsverfahren (Konten) wurde die Beitragsleistung erst mit dem Eingang der Beitragssumme bei der RVAnstalt bewirkt; daß dieser erfolgt war, mußte daher im Zweifelsfall festgestellt werden (AN. 1925 S. 169 Z. 2852, Nr. 1). Nach jetzigem Recht geschieht die Beitragsentrichtung durch Einkleben der Marken in die Versicherungskarte.

Die Marken müssen eingeklebt werden; dadurch, daß sie lose in die **Karte** eingelegt werden, kommt eine Beitragsentrichtung **nicht zustande** (AN. 1895 S. 230 Z. 438).

Bis zur Einklebung ist die Beitragsmarke (ebenso wie die Briefmarken) ein Inhaberpapier, ein vertretbares Wertzeichen. Durch das Einkleben verliert sie diese Eigenschaft. Daher ist es unzulässig, Marken, die schon gültig verwendet sind, nochmals zu verwenden; die wissentliche Wiederverwendung einer bereits verwendeten Marke ist nach § 351 strafbar.

„Entrichtet" ist aber ein Beitrag auch dann, wenn eine Beitragsmarke einer unrichtigen Gehaltsklasse verwendet worden ist (es hat dann nur das Berichtigungsverfahren nach § 28 Z. 3 der Beitragsordnung einzutreten) oder wenn die Marke (entgegen § 9 Abs. 1 der Beitragsordnung) nicht entwertet worden ist.

3. Ausnahmen: S. die Verordnung „über Versicherung Deutscher im Ausland" (zu § 5), vom 26. April 1923, RGBl. I S. 273.

§ 177 (188).

Der Versicherte läßt sich die Versicherungskarte ausstellen[1]) und legt sie dem Arbeitgeber zum Einkleben der Marken rechtzeitig[2]) vor[3]). Die Ortspolizeibehörde kann ihn dazu durch Zwangsstrafen in Geld[4]) anhalten.

Hat er keine Versicherungskarte oder verweigert er ihre Vorlage, so kann[5]) sie der Arbeitgeber beschaffen und die Kosten[6]), nachdem sie ihm bekannt geworden sind, bei der nächsten Gehaltszahlung abziehen.

1. läßt sich ... ausstellen: Das ist also zwingend vorgeschrieben (s. auch die Strafandrohung im zweiten Satze des Abs. 1).

2. rechtzeitig: D. i. zur Zeit der Fälligkeit der Beiträge.

3. legt sie ... vor: Der Versicherte hat das Recht, die Versicherungskarte in Händen zu behalten, er ist nicht verpflichtet, sie dem Arbeitgeber zum Aufbewahren zu übergeben, sondern er hat sie ihm nur zum Einkleben der Marken jeweils vorzulegen.

4. Zwangsstrafen in Geld: Von 1—1000 RM. (dieser Betrag ist jetzt an die Stelle des früheren Höchstbetrags von 10 ℳ getreten).

Die Strafe muß vorher angedroht werden. Bleibt sie aber erfolglos, so kann sie — da es sich um eine Zwangsstrafe handelt — beliebig oft verhängt werden.

Welche Behörde als „Ortspolizeibehörde" zuständig ist, bestimmt sich nach Landesrecht.

5. kann sie ... der Arbeitgeber beschaffen: Das „kann" besagt nur, daß der Versicherte den Arbeitgeber nicht hindern kann, die Karte zu beschaffen. Es steht aber keineswegs im Belieben des Arbeitgebers, ob er von dieser Befugnis Gebrauch machen will oder nicht; er wird vielmehr, um den ihm selbst vom Gesetz auferlegten Verpflichtungen (§§ 176, 182) nachkommen zu können, unbedingt die Karte beschaffen müssen. Die gegenteilige Auslegung, die auch manche Gerichte dem § 131 Abs. 2 des Invalidenversicherungsgesetzes (§ 1414 RVO.), welcher dem § 177 AVG. entspricht, gegeben haben, ist unrichtig (s. auch AVN. 1916 S. 189 Z. 129).

6. die Kosten: Vgl. § 32 Abs. 4 Z. 2 der Beitr.-O.; der Betrag ist durch Verordn. des R.-Arb.-Ministers „über die Vergütung der Ausgabestellen in der AV.", vom 4. März 1924 (RGBl. I S. 170) auf 5 ₰ festgesetzt.

Im übrigen werden die Versicherungskarten kostenfrei ausgestellt (§ 32 Abs. 2 d. Beitr.-O.).

§ 178 (194).

Der Reichsarbeitsminister bestimmt[1]) nach Anhören der Reichsversicherungsanstalt mit Zustimmung des Reichsrats, wer die Versicherungskarten ausstellt, umtauscht, ersetzt und aufrechnet[2]) (Ausgabestellen). Die Länder können andere Stellen bestimmen[2]).

1. Der Reichsarbeitsminister bestimmt: Diese Befugnis kam früher den obersten Verwaltungsbehörden zu. Dadurch, daß sie jetzt dem R.-Arb.-Minister übertragen ist, sind aber die Vorschriften, die früher die obersten Verwaltungsbehörden auf Grund des § 194 (alt) erlassen hatten, nur teilweise hinfällig geworden. Der R.-Arb.-Minister hat nämlich in § 13 der Beitr.-O. bestimmt was folgt:

Ausgabestellen sind in Städten mit mehr als 50 000 Einwohnern die Ausgabestellen der Invalidenversicherung, sonst die bisherigen Ausgabestellen der Angestelltenversicherung. Die Länder können andere Stellen bestimmen.

Sie heißen „Ausgabestelle der Angestelltenversicherung in ...“ und führen einen Stempel mit dieser Bezeichnung. Ihr Dienstgebäude trägt dieselbe Bezeichnung. Die Diensträume sind durch Aushang an sichtbarer Stelle kenntlich zu machen.

Auch die Reichsversicherungsanstalt kann Versicherungskarten ausstellen usw.

Wegen der Ausgabestellen der Invalidenversicherung s. § 1419 RVO. Auf Grund dessen sind meist die Gemeindebehörden als Ausgabestellen bestimmt worden.

Von der Befugnis, andere Stellen auch für Städte mit mehr als 50 000 Einwohnern zu bestimmen (§ 13 Abs. 1, letzter Satz, der Beitr.-O.) hat bisher nur Württemberg Gebrauch gemacht (§ 9 der Verf. des Arb.-Min. vom 16. Jan. 1925, Reg.-Bl. S. 6).

Für Städte und Orte mit nicht mehr als 50 000 Einwohnern bleiben, wie erwähnt, die bisherigen Vorschriften in Kraft. Sie sollen, da sie meist auch eine Anweisung für die Ausgabestellen enthalten, hier angeführt werden. Es sind die folgenden:

a) Für Preußen:

Anweisung für die Ausgabestellen, vom 18. Juli 1912, Handelsmin.-Bl. S. 425.

Nach Z. I, 1 sind die Ausgabestellen die Ortspolizeibehörden, in Gemeinden mit (königlicher) Polizeiverwaltung die Gemeindevorstände.

b) Für Bayern:

§ 6 der Min.-Bekanntm. vom 8. August 1912, Ges.- u. V.-Bl. S. 701; Ausgabestellen sind die Gemeindebehörden.

Dazu Anweisung für die Ausgabestellen, vom 9. Aug. 1912, Min.-A.-Bl. d. J. u. d. Äuß. S. 875.

c) Für Württemberg:

§ 4 der Min.-Verf. vom 26. Juni 1912, Reg.-Bl. S. 198; Ausgabestellen sind die Ortsbehörden für Arbeiterversicherung.

Dazu Dienstanweisung für die Ausgabestellen, vom 15. Juli 1912, Amtsbl. d. Min. d. J. S. 290.

d) Für das vorm. Königreich Sachsen:

§ 7 der K. Verordn. vom 30. Dez. 1912, Ges.- u. V.-Bl. S. 565; Ausgabestellen sind die Ortspolizeibehörden.

Dazu Dienstanweisung für die Ausgabestellen, vom 30. Dez. 1912, Ges.- u. V.-Bl. S. 571.

e) Für Baden:

§ 11 der Min.-Bekanntm. vom 5. Aug. 1912, Ges.- u. V.-Bl. S. 339; Ausgabestellen sind die Gemeindebehörden.

Dazu Anweisung für die Ausgabestellen, vom 20. Juli 1912, Ges.- u. V.-Bl. S. 345.

f) Für Hessen:

§ 3 der Min.-Bekanntm. vom 11. Juli 1912, Reg.-Bl. S. 411; dazu Dienstanweisung für die Ausgabestellen, vom 12. Juli 1912, Amtsbl. d. Min. d. J. Nr. 26.

g) Für Mecklenburg-Schwerin:

Z. III der Min.-Bekanntm. vom 25. Juli 1912, Reg.-Bl. S. 463.

h) Für Mecklenburg-Strelitz:

Z. III der Min.-Bekanntm. vom 7. Aug. 1912, Offiz. Anz. S. 363.

i) Für Oldenburg:

Z. III der Min.-Bekanntm. vom 29. Mai 112, Ges.-Bl. S. 199.

k) Für Braunschweig:

§ 2 der Min.-Bekanntm. vom 13. Aug. 1912, Ges.- u. V.-Samml. S. 363.

l) Für Waldeck:

Anweisung für die Ausgabestellen, vom 28. Aug. 1912, Reg.-Bl. S. 131.

m) Für Schaumburg-Lippe:

Nr. II der Min.-Bekanntm. vom 23. Mai 1912, Anz. d. Fürstent. Sch.-L. S. 213; dazu Anweisung für die Ausgabestellen vom 6. Juli 1912, ebenda S. 265.

n) Für Lippe-Detmold:

Anweisung für die Ausgabestellen, vom 13. Juli 1912, Ges.-Samml. S. 806.

o) Für Hamburg:

§ 1 der Bekanntm. des Senats vom 12. Juli 1912, Amtsbl. S. 743.

p) Für Bremen:

§ 3 der V. vom 19. Juli 1912, Ges.-Bl. S. 183.

q) Für Lübeck:

§ 6 der Bekanntm. des Senats vom 20. Juli 1912, Ges.- u. V.-Bl. S. 510.

Eine Übersicht über die von den obersten Verwaltungsbehörden bestimmten Ausgabestellen ist mitgeteilt in AVN. 1913 S. 123.

2. ausstellt, umtauscht, ersetzt u. aufrechnet: S. § 179, ferner §§ 20–27 der Beitr.-O.

Die Ausstellung usw. der Versicherungskarten stellt sich als die Erfüllung einer Verpflichtung dar, die den Ausgabestellen durch das Gesetz und im Verwaltungswege als eigene Obliegenheit zugewiesen ist. Demgemäß handelt es sich nicht um Rechtshilfe (§ 318).

Die Ausgabestellen haben daher auch keinen Anspruch auf Erstattung der Portokosten, die ihnen durch Einsendung der abgegebenen alten Versicherungskarten an die RVAnstalt erwachsen (vgl. § 22 Beitr.-O.); sie erhalten hiefür nur die in § 32 Beitr.-O. vorgesehene allgemeine Vergütung.

§ 179 (195).

Die Versicherungskarte soll[1]) binnen drei Jahren[2]) nach dem Ausstellungstage[3]) zum Umtausch eingereicht werden[4]). Der Versicherte, der dies versäumt, muß im Streitfall beweisen[5]), daß die Anwartschaft erhalten ist.

1. soll: Es handelt sich also nur um eine Ordnungsvorschrift. Ihre Nichtbeachtung hat nicht etwa die Ungültigkeit der Karte und der darin eingeklebten Marken zur Folge; der Rechtsnachteil, der daraus folgt, ist vielmehr im zweiten Satze des § 179 geregelt (s. Anm. 5).

2. binnen drei Jahren: Abweichend von § 1420 RVO., wo die Frist nur 2 Jahre beträgt.

3. nach dem Ausstellungstage: Maßgebend ist stets der Tag, an dem die Karte wirklich ausgestellt wurde, nicht der, an dem sie vielleicht hätte ausgestellt werden sollen. Ist der Ausstellungstag unrichtig angegeben, so ist die Karte zu berichtigen. Werden verlorene, unbrauchbar gewordene oder zerstörte Versicherungskarten durch neue ersetzt (§ 25 Beitr.-O.), so ist auf sie das Datum der verlorenen usw. Karte zu übertragen.

4. Zum Umtausch eingereicht werden: S. §§ 20 bis 24 Beitr.-O.

5. muß im Streitfall beweisen: Die Vorschrift ist aus § 1420 RVO. übernommen, aber nicht sehr glücklich gefaßt. Ihrem Wortlaut nach steht sie im Widerspruch mit dem Offizialprinzip, das wie die Arbeiter- so auch die Angestelltenversicherung beherrscht; nach diesem gibt es aber für die Parteien keine Beweislast im eigentlichen Sinne.

§ 179 Satz 2 wird in gleicher Weise auszulegen sein wie das RVAmt den § 1420 Satz 2 RVO. auslegt (AN. 1912 S. 891 Z. 1627), nämlich dahin, daß die Unmöglichkeit einer sicheren Feststellung, die Anwartschaft sei erhalten, hier dem Versicherten zum Nachteil gereicht (während sie im allgemeinen dem Versicherungsträger zum Nachteil gereicht).

Die Versäumung des rechtzeitigen Umtausches der Karte hat aber noch einen anderen, in § 179 nicht erwähnten Rechtsnachteil im Gefolge, nämlich den, daß der Versicherte die Rechtsvermutung des § 190 Satz 1 verliert.

§ 180 (198).

Die Versicherungskarte darf nur die gesetzlich vorgeschriebenen Angaben[1]) enthalten und sonst keine Merkmale[2]) tragen; vor allem darf sich aus ihr nichts über Führung oder Leistungen des Inhabers [3]) ergeben.

Zulässig ist ein Vermerk des Wahlvorstandes [4]), daß die Wahl ausgeübt ist.

1. gesetzlich vorgeschriebenen Angaben: S. die §§ 15—19 Beitr.-O. Da diese Angaben von der Ausgabestelle eingetragen werden, so sind Änderungen und Zusätze von anderer Hand unzulässig, auch wenn es sich um notwendige Berichtigungen handeln sollte; denn auch diese hat nur die Ausgabestelle oder die RVAnstalt vorzunehmen (§§ 28—31 Beitr.-O.). S. auch § 343!

2. sonst keine Merkmale: Namentlich keine geheimen! S. die Strafbestimmung des § 344!

3. Führung oder Leistungen des Inhabers: Die Vorschrift bezweckt, zu verhüten, daß die Karte in anderer Weise, als das Gesetz vorsieht, gebraucht wird, namentlich nicht zum Schaden des Inhabers.

Karten, die in irgendeiner Weise dem § 180 nicht entsprechen, hat die Ausgabestelle durch neue zu ersetzen (§ 25 Beitr.-O.).

4. Vermerk des Wahlvorstandes: S. § 124 Abs. 1 Satz 2! Die Vorschrift soll verhindern, daß das Wahlrecht mißbräuchlicher Weise mehrfach ausgeübt wird.

§ 181 (199).

Niemand [1]) darf eine Versicherungskarte gegen den Willen des Inhabers [2]) zurückbehalten [3]). Wer dagegen verstößt, ist dem Berechtigten schadensersatzpflichtig [4]). Die Ortspolizeibehörde nimmt ihm die Karte ab und händigt sie dem Berechtigten aus [5]).

Dies gilt nicht, wenn eine zuständige Stelle die Karte zum Umtausch oder zu anderen Amtshandlungen zurückbehält [6]).

1. niemand: Also namentlich kein Arbeitgeber; aber auch keine amtliche Stelle, wenn nicht der Fall des Abs. 2 gegeben ist.

2. Inhabers: Das ist der Angestellte, für den die Karte ausgestellt ist.

3. zurückbehalten: Die Aufbewahrung steht grundsätzlich dem Inhaber selbst zu.

Die Zurückbehaltung der Karte (soweit nicht Abs. 2 zutrifft) ist unter allen Umständen unzulässig, auch wenn der Versicherte **vertragsbrüchig** ist oder wenn dem Arbeitgeber eine Forderung gegen ihn zusteht, sowie einerlei, ob in der Karte bereits Beiträge entrichtet sind oder nicht.

4. **schadensersatzpflichtig**: Und daneben strafbar nach § 337 Z. 2. Die Schadensersatzpflicht bemißt sich im übrigen nach dem Bürgerlichen Recht; daher kommt auch § 254 BGB. (eigenes Verschulden des Klägers) in Betracht

Zuständig für die Schadensersatzklagen sind meist die Gewerbegerichte (§ 1, § 4 Nr. 4 mit Nr. 3 des Gew.-Ger.-Ges. in der Fassung vom 29. Sept. 1901, RGBl. S. 353) oder die Kaufmannsgerichte (§ 1, § 5 Nr. 4 mit Nr. 3 des Kaufm.-Ger.-Ges. vom 6. Juli 1904, RGBl. S. 266), beide Gesetze nunmehr in der Fassung der Verordn. vom 6. Juni 1924, RGBl. I S. 645.

5. **nimmt ... ab und händigt ... aus**: Die Vorschrift des Abs. 1 Satz 3 legt der Ortspolizeibehörde schlechthin die Verpflichtung auf, wenn sie dieserhalb angerufen wird, Versicherungskarten der Person oder nichtzuständigen Stelle, welche sie dem versicherten Angestellten als berechtigtem Inhaber vorenthält, abzunehmen. Die Ortspolizeibehörde hat dieser Pflicht nachzukommen, ohne Rücksicht darauf, daß dem Versicherten möglicherweise noch andere Mittel zur Erlangung der Versicherungskarte zu Gebote stehen. Die Pflicht besteht, gleichviel, welche Einwendungen jene Person oder Stelle der Abnahme der Versicherungskarte entgegengesetzt, insbesondere ob sie sich zum Besitze und zum weiteren Gewahrsam der Karte für befugt hält oder halten darf. Die Polizeibehörde **hat also nicht zu prüfen, ob die Karte widerrechtlich zurückbehalten wird** und demgemäß gleichzeitig der strafrechtliche Tatbestand des § 337 Nr. 2 erfüllt ist oder nicht.

Der von der Ortspolizeibehörde bei der Abnahme der Versicherungskarte einzuschlagende Weg regelt sich nach den in dem betr. Lande geltenden Bestimmungen über die Handhabung der Exekutivgewalt (AVN. 1914 S. 110/111).

6. **zuständige Stelle ... zurückbehält**: Zuständige Stellen sind die Ausgabestellen und die RVAnstalt. S. z. B. die §§ 196, 200; ferner die §§ 20—31 der Beitr.-O. u. § 3 der Überw.-Vorschr. vom 18. Juli 1924, R.-Min.-Bl. S. 258 (im Anhang abgedruckt).

c) Beitragsentrichtung durch Arbeitgeber.

§ 182 (176).

Der Arbeitgeber[1]), der den Versicherten[2]) den Kalendermonat hindurch[3]) beschäftigt[4]), hat für sich und ihn den Beitrag zu entrichten[5]).

1. **Arbeitgeber**: Das ist derjenige, **für dessen Rechnung der Gehalt gezahlt wird** (AN. 1904 S. 508 Z. 1152).

Im Einzelfall sind freilich manchmal Zweifel möglich, wer als Arbeitgeber anzusehen sei; einige Fälle finden sich z. B. in AVN. 1918 S. 15 (Vertreterin einer Lehrerin an einer gemeindlichen Schule), 1919 S. 44 Z.332 (preußischer Katastergehilfe) und 1921 S. 217 Z. 497 (Vertreter eines Postagenten). Einen in der Praxis besonders häufigen Fall bilden die Musikkapellen, die in Gaststätten spielen, und Artistentrupps, die in Varietétheatern auftreten. Als deren Arbeitgeber ist häufig der Wirt anzusehen (AN. 1912 S. 940 Z. 1639), doch sind auch Fälle möglich, die anders zu beurteilen sind (vgl. AVN. 1918 S. 193 Z. 293); es kann daher nur nach Lage des Einzelfalls entschieden werden. Werden für Rechnung einer Konkursmasse versicherte Angestellte beschäftigt, so ist deren Arbeitgeber der Konkursverwalter (AVN. 1917 S. 15); jedoch haftet für die Beiträge nur die Konkursmasse, nicht der Konkursverwalter persönlich (AVN. 1917 S. 277 Z. 257); auch der Geschäftsführer einer Gesellschaft mit beschränkter Haftung ist nicht persönlich für die Versicherungsbeiträge haftbar (AVN. 1917 S. 218).

Über die Entrichtung und Verrechnung der Beiträge in den Fällen, in denen das Reich oder ein Land Arbeitgeber ist, sind folgende Erlasse ergangen:

a) Für das Reich:
   Verf. des Reichspostamts vom 23. Dez. 1912, Amtsbl. d. R.=P.=A. S. 321;

b) für Preußen:
   Erlaß des Handelsministers vom 30. Dez. 1912, Handelsmin.=Bl. 1913 S. 1;

c) für Bayern:
   Min.=Bekanntm. vom 3. Febr. 1914, Min.=A.=Bl. d. J. u. d. Äuß. S. 62,
   Min.=Bekanntm. vom 17. Mai 1920 (Min.=A.=Bl. S. 153), betr. die Zuständigkeit anläßlich des Übergangs der Post= u. Telegr.=Verw. auf das Reich;
   Z. IV Abs. 5 der Min.=Bekanntm. vom 23. Dez. 1912 (Justizpersonal) und Z. 2 ff. der Min.=Bekanntm. vom 10. Jan. 1913 (innere Staatsbauverw.), Min.=A.=Bl. d. J. u. d. Äuß. S. 71 u. 81;

d) für Württemberg:
   Z. 2 der Min.=Entschl. vom 30. Nov. 1912, Min.=A.=Bl. d. J. S. 403.

Nicht ganz selten sind mittelbare Beschäftigungsverhältnisse, z. B. wenn ein Angestellter im Dienstvertrag verpflichtet wird, seine Ehefrau mit zu beschäftigen. Hier ist diese nicht etwa auf Grund des § 8 versicherungsfrei, sondern sie ist gleichfalls Angestellte des Arbeitgebers ihres Ehemannes.

Manchmal wird auch versucht, durch die Fassung des Dienstvertrags die Verhältnisse zu verschleiern und Leute, die wirtschaftlich und geldlich unselbständig sind und selbst in einem Be=

schäftigungsverhältnisse stehen, als Arbeitgeber hinzustellen. In der Sozialversicherung (wie überhaupt im öffentlichen Recht) entscheidet aber nicht sowohl die formal-zivilrechtliche Gestaltung der Verträge, die im Belieben der Beteiligten (oder richtiger: des wirtschaftlich Stärkeren von ihnen) steht, sondern die tatsächliche, wirkliche Lage der Verhältnisse. Solche Versuche sind daher aussichtslos, sie können für den, der sie macht, auch sehr unangenehme Folgen haben (vgl. die §§ 336, 341, 342!).

2. den Versicherten: Es handelt sich nur um die zwangsweise Versicherten; bei freiwilliger Versicherung (§§ 21 u. 22) eines Angestellten hat dieser selbst die Beiträge zu entrichten.

3. den Kalendermonat hindurch: Die Ausdrucksweise des Gesetzes („hindurch") ist hier die gleiche wie in § 1426 RVO., aber mit anderer Bedeutung. Denn während dort der Ausdruck recht unglücklich gewählt ist (die Beiträge zur Invalidenversicherung werden im allgemeinen keineswegs erst dann fällig, wenn der Versicherte eine ganze Kalenderwoche „hindurch" beschäftigt worden ist, sondern schon dann, wenn nur in der Woche, sei es auch nur an einem Tage, eine Beschäftigung stattgefunden hat), ist er hier in § 182 AVG. am Platze. Das Gesetz hat nur den Fall im Auge, daß die Beschäftigung den ganzen Kalendermonat hindurch gedauert hat; für andere Fälle s. § 184 Abs. 1!

Tritt ein Angestellter, der bisher bei der RVAnstalt (oder bei einer Ersatzkasse) versichert war, zum Reichsknappschaftsverein über, so ist der Beitrag zu diesem vom ersten Tage des folgenden Monats an zu entrichten. Für die Zeit knappschaftlicher Beschäftigung, die in den Übergangsmonat fällt, sind Beiträge an die RVAnstalt (oder an die Ersatzkasse) zu entrichten (§ 107 Abs. 2 des Reichsknappschaftsgesetzes, vom 23. Juni 1923, RGBl. I S. 431).

4. beschäftigt: Hierher gehören auch die Fälle der Beurlaubung oder der Krankheit, wenn der Entgelt fortgezahlt wird; vgl. § 168 Abs. 2 und Anm. 4 hierzu.

Beiträge sind auch dann zu entrichten, wenn dem Angestellten wegen Veruntreuungen sein Gehalt nicht ausbezahlt wird (AVN. 1913 S. 128); desgl., wenn für einen verhältnismäßig kurzen Zeitraum (Einfall der Russen in Ostpreußen), in dem der Angestellte in der Erfüllung der vertragsmäßigen Dienste gehindert ist, Gehalt bezahlt wird (AVN. 1917 S. 18).

5. hat ... zu entrichten: Der Arbeitgeber hat den vollen Monatsbeitrag (§ 171) zu entrichten; die auf den Versicherten treffende Beitragshälfte kann er gemäß § 183 vom Versicherten wieder einziehen. Er allein haftet der RVAnstalt. Auch die Beitreibung rückständiger Beiträge (§ 212) kann sich daher nur gegen den Arbeitgeber richten. Besteht eine Höherversicherung, so hat der Arbeitgeber ebenfalls den ganzen, durch die Höherversicherung sich ergebenden Betrag einzuzahlen; ist die Höherversicherung nicht vereinbart worden, so kann er dem Versicherten über dessen Beitragshälfte auch den Mehrbetrag der Höherversicherung abziehen (§ 183).

Der Angestellte ist nach § 184 Abs. 2 berechtigt, die Beiträge selbst zu entrichten.

Das Versicherungsverhältnis entsteht, wenn die gesetzlichen Voraussetzungen vorliegen, mit dem Eintritt in die Beschäftigung. Der Arbeitgeber ist daher verpflichtet, die vollen Beiträge zu zahlen, auch wenn inzwischen das Beschäftigungsverhältnis zu Ende gegangen ist und er die rechtzeitige Entrichtung zufolge einer Auskunft der zuständigen Behörde, die die Versicherungspflicht des Angestellten verneinte, unterlassen hat (AVN. 1916 S. 210 Z. 136); das gilt auch, wenn die RVAnstalt selbst (auf Grund einer früheren, abweichenden Rechtsanschauung) die Versicherungspflicht verneint hatte (AN. 1924 S. 34 Z. 2783). Dagegen besteht keine Verpflichtung zur Nachzahlung, wenn ein Verschulden der RVAnstalt in Mitte liegt, z. B. unentschuldbare Verzögerung einer Entscheidung über Befreiung von der eigenen Beitragsleistung gem. § 375 (AVN. 1921 S. 68 Z. 460). Ist eine Befreiung von der eigenen Beitragsleistung ausgesprochen, obwohl die Voraussetzungen nicht vorlagen, so hindert das die RVAnstalt, einen Anspruch auf Nachentrichtung der Beitragsanteile des Angestellten gegen den Arbeitgeber geltend zu machen (AVN. 1920 S. 34).

Über die Art der Beitragsentrichtung s. § 176 und die §§ 4—9 der Beitr.-O., wegen der Strafbestimmung für nicht rechtzeitige Beitragsentrichtung § 336.

§ 183 (178, 179; Abs. 3, 4 neu).

Unbeschadet des § 168 Abs. 2[1]) muß sich der Versicherungspflichtige bei der Gehaltszahlung[2]) die Hälfte des Beitrags[3]), und wer sich über die gesetzliche Gehaltsklasse hinaus versichert (§ 184 Abs. 2), ohne die höhere Gehaltsklasse mit dem Arbeitgeber vereinbart zu haben, auch den Mehrbetrag vom Gehalt abziehen lassen. Der Arbeitgeber darf nur auf diesem Wege[4]) den Beitragsteil des Versicherten wieder einziehen. Die Abzüge sind auf die Gehaltszeiten gleichmäßig zu verteilen[5]). Teilbeträge sind auf volle Goldpfennig[6]) für den Arbeitgeber aufzurunden, für den Angestellten abzurunden.

Unterbliebene Abzüge dürfen bei der nächsten Gehaltszahlung nachgeholt werden, weiter zurück nur, wenn der Arbeitgeber die Beiträge schuldlos nachentrichtet[7]).

Arbeitgeber, gegen die eine Anordnung des Versicherungsamts nach § 398 der Reichsversicherungsordnung[8]) ergangen ist, dürfen Gehaltsabzüge nur für die Zeit machen, für die sie die Beiträge nachweislich bereits entrichtet haben[9]).

Abschlagszahlungen gelten nicht als Gehaltszahlungen im Sinne dieser Vorschriften.

1. Unbeschadet des § 168 Abs. 2: Gemeint ist nur dessen neuer Satz 2, wonach in gewissen Fällen der Arbeitgeber die vollen Beiträge allein zu entrichten hat, Gehaltsabzüge also unzulässig sind (vgl. Anm. 6 zu § 168).

Der Vorbehalt ist, entsprechend der neuen Fassung des § 168 Abs. 2, durch das Gesetz vom 28. Juli 1925 eingefügt worden.

2. bei der Gehaltszahlung: D. i. bei der nächsten, auf die Beitragsentrichtung folgenden Gehaltszahlung; wegen späterer Abzüge s. Abs. 2. Der Arbeitgeber ist im allgemeinen nicht berechtigt, den Beitragsanteil des Versicherten im voraus abzuziehen; nur bei Vorauszahlung des Gehalts ist dies zulässig (AVN. 1913 S. 129). S. aber jetzt auch den neuen Abs. 4 des § 183 (Abschlagszahlungen).

„Gehaltszahlungen" sind auch solche, die erst nach der Fälligkeit geleistet werden, wenn auch aus Verschulden des Arbeitgebers (AVN. 1918 S. 52).

Für den Fall, daß der Angestellte durch Dritte entlohnt wird, s. § 8 Abs. 2 der Beitr.-O.

3. die Hälfte des Beitrags: Vgl. § 168 Abs. 2, ferner das Merkblatt des vorm. Rentenausschusses „über den Abzug der Beitragshälfte vom Gehalt" in AVN. 1915 S. 33.

Während ein Streitverfahren über die Versicherungspflicht schwebt, hat die RVAnstalt keinen Anspruch auf Abführung von Beitragsteilen, die der Arbeitgeber dem Angestellten abzieht (AVN. 1922 S. 14 Z. 510).

4. nur auf diesem Wege: Den Beitragsanteil des Angestellten auf andere Weise wieder einzubringen, ist daher unzulässig. Ist der Abzug vom Gehalt nicht mehr möglich, z. B. weil der Angestellte ausgeschieden ist, so hat der Arbeitgeber den vollen Beitrag selbst zu tragen (er kann nicht etwa gegen den Angestellten auf Ersatz klagen, o. dgl.); vgl. AVN. 1915 S. 128.

Streit über Beitragsabzüge entscheidet nach § 195 das Versicherungsamt endgültig.

Strafbestimmung für zu hohe Abzüge: § 337 Z. 1, für unzulässige Art der Wiedereinziehung: § 342 mit § 341 Abs. 1 Satz 2.

5. gleichmäßig zu verteilen: Das kann Schwierigkeiten machen, wenn der Entgelt ganz oder teilweise in schwankenden Bezügen besteht; er ist in diesem Fall zu schätzen (§ 4 der Beitr.-Ordnung).

6. Goldpfennig: S. Anm. 4 zu § 56!

7. schuldlos nachentrichtet: Das wird z. B. dann der Fall sein, wenn Zweifel über die Versicherungspflicht des Angestellten bestanden und der Arbeitgeber rechtzeitig Schritte getan hat, um dieselben zu beseitigen (vgl. AVN. 1915 S. 129, 1917 S. 61); hat er das aber unterlassen, so wird ein Verschulden anzunehmen sein (AVN. 1915 S. 30). Unkenntnis des Gesetzes schließt ein Verschulden nicht aus.

Entrichtet ein Arbeitgeber ohne sein Verschulden Beiträge wirksam nach, so hat der Angestellte die auf ihn entfallenden Beitragshälften für alle früheren Beitragsmonate zu erstatten (AVN. 1915 S. 163).

Ein nachträglicher Abzug der Beitragshälften des Angestellten ist auch zulässig, wenn der Arbeitgeber dieselben dem Angestellten wegen dessen wirtschaftlicher Lage gestundet hatte (AVN. 1917 S. 61).

Wird nach Auflösung des Beschäftigungsverhältnisses noch ein Gehaltsbetrag gezahlt, der geringer ist als eine dem Anstellungsverhältnis entsprechende regelmäßige Gehaltsrate, so kann, wenn bisher die Abzüge unterblieben sind, dem Angestellten nur 1 voller Angestelltenbeitrag und ein der teilweisen Gehaltszahlung verhältnismäßig entsprechender Teil des Angestelltenbeitrags abgezogen werden (AVN. 1917 S. 18).

Eine Vereinbarung, in der ein Angestellter dem Arbeitgeber das Recht gewährt, nachträglich über die Grenzen des § 183 Abs. 2 hinaus Beiträge abzuziehen, verstößt gegen § 341; sie ist daher nichtig (§ 341 Abs. 2), der Arbeitgeber ist strafbar nach § 342 (AVN. 1915 S. 130).

Hat ein Angestellter durch ordnungswidriges Verfahren es dem Arbeitgeber unmöglich gemacht, die Beitragshälften des Angestellten diesem rechtzeitig abzuziehen, so darf sie der Arbeitgeber nicht nachträglich durch Gehaltsabzug nach § 183 einbringen; ein solcher Ersatzstreit ist vielmehr nach Bürgerlichem Recht zu entscheiden (AVN. 1917 S. 30).

8. § 398 der Reichsversicherungsordnung: Dieser lautet (Abs. 1):

> Auf Antrag einer Orts-, Land- oder Innungskrankenkasse sowie auf Antrag von Mitgliedern der Organe einer Betriebskrankenkasse kann das Versicherungsamt (Beschlußausschuß) widerruflich anordnen, daß Arbeitgeber, die mit Abführung der Beiträge rückständig sind und sich in einem Zwangsbeitreibungsverfahren als zahlungsunfähig erwiesen haben, nur ihren Beitragsteil einzahlen. Die von ihnen beschäftigten Versicherungspflichtigen haben dann ihren Beitragsteil an den Zahltagen selbst einzuzahlen.

Die Regelung des § 183 Abs. 3 AVG. weicht also von der des § 398 Abs. 1 RVO. ab. Während dort der Arbeitgeber nur seinen eigenen Beitragsanteil einzahlen darf, hat er nach § 183 Abs. 3 AVG. die vollen Beiträge zu entrichten; Gehaltsabzüge darf er aber den Angestellten nur für die Zeit machen, für die er die Beiträge nachweislich bereits entrichtet hat.

Eine Strafbestimmung dafür, daß ein Arbeitgeber Gehaltsabzüge, dem § 183 Abs. 3 zuwider, vorzeitig vornimmt, enthält das Gesetz nicht (§ 337 Z. 1 bestraft nur zu hohe Abzüge). Verwendet aber ein Arbeitgeber abgezogene Gehaltsbezüge überhaupt nicht für die Versicherung, so fällt er unter § 338.

9. nachweislich bereits entrichtet: Den Nachweis hat er durch Vorzeigen der eingeklebten Marken zu führen.

d) Beitragsentrichtung durch Versicherte.

§ 184 (177, 201 Satz 3).

Versicherungspflichtige, die nur einen Teil des Kalendermonats bei einem Arbeitgeber oder die bei mehreren Arbeitgebern im Kalendermonate beschäftigt sind (Teilbeschäftigte)[1], haben selbst die Pflichten der Arbeitgeber zu erfüllen[2]. Sie können bei der Gehaltszahlung von jedem Arbeitgeber einen verhältnismäßigen Anteil[3]) der Arbeitgeberhälfte des Beitrags als dessen Beitragsanteil verlangen. Satz 1 gilt auch für Versicherungspflichtige im Sinne des § 4 Nr. 2 und § 6, der Satz 2 sinngemäß auch für Versicherungspflichtige im Sinne des § 4 Nr. 2[4]).

Auch sonst[5]) kann der versicherungspflichtige Angestellte die vollen Beiträge selbst entrichten[6]). Die Wahl einer höheren als der gesetzlichen Gehaltsklasse steht ihm frei[7]), der Arbeitgeber hat ihm aber nur die Hälfte der gesetzlichen Beiträge[8]) zu erstatten, die Hälfte höherer Beiträge nur, wenn die Versicherung in einer höheren Gehaltsklasse vereinbart ist.

Der Erstattungsanspruch[9]) besteht nur, wenn die Marke vorschriftsmäßig entwertet[10]) ist, und bis zur zweitfolgenden Gehaltszahlung[11]), später nur, wenn der Versicherte schuldlos Beiträge nachentrichtet.

1. Teilbeschäftigte: Unter dieser neu eingeführten Bezeichnung faßt das Gesetz zwei verschiedene Fälle zusammen, die es in einer, vom früheren Gesetz abweichenden Weise regelt. Es sind die Fälle, daß,

a) der Versicherungspflichtige nur einen Teil des Kalendermonats bei einem Arbeitgeber, oder daß er

b) bei mehreren Arbeitgebern im Kalendermonate beschäftigt ist.

Diese Fälle sind in der Praxis sehr häufig. Es handelt sich nicht nur um den Fall eines während des Monats eintretenden Stellenwechsels, sondern besonders um die gleichzeitige Beschäftigung bei mehreren Arbeitgebern. Hieher gehören namentlich die Privatlehrer und -lehrerinnen aller Art, aber auch der Fall, daß der Versicherte neben einer im Hauptberufe ausgeübten Beschäftigung noch eine oder mehrere, gleichfalls versicherungspflichtige Nebenbeschäftigungen hat.

Das frühere Gesetz regelte die Beitragsentrichtung für solche Fälle in der Weise, daß (§ 177 alt) jeder Arbeitgeber acht Hundertstel des (von ihm) für die Beschäftigung gezahlten Entgelts als Beitrag zu zahlen hatte. Diese Regelung führte in den Fällen, in denen der Versicherte eine Hauptbeschäftigung und Nebenbeschäftigungen ausübte, zu Härten, indem der Arbeitgeber der Hauptbeschäftigung in die Lage kommen konnte, deswegen, weil sein Angestellter eine Nebenbeschäftigung hatte, einen höheren Beitrag zahlen zu müssen als nach § 183.

Außerdem entstand der RVAnstalt durch die Buchung der vielen Beitragszahlungen (Kontensystem!) eine allzu große Verwaltungsarbeit.

Die RVAnstalt hat schon unter dem früheren Gesetz diesen Mißständen dadurch teilweise abzuhelfen gesucht, daß sie Lehrern und Erziehern gestattete (vgl. AVN. 1914 S. 216 Z. 5), die Beiträge selbst einzuzahlen, und zwar vierteljährlich, sowie, daß der Lehrer usw. auch vom Arbeitgeber damit beauftragt werden konnte.

An diese Regelung knüpft § 184 des neuen Gesetzes an; doch gilt er nicht nur für Lehrer usw., sondern für Teilbeschäftigte aller Art.

2. haben . . . zu erfüllen: D. h. sie haben insbesondere die Beiträge selbst zu entrichten. Das ist also jetzt zwingende gesetzliche Vorschrift.

Für Teilbeschäftigte gilt also § 182 nicht. Der Teilbeschäftigte haftet (an Stelle des Arbeitgebers) dem Versicherungsträger für die Beiträge. Er hat daher zunächst die ganzen Beiträge zu entrichten, für die Arbeitgeberhälfte steht ihm nach dem 2. Satze des Abs. 1 gegen den Arbeitgeber ein Erstattungsanspruch zu.

3. einen verhältnismäßigen Anteil: Nach § 4 Abs. 3 der Beitr.-O. gilt als Arbeitsverdienst für Teilbeschäftigte der gesamte Verdienst für den Kalendermonat (selbstverständlich nur, soweit er durch versicherungspflichtige Beschäftigung erzielt wird). Hiernach berechnet sich der Monatsbeitrag des Teilbeschäftigten; dieser hat stets (auch wenn er bei mehreren Arbeitgebern beschäftigt ist) nur 1 Monatsbeitrag zu entrichten. Es kommt daher stets auch nur 1 Arbeitgeberhälfte in Betracht.

Im Fall a) der Anm. 1 hat diesen der eine Arbeitgeber dem Versicherten zu erstatten.

Im Fall b) dagegen trifft die Erstattungspflicht die mehreren Arbeitgeber „verhältnismäßig", d. h. nach dem Verhältnis des von ihnen gezahlten Entgelts.

4. im Sinne des § 4 Nr. 2 und § 6 ... § 4 Nr. 2: Gemeint sind selbständige Lehrer und Erzieher, die in ihrem Betriebe keine Angestellten beschäftigen. Für sie gilt also § 184 Abs. 1 Satz 1 und 2. Der Fall des § 6 ist nicht von Bedeutung, da die Reichsregierung eine Bestimmung hiezu noch nicht erlassen hat (s. Anm. 2 zu § 6).

5. Auch sonst: D. h. wenn der Angestellte kein Teilbeschäftigter ist, für die Beitragsentrichtung also die §§ 182 u. 183 maßgebend sind. Abs. 2 regelt also Dinge, die von Abs. 1 völlig verschieden sind!

6. kann ... entrichten: Das ist also jetzt allgemein zugelassen und zwar durch das Gesetz selbst (nicht mehr, wie nach § 201 Satz 3 des alten Gesetzes, nur für besondere Fälle und nur mit Genehmigung der RVAnstalt).

Es handelt sich hier um ein Recht — keine Pflicht — des Angestellten, von dem er nach seinem Ermessen Gebrauch machen kann. Er wird dazu namentlich dann Anlaß haben, wenn der Arbeitgeber mit der Beitragsentrichtung säumig ist, besonders, um die Anwartschaft zu wahren (s. § 54!). Keineswegs aber ist der Arbeitgeber berechtigt, dem Angestellten etwa im Dienstvertrag auf Grund des § 184 Abs. 2 die Pflicht der Beitragsleistung aufzuerlegen; das würde gegen § 341 verstoßen!

Macht der Angestellte von § 184 Abs. 2 Gebrauch, so wird dadurch der Arbeitgeber von seiner Haftung für die Beiträge gegenüber dem Versicherungsträger nicht befreit; er wird auch nicht etwa straflos im Sinn des § 336!

7. steht ihm frei: Freiwillige Höherversicherung; sie ist jetzt, ebenso wie in der Invalidenversicherung (§ 1248 RVO.) unbeschränkt zulässig (anders § 19 des alten Gesetzes). Solche Beiträge bleiben aber in ihrem Gesamtbetrage Pflichtbeiträge.

8. nur die Hälfte der gesetzlichen Beiträge: Den überschießenden Teil muß der Angestellte selbst zahlen, sofern er nicht die Höherversicherung mit dem Arbeitgeber vereinbart hat.

9. Der Erstattungsanspruch: Sowohl im Sinn des Abs. 1 als auch des Abs. 2.

10. vorschriftsmäßig entwertet: S. § 11 Satz 1 mit §§ 9 u. 10 der Beitr.-O.

11. bis zur zweitfolgenden Gehaltszahlung: Diese Vorschrift ist das Gegenstück zu § 183 Abs. 2, geht aber weiter. Eine Bestimmung wie in § 183 Abs. 1, daß die Abzüge auf die Gehaltszeiten gleichmäßig zu verteilen seien, besteht hier nicht.

Auch Streit aus § 184 (vgl. Anm. 3 zu § 183) wird nach § 195 vom Versicherungsamt endgültig entschieden.

§ 185 (18, Abs. 2 neu).

Die freiwillige Weiterversicherung [1]) ist nicht unter [2]) derjenigen Gehaltsklasse zulässig, die dem Durchschnitt der letzten vier Pflichtbeiträge [3]) entspricht oder am nächsten kommt. Sie ist in einer niedrigeren Gehaltsklasse zulässig, wenn der Versicherte nachweist, daß diese Gehaltsklasse seinem Einkommen enspricht [4]).

Im Falle der Selbstversicherung (§ 22) [5]) sind die Beiträge nicht unter [6]) der dem jeweiligen Einkommen entsprechenden Gehaltsklasse [7]) zu entrichten.

1. Die freiwillige Weiterversicherung: S. § 21; wegen der Selbstversicherung vgl. Abs. 2. § 185 ist durch das Gesetz vom 28. Juli 1925 neue gefaßt worden, was dringend notwendig war; denn die bisherige Fassung nach dem Gesetz von 1924 enthielt zwei beträchtliche Unstimmigkeiten; hierüber s. Anm. 3 u. 5.

2. nicht unter: Das frühere Gesetz (§ 18) bestimmte das Gegenteil davon: höchstens usw. Die Invalidenversicherung (§ 1440 Satz 2 RVO.) kennt keine solche Beschränkung. Die neue Vorschrift des § 185 hängt mit der Änderung des Beitragsverfahrens (Umlageverfahren) zusammen.

Weiterversicherungsbeiträge einer niedrigeren Gehaltsklasse, als § 185 Abs. 1 zuläßt, sind ungültig.

3. letzten vier Pflichtbeiträge: Die Zahl dieser letzten Pflichtbeiträge ist erst durch das Gesetz vom 28. Juli 1925 auf vier festgesetzt worden. Das Gesetz von 1924 verlangte den Durchschnitt der letzten sechs Pflichtbeiträge; diese Zahl hatte der Gesetzgeber aus § 18 des alten Gesetzes von 1911 übernommen, dabei hatte er aber nicht berücksichtigt, daß er in § 21 (15 alt) die Zahl der Vormonate, die für die Weiterversicherung erforderlich sind, von sechs auf vier herabgesetzt hatte. Die Vorschrift des § 185 stimmte daher mit § 21 nicht überein und war, wenn ein Versicherter nach Leistung von 4 oder 5 Pflichtbeiträgen von der Weiterversicherung Gebrauch machte, unvollziehbar. Durch die neue Fassung des § 185 ist nun die Übereinstimmung mit § 21 hergestellt.

Hinsichtlich der Zeit, in der diese letzten 4 Pflichtbeiträge entrichtet sein müssen, besteht keine Beschränkung. Jedoch hat § 185 nur Goldmarkbeiträge im Auge. Sind die in Betracht kommenden Pflichtbeiträge aber solche aus der Zeit des Währungsverfalls, so entsteht die Frage, wie der Durchschnitt zu berechnen sei. Das Gesetz beantwortet sie nicht. Die RVAnstalt rechnet aber entgegenkommenderweise Beiträge aus der Zeit vor dem 1. Jan. 1924 als solche der jetzigen Gehaltsklasse A an.

4. seinem Einkommen entspricht: Diese Bestimmung enthält eine Vergünstigung für die Versicherten; dieselben sollen nicht gezwungen werden, für die freiwillige Versicherung mehr aufzuwenden, als ihrem Einkommen entspricht. Das ist besonders wichtig für Stellenlose.

5. Im Falle der Selbstversicherung (§ 22): Abs 2 des § 185 ist neu, er wurde erst durch das Gesetz vom 28. Juli 1925 angefügt; dadurch ist einem dringenden Bedürfnisse entsprochen. Denn § 185 paßte in der Fassung, die das Gesetz von 1924 ihm gegeben hatte, zu den Bestimmungen über die Selbstversicherung (§ 22) überhaupt nicht. Er verlangte in seiner damaligen Fassung für die „freiwillige Versicherung" schlechthin Beiträge nicht unter der Gehaltsklasse, die dem Durchschnitt der „letzten sechs Pflichtbeiträge" entspricht, während die Berechtigung zur Selbstversicherung gar nicht voraussetzt, daß überhaupt Pflichtbeiträge geleistet sind. Der Gesetzgeber hatte eben, wie schon in Anm. 3 bemerkt, die Vorschrift ohne weiteres aus § 18 des alten Gesetzes von 1911 übernommen, dabei aber auch nicht berücksichtigt, daß er inzwischen die freiwillige Selbstversicherung neu eingeführt hatte. § 185 in der Fassung von 1924 war daher, was die Selbstversicherung anlangt, unvollziehbar.

6. nicht unter: S. Anm. 2, besonders deren Abs. 2!

7. der dem jeweiligen Einkommen entsprechenden Gehaltsklasse: Maßgebend ist also, wie das Gesetz ausdrücklich sagt, als Mindestmaß der Selbstversicherungsbeiträge das jeweilige Einkommen des Selbstversicherten, nicht etwa z. B. das, welches er beim Beginn der Selbstversicherung hatte. Steigt also während der Dauer der Versicherung das Einkommen des Selbstversicherten, so erhöht sich damit von selbst auch das Mindestmaß der Beiträge.

Die Überwachung des richtigen Vollzugs dieser Vorschrift wird allerdings in der Praxis gewisse Schwierigkeiten bieten.

§ 186 (204).

Wer sich während einer nur mit Sachbezügen bezahlten oder nur vorübergehenden Beschäftigung (§§ 9, 10) freiwillig versichert[1]), hat Anspruch auf den Beitragsteil des Arbeitgebers[2]). Dieser braucht nicht mehr zu erstatten, als er für eine versicherungspflichtige Beschäftigung erstatten müßte[2]).

1. freiwillig versichert: Auf Grund des § 22 Abs. 1 Z. 2 (Selbstversicherung). Das ist also nur möglich, solange das 40. Lebensjahr noch nicht überschritten ist.

2. Anspruch auf den Beitragsteil des Arbeitgebers: Der Arbeitgeber ist also verpflichtet, den Beitragsteil zu leisten, und zwar an den Versicherten. Gleichwohl behält aber auch dieser Beitragsteil die Natur eines freiwilligen Beitrags.

3. als er ... erstatten müßte: Nach § 185 kann sich ja der Versicherte in einer höheren Lohnklasse freiwillig versichern als in der, die seiner Pflichtversicherung entsprechen würde.

Streit aus § 186 entscheidet nach § 195 das Versicherungsamt endgültig.

e) Unwirksame Beiträge.

§ 187 (205).

Unwirksam[1]) sind Pflichtbeiträge[2]), die nach zwei Jahren, falls aber die Beitragsleistung ohne Verschulden des Versicherten[3]) unterblieben ist, nach vier Jahren seit der Fälligkeit[4]) entrichtet werden[5]).

Den Versicherten trifft kein Verschulden, wenn[6]) der Arbeitgeber die Versicherungskarte aufbewahrt und sie nicht zur richtigen Zeit ordnungsmäßig umgetauscht hat.

1. Unwirksam: Ohne weiteres kraft Gesetzes (nach früherem Recht war dies nicht der Fall, hier mußten die Beiträge von der RVAnstalt ausdrücklich zurückgewiesen sein). Das gleiche wie der jetzige § 187 bestimmt auch § 1442 RVO.

2. Pflichtbeiträge: Wegen freiwilliger Beiträge s. § 188!

3. ohne Verschulden des Versicherten: Nach früherem Recht war eine Nachentrichtung bis zu 4 Jahren nur zulässig, wenn „die Beteiligten", also außer dem Versicherten auch den Arbeitgeber, kein Verschulden traf. Die jetzige Vorschrift enthält also eine bedeutende, für die Versicherten sehr wichtige Milderung.

Ein Verschulden des Versicherten wird, abgesehen von dem Falle des Abs. 2, namentlich dann nicht vorliegen, wenn die rechtzeitige Beitragsentrichtung infolge einer unrichtigen amtlichen Auskunft unterblieben ist (anders aber, wenn die Auskunft von unberufener Seite erteilt war).

4. seit der Fälligkeit: Diese tritt nach § 6 Abs. 2 der Beitr.-O. in der Regel bei der Gehaltszahlung ein; Ausnahmen finden sich in Abs. 3 u. 4 a. a. O., sowie in § 192 des Gesetzes.

Gemäß § 320 wird der Fälligkeitstag in die Fristen des Abs. 1 nicht eingerechnet. Das gleiche gilt von den in § 189 Abs. 2 genannten Zeiten.

Während des letzten Kriegs waren die Fristen des § 187 Abs. 1 beträchtlich verlängert worden; doch werden diese Verlängerungen jetzt keine Bedeutung mehr haben.

Der Eintritt des Versicherungsfalls hat auf die Fristen des § 187 keinen Einfluß. Pflichtbeiträge, deren rechtzeitige Entrichtung unterblieben ist, können und müssen daher (innerhalb der Grenzen des § 187) auch nach Eintritt des Versicherungsfalls noch nachentrichtet werden.

5. entrichtet werden: § 187 Abs. 1 bezieht sich nur auf die freiwillige Nachentrichtung von Pflichtbeiträgen; die Frage aber, wie lange die RVAnstalt die Beiträge nachfordern (und zwangsweise beitreiben) könne, bemißt sich nicht nach § 187, sondern nach § 213 (AVN. 1918 S. 85).

Die Fristen dieser beiden Paragraphen sind verschieden, sie decken sich nicht. Es ist daher im einzelnen Falle sehr wohl möglich, daß Beiträge noch freiwillig nachentrichtet werden dürfen, deren Nachentrichtung nicht mehr erzwungen werden könnte, und umgekehrt.

6. trifft kein Verschulden, wenn: Die Vorschrift ist dem § 1442 Abs. 2 RVO. nachgebildet, stellt aber ihrem Wortlaut nach einen entschiedenen Mißgriff des Gesetzgebers dar. Denn sie könnte unter Umständen die RVAnstalt und die Versicherungsbehörden nötigen, etwas als Tatsache anzunehmen, was offenbar unrichtig ist. Man denke nur an den Fall, daß der Versicherte weiß und damit einverstanden ist, daß der Arbeitgeber keine Beiträge entrichtet! Mit Recht hat daher das RVAmt (AN. 1917 S. 444 Z. 2336) für das Gebiet der Invalidenversicherung entschieden, daß in diesem Fall, trotz des entgegenstehenden Wortlauts des § 1442 Abs. 2 RVO., den Versicherten ein Verschulden treffe. Das wird auch für die AV. gelten müssen.

§ 188 (206).

Freiwillige Beiträge[1]) und Beiträge über die gesetzliche Gehaltsklasse hinaus[2]) dürfen, vorbehaltlich des § 55 Abs. 1[3]), für mehr als ein Jahr zurück[4]) nicht entrichtet werden[5]), ebensowenig nach Eintritt der Berufsunfähigkeit[6]).

1. Freiwillige Beiträge: §§ 21 u. 22.

2. Beiträge über die gesetzliche Gehaltsklasse hinaus: S. § 184 Abs. 2.

3. vorbehaltlich des § 55 Abs. 1. Nach dieser Vorschrift darf der Versicherte, um das Wiederaufleben einer erloschenen Anwartschaft herbeizuführen, freiwillige Beiträge, die zur Aufrechterhaltung der Anwartschaft noch erforderlich sind, innerhalb der zwei Kalenderjahre entrichten, die dem Kalenderjahr der Fälligkeit der Beiträge folgen. Der Vorbehalt dieser Vorschrift in § 188 enthält also eine Erweiterung desselben.

4. für mehr als ein Jahr zurück: Die Nachentrichtung freiwilliger Beiträge usw. ist also wesentlich enger begrenzt als die von Pflichtbeiträgen.

5. nicht entrichtet werden: Beiträge, die im Widerspruch mit § 188 entrichtet werden, sind unwirksam.

6. nach Eintritt der Berufsunfähigkeit: Diese Vorschrift ist in der Natur der Sache begründet. Es ist selbstverständlich hier wie bei jeder Versicherung, daß nach dem Eintritt des Versicherungsfalls Beiträge für die Zeit nach dessen Eintritt nicht mehr entrichtet werden können.

Die Vorschrift geht jedoch weiter; denn nach § 188 ist es auch nicht zulässig, freiwillige Beiträge für Zeiten, die vor dem Eintritt des Versicherungsfalls liegen, nach Eintritt der Berufsunfähigkeit nachzuentrichten.

Unter Berufsunfähigkeit ist sowohl die dauernde Berufsunfähigkeit zu verstehen (§ 30 Abs. 1) als auch die nicht dauernde, aber schon 26 Wochen währende (§ 30 Abs. 2).

Solange eine nicht dauernde Berufsunfähigkeit die Zeit von 26 Wochen noch nicht überschritten hat, dürfen freiwillige Beiträge noch entrichtet werden (AN. 1925 S. 35 Z. 2935).

Auch nach dem Tode des Versicherten dürfen freiwillige Beiträge durch die Hinterbliebenen nicht nachentrichtet werden.

§ 189 (207).

Der Entrichtung der Beiträge im Sinne der §§ 187, 188[1]) steht gleich[2])

1. die von einer zuständigen Stelle[3]) an den Arbeitgeber gerichtete Mahnung,
2. die Bereiterklärung des Arbeitgebers oder des Versicherten zur Nachentrichtung gegenüber einer solchen Stelle,

wenn die Beiträge in einer angemessenen Frist[4]) nachentrichtet werden.

Zeiträume, in denen eine Beitragsstreitigkeit (§§ 194, 195) oder ein Rentenverfahren schwebt, werden in die Fristen der §§ 187, 188 nicht eingerechnet[5]).

Diese Tatsachen unterbrechen auch die Verjährung[6]) rückständiger Beiträge.

1. Im Sinn der §§ 187, 188: Wie diese Verweisungen zeigen, kommen sowohl Pflicht- als auch freiwillige Beiträge in Betracht; doch kann sich Z. 1 (Mahnung) naturgemäß nur auf Pflichtbeiträge beziehen.

2. steht gleich: Die Beiträge werden, auch wenn sie erst später (in einer angemessenen Frist) entrichtet werden, so angesehen, als seien sie bereits zur Zeit der Mahnung oder Bereiterklärung entrichtet worden. Dadurch werden also die Fristen der §§ 187, 188 gewissermaßen erweitert. Wichtig ist das namentlich für die Verhütung des Erlöschens der Anwartschaft.

3. von einer zuständigen Stelle: RVAnstalt und ihre Organe und Überwachungsbeamten, sowie das Versicherungsamt (§ 196).

4. in einer angemessenen Frist: Welche Frist angemessen ist, entscheidet zunächst die RVAnstalt; unter Umständen kann darüber auch von den Instanzen der Rechtsprechung zu erkennen sein (s. auch § 194 Abs. 1).

Werden die Beiträge innerhalb einer angemessenen Frist entrichtet, so ist die Entrichtung auf die Zeit der Mahnung oder Bereiterklärung zurückzudatieren (s. o. Anm. 2).

5. werden . . . nicht eingerechnet: Abs. 2 soll Härten vermeiden, die daraus entstehen könnten, daß die Anwartschaft erlöschen könnte, während die Beteiligten im Zweifel darüber sind, ob der Angestellte überhaupt versicherungspflichtig oder versicherungsberechtigt, oder ob er nicht schon berufsunfähig sei.

Dadurch, daß eine Beitragsstreitigkeit oder ein Rentenverfahren schwebt, werden die Fristen der §§ 187, 188 gehemmt (vgl. § 205 BGB.); sie verlängern sich um die Zeiten, in denen ein Streitverfahren schwebte. Anders Abs. 3!

6. unterbrechen auch die Verjährung: Dieser Absatz enthält, als Gegenstück zu dem vorigen, eine Bestimmung zugunsten der RVAnstalt, die aus Abs. 2 aus Billigkeitsgründen folgt.

Hier handelt es sich um eine Unterbrechung der Verjährungsfrist, d. h. es beginnt eine neue Frist von vorne an zu laufen (vgl. § 217 BGB.).

Naturgemäß genügt aber hier die Mahnung oder Bereiterklärung; darauf, daß die Beiträge in einer angemessenen Frist entrichtet werden, kommt es hier nicht an (AVN. 1917 S. 225 Z. 240).

§ 190 (208; Abs. 2 neu).

Sind die Marken einer richtig ausgestellten und rechtzeitig zum Umtausch eingereichten Versicherungskarte ordnungsmäßig verwendet[1]), so wird vermutet[2]), daß während der belegten Beitragszeit ein Versicherungsverhältnis bestanden hat. Dies gilt nicht, wenn die Marken über einen Monat nach Fälligkeit der Beiträge oder für das Kalenderjahr in größerer Zahl eingeklebt sind, als es Beitragsmonate hat.

Hat die Reichsversicherungsanstalt die Versicherungspflicht oder die Versicherungsberechtigung [3]) anerkannt[4]), so kann der Rentenanspruch[5]) nicht mit der Begründung abgelehnt werden, daß die Marken zu Unrecht verwendet sind. Der Versicherte kann von der Reichsversicherungsanstalt die Feststellung der Gültigkeit[6]) der verwendeten Marken verlangen.

Nach Ablauf von zehn Jahren[7]) seit Aufrechnung der Versicherungskarte[8]) kann die rechtsgültige Verwendung der in der Aufrechnung bescheinigten Marken nicht mehr beanstandet werden[9]), es sei denn, daß der Versicherte oder sein Vertreter oder ein zur Fürsorge für ihn Verpflichteter die Verwendung der Marken in betrügerischer[10]) Absicht herbeigeführt hat. Sind für einen Versicherten Beiträge zur Angestelltenversicherung entrichtet, obwohl er invalidenversicherungspflichtig ist, so dürfen die zur Angestelltenversicherung entrichteten Beiträge nur insoweit beanstandet werden, als die Nachentrichtung von Beiträgen zur Invalidenversicherung (§ **1442** der Reichsversicherungsordnung) statthaft ist[11]).

1. ordnungsmäßig verwendet: Was „ordnungsmäßig verwendete" Beiträge sind, sagt das Gesetz nicht. Nur negativ ist im 2. Satze des Abs. 1 ausgesprochen, daß die Vermutung des Abs. 1 nicht Platz greife, wenn die Marken über einen Monat nach Fälligkeit der Beiträge oder für das Kalenderjahr in größerer Zahl eingeklebt sind, als es Beitragsmonate hat.

Marken, die nach einer unrichtigen Lohnklasse verwendet sind, wird man hienach als „ordnungsmäßig verwendet" im Sinn des § 190 Abs. 1 ansehen müssen (obwohl sie es, streng genommen, nicht sind).

2. wird vermutet: Diese Vermutung kann aber durch Gegenbeweis entkräftet werden. Denselben zu erbringen, ist Sache des Versicherungsträgers oder auch (weil das Verfahren vom Offizialprinzip beherrscht wird) der Spruchbehörden.

3. Versicherungspflicht oder Versicherungsberechtigung: Ein Anerkenntnis der Versicherungs freiheit bindet die RVAnstalt nicht (AN. 1924 S. 34 Z. 2783; s. auch 1919 S. 68 Z. 342).

4. Hat . . . anerkannt: Das Anerkenntnis braucht nicht ausdrücklich ausgesprochen zu sein, es kann auch in sog. schlüssigen Handlungen gefunden werden, so in der Bewilligung einer Rente oder in der Bestrafung des Arbeitgebers wegen unterlassener Beitragsentrichtung (AN. 1913 S. 406 Z. 1683 u. S. 517 Z. 1716).

Dagegen liegt in der Bewilligung eines Heilverfahrens kein Anerkenntnis der Versicherungspflicht oder -Berechtigung (AN. 1913 S. 405 Z. 1682). Das hat auch seinen guten Grund. Denn wenn man schon in der Bewilligung eines Heilverfahrens ein Anerkenntnis finden wollte, so wäre der Versicherungsträger genötigt, in vielen Fällen, ehe er ein Heilverfahren bewilligt, erst die Versicherungspflicht oder -Berechtigung zu prüfen und eine instanzielle Entscheidung darüber herbeizuführen. Und bis endgültig entschieden ist, könnte es für das Heilverfahren vielleicht schon zu spät sein!

Das Anerkenntnis des Versicherungsträgers erstreckt sich nicht nur auf die Vergangenheit, sondern auch auf die Zukunft, solange die bestehenden Verhältnisse sich nicht wesentlich ändern (AN. 1912 S. 676 Z. 1599, besonders S. 678 unten).

Ein Anerkenntnis kann nur von der RVAnstalt selbst und ihren dazu ermächtigten Organen abgegeben werden, dagegen nicht etwa vom Versicherungsamt.

Die Frage, ob ein Anerkenntnis im Sinn des Gesetzes vorliege, kann im Beitragsstreit (§§ 193, 194) nachgeprüft werden (AN. 1914 S. 837 Z. 1949).

5. Rentenanspruch: Dieser Ausdruck ist zu eng; denn gemeint sind zweifellos alle Leistungsansprüche, also z. B. auch Beitragserstattungen (AVN. 119 S. 166 Z. 353, 1920 S. 61 Z. 392).

6. Feststellung der Gültigkeit: Schlechtes Deutsch; besser wäre: ... die Feststellung, ob usw. Denn die Feststellung kann natürlich auch verneinend ausfallen!

7. Nach Ablauf von zehn Jahren: Die Frist ist zu berechnen nach § 320 ff.

8. nach Aufrechnung der Versicherungskarte: S. § 21 der Beitr.-O. Nur dieser Zeitpunkt ist maßgebend für den Beginn der 10jährigen Frist, dagegen nicht etwa die Entrichtung der Beiträge.

9. kann ... nicht mehr beanstandet werden: Die Vorschrift enthält eine weitgehende, aber durchaus notwendige Vergünstigung für die Versicherten.

Die Gesetze über Invalidenversicherung von 1889 und 1899 kannten noch keine solche Bestimmung. Es kam nun damals nicht selten vor, daß Leute, die für versicherungspflichtig oder -berechtigt gehalten wurden, Beiträge entrichteten, oft viele Jahre lang, um dann schließlich, wenn sie invalide wurden und um die Rente nachsuchten, zu erfahren, daß sie nicht versicherungspflichtig oder -berechtigt gewesen und ihre Beiträge daher ungültig seien, weshalb sie die Wartezeit nicht erfüllt hätten und ihr Rentenanspruch unbegründet sei. Es läßt sich nicht leugnen, daß darin ein schwerer Mißstand lag. Um dem abzuhelfen, hat bei Beratung der RVO. 1910/11 die Reichstagskommission den § 1445 Abs. 3 RVO. in das Gesetz eingefügt.

Das AVG. von 1911 enthielt in seinem § 208 schon eine Vorschrift dieser Art. Mit Rücksicht auf die Einführung des Markenverfahrens, bei dem eine „Beanstandung" der Beiträge im Sinne des alten § 208 unausführbar ist, mußte die Bestimmung geändert werden. Sie ist nun vollständig dem § 1445 Abs. 3 RVO. angeglichen.

Leider hat das Gesetz damit auch die Unvollkommenheit und Unklarheit, die jener Vorschrift anhaftet, mit übernommen. Damit verhält es sich folgendermaßen:

Sind Beiträge, die an sich ungültig wären, durch Ablauf der 10jährigen Frist geschützt, so bedürfte es auch einer gesetzlichen Bestimmung darüber, als was sie nun zu gelten haben, als Pflicht- oder als freiwillige Beiträge. Ferner wird es nicht selten vorkommen, daß jemand lauter ungültige Beiträge hat, von denen aber nur die ältesten geschützt sind, die späteren aber noch nicht, weil seit Aufrechnung der betr. Karten noch keine 10 Jahre verflossen sind; in diesem Fall ist vielfach, trotzdem die ältesten Beiträge geschützt sind, die Wartezeit doch nicht erfüllt, so daß die gesetzliche Vorschrift, so gut sie auch gemeint sein mag, den Beteiligten nichts nützt.

Diesen Mängeln hat die Rechtsprechung des RVAmts zu § 1445 Abs. 3 RVO. abgeholfen. Das RVAmt hat nämlich in den Rev.-Entscheidungen 1600 und 1601 (AN. 1912 S. 680 u. 681), sowie 1683 (AN. 1913 S. 406), grundsätzlich ausgesprochen: Beiträge, die durch Ablauf der 10jährigen Frist geschützt sind, haben als Pflicht- oder Selbstversicherungsbeiträge zu gelten, je nachdem dies den Umständen des einzelnen Falls, besonders dem mutmaßlichen Willen des Versicherten, entspricht. Ihre Entrichtung begründet für den Versicherten ein unbestreitbares materielles Versicherungsrecht, sie sind geeignet, das Recht zur Weiterversicherung oder zur Fortsetzung der Selbstversicherung zu begründen.

Demgemäß können also ungeschützte, ungültige Beiträge, die auf geschützte folgen, unter dem Gesichtspunkt der Weiterversicherung oder der Fortsetzung der Selbstversicherung ebenfalls als gültig behandelt und aufrechterhalten werden. Damit hat die gesetzliche Vorschrift für die Versicherten erst ihre rechte Bedeutung gewonnen.

Die dargelegten Grundsätze des RVAmts werden zur Auslegung des § 190 Abs. 2 AVG. ohne weiteres heranzuziehen sein. —

Der Grund, aus dem Beiträge s. Zt. ungültig waren, z. B. Mangel der Angestellteneigenschaft, Eingehung einer Selbstversicherung nach Überschreitung des 40. Lebensjahrs, nach früherem Recht Beitragsentrichtung von Vollendung des 16. Lebensjahrs, u. dgl., ist belanglos.

Nur Beiträge, die erst nach Eintritt der Berufsunfähigkeit entrichtet sind, für die aber die 10jährige Frist noch nicht abgelaufen ist, können auch auf Grund der Auslegung, die das RVAmt dem Gesetzgeber gegeben hat (s. o.), nicht als gültig behandelt werden (AN. 1914 S. 605 Z. 1875).

10. in betrügerischer Absicht: Das ist nur eine bewußt rechtswidrige Absicht; andere Fälle, wie Unkenntnis des Gesetzes usw., kommen nicht in Betracht.

11. als die Nachentrichtung ... statthaft ist: Satz 2 des Abs. 2 ist erst durch das Gesetz vom 28. Juli 1925 angefügt worden; eine entsprechende Vorschrift hat das gleiche Gesetz auch dem § 1445 Abs. 3 RVO. hinzugefügt.

Die neue Vorschrift soll eine Härte verhindern, die entstehen könnte, wenn irrigerweise Beiträge zur Angestellten- statt zur Invalidenversicherung entrichtet und die Beiträge zur Angestelltenversicherung später beanstandet würden, zu einer Zeit, wo es nach § 1442 RVO. schon nicht mehr möglich ist, die Beiträge zur Invalidenversicherung, die eigentlich hätten entrichtet werden sollen, nachzuentrichten. Dann würden die betr. Beitragsmonate überhaupt unbelegt bleiben, was für den Versicherten in mehrfacher Hinsicht (Wartezeit, Anwartschaft, Steigerungssatz) von großem Nachteil wäre.

Nach der neuen Vorschrift des § 190 Abs. 2 Satz 2 kann das nicht mehr vorkommen. Soweit in einem solchen Fall Beiträge zur Invalidenversicherung nachentrichtet werden dürfen, können allerdings die — irrigerweise entrichteten — Beiträge zur Angestelltenversicherung beanstandet werden; Sache des Versicherten ist es aber dann, die Invalidenversicherungsbeiträge nachzuentrichten und dadurch die betr. Zeiten zu belegen. Soweit aber Beiträge zur Invalidenversicherung nicht mehr nachentrichtet werden können, dürfen jetzt die — an sich ungesetzlichen — Beiträge zur Angestelltenversicherung nicht mehr beanstandet, sie müssen als gültig behandelt werden; die betr. Zeiten sind dann dadurch belegt.

§ 1442 RVO. stimmt im Wortlaut fast und sachlich vollkommen überein mit § 187 AVG.

f) Irrtümlich geleistete Beiträge.

§ 191 (209).

Beiträge[1]), die in der irrtümlichen Annahme der Versicherungspflicht[2]) entrichtet sind und nicht zurückgefordert werden[3]), gelten als Beiträge der Weiterversicherung oder Selbstversicherung[4]), wenn das Recht dazu in der Zeit der Entrichtung bestanden hat[5]).

Der Versicherte kann[6]) die Beiträge[7]) binnen zehn Jahren[8]) nach der Entrichtung zurückfordern[9]), wenn ihm nicht schon Ruhegeld oder sonstige Rente rechtskräftig bewilligt ist und die Marken nicht in betrügerischer Absicht verwendet[10]) sind.

Der Arbeitgeber kann die Beiträge[11]) nicht mehr zurückfordern, wenn der Versicherte ihm den Wert seines Anteils erstattet hat[12]) oder seit der Entrichtung zwei Jahre verflossen[13]) sind.

1. Beiträge: Auch Beitragsanteile (des Arbeitgebers oder des Versicherten), wenn nur der andere Beteiligte von seinem Rückforderungsrecht Gebrauch macht.

2. irrtümlichen Annahme der Versicherungspflicht: Nur diese kommt in Betracht, dagegen nicht die irrtümliche Annahme, zur freiwilligen Versicherung berechtigt zu sein; solche Beiträge können lediglich innerhalb der Verjährungsfrist des § 213 Abs. 2 zurückgefordert werden (AVN. 1921 S. 44 Z. 453).

Auch Irrtum über die Höhe der Beiträge kommt nicht in Betracht (AVN. 1919 S. 79 Z. 347). Hier greift ebenfalls nur das Rückforderungsrecht des § 213 Abs. 2 Platz.

Die Unkenntnis des Arbeitgebers davon, daß der Versicherte von seiner eigenen Beitragsleistung befreit ist (§ 375), begründet keinen Irrtum über die Versicherungspflicht, sondern nur einen solchen über die Beitragshöhe (AVN. 1920 S. 35).

3. nicht zurückgefordert werden: Das Nähere hierüber bestimmen die Abs. 2 u. 3.

4. der Weiterversicherung oder Selbstversicherung: S. die §§ 21, 22.

5. wenn das Recht dazu . . . bestanden hat: Hat das Recht nicht bestanden, so sind die Beiträge unwirksam. Sie können aber noch durch § 190 Abs. 2 geschützt werden.

6. kann: Es ist aber zweckmäßiger, wenn er von dem Rückforderungsrecht keinen Gebrauch macht und sich die Beiträge als freiwillige anrechnen läßt.

7. Beiträge: Hier gleich Beitragsanteile des Versicherten. Die vom Arbeitgeber geleisteten Beitragsanteile kann der Versicherte nicht zurückfordern.

8. binnen 10 Jahren: Die Vorschrift durchbricht die allgemeine Regel des § 218 Abs. 2.

Die Frist ist eine Verjährungsfrist; die Verjährung wird auch durch Geltendmachung des Anspruchs bei der RVAnstalt unterbrochen (AVN. 1920 S. 218 Z. 432).

9. zurückfordern: Der Versicherte kann die Beiträge (Beitragsanteile) nicht mehr zurückfordern, wenn sie mit seiner Einwilligung als für die freiwillige Weiterversicherung entrichtet gelten. Mit anderen Worten: Der Versicherte hat die Wahl, ob er die Beiträge als freiwillige gelten lassen oder ob er sie zurückfordern will; an die einmal getroffene Wahl ist er aber gebunden (AVN. 1922 S. 16 Z. 511).

10. in betrügerischer Absicht: Z. B. es werden von einem schon Berufsunfähigen, der aber die Wartezeit nicht erfüllt hat, in rechtswidriger Absicht unter Verheimlichung der Berufsunfähigkeit noch Beiträge fortentrichtet, um die Wartezeit zu vollenden.

11. Beiträge: Hier gleich Beitragsanteile des Arbeitgebers einschließlich der von diesem über seinen gesetzlichen Anteil etwa bezahlten Mehrbeträge.

12. wenn ... erstattet hat: Auch dadurch, daß etwa der Arbeitgeber dem Versicherten den Beitragsanteil zurückgibt, kann das Rückforderungsrecht, wenn es einmal erloschen ist, nicht mehr begründet werden.

Der Arbeitgeber kann seinen Beitragsanteil erst dann zurückfordern, wenn feststeht, daß der Versicherte ihm dessen Wert nicht erstatten will (AVN. 1922 S. 171 Z. 542).

13. zwei Jahre verflossen sind: Das Rückforderungsrecht des Arbeitgebers ist also gegenüber dem des Versicherten wesentlich eingeschränkt.

Wegen der rechtlichen Natur der Frist s. Anm. 8.

Der Arbeitgeber kann seinen Beitragsanteil nach Ablauf der 2jährigen Frist auch dann nicht mehr zurückfordern, wenn die RV-Anstalt ihm gegenüber ausdrücklich anerkannt hat, daß der Angestellte nicht versicherungspflichtig gewesen sei (AVN. 1917 S. 28).

Hat der Arbeitgeber die 2jährige Frist versäumt, so kann er sich nicht darauf berufen, daß der Angestellte seinen Rückforderungsanspruch geltend gemacht habe (AVN. 1918 S. 173).

g) Einzugsverfahren.

§ 192 (neu).

Der Reichsarbeitsminister kann[1]) nach Anhören der Reichsversicherungsanstalt mit Zustimmung des Reichsrats das Einzugsverfahren[2]) (§§ 1447 ff. der Reichsversicherungsordnung) anordnen, wo es für die Invalidenversicherung besteht, oder aufheben.

Die Reichsversicherungsanstalt hat den Einzugsstellen eine Vergütung zu gewähren. Sie wird bei Streit vom Reichsarbeitsminister festgesetzt.

1. kann: Bisher noch nicht geschehen.

2. Einzugsverfahren: Dieses besteht darin, daß Krankenkassen oder andere Stellen, die der R.-Arb.-Minister zu bezeichnen hätte, oder örtliche Hebestellen der RVAnstalt, die zu errichten wären, für Rechnung der RVAnstalt die Beiträge aller Versicherungspflichtigen oder einzelner Gruppen von ihnen einziehen. Für die freiwillige Versicherung kann die Einziehung der Beiträge nicht vorgeschrieben werden

Die Beiträge werden also hier nicht durch die Arbeitgeber oder der Versicherten mittels Einklebens der Marken entrichtet, sondern sie sind bereits durch die Zahlung an die Einziehungsstelle rechtswirksam entrichtet; die Marken werden durch die Einziehungsstelle oder die RVAnstalt verwendet, sie dienen hier nur als Beweismittel (Quittung).

h) Beitragsstreit.

§ 193 (neu).

Entsteht zwischen den Versicherungsträgern[1]) der Angestelltenversicherung und der Invalidenversicherung außerhalb eines Leistungsfeststellungsverfahrens[2]) Streit darüber, ob der Versicherungspflichtige der Angestellten- oder Invalidenversicherung zu unterstellen ist, so ist die schriftlich einzuholende[3]) gemeinsame Erklärung[4]) des Arbeitgebers und Arbeitnehmers maßgeblich[5]). Wird eine Erklärung auf Anfordern der beiden Versicherungsträger binnen einer zu bestimmenden Frist nicht abgegeben, oder können Arbeitgeber und Arbeitnehmer über die Unterstellung sich nicht einigen, so wird im Beitragsstreitverfahren entschieden[6]).

1. zwischen den Versicherungsträgern: Nur für diesen Fall gilt § 193; sind die Versicherungsträger einig, so ist § 193 nicht anwendbar; die Parteien (der Arbeitgeber und der Angestellte) können in diesem Fall nichts anderes vereinbaren. Ist der Arbeitgeber oder der Angestellte mit der Stellungnahme der Versicherungsträger nicht einverstanden, so ist nach § 194 zu entscheiden.

2. außerhalb eines Leistungsfeststellungsverfahrens: Innerhalb eines solchen Verfahrens entscheiden die Spruchbehörden. Das Verfahren nach § 193 findet nicht etwa daneben statt (AVN. 1920 S. 158 Z. 409, 1921 S. 201 Z. 490).

3. schriftlich einzuholende: Die Erklärung kann zunächst von den beteiligten Versicherungsträgern eingeholt werden, aber auch vom Versicherungsamt in einem Verfahren nach § 194.

4. gemeinsame Erklärung: D. h. sachlich übereinstimmende; in einem gemeinsamen Schriftstück braucht sie natürlich nicht enthalten zu sein.

5. maßgeblich: Sie hat, solange sich die Verhältnisse nicht ändern, die Wirkung einer rechtskräftigen Entscheidung.

6. wird im Beitragsstreitverfahren entschieden: Nach § 194. Die Sache ist also so, daß über die Frage, ob

der Versicherte unter die Angestellten- oder unter die Invalidenversicherung falle, in erster Linie die beiden beteiligten Versicherungsträger entscheiden, in zweiter Linie der Arbeitgeber und der Versicherte, erst in dritter und letzter Linie die Versicherungsbehörden.

Der Gesetzgeber erhofft von dieser Regelung eine Verminderung der zahlreichen Zugehörigkeitsstreitigkeiten.

§ 194 (210).

Bei Streit über die Beitragsleistung [1]) entscheidet [2]), wenn er nicht bei der Festsetzung der Leistungen [3]) hervortritt, das für den Beschäftigungsort zuständige Versicherungsamt und auf Beschwerde [4]) das Oberversicherungsamt [5]).

Handelt es sich um eine noch nicht feststehende Auslegung [6]) gesetzlicher Vorschriften von grundsätzlicher Bedeutung, so gibt das Oberversicherungsamt die Sache unter Begründung seiner eigenen Ansicht an das Reichsversicherungsamt ab [7]), wenn es der Beschwerdeführer innerhalb der Beschwerdefrist beantragt hat [8]). Auch andere Beteiligte können diesen Antrag binnen einer Woche stellen, nachdem sie die Gelegenheit, sich zu äußern, erhalten haben. Das Oberversicherungsamt kann die Sache auch ohne Antrag abgeben; es hat sie abzugeben, wenn es von einer amtlich veröffentlichten grundsätzlichen Entscheidung des Reichsversicherungsamts abweichen will [9]). Das Reichsversicherungsamt entscheidet in diesen Fällen statt des Oberversicherungsamts.

Handelt es sich um die Zugehörigkeit zur Angestellten- oder Invalidenversicherung [10]), so ist im Verfahren der Angestelltenversicherung zu entscheiden, und zwar auch über die Zugehörigkeit zur Invalidenversicherung [11]). Die Entscheidung ist für beide Versicherungszweige bindend. Den beteiligten Versicherungsträgern ist Gelegenheit zur Äußerung zu geben; sie können Rechtsmittel [12]) einlegen und den Abgabeantrag nach Abs. 2 stellen.

1. Streit über die Beitragsleistung: Es handelt sich hier um Streitigkeiten entweder a) zwischen der RVAnstalt und dem Arbeitgeber oder b) der RVAnstalt und dem Versicherten oder c) dem Arbeitgeber und dem Versicherten darüber, ob die Versicherungspflicht oder die Versicherungsberechtigung besteht, sowie über die Anwendung der §§ 187—191, endlich auch um den Streit darüber, ob Beiträge

an die RVAnstalt oder an eine zugelassene Ersatzkasse (§ 363) zu entrichten seien (AN. 1925 S. 43 Z. 2842). Als Versicherungsträger, die beteiligt sein können, kommen auch die Ersatzkassen und der Reichsknappschaftsverein in Betracht.

Auch Streitigkeiten über Rückforderungen sind Beitragsstreitigkeiten (AVN. 1917 S. 272).

Dagegen fällt ein bloßes Gesuch um Berücksichtigung von Billigkeitsgründen nicht unter § 194 (AVN. 1919 S. 200).

2. entscheidet: Im Beschlußverfahren (§§ 286—294).

3. nicht bei der Feststellung der Leistungen: Siehe Anm. 2 zu § 193.

4. Beschwerde: Die Frist für die Einlegung beträgt einen Monat (§ 324). Die Beschwerde bewirkt keinen Aufschub (§ 326).

5. das Oberversicherungsamt: Und zwar endgültig (§ 294). Eine weitere Beschwerde an das RVAmt ist daher hier nicht zugelassen. — Der Rechtsweg vor den bürgerlichen Gerichten ist überhaupt ausgeschlossen.

6. noch nicht feststehende Auslegung: Die bereits ergangenen grundsätzlichen Entscheidungen des früheren Oberschiedsgerichts sowie des RVAmts sind veröffentlicht in den AVN. und den AN.

7. gibt . . . an das RVAmt ab: Diese Einrichtung hat den Zweck, die Rechtseinheit zu wahren. Denn ohne sie könnte sich — zufolge § 294 — das RVAmt mit solchen grundsätzlichen Fragen gar nicht befassen; es bestände daher stets die Gefahr, daß die nämliche Frage von verschiedenen OVÄmtern verschieden beantwortet würde.

Das RVAmt prüft, ob es sich wirklich um eine noch nicht feststehende Auslegung gesetzlicher Vorschriften von grundsätzlicher Bedeutung handelt. Findet es, daß das nicht der Fall ist, so hebt es den Abgabebeschluß des OVAmts auf und verweist die Sache an dieses zurück (AVN. 1916 S. 183 Z. 126).

8. beantragt hat: Dem Antrag muß entsprochen werden, auch wenn das OVAmt ihn für unbegründet hält (das RVAmt kann jedoch den Antrag ablehnen).

9. wenn es . . . abweichen will: D. h. wenn es der betr. Entscheidung des RVAmts nicht zustimmen zu können glaubt. Abweichen davon darf es jedoch nicht; anstatt dessen hat es eben die Sache an das RVAmt abzugeben.

10. Zugehörigkeit zur Angestellten- oder Invalidenversicherung: Und erledigt sich die Sache nicht schon durch § 193!

11. auch über die Zugehörigkeit zur Invalidenversicherung: Um doppelte und vielleicht sogar widersprechende

Entscheidungen zu vermeiden. Die Versicherungsbehörden der AV. entscheiden daher in diesen Fällen auch Streitigkeiten aus § 1459 RVO. mit (AN. 1924 S. 90 Z. 2793).

12. Rechtsmittel: Es kommt nur die Beschwerde in Betracht (s. o. Anm. 4).

§ 195 (211).

Allen anderen Streit[1]) zwischen Arbeitgebern und Arbeitnehmern über Berechnung und Anrechnung, Erstattung und Ersatz von Beiträgen entscheidet das Versicherungsamt endgültig[2]).

1. anderen Streit: Nämlich als nach §§ 193 u. 194. Es handelt sich hier um Sachen, die der Gesetzgeber als geringfügig ansieht.

2. entscheidet das Versicherungsamt endgültig: Ebenfalls im Beschlußverfahren (§§ 286 ff.). Jedoch ist hier schon die Entscheidung des Versicherungsamts unanfechtbar.

§ 196 (212).

Ist der Streit[1]) endgültig entschieden, so sorgt[2]) das Versicherungsamt dafür, daß zuwenig erhobene Beiträge[3]) nachträglich durch Marken gedeckt werden.

Zuviel erhobene, die noch zurückgefordert werden können (§ 191), zieht es von der Reichsversicherungsanstalt auf Antrag wieder ein und zahlt sie den Beteiligten zurück. Die Marken werden vernichtet[4]) und die Aufrechnungen berichtigt[5]).

Der Reichsarbeitsminister kann Abweichendes bestimmen[6]).

1. der Streit: § 196 bezieht sich nur auf die Pflichtversicherung. Ist ein Streit über die Versicherungsberechtigung zugunsten des Antragstellers entschieden, so ist es dessen Sache, selbst die Beiträge zu entrichten.

2. sorgt: Nötigenfalls auch durch Zwangsbeitreibung (§ 212).

3. zu wenig erhobene Beiträge: Das sind sowohl solche Beiträge, die gar nicht, als auch solche, die in einer zu niedrigen Gehaltsklasse entrichtet sind.

Die Befugnis des Arbeitgebers, bei solchen Beiträgen dem Versicherten noch Gehaltsabzüge zu machen, bemißt sich nach § 183.

4. vernichtet: S. § 31 der Beitr.-O.

5. berichtigt: S. die §§ 28—30 der Beitr.-O.

6. kann Abweichendes bestimmen: Bis jetzt nicht geschehen.

§ 197 (neu).

Statt die Marken zu vernichten, kann [1]) das Versicherungsamt die Versicherungskarte einziehen und das Gültige auf eine neuausgestellte übertragen lassen [2]).

Der Reichsarbeitsminister kann Abweichendes bestimmen [3]).

1. kann: Nach seinem Ermessen.

2. übertragen lassen: S. die §§ 25—27 der Beitr.-O.

3. kann Abweichendes bestimmen: Bis jetzt gleichfalls nicht geschehen.

§ 198 (213).

Wenn die Pflicht oder das Recht zur Versicherung endgültig verneint ist [1]), erhalten die Beteiligten [2]) die noch nicht verfallenen Beiträge [3]) auf Antrag zurück. § 191 wird hierdurch nicht berührt [4]).

1. endgültig verneint: Es kommen hier nur Fälle in Betracht, die sich nicht schon nach den §§ 196 u. 197 erledigen, also besonders der Fall, daß in einem Leistungsfeststellungsverfahren über die Versicherungspflicht entschieden worden ist; ferner der Fall des § 15.

2. die Beteiligten: Nämlich der Arbeitgeber und der Angestellte.

3. die noch nicht verfallenen Beiträge: „Verfallen" sind Beiträge, deren Rückforderung durch § 191 Abs. 2 u. 3 ausgeschlossen ist; dagegen nicht solche, hinsichtlich deren der Anspruch auf Rückerstattung nach § 213 Abs. 2 verjährt ist (AVN. 1921 S. 184 Z. 480).

4. § 191 wird hiedurch nicht berührt: Es kommt nur dessen Absatz 1 in Betracht, also das Recht, Beiträge, die irrtümlich als Pflichtbeiträge geleistet sind, für die Weiterversicherung oder die Selbstversicherung anrechnen zu lassen.

i) Überwachung.

§ 199 (214).

Die Reichsversicherungsanstalt überwacht [1]) die rechtzeitige und vollständige Entrichtung der Beiträge.

1. überwacht: Die RVAnstalt ist hiezu nicht nur berechtigt, sondern auch verpflichtet. Die Überwachung der Beitragsentrichtung ist nicht nur für die Vermögenslage der RVAnstalt, sondern

auch für die Versicherten selbst von größter Wichtigkeit. Die Erfahrung in den anderen Zweigen der Reichsversicherung hat schon längst gezeigt, daß sie nicht entbehrt werden kann.

Die RVAnstalt führt die Überwachung durch eigene Beamte aus. Näheres s. in den „Überwachungsvorschriften" vom 18. Juli 1924 (RMinBl. S. 258), die im Anhang abgedruckt sind.

§ 200 (215).

Die Arbeitgeber[1]) haben der Reichsversicherungsanstalt und dem Versicherungsamte sowie den Beauftragten[2]) beider über alle die Versicherung[3]) betreffenden Tatsachen Auskunft zu geben[4]), insbesondere über Zahl und Personalien der Beschäftigten[5]), über Ort, Art und Dauer der Beschäftigung und den Arbeitsverdienst. Geschäftsbücher und Listen[6]), aus denen die für die Überwachung erforderlichen Tatsachen hervorgehen, haben sie den Überwachungsbeamten der Reichsversicherungsanstalt auf Anfordern möglichst während der Geschäftszeit an Ort und Stelle[7]) vorzulegen.

Auch die Versicherten haben über alle die Versicherung betreffenden Tatsachen Auskunft zu geben, insbesondere über ihre Personalien, Ort, Art und Dauer ihrer Beschäftigung sowie den Arbeitsverdienst.

Arbeitgeber und Versicherte sind verpflichtet, diesen Behörden und Beauftragten auf Erfordern die Versicherungskarten zur Prüfung und Berichtigung vorzulegen und gegen Empfangsschein auszuhändigen.

Die Reichsversicherungsanstalt kann die Arbeitgeber und die Versicherten durch Zwangsstrafen[8]) in Geld zur Erfüllung dieser Pflichten anhalten. Auf Beschwerde[9]) entscheidet[10]) das Oberversicherungsamt (Beschlußkammer).

1. Arbeitgeber: Wegen deren Befugnis, die Pflichten, die ihnen § 200 auferlegt, Betriebsleitern usw. zu übertragen, s. § 340, ferner § 15 der Überwachungsvorschriften.

2. Beauftragten: Gemeint sind in erster Linie die Überwachungsbeamten; es können aber auch die Vertrauensmänner oder besondere Beauftragte in Betracht kommen, endlich auch ersuchte Behörden (§ 318).

3. die Versicherung: Also nicht bloß unmittelbar die Beitragsentrichtung!

4. Auskunft zu geben: Mißbrauch der hiebei erlangten Kenntnisse ist strafbar gemäß §§ 346—349. — Unrichtige Auskünfte des Arbeitgebers können nach § 335 strafbar sein.

5. Beschäftigten: Auch früherer.

6. Geschäftsbücher und Listen: Deren Vorlage war im früheren Gesetz nicht vorgeschrieben; § 200 geht also in dieser Hinsicht weiter als jenes!

7. an Ort und Stelle: Die Geschäftsbücher dürfen also nicht mitgenommen werden. Sie sind auch nur dem Überwachungsbeamten vorzulegen, nicht sonstigen Beauftragten.

8. Zwangsstrafen: Ihr Betrag ist 1—1000 RM. Diese Strafen müssen vorher angedroht werden. Da sie Zwangsstrafen sind, können sie aber auch wiederholt verhängt werden.

9. Beschwerde: Die Frist für deren Einlegung beträgt einen Monat (§ 324), die Beschwerde bewirkt keinen Aufschub.
10. entscheidet: Endgültig (§ 294).

§ 201 (216).

Die Reichsversicherungsanstalt kann mit Genehmigung des Reichsarbeitsministers Überwachungsvorschriften[1]) erlassen. Der Reichsarbeitsminister kann den Erlaß solcher Vorschriften anordnen oder sie selbst erlassen. Die Reichsversicherungsanstalt kann Arbeitgeber und Versicherte zur Befolgung solcher Vorschriften durch Zwangsstrafen[2]) in Geld anhalten. Auf Beschwerde[2]) entscheidet das Oberversicherungsamt (Beschlußkammer).

1. Überwachungsvorschriften: Solche hat die RV-Anstalt am 10. Juli 1924 erlassen (RMinBl. S. 258). Sie sind im Anhang abgedruckt!

2. Zwangsstrafen — Beschwerde: Vgl. Anm. 8 u. 9 zu § 200.

§ 202 (217).

Entstehen durch die Überwachung[1]) bare Auslagen[2]), so können sie dem Arbeitgeber auferlegt werden[3]), wenn er sie durch Pflichtversäumnis verursacht hat. Auf Beschwerde[4]) entscheidet das Oberversicherungsamt. Die Kosten werden wie Gemeindeabgaben beigetrieben[5]).

1. durch die Überwachung: Es handelt sich hier um den Fall, daß durch Pflichtversäumnis eines Arbeitgebers eine besondere Prüfung notwendig wird.

2. bare Auslagen: Besonders Tagegelder und Reisekosten der Überwachungsbeamten. Die Auslagen müssen in bestimmten Beträgen ausscheidbar sein.

3. auferlegt werden: Entweder von der RVAnstalt, die solche Kosten zunächst selbst zu tragen hätte, oder auch von der anderen Behörde, die die Überwachungshandlung veranlaßt hat.

4. Beschwerde: S. Anm. 9 zu § 200.

5. wie Gemeindeabgaben beigetrieben: Das Verfahren regelt sich nach Landesrecht.

k) Besondere Vorschriften.

§ 203 (neu).

Der Reichsarbeitsminister kann für die Besatzung ausländischer Binnenschiffe[1]) die Vorschriften dieses Abschnitts mit Zustimmung des Reichsrats durch andere Bestimmungen ersetzen[2]).

1. Besatzung ausländischer Binnenschiffe: Die Beitragserhebung usw. für solche unterliegt beträchtlichen Schwierigkeiten. Daher die Vorschrift des § 203.

2. kann . . . ersetzen: Bis jetzt noch nicht geschehen. Einschlägig ist hier jedoch auch die Verordn. „über Versicherungsfreiheit vorübergehender Dienstleistungen" (s. Anm. 2 zu § 10), die im Anhang abgedruckt ist; sie hilft den bestehenden Schwierigkeiten wenigstens teilweise ab.

II. Vermögen.

§ 204 (219).

Die Mittel[1]) der Reichsversicherungsanstalt dürfen nur für die gesetzlich vorgeschriebenen oder zugelassenen Zwecke[2]) verwendet werden.

Die Einnahmen und Ausgaben sind gesondert[3]) zu verrechnen, die Bestände[4]) gesondert[3]) zu verwahren.

Die Reichsversicherungsanstalt darf nur die ihr gesetzlich übertragenen Geschäfte[5]) übernehmen.

1. Mittel: Der Ausdruck bedeutet das gesamte Vermögen der RVAnstalt mit Einschluß aller Einnahmen, wie der Beiträge, Zinserträgnisse und sonstigen Einnahmen (z. B. Strafgelder).

2. gesetzlich vorgeschriebenen oder zugelassenen Zwecke: Wegen der vorgeschriebenen Zwecke s. die §§ 23,

61, 62 u. 385 (Ruhegelder und Hinterbliebenenrenten, Beitragserstattungen), ferner 101, 115, 130, 156, 167 (Verwaltungskosten); dazu kommt noch die Entrichtung der der RVAnstalt obliegenden öffentlichen Abgaben. Wegen der zugelassenen Zwecke s. die §§ 41, 50, 51 u. 76 (Heilverfahren, Sachleistungen und Abfindungen).

3. gesondert: Namentlich von denen des Reichs oder des preuß. Staates.

4. Bestände: Das sind sowohl Barbestände (samt dem für die laufende Verwaltung erforderlichen Kassenbestand) als auch Wertpapiere.

5. nur die ihr gesetzlich übertragenen Geschäfte: Also namentlich keine anderen Versicherungsgeschäfte.

§ 205 (220).

Das Vermögen der Reichsversicherungsanstalt muß verzinslich[1]) und, soweit Anlagemöglichkeit vorhanden ist, auch wertbeständig[2]) angelegt werden. Die Anlegung kann erfolgen

1.[3]) in verbrieften Forderungen gegen das Reich oder ein Land oder gegen eine Kreditanstalt des Reichs oder eines Landes sowie in Forderungen, die in das Schuldbuch des Reichs oder eines Landes eingetragen sind,

2.[3]) in verbrieften Forderungen, deren Verzinsung vom Reiche oder von einem Lande oder einer Kreditanstalt des Reichs oder eines Landes gewährleistet ist,

3.[3]) in Forderungen, für die eine sichere Hypothek an einem inländischen Grundstück besteht, oder in sicheren Grundschulden oder Rentenschulden an inländischen Grundstücken,

4.[3]) in Wertpapieren, insbesondere Pfandbriefen sowie in verbrieften Forderungen jeder Art gegen eine inländische Körperschaft des öffentlichen Rechtes oder die Kreditanstalt einer solchen Körperschaft, sofern die Wertpapiere oder die Forderungen vom Reichsrat zur Anlegung vom Mündelgeld für geeignet erklärt sind,

5.[4]) in Wertpapieren, die landesgesetzlich zur Anlegung von Mündelgeld zugelassen sind,

6.[4]) in solchen auf den Inhaber lautenden Pfandbriefen deutscher Hypotheken-Aktienbanken, welche die Reichsbank in Klasse I beleiht,

7.[5]) in verbrieften Forderungen unter Verpfändung solcher Wertpapiere oder Hypotheken, in denen eine Anlegung nach Nr. 1 bis 5 zulässig ist, nach den Grundsätzen der Darlehenskassen des Reichs oder der Reichsbank,

8.[6]) bei einer inländischen öffentlichen Sparkasse, wenn sie von der zuständigen Behörde des Landes, in dem sie ihren Sitz hat, zur Anlegung von Mündelgeld für geeignet erklärt ist,

9.[7]) bei der Reichsbank, einer Staatsbank oder einer anderen, durch Gesetz dazu für geeignet erklärten inländischen Bank, soweit die Anlegung nicht bereits nach Nr. 1 und 4 zulässig ist,

10.[8]) in verbrieften Forderungen gegen inländische Körperschaften des öffentlichen Rechtes, soweit sie nicht unter Nr. 4 fallen, sowie gegen Schul- und Kirchengemeinden, sofern diese Forderungen entweder von seiten des Gläubigers kündbar sind oder einer regelmäßigen Tilgung unterliegen,

11.[9]) in verbrieften Forderungen, für die eine nach Nr. 4 in Frage kommende Körperschaft des öffentlichen Rechtes oder die Kreditanstalt einer solchen Körperschaft oder eine öffentliche Sparkasse der in Nr. 8 bezeichneten Art oder eine der in Nr. 9 genannten Banken die selbstschuldnerische Bürgschaft übernimmt,

12.[10]) in verbrieften kurzfristigen Forderungen, für die eine ausreichende Sicherheit besteht.

Außerdem kann das Vermögen angelegt werden in inländischen Grundstücken[11]), in Darlehen für gemeinnützige Zwecke oder in Beteiligung an Unternehmen für solche Zwecke[12]). Als gemeinnützige Unternehmen sind auch Genossenschaften und ihre Zentralen anzusehen, deren Tätigkeit satzungsmäßig ausschließlich oder vorwiegend den Versicherten der Angestellten- und Invalidenversicherung zugute kommt.

Der Reichsarbeitsminister kann widerruflich gestatten, daß zeitweilig verfügbare Bestände in anderer Weise angelegt werden.

1. verzinslich: Bei den Vorschriften über die Anlegung des Vermögens ist unter Wahrung der Sicherheit der Anlagen davon auszugehen, daß die angesammelten Kapitalbeträge genügend hohe Zinserträgnisse zu liefern haben. Der Zinsertrag des Vermögens der RVAnstalt bildet einen wesentlichen Faktor für die Beitragsberechnung. Je höher der erzielte Zinsertrag ist, desto niedriger können die Beiträge bemessen werden und umgekehrt.

2. wertbeständig: Diese Forderung des Gesetzes ist aus den heutigen Zeitverhältnissen entsprungen. Das frühere Gesetz verlangte, daß das Vermögen der RVAnstalt „wie Mündelgeld (§§ 1807, 1808 der Bürgerlichen Gesetzbuchs)" angelegt werden müsse. Die Anlagemöglichkeiten, die das BGB. vorsieht, sind aber fast alle den Schwankungen der Währung unterworfen und entsprechen daher den Anforderungen, die an die Anlage des Vermögens eines Versicherungsträgers zu stellen, keineswegs. Der Gesetzgeber mußte daher die Sache anders regeln. Die jetzigen Vorschriften geben der RV-Anstalt größere Freiheit in der Auswahl der Vermögensanlagen.
Der jetzige § 220 stimmt mit § 26 RVO. überein.

3. Z. 1—4. Diese Anlagemöglichkeiten sind die gleichen wie sie das BGB. in § 1807 Z. 2, 3, 1 u. 4 zuläßt; jedoch sind bei Z. 1 u. 2 auch verbriefte Forderungen gegen eine Kreditanstalt des Reichs oder eines Landes zugelassen.

4. Z. 5 u. 6: Diese beiden Anlagemöglichkeiten waren bereits in § 220 Abs. 2 des früheren Gesetzes zugelassen.

5. Z. 7: Entspricht dem § 9 Nr. 2 des Gesetzes über die privaten Versicherungsunternehmungen vom 12. Mai 1901 (RGBl. S. 139) in der Fassung des Gesetzes vom 19. Juli 1923 (RGBl. I S. 684).

6. Z. 8: Vgl. § 1807 Nr. 5 BGB.

7. 9: Vgl. § 1808 BGB.

8. Z. 10: Solche Anlagen waren schon nach § 224 Abs. 1 des alten Gesetzes zulässig.

9. Z. 11: Diese Vorschrift ist neu, sie entspricht einem Bedürfnis, das in neuerer Zeit hervorgetreten ist.

10. Z. 12: Auch diese Vorschrift ist neu. Hinsichtlich ihrer Art unterliegen die verbrieften Forderungen keiner Beschränkung; es kommen daher Forderungen gegen kreditwürdige kaufmännische, gewerbliche oder landwirtschaftliche Unternehmungen in Betracht. Nur müssen die Forderungen kurzfristig sein. Auch die „ausreichende Sicherheit" ist vom Gesetz nicht näher umschrieben. In erster Linie wird die Bestellung eines Faustpfands in Frage kommen (Ver-

pfändung von Wertgegenständen oder Wechseln); die Forderungen können aber auch dinglich gesichert sein.

Die Vorschrift der Z. 12 erleichtert es, die Mittel der RVAnstalt dem allgemeinen Geldmarkt zuzuführen, was besonders bei den heutigen Verhältnissen nur zu begrüßen ist.

11. in inländischen Grundstücken: Einer Genehmigung (des R.-Arb.-Ministers) bedarf es nur, soweit das Errichten von Gebäuden in Frage kommt (§ 210).

12. gemeinnützige Zwecke ... Unternehmen für solche Zwecke: Die Vermögensanlage in Darlehen für gemeinnützige Zwecke war schon durch § 225 des alten Gesetzes zugelassen; daß sich die RVAnstalt auch an Unternehmen für solche Zwecke beteiligen darf, ist neu.

Gemeinnützige Zwecke oder Unternehmen sind alle, die nicht auf Erwerb gerichtet sind.

§ 206 (221).

Die Sicherheit einer Hypothek, einer Grundschuld oder Rentenschuld darf angenommen werden, wenn die Beleihung die ersten zwei Drittel[1]) des Wertes des Grundstücks nicht übersteigt.

Die Beleihung ist in der Regel nur zur ersten Stelle zulässig.

1. Die ersten zwei Drittel: Nach dem früheren Gesetz war die Beleihung bis zu zwei Dritteln des Werts nur bei landwirtschaftlichen Grundstücken zulässig, soweit die oberste Verwaltungsbehörde eines Bundesstaats gemäß § 11 Abs. 2 des Hypothekenbankgesetzes die Beleihung bis zu zwei Dritteln des Werts gestattete. Dieser Unterschied in der Beleihungsmöglichkeit landwirtschaftlicher und anderer Grundstücke ist jetzt weggefallen. Ebenso § 27 RVO.

§ 207 (222).

Beleihungen von Bauplätzen und solchen Neubauten, die noch nicht vollendet und ertragsfähig sind, sowie von Grundstücken, die einen dauernden Ertrag nicht gewähren, insbesondere von Gruben, Brüchen und Bergwerken, sind unzulässig[1]). Der Reichsarbeitsminister kann für besondere Fälle Ausnahmen zulassen[2]).

1. unzulässig: Wegen der mangelnden Sicherheit.

2. kann ... zulassen: Diese Vorschrift ist neu. Ebenso jetzt § 27a RVO.

§ 208 (223).

Der bei der Beleihung angenommene Wert des Grundstücks darf den durch sorgfältige Ermittlung festgestellten gemeinen Wert[1]) nicht übersteigen. Bei der Feststellung dieses Wertes sind nur die dauernden Eigenschaften[2]) des Grundstücks und der Ertrag zu berücksichtigen, den das Grundstück bei ordnungsmäßiger Wirtschaft jedem Besitzer nachhaltig gewähren kann.

1. den . . . gemeinen Wert: Darunter ist der Verkaufswert zu verstehen, der unter gewöhnlichen Verhältnissen für das Grundstück erzielt werden kann.

2. dauernden Eigenschaften: Gegensatz zu bloßen Spekulationsmöglichkeiten.

§ 209 (neu).

Der Reichsarbeitsminister kann allgemeine Anordnungen für die Vermögensanlagen der im § 205 Abs. 1 Nr. 11, 12 und Abs. 2 genannten Art treffen, insbesondere Höchstbeträge für die Gesamtanlagen festsetzen.

§ 210 (neu).

Die Errichtung von Gebäuden bedarf der Genehmigung des Reichsarbeitsministers. Er kann bestimmen[1]), bis zu welchen Beträgen es einer Genehmigung nicht bedarf.

1. kann bestimmen: Bis jetzt noch nicht geschehen. Daher bedarf z. Zt. noch die Errichtung von Gebäuden aller Art der Genehmigung des R.-Arb.-Ministers.

§ 211 (226).

Die Reichsregierung bestimmt[1]) den Betrag, bis zu dem das Vermögen in den im § 205 Nr. 1 genannten Forderungen anzulegen ist; dieser Betrag darf jedoch fünfundzwanzig vom Hundert des Vermögens nicht übersteigen[2]).

1. Die Reichsregierung bestimmt: Nach dem früheren Gesetz war dieser Betrag im Gesetz selbst bestimmt, und zwar auf „mindestens ein Viertel" des Vermögens. Diese Vorschrift hat sich als zu starr erwiesen; daher überträgt das neue Gesetz die Befugnis, den Betrag festzusetzen, der Reichsregierung.

Auf Grund des § 211 (sowie der §§ 374 AVG. und 27 f RVO.) hat der Reichsarbeitsminister die „Bekanntm. über die Anlegung des Vermögens der Träger der Sozialversicherung", vom 14. Juli 1923 (RGBl. I S. 646) erlassen. Hiernach ist aber der Betrag auf das zulässige Höchstmaß von einem Viertel des Vermögens festgesetzt. Solange dieser Betrag nicht erreicht ist, müssen die Versicherungsträger jährlich mindestens 10 v. H. ihres Vermögenszuwachses in dem im § 205 Nr. 1 genannten Forderungen anlegen.

2. darf . . . nicht übersteigen: 25 v. H. sind also jetzt die obere Grenze (nach dem früheren Gesetz waren sie die untere).

§ 212 (227).

Rückstände [1]) werden wie Gemeindeabgaben beigetrieben [2]). Nach den landesgesetzlichen Vorschriften regelt sich auch die aufschiebende Wirkung der Einwendungen gegen die Zahlungspflicht [3]).

Dem Beitreibungsverfahren hat ein Mahnverfahren [4]) voranzugehen, soweit es nicht bereits landesgesetzlich vorgeschrieben ist [5]). Hierfür darf eine Mahngebühr erhoben werden. Sie wird wie Rückstände beigetrieben. Die Festsetzung ihres Betrags bedarf der Genehmigung des Reichsarbeitsministers.

Rückstände haben das Vorzugsrecht des § 61 Nr. 1 der Konkursordnung [6]).

1. Rückstände: Das sind alle Forderungen, die der RV-Anstalt in ihrer Eigenschaft als Versicherungsträgerin (nicht als Privatrechtssubjekt) zustehen und trotz Fälligkeit nicht bezahlt sind. Hierher gehören besonders rückständige Pflichtbeiträge nebst Mahngebühren (s. den Abs. 2 dieses Paragraphen), Geldstrafen, die nicht von den Gerichten erkannt sind (§ 355), Kosten (§ 310) und Überwachungskosten (§ 202).

Zinsen (Verzugszinsen) für Rückstände werden nicht erhoben.

Freiwillige Beiträge können selbstverständlich nicht beigetrieben werden.

2. wie Gemeindeabgaben beigetrieben: Dies richtet sich nach den landesgesetzlichen Vorschriften, die am Orte der Zwangsvollstreckung, also in der Regel am Wohn- oder Betriebssitz des Schuldners, gelten. Nach Landesrecht bestimmt sich daher das Verfahren, das bei der Vollstreckung zu beobachten ist, aber auch, was Gegenstand der Vollstreckung sein kann, die Zulässigkeit des Offenbarungseids, usw.

Berechtigt, den Antrag auf Zwangsbeitreibung zu stellen, ist das Direktorium der RVAnstalt (§§ 97 Z. 1, 98). Eines vollstreckbaren Titels bedarf es nicht.

Beiträge, d. h. Pflichtbeiträge (s. Anm. 1) können nur gegenüber Arbeitgebern, nicht gegenüber Versicherten, beigetrieben werden (vgl. § 182).

Die Zulässigkeit der Beitreibung gegenüber Geschäftsnachfolgern des Schuldners richtet sich ebenfalls nach Landesrecht; im allgemeinen ist eine solche Beitreibung nur möglich, wenn der Nachfolger das Geschäft vollständig mit Aktiven und Passiven übernommen hat.

Gegen die Erben des Schuldners kann die Zwangsbeitreibung durchgeführt werden; über Einwendungen jedoch, die in der zivilrechtlichen Stellung des Erben beruhen (z. B. Haftungsbeschränkungen) ist von den Gerichten zu entscheiden.

3. Einwendungen gegen die Zahlungspflicht: Zu entscheiden ist über diese nach § 194. Nach Landesrecht richtet sich nur ihre aufschiebende Wirkung.

4. ein Mahnverfahren: Dessen Zweck ist es, das Beitreibungsverfahren nach Möglichkeit zu ersparen. Auch das Mahnverfahren richtet sich nach Landesrecht.

5. soweit es nicht bereits landesgesetzlich vorgeschrieben ist: Das Mahnverfahren muß hier unter allen Umständen stattfinden (abweichend § 28 Abs. 2 RVO., der die Einführung des Mahnverfahrens der Satzung des Versicherungsträgers überläßt).

6. § 61 Nr. 1 der Konkursordnung: Derselbe lautet:

„Die Konkursforderungen werden nach folgender Rangordnung, bei gleichem Range nach Verhältnis, berichtigt:

1. Die für das letzte Jahr vor der Eröffnung des Verfahrens oder dem Ableben des Gemeinschuldners rückständigen Forderungen an Lohn, Kostgeld oder anderen Dienstbezügen der Personen, welche sich dem Gemeinschuldner für dessen Haushalt, Wirtschaftsbetrieb oder Erwerbsgeschäft zu dauerndem Dienste verdungen hatten."

Es handelt sich also nur um Rückstände, die bereits vor der Eröffnung des Konkursverfahrens (im letzten Jahre) fällig geworden waren. Solche, die es erst nach der Eröffnung werden, sind Masseschulden; Beiträge, die nach der Eröffnung des Konkurses fällig werden, hat der Konkursverwalter durch Verwendung von Marken zu entrichten (vgl. Anm. 1 zu § 182).

§ 213 (228).

Der Anspruch auf Rückstände[1]) verjährt[2]), soweit sie nicht absichtlich hinterzogen[3]) worden sind, in zwei Jahren nach Ablauf des Kalenderjahrs der Fälligkeit.

Der Anspruch auf Rückerstattung von Beiträgen[4]) verjährt in sechs Monaten nach Ablauf des Kalenderjahrs, in dem sie entrichtet worden sind, vorbehaltlich des § 191 Abs. 2 und der §§ 196 und 198.

1. Rückstände: S. Anm. 1 zu § 212. Rückstände im Sinn des § 213 liegen auch dann vor, wenn ein Arbeitgeber Beitragshälften eines Angestellten in der irrigen Annahme, dieser sei gemäß § 375 von der eigenen Beitragsleistung befreit, zurückerhalten hat (AVN. 1919 S. 68 Z. 342).

2. verjährt: Nach der Auffassung des RVAmts ist die Verjährung hier von Amts wegen zu berücksichtigen (vgl. dagegen Anm. 3 zu § 29!).

Die Verjährung wird unterbrochen durch jede Handlung der RVAnstalt und ihrer Organe, die sich gegen den Schuldner richtet und den Zweck hat, die Forderung einzuziehen; s. ferner auch § 189 Abs. 3!

3. absichtlich hinterzogen: Für solche Rückstände wird die regelmäßige Verjährungsfrist von 30 Jahren (§ 195 BGB.) gelten.

4. Rückerstattung von Beiträgen: Es handelt sich hier nicht um die Beitragserstattungen der §§ 61, 62 u. 385; diese sind Versicherungsleistungen und fallen daher unter § 29. Ferner hat das Gesetz selbst die Fälle der §§ 191 Abs. 2, 196 u. 198 (Beitragsleistung in der irrtümlichen Annahme der Versicherungspflicht) ausdrücklich angenommen, da sie in jenen Paragraphen besonders geregelt sind. Unter § 213 Abs. 2 fallen daher z. B. die Fälle, in denen infolge von Rechenfehlern oder sonstigen Irrtümern bei Entrichtung der Beiträge zu viel entrichtet worden ist, u. dgl.

Sechster Abschnitt.

Geschäftsgang und Verfahren.

Vorbemerkung.

Das AVG. kennt nur zwei Arten des Verfahrens, nämlich das Feststellungsverfahren, in welchem über die Versicherungsleistungen entschieden wird, und das Beschlußverfahren, in welchem alle übrigen Streitigkeiten zu erledigen sind. Die sog. „anderen Spruchsachen" (§ 1771—1779 RVO.) sind dem AVG. fremd (vgl. §§ 153 u. 154 und die Bemerkungen dazu, sowie §§ 164 u. 166, 286).

Das Verfahren nach dem AVG. ist jetzt dem nach der RVO. weitgehend angepaßt, namentlich auch dadurch, daß die Rentenausschüsse beseitigt sind und die Feststellung der Leistungen der RV-Anstalt selbst übertragen ist (§ 248; vgl. § 1630 RVO.).

Das Feststellungsverfahren gliedert sich in das Verfahren vor dem Versicherungsträger (§§ 214—251) und in das Spruchverfahren, d. i. das Verfahren vor den Versicherungsbehörden (§§ 252—285). Dazu kommen dann noch die Vorschriften über die Wiederaufnahme des Verfahrens (§§ 295—306), die Anfechtung endgültiger Bescheide (§ 307), besondere Befugnisse der RVAnstalt (§§ 308, 309) die Kosten des Verfahrens (§§ 310, 311) und die Schlußvorschrift des § 312. Die Bestimmungen über Rechtshilfe, Fristen, Zustellungen sowie Gebühren und Stempel sind nicht im sechsten, sondern im achten Abschnitt des Gesetzes behandelt, da sie nicht bloß für das Verfahren gelten.

Das Verfahren nach dem AVG. ist ebenso wie das nach der RVO. von den folgenden Grundsätzen beherrscht:

1. Dem Offizialprinzip; d. h.: Während in bürgerlichen Rechtsstreitigkeiten die Parteien das Verfahren betreiben, das Gericht aber nur entscheidet, liegt den Feststellungsinstanzen der AV. auch der Betrieb des Verfahrens ob. Der Sachverhalt wird von Amts wegen festgestellt, die rechtsprechenden Stellen sind nicht an die Beweise, die von den Parteien vorgeschlagen sind, gebunden, Zugeständnisse von Tatsachen binden die erkennende Stelle nicht, eine Beweislast der Parteien, wie im Zivilprozeß, besteht nicht. Aus diesen Gründen ist auch für ein Versäumnisverfahren (§§ 330—347 ZPO.) und für den Eid als Beweismittel (sowohl den zugeschobenen als auch den richterlichen, §§ 445—484 ZPO.) hier kein Raum. Es hat durchaus keinen Zweck, wenn, was nicht selten vorkommt, der Kläger sich zum Eid über seine Behauptungen erbietet.

Wenn auch der Sachverhalt von Amts wegen festgestellt wird, so ist doch im übrigen das Gericht an die Anträge der Parteien gebunden, d. h. es darf nicht einer Partei etwas zusprechen, was sie nicht beantragt hat. Daher hat auch ein Anerkenntnis des Anspruchs oder ein Verzicht auf einen solchen bindende Kraft. Für den Widerruf eines Verzichts ist § 119 BGB. entsprechend anzuwenden.

2. Der Öffentlichkeit für die Verhandlungen vor den Spruchinstanzen (die Verhandlung vor dem Versicherungsamt im vorbereitenden Verfahren ist nicht öffentlich; s. § 232); vgl. die §§ 264, 273, 280 Abs. 2.

3. Der Mündlichkeit für die Verhandlungen vor den Spruchinstanzen (und auf Antrag auch des Versicherungsamts im vorbereitenden Verfahren), d. h. es darf der Entscheidung (oder dem Gutachten des Versicherungsamts) nichts zugrunde gelegt werden, was nicht in der mündlichen Verhandlung vorgekommen ist (vgl. die §§ 229 Abs. 4, 254, 273, 280 Abs. 2). Das Gesetz sagt allerdings nur, daß die betr. Verhandlungen „mündlich" seien, ohne die Be-

deutung dieser Vorschrift näher zu umschreiben; doch steht dieselbe in der Rechtslehre fest.

4. Der freien Beweiswürdigung und der Formfreiheit: Die erkennende Stelle entscheidet „nach freiem Ermessen", d. h. nach ihrer pflichtgemäßen, aber freien, aus dem Ergebnisse der Verhandlung geschöpften richterlichen Überzeugung.

Irgendwelche formale Beweisregeln bestehen nicht. Für die Glaubwürdigkeit einer Zeugenaussage z. B. ist es daher nicht notwendig, daß sie beeidigt ist; umgekehrt kann das Gericht auch einem beeidigten Zeugnis den Glauben versagen, usw.

5. Der Kostenfreiheit (§ 310, 311).

I. Feststellungsverfahren.

1. Verfahren bis zur Bescheidserteilung.

§ 214 (229).

Anträge[1]) auf Leistungen[2]) sind an die Reichsversicherungsanstalt oder an das Versicherungsamt[3]) zu richten. Die Beweisstücke[4]) sollen beiliegen[5]). Ist der Antrag beim Versicherungsamte gestellt, so hat es ihn unverzüglich an die Reichsversicherungsanstalt abzugeben[6]).

Die Reichsversicherungsanstalt stellt den Sachverhalt klar. Sie kann ein Versicherungsamt[7]), ein Amtsgericht oder eine andere Behörde um eine Beweisaufnahme ersuchen, um eidliche Vernehmungen nur ein Versicherungsamt oder ein Amtsgericht; die §§ 218 bis 228 gelten entsprechend[8]).

Die Reichsversicherungsanstalt kann die Sache an das Versicherungsamt zur Begutachtung abgeben. Auch der Antragsteller kann die Begutachtung der Sache durch das Versicherungsamt verlangen[9]). In diesen Fällen gelten die §§ 215 bis 244.

Der Antrag kann ferner bei einer anderen deutschen[10]) Behörde oder bei einem Organe der Reichsversicherungsanstalt[11]) gestellt werden[12]). Sie haben den Antrag unverzüglich an die Reichsversicherungsanstalt abzugeben. Hat der Antragsteller die Begutachtung der Sache durch das Versicherungsamt beantragt, so ist der Antrag an das zuständige Versicherungsamt abzugeben.

Minderjährige[13]), die das sechzehnte Lebensjahr vollendet haben, können selbständig den Antrag[14]) für sich stellen und verfolgen.

1. Anträge: Die Leistungen der Angestelltenversicherung werden nur auf Antrag gewährt; das ist zwar im Gesetz nicht ausdrücklich ausgesprochen (anders RVO. § 1545), aber gleichwohl außer Zweifel. Der Antrag kann auch mündlich gestellt werden. Er ist von dem Berechtigten selbst zu stellen, Andere (auch Ehegatten) können ihn nur mit Vollmacht oder nachträglicher Genehmigung des Berechtigten stellen. Eine Ehefrau bedarf zur Stellung des Antrags der Zustimmung ihres Ehemannes nicht (AVN. 1919 S. 42 Z. 330). Für Minderjährige, die das sechzehnte Lebensjahr vollendet haben, s. Abs. 5; im übrigen muß für sie der gesetzliche Vertreter den Antrag stellen.

Antragsberechtigt sind auch Gemeinden und Fürsorgeverbände als Träger der Armenfürsorge (§ 85).

2. Leistungen: Das sind Ruhegeld (§§ 23, 24, 30, 31), Hinterbliebenenrenten (§§ 23, 25, 32 bis 39), Sachleistungen (§§ 50 bis 52), Beitragserstattung §§ 61 u. 62, 385), endlich Heilverfahren (§ 41) und Hausgeld (§ 44).

3. an die Reichsversicherungsanstalt oder an das Versicherungsamt: Nur ein Antrag, der bei einer dieser Stellen eingegangen ist, hat Rechtswirkung; das Versicherungsamt muß eines von denen sein, die für die AV. zuständig sind (§ 132). In Abs. 4 gewährt das Gesetz jedoch Erleichterungen für die Stellung des Antrags.

Die Rechtswirkungen des Antrags sind:

a) Der Tag, an dem der Antrag auf Ruhegeld eingegangen ist, gilt gegebenenfalls als der Beginn der Berufsunfähigkeit (§ 31 Satz 2);
b) der Antrag unterbricht die Verjährung der Versicherungsleistungen (§ 29);
c) der Anspruch auf Beitragserstattung (§§ 61, 62, 385) und auf Abfindung (§ 63 Abs. 1 Satz 3) kann nicht mehr verfallen;
d) beim Tode des Versicherten tritt die Bezugsberechtigung des § 66 ein.

4. Beweisstücke: Das sind hauptsächlich die Versicherungskarte, ärztliche Zeugnisse zum Nachweis der Berufsunfähigkeit, die Ersatzzeitscheine (§ 12 der Beitr.-O.), endlich Geburts-, Heirats- und Sterbeurkunden.

Vgl. § 14 ff. der VAOfAV.

5. sollen beiliegen: Im Interesse der Geschäftsvereinfachung und Zeitersparnis. Die Unterlassung hat jedoch keinen Rechtsnachteil für die Antragsberechtigten im Gefolge.

6. abzugeben: Abweichend von § 1613 Abs. 2 RVO. ist dem Versicherungsamt in der AV. nicht zur Pflicht gemacht, für die Beschaffung der fehlenden Beweisstücke zu sorgen. Der Gesetzgeber hat in der AV. ein Bedürfnis für eine solche Vorschrift nicht angenommen, weil hier die Versicherten im allgemeinen geschäftsgewandter sind als die der Invalidenversicherung, und weil die RV-Anstalt in den Vertrauensmännern (§ 119) besondere örtliche Organe hat, die den Versicherten an die Hand gehen können.

7. ein Versicherungsamt: Nicht bloß eines, das nach § 132 für die AV. zuständig ist, da hier Rechtshilfe (§ 318) in Frage steht.

8. gelten entsprechend: D. h. ein Versicherungsamt, das lediglich um eine Beweisaufnahme ersucht ist, hat nach §§ 218 bis 228 ebenso zu verfahren, wie wenn die RVAnstalt die ganze Sache an das Versicherungsamt zur Begutachtung abgegeben hätte.

9. kann . . . verlangen: Selbstverständlich nur, wenn die RVAnstalt den Antrag nicht sofort als begründet anerkennt.

10. anderen deutschen Behörde: Dazu gehören besonders auch die Versicherungsbehörden (§ 35 RVO.), ferner die Vorstände der Landesversicherungsanstalten (§ 1343 RVO.), dagegen nicht die Vorstände der Krankenkassen und der Berufsgenossenschaften.

Ferner gehören dazu die Deutschen Gesandtschaften und Konsulate im Ausland.

11. Organ der RVAnstalt: Direktorium, Verwaltungsrat, Vertrauensmänner (§ 97).

12. kann . . . gestellt werden: Mit der in Anm. 3 dargelegten Rechtswirkung.

13. Minderjährige: S. die §§ 2, 3—5 BGB. Minderjährig ist hienach, wer das 21. Lebensjahr noch nicht vollendet hat.

Abs. 5 hindert den gesetzlichen Vertreter des Minderjährigen nicht, seinerseits das Verfahren zu betreiben.

14. Antrag: Gemeint ist nur ein Antrag auf Versicherungsleistungen. Der Antrag auf Befreiung von der Beitragsleistung (§ 390) kann von Minderjährigen nicht selbständig gestellt oder verfolgt werden (AVN. 1914 S. 105), sondern nur durch den gesetzlichen Vertreter.

§ 215 (230).

Zuständig[1]) ist das Versicherungsamt, in dessen Bezirk der Versicherte zur Zeit des Antrags wohnt[2]) oder beschäftigt ist.

Sind hiernach mehrere Versicherungsämter zuständig, so hat dasjenige den Vorrang, das zuerst angegangen ist[3]).

1. Zuständig: Es handelt sich hier nur um die örtliche Zuständigkeit.

2. wohnt: S. Anm. 2 zu § 122.

3. das zuerst angegangen ist: Mit anderen Worten: Unter mehreren zuständigen Versicherungsämtern hat der Antragsteller die Wahl.

§ 216 (231).

Hat der Versicherte keinen Wohn- oder Beschäftigungsort im Inland, oder ist er gestorben oder verschollen[1]), so ist sein letzter inländischer Wohn- oder Beschäftigungsort maßgebend.

Ist ein solcher nicht vorhanden, so ist der Sitz des Unternehmens maßgebend, in dem der Versicherte beschäftigt ist oder zuletzt beschäftigt war.

1. verschollen: S. die §§ 37 u. 38.

§ 217 (232).

Hält das Versicherungsamt ein anderes für zuständig, so gibt es die Sache an dieses weiter[1]).

Hält sich auch dieses nicht für zuständig, so entscheidet der Vorsitzende des beiden Versicherungsämtern übergeordneten Oberversicherungsamts oder, wenn ein solches nicht vorhanden ist, das Reichsversicherungsamt.

Die Entscheidung ist endgültig und bindet die Instanzen.

1. so gibt es die Sache an dieses weiter: Streit über die Zuständigkeit ist also von Amts wegen auszutragen; das Versicherungsamt darf nicht etwa den Antrag zurückweisen, weil es nicht zuständig sei.

Diese Regelung weicht von der des Verfahrens in bürgerlichen Rechtsstreitigkeiten wesentlich ab. Dort läuft, wer eine Klage bei einem unzuständigen Gericht anbringt, Gefahr, daß ihm der Beklagte die prozeßhindernde Einrede der Unzuständigkeit des Gerichts entgegensetzt und daß hienach seine Klage abgewiesen wird. Ein solches Verfahren wäre aber in Sachen der Sozialversicherung durchaus unzulässig (vgl. auch § 1640 RVO. und den Runderlaß des RV-Amts an die Landesversicherungsanstalten in AN. 1917 S. 601).

§ 218 (241).

Das Versicherungsamt[1]) bereitet die Sache vor und ermittelt nach freiem Ermessen[2]), was zur Klarstellung des

Sachverhalts erforderlich ist. Es kann Beweise erheben, insbesondere nach eigenem Ermessen Augenschein einnehmen, Zeugen und Sachverständige, namentlich Berufsgenossen des Antragstellers, auch eidlich vernehmen, Gutachten von Ärzten[3]) und amtliche Auskünfte jeder Art einholen, auch andere Versicherungsträger[4]) beiladen.

Unterliegt die Beweisaufnahme vor dem Versicherungsamt erheblichen Schwierigkeiten, insbesondere wegen großer Entfernung des Aufenthalts der zu vernehmenden Personen von dem Sitze des Versicherungsamts, so kann ein anderes Versicherungsamt oder, wenn die Beweisaufnahme vor einem anderen Versicherungsamte gleichfalls Schwierigkeiten unterliegen würde, eine andere Behörde[5]), bei eidlichen Vernehmungen nur das Versicherungsamt oder das Amtsgericht ersucht werden. Das gleiche gilt bei Gefahr im Verzuge.

Bei der Einnahme des Augenscheins und der Vernehmung von Zeugen und Sachverständigen ist der Reichsversicherungsanstalt und dem Antragsteller Gelegenheit zur Teilnahme[6]) zu geben.

1. Das Versicherungsamt: D. h. der Vorsitzende des sog. Spruchausschusses (vgl. Anm. 3 Abs. 2 zu § 132). In die Hände einer Partei darf die Beweiserhebung nicht gelegt werden (AVN. 1921 S. 216 Z. 496).

2. nach freiem Ermessen: Ohne an irgendwelche gesetzlichen Beweisregeln (die das heutige Recht überhaupt nicht mehr kennt) gebunden zu sein.

3. Gutachten von Ärzten: Die Auswahl der Ärzte steht ebenfalls im freien Ermessen des Vorsitzenden. S. auch § 226 Abs. 2, § 227.

4. andere Versicherungsträger: Besonders Träger der Invalidenversicherung, falls deren Leistungspflicht in Betracht kommt.

5. eine andere Behörde: S. auch § 318 und die Bemerkungen dazu.

6. Gelegenheit zur Teilnahme: Das geschieht durch rechtzeitige Mitteilung des Termins. Daß ein Vertreter der RV-Anstalt und der Antragsteller wirklich anwesend seien, ist nicht erforderlich.

§ 219 (242).

Verweigert der Unternehmer dem Versicherungsamte die Einnahme des Augenscheins, so hält ihn die Ortspolizeibehörde auf Ersuchen des Versicherungsamts dazu an.

Die oberste Verwaltungsbehörde bestimmt, wie weit Abs. 1 für Betriebe gilt, die unter bergpolizeilicher Aufsicht [1]) stehen.

Soll im Dienstraum einer Behörde oder in einem Fahrzeug der Reichsmarine Augenschein eingenommen werden, so ist die Genehmigung der zuständigen Dienststelle einzuholen.

1. unter bergpolizeilicher Aufsicht: Auf Grund des Abs. 2 sind die folgenden Bestimmungen erlassen worden:

a) Für Preußen:
Z. II des Min.-Erlasses vom 25. Jan. 1913, Handels-Min.-Bl. S. 83;

b) für Bayern:
§ 9 der Min.-Bekanntm. vom 8. Aug. 1912, Ges.- u. Verordn.-Bl. S. 701;

c) für das vorm. Königreich Sachsen:
§ 8 der Min.-Verordn. vom 30. Dez. 1912, Ges.- u. Verordn.-Bl. S. 565;

d) für Württemberg:
§ 7 der Min.-Verf. vom 29. Dez. 1922, Reg.-Bl. 1923 S. 39;

e) für Baden:
§ 12 der Min.-Verordn. vom 5. Aug. 1912, Ges.- u. Verordn.-Bl. S. 339;

f) für Hessen:
§ 3 der Min.-Bekanntm. vom 4. Okt. 1912, Reg.-Bl. S. 489;

g) für Thüringen:
Verordn. vom 9. Febr. 1923 (Ges.-Samml. S. 65);

h) für Anhalt:
Nr. 2 der Verordn. vom 10. Febr. 1913, Ges.-Samml. S. 165;

i) für Waldeck u. Pyrmont:
Nr. II der Bekanntm. des Landesdirektors vom 11. Febr. 1913, Reg.-Bl. S. 81.

§ 220 (243).

Die Vorschriften der Zivilprozeßordnung [1]) über die Pflicht, als Zeuge oder Sachverständiger zu erscheinen, sich vernehmen und vereidigen zu lassen [2]), gelten entsprechend.

Zeugen und Sachverständige werden nur vereidigt, wenn dies notwendig ist, um eine wahre Aussage [3]) herbeizuführen.

Die Aussage darf nicht deshalb verweigert werden, weil dieses Gesetz eine Schweigepflicht[4]) begründet. Ob die Aussage oder die Eidesleistung verweigert werden darf, entscheidet das Versicherungsamt. Gegen die Entscheidung ist binnen einer Woche[5]) Beschwerde an das Oberversicherungsamt[6]) (Beschlußkammer) zulässig.

1. Die Vorschriften der Zivilprozeßordnung: Diese sind enthalten in den §§ 376, 380—390, 393 für Zeugen, 402, 407—411 für Sachverständige.

Im übrigen vgl. § 25 VAO.

2. sich vernehmen oder vereidigen zu lassen: Ein Arbeitgeber ist nicht berechtigt, das Zeugnis darüber zu verweigern, ob er für eine gewisse Zeit Beitragsmarken verwendet habe; die Weigerungsgründe des § 384 Z. 1 oder 2 ZPO. greifen nicht Platz (AN. 1897 S. 290 Z. 567, 1899 S. 381 Z. 712).

Ein Versicherter ist im Beitragsstreit (§ 194) zwischen seinem Arbeitgeber und der RVAnstalt unbeeidigt zu vernehmen (§ 393 Z. 4 ZPO.; nach Abs. 2 dieses Paragraphen kann aber das Versicherungsamt die Beeidigung anordnen).

3. wahre Aussage: Die Beeidigung des Zeugen begründet aber keinen Zwang, seine Aussage als wahr anzusehen. Es ist vielmehr nach freier Überzeugung zu entscheiden. Daher kann je nach Lage der Sache eine beeidigte Zeugenaussage für unglaubwürdig erachtet werden, und umgekehrt (s. auch die Vorbemerkung vor § 214, Z. 4).

4. Schweigepflicht: S. die §§ 345, 346.

Eine auf rechtmäßiges Erfordern der Behörde gemachte Zeugenaussage ist also kein „unbefugtes Offenbaren“ im Sinne dieser Paragraphen.

Die etwa durch andere gesetzliche Bestimmungen, wie §§ 141, 142, 882 (1030, 1216) RVO. begründete Schweigepflicht bleibt unberührt.

5. binnen einer Woche: Diese Feststellung bildet eine Ausnahme von der Regel des § 324.

6. Oberversicherungsamt: Dieses entscheidet endgültig (§ 294).

§ 221 (244).

Gegen Zeugen oder Sachverständige, die
sich nicht einfinden,
ihre Aussage oder die Eidesleistung ohne Angabe eines Grundes, oder, nachdem der vorgeschützte Grund rechtskräftig für unerheblich erklärt ist, verweigern,
kann nur eine Ordnungsstrafe in Geld[1]) verhängt werden.

Die Strafe verhängt das Versicherungsamt. Auf Beschwerde entscheidet das Oberversicherungsamt[2]) (Beschlußkammer).

1. nur eine Ordnungsstrafe in Geld: Von 1 bis 1000 RM. Die weiteren Zwangsmittel des § 380 Abs. 1 u. 2 ZPO. (zwangsweise Vorführung und Haft) sind hier nicht zugelassen. Auch § 310 AVG. ist gegen Zeugen und Sachverständige nicht anwendbar.

Die Geldstrafen fließen gemäß § 355 in die Kasse der RVAnstalt.

2. Oberversicherungsamt: Dasselbe entscheidet endgültig (§ 294). Wegen der Beschwerdefrist s. § 324.

§ 222 (245).

Soldaten[1]) und Militärbeamte werden als Zeugen oder Sachverständige auf Ersuchen von ihrer Dienststelle geladen[2]).

1. Soldaten: Vgl. § 1 des Wehrmachtgesetzes vom 23. März 1921 (RGBl. S. 329).

2. geladen: Die Befugnis, eine etwaige Strafe zu verhängen, steht aber auch hier dem Versicherungsamt zu.

§ 223 (246).

Zeugen und Sachverständige erhalten Gebühren[1]) wie bei Vernehmungen vor dem ordentlichen Gericht in bürgerlichen Rechtsstreitigkeiten.

Auf Beschwerde gegen die Festsetzung der Gebühren entscheidet das Oberversicherungsamt[2]).

1. Gebühren: S. die Gebührenordnung für Zeugen und Sachverständige von 1878/98 mit den Änderungen durch
das Gesetz vom 10. Juni 1914, RGBl. S. 214,
die Verordnung vom 13. März 1922, RGBl. I S. 242, und
" " " 21. Dez. 1923, " I S. 1239.

2. Oberversicherungsamt: Dieses entscheidet auch hier endgültig (§ 294). Beschwerdefrist: § 324.

§ 224 (247).

Die Vorschriften des § 220 Abs. 2 und des § 221 gelten auch für das Verfahren vor dem ersuchten Amtsgericht[1]). Im übrigen finden die Vorschriften der Zivilprozeßordnung entsprechende Anwendung.

1. ersuchten Amtsgericht: Vgl. § 218 Abs. 2. Auch der ersuchte Amtsrichter kann also Haft oder Zwangsvorführung gegen einen Zeugen oder Sachverständigen nicht anordnen.

§ 225 (248).

Dem Antragsteller ist der Inhalt¹) und auf Verlangen eine Abschrift der Beweisverhandlungen, der Reichsversicherungsanstalt sind die gesamten Vorgänge²) mitzuteilen³).

Das Versicherungsamt⁴) entscheidet, wieweit dem Antragsteller ärztliche Zeugnisse und Gutachten mitzuteilen sind⁵).

1. Inhalt: Vorbehaltlich der Vorschrift des Abs. 2; eine wörtliche Abschrift ist nur auf Verlangen zu erteilen. Die Vorschrift soll den Antragsteller instandsetzen, sich zu dem Ergebnis der Beweisaufnahme zu äußern. S. auch § 249 Abs. 2!

2. die gesamten Vorgänge: Die Vorschrift ist überflüssig, da die RVAnstalt ohnehin die gesamten Verhandlungen erhält (§ 229 Abs. 1).

3. mitzuteilen: Kosten erwachsen dem Antragsteller hiedurch nicht. Die Beteiligten können aber auch Einsicht in die Akten nehmen und sich daraus gegen Erstattung der Kosten Ausfertigungen, Auszüge und Abschriften erteilen lassen. Der Vorsitzende kann aus besonderen Gründen die Akteneinsicht versagen oder beschränken (§ 36 VAO.).

4. das Versicherungsamt: Der Vorsitzende des sog. Spruchausschusses (Anm. 3 Abs. 2 zu § 132).

5. wieweit ... ärztliche Zeugnisse ... mitzuteilen sind: Ärztliche Zeugnisse und Gutachten enthalten nicht selten Ausführungen, die der Beteiligte besser nicht erfährt (Unheilbarkeit seines Leidens oder nahes Bevorstehen seines Todes, u. dgl.). Der Vorsitzende soll daher die Möglichkeit haben, aus Schonung für den Betreffenden die Mitteilung zu unterlassen.

§ 226 (neu).

Die Erhebungen sollen sich auf alle Fragen erstrecken, die für die Entschließung der Reichsversicherungsanstalt von Bedeutung sind, insbesondere auf die Versicherungspflicht oder die Versicherungsberechtigung, die Berufsunfähigkeit und den Tag ihres Eintritts, das Alter der Waisen, die Bedürftigkeit und die Erwerbsunfähigkeit, wenn es sich um die Witwerrente handelt.

Auf Antrag des Berechtigten ist das Gutachten eines von ihm benannten Arztes einzuholen, wenn es nach Ansicht des Versicherungsamts für die Entscheidung von Bedeutung sein kann[1]). Die Kosten hat der Berechtigte vorher zu zahlen.

Lehnt der vom Versicherungsamt um sein Gutachten ersuchte Arzt die Erstattung des Gutachtens ab, so entscheidet das Versicherungsamt, ob und von welchem anderen Arzt ein Gutachten einzuholen ist.

1. von Bedeutung sein kann: Nach § 227 Abs. 1 muß aber, wenn der Antragsteller die Kosten vorher bezahlt, das Gutachten ohne weiteres eingeholt werden, also auch dann, wenn es nach Ansicht des Versicherungsamts für die Entscheidung nicht von Bedeutung sein kann. Angesichts dieser Vorschrift ist § 226 Abs. 2 überflüssig.

Nach § 218 Abs. 1 kann aber das Versicherungsamt Gutachten von Ärzten auch von Amts wegen, ohne einen Antrag des Beteiligten abzuwarten, einholen. § 226 Abs. 2 will daher, ebenso wie § 227 Abs. 1, dem Berechtigten die Möglichkeit geben, die Anhörung eines von ihm benannten Arztes zu erzwingen.

§ 227 (neu).

Auf Verlangen des Berechtigten ist in allen Fällen, wenn er die Kosten im voraus entrichtet, ein von ihm bezeichneter Arzt als Gutachter zu vernehmen[1]). Lassen sich diese Kosten im voraus nicht bestimmen, so kann das Versicherungsamt einen Pauschbetrag[2]) als Sicherheitsleistung für diese Kosten fordern.

Dringt der Berechtigte mit seinem Antrag durch, so sind ihm die Kosten zu erstatten, soweit es angemessen ist. Bei Streit[3]) über die Erstattung entscheidet auf Beschwerde das Oberversicherungsamt[4]).

1. ist . . . zu vernehmen: Auch dann, wenn das Versicherungsamt der Meinung ist, daß das Gutachten für die Entscheidung nicht von Bedeutung sein werde; s. Anm. 1 Abs. 2 zu § 226.

2. Pauschbetrag: Es ist Sache des Versicherungsamts, denselben genügend hoch zu bemessen; einen etwaigen Fehlbetrag hätte der Berechtigte nachzuzahlen (s. Abs. 1 Satz 1 dieses Paragraphen).

3. bei Streit: Derselbe wird sich voraussichtlich meist darum drehen, wie weit die erwachsenen Kosten angemessen waren.

4. auf Beschwerde das Oberversicherungsamt: Endgültig (§ 294). In erster Instanz entscheidet das Versicherungsamt. Wegen der Beschwerdefrist s. § 324.

§ 228 (neu).

Das Versicherungsamt entscheidet, wieweit dem neuen Gutachter (§§ 226, 227) die vorhandenen ärztlichen Gutachten mitzuteilen sind [1]), Einsicht in die übrigen Vorverhandlungen [2]) muß ihm auf Verlangen gewährt werden.

1. wie weit ... mitzuteilen sind: Um ihn nicht ungehörigerweise zu beeinflussen. Andererseits aber gibt es auch Fälle, in denen der neue Gutachter die schon vorhandenen Gutachten kennen muß, um sein Gutachten erstatten zu können. Die Entscheidung kann also nur von Fall zu Fall getroffen werden.

2. übrigen Vorverhandlungen: Ohne deren Einsichtnahme würde es in der Regel überhaupt nicht möglich sein, ein Gutachten zu erstatten; der Arzt muß genau wissen, worum es sich handelt.

§ 229 (neu).

Nach Abschluß der Erhebungen erstattet das Versicherungsamt [1]) ein Gutachten und übersendet es der Reichsversicherungsanstalt mit den Verhandlungen.

Das Gutachten hat sich über alles auszusprechen, was nach Ansicht des Versicherungsamts für die Entschließung der Reichsversicherungsanstalt von Bedeutung ist.

Kann wegen Verbrechens oder vorsätzlichen Vergehens (§ 26 Abs. 2) oder wegen Widersetzlichkeit (§ 45) der Anspruch ganz oder teilweise versagt oder entzogen werden, so hat sich das Gutachten auch darüber auszusprechen, wieweit von dieser Befugnis Gebrauch zu machen ist.

Beantragt eine der Parteien die Erörterung der Sache in mündlicher Verhandlung [2]), so gelten die §§ 230 bis 244.

1. das Versicherungsamt: Auch hier nur der Vorsitzende des sog. Spruchausschusses.

2. Erörterung ... in mündlicher Verhandlung: Eine Einschränkung dieser Vorschrift enthält § 244.

§ 230 (neu).

Für die Vorbereitung der mündlichen Verhandlung gelten die Vorschriften der §§ 218 bis 228. Insbesondere kann das Versicherungsamt[1]) vor der mündlichen Verhandlung die Untersuchung des Antragstellers und die Begutachtung des Gesundheitszustandes durch einen Arzt sowie das persönliche Erscheinen des Antragstellers[2]) in der mündlichen Verhandlung anordnen und zur Verhandlung Zeugen und Sachverständige laden.

1. das Versicherungsamt: Auch hier der Vorsitzende.

2. das persönliche Erscheinen des Antragstellers: Auf Verlangen werden dem Antragsteller dafür bare Auslagen und Zeitverlust vergütet, was ihm in der Ladung zu eröffnen ist. Leistet er der Anordnung keine Folge, so können aus seinem Nichterscheinen ungünstige Schlüsse für seinen Anspruch gezogen werden, wenn er in der Ladung darauf hingewiesen worden ist (§ 40 BAO.). Auch können ihm gemäß § 310 Kosten auferlegt werden.

§ 231 (253).

Das Versicherungsamt bestimmt die Verhandlungszeit und teilt sie den Parteien mit[1]).

1. Nach § 39 BAO. soll zwischen der Mitteilung der Verhandlungszeit und dieser selbst ein Zeitraum von mindestens einer Woche liegen. Die Gründe für eine Abweichung von der Regel sind aktenkundig zu machen.

Nach § 38 BAO. geschieht die Benachrichtigung in der Regel durch eingeschriebenen Brief oder gegen Postzustellungsurkunde.

§ 232 (255 Abs. 1).

Die mündliche Verhandlung ist nicht öffentlich. Beisitzer werden nicht zugezogen[1]).

1. Beisitzer werden nicht zugezogen: Diese Einrichtung ist neu; nach früherem Recht (§ 254 alter Fassung) waren zur Verhandlung vor dem Rentenausschuß Beisitzer zuzuziehen.

§ 233 (233).

Der Vorsitzende[1]) ist von der Mitwirkung bei der mündlichen Verhandlung ausgeschlossen[2]), wenn er

1. in der Sache selbst Partei ist,
2. einer Partei ersatzpflichtig ist,
3. mit einer Partei verheiratet ist oder gewesen ist,
4. mit einer Partei in gerader Linie verwandt oder verschwägert oder in der Seitenlinie im zweiten oder dritten Grade verwandt oder im zweiten Grade verschwägert ist,
5. in der Sache als Bevollmächtigter oder Beistand einer Partei zugezogen oder als ihr gesetzlicher Vertreter aufzutreten berechtigt ist oder gewesen ist,
6. in der Sache als Zeuge oder Sachverständiger vernommen ist.

1. Der Vorsitzende: Jemand anderer kommt nach § 232 Satz 2 überhaupt nicht in Betracht.

2. ausgeschlossen: Die Bestimmung beruht auf der Erwägung, daß niemand in eigener Sache oder in einer Sache, an der er selbst beteiligt ist, Richter sein oder ein richterähnliches Amt (Gutachter!) bekleiden kann. Ausgeschlossen ist der Vorsitzende kraft Gesetzes; es bedarf nicht erst einer Ablehnung; s. aber auch § 234. Wirkt ein ausgeschlossener Vorsitzender bei der Verhandlung gleichwohl mit, so liegt eine Gesetzesverletzung vor, welche das erstattete Gutachten (§ 229) unbrauchbar macht. Würde die RVAnstalt ihrem Bescheide (§ 249) ein solches Gutachten zugrunde legen, so müßte das auf Berufung (§ 252) des Berechtigten die Aufhebung des Bescheids durch die Spruchinstanzen (OVAmt und RVAmt) zur Folge haben. Unter Umständen könnte auch die Wiederaufnahme des Verfahrens (§ 295 Z. 2) begründet sein.

Es handelt sich hier um die sog. relativen Ausschlußgründe, die in den Beziehungen des Vorsitzenden zu einer Partei wurzeln (ein absoluter Ausschließungsgrund wäre z. B. Geisteskrankheit).

§ 234 (234).

Der Vorsitzende kann sowohl aus Gründen, die seinen Ausschluß rechtfertigen[1]), als auch wegen Befangenheit abgelehnt werden[2]). Die Ablehnung wegen Befangenheit ist begründet, wenn Tatsachen[3]) vorliegen, die Mißtrauen gegen seine Unparteilichkeit rechtfertigen können.

Die Ablehnung ist unstatthaft[4]), wenn die Partei den Ablehnungsgrund schon vorher kennt, aber erst geltend macht, nachdem sie sich bei dem Versicherungsamt in eine Verhandlung eingelassen oder Anträge gestellt hat.

1. aus Gründen, die seinen Ausschluß rechtfertigen: § 233. Wird also der Grund, der den Vorsitzenden kraft Gesetzes ausschließt, von ihm selbst nicht beachtet, so kann er auch von den Beteiligten, d. i. von dem Antragsteller und der Reichsversicherungsanstalt durch einen Ablehnungsantrag geltend gemacht werden.

2. abgelehnt werden: Hier bedarf es also eines Antrags. Eine Einschränkung des Ablehnungsrechts enthalten Abs. 2 des § 234, sowie § 235 Abs. 2. Nach § 235 Abs. 1 ist der Ablehnungsgrund glaubhaft zu machen.

3. Tatsachen: Es muß sich also um solche handeln; bloßes Mißtrauen — das vielleicht ganz unbegründet sein kann — genügt nicht.

4. unstatthaft: S. aber § 235 Abs. 2.

§ 235 (235).

Der Ablehnungsgrund muß glaubhaft gemacht[1]) werden.

Lehnt die Partei den Vorsitzenden als befangen ab, nachdem sie sich in eine Verhandlung eingelassen oder Anträge gestellt hat, so muß sie glaubhaft machen, daß der Ablehnungsgrund erst später entstanden oder ihr bekannt geworden ist.

1. glaubhaft gemacht: Es ist also kein strenger Beweis erforderlich. Als Mittel der Glaubhaftmachung kommen in Betracht z. B. eidesstattliche Versicherung, oder das Zeugnis des Abgelehnten selbst, usw.

§ 236 (236).

Über die Ablehnung entscheidet das Oberversicherungsamt[1]) endgültig.

Einer Entscheidung bedarf es nicht, wenn der Abgelehnte das Ablehnungsgesuch für begründet hält.

1. entscheidet das Oberversicherungsamt: Bis diese Entscheidung ergangen ist, darf der Abgelehnte nur solche Handlungen vornehmen, die keinen Aufschub gestatten (§ 47 ZPO.).

§ 237 (237).

Der § 236 gilt auch, wenn der Vorsitzende selbst eine Tatsache anzeigt[1]), die seine Ablehnung rechtfertigen könnte, oder wenn Zweifel darüber entstehen, ob er aus einem gesetzlichen Grunde ausgeschlossen ist.

1. anzeigt: Da es die Pflicht des Vorsitzenden ist, dafür zu sorgen, daß das Verfahren ordnungsmäßig und reibungslos vor sich geht, so muß er auch Tatsachen, die seine Ablehnung rechtfertigen könnten, pflichtgemäß anzeigen.

§ 238 (256).

Die Reichsversicherungsanstalt ist berechtigt, einen Vertreter zu der mündlichen Verhandlung zu entsenden.

Der Antragsteller kann selbst erscheinen oder sich vertreten lassen[1]).

Der Vertreter der Reichsversicherungsanstalt sowie der Antragsteller oder sein Vertreter sind zu hören[2]).

1. selbst erscheinen oder sich vertreten lassen: Er kann auch mit einem Beistand erscheinen, welcher dann auf Verlangen ebenfalls zu hören ist (§ 16 VAO.).

Die Prozeßfähigkeit des Antragstellers (d. h. seine Fähigkeit, sich durch Verträge zu verpflichten, § 52 ZPO.) ist von Amts wegen zu prüfen; Minderjährige über 16 Jahre können sich selbst vertreten (§ 214 Abs. 5).

Auch die Vollmacht eines Vertreters wird von Amts wegen geprüft; sie muß schriftlich erteilt werden (§ 19 VAO.).

2. sind zu hören: § 238 beruht auf dem Grundsatz des gleichen rechtlichen Gehörs für beide Parteien.

Seine Verletzung würde einen wesentlichen Mangel des Verfahrens bilden.

§ 239 (257).

Das Versicherungsamt kann Bevollmächtigte und Beistände zurückweisen[1]), die das Verhandeln vor Behörden geschäftsmäßig betreiben[2]).

Dies gilt nicht für Rechtsanwälte und solche Personen, denen das Verhandeln vor Gericht gestattet ist (§ 157 der Zivilprozeßordnung), auch nicht für solche Personen, die zur geschäftsmäßigen Rechtsvertretung vor den Versicherungsämtern und Oberversicherungsämtern zugelassen sind, sowie für Vertreter wirtschaftlicher Vereinigungen der Arbeitgeber oder Arbeitnehmer[3]).

Über die Zulassung entscheidet das Oberversicherungsamt, auf Beschwerde die oberste Verwaltungsbehörde.

Die Zulassung darf nur versagt werden, wenn ein wichtiger Grund vorliegt; sie darf nicht versagt werden aus Gründen, die sich auf die religiöse oder politische Betätigung des Antragstellers stützen.

1. kann ... zurückweisen: Aber nicht vor der mündlichen Verhandlung (AN. 1923 S. 292 Z. 2770).

Wegen der Notwendigkeit, nach Zurückweisung eines Bevollmächtigten oder Beistands unter Umständen die Verhandlung auszusetzen, s. § 43 VAO.

2. geschäftsmäßig betreiben: Zulässigkeit der Zurückweisung von Winkeladvokaten. Die Zurückweisung geschieht durch Beschluß des Vorsitzenden; der Beschluß ist nicht anfechtbar.

Der Betreffende braucht das Verhandeln vor Behörden nicht gewerbsmäßig, d. h. unmittelbar zu Zwecken des Erwerbs, zu betreiben.

Wem gemäß § 35 Abs. 3 der Reichsgewerbeordnung die gewerbsmäßige Besorgung fremder Rechtsangelegenheiten untersagt ist, der muß zurückgewiesen werden.

3. Vertreter wirtschaftlicher Vereinigungen der Arbeitgeber oder Arbeitnehmer: Das frühere Gesetz bestimmte das nicht; doch galt es schon damals ziemlich allgemein als Regel, daß solche Vertreter nicht zurückgewiesen werden dürften.

§ 240 (238).

Die Vorschriften des Gerichtsverfassungsgesetzes[1]) über die Aufrechterhaltung der Ordnung in der Sitzung (§§ 175 bis 180, 182) gelten entsprechend.

Über Beschwerden gegen Ordnungsstrafen entscheidet das Oberversicherungsamt[2]).

1. Vorschriften des Gerichtsverfassungsgesetzes. In der neuen Fassung vom 22. März 1924, RGBl. I S. 299 ff.

Die angeführten Bestimmungen des Gerichtsverfassungsgesetzes lauten:

§ 175.

Der Zutritt zu öffentlichen Verhandlungen kann unerwachsenen und solchen Personen untersagt werden, welche sich nicht im Besitze der bürgerlichen Ehrenrechte befinden, oder welche in einer der Würde des Gerichts nicht entsprechenden Weise erscheinen.

Zu nicht öffentlichen Verhandlungen kann der Zutritt einzelnen Personen vom Gerichte gestattet werden. Einer Anhörung der Beteiligten bedarf es nicht.

Die Ausschließung der Öffentlichkeit steht der Anwesenheit der die Dienstaufsicht führenden Beamten der Justizverwaltung bei den Verhandlungen vor dem erkennenden Gerichte nicht entgegen.

§ 176.

Die Aufrechthaltung der Ordnung in der Sitzung liegt dem Vorsitzenden ob.

§ 177.

Parteien, Beschuldigte, Zeugen, Sachverständige oder bei der Verhandlung nicht beteiligte Personen, welche den zur Aufrechterhaltung der Ordnung erlassenen Befehlen nicht gehorchen, können auf Beschluß des Gerichts aus dem Sitzungszimmer entfernt, auch zur Haft abgeführt und während einer in dem Beschlusse zu bestimmenden Zeit, welche vierundzwanzig Stunden nicht übersteigen darf, festgehalten werden.

§ 178.

Das Gericht kann gegen Parteien, Beschuldigte, Zeugen, Sachverständige oder bei der Verhandlung nicht beteiligte Personen, welche sich in der Sitzung einer Ungebühr schuldig machen, vorbehaltlich der strafgerichtlichen Verfolgung, eine Ordnungsstrafe in Geld oder bis zu drei Tagen Haft festsetzen und sofort vollstrecken lassen.

§ 179.

Die Vollstreckung der vorstehend bezeichneten Ordnungsstrafen hat der Vorsitzende unmittelbar zu veranlassen.

§ 180.

Die in den §§ 176 bis 179 bezeichneten Befugnisse stehen auch einem einzelnen Richter bei der Vornahme von Amtshandlungen außerhalb der Sitzung zu.

§ 182.

Ist eine Ordnungsstrafe wegen Ungebühr festgesetzt, oder eine Person zur Haft abgeführt, oder eine bei der Verhandlung beteiligte Person entfernt worden, so ist der Beschluß des Gerichts und dessen Veranlassung in das Protokoll aufzunehmen.

2. entscheidet das Oberversicherungsamt: Endgültig (§ 294); wegen der Beschwerdefrist s. § 324.

§ 241 (259).

Für die Beweisaufnahme gelten die §§ 218 bis 228 entsprechend.

§ 242 (261).

Ist der Antragsteller auf Anordnung des Versicherungsamts[1]) in der mündlichen Verhandlung erschienen, so werden ihm auf Verlangen bare Auslagen und Zeitverlust[2]) vergütet[3]); sie können vergütet werden[4]), wenn er ohne Anordnung erscheint und das Versicherungsamt das Erscheinen für erforderlich hält.

Auf Beschwerde gegen die Verfügung, welche die Vergütung festsetzt oder ablehnt, entscheidet das Oberversicherungsamt[5]).

War der Antragsteller ohne Anordnung erschienen, so gilt die Vergütung als abgelehnt, wenn das Versicherungsamt nicht ausdrücklich feststellt, daß das Erscheinen erforderlich war. In diesem Falle findet Beschwerde nicht statt.

1. auf Anordnung des Versicherungsamts: D. h. des Vorsitzenden (§ 232).

S. § 230, sowie § 26 VAO.

2. Zeitverlust: Gleichbedeutend mit Verdienstentgang.

3. werden ... vergütet: Wie das Gesetz ausdrücklich sagt, nur auf Verlangen, also nicht von Amts wegen. Verlangt aber der Antragsteller die Vergütung, so muß sie in diesem Falle (Erscheinen auf Anordnung des Vorsitzenden) stets gewährt werden, da der Antragsteller hier einen Rechtsanspruch darauf hat, und zwar auch dann, wenn in der Sache selbst der Bescheid der RV-Anstalt zu seinen Ungunsten lautet.

Die Vergütung geschieht aus der Kasse des Versicherungsamts.

4. können vergütet werden: In diesem Fall nach Ermessen des Vorsitzenden; ein Anspruch des Antragstellers besteht hier also nicht.

5. entscheidet das Oberversicherungsamt: S. die §§ 294 u. 324.

§ 243 (263).

Über die mündliche Verhandlung wird eine Niederschrift[1]) aufgenommen.

1. Niederschrift: S. die §§ 45—47 VAO.

§ 244 (neu).

Eine mündliche Verhandlung findet nicht statt[1]), wenn es sich handelt um

Altersruhegeld,
Witwen- und Waisenrente,
Abfindung oder Erstattung,
Fälle, in denen der Versicherungsträger und der Berechtigte einig sind.

Die Verordnung über Geschäftsgang und Verfahren (§ 312 Abs. 1) kann weitere Fälle bestimmen[2]), in denen eine mündliche Verhandlung nicht stattfindet.

1. findet nicht statt: Ein weiterer Fall dieser Art findet sich in § 246 Abs. 3. Die Vorschrift enthält eine Einschränkung des § 229 Abs. 4 (s. Anm. 2 dortselbst).

2. kann weitere Fälle bestimmen: Geschehen durch § 24 VAOfAV. (Änderung des § 88 VAO.).

§ 245 (neu).

Nach der mündlichen Verhandlung erstattet das Versicherungsamt das Gutachten und übersendet es[1]) der Reichsversicherungsanstalt mit den Verhandlungen.

1. übersendet es: Und zwar „mit tunlicher Beschleunigung" (§ 91 VAO.).

§ 246 (neu).

Soll Ruhegeld oder eine sonstige Rente entzogen[1]) oder eingestellt werden[2]), so hat die Reichsversicherungsanstalt die Sache an das Versicherungsamt zur Begutachtung abzugeben, wenn der Berechtigte es beantragt. Auch ohne Antrag ist die Abgabe zulässig. Die §§ 218 bis 245 gelten alsdann entsprechend.

Für die Zuständigkeit des Versicherungsamts gelten die §§ 215 bis 217 entsprechend.

Eine mündliche Verhandlung findet nicht statt, wenn es sich um das Ruhen des Ruhegeldes oder einer sonstigen Rente handelt.

1. entzogen ... werden: §§ 67 u. 68.

2. eingestellt werden: § 71.

§ 247 (neu).

Das Versicherungsamt benachrichtigt die Reichsversicherungsanstalt, wenn es erfährt[1]), daß

ein Versicherter durch ein Heilverfahren vor der Berufsunfähigkeit bewahrt werden kann,
der Empfänger eines Ruhegeldes durch ein Heilverfahren wieder berufsfähig werden kann,
das Ruhegeld oder eine sonstige Rente zu entziehen ist oder zu ruhen hat.

1. benachrichtigt ... wenn es erfährt: Das Versicherungsamt ist zwar verpflichtet, die RVAnstalt zu benachrichtigen, wenn es eine der Tatsachen, die im § 247 genannt sind, erfährt; es hat aber keine Verpflichtung, über diese Tatsachen seinerseits Erhebungen anzustellen.

2. Bescheidserteilung.

§ 248 (239).

Das Direktorium der Reichsversicherungsanstalt[1]) stellt die Leistungen der Angestelltenversicherung fest[2]).

1. Das Direktorium der RVAnstalt: Nach früherem Recht (§ 239 alter Fassung) war die Feststellung der Leistungen (mit Ausnahme des Heilverfahrens) einer besonderen Behörde, dem Rentenausschuß, übertragen. Diese Einrichtung, die sonst in der Sozialversicherung kein Seitenstück hatte und sich als zu umständlich und kostspielig erwies, hat der Gesetzgeber nunmehr wieder aufgegeben; er hat sich dem Verfahren angeschlossen, das auch in den anderen Zweigen der Sozialversicherung besteht, nämlich, daß der Versicherungsträger selbst die Leistungen feststellt.

Hat der Versicherte zuletzt an den Reichsknappschaftsverein Beiträge entrichtet, so stellt dieser die Leistungen fest (§ 79 Abs. 1 des Reichsknappsch.-Ges. vom 23. Juni 1923, RGBl. I S. 431). War der Versicherte auch beim Reichsknappschaftsverein versichert, aber nicht zuletzt, so setzt die RVAnstalt nicht nur Ruhegeld und Hinterbliebenenrenten nach dem AVG., sondern auch die Knappschaftspension fest (§ 80 a. a. O.).

2. stellt ... fest: Dazu gehört auch die Ablehnung (s. § 249 Satz 1).

§ 249 (250).

Wird der angemeldete Anspruch anerkannt oder abgelehnt, so ist ein schriftlicher Bescheid[1]) zu erteilen. Er ist zu begründen und zu unterschreiben. Die Unterschrift des Präsidenten des Direktoriums oder eines Direktoriumsmitglieds genügt. Das Direktorium kann zur Unterzeichnung auch andere Beamte des höheren Dienstes bei der Reichsversicherungsanstalt bestellen. Der Reichsarbeitsminister kann nach Anhören der Reichsversicherungsanstalt über die Beurkundung der Feststellungsbeschlüsse sowie über die Unterzeichnung und Ausfertigung des Bescheids Näheres bestimmen[2]).

Wird der Anspruch abgelehnt, so erhält der Berechtigte auf Antrag kostenlos eine Abschrift des etwa vom Versicherungsamt erstatteten Gutachtens. Ferner erhält er auf Antrag Abschriften der Niederschriften über Zeugen- und Sachverständigenvernehmungen sowie der ärztlichen Gutachten; die Kosten hat er vorher zu zahlen. Sämtliche Abschriften sind nur zu erteilen, soweit dies mit Rücksicht auf den Berechtigten zulässig erscheint. Auf Beschwerde entscheidet das Oberversicherungsamt[3]).

Wird eine Rente gewährt, so ist in dem Bescheid ihre Höhe, ihr Beginn und die Art ihrer Berechnung anzugeben.

Der Bescheid muß den Vermerk enthalten[4]), daß er rechtskräftig wird, wenn der Berechtigte nicht binnen einem Monat (§ 324) nach Zustellung des Bescheids Berufung bei dem Oberversicherungsamt[5]) einlegt.

1. Bescheid: Dieser ist, ebenso wie die Bescheide der Träger der Unfall- und der Invalidenversicherung (§§ 1583—1590, 1630 —1633 RVO.) der Rechtskraft fähig.

Gegenüber der RVAnstalt erlangt er die (sog. relative) Rechtskraft mit der Zustellung, d. h. die RVAnstalt kann, sobald der Bescheid dem Antragsteller zugestellt ist, ihn nicht mehr ändern oder zurücknehmen, auch wenn er sachlich unzutreffend ist. Macht der Antragsteller von den gesetzlichen Rechtsmitteln (§§ 252, 270) Gebrauch, so kann im Streitverfahren keine Entscheidung ergehen, die für den Antragsteller ungünstiger ist als der Bescheid der RVAnstalt (Verbot der sog. reformatio in peius).

Gegenüber dem Antragsteller wird der Bescheid rechtskräftig, sobald kein Rechtsmittel mehr zulässig ist (§§ 252, 270, 324), d. h. wenn entweder der Antragsteller die Frist nicht benützt oder das eingelegte Rechtsmittel zurückgenommen hat oder dieses als unbegründet zurückgewiesen ist (wird ein Rechtsmittel als unzulässig verworfen — was hier, in der AVG., nur bei der Revision vorkommen kann; vgl. § 252 und dagegen §§ 270, 271 — so ist die Rechtskraft schon mit der Verkündigung des angefochtenen Urteils eingetreten). Die RVAnstalt kann sich alsdann auf die Rechtskraft der Entscheidung berufen und braucht dem Antragsteller, wenn er seinen Antrag bei unveränderten Verhältnissen lediglich wiederholt, keinen

Bescheid mehr zu erteilen (s. aber auch § 251). Sie kann allerdings auch von § 308 Gebrauch machen oder freiwillig nochmals einen (ablehnenden) Bescheid erteilen, um den Instanzenweg nochmals zu eröffnen; ein solcher neuer Bescheid kann aber die Rechtslage des Antragstellers nicht verschlechtern.

Rechtskräftig wird jedoch nur der entscheidende Teil des Bescheids; die Gründe sind im allgemeinen der Rechtskraft nicht fähig (nach der Rechtsprechung des RVAmts zur Arbeiterversicherung sind sie es insoweit, als sie notwendig sind, um den entscheidenden Teil zu tragen; s. Handb. der Unf.-Vers., 3. Aufl., Bd. 1 S. 497).

Ein Bescheid, der den in Abs. 4 des § 249 angeordneten Vermerk nicht enthält, ist der Rechtskraft nicht fähig.

Der Bescheid soll in der Regel den Anspruch im ganzen, dem Grunde, wie dem Betrage nach, erledigen; Zwischenbescheide, die den Anspruch nur dem Grunde nach anerkennen, sind nur ausnahmsweise zulässig (AVN. 1919 S. 192 Z. 362).

2. kann . . . Näheres bestimmen: Bisher noch nicht geschehen.

3. entscheidet das Oberversicherungsamt: Vgl. die §§ 294, 324.

4. muß den Vermerk enthalten: Sog. Berufungsklausel. Diese bildet eine wesentliche gesetzliche Förmlichkeit des Bescheids, ihr Fehlen bewirkt, daß der Bescheid keine Rechtsmittelfrist in Lauf setzt und daher der Rechtskraft nicht fähig ist (s. o. Anm. 1, vorletzten Absatz).

5. bei dem Oberversicherungsamt: S. aber auch § 325 Abs. 2!

§ 250 (269).

Die §§ 248, 249 gelten entsprechend, wenn eine Rente entzogen oder eingestellt oder ihr Ruhen [1]) festgestellt werden soll.

1. Entziehung, Einstellung, Ruhen der Rente: S. die §§ 67 u. 68; 71; 72—74.

§ 251 (266).

Ist ein Antrag auf Ruhegeld endgültig [1]) abgelehnt worden, weil dauernde Berufsunfähigkeit [2]) nicht nachweisbar war, oder ist Ruhegeld rechtskräftig entzogen, weil Berufsunfähigkeit nicht mehr vorlag, so kann der Antrag erst ein Jahr, nachdem die Entscheidung zugestellt worden ist, vor=

her nur dann wiederholt werden[3]), wenn glaubhaft bescheinigt wird[4]), daß inzwischen[5]) Umstände eingetreten sind, die den Nachweis der Berufsunfähigkeit liefern.

Wird die Bescheinigung nicht beigebracht, so wird der vorzeitig wiederholte Antrag zurückgewiesen[6]). Der Bescheid ist nicht anfechtbar.

1. endgültig: Soviel wie rechtskräftig. Die Einjahresfrist, vor deren Ablauf der Antrag nicht wiederholt werden kann, läuft daher von der Zustellung der in der Sache ergangenen letzten, rechtskräftig gewordenen Entscheidung an, also: von der Zustellung des Bescheids der RVAnstalt an, falls dieser nicht angefochten wurde; von der Zustellung des Urteils des OVAmts an, wenn zwar Berufung, aber nicht Revision eingelegt worden ist; von der Zustellung des Urteils des RVAmts an, falls auch Revision eingelegt wurde.

2. dauernde Berufsunfähigkeit: Die Vorschrift bezieht sich also nicht auf die Fälle des § 30 Abs. 2. Ist ein solcher Antrag als verfrüht, weil die Berufsunfähigkeit noch keine 26 Wochen bestanden habe, zurückgewiesen worden, so kann er nach Ablauf der 26 Wochen wiederholt werden.

3. wiederholt werden: Beruft sich der Antragsteller, der wegen Mangels der Berufsunfähigkeit abgewiesen worden ist, im neuen Antrag darauf, daß er jetzt das 65. Lebensjahr vollendet habe, so liegt keine Wiederholung des vorigen Antrags, sondern ein ganz neuer Antrag vor, der nicht unter § 251 fällt.

4. wenn glaubhaft bescheinigt wird: Diese Bescheinigung kann durch jedes ärztliche Zeugnis (nicht nur das Zeugnis eines Amtsarztes), Bestätigung des Arbeitgebers und durch jedes andere, schlüssige Beweismittel erbracht werden.

Die RVAnstalt muß sich also mit einem bereits abgelehnten, aber wiederholten Antrag befassen

entweder schon vor Ablauf eines Jahres nach Zustellung des Bescheids, wenn die in § 251 Abs. 1 verlangte glaubhafte Bescheinigung erbracht (und für genügend befunden) wird,

oder nach Ablauf eines Jahres unter allen Umständen; die nötigen Beweise werden in diesem Falle von Amts wegen erhoben.

5. inzwischen: Das ist soviel als in der Jahresfrist. Da diese aber von der Zustellung (nicht von der Erlassung) der vorigen, rechtskräftigen Entscheidung an gerechnet wird, so könnten, streng genommen, Umstände, die zwischen der Erlassung und der Zustellung jener Entscheidung eingetreten sind, nicht berücksichtigt werden. Eine derart strenge Auslegung dürfte aber dem Willen des Gesetzgebers kaum entsprechen.

6. zurückgewiesen: Durch die RVAnstalt (§ 248). Die §§ 307 u. 308 werden durch § 251 nicht berührt.

3. Verfahren vor dem Oberversicherungsamte.

§ 252 (270).

Gegen Bescheide[1]) der Reichsversicherungsanstalt ist das Rechtsmittel der Berufung[2]) an das Oberversicherungsamt (Spruchkammer)[3]) zulässig[4]).

1. Bescheide: S. § 249. In Betracht kommt hier nur der entscheidende Teil (die Formel) des Bescheids; gegen die Entscheidungsgründe ist im allgemeinen kein Rechtsmittel zulässig (vgl. jedoch AN. 1907 S. 550 Nr. 1330).

2. Rechtsmittel der Berufung: Die Einlegung dieses Rechtsmittels bewirkt, daß die Sache von der höheren Instanz in tatsächlicher und rechtlicher Hinsicht neu zu prüfen ist, und zwar, wenn sich der Berufskläger nicht auf bestimmte Anträge beschränkt hat, nach allen Richtungen. Dabei sind auch Tatsachen zu berücksichtigen, die erst nach Erlassung des angefochtenen Bescheids eingetreten sind.

Die Berufung ist an keine bestimmte Form gebunden; zur rechtswirksamen Einlegung genügt jede Erklärung, aus der hervorgeht, daß der Antragsteller mit der ergangenen Entscheidung unzufrieden ist und ihre Abänderung anstrebt. S. ferner die §§ 13 u. 14 OVAO.

Die strengen Vorschriften des Zivilprozeßrechts über Erweiterung der Anträge (§ 529 Abs. 2—4 ZPO.) und Änderung des Klagegrundes (§§ 264, 527 ZPO.) sind hier nicht anwendbar.

Da das Gesetz über eine aufschiebende Wirkung der Berufung nichts bestimmt, so kommt ihr eine solche nicht zu (§ 326).

Das Rechtsmittel steht zu: dem Versicherten, anderen Berechtigten (so besonders Hinterbliebenen; s. ferner die §§ 80, 85), dann aber auch beteiligten Ersatzkassen (§ 371).

Eine Anschlußberufung, wenn die Gegenpartei das Rechtsmittel eingelegt hat und die Berufung für den Berufungsbeklagten nicht mehr zulässig wäre (§ 521 ZPO.), gibt es hier nicht.

Auf das Berufungsrecht kann (durch Erklärung gegenüber der Gegenpartei oder dem OVAmt) verzichtet, ebenso kann die bereits eingelegte Berufung (durch Erklärung gegenüber dem OVAmt) zurückgenommen werden. Diese Erklärungen bewirken den endgültigen Verlust des Rechtsmittels; sie müssen jedoch, um rechtswirksam zu sein, vorbehaltslos abgegeben werden.

3. an das Oberversicherungsamt (Spruchkammer). S. die §§ 147 ff. Es kommen nur die OVÄmter in Betracht, die ausdrücklich als für die Angestelltenversicherung zuständig erklärt sind. Die örtliche Zuständigkeit des OVAmts bestimmt sich nach § 253.

4. zulässig: Nur innerhalb der gesetzlichen Frist (§ 324). Wegen Wahrung der Frist durch Einlegung der Berufung bei einer unzuständigen Stelle s. § 325, wegen Wiedereinsetzung in den vorigen Stand gegen Versäumung der Berufungsfrist s. die §§ 327—330.

§ 253 (272).

Hat ein Versicherungsamt bei der Vorbereitung der Sache mitgewirkt[1]), so entscheidet über die Berufung das übergeordnete Oberversicherungsamt. Andernfalls gelten die §§ 215 bis 217[2]) für die Zuständigkeit des Oberversicherungsamts entsprechend.

1. mitgewirkt: S. die §§ 218 ff.

2. §§ 215—217 ... entsprechend: Hienach ist in erster Linie das OVAmt zuständig, in dessen Bezirk der Versicherte zur Zeit der Berufungseinlegung wohnt oder beschäftigt ist, usw. Streit über die Zuständigkeit ist nach § 217 von Amts wegen auszutragen; das OVAmt darf nicht etwa die Berufung zurückweisen, weil es nicht zuständig sei.

§ 254 (273).

Die Entscheidung[1]) ergeht auf Grund mündlicher Verhandlung[2]) vor der Spruchkammer.

1. Die Entscheidung: Diese ergeht in Form eines Urteils (vgl. §§ 263, 270).

Das OVAmt entscheidet innerhalb der erhobenen Ansprüche nach freiem Ermessen; s. § 33 OVAO.

2. auf Grund mündlicher Verhandlung: S. die Vorbemerkung vor § 214.

Von Ort und Zeit der mündlichen Verhandlung sind die Beteiligten, ihre gesetzlichen Vertreter und Bevollmächtigten zu benachrichtigen (§ 24 OVAO.). Zwischen dieser Mitteilung und der Verhandlung selbst soll in der Regel ein Zeitraum von mindestens einer Woche liegen (§ 25 a. a. O.).

Auch im Falle des Ausbleibens der Parteien kann verhandelt und entschieden werden (§ 24 Abs. 2 Satz 1 a. a. O.).

Wird das persönliche Erscheinen des Antragstellers angeordnet, so ist ihm dabei zugleich zu eröffnen, daß aus seinem Nichterscheinen ungünstige Schlüsse für seinen Anspruch gezogen werden können (§ 24 Abs. 2 Satz 2 a. a. O.).

Die mündliche Verhandlung ist öffentlich (§ 264).

§ 255 (271).

Der Vorsitzende kann [1]) in allen Sachen ohne mündliche Verhandlung eine Vorentscheidung [2]) treffen. Dies gilt auch für den Fall, daß eine Beweiserhebung stattgefunden hat [3]).

1. Der Vorsitzende kann: Nach seinem Ermessen. Die Vorschrift bezweckt, das Verfahren abzukürzen und zu vereinfachen. In erster Linie werden sich daher klarliegende, einfache Fälle für dieses Verfahren eignen. Das RVAmt hat früher auf Grund des (wörtlich gleichlautenden) § 1657 RVO. entschieden, daß eine Vorentscheidung nicht mehr erlassen werden dürfe, wenn in der Sache bereits eine Beweiserhebung stattgefunden hat — eine Entscheidung, die im Wesen der Sache wohlbegründet war. Leider hat der Gesetzgeber jetzt (§ 1657 Satz 2 RVO., § 255 Satz 2 AVG.) das Gegenteil verordnet.

2. eine Vorentscheidung: Diese erläßt der Vorsitzende allein, ohne Zuziehung von Beisitzern, und zwar im Büroweg ohne mündliche Verhandlung. Die Vorentscheidung ist jedoch der Rechtskraft fähig ebenso wie ein Urteil (§§ 256, 257).

Eine Berufungssache kann nicht durch Vorentscheidung, sondern nur auf Grund einer Verhandlung vor der Spruchkammer an das RVAmt gemäß § 269 abgegeben werden ((AN. 1925 S. 243 Z. 2872).

3. eine Beweiserhebung stattgefunden hat: Und zwar auch dann, wenn die Beweiserhebung auf Grund mündlicher Verhandlung beschlossen worden war.

§ 256 (neu).

Gegen die Vorentscheidung kann entweder dasjenige Rechtsmittel [1]), welches gegen das Urteil zulässig wäre eingelegt oder binnen der gleichen Frist [2]) der Antrag auf mündliche Verhandlung [3]) gestellt werden. Die Vorentscheidung muß hierauf ohne Angabe der Frist hinweisen [4]).

Ist der Antrag auf mündliche Verhandlung verspätet gestellt, so wird er als unzulässig verworfen [5]).

1. dasjenige Rechtsmittel, welches ... zulässig wäre: Nämlich die Revision (vgl. § 270). Warum das Gesetz das nicht bestimmt sagt, ist nicht ersichtlich.

Ist die Revision im Einzelfall ausgeschlossen (§§ 271, 272, so kann nur der Antrag auf mündliche Verhandlung gestellt werden

2. binnen der gleichen Frist: § 324.

3. mündliche Verhandlung: Nämlich vor der Spruchkammer des OVAmts.

4. muß hierauf ... hinweisen: Hierin liegt eine wesentliche gesetzliche Förmlichkeit, deren Verletzung bewirkt, daß die Vorentscheidung der Rechtskraft nicht fähig ist.

5. verworfen: Von der Spruchkammer auf Grund mündlicher Verhandlung.

§ 257 (neu).

Ist von beiden Rechtsbehelfen Gebrauch gemacht, so findet mündliche Verhandlung [1]) statt. Die Vorentscheidung steht für das Rechtsmittel und die Wiederaufnahme des Verfahrens einem Urteil gleich [2]), wenn mündliche Verhandlung nicht beantragt worden ist.

1. mündliche Verhandlung: Vor der Spruchkammer des OVAmts; die Revisionsinstanz wird in diesem Falle mit der Sache nicht befaßt.

2. steht ... einem Urteil gleich: Hier hat das Gesetz nur die verfahrensrechtliche Seite der Sache im Auge. Eine rechtskräftig gewordene Vorentscheidung steht in jeder Hinsicht einem Urteil gleich.

§ 258 (274).

Für das Verfahren über die Berufung gelten die Vorschriften über das Verfahren vor dem Versicherungsamt entsprechend, soweit nicht die §§ 259 ff. etwas anderes vorschreiben.

§ 259 (neu).

Wenn der Versicherte oder seine Hinterbliebenen beantragen, daß ein bestimmter Arzt gutachtlich gehört werde, kann [1]) das Oberversicherungsamt, falls es diesem Antrag stattgeben will, die Anhörung von der Bedingung abhängig machen, daß der Antragsteller die Kosten vorschießt und, falls das Oberversicherungsamt nicht anders entscheidet, sie endgültig trägt.

1. kann: Ob das OVAmt davon Gebrauch machen will und in welcher Weise, steht in seinem freien Ermessen. Es kann

a) anordnen, daß der vorgeschlagene Arzt zu hören sei, wenn es das für erforderlich erachtet, oder
b) die Anhörung davon abhängig machen, daß der Antragsteller die Kosten vorschießt, und

c) wenn beides stattgefunden hat, entscheiden, daß der Antragsteller die Kosten endgültig zu tragen habe, oder „anders entscheiden", d. h. sie vorschußweise auf die Gerichtskasse übernehmen; gemäß §§ 156 mit 145 hat sie sodann die RVAnstalt zu erstatten (vgl. hiezu Z. I, 1, d der Verordn. vom 24. März 1924, RGBl. I S. 372).

Die Parteien (namentlich der Antragsteller) können also aus § 259 kein Recht darauf ableiten, daß der vorgeschlagene Arzt gehört werde.

§ 260 (275).

Die Beisitzer werden zu den Verhandlungen der Spruchkammer nach einer im voraus aufgestellten Reihenfolge[1]) zugezogen. Das Nähere bestimmt die oberste Verwaltungsbehörde. Beisitzer, die in die Beschlußkammer gewählt sind, sind entsprechend seltener zu den Verhandlungen der Spruchkammer zuzuziehen.

Will der Vorsitzende von der Reihenfolge aus besonderen Gründen abweichen, so hat er sie in den Akten zu vermerken.

1. im voraus aufgestellten Reihenfolge: Vgl. § 3 OVAO.

Die Vorschrift bezweckt, auch den Schein zu vermeiden, als würde bei Besetzung der Kammer auf die zu verhandelnden Sachen eine unberechtigte Rücksicht genommen.

§ 261 (274 mit 233, 234).

Für den Ausschluß und die Ablehnung der Beisitzer gelten die §§ 233 bis 237 entsprechend[1]). Jedoch entscheidet über die Ablehnung stets der Vorsitzende. Erklärt er den Antrag für begründet, so ist die Entscheidung endgültig. Lehnt er den Antrag ab, so kann die Entscheidung nur mit der Entscheidung in der Hauptsache angefochten werden.

1. gelten die §§ 233 bis 237 entsprechend: Das sind die Vorschriften, nach denen beim „Ausschuß" des Versicherungsamts der Vorsitzende ausgeschlossen ist. Diese Vorschriften sind also auf die Beisitzer der Spruchkammer entsprechend anzuwenden.

Für den Vorsitzenden gelten die gleichen Vorschriften gemäß § 258.

Zu den Vorschriften der §§ 233—237 kommt bei den Beisitzern noch der Mangel der Wählbarkeit z. Zt. der Mitwirkung, sei es, daß der Beisitzer von Anfang an nicht wählbar war, oder daß die Wählbarkeit nachträglich weggefallen ist.

§ 262 (249).

Hängt der Anspruch von einem familienrechtlichen oder erbrechtlichen Verhältnis ab, so kann der Vorsitzende den Beteiligten aufgeben[1]), das Verhältnis im ordentlichen Rechtsweg feststellen zu lassen.

Er bestimmt zugleich, bis wann die Klage zu erheben ist; die Frist kann auf Antrag verlängert werden.

1. kann ... aufgeben: Nach seinem Ermessen. Er soll jedoch nur in verwickelteren Fällen davon Gebrauch machen; in anderen Fällen kann die Spruchkammer (oder der Vorsitzende im Falle des § 255) selbst entscheiden.

§ 263 (274 mit 262).

Das Urteil der Spruchkammer[1]) wird öffentlich verkündet, auch wenn die Öffentlichkeit der Verhandlung ausgeschlossen[2]) war.

Es wird mit Gründen versehen[3]), von dem Vorsitzenden unterschrieben, ausgefertigt und den Parteien zugestellt[4]).

1. Das Urteil der Spruchkammer: Das OVAmt entscheidet innerhalb der erhobenen Einsprüche nach freiem Ermessen (§§ 1 OVAOfAV. mit 33 OVAO.).

Das Urteil kann den Kläger nicht ungünstiger stellen als der Bescheid der RVAnstalt, den er angefochten hatte (Verbot der sog. reformatio in peius). Es soll den Streitstoff im ganzen erledigen; daher ist es nur ausnahmsweise zulässig, lediglich über den Grund des Anspruchs zu erkennen (AVN. 1919 S. 193 Z. 362).

Während einer Unterbrechung des Verfahrens (§ 239 Abs. 1 u. 2, §§ 241, 249 ZPO. mit § 21 OVAO.) kann kein Urteil ergehen. Ein Urteil, das gleichwohl ergeht, ist jedoch nicht ohne weiteres nichtig, sondern nur mit Revision oder durch Antrag auf Wiederaufnahme des Verfahrens (§ 295 Z. 4) anfechtbar (AN. 1924 S. 138 Z. 3169).

2. Öffentlichkeit ... ausgeschlossen: S. § 264 Abs. 2.

3. mit Gründen versehen: Diese müssen auch den Sachverhalt ersehen lassen.

4. ausgefertigt ... zugestellt: Eine Belehrung darüber, daß gegen das Urteil das Rechtsmittel der Revision stattfinde, ist nicht vorgeschrieben.

§ 264 (273; 274 mit 255).

Die mündliche Verhandlung ist öffentlich [1]).

Die Öffentlichkeit kann aus Gründen des öffentlichen Wohles oder der Sittlichkeit ausgeschlossen werden [2]), der Beschluß ist öffentlich zu verkünden [3]).

1. öffentlich: D. h. es hat jedermann zum Verhandlungsraum Zutritt mit der Beschränkung des § 175 des Ger.-Verf.-Ges.; hienach kann der Zutritt unerwachsenen und solchen Personen versagt werden, welche sich nicht im Besitz der bürgerlichen Ehrenrechte befinden oder welche in einer der Würde der Gerichts nicht entsprechenden Weise erscheinen.

2. kann ... ausgeschlossen werden: Nach Ermessen des Gerichts; dabei wird das in § 174 des Ger.-Verf.-Ges. geregelte Verfahren einzuhalten sein.

3. öffentlich zu verkünden: Dabei werden (entsprechend § 174 Abs. 1 Satz 3 a. a. O.) auch die Gründe anzugeben sein, aus denen die Öffentlichkeit ausgeschlossen wurde.

§ 265 (274 mit 264).

Schreib- und Rechenfehler und ähnliche offenbare Unrichtigkeiten [1]), die im Urteil vorkommen, sind jederzeit [2]) auf Antrag oder von Amts wegen zu berichtigen.

Der Vorsitzende entscheidet ohne mündliche Verhandlung, ob zu berichtigen ist.

Berichtigt er, so wird die Verfügung auf der Urschrift des Urteils und den Ausfertigungen vermerkt. Über die Verfügung kann sich der Beteiligte beim Reichsversicherungsamte beschweren [3]).

Die Verfügung, die eine Berichtigung ablehnt, ist unanfechtbar.

1. offenbare Unrichtigkeiten: Das sind nur solche Unrichtigkeiten, die, wie das Gesetz selbst ausdrücklich sagt, den Schreib- und Rechenfehlern ähnlich sind. Es darf sich daher nicht um Mängel des Wollens, sondern nur um solche im Ausdruck des Gewollten handeln. Ein Irrtum über die tatsächlichen Unterlagen der Entscheidung oder ein Rechtsirrtum begründet keine Möglichkeit der Berichtigung (Entsch. u. Mitt. des RVAmts Bd. 13 S. 313 Z. 146, Nr. 2); mit anderen Worten: Die Berichtigung kann nicht zu einer Änderung der Entscheidung selbst führen.

2. jederzeit: Eine Rechtsmittelfrist wird jedoch dadurch nicht berührt.

3. kann sich ... beschweren: Innerhalb der Frist des § 324.

§ 266 (274 mit 265).

Hat das Urteil einen von einer Partei erhobenen Haupt- oder Nebenanspruch ganz oder teilweise übergangen, so wird es auf Antrag[1]) nachträglich ergänzt.

Über den Antrag kann, auch wenn der Fall des § 244[2]) nicht vorliegt, ohne mündliche Verhandlung entschieden werden, wenn es sich um einen Nebenanspruch[3]) handelt.

Die ergänzende Entscheidung[4]) wird auf der Urschrift des Urteils und den Ausfertigungen vermerkt.

1. auf Antrag: Nur auf einen solchen, also nicht von Amts wegen. Der Antrag ist an keine Frist gebunden.

2. Fall des § 244: Das sind die Fälle, in denen beim Versicherungsamt eine mündliche Verhandlung nicht stattfindet.

3. Nebenanspruch: Handelt es sich um einen Hauptanspruch, so muß also stets mündlich verhandelt werden.

4. ergänzende Entscheidung: Diese ist selbständig anfechtbar (§ 270). Wird eine Ergänzung abgelehnt, so ist auf dem Urteil nichts zu vermerken.

§ 267 (278).

Hebt die Spruchkammer den angefochtenen Bescheid auf, weil das Verfahren an einem wesentlichen Mangel[1]) leidet, so kann[2]) sie die Sache an die Reichsversicherungsanstalt zurückverweisen.

Dabei kann sie die Gewährung einer vorläufigen Leistung[3]) anordnen.

1. wesentlichen Mangel: z. B. Prozeßunfähigkeit des Antragstellers und Mangel eines gesetzlichen Vertreters; ungenügende Aufklärung des Sachverhalts, u. dgl.

2. kann ... zurückverweisen: Nach freiem Ermessen; das OVAmt kann aber auch sofort in der Sache selbst entscheiden, wenn es sie für spruchreif erachtet.

Die RVAnstalt ist an die rechtliche Beurteilung, die der Zurückweisung zugrunde liegt, nicht gebunden (anders, wenn das RVAmt eine Sache zurückverwiesen hat; s. § 281 Abs. 2).

3. vorläufigen Leistung: Das RVAmt wird von dieser Befugnis natürlich nur dann Gebrauch machen, wenn mit Bestimmtheit darauf zu rechnen ist, daß der Anspruch des Klägers in der Hauptsache anerkannt werden wird.

Die Feststellung der vorläufigen Leistung ist für sich allein nicht anfechtbar. Die Zahlungen, die auf Grund dieser Feststellung zu leisten sind, werden bei der endgültigen Berechnung der Leistungen angerechnet.

§ 268 (279).

Steht es fest, daß das Urteil mit der Revision nicht angegriffen werden kann (§ 271), so vermerkt[1]) der Vorsitzende unter Hinweis auf die gesetzlichen Vorschriften am Schlusse des Urteils, daß hiergegen kein Rechtsmittel mehr zulässig ist.

1. vermerkt: Das Urteil enthält im allgemeinen keine Belehrung darüber, daß gegen dasselbe Revision zulässig sei (vgl. Anm. 4 zu § 263). Umgekehrt hat aber der Gesetzgeber, um die Zahl der unzulässigen Revisionen möglichst einzuschränken, vorgeschrieben, daß, wenn die Revision nicht zulässig ist, der Vorsitzende dies am Schlusse des Urteils zu vermerken habe. Diese Vorschrift ist zwar zwingend, ihre Nichtbeachtung hat aber gleichwohl keinerlei Rechtsfolgen.

War der Vermerk unrichtig, so beträgt die Revisionsfrist gemäß § 278 ein Jahr (nicht wie sonst einen Monat).

§ 269 (280).

Will ein Oberversicherungsamt[1]) in einem Falle, in dem die Revision ausgeschlossen ist (§ 271), von einer amtlich veröffentlichten grundsätzlichen Entscheidung des Reichsversicherungsamts abweichen, oder handelt es sich in einem solchen Falle um eine noch nicht festgestellte Auslegung gesetzlicher Vorschriften von grundsätzlicher Bedeutung, so hat es die Sache unter Begründung seiner Rechtsauffassung an das Reichsversicherungsamt abzugeben[2]). Das Reichsversicherungsamt entscheidet in diesen Fällen an Stelle des Oberversicherungsamts. Von der Abgabe der Sache sind die Beteiligten zu benachrichtigen.

1. ein Oberversicherungsamt: D. h. die Spruchkammer; dem Vorsitzenden allein steht diese Befugnis nicht zu.

Die Vorschrift soll die Rechtseinheit sichern.

2. an das RVAmt abzugeben: Also unerledigt; das RVAmt entscheidet hier, wie der nächste Satz des Gesetzes ausdrücklich sagt, über die Berufung an Stelle des OVAmts.

Die Vorschrift ist zwar bindend; ein Verstoß gegen dieselbe bildet jedoch keinen Revisionsgrund (AN. 1923 S. 154 Z. 2739).

Die Abgabe an das RVAmt ist unzulässig, wenn es sich um eine Frage handelt, die für die Entscheidung des OVAmts unerheblich ist (AN. 1923 S. 279 Z. 558).

4. Verfahren vor dem Reichsversicherungsamte.

§ 270 (281).

Gegen das Urteil [1]) des Oberversicherungsamts ist Revision [2]) zulässig [3]).

1. Gegen das Urteil: Nur gegen dieses, nicht gegen andere Entscheidungen (Beschlüsse) des OVAmts.

2. Revision: Diese ist ebenso wie die Berufung ein Rechtsmittel im Sinne des § 324. Ihr Wesen besteht jedoch darin, daß — abweichend von der Berufung (und dem Rekurs, § 1699 RVO.) — das angefochtene Urteil nur in rechtlicher Hinsicht, sowie hinsichtlich des Verfahrens nachgeprüft werden kann (vgl. § 272).

Dagegen ist das Revisionsgericht an den Sachverhalt, den die Vorinstanz festgestellt hat, gebunden (sofern nicht gerade bei dessen Feststellung ein Rechtsirrtum unterlaufen ist); es nimmt daher keine Beweiserhebungen vor, neue Tatsachen können in der Revisionsinstanz nicht vorgebracht werden.

Die Revision ist ebenso wie die anderen Rechtsmittel an keine bestimmte Form gebunden; nur muß sie schriftlich eingelegt werden (§ 276). Unrichtige Bezeichnung des Rechtsmittels (als Berufung, Rekurs, Beschwerde u. dgl.) ist unschädlich.

Aufschiebende Wirkung hat auch die Revision in der Regel nicht (§ 326), sondern nur ausnahmsweise im Fall des § 277.

Die Frage, wer Revision einlegen kann, beantwortet sich in gleicher Weise wie bei der Berufung (Anm. 2 Abs. 5 zu § 252. Die Revision kann aber auch von der RVAnstalt eingelegt werden, und zwar auch zugunsten des Berechtigten.

Auch bei der Revision ist Verzicht und Zurücknahme zulässig (Anm. 2 Abs. 7 zu § 252).

3. zulässig: Nicht schlechthin, sondern nur mit den sehr wesentlichen Einschränkungen des § 271; s. ferner auch § 272!

Die Frist für die Einlegung der Revision beträgt einen Monat (§ 324), im Falle des § 278 ein Jahr.

§ 271 (282).

Die Revision ist ausgeschlossen [1]), wenn es sich handelt um

1. Höhe [2]), Beginn und Ende [3]) von Ruhegeld,

2. Hinterbliebenenrente[4]),
3. Abfindung oder Erstattung[5]),
4. Kosten des Verfahrens[6]).

1. ausgeschlossen: Durch diese Vorschrift will der Gesetzgeber verhindern, daß minder wichtige Sachen die oberste Instanz beschäftigen.

Maßgebend dafür, ob die Revision ausgeschlossen sei, ist der Zeitpunkt, in dem das Revisionsgericht entscheidet; hat also z. B. im Laufe des Revisionsverfahrens die RVAnstalt den Klagsanspruch in der Hauptsache anerkannt und besteht etwa nur noch Streit über die Kosten des Berufungsverfahrens, so muß die Revision — obschon sie ursprünglich zulässig war — als unzulässig verworfen werden.

Maßgebend ist auch stets der Hauptstreitgegenstand, nicht die gerade im Vordergrund stehende, vielleicht nur prozessuale Frage, wie z. B. die Rechtzeitigkeit der Berufung (AN. 1917 S. 237 Z. 2930).

Eine Ausnahme von der Unzulässigkeit der Revision ergibt sich unter Umständen aus § 274.

2. Höhe: Hierher gehört nicht das Ruhen der Rente (§§ 72 bis 78); s. AVN. 1920 S. 78 Z. 401.

3. Ende: Der Ausschluß der Revision erstreckt sich nicht auf die Rentenentziehung als solche; um das Ende der Rente handelt es sich dann, wenn die Berufsunfähigkeit unstreitig beseitigt und nur der Zeitpunkt für das Aufhören des Ruhegelds streitig ist (AN. 1923 S. 155 Z. 2740).

4. Hinterbliebenenrente: Die Bestimmung enthält eine Abweichung von § 1696 RVO., die ihren Grund darin hat, daß die Witwenrente der RVO. nur der invaliden Witwe, die der Angestelltenversicherung dagegen jeder Witwe zusteht.

5. Erstattung: Hierher gehört auch der Fall des § 385 (AVN. 1914 S. 95).

6. Kosten des Verfahrens: Es kommt nur der Fall des § 310 in Betracht (vgl. § 311).

§ 272 (286).

Die Revision kann nur darauf gestützt werden[1]), daß

1. das angefochtene Urteil auf der Nichtanwendung oder auf der unrichtigen Anwendung des bestehenden Rechts[2]) oder auf einem Verstoße wider den klaren Inhalt der Akten[3]) beruhe[4]),

das Verfahren an wesentlichen Mängeln[5]) leide.

1. kann nur darauf gestützt werden: D. h. das RV-Amt kann das angefochtene Urteil nur dann aufheben oder abändern, wenn einer der in § 272 genannten Revisionsgründe vorliegt.

Neue Tatsachen und Beweismittel können in der Revisionsinstanz nicht mehr vorgebracht werden. Das Revisionsgericht hat lediglich zu prüfen, ob die erhobenen Ansprüche nach dem Sachverhalt, der z. Zt. der Entscheidung des OVAmts gegeben war, begründet sind oder nicht (AN. 1925 S. 169 Z. 2851). Ebenso ist es unzulässig, die in den Vorinstanzen gestellten Anträge zu erweitern.

2. bestehenden Rechtes: Dieses umfaßt nicht nur dieses Gesetz und etwa die RVO., sondern das gesamte private und öffentliche Recht, Reichsrecht wie Landesrecht.

3. Verstoße wider den klaren Inhalt der Akten: z. B. Nichtberücksichtigung von Beweisergebnissen u. dgl.

4. beruhe: Die angefochtene Entscheidung muß also durch einen der erwähnten Verstöße herbeigeführt sein; anderenfalls wäre der Mangel unschädlich.

5. wesentlichen Mängeln: S. Anm. 1 zu § 267; ferner AN. 1924 S. 221 Z. 2825. Leidet das Verfahren an einem solchen Mangel, so muß das Revisionsgericht das angefochtene Urteil stets aufheben; s. auch § 281.

§ 273 (291).

Für das Verfahren über die Revision gelten die Vorschriften über das Verfahren vor dem Oberversicherungsamt[1]) entsprechend, soweit nicht die §§ 274ff. etwas anderes vorschreiben.

Die §§ 255 bis 257[2]) gelten nicht.

1. Verfahren vor dem Oberversicherungsamt: Dadurch kommen gemäß § 258 auch die Vorschriften über das Verfahren vor dem Versicherungsamt in Betracht. Dazu kommt dann noch die Verfahrensordnung für die Senate der Angestelltenversicherung (im Anhang abgedruckt), und auf Grund des § 1 dieser Verordnung auch die Verordnung über Geschäftsgang und Verfahren des RVAmts, vom 24. Dez. 1911, RGBl. S. 1083.

2. §§ 255—257: D. h. eine Vorentscheidung des Vorsitzenden ist im Revisionsverfahren nicht zulässig. Der Vereinfachung des Verfahrens in der Revisionsinstanz dient dafür § 280.

§ 274 (283).

Bezieht sich eine im übrigen zulässige Revision einer Partei[1]) auch auf Ansprüche, für die das Rechtsmittel ausgeschlossen[2]) ist, so darf über sie nur dann entschieden werden, wenn den zulässigen Revisionsanträgen ganz oder zum Teil entsprochen wird.

1 einer Partei: Die Bestimmung ist also nicht anwendbar, wenn beide Parteien Revision eingelegt haben und die eine zulässig, die andere aber unzulässig ist.

2. Rechtsmittel ausgeschlossen: S. § 271. Die Vorschrift des § 274 soll der Umgehung des § 271 vorbeugen.

Will z. B. eine Partei nur im Kostenpunkte Revision einlegen, was nach § 271 Nr. 4 nicht zulässig ist, so könnte diese Revision zulässig gemacht werden, wenn man sie mit einer — offenbar unbegründeten — Revision in der Hauptsache verbinden würde.

Allein in einem solchen Falle, wo also das Revisionsgericht zur sofortigen Verwerfung der in der Hauptsache eingelegten Revision gelangen müßte, würde es aus diesem Grunde und gemäß § 274 über die Revision im Kostenpunkte gar nicht entscheiden können; diese müßte vielmehr, gerade wie wenn sie allein eingelegt wäre, als unzulässig zurückgewiesen werden.

§ 275 (284).

Über die Revision entscheidet das Reichsversicherungsamt[1]) (Spruchsenat).

1. Reichsversicherungsamt: Die Landesversicherungsämter sind in Sachen der Angestelltenversicherung nicht zuständig.

§ 276 (285).

Die Revision ist schriftlich einzulegen[1]); sie soll die Revisionsgründe angeben[2]). Das angefochtene Urteil kann auch aus anderen Gründen geändert werden, als in der Revision angegeben ist[3]).

1. schriftlich einzulegen: Das ist die einzige zwingende Formvorschrift, die das Gesetz aufstellt.

2. soll ... angeben: S. auch § 22 RVAO. Dies ist eine bloße Ordnungsvorschrift, deren Nichtbeachtung keinen Rechtsnachteil im Gefolge hat. Die Angabe der Revisionsgründe kann auch nach Ablauf der Revisionsfrist noch nachgeholt werden. Aber auch wenn sie ganz unterlassen wird, macht dies das Rechtsmittel nicht unwirksam oder unzulässig; vgl. die nächste Anmerkung!

3. auch aus anderen Gründen ... als ... angegeben ist: Das Revisionsgericht muß von Amts wegen prüfen, ob keiner der gesetzlichen Revisionsgründe (§ 272) vorliegt.

§ 277 (291 mit 277).

Die Revision bewirkt Aufschub[1]), wenn sie von der Reichsversicherungsanstalt eingelegt wird, soweit es sich um Beträge handelt, die für die Zeit vor Erlaß des angefochtenen Urteils nachgezahlt werden sollen[2]).

1. bewirkt Aufschub: Ausnahme von § 326.

2. Beträge ... die ... nachgezahlt werden sollen. Die Sache liegt folgendermaßen: Angenommen die RVAnstalt hat einen Ruhegeldanspruch abgelehnt, das Oberversicherungsamt auf Berufung des Antragstellers ihn jedoch anerkannt, und die RVAnstalt legt gegen dieses Urteil Revision ein, so muß die RVAnstalt das Ruhegeld vom Tag des Urteils an fortlaufend zahlen, bis etwa das Urteil des RVAmts eine Änderung bringt; insoweit hat die Revision der RVAnstalt gemäß § 326 keine aufschiebende Wirkung. Insoweit jedoch Beträge des Ruhegelds für die Zeit vom Beginn der Berufsunfähigkeit (oder der Vollendung des 65. Lebensjahrs des Klägers) bis zum Urteil des OVAmts nachzuzahlen wären, hat die Revision der RVAnstalt aufschiebende Wirkung.

§ 278 (287).

Ist das angefochtene Urteil mit Unrecht als endgültig bezeichnet (§ 268), so ist die Revision zulässig; sie ist binnen einem Jahre[1]) nach der Zustellung einzulegen.

1. binnen einem Jahre: Diese Frist ist eine Ausschlußfrist; Wiedereinsetzung in den vorigen Stand gegen ihren Ablauf ist daher nicht möglich.

§ 279 (289).

Wird ein Mitglied des Spruchsenats aus einem Grunde, der seinen Ausschluß rechtfertigt, oder wegen Besorgnis der Befangenheit[1]) abgelehnt, so entscheidet über das Ablehnungsgesuch der Spruchsenat. Bei der Entscheidung darf der Abgelehnte nicht mitwirken. Bei Stimmengleichheit gilt das Gesuch als abgelehnt.

1. Ausschluß ... Besorgnis der Befangenheit: S. die §§ 233—237, die gemäß §§ 273 mit 261 Satz 1 auch hier gelten.

§ 280 (290).

Ist der Vorsitzende des Senats mit dem Berichterstatter[1]) darüber einig, daß die Revision unzulässig[2]), verspätet[3]) oder offenbar ungerechtfertigt[4]) ist, so kann er[5]) sie ohne mündliche Verhandlung verwerfen. Ist die Revision als verspätet verworfen[6]), so kann der Antragsteller binnen einer Woche[7]) nach Zustellung der Verfügung die Entscheidung des Spruchsenats anrufen; die Verfügung muß darauf hinweisen.

Sonst wird nach mündlicher Verhandlung in öffentlicher Sitzung entschieden. Der Vorsitzende kann auch in anderen Fällen anordnen[8]), daß eine Benachrichtigung der Parteien vom Termin unterbleibt. In diesen Fällen wird ohne mündliche Verhandlung entschieden. Der Senat kann jedoch Vertagung zum Zwecke mündlicher Verhandlung beschließen.

1. mit dem Berichterstatter: Die anderen Senatsmitglieder werden hier nicht zugezogen.

2. unzulässig: § 271.

3. verspätet: § 324.

4. offenbar ungerechtfertigt: In sachlicher Hinsicht. Darüber, wann eine Revision als offenbar ungerechtfertigt zu erachten ist, entscheidet der Vorsitzende mit dem Berichterstatter nach pflichtgemäßem Ermessen.

5. kann er: Nach seinem Ermessen; er kann aber die Sache auch in die mündliche Verhandlung bringen. Ein Zwang, von der Verwerfung Gebrauch zu machen, wie in § 101 des Gesetzes über das Verfahren in Versorgungssachen, vom 10. Jan. 1922 (in der Fassung vom 10. Febr. 1924, RGBl. I S. 59), besteht hier nicht.

6. als verspätet verworfen: Nur in diesem Falle kann die Entscheidung des Senats angerufen werden; in den anderen Fällen ist die Entscheidung des Vorsitzenden endgültig. Die Entscheidung des Spruchsenats ergeht ohne mündliche Verhandlung.

7. binnen einer Woche: Wird diese Frist versäumt, so ist die Entscheidung des Vorsitzenden rechtskräftig; eine Entscheidung des Senats hat dann nicht mehr stattzufinden.

8. kann auch in anderen Fällen anordnen: Die Erfahrung hat gezeigt, daß Parteien, wenn sie geladen werden, vielfach auch in Fällen persönlich erscheinen, in denen dies nach Lage der Sache zwecklos ist. Da sie aber, wenn sie erschienen sind, gehört werden müssen, so verursacht dies eine Verzögerung der Verhandlung, überdies machen sich die Leute durch solche Reisen nur unnütze Kosten. Dem soll die Vorschrift des § 280 Abs. 2 vorbeugen.

Die gleiche Vorschrift war auch in die RVO. aufgenommen, ist aber dort neuerdings wieder aufgehoben worden.

§ 281 (293).

Wird das angefochtene Urteil aufgehoben[1]), so kann der Senat entweder selbst in der Sache entscheiden oder sie an das Oberversicherungsamt oder die Reichsversicherungsanstalt zurückverweisen[2]). Dabei kann er die Gewährung einer vorläufigen Leistung anordnen.

Die Stelle, an welche die Sache überwiesen wird, ist an die rechtliche Beurteilung gebunden, die der Aufhebung des angefochtenen Urteils zugrunde liegt.

1. aufgehoben: Damit wird auch die Kraft der tatsächlichen Feststellungen des Berufungsgerichts, die sonst das Revisionsgericht bindet, beseitigt.

Die Partei, welche das Urteil angefochten hatte, kann durch dessen Aufhebung nicht in eine schlechtere Lage versetzt werden als sie nach dem aufgehobenen Urteil hatte (Verbot der sog. reformatio in peius).

2. kann ... selbst ... entscheiden ... oder zurückverweisen: Darüber, was in dieser Hinsicht geschehen soll, entscheidet das freie Ermessen des RVAmts. In den Fällen des § 272 Nr. 2 wird es wohl stets dazu gelangen, die Sache zurückzuverweisen.

Auch darüber, ob die Sache an die RVAnstalt oder an das OVAmt zurückverwiesen werden soll, entscheiden ausschließlich Zweckmäßigkeitsgründe.

§ 282 (294).

Die Senate für Angestelltenversicherung veröffentlichen[1]) ihre Entscheidungen, die grundsätzliche Bedeutung haben.

Die Art der Veröffentlichung bestimmt der Reichsarbeitsminister[2]).

1. veröffentlichen: Das ist also bindend vorgeschrieben.

2. bestimmt der Reichsarbeitsminister: S. dessen Verordnung „über die Veröffentlichung grundsätzlicher Entscheidungen der Senate für Angestelltenversicherung", vom 24. Jan. 1923, RGBl. I S. 73. Hienach werden diese Entscheidungen in den Amtlichen Nachrichten des RVAmts in gleicher Weise wie dessen andere grundsätzliche Entscheidungen veröffentlicht.

Der nicht veröffentlichte Teil einer Entscheidung ist nicht grundsätzlich (AVN. 1919 S. 12 Z. 319).

§ 283 (neu).

Soll in einer grundsätzlichen Rechtsfrage von der Entscheidung eines Senats für Angestelltenversicherung[1]) abgewichen werden, oder will ein Senat für Angestelltenversicherung in einem solchen Falle von der Entscheidung eines anderen Senats abweichen, so haben die Beisitzer des Senats für Angestelltenversicherung in den Großen Senat (§§ 1011, 1717 der Reichsversicherungsordnung) an Stelle anderer Mitglieder der gleichen Gruppe einzutreten. Das gleiche gilt, wenn ein Senat von einer solchen Entscheidung des Großen Senats abweichen will.

1. eines Senats für Angestelltenversicherung: Von den Entscheidungen des früheren Oberschiedsgerichts kann abgewichen werden, ohne daß es der Verweisung an den großen Senat bedürfte (AN. 1925 S. 147 Z. 2849).

§ 284 (295).

Die Urteile der Senate werden von dem Vorsitzenden, dem Berichterstatter und einem anderen Mitglied des Senats unterschrieben.

Ist der Vorsitzende oder Berichterstatter verhindert, so hat für ihn ein anderes Mitglied des Senats zu unterschreiben.

§ 285 (296).

Die Verfügung, die ein Urteil berichtigt[1]), wird von dem Vorsitzenden und den Mitgliedern des Senats erlassen, die das Urteil unterschrieben haben; die Verfügung ist unanfechtbar.

1. berichtigt: S. § 265 (der gemäß § 273 auch für das RVAmt gilt).

Vorbemerkung.

Das Beschlußverfahren war im früheren Gesetz selbst nicht geregelt, sondern nur in den Kais. Verordnungen über Geschäftsgang und Verfahren der Schiedsgerichte und des Oberschiedsgerichts. Nunmehr regelt das Gesetz selbst auch dieses Verfahren.

Die Grundsätze, die für das Feststellungsverfahren gelten (s. die Vorbemerkung vor § 214), haben im allgemeinen auch für das Beschlußverfahren Geltung, jedoch mit den Ausnahmen, daß die Verhandlungen nicht öffentlich sind (§ 288 Abs. 1) und daß eine mündliche Verhandlung in der Regel nicht stattfindet (§ 288 Abs. 2).

II. Beschlußverfahren.

§ 286 (neu).

Soweit es sich nicht um die Feststellung von Leistungen handelt, ergehen die Entscheidungen der Versicherungsbehörden im Beschlußverfahren [1]).

1. Beschlußverfahren: S. den Beginn der Vorbemerkung vor § 214.

§ 287 (neu).

Für das Beschlußverfahren gelten die Vorschriften über das Feststellungsverfahren [1]), soweit nicht die §§ 288 ff. etwas anderes vorschreiben.

1. Vorschriften über das Feststellungsverfahren: Dahin gehören besonders die Vorschriften über die Einleitung des Verfahrens, die Vertretung der Parteien, die Beweiserhebung, die Unterbrechung des Verfahrens und die Akteneinsicht; weiterhin auch die Vorschriften der §§ 269, 282 u. 283.

§ 288 (neu).

Die Verhandlungen im Beschlußverfahren sind nicht öffentlich [1]).

Eine mündliche Verhandlung findet nur statt, wenn der Vorsitzende es für erforderlich hält oder eine der Parteien es beantragt [2]). Soweit keine mündliche Verhandlung stattfindet, kann der Vorsitzende allein entscheiden [3]), es sei denn, daß in der Vorinstanz der Beschlußausschuß oder die Beschlußkammer entschieden hat [4]). Dies gilt auch in Fällen, in denen das Gesetz die Entscheidung durch den Beschlußausschuß oder die Beschlußkammer vorschreibt [5]). Gegen die Entscheidung des Vorsitzenden ist nur das Rechtsmittel zulässig, das gegen die Entscheidung des Beschlußausschusses (der Beschlußkammer) zulässig wäre [6]).

1. nicht öffentlich: Sie sind in der Regel auch nicht mündlich (s. Abs. 2 dieses Paragraphen).

2. für erforderlich hält . . . beantragt: Nur in diesen Fällen findet eine mündliche Verhandlung statt. Im zweiten Fall muß sie stattfinden; dadurch wird allerdings nicht verhindert, daß gegenüber verspäteten, unzulässigen oder offenbar unbegründeten Be-

schwerden der Vorsitzende der Beschlußkammer von § 255 (Verwerfung durch Vorentscheidung), der Vorsitzende des Beschlußsenats von § 280 Gebrauch macht (vgl. § 287).

3. kann ... allein entscheiden: Nach seinem Ermessen, soweit dieses nicht durch die folgenden Worte des Gesetzes eingeschränkt ist.

4. der Beschlußausschuß oder die Beschlußkammer entschieden hat: Die Besetzung der oberen Instanz soll nach der Absicht des Gesetzes der der unteren stets gleichwertig sein.

5. in Fällen ... in denen das Gesetz ... vorschreibt: S. die §§ 52, 139 Abs 4, 140 Abs. 2, 141 Abs. 3, 143 Abs. 3, 161 Abs. 2, 200 Abs. 4, 201 Abs. 2, 220 Abs. 2, 221 Abs. 2, 354. Es versteht sich eigentlich von selbst, daß in solchen Fällen der Vorsitzende nicht allein entscheiden kann.

6. das Rechtsmittel ... das zulässig wäre: Nämlich Beschwerde. Gemäß § 294 sind aber auch die Entscheidungen, die der Vorsitzende der Beschlußkammer auf Beschwerde erlassen hat, endgültig.

§ 289 (neu).

Für den Ausschluß und die Ablehnung der Beisitzer des Versicherungsamts gelten die §§ 233 bis 237 entsprechend. Jedoch entscheidet über die Ablehnung stets der Vorsitzende. Erklärt er den Antrag für begründet, so ist die Entscheidung endgültig. Lehnt er den Antrag ab, so kann die Entscheidung nur mit der Entscheidung in der Hauptsache angefochten werden.

§ 290 (neu).

Gegen die Entscheidung des Versicherungsamts ist Beschwerde an das Oberversicherungsamt zulässig, soweit das Gesetz nichts anderes vorschreibt[1]).

1. soweit das Gesetz nichts anderes vorschreibt D. h. also, soweit nicht die Entscheidung des Versicherungsamts für endgültig erklärt ist; s. z. B. § 195.

§ 291 (neu).

Die Behörde, die über die Beschwerde zu entscheiden hat, kann den Vollzug der angefochtenen Entscheidung aussetzen[1]).

1. kann ... aussetzen: Nach ihrem Ermessen. Gemäß § 326 haben Rechtsmittel, also auch die Beschwerde, im allgemeinen keine aufschiebende Wirkung.

§ 292 (neu).

Ist die Beschwerde zulässig und rechtzeitig eingelegt[1]), so werden die Beteiligten gehört[2]).

1. zulässig und rechtzeitig eingelegt: Über die Behandlung unzulässiger oder verspäteter Beschwerden s. die §§ 255. 280.

Die Frist beträgt auch für die Beschwerden einen Monat (§ 324); abweichende Vorschriften enthalten die §§ 220 Abs. 2 und 324 Abs. 2.

2. werden ... gehört: Dies muß geschehen; die Form, in der es geschehen soll, steht jedoch im Ermessen der Behörde.

§ 293 (neu).

Ist die Beschwerde begründet, so kann die zur Entscheidung berufene Stelle entweder selbst in der Sache entscheiden oder sie an die Vorinstanz oder an die Reichsversicherungsanstalt zurückverweisen.

Die Stelle, an welche die Sache überwiesen wird, ist an die rechtliche Beurteilung gebunden, die der Aufhebung der angefochtenen Entscheidung zugrunde liegt.

§ 294 (neu).

Die auf Beschwerde erlassenen Entscheidungen des Oberversicherungsamts sind endgültig[1]).

1. sind endgültig: Die sog. weitere Beschwerde (§§ 1797 bis 1801 RVO.) ist daher dem AVG. unbekannt.

III. Wiederaufnahme des Verfahrens.

1. Anfechtungsgründe.

§ 295 (297).

Ein durch rechtskräftiges[1]) Urteil[2]) abgeschlossenes Verfahren kann wiederaufgenommen werden[3]), wenn

1. die entscheidende Stelle nicht vorschriftsmäßig besetzt war[4]),
2. eine Person bei der Entscheidung mitgewirkt hat, die von der Mitwirkung aus einem gesetzlichen Grunde ausgeschlossen war[5]), sofern nicht dieses Hindernis durch Ablehnung oder Rechtsmittel ohne Erfolg geltend gemacht worden ist,
3. bei der Entscheidung eine Person mitgewirkt hat, obgleich sie als befangen abgelehnt und die Ablehnung für begründet erklärt worden war[6]),
4. eine Partei in dem Verfahren nicht nach Vorschrift der Gesetze vertreten war[7]), sofern sie nicht die Führung des Streites ausdrücklich oder stillschweigend genehmigt hat.

In den Fällen der Nrn. 1, 3 ist die Wiederaufnahme unstatthaft, wenn der Anfechtungsgrund durch ein Rechtsmittel geltend gemacht werden konnte[8]).

1. rechtskräftiges: Rechtskräftig ist eine Entscheidung, gegen die kein Rechtsmittel mehr zulässig ist, sei es, daß ein solches überhaupt nicht zulässig war (vgl. § 271), oder daß es innerhalb der gesetzlichen Frist nicht eingelegt worden, oder daß das eingelegte Rechtsmittel von der zuständigen Stelle verworfen worden ist. Die Urteile der letzten Instanz — hier des RVAmts — sind stets sofort mit der Verkündung rechtskräftig.

2. Urteil: Gemeint sind nur die Entscheidungen der OVÄmter (einschl. der Vorentscheidungen, § 255) und des RVAmts; die Bescheide der RVAnstalt fallen unter § 307.

3. kann wieder aufgenommen werden, wenn: Und zwar nur dann, wenn einer der in Z. 1—4 des § 295 oder der in Z. 1—6 des § 296 genannten Gründe vorliegt; ferner mit den sachlichen Beschränkungen der §§ 297, 298 und mit der zeitlichen des § 303. Die weit verbreitete Meinung, ein rechtskräftig abgeschlossenes Verfahren könne zu jeder Zeit nach Belieben des Gerichts oder der Parteien wieder aufgenommen werden, namentlich um Beweismittel nachzuholen, die beizubringen man früher versäumt hatte, ist ganz und gar irrig.

Die Wiederaufnahme kann nicht beantragt werden, weil in einem anderen, gleichgelagerten Streitfall anders entschieden worden sei; vgl. AVN. 1917 S. 38 u. 1918 S. 169 Z. 285 (anders das Gesetz über das Verfahren in Versorgungssachen vom 10. Jan. 1922, RGBl. S. 59, § 66 Z. 12).

4. nicht vorschriftsmäßig besetzt war: S. die §§ 153, 164, sowie 152, 161 Abs. 1.

5. ausgeschlossen war: S. die §§ 258, 273 mit 233; 261; 273 mit 261.

6. abgelehnt ... worden war: S. die §§ 258, 273 mit 234; 261; 273 mit 261.

7. nicht ... vertreten war: S. die §§ 14, 15, 24 u. 26 OVAO.; 24, 25 RVAO.

8. geltend gemacht werden konnte: **Die Wiederaufnahme des Verfahrens soll nicht dazu dienen, Angriffs- und Verteidigungsmittel nachzuschleppen, deren Geltendmachung man früher versäumt hatte.**

§ 296 (298).

Die Wiederaufnahme ist ferner zulässig[1]), wenn

1. eine Urkunde[2]), auf die sich die Entscheidung stützt, fälschlich angefertigt oder verfälscht war,
2. durch Beeidigung eines Zeugnisses oder eines Gutachtens, auf die sich die Entscheidung stützt, der Zeuge oder Sachverständige vorsätzlich oder fahrlässig die Eidespflicht verletzt hat[3]),
3. der Vertreter der Partei oder der Gegner oder sein Vertreter die Entscheidung durch eine mit öffentlicher Strafe bedrohte Handlung[4]) erwirkt hat,
4. eine Person bei der Entscheidung mitgewirkt hat, die bei der Verhandlung ihre Amtspflichten gegen die Partei verletzt hat[5]), sofern diese Verletzung mit öffentlicher Strafe bedroht ist,
5. ein strafgerichtliches Urteil, auf das sich die Entscheidung stützt, durch ein anderes rechtskräftig gewordenes Urteil aufgehoben worden ist,
6. eine Partei nachträglich eine Urkunde[6]), die eine ihr günstigere Entscheidung herbeigeführt haben würde, auffindet oder zu benutzen instand gesetzt wird.

1. ist ferner zulässig: Anm. 2 zu § 295 gilt auch hier.

2. Urkunde: In Betracht kommen sowohl öffentliche als auch private, z. B. standesamtliche Urkunden, Versicherungskarten usw.; auch ärztliche Zeugnisse und Gutachten können als Urkunden anzusehen sein. — Vgl. §§ 267 ff. RStrGB.

3. die Eidespflicht verletzt hat: Vgl. §§ 153 ff. RStrGB. — Eine falsche uneidliche Aussage begründet die Wiederaufnahme des Verfahrens nicht.

4. mit öffentlicher Strafe bedrohte Handlung: Hierher gehören in erster Linie betrügerische Handlungen (vgl. § 263 RStrGB.) des Versicherten selbst (in welchem Falle die RVAnstalt die Wiederaufnahme des Verfahrens beantragen kann).

5. Amtspflichten verletzt hat: S. §§ 331 ff. RStrGB.

Zu Nr. 1—4 sind die Beschränkungen des § 299 zu beachten.

6. Urkunde: Damit eine Urkunde „nachträglich aufgefunden" werden kann usw., muß sie zu der Zeit, als die anzufechtende Entscheidung erlassen wurde, schon vorhanden gewesen sein; nachträglich erst ausgestellte Urkunden fallen daher nicht unter Nr. 6. Das gilt besonders auch von ärztlichen Zeugnissen und Gutachten.

Auch nachträglich gefundene Zeugen können nicht auf Grund des § 296 Nr. 6 berücksichtigt werden, sondern höchstens etwa gemäß § 308.

§ 297 (299).

Die Wiederaufnahme ist in den Fällen des § 296 Nr. 1 bis 4 nur zulässig, wenn

1. wegen der strafbaren Handlung eine rechtskräftige strafgerichtliche Verurteilung[1]) ergangen ist,
2. ein gerichtliches Strafverfahren aus anderen Gründen[2]) als wegen Mangels an Beweis nicht eingeleitet oder nicht durchgeführt werden konnte.

1. strafgerichtliche Verurteilung: Eine disziplinäre Bestrafung genügt nicht.

2. aus anderen Gründen: z. B. Abwesenheit; Tod; Verjährung der Strafverfolgung, usw.

§ 298 (300).

Die Wiederaufnahme ist in allen Fällen des § 296 nur zulässig, wenn nicht die Partei ohne ihr Verschulden[1]) den Anfechtungsgrund in dem früheren Verfahren, insbesondere durch Einlegung eines Rechtsmittels, geltend machen konnte.

1. ohne ihr Verschulden: Auch ein Verschulden ihres (gesetzlichen oder bevollmächtigten) Vertreters muß die Partei gegen sich gelten lassen.

Es kommt nicht selten vor, daß eine Partei die Wiederaufnahme des Verfahrens beantragt, weil zwar ihren Vertreter, jedoch nicht sie selbst, ein Verschulden treffe; damit ist jedoch nichts auszurichten.

§ 299 (301).

Mit dem Antrag auf Wiederaufnahme können Anfechtungsgründe, durch die eine ältere Entscheidung derselben oder einer unteren Instanz[1]) betroffen wird, geltend gemacht werden, wenn die angefochtene Entscheidung auf der älteren beruht.

1. derselben oder einer unteren Instanz: Wenn die ältere Entscheidung von einer höheren Instanz erlassen ist, so muß die Wiederaufnahme bei dieser beantragt werden (§ 300 Abs. 2).

2. Zuständigkeit.

§ 300 (302).

Über den Antrag[1]) entscheidet die Stelle, deren Entscheidung angefochten wird[2]).

Sind mehrere Entscheidungen angefochten, die von Stellen verschiedener Ordnung erlassen[3]) sind, so entscheidet die Stelle höherer Ordnung. An Stelle des Reichsversicherungsamts[4]) entscheidet das Oberversicherungsamt, wenn eine vom Reichsversicherungsamt erlassene Entscheidung auf Grund des § 296 Nr. 1, 2, 5 oder 6 angefochten wird.

1. Antrag: Es ist stets zu prüfen, ob wirklich ein Antrag auf Wiederaufnahme des Verfahrens vorliegt, d. h. ob der Antragsteller einen der gesetzlichen Wiederaufnahmsgründe geltend machen will. Nicht selten werden z. B. Gesuche um einen neuen Bescheid (§ 308) auch als Anträge auf Wiederaufnahme des Verfahrens bezeichnet; in solchen Fällen ist aber das Gesuch an die RVAnstalt abzugeben.

Andererseits ist, wenn der Antragsteller wirklich die Wiederaufnahme des Verfahrens anstrebt, eine unrichtige Bezeichnung des Antrags (als Beschwerde o. dgl.) unschädlich.

2. deren Entscheidung angefochten wird: Das ist diejenige, welche sachlich entschieden hat. Wenn also z. B. das RVAmt eine Revision als unzulässig verworfen und daher lediglich formell entschieden hat, so ist die zuständige Stelle, wenn die Entscheidung mit dem Antrag auf Wiederaufnahme des Verfahrens angefochten wird, das Oberversicherungsamt.

3. von Stellen verschiedener Ordnung erlassen: Das ist der Fall, wenn von den zulässigen Rechtsmitteln Gebrauch gemacht worden war.

4. An Stelle des Reichsversicherungsamts: Dieses selbst entscheidet also nur dann, wenn die Anfechtungsgründe des § 295 oder von § 297 die Nr. 3, 4 in Betracht kommen.

3. Gang des Verfahrens.

§ 301 (303).

Der Antrag[1]) ist binnen einem Monat[2]) zu stellen.

Die Frist beginnt mit dem Tage, an dem die Partei den Anfechtungsgrund erfährt, jedoch nicht bevor die Entscheidung rechtskräftig geworden[3]) ist. Nach Ablauf von fünf Jahren[4]) vom Tage der Rechtskraft an ist der Antrag unstatthaft.

Die Vorschriften des Abs. 2 gelten nicht, wenn die Wiederaufnahme wegen mangelnder Vertretung beantragt wird. Die Frist läuft dann von dem Tage, an dem die Entscheidung der Partei oder, wenn sie nicht fähig war, den Streit selbst zu betreiben, ihrem gesetzlichen Vertreter zugestellt worden ist.

1. Antrag: S. Anm. 1 zu § 300.

2. binnen einem Monat: S. die §§ 320, 321. Die Frist ist eine Ausschlußfrist, wie das Gesetz selbst in § 303 ausdrücklich sagt. Wiedereinsetzung in den vorigen Stand gegen ihren Ablauf wäre daher, streng genommen, nicht zulässig. Die Praxis erachtet sie jedoch meistens als zulässig.

3. nicht bevor ... rechtskräftig geworden ist: Solange die Entscheidung noch nicht rechtskräftig geworden ist, kann von dem zulässigen Rechtsmittel Gebrauch gemacht werden (vgl. auch § 298). Da aber die Entscheidungen des RVAmts sofort mit der Verkündung rechtskräftig sind, so kann sich die Vorschrift nur auf die Entscheidungen der OVAmter beziehen.

4. Nach Ablauf von fünf Jahren: Auch diese Frist ist eine Ausschlußfrist; sie kann daher weder gehemmt noch unterbrochen werden, gegen ihren Ablauf ist die Wiedereinsetzung in den vorigen Stand nicht zulässig.

§ 302 (304).

Die Wiederaufnahme kann auch von Amts wegen [1]) eingeleitet werden.

1. von Amts wegen: D. h. vom OVAmt oder RVAmt; die RVAnstalt muß (wenn sie nicht von § 308 Gebrauch macht), einen Antrag an die nach § 300 zuständige Stelle richten.

Die Wiederaufnahme von Amts wegen ist an keine Frist gebunden.

§ 303 (305).

Die Vorschrift des § 325 Abs. 2, 3 über Wahrung der Frist gilt auch für die Ausschlußfristen des § 301 entsprechend [1]).

1. gilt ... entsprechend: Der Antrag (§ 303) wäre an sich bei der Stelle anzubringen, die darüber zu entscheiden hat (§ 300). Nach § 325 Abs. 2 gilt aber die Frist (hier die Fristen des § 301 Abs. 1, Abs. 2 Satz 2), innerhalb deren der Antrag zu stellen ist, auch dann als gewahrt, wenn der Antrag rechtzeitig bei einer anderen inländischen Behörde oder bei einem Organe der RVAnstalt eingegangen ist. Die Antragsschrift ist dann unverzüglich an die zuständige Stelle abzugeben.

Diese Vorschrift ist hier besonders wichtig, da es nicht selten für die Antragsteller schwer sein wird, zu beurteilen, welche Stelle nach § 300 zu entscheiden hat.

§ 304 (306).

Ist der Antrag verspätet [1]) oder unzulässig [2]), so kann ihn der Vorsitzende der für die Entscheidung zuständigen Stelle ohne mündliche Verhandlung durch eine mit Gründen versehene Verfügung verwerfen. Der Vorsitzende des Senats für Angestelltenversicherung darf es nur dann, wenn er mit dem Berichterstatter darüber einig [3]) ist.

Der Antragsteller kann binnen einer Woche nach der Zustellung der Verfügung die Entscheidung der zuständigen Stelle [4]) anrufen. Die Verfügung muß darauf hinweisen.

1. verspätet: S. §§ 301, 303.

2. unzulässig: Wenn er den Erfordernissen der §§ 295 bis 298 nicht entspricht, also namentlich, wenn er nicht auf einen der gesetzlichen Wiederaufnahmsgründe gestützt wird (nach den bei der Arbeiterversicherung gemachten Erfahrungen ist dieser Fall in der Praxis der bei weitem häufigste!).

3. mit dem Berichterstatter darüber einig: Anderenfalls entscheidet der Senat.

4. Entscheidung der zuständigen Stelle: Diese kann ohne öffentliche und mündliche Verhandlung ergehen (AN. 1915 S. 612 Z. 2820).

§ 305 (307).

Ist der Antrag rechtzeitig gestellt worden und zulässig, so wird die Hauptsache, soweit der Anfechtungsgrund sie betrifft [1]), neu verhandelt.

Für das neue Verfahren gelten die Vorschriften, die für diejenige Instanz maßgebend sind, bei der das neue Verfahren anhängig geworden ist.

1. soweit der Anfechtungsgrund sie betrifft: S. § 296 Nr. 1—3, 5, 6; liegt einer der eigentlichen Nichtigkeitsgründe vor (§§ 295, 296 Nr. 4), so muß die ganze Sache neu verhandelt werden.

§ 306 (308).

Rechtsmittel sind zulässig, soweit sie gegen die Entscheidungen der mit der Wiederaufnahme befaßten Instanzen überhaupt gegeben [1]) sind.

1. überhaupt gegeben: Diese Vorschrift bezieht sich auf den Ausschluß der Revision nach § 271. War also gegen das Urteil des OVAmts s. Zt. in der Sache selbst die Revision nicht zulässig, so ist sie auch nicht zulässig gegen eine Entscheidung dieses OVAmts über einen Antrag auf Wiederaufnahme des Verfahrens.

IV. Anfechtung endgültiger Bescheide.

§ 307 (310).

Gegenüber einem rechtskräftigen Bescheide [1]) kann eine neue Prüfung beantragt werden [2]), wenn eine der Voraussetzungen der §§ 295, 296 vorliegt.

Die §§ 297 ff. geltend entsprechend.

1. rechtskräftigen Bescheide: Nämlich der RVAnstalt (§ 249); ein solcher Bescheid ist rechtskräftig, wenn gegen ihn innerhalb der gesetzlichen Frist keine Berufung eingelegt worden ist (§§ 249 Abs. 4, 252).

2. kann ... beantragt werden: Auch von der RV-Anstalt selbst, wenn sie glaubt, daß einer der Wiederaufnahmsgründe der §§ 295, 296 zu ihren Gunsten vorliege. Im umgekehrten Fall wird sie von § 308 Gebrauch machen.

V. Besondere Befugnisse der Reichsversicherungsanstalt.

§ 308 (79).

Überzeugt sich die Reichsversicherungsanstalt bei erneuter Prüfung, daß die Leistung mit Unrecht abgelehnt, entzogen, wegen Ruhens oder aus sonstigen Gründen eingestellt oder zu niedrig festgestellt[1]) worden ist, so kann sie[2]) eine neue Feststellung treffen[3]).

1. abgelehnt ... zu niedrig festgestellt: Eine zu Unrecht gewährte oder zu hoch festgesetzte Leistung der Versicherung kann hinterher nicht mehr abgeändert werden, ausgenommen die Fälle der §§ 67—71, oder wenn die Voraussetzungen des § 307 vorliegen.

2. kann sie: Die Bestimmung entspricht dem § 1319 der RVO. und beruht auf Billigkeitsgründen, um ein etwa begangenes Unrecht wieder gut machen zu können. Die Maßregel steht im freien Ermessen der RVAnstalt.

Der Versicherte kann die neue Feststellung nicht verlangen, noch weniger kann sie auf dem Klagswege erzwungen werden. Auch dazu, um lediglich eine ungeklärte Rechtsfrage zu entscheiden, kann § 308 nicht dienen (AVN. 1921 S. 69 Z. 461).

Lehnt die RVAnstalt es ab, eine neue Feststellung zu treffen, so geschieht das durch einfache Verfügung, ein Rechtsmittel dagegen findet nicht statt (s. Abs. 2 dieser Anm.).

3. eine neue Feststellung treffen: Dadurch wird die Rechtskraft der früheren Entscheidung beseitigt, soweit die neue Feststellung reicht.

Die RVAnstalt kann aber auch einen (abermals ablehnenden) berufungsfähigen Bescheid erteilen, um dem Antragsteller den Instanzenzug nochmals zu eröffnen und auf diese Weise eine Entscheidung der Versicherungsbehörden herbeizuführen.

§ 309 (80).

Die Reichsversicherungsanstalt braucht Ruhegeld und sonstige Renten nicht[1]) zurückzufordern[2]), die sie vor rechtskräftiger Entscheidung nach dem Gesetze zahlen mußte[3]).

1. braucht ... nicht: Sie kann es aber; die Entscheidung darüber steht auch hier im freien Ermessen der Versicherungsanstalt. Gegen die Rückforderung gibt es keine Beschwerde.

2. zurückzufordern: Bei Streit ist hierüber im Feststellungsverfahren der Angestelltenversicherung zu entscheiden, nicht etwa auf dem Klagswege vor den bürgerlichen Gerichten. In sachlicher Hinsicht werden für die Rückforderung allerdings die Grundsätze des bürgerlichen Rechts maßgebend sein müssen (§§ 812—822, und hinsichtlich der Verjährung § 195 BGB.); vgl. auch Entsch. des Reichsversorgungsgerichts Bd. 3 S. 221 Z. 73.

Die Rückforderung kann aber auch durch Aufrechnung (§ 92) geltend gemacht werden.

3. vor rechtskräftiger Entscheidung...zahlen mußte: Weil die Rechtsmittel nur in sehr beschränktem Maße aufschiebende Wirkung haben (§§ 326, 277). Es handelt sich also um den Fall, daß von einem OVAmt eine Leistung (Ruhegeld oder Rente) festgesetzt, auf ein Rechtsmittel der RVAnstalt aber in der Revisionsinstanz wieder aufgehoben worden ist, bis dahin aber einstweilen bezahlt werden mußte.

VI. Kosten des Verfahrens.

§ 310 (311).

Hat ein Beteiligter[1]) durch Mutwillen, Verschleppung oder Irreführung[2]) Kosten des Verfahrens[3]) veranlaßt, so können sie ihm ganz oder teilweise auferlegt werden[4]). Sie fließen in die Kasse der Reichsversicherungsanstalt.

1. Beteiligter: Ein Versicherter, ein sonstiger Berechtigter, ein Vertreter. Zeugen und Sachverständige gehören nicht hierher.

2. Mutwillen, Verschleppung, Irreführung: Es muß also stets ein vorsätzliches Verhalten vorliegen; Fahrlässigkeit, auch grobe, genügt nicht.

3. Kosten des Verfahrens: Es handelt sich nur um die gerichtlichen Kosten, nicht um außergerichtliche Parteikosten.

4. können ... auferlegt werden: Nach Ermessen der entscheidenden Stelle. Die Auferlegung geschieht im Bescheid der RVAnstalt oder im Urteil der Versicherungsbehörden (vgl. auch § 29 RVAO. und § 46 OVAO.).

§ 311 (312).

Im übrigen werden den Beteiligten keine Kosten des Verfahrens auferlegt[1]).

1. werden . . . keine Kosten . . . auferlegt: Das AVG. kennt keine Vorschrift, die dem § 1670 RVO. entspräche (AVN. 1920 S. 200 Z. 421). Nach dieser Bestimmung wird bei der Verhandlung von Amts wegen geprüft, ob und in welchem Betrage die unterlegene Partei dem Gegner seine Kosten zu erstatten hat; die Höhe dieser Kosten wird im Urteil festgesetzt. Etwas derartiges gibt es also in der AV. nicht, das Verfahren ist hier vielmehr, abgesehen von dem (sehr seltenen) Falle des § 310, kostenfrei, die Kosten fallen dem Versicherungsträger zur Last.

Auch eine dem § 1803 (neuer Fassung) RVO. entsprechende Vorschrift gibt es in der AV. nicht.

Dagegen sind dieser eigentümlich die Vorschriften in den §§ 6 bis 10 VAOfAV. und 4—8 OVAOfAV., wonach der Vorsitzende zur Aufklärung des Sachverhalts dem Versicherten, auch wenn er persönlich erscheint, ausnahmsweise gestatten kann, sich auf Kosten der RVAnstalt einen Vertreter zu nehmen.

Im übrigen s. auch die §§ 242 (258, 273).

VII. Schlußvorschriften.

§ 312 (156 Abs. 2; 309).

Der Reichsarbeitsminister bestimmt das Nähere[1]) über den Geschäftsgang und das Verfahren nach Anhören der Reichsversicherungsanstalt.

Er kann das Verfahren auch abweichend von den bestehenden Vorschriften[2]) regeln.

1. bestimmt das Nähere: Das ist geschehen durch die Verfahrensordnungen für die Ausschüsse, Kammern und Senate der AV., vom 21. Dez. 1922 und 12. Jan. 1923, RGBl. 1922 I S. 956, 959; 1923 I S. 56. Sie sind geändert durch Verordnung vom 14. Dez. 1923 (RGBl. I S. 1199).

Die Verordnungen sind im Anhang abgedruckt, die Änderungen der Verordn. vom 14. Dez. 1923 sind dabei bereits berücksichtigt.

2. abweichend von den bestehenden Vorschriften: Bis jetzt nicht geschehen.

Siebenter Abschnitt.

Auszahlung der Leistungen.

§ 313 (313).

Die Reichsversicherungsanstalt zahlt auf Anweisung[1]) des Direktoriums durch die Post[2]).

Falls die Reichsversicherungsanstalt durch die Postanstalten als Zahlstellen auszahlen will, wird das nähere Verfahren durch den Reichsarbeitsminister geregelt [3]).

1. auf Anweisung: Nicht schon durch diese, sondern erst durch die wirklich erfolgte Auszahlung wird die RVAnstalt von ihrer Schuldigkeit frei.

2. durch die Post: Und zwar in der Regel im Postscheckverkehr; nur in Einzelfällen wird aus Zweckmäßigkeitsgründen anders gezahlt.

Für die Benützung des Postscheckverkehrs muß die RVAnstalt die allgemeinen gesetzlichen Gebühren entrichten.

3. wird . . . geregelt: Bis jetzt nicht geschehen.

§ 314 (314).

Jede Person, die berechtigt ist, ein öffentliches Siegel zu führen [1]), ist befugt [2]), die bei den Zahlungen erforderlichen Bescheinigungen [3]) zu erteilen und zu beglaubigen.

1. berechtigt ist, . . . zu führen: Nicht nur Beamte und Behörden, sondern namentlich auch Geistliche.

2. befugt: Aber nicht verpflichtet; darüber entscheiden lediglich die für den Betreffenden geltenden Dienstesvorschriften usw.

3. Bescheinigungen: Diese sind nach § 334 gebühren- und stempelfrei.

Hieher gehören namentlich die Bescheinigungen darüber, daß der Rentenberechtigte noch lebt, sowie, daß die rentenberechtigte Witwe sich nicht wieder verheiratet hat.

§ 315 (317).

Der Reichsarbeitsminister kann bestimmen [1]), wie an Empfänger zu zahlen ist, die sich gewöhnlich im Ausland aufhalten [2]).

1. kann bestimmen: Bis jetzt nicht geschehen.

2. im Ausland aufhalten: Es kann sich hier nur um Fälle handeln, in denen die Rente nicht nach §§ 73—75 ruht.

Achter Abschnitt.

Sonstige Vorschriften.

I. Behörden.

§ 316 (320).

Die oberste Verwaltungsbehörde kann einzelne der Aufgaben und Rechte, die ihr dieses Gesetz zuweist, auf andere Behörden übertragen [1]).

1. kann ... übertragen: Auf Grund des § 320 sind bis jetzt folgende Erlasse ergangen:

a) Für Preußen:

Min.-Erlasse vom 23. Nov. 1912 (Min.-Bl. für innere Verw. S. 315), vom 31. März 1913 (Handelsmin.-Bl. S. 255) und vom 2. Juni 1913 (Handelsmin.-Bl. S. 442); sie betreffen sämtlich den Vollzug des § 9 (jetzt 11) Abs. 3.

b) Für Bayern:

Min.-Bekanntm. vom 7. und 28. Mai 1913 (Min.-A.-Bl. d. J. u. d. Auß. S. 372, 576); sie betreffen gleichfalls den § 11 Abs. 3.

c) Für Baden:

Min.-Bekanntm. vom 31. Dez. 1912 (Gef.- u. V.-Bl. 1913 S. 59); auch sie betrifft den § 11 Abs. 3.

Ferner sind noch anzuführen für Oldenburg Z. I der Min.-Bekanntm. vom 29. Mai 1912 (Gef.-Bl. S. 199), und für Schaumburg-Lippe der Min.-Erlaß vom 31. Jan. 1913 (Anz. d. Fürstent. Sch.-L. S. 60); diese beiden Erlasse berufen sich zwar auf § 316, enthalten aber tatsächlich keine Anordnung auf Grund dieses Paragraphen.

§ 317 (321).

Sie bestimmt [1]),

1. welchen Behörden die Aufgaben zukommen, die dieses Gesetz den höheren und den unteren Verwaltungsbehörden sowie den Ortspolizeibehörden zuweist,
2. welche Verbände als Gemeindeverbände zu gelten haben; eine einzelne Gemeinde gilt als Gemeindeverband im Sinne dieses Gesetzes nur dann, wenn es die oberste Verwaltungsbehörde bestimmt.

Die Bestimmungen werden im Reichsanzeiger veröffentlicht.

1. Sie bestimmt: Auf Grund des § 317 sind die folgenden Erlasse ergangen:

a) Für Preußen:
Min.-Erlaß vom 30. Juli 1912, Handelsmin.-Bl. S. 411;

b) für Bayern:
§§ 1—5 der Min.-Bekanntm. vom 8. Aug. 1912, Ges.- u. V.-Bl. S. 701;

c) für das vorm. Kgr. Sachsen:
§ 1 der V. vom 30. Dez. 1912, Ges.- u. V.-Bl. S. 565;

d) für Württemberg:
§ 6 der Min.-Verf. vom 29. Dez. 1922, Reg.-Bl. 1923 S. 39;

e) für Baden:
§ 1 Nr. 3—5 der Min.-V. vom 5. Aug. 1912, Ges.- u. V.-Bl. S. 339;

f) für Hessen:
§§ 1 u. 2 der Min.-Bekanntm. vom 11. Juli 1912, Reg.-Bl. S. 411;

g) für Mecklenburg-Schwerin:
Z. I u. II der Min.-Bekanntm. vom 25. Juli 1912, Reg.-Bl. S. 463; ferner Bekanntm. vom 26. Jan. 1921 (Reg.-Bl. S. 123).

h) für Thüringen:
Verordn. vom 9. Febr. 1923 (Ges.-Samml. S. 65 ff.).

i) für Mecklenburg-Strelitz:
Z. I u. II Abs. 1 der Min.-Bekanntm. vom 7. Aug. 1912, Offiz. Anz. S. 363;

k) für Oldenburg:
Z. II der Min.-Bekanntm. vom 29. Mai 1912, Ges.-Bl. S. 199;

l) für Braunschweig:
§ 1 der Min.-Bekanntm. vom 13. Aug. 1912, Ges.- u. V.-Samml. S. 363;

m) für Anhalt:
V. vom 10. Aug. 1912, Ges.-Samml. S. 147;

n) für Waldeck u. Pyrmont:
Bekanntm. des Landesdirektors vom 29. Aug. 1912, Reg.-Bl. S. 131;

o) für Schaumburg-Lippe:
Z. I der Min.-Bekanntm. vom 23. Mai 1912, Anz. d. Fürstent. Sch.-L. S. 213;

p) für Lippe-Detmold:
Z. I der V. vom 13. Juli 1912, Ges.-Samml. S. 804;

q) für Hamburg:
§§ 3—6 der Bekanntm. des Senats vom 12. Juli 1912, Amtsbl. S. 743;

r) für Bremen:
§ 1 der V. vom 19. Juli 1912, Ges.-Bl. S. 183;

8) für Lübeck:
§§ 1—5 der Bekanntm. des Senats vom 20. Juli 1912, Ges.- u. V.-Bl. S. 510 mit Nachtrag vom 17./27. März 1921 (Ges.- u. V.-Bl. S. 96).

II. Rechtshilfe.

§ 318 (322).

Die öffentlichen Behörden[1]) sind verpflichtet[2]), den im Vollzuge dieses Gesetzes[3]) an sie ergehenden Ersuchen[4]) der Versicherungs- und anderen öffentlichen Behörden sowie der Organe der Reichsversicherungsanstalt zu entsprechen, insbesondere vollstreckbare Entscheidungen zu vollstrecken und den Organen der Reichsversicherungsanstalt[5]) auch unaufgefordert alle Mitteilungen zukommen zu lassen, die für deren Geschäftsbetrieb von Wichtigkeit sind[6]). Die gleiche Verpflichtung liegt den Organen der anderen Träger der Reichsversicherung[7]) ob.

Wenn ein Gericht[8]) das Ersuchen um eine Beweisaufnahme[9]) ablehnt, so entscheidet das Oberlandesgericht endgültig.

1. öffentlichen Behörden: Selbstverständlich nur die inländischen, da eine Verpflichtung einer ausländischen Behörde durch das deutsche Gesetz nicht begründet werden kann.

Was als öffentliche Behörde anzusehen ist oder nicht, läßt sich nur von Fall zu Fall beurteilen; es entscheidet hierüber teils Reichs-, teils Landesrecht.

Auf dem Gebiete der Arbeiterversicherung sind zwar die Vorstände der Krankenkassen und der Berufsgenossenschaften keine öffentlichen Behörden, sie fallen aber gleichwohl unter § 318 wegen des letzten Satzes des Abs. 1.

2. sind verpflichtet: Das Ersuchen darf also nicht abgelehnt werden (wie in § 158 Abs. 1 des Ger.-Verf.-Gesetzes für jenes Rechtsgebiet ausdrücklich ausgesprochen). Jedoch bestehen gewisse Beschränkungen: Einmal muß die Handlung, um die ersucht wird, ihrer Art nach innerhalb des vorgeschriebenen Wirkungskreises der ersuchten Behörde liegen; sodann ist ein Ersuchen um Rechtshilfe nur zulässig, wenn die ersuchende Behörde nicht oder nur mit unverhältnismäßigen Schwierigkeiten imstande wäre, die betr. Handlung selbst auszuführen; endlich wird nach der überwiegenden Ansicht die Verpflichtung der ersuchten Behörde auch dadurch ausgeschlossen, daß ihr eine landesrechtliche Bestimmung entgegensteht, die einem Rechts-

gebiet angehört, auf das sich nach der Reichsverfassung die gesetzgebende Gewalt des Reichs nicht erstreckt (so wurden z. B. früher Steuerbehörden trotz der reichsgesetzlichen Bestimmungen über Rechtshilfe nicht für befugt erachtet, Aufschlüsse über Steuerverhältnisse zu geben, wenn die einschlägige landesrechtliche Steuergesetzgebung dies verbot, weil die Gesetzgebung über die direkten Steuern der Landesgesetzgebung vorbehalten war und die Reichsgesetzgebung daher in sie — hier eben mit § 318 des vorliegenden Gesetzes — nicht eingreifen konnte; die grundlegenden Änderungen auf dem Gebiete der Reichsgesetzgebung über die direkten Steuern haben jedoch auch hierin eine Änderung gebracht).

3. im Vollzuge dieses Gesetzes: einschließlich der ergänzenden gesetz- und verordnungsmäßigen, reichs- und landesrechtlichen Vorschriften. Andere Gesetze dagegen kommen nicht in Betracht.

4. Ersuchen: Es kommen als Akte der Rechtshilfe stets nur solche Handlungen der ersuchten Behörde in Betracht, um die diese erst ersucht werden muß, die ihr also nach den für sie maßgebenden Vorschriften nicht ohnehin schon obliegen. Trifft aber letzteres zu, dann handelt es sich überhaupt nicht um Rechtshilfe. Die Frage ist von praktischer Bedeutung wegen § 319. Vgl. auch Anm. 2 zu § 178.

5. Organen der Reichsversicherungsanstalt: § 97.

6. unaufgefordert ... von Wichtigkeit sind: z. B. daß ein Versicherungspflichtiger nicht versichert, daß ein Ruhegeldempfänger nicht mehr berufsunfähig ist, u. dgl.

Die RVO. enthält — im Gegensatz zu den früheren Gesetzen über Unfall- und Invalidenversicherung — eine solche Vorschrift nicht mehr.

7. Organe der anderen Träger der Reichsversicherung: Das sind zunächst die Vorstände der Krankenkassen, der Berufsgenossenschaften und ihrer Sektionen, der Versicherungsanstalten, die gemäß §§ 977 oder 1037 RVO. zur Verwaltung landw. Berufsgenossenschaften berufenen Behörden oder Organe, der Vorstand der Versicherungsgenossenschaft der Privatfahrzeug- und Reittierbesitzer, dann die Ausführungsbehörden der Unfallversicherung und die zur Verwaltung der Sonderanstalten der Invalidenversicherung berufenen Organe; die anderen Organe der Versicherungsträger (Ausschüsse der Krankenkassen und der Versicherungsanstalten, Genossenschaftsversammlungen der Berufsgenossenschaften) werden praktisch kaum in Betracht kommen.

Lehnt ein Versicherungsträger die ihm angesonnene Rechtshilfe ab, so ist seine Aufsichtsbehörde anzugehen.

8. Gericht: Gemeint sind die auf Grund des Gerichtsverfassungsgesetzes errichteten ordentlichen bürgerlichen Gerichte, dagegen nicht Sondergerichte; diese werden auch für Ersuchen um Beweisaufnahmen ohnehin kaum in Betracht kommen.

9. Beweisaufnahme: S. die §§ 218, 224, 258, 259 ff., 273.

§ 319 (323).

Tagegelder, Reisekosten[1]), Gebühren für Zeugen und Sachverständige[2]) und alle anderen baren Auslagen[3]), die aus der Rechtshilfe erwachsen, werden von der Reichsversicherungsanstalt als eigene Verwaltungskosten erstattet.

1. Tagegelder, Reisekosten: S. für die Reichsbeamten die Verordn. des Reichsfinanzministers vom 17. Jan. 1924, R.-Bes.-Bl. S. 4. Für andere Beamte bemessen sich die Tagegelder usw. nach Landesrecht.

2. Gebühren für Zeugen und Sachverständige: S. die Gebührenordnung für Zeugen und Sachverständige vom 25. Mai 1898, RGBl. S. 689, mit Änderungen durch das Gesetz vom 10. Juni 1914, RGBl. S. 214, und die Verordnungen vom 13. März 1922 (RGBl. I S. 242) und vom 21. Dez. 1923 (RGBl. I S. 1239). Außerdem kommen für Amtsärzte (Medizinalbeamte) landesrechtliche Vorschriften in Betracht, für Preußen das Gesetz vom 14. Juli 1909 (Ges.-Samml. S. 625) und die Verordn. vom gleichen Tage (Ges.-Samml. S. 635), für Bayern Verordn. vom 17. Nov. 1902 (GVBl. S. 715) und vom 4. Aug. 1910 (GVBl. S. 415).

3. alle anderen baren Auslagen: Es muß sich um besondere ausscheidbare Auslagen handeln, die durch das betr. Ersuchen um Rechtshilfe unmittelbar veranlaßt sind. Allgemeine Verwaltungskosten der ersuchten Stelle (Kosten der Gerichtshaltung) sind dagegen nicht zu erstatten (AN. 1914 S. 681 Z. 2742).

Zu den „baren Auslagen" gehören im allgemeinen auch Portokosten. Solche erwachsen in Rechtshilfesachen, da Portofreiheit nur für die Reichsbehörden in reinen Reichsdienstsachen besteht. Jedoch wird der Schriftverkehr zwischen Versicherungsträgern und anderen Behörden auf Grund landesrechtlicher Verordnungen meist freigemacht, auf Ersatz der Kosten wird verzichtet. Überdies gehören nach einer neuen grundsätzlichen Entscheidung des RVAmts (AN. 1925 S. 159 Z. 3191) Portokosten, die durch die Rücksendung der von Behörden ausgeführten Rechtshilfeersuchen und Antworterteilungen an die Versicherungsträger entstehen, zu den im regelmäßigen Geschäftsgang erwachsenen, gewöhnlichen und allgemeinen Verwaltungskosten; sie sind keine „baren Auslagen" im Sinn des Gesetzes.

III. Fristen.

§ 320 (324).

Richtet sich der Anfang einer Frist[1]) nach einem Ereignis oder Zeitpunkt[2]), so beginnt die Frist mit dem Tage, der auf das Ereignis oder den Zeitpunkt folgt.

Wird eine Frist verlängert[3]), so beginnt die neue mit Ablauf der alten Frist.

1. Frist: Eine Frist im Sinn des AVG. ist jeder vom Gesetz begrenzte Zeitraum. Deshalb gehören hieher nicht nur Verfahrensfristen, sondern auch andere, z. B. die der §§ 37 Abs. 1, 40, 61 Abs. 2 Satz 2, 62, 63 Abs. 1 Satz 2, 86, 187 Abs. 1, 191 Abs. 2, 375.

2. Ereignis oder Zeitpunkt: Namentlich die Zustellung einer Entscheidung. Eine dem § 187 Abs. 2 BGB. entsprechende Bestimmung kennt das Gesetz nicht.

3. verlängert: Rechtsmittelfristen (§ 324) können nicht verlängert werden.

§ 321 (325).

Eine nach Tagen bestimmte Frist[1]) endigt mit dem Ablauf ihres letzten Tages[2]), eine nach Wochen oder Monaten bestimmte Frist[1]) mit dem Ablauf desjenigen Tages[2]) der letzten Woche oder des letzten Monats, welcher nach Benennung oder Zahl dem Tage entspricht[3]), in den das Ereignis oder der Zeitpunkt fällt.

Fehlt dem letzten Monat der entsprechende Tag[4]), so endigt die Frist mit dem Monat.

1. Frist: Hieher gehören auch Fristen, die rückwärts zu berechnen sind, z. B. §§ 28, 94 Abs. 1 Nr. 4, 124 Abs. 1 Satz 2, 188.

2. mit dem Ablauf ihres letzten Tages ... mit dem Ablauf desjenigen Tages usw.: Vorbehaltlich der Vorschrift des § 323 Abs. 1.

3. dem Tage entspricht: Ist also z. B. ein Bescheid der RVAnstalt am 1. Mai zugestellt worden, so endigt die Berufungsfrist (§§ 252, 324) mit dem 1. Juni; ist ein Urteil eines OV-Amts am 29. Jan. zugestellt worden, so endet die Revisionsfrist (§§ 270, 324) im Schaltjahr mit dem 29. Febr. (wegen der gemeinen Jahre s. Anm. 4).

4. Fehlt ... der entsprechende Tag: Beispiel: Ist ein Bescheid oder Urteil am 31. Mai zugestellt worden, so endet die Rechtsmittelfrist (§ 324) mit dem 30. Juni; ist die Zustellung am 29. Jan. bewirkt worden, so endet die Rechtsmittelfrist im gemeinen Jahr mit dem 28. Febr., usw.

§ 322 (326).

Braucht ein Zeitraum von Monaten oder Jahren nicht zusammenhängend zu verlaufen[1]), so wird der Monat zu dreißig, das Jahr zu dreihundertfünfundsechzig Tagen gerechnet.

1. nicht zusammenhängend zu verlaufen: Ein solcher Fall ist im jetzigen Gesetz nicht zu finden, die Vorschrift ist daher jetzt gegenstandslos (früher § 394 Abs. 1, 2 des alten Gesetzes).

§ 323 (327).

Fällt der für eine Willenserklärung oder Leistung oder den Ablauf einer Frist gesetzte Tag auf einen Sonntag oder einen allgemeinen Feiertag, der am Erklärungs- oder Leistungsorte[1]) staatlich anerkannt ist[2]), so gilt dafür der nächstfolgende Werktag[3]).

Für die Dauer von Leistungen, zu denen die Reichsversicherungsanstalt verpflichtet ist, gilt diese Vorschrift nicht.

1. am Erklärungs- oder Leistungsort: Nur dieser kommt in Betracht. „Erklärungsort" ist bei der Einlegung von Rechtsmitteln der Sitz der Stelle, die zu entscheiden hat (§ 325 Abs. 1); nur dieser ist für die Frage, ob ein Feiertag allgemein anerkannt sei, entscheidend, und zwar auch dann, wenn das Rechtsmittel anderswo eingelegt wird (§ 325 Abs. 2).

2. allgemeinen Feiertag, der ... staatlich anerkannt ist: Es kommen hier nur die staatlich anerkannten Feiertage in Betracht, nicht die rein kirchlichen (abweichend § 222 ZPO.). Welche Feiertage staatlich anerkannt sind, bemißt sich nach Landesrecht.

In allen Ländern des Deutschen Reichs anerkannt sind der Neujahrstag, der Ostermontag, Christi Himmelfahrtstag, der Pfingstmontag und die beiden Weihnachtsfeiertage. Im übrigen bestehen Verschiedenheiten.

In Preußen sind außer den eben genannten Feiertagen weiter anerkannt der Karfreitag (Ges. vom 2. Sept. 1899, Ges.-Samml. S. 199), der Buß- und Bettag (Ges. vom 12. März 1893, Ges.-Samml. S. 29), in der Rheinprovinz auch Allerheiligen (Kab.-O. vom 7. Febr. 1831 und 22. Juli 1839).

In Bayern fehlt eine allgemeine gesetzliche Bestimmung; laut Min.-Bekanntm. vom 12. Mai 1912 (Ges.- u. V.-Bl. S. 627) sind im Einverständnis mit den kirchlichen Oberbehörden mehrere bis dahin üblich gewesene katholische Feiertage teils aufgehoben, teils auf Sonntage verlegt worden. Anerkannt sind daher jetzt noch — außer Neujahr usw., s. o. — in überwiegend katholischen Orten des rechtsrh. Bayern der Josephstag (19. März), Fronleichnam, Mariä Himmelfahrt, Mariä Empfängnis, Peter und Paul, Allerheiligen, in überwiegend protestantischen Orten der Karfreitag; in der Pfalz sind anerkannt in überwiegend katholischen Orten Fronleichnam, Allerheiligen und Mariä Himmelfahrt, in überwiegend protestantischen Orten der Karfreitag.

Für das vorm. Kgr. Sachsen s. die Verordn. vom 6. Juli 1899, für Württemberg Verordn. vom 28. Juni 1849 und Art. 135 des Ausf.-Ges. zum BGB., für Baden Verordnung vom 11. Nov. 1899, für Hessen Art. 18 des AusfG. zum BGB. Jüdische Feiertage gehören nicht hierher.

3. gilt dafür der nächstfolgende Werktag: Beispiel: Ist ein Bescheid oder Urteil am 25. November zugestellt worden, so würde nach § 321 die Rechtsmittelfrist mit dem 25. Dezember ablaufen; gemäß § 323 läuft sie jedoch erst mit dem 27. Dezember ab.

§ 324 (328).

Rechtsmittel[1]) sind, soweit dieses Gesetz nichts anderes vorschreibt[2]), binnen einem Monat[3]) nach Zustellung[4]) der angefochtenen Entscheidung einzulegen[5]).

Für Seeleute[6]), die sich außerhalb Europas[7]) aufhalten, wird diese Frist von der Stelle bestimmt, welche die angefochtene Entscheidung erlassen hat; sie muß mindestens drei Monate von der Zustellung an betragen.

1. Rechtsmittel: Das sind die Berufung (§ 252), die Revision (§ 270) und die Beschwerde (§§ 15, 16, 114, 117, 129, 139, 152, 194 Abs. 1, 200 Abs. 4, 201, 202, 220 Abs. 2, 221 Abs. 2, 223 Abs. 2, 240 Abs. 2, 242 Abs. 2, 265 Abs. 3, 290, 354; ferner §§ 21 Abs. 2, 27 Abs. 2, 28 Abs. 3, 30 Abs. 3 der Beitr.-Ordn.).

Keine Rechtsmittel sind der Antrag auf Wiederaufnahme des Verfahrens (§§ 295 ff.), der Antrag auf neue Sachprüfung (§ 307), die Anträge auf Entscheidung der Spruchkammer usw. gemäß §§ 256 Abs. 1, 280 Abs. 2, 304 Abs. 2, endlich der Antrag auf Wiedereinsetzung in den vorigen Stand (§ 327); für diese Anträge bestimmt das Gesetz besondere Fristen (§§ 301 Abs. 1, 256 Abs. 1, 280 Abs. 1, 307 Abs. 2 mit 301, 328). Kein Rechtsmittel ist auch die sog. Aufsichtsbeschwerde (vgl. § 94 Abs. 2); sie ist an keine Frist gebunden.

2. soweit ... nichts anderes vorschreibt: Dies geschieht zunächst in Abs. 2 des § 324 selbst; weiter s. die §§ 220 Abs. 2, 278.

3. binnen einem Monat: Wegen der Berechnung s. die §§ 320, 321, 323.

4. nach Zustellung: Vgl. die §§ 331, 332.

Ist also z. B. die angefochtene Entscheidung am 15. Oktober zugestellt worden, so beginnt die Rechtsmittelfrist mit dem 16. Oktober und endet mit dem 15. November (§§ 320 Abs. 1, 321 Abs. 1) und wenn dieser ein Sonntag ist, mit dem 16. November (§ 323 Abs. 1); ist die Entscheidung am 30. April zugestellt worden, so beginnt die Frist mit dem 1. Mai und endigt mit dem 30. Mai, und wenn etwa dieser der Pfingstsonntag ist, mit dem 1. Juni § 323 Abs. 1); ist die Entscheidung am 31. August zugestellt worden, so beginnt die Frist mit dem 1. September und endet mit dem 30. September (§ 321 Abs. 2) und wenn dieser ein Sonntag ist, mit dem 1. Oktober, usw.

Bei Entscheidungen, die auf Grund mündlicher Verhandlung ergehen und den Parteien schon durch die Verkündung bekannt werden (§ 263), hat daher die Rechtsmittelfrist nicht sowohl die Bedeutung, daß das Rechtsmittel nur während des Laufes der Frist eingelegt werden könnte, als vielmehr nur die, daß es nach ihrem Ablauf nicht mehr eingelegt werden kann. Die Einlegung vor dem Beginn der Frist, also vor Zustellung der angefochtenen Entscheidung, ist dagegen zulässig und rechtswirksam.

Ob die Frist gewahrt sei, ist von Amts wegen zu prüfen. Die Frist gilt als gewahrt, wenn sich der Zeitpunkt, in dem die angefochtene Entscheidung zugestellt wurde, nicht mehr ermitteln läßt (AVN. 1915 S. 192 Z. 51).

Hat eine Partei einen Prozeßbevollmächtigten, so ist die Entscheidung diesem zuzustellen; nur dadurch wird die Rechtsmittelfrist in Lauf gesetzt.

5. einzulegen: Das Rechtsmittel braucht nicht richtig bezeichnet, auch überhaupt nicht als solches bezeichnet zu sein. Es genügt vielmehr jede Erklärung des Antragstellers, aus der mit genügender Deutlichkeit hervorgeht, daß er mit der in Frage stehenden Entscheidung nicht zufrieden sei und ihre Abänderung anstrebe. Daher hat das RVAmt schon wiederholt auch in der bloßen Einsendung der Entscheidung oder eines ärztlichen Gutachtens an die höhere Instanz (ohne Begleitschreiben) eine wirksame Einlegung des Rechtsmittels erblickt.

Für die Einlegung der Revision ist durch § 276 die schriftliche Form ausdrücklich vorgeschrieben; s. auch Anm. 1 zu § 325.

6. Seeleute: Vgl. die §§ 1046 Nr. 1, 163 RVO.

7. außerhalb Europas: Zu Europa gehören auch die europäischen Meere einschließlich des Mittelländischen, des Schwarzen und des Azowschen Meeres (§ 16 Abs. 2 BGB.).

§ 325 (328).

Die Rechtsmittel werden bei der Stelle eingelegt[1]), die zu entscheiden hat[2]).

Die Frist gilt auch dann als gewahrt, wenn das Rechtsmittel rechtzeitig[3]) bei einer anderen inländischen Behörde[4]) oder bei einem Organe der Reichsversicherungsanstalt[5]) eingegangen ist[6]).

Die Rechtsmittelschrift ist unverzüglich an die zuständige Stelle abzugeben[7]).

1. eingelegt: Die Revision ist schriftlich einzulegen (276).

Auch die anderen Rechtsmittel sind schriftlich einzulegen (§§ 13, 14 OVAO.); doch ist hier auch die Einlegung zu einer Niederschrift zulässig, die entweder von dem Beteiligten selbst oder von seinem gesetzlichen Vertreter oder von einem Bevollmächtigten unterzeichnet werden muß. Auch telegraphische Einlegung ist zulässig (AVN 1915 S. 191 Z. 50), dagegen nicht die Einlegung durch den Fernsprecher. S. ferner Anm. 5 zu § 324!

Das die Einlegung des Rechtsmittels enthaltende Schriftstück muß innerhalb der Frist bei der zuständigen (oder einer nach Abs. 2 zugelassenen anderen) Stelle eingegangen sein; es genügt nicht, wenn es innerhalb der Frist abgesandt worden ist (s. jedoch auch § 327 Abs. 2).

2. zu entscheiden hat: In der Regel Oberversicherungsamt oder Reichsversicherungsamt; ausnahmsweise auch der Reichsarbeitsminister (§§ 114 Abs. 3, 117 Abs. 3) oder die höhere Verwaltungsbehörde (§ 129 Abs. 3).

Der Sitz der Stelle, die zu entscheiden hat, ist auch maßgebend für die Beurteilung, ob gemäß § 323 Abs. 1 einer ablaufenden Frist noch der nächstfolgende Werktag zugegeben werden kann (vgl. Anm. 1 zu § 323).

3. rechtzeitig: S. §§ 321, 323, 324 und die Bemerkungen dazu.

4. inländischen Behörde: Dazu gehören auch die Vorstände der Landesversicherungsanstalten (§ 1343 RVO.), ferner die deutschen Gesandtschaften und Konsulate im Ausland, dagegen nicht etwa die Gesandtschaften und Konsulate fremder Staaten im Inland.

5. Organ der Reichsversicherungsanstalt: S. § 97. Nicht in Betracht kommen die Ersatzkassen und die Träger der reichsgesetzlichen Arbeiterversicherung (ausgenommen die Vorstände der Landesversicherungsanstalten, die aus einem anderen Gesichtspunkt — s. Anm. 4 — in Betracht kommen).

6 eingegangen: Nämlich nach der Absicht des Absenders zur geschäftsmäßigen Behandlung, nicht etwa bloß zur Beförderung. Die Aufgabe einer Rechtsmittelschrift auf der Post ist daher kein „Eingang bei einer inländischen Behörde" im Sinn des § 325 Abs. 2. — S. aber auch § 327 Abs. 2.

7. unverzüglich ... abzugeben: Die Nichtbeachtung der Vorschrift hat keinen Rechtsnachteil im Gefolge.

§ 326 (330).

Die Rechtsmittel bewirken Aufschub nur da, wo das Gesetz es vorschreibt[1]).

1. vorschreibt: S. § 277.

§ 327 (331).

Ist ein Beteiligter[1]) durch Naturereignisse oder andere unabwendbare Zufälle[2]) verhindert worden[3]), eine gesetzliche Verfahrensfrist[4]) einzuhalten, so wird ihm auf Antrag[5]) die Wiedereinsetzung in den vorigen Stand erteilt[6]).

Die Wiedereinsetzung wird auf Antrag auch dann erteilt, wenn das verspätet eingelaufene Schriftstück der Post mindestens drei Tage vor Ablauf der Frist zur Bestellung übergeben worden ist[7]).

1. Beteiligter: D. h. eine Partei oder ihr Vertreter.

2. unabwendbare Zufälle: Dazu gehören außer den vom Gesetz selbst genannten Naturereignissen (wie Überschwemmungen, Erdbeben, Feuersbrünsten u. dgl.) besonders Krankheit und Krieg, ferner falsche Rechtsbelehrung durch eine zuständige Stelle (aber nicht, wenn sie durch einen Unberechtigten erteilt worden ist); auch darin, daß die Zustellung, die die versäumte Frist in Lauf setzte, im Wege der Ersatzzustellung (§§ 181 ff. ZPO.) bewirkt worden, das zugestellte Schriftstück aber nicht rechtzeitig in die Hände des Adressaten gelangt ist, kann ein „unabwendbarer Zufall" gefunden werden (ein gegenteilig beurteilter Fall ist mitgeteilt in AN. 1914 S. 665 Nr. 2732). Wegen Störungen im Postbetriebe s. AVN. 1921 S. 215 Z. 495 und Abs. 2 dieses Paragraphen. — Gesetzesunkenntnis oder Säumnis eines Vertreters sind keine Wiedereinsetzungsgründe.

3. verhindert worden: Der Beteiligte muß nicht nur verhindert gewesen sein, selbst die zur Wahrung der Frist nötigen Schritte zu tun, sondern auch, einen anderen damit zu beauftragen. War er zu letzterem imstande und hat er es versäumt, so war er nicht wirklich „verhindert", trotz des unabwendbaren Zufalls (AVN. 1919 S. 165 Z. 351).

4. Verfahrensfrist: Gemeint sind nur die Rechtsmittelfristen (sog. Notfristen der ZPO.) einschließlich der Fristen des § 328 Abs. 1 u. 2, dagegen nicht Ausschluß- und Verjährungsfristen; gegen deren Ablauf gibt es keine Wiedereinsetzung in den vorigen Stand (s. auch Anm. 6 zu § 328)

5. auf Antrag: Und zwar nur auf Antrag. Eine Wiedereinsetzung von Amts wegen gibt es nicht (anders bei der Wiederaufnahme des Verfahrens, § 302). Wegen der Frist für diesen Antrag s. § 328.

6. wird . . . erteilt: Dies ist jedoch nur solange möglich, als die Instanzen der Rechtsprechung noch imstande sind, sich mit der nachgeholten Prozeßhandlung zu befassen, d. h. als der Instanzenzug noch nicht erschöpft ist. Wenn aber bereits endgültig Rechtskraft eingetreten ist, so müßte, um die Wiedereinsetzung gewähren zu können, das Urteil der letzten Instanz aufgehoben werden, was aber nur im Wege der Wiederaufnahme des Verfahrens (§§ 295 ff.) möglich wäre. Die Wiedereinsetzung in den vorigen Stand kann daher in einem solchen Falle nur dann gewährt werden, wenn zugleich die Voraussetzungen für die Wiederaufnahme des Verfahrens vorliegen. Ist also z. B. die Berufung gegen einen Bescheid der RVAnstalt verspätet eingelegt, die Berufung vom OVAmt und auch die gegen dessen Urteil eingelegte Revision vom RVAmt verworfen worden, und wird jetzt erst der Antrag auf Wiedereinsetzung in den vorigen Stand gestellt, so kann ihm nicht mehr stattgegeben werden, ausgenommen, wie erwähnt, es lägen die Voraussetzungen für die Wiederaufnahme des Verfahrens vor (daß auch der Gesetzgeber bei §§ 327 ff. nur die Fälle im Auge hatte, in denen die verspätete Prozeßhandlung noch nicht endgültig zurückgewiesen ist, ergibt sich aus den §§ 329, 330. In solchen Fällen muß, soweit möglich, § 308 helfen.

7. übergeben worden ist: Es ist nicht notwendig, daß dies durch eingeschriebenen Brief geschehen ist; der Nachweis, daß das Schriftstück der Post übergeben worden ist, kann auch auf andere Weise geführt werden, z. B. durch Zeugen.

Die Übergabe an die Post muß so rechtzeitig bewirkt worden sein, daß dieser außer dem Tag der Übergabe noch 2 volle Tage, einschließlich dessen, mit dem die Verfahrensfrist abläuft, zur Beförderung des Schriftstücks verbleiben.

§ 328 (332).

Die Wiedereinsetzung ist im Falle des § 327 Abs. 1 binnen einer Frist zu beantragen, deren Dauer durch die Dauer der versäumten Frist bestimmt wird [1]). Die Frist beginnt mit dem Tage [2]), an dem das Hindernis behoben ist.

In den Fällen des § 327 Abs. 2 ist die Wiedereinsetzung binnen einem Monat zu beantragen. Die Frist beginnt mit dem Tage, an dem den Beteiligten bekannt wird, daß sie die Frist versäumt haben.

Nach Ablauf von zwei Jahren[3]), vom Ende der versäumten Frist an, kann die Wiedereinsetzung nicht mehr beantragt werden.

1. deren Dauer . . . bestimmt wird: Sie beträgt also in der Regel ebenfalls einen Monat (§ 324).

2. beginnt mit dem Tage: Sie berechnet sich nach den §§ 320, 321, 323.

Gegen die Versäumung der Fristen des § 328 Abs. 1 u. 2 ist ebenfalls Wiedereinsetzung in den vorigen Stand zulässig.

3. Nach Ablauf von zwei Jahren: Berechnung nach §§ 321, 323.

Diese Frist des Abs. 3 ist eine Ausschlußfrist; gegen ihre Versäumung gibt es daher keine Wiedereinsetzung in den vorigen Stand (s. Anm. 4 zu § 327).

§ 329 (333).

Der Antrag auf Wiedereinsetzung soll[1])

1. die Tatsachen angeben, welche die Wiedereinsetzung begründen,
2. die Mittel bezeichnen, diese Tatsachen glaubhaft zu machen, und
3. die versäumte Handlung nachholen, wenn es nicht bereits geschehen ist.

Er wird bei der Stelle[2]) angebracht, bei der die Frist versäumt ist; § 325 Abs. 2, 3 gilt entsprechend. Die Stelle entscheidet, die über die nachgeholte Handlung zu entscheiden hat.

1. soll: Die Vorschriften des § 329 sind nicht zwingend; auch wenn ein Antrag ihnen nicht völlig entspricht, kann er zugelassen werden. So wird z. B. die Wiedereinsetzung in den vorigen Stand nicht deshalb verweigert werden, weil der Antrag nicht die ausdrückliche Erklärung enthält, daß die versäumte Handlung nachgeholt werde; es genügt, wenn hinreichend erkennbar ist, daß dies die Absicht des Antragstellers sei.

2. bei der Stelle: Wegen Einreichung des Antrags an einem unrichtigen Ort s. § 325 Abs. 2, 3 und die Bem. dazu!

§ 330 (334).

Das Verfahren über den Antrag wird mit dem über die nachgeholte Handlung[1]) verbunden, doch kann auch zunächst über den Antrag allein verhandelt und entschieden werden.

Für die Entscheidung über die Zulässigkeit des Antrags und ihre Anfechtung gelten dieselben Vorschriften wie für die nachgeholte Handlung.

1. nachgeholte Handlung: D. i. die Einlegung der Berufung, Revision oder Beschwerde.

IV. Zustellungen.

§ 331 (335).

Zustellungen[1]), die eine Frist[2]) in Lauf setzen, können[3]) durch eingeschriebenen Brief[4]) geschehen.

Der Postschein begründet nach zwei Jahren seit seiner Ausstellung die Vermutung[5]) dafür, daß in der ordnungsmäßigen Frist nach der Einlieferung zugestellt worden ist.

1. Zustellungen, die ... in Lauf setzen: Die Zustellung muß, damit sie die Frist in Lauf setzen kann, ordnungsgemäß bewirkt werden. Für eine Partei, die nicht prozeßfähig ist, muß daher ihrem gesetzlichen Vertreter, für eine Partei, die durch einen Bevollmächtigten vertreten ist, diesem zugestellt werden. Die Zustellungen werden von Amts wegen bewirkt.

2. eine Frist: Namentlich die Rechtsmittelfristen (§ 324).

3. können ... geschehen: Sie können auch auf andere Art, z. B. durch Vermittlung der Gemeindebehörde, bewirkt werden, oder nach §§ 166 ff., 208 ff. der ZPO. (mit Postzustellungsurkunde).

4. durch eingeschriebenen Brief: Die Zustellung ist vollzogen, sobald der Einschreibebrief dem Adressaten oder einem postordnungsgemäß zur Empfangnahme eingeschriebener Sendungen an seiner Stelle Berechtigten ausgehändigt ist oder wenn die Annahme der Sendung grundlos verweigert wird.

5. die Vermutung: Der Postschein, d. i. die Bescheinigung der Post darüber, daß die Sendung aufgegeben worden ist, begründet nach der Natur der Sache keinen Beweis dafür, daß die Sendung dem Adressaten auch wirklich ausgehändigt worden ist. Dies kann nur der Empfangsschein des Adressaten beweisen. Bei der Post werden jedoch diese Empfangsscheine nach zwei Jahren vernichtet. Deswegen soll gemäß § 331 Abs. 2 der Postaufgabeschein nach zwei Jahren seit seiner Ausstellung zwar keinen vollen Beweis, wohl aber die Vermutung dafür begründen, daß in der ordnungsmäßigen Frist nach der Einlieferung zugestellt worden ist. Gegen diese Vermutung ist der Gegenbeweis zulässig, den der Empfänger der Sendung führen muß.

§ 332 (336).

Wer nicht im Inland[1]) wohnt, hat auf Verlangen[2]) einen Zustellungsbevollmächtigten[3]) zu benennen.

Ist der Aufenthalt unbekannt[4]), oder wird der Zustellungsbevollmächtigte nicht in der gesetzten Frist[5]) benannt, so kann die Zustellung[6]) durch einwöchigen Aushang in den Geschäftsräumen der Behörde oder Stelle ersetzt werden; die Frist darf nicht kürzer als ein Monat sein.

1. Inland: Schutzgebiete gelten hier nicht als Inland.

2. auf Verlangen: Der zuständigen Stelle.

3. einen Zahlungsbevollmächtigten: Dieser ist, wie schon der Name sagt, nur ermächtigt, Zustellungen entgegenzunehmen, dagegen nicht, für die Partei in der Sache selbst handelnd aufzutreten. Er muß im Inland wohnen, wenn auch nicht gerade im Bezirk der Stelle, die seine Benennung verlangt.

4. Aufenthalt unbekannt: Das darf jedoch nur angenommen werden, wenn nach dem Aufenthalt nachgeforscht worden ist und alle zu seiner Aufdeckung dienlichen Mittel erschöpft sind.

5. in der gesetzten Frist: Sie darf nach dem Schlußsatze des Abs. 2 nicht kürzer als ein Monat sein.

6. kann die Zustellung: Jede Zustellung; nicht nur solche, die eine Frist in Lauf setzen, sondern auch andere, z. B. Ladungen zu Terminen.

V. Gebühren und Stempel.

§ 333 (337).

Gebühren- und stempelfrei[1]) sind, soweit dieses Gesetz nichts anderes vorschreibt[2]), alle Verhandlungen und Urkunden, die bei den nach diesem Gesetze für die Feststellung der Leistungen zuständigen Behörden[3]) erforderlich werden, um die Rechtsverhältnisse zwischen der Reichsversicherungsanstalt einerseits und den Arbeitgebern oder Versicherten oder ihren Hinterbliebenen anderseits[4]) zu begründen oder abzuwickeln.

1. Gebühren- und stempelfrei: Es kommen nur öffentlichrechtliche Gebühren und Abgaben in Betracht, namentlich solche, die in die Staats- oder Gemeindekasse fließen. Vergütungen von Ärzten oder Rechtsanwälten u. dgl. gehören nicht hierher. Ferner gewährt § 333 keine Befreiung vom Postgeld.

2. soweit ... nichts anderes vorschreibt: Vgl. § 212 Abs. 2 (Mahngebühr).

3. zuständigen Behörden: Das sind die Reichsversicherungsanstalt, die Versicherungsämter, die Oberversicherungsämter und das Reichsversicherungsamt, ferner die von ihnen etwa ersuchten Behörden.

4. Rechtsverhältnisse zwischen ... andererseits: Nicht unter die Vorschrift fallen Rechtsverhältnisse zwischen Arbeitgebern und Versicherten, ferner zwischen der RVAnstalt und ihren Organen, endlich Vermögensanlagen der RVAnstalt.

§ 334 (338).

Das gleiche gilt für die außergerichtlichen Verhandlungen und Urkunden[1]) dieser Art sowie für solche privatschriftlichen Vollmachten[2]) und amtlichen Bescheinigungen, welche nach diesem Gesetze zum Ausweis[3]) und zu Nachweisungen[4]) erforderlich werden.

1. außergerichtlichen Verhandlungen und Urkunden: Während § 333 sich mit den Verhandlungen und Urkunden befaßt, die bei den Behörden der Angestelltenversicherung erforderlich werden, handelt § 334 von anderen Verhandlungen, Urkunden und Vollmachten.

Zu den hienach gebührenfreien Urkunden werden auch die standesamtlichen Registerauszüge zu rechnen sein.

Gerichtliche und notarielle Verhandlungen und Urkunden oder Beglaubigungen sind gebühren- und stempelpflichtig nach den hierüber bestehenden Vorschriften. Hieher gehören namentlich Erbscheine.

2. privatschriftlichen Vollmachten: Auch diese Bestimmung gilt nicht für notarielle oder gerichtliche Urkunden, die eine Vollmacht enthalten, z. B. Erbscheine.

3. Ausweis: Z. B. behufs Empfangnahme der Versicherungsleistungen.

4. Nachweisungen: Besonders von Ersatzzeiten!

VI. Verbote und Strafen.

Vorbemerkung:

Das AVG. droht verschiedene Arten von Strafen an; sie finden sich nicht nur im VI. Teil des achten Abschnitts (§§ 335—357), sondern auch an zahlreichen anderen Stellen des Gesetzes. Die Strafen sind folgende:

1. Gerichtliche Strafen; s. die §§ 337, 338, 342, 344 bis 348, 350, 351 u. 353. Der letztgenannte Fall bildet eine Übertretung im Sinn des Strafgesetzbuchs, die anderen sind Vergehen.

Verhängt werden diese Strafen durch die ordentlichen Strafgerichte nach Anklage durch die Staatsanwaltschaft. Die betr. Zuwiderhandlungen unterliegen den allgemeinen Vorschriften des Reichsstrafgesetzbuchs, der Strafprozeßordnung und des Gerichtsverfassungsgesetzes. Für die Mindest- und die Höchstbeträge der angedrohten Geldstrafen gelten die §§ 27 u. 27a RStrGB. in der Fassung des Art I der Verordnung über Vermögensstrafen und Bußen, vom 6. Febr. 1924 (RGBl. I S. 44).

Gerichtlich erkannte Geldstrafen fließen in die Staatskasse des Landes, dessen Gerichte auf die Strafe erkannt haben (vgl. § 355 AVG.).

2. Ordnungsstrafen; s. die §§ 114, 128, 139, 141, 152, 161, 221, 335, 336, 343, 377; auch § 10 Abs. 3 der Beitr.-O. Zuständig zur Verhängung dieser Strafen sind meistens die RV-Anstalt oder die Versicherungsbehörden, ausnahmsweise ist es auch die untere Verwaltungsbehörde (§ 128) oder die Aufsichtsbehörde einer Lebensversicherungsunternehmung (§ 377).

Die Stellen, die hienach zuständig sind, können nach Ermessen von ihrem Strafrecht Gebrauch machen, müssen jedoch nicht (sog. Opportunitätsprinzip); davon kann auch in der Beschwerdeinstanz noch Gebrauch gemacht werden (AVN. 1918 S. 65 und 1920 S. 8 Z. 369). Auch die Zurücknahme einer bereits ausgesprochenen Strafe ist zulässig, solange dagegen nicht Beschwerde eingelegt ist; in diesem Fall hat die Beschwerdeinstanz zu entscheiden (AN. 1918 S. 353 Z. 2461).

Die Bestimmungen im sog. allgemeinen Teil des RStrGB. (§§1—79), besonders die über Versuch, Beihilfe und Anstiftung, über die Mindest- und Höchstbeträge der Geldstrafen, über Umwandlung uneinbringlicher Geldstrafen in Freiheitsstrafe usw. gelten für die Ordnungsstrafen nicht. Für die Verjährung der Strafverfolgung und Strafvollstreckung enthält das AVG. besondere Vorschriften (§§ 356, 357).

Der Mindestbetrag der Ordnungsstrafen (die sämtlich nur Geldstrafen sind) ist 1 RM., ihr Höchstbetrag 1000 RM. (Art. II, III, XIV Abs. 2 Z. 3 der Verordn. vom 6. Febr. 1924). Beigetrieben werden diese Strafen wie Gemeindeabgaben (§ 355).

Dagegen gelten auch für die Ordnungsstrafen gewisse allgemeine Grundsätze des Strafrechts, so, daß jede Bestrafung ein Verschulden des Täters voraussetzt, daß eine ausdehnende Auslegung der Strafvorschriften unzulässig ist (vgl. hiezu auch AVN. 1920 S. 12 Z. 372), und daß jede Tat nur einmal bestraft werden kann.

Die Verhängung einer Ordnungsstrafe schließt jedoch die gerichtliche Strafverfolgung, sofern gleichzeitig eine solche Strafe verwirkt ist, nicht aus, und umgekehrt. Auch dadurch, daß etwa der Täter im gerichtlichen Verfahren freigesprochen wird, erwächst kein

Hindernis für die Verhängung einer Ordnungsstrafe wegen derselben Handlung.

3. Zwangsstrafen; s. die §§ 177, 200, 201. Sie sollen die Vornahme oder Unterlassung einer Handlung erzwingen. Im Fall des § 177 ist die Ortspolizeibehörde zuständig, im übrigen die RV-Anstalt.

Zwangsstrafen müssen vorher angedroht werden und können auch mehrmals verhängt werden. Sie fließen in die Kasse der RV-Anstalt (§ 355).

4. Endlich kennt das AVG. in den §§ 336 Abs. 1 und 340 Abs. 3 eine Art Nebenstrafe, die darin besteht, daß dem Schuldigen neben der Ordnungsstrafe die Zahlung des ein- bis zweifachen der rückständigen Beiträge auferlegt wird.

§ 335 (339).

Nehmen Arbeitgeber [1]) in die Nachweise oder Anzeigen [2]), die sie nach den Vorschriften des Gesetzes oder den Bestimmungen der Reichsversicherungsanstalt [3]) aufzustellen haben, Eintragungen [4]) auf, deren Unrichtigkeit sie kannten oder den Umständen nach [5]) kennen mußten, oder unterlassen sie die vorgeschriebenen Eintragungen ganz oder teilweise, so kann [6]) die Reichsversicherungsanstalt Ordnungsstrafe in Geld [7]) gegen sie verhängen.

1. Arbeitgeber: Ihnen stehen die in § 339 genannten Personen gleich.

Wegen Übertragung der Pflichten des Arbeitgebers an Betriebsleiter usw. vgl. § 340.

Bei einer Mehrheit von verantwortlichen Personen kann ohne Rücksicht auf die innere Geschäftsverteilung jeder einzelne bestraft werden (AVN. 1918 S. 11).

Der Geschäftsführer einer Gesellschaft m. b. H. kann auch nach dem Ausscheiden aus dem Amte wegen Verfehlungen, die er in der Zeit seiner Geschäftsführung begangen hat, mit Ordnungsstrafe belegt werden (AVN. 1918 S. 11).

Ein stellvertretender Geschäftsführer einer Gesellschaft m. b. H. steht hinsichtlich der Bestrafung dem ordentlichen Geschäftsführer gleich (ebenda).

Mittellosigkeit der Gesellschaft schließt die Bestrafung des Geschäftsführers nicht aus (ebenda).

2. Nachweise oder Anzeigen: s. §§ 192, 200, 201.

3. Bestimmungen der Reichsversicherungsanstalt: S. § 201.

4. Eintragungen: Es handelt sich also nur um schriftliche Angaben. Unrichtige mündliche Auskünfte fallen nicht unter die Strafbestimmung des § 335.

5. den Umständen nach: Bei Anwendung angemessener Sorgfalt; ein Arbeitgeber kann sich also nicht darauf berufen, daß er die Unrichtigkeit nicht gekannt habe, wenn diese Unkenntnis selbst durch Fahrlässigkeit verursacht ist.

6. so kann: Die Verhängung der Strafen steht im freien Ermessen der Versicherungsanstalt.

Die Festsetzung einer Ordnungsstrafe auf Grund des § 335 setzt, wenn der Arbeitgeber bestreitet, daß die von ihm Beschäftigten versicherungspflichtig seien, die Feststellung der Versicherungspflicht gemäß § 194 nicht voraus (anders allerdings bei unterlassener Beitragszahlung zufolge § 336 Abs. 2; aber § 335 dient nicht ausschließlich den Zwecken der Beitragszahlung, sondern soll vielmehr unter Umständen der RVAnstalt erst ermöglichen, zu der Frage der Versicherungspflicht Stellung zu nehmen); s. AVN. 1922 S. 161 Z. 351.

7. Ordnungsstrafe in Geld: Diese fließt in die Kasse der RVAnstalt (§ 355 Abs. 1).

Die Strafe ist, wie das Gesetz selbst jetzt ausdrücklich sagt, eine Ordnungsstrafe; sie schließt daher nicht aus, daß der Schuldige gegebenenfalls auch strafgerichtlich (etwa wegen Betrugs) verfolgt wird.

Wegen des Beschwerderechts gegenüber diesen Strafen s. §§ 354, 324, 320, 321, 323. Die Beschwerde hat keine aufschiebende Wirkung: § 326.

Wegen Verjährung der Strafverfolgung und der Strafvollstreckung s. die §§ 356, 357.

Wegen des Mindest- und des Höchstbetrags dieser Strafen s. die Vorbemerkung von § 335, Z. 2 Abs. 5.

§ 336 (340).

Unterlassen es [1]) Arbeitgeber [2]), rechtzeitig für ihre versicherungspflichtig Beschäftigten die richtigen Marken zu verwenden [3]), so kann [4]) sie die Reichsversicherungsanstalt mit Ordnungsstrafe in Geld [5]) belegen. Die Bestrafung ist auch zulässig, wenn verspätet die richtigen Marken verwendet worden sind. Unabhängig von der Strafe [6]) und der Nachholung der Rückstände kann die Reichsversicherungsanstalt dem Bestraften die Zahlung des Ein- bis Zweifachen dieser Rückstände auferlegen. Der Betrag wird wie Gemeindegaben beigetrieben. Der Reichsarbeitsminister kann Zuwiderhandlungen gegen die Entwertungsvorschriften[7]) mit Strafe bedrohen.

Bestreitet der Arbeitgeber seine Beitragspflicht, so ist sie nach § 194 festzustellen[8]).

1. Unterlassen es: Für das Gebiet der Arbeiterversicherung hat das RVAmt zu § 1488 RVO. ausgesprochen, daß eine Bestrafung auf Grund dieser Bestimmung nur eintreten kann, wenn das Unterlassen ein Verschulden des Arbeitgebers in sich schließt; jedoch genügt jede Fahrlässigkeit (AN. 1914 S. 738 Nr. 1913). Der gleiche Grundsatz wird auch hier gelten müssen.

2. Arbeitgeber: S. Anm. 1 zu § 335.

3. rechtzeitig ... die richtigen Marken zu verwenden: D. h. die Marken, entsprechend den Vorschriften in den §§ 176, 182 AVG. u. 4 ff. der Beitr.-Ordnung rechtzeitig und in der richtigen Zahl und Höhe in die Versicherungskarten der Beschäftigten einzukleben; wegen des Entwertens der Marken vgl. § 10 Abs. 3 der Beitr.-O.

Ein z. Zt. der Straffestsetzung bestehendes Unvermögen, die unterlassene Beitragsleistung nachzuholen, schließt die Bestrafung gemäß § 336 nicht aus (AVN. 1918 S. 12).

4. kann: S. Anm. 6 zu § 335.

5. Ordnungsstrafe in Geld: S. Anm. 7 zu § 335.

6. Unabhängig von der Strafe: D. h. neben dieser; oder auch, wenn von der Verfügung einer Strafe abgesehen wird.

Die Zahlung des Ein- bis Zweifachen dieser Rückstände ist eine Art von Buße zur Entschädigung der RVAnstalt für den ihr entstandenen Schaden (besonders durch Entgang der Zinsen).

Nach früherer Ansicht sollte gegen die Auferlegung des Ein- bis Zweifachen der Rückstände ein Rechtsmittel nicht gegeben sein (AVN. 1918 S. 11). Dieser Ansicht ist jedoch das vorm. Oberschiedsgericht nicht beigetreten; es hat vielmehr angenommen, daß die Verfügung, die das Ein- bis Zweifache der Rückstände auferlegt, hinsichtlich der Anfechtbarkeit als „Strafverfügung" im Sinn des § 354 anzusehen sei (AVN. 1920 S. 14 Z. 374).

7. Zuwiderhandlungen gegen die Entwertungsvorschriften: S. § 10 Abs. 3 der Beitr.-O.

8. so ist sie ... festzustellen: Das Strafverfahren wird in diesem Falle zunächst ausgesetzt. Ist nach § 194 endgültig entschieden und ist ein Verschulden des Arbeitgebers erwiesen, so wird das Strafverfahren wieder aufgenommen.

Der Arbeitgeber kann sich also nicht lediglich dadurch, daß er seine Beitragspflicht bestreitet, der Bestrafung usw. auf Grund des § 336 entziehen.

§ 337 (341).

Mit Geldstrafe oder mit Haft[1]) werden bestraft[2]), wenn nicht nach anderen gesetzlichen Vorschriften härtere Strafe[3]) verwirkt ist,

1. Arbeitgeber[4]) oder deren Vertreter, die vorsätzlich den Beschäftigten höhere Beiträge[5]) vom Gehalt abziehen, als dieses Gesetz zuläßt,
2. Personen[6]), die dem Berechtigten eine Versicherungskarte widerrechtlich vorenthalten[7]).

1. Mit Geldstrafe oder mit Haft: Zuwiderhandlungen gegen § 337 sind Vergehen im Sinn des Reichsstrafgesetzbuchs (§ 1). Wegen des Mindest- und des Höchstbetrags der Geldstrafe (3—10 000 RM.) s. die Vorbemerkung vor § 335, Z. 1 Abs. 2. Der Höchstbetrag der Haft ist 6 Wochen, ihr Mindestbetrag 1 Tag (§ 18 des RStrGB.).

Wegen der Verjährung der Strafverfolgung und der Strafvollstreckung im Falle des § 337 s. die §§ 67, 70 des RStrGB.

2. werden bestraft: Von den Strafgerichten, die Verfolgung wird von der Staatsanwaltschaft betrieben.

Zuständig zur Aburteilung ist das Amtsgericht (§§ 24 Z. 2; 25 Z. 2 b des Ger.-Verf.-Ges.).

3. nach anderen gesetzlichen Vorschriften härtere Strafe: Es kommen namentlich die Bestimmungen des Reichsstrafgesetzbuchs über Betrug (§ 263) bei Nr. 1, über Diebstahl und Unterschlagung (§§ 242, 246) oder Unterdrückung einer Urkunde (§ 274 Nr. 1 des RStrGB.) bei Nr. 2 in Betracht.

4. Arbeitgeber: S. die §§ 339, 340.

5. höhere Beiträge, als dieses Gesetz zuläßt: S. §§ 183, 184 Abs. 2.

6. Personen: Also nicht bloß Arbeitgeber.

7. widerrechtlich vorenthalten: Vgl. § 181.

§ 338 (342).

Arbeitgeber[1]) werden mit Gefängnis[2]) bestraft[3]), wenn sie vorsätzlich[4]) Beitragsteile, die sie den Beschäftigten vom Gehalt abgezogen oder von ihnen erhalten haben, nicht für die Versicherung verwenden.

Daneben kann auf Geldstrafe und auf Verlust der bürgerlichen Ehrenrechte[5]) erkannt werden.

Bei mildernden Umständen kann ausschließlich auf Geldstrafe[6]) erkannt werden.

1. Arbeitgeber: S. Anm. 1 zu § 335.

2. mit Gefängnis: Auch diese Zuwiderhandlungen sind Vergehen im strafgesetzlichen Sinn. Der Mindestbetrag der Gefängnisstrafe ist 1 Tag, der Höchstbetrag 5 Jahre: § 16 des RStrGB.

3. werden bestraft: S. Anm. 2 zu § 337. Zuständig ist in diesem Falle des § 338 das Schöffengericht (§§ 24 Z. 2, 25 Z. 2 b, 28 des Ger.-Verf.-Ges.).

4. vorsätzlich: Fahrlässige Zuwiderhandlungen gegen diese Pflichten der Arbeitgeber fallen nur unter § 336.

5. Verlust der bürgerlichen Ehrenrechte: §§ 32 bis 36 des RStrGB.

6. Geldstrafe: S. die §§ 27 u. 27a des RStrGB. in der Fassung des Art. I der Verordn. über Vermögensstrafen und Bußen, vom 6. Febr. 1924 (RGBl. I S. 44).

§ 339 (343).

Soweit nach diesem Gesetz Arbeitgeber mit Strafen bedroht[1]) sind, stehen ihnen gleich[2]),

1. wenn eine Aktiengesellschaft, ein Versicherungsverein auf Gegenseitigkeit, eine eingetragene Genossenschaft, eine Innung oder andere juristische Person Arbeitgeber ist, die Mitglieder des Vorstandes,
2. wenn eine Gesellschaft mit beschränkter Haftung Arbeitgeber ist, die Geschäftsführer,
3. wenn eine andere Handelsgesellschaft Arbeitgeber ist, alle persönlich haftenden Gesellschafter, soweit sie von der Vertretung nicht ausgeschlossen sind,
4. die gesetzlichen Vertreter geschäftsunfähiger und beschränkt geschäftsfähiger Arbeitgeber[3]) sowie die Liquidatoren einer Handelsgesellschaft, eines Versicherungsvereins auf Gegenseitigkeit, einer eingetragenen Genossenschaft, einer Innung oder einer anderen juristischen Person.

1. nach diesem Gesetz . . . mit Strafen bedroht: Es gehören sowohl Ordnungsstrafen und Zwangsstrafen als auch gerichtliche Strafen hierher.

In Betracht kommen die Fälle der §§ 200, 335—338, 342 AVG., sowie 9 u. 10 der Beitr.-O.

Dagegen kommen nach der Natur der Sache nicht in Betracht die §§ 114, 128, 139, 141.

2. stehen ihnen gleich: Die Vorschrift beruht auf dem Gedanken, daß nur eine natürliche Person bestraft werden kann. Die Bestrafung juristischer Personen ist daher auch nach dem AVG. nicht zulässig (AVN. 1921 S. 4 Z. 435).

Bei einer Mehrheit von verantwortlichen Personen kann, ohne Rücksicht auf die innere Geschäftsverteilung, jeder Einzelne bestraft werden; die Bestrafung kann sich aber auch auf den wirklich Schuldigen beschränken (AVN. 1918 S. 11, 1922 S. 14 Z. 510; AN. 1923 S. 280 Z. 566).

Tritt ein Wechsel der verantwortlichen Personen ein, so kann der Nachfolger wegen eines Verstoßes, den sein Vorgänger begangen hat, im allgemeinen nicht bestraft werden, es sei denn, daß er die strafbare Handlung oder Unterlassung des Vorgängers fortsetzt (AVN. 1918 S. 66). Der ausgeschiedene Verantwortliche kann auch noch nach seinem Ausscheiden für Verfehlungen, die er während seiner Amtsdauer begangen hat, bestraft werden (AVN. 1918 S. 11).

3. geschäftsunfähiger und beschränkt geschäftsfähiger Arbeitgeber: Für den Fall des § 112 BGB. wird eine Ausnahme von § 339 AVG. zu machen sein.

§ 340 (344).

Der Arbeitgeber[1]) darf die Pflichten[2]), die ihm dieses Gesetz auferlegt, Betriebsleitern, Aufsichtspersonen oder anderen Angestellten seines Betriebs übertragen[3]).

Handeln solche Stellvertreter den Vorschriften zuwider, die den Arbeitgeber mit Strafe bedrohen, so trifft sie die Strafe[4]). Neben ihnen ist der Arbeitgeber strafbar, wenn

1. die Zuwiderhandlung mit seinem Wissen[5]) geschehen ist, oder
2. er bei Auswahl und Beaufsichtigung[6]) der Stellvertreter nicht die im Verkehr erforderliche Sorgfalt beobachtet hat; in diesem Falle darf gegen den Arbeitgeber auf keine andere Strafe als auf Geldstrafe erkannt werden.

Die Zahlung des Ein- bis Zweifachen der rückständigen Beiträge (§ 336) kann auch dem Stellvertreter auferlegt werden. Neben ihm haftet[7]) für diesen Betrag der Arbeitgeber, falls er nach Abs. 2 bestraft ist.

1. Arbeitgeber: S. auch § 339.

2. Pflichten: Gemeint sind die Pflichten in Bezug auf Beitragsleistung und was damit zusammenhängt (§§ 176, 182, 184 AVG.; 9—11 der Beitr.-O.); s. aber auch Anm. 4! Die Pflicht, Ehrenämter in der Verwaltung und Rechtsprechung zu übernehmen (§§ 114, 128, 139, 141) gehört nicht hierher.

3. übertragen: Auch stillschweigend. Die Übertragung muß aber ernstlich gemeint sein. Daß eine solche stattgefunden hat, muß, wenn nötig, der Arbeitgeber beweisen.

Macht der Arbeitgeber von der Befugnis des § 340 Gebrauch, so ist er im allgemeinen seiner eigenen Verantwortlichkeit ledig; haftbar ist er jedoch neben dem Stellvertreter in den Fällen des Abs. 2.

4. trifft sie die Strafe: Es handelt sich also nur um eine Übertragung der strafrechtlichen Verantwortlichkeit, nicht etwa auch die Haftung für die Entrichtung der Beiträge (s. jedoch auch Abs. 3 dieses Paragraphen!).

5. mit seinem Wissen: Es ist nicht erforderlich, daß er selbst die Zuwiderhandlung gewollt hat; es genügt, wenn er davon Kenntnis erhalten und sie nicht verhindert hat.

6. bei Auswahl und Beaufsichtigung: Der Arbeitgeber ist nicht nur verpflichtet, ausschließlich verlässige Personen mit seiner Stellvertretung zu betrauen, sondern er muß sie auch hinreichend beaufsichtigen, und zwar fortlaufend.

7. Neben ihm haftet...der Arbeitgeber: Stellvertreter und Arbeitgeber haften hier als Gesamtschuldner (vgl. §§ 830, 840, 421 ff. BGB.).

§ 341 (345).

Den Arbeitgebern[1]) und ihren Angestellten sowie der Reichsversicherungsanstalt ist untersagt, die Versicherten[2]) in der Übernahme oder Ausübung eines Ehrenamts[3]) der Angestelltenversicherung zu beschränken[4]) oder sie wegen der Übernahme oder der Art der Ausübung eines solchen Ehrenamts zu benachteiligen[5]). Den Bezeichneten ist ferner untersagt, durch Übereinkunft[6]) oder Arbeitsordnung zum Nachteil der Versicherten die Anwendung der Vorschriften dieses Gesetzes[7]) ganz oder teilweise auszuschließen.

Vertragsbestimmungen, die dem zuwiderlaufen, sind nichtig[8]).

1. Arbeitgeber: S. die §§ 339, 340.

2. Versicherten: Zwangsweise und freiwillig Versicherte.

3. Ehrenamts: S. §§ 115, 130, 143, 152, 161 Abs. 2. Auch Ehrenämter beim Reichsknappschaftsverein und bei Ersatzkassen gehören hierher.

4. zu beschränken: D. i. durch einseitige Verfügung des Arbeitgebers. Hierher gehört auch die Androhung der — an sich nach Gesetz oder Vertrag zulässigen — Kündigung, wenn sie zu dem Zweck geschieht, den Versicherten von der Übernahme eines Ehrenamts abzuhalten; wegen der Kündigung s. ferner auch § 116.

5. zu benachteiligen: z. B. durch Gehaltsminderung u. dgl.

Auch ein Vergleich zwischen der RVAnstalt und einem Versicherten über einen von diesem geltend gemachten Anspruch könnte unter Umständen unter das Verbot des § 341 fallen, nämlich dann, wenn er nicht bloß einen zwischen den Parteien bestehenden Streit beseitigen, sondern den Versicherten benachteiligen würde.

6. durch Übereinkunft: Namentlich unter Ausnützung der übermächtigen Stellung des Arbeitgebers.

7. die Anwendung der Vorschriften dieses Gesetzes: Hierher gehören in erster Linie die §§ 1 (Versicherungspflicht) und 168 (Beitragspflicht der Arbeitgeber) mit den Vorschriften der Beitragsordnung.

8. sind nichtig: Außerdem tritt noch für den schuldigen Arbeitgeber oder Angestellten die Strafe des § 342 ein.

§ 342 (346).

Arbeitgeber[1]) oder ihre Angestellten, die gegen § 341 Abs. 1 verstoßen, werden mit Geldstrafe oder mit Haft bestraft[2]), wenn nicht nach anderen gesetzlichen Vorschriften härtere Strafe[3]) eintritt.

1. Arbeitgeber: Vgl. die §§ 339, 340.

Gegen die RVAnstalt, d. h. die in ihrer Vertretung tätigen Mitglieder ihrer Organe, besteht keine Strafdrohung.

2. werden ... bestraft: Auch diese Strafe ist eine gerichtliche; die Zuwiderhandlung gegen § 341 Abs. 1 ist ein Vergehen (§ 1 Abs. 2 des RStrGB.). Zuständig zur Aburteilung ist das Amtsgericht (§§ 24 Z. 2, 25 Z. 2b des Ger.-Verf.-Ges.).

3 nach anderen gesetzlichen Vorschriften härtere Strafe: Hier kommen namentlich die Bestimmungen des Reichsstrafgesetzbuchs über Erpressung und Nötigung (§§ 253, 240) in Betracht, aber unter Umständen auch Betrug (§ 263 RStrGB.), ferner der § 338 dieses Gesetzes.

Tritt nach anderen Gesetzen eine härtere Strafe ein, so ist § 342 gegenstandslos.

Die Bestrafung auf Grund des § 336 kann neben der gemäß § 342 eintreten.

§ 343 (347).

Mit Ordnungsstrafe in Geld[1]) kann[2]) vom Versicherungsamt[3]) bestraft werden[4]), wer[5]) in Versicherungskarten[6]) den Vordruck fälschlich ausfüllt[7]) oder die zur Ausfüllung des Vordrucks eingetragenen Worte oder Zahlen verfälscht[7]) oder wissentlich eine solche Karte gebraucht[8]).

1. Ordnungsstrafe in Geld: S. die Vorbemerkung vor § 355, insbes. Abs. 5. Eine Verschärfung der Strafdrohung enthält § 344, die Anwendung dieses Paragraphen schließt den § 343 aus.

2. kann: Nach freiem Ermessen des Versicherungsamts.

3. vom Versicherungsamt: Dieses ist hier an die Stelle des Rentenausschusses getreten, dem nach früherem Recht diese Strafbefugnis zukam. Wegen der örtlichen Zuständigkeit des Versicherungsamts werden die §§ 7 u. 8 der RStrPO. (Tatort oder Wohnsitz des Täters) entsprechend anzuwenden sein.

4. bestraft werden: Wegen der Beschwerde gegen solche Strafverfügungen s. die §§ 354, 324.

5. wer: Jedermann, der sich einer solchen Handlung schuldig macht; nicht nur Arbeitgeber. Auch Versicherte können unter diese Bestimmung fallen, sowie jeder Dritte.

6. Versicherungskarten: S. die §§ 176—181, ferner die Beitr.-O.!

7. fälschlich ausfüllt ... verfälscht: Es kommt nur ein vorsätzliches, rechtswidriges Handeln in Betracht: Irrtümer, Schreibversehen u. dgl. fallen nicht unter § 343.

8. wissentlich ... gebraucht: Auch hier kommt nur ein vorsätzliches, rechtswidriges Handeln in Betracht.

§ 344 (348).

Wer in Versicherungskarten Eintragungen, Merkmale oder Fälschungen in der Absicht macht, den Inhaber Arbeitgebern gegenüber kenntlich zu machen[1]), wird mit Geldstrafe oder mit Gefängnis bis zu sechs Monaten bestraft[2]). Bei mildernden Umständen kann statt der Gefängnisstrafe auf Haft erkannt werden.

Eine Verfolgung wegen Urkundenfälschung[3]) (§§ 267, 268 des Reichsstrafgesetzbuchs) tritt nur gegen Personen ein[4]), welche die Fälschung in der Absicht begangen haben, sich oder anderen einen Vermögensvorteil zu verschaffen oder anderen einen Schaden zuzufügen.

1. kenntlich zu machen: Nach § 180 Abs. 1 darf die Versicherungskarte nur die gesetzlich vorgeschriebenen Angaben enthalten und sonst keine Merkmale tragen; vor allem darf sich aus ihr nichts über Führung oder Leistungen des Inhabers ergeben.

Es kann aber besonders auch die Kenntlichmachung der politischen Richtung des Inhabers oder seine Kennzeichnung als Angehöriger eines gewissen Verbands von Angestellten unter § 344 fallen.

In allen Fällen muß die Kenntlichmachung, wenn sie die Strafbarkeit begründen soll, für den Inhaber der Karte ungünstig sein.

2. wird bestraft: Die Zuwiderhandlungen gegen Abs. 1 sind Vergehen im Sinne des Reichsstrafgesetzbuchs und werden gerichtlich bestraft, die Verfolgung findet durch die Staatsanwaltschaft von Amts wegen statt. Zuständig zur Aburteilung sind die Amtsgerichte (§§ 24 Z. 2, 25 Z. 2 b des Ger.-Verf.-Ges.).

3. Urkundenfälschung: Die Fälle des Abs. 2 sind Verbrechen im Sinne des Reichsstrafgesetzbuchs. Zuständig zur Aburteilung sind die Schöffengerichte (§§ 24 Z. 3 a, 25, 26, 28 des Ger.-Verf.-Ges.).

4. tritt nur ... ein: Insoweit also, als die Absicht, sich oder anderen einen Vermögensvorteil zu verschaffen oder anderen einen Schaden zuzufügen (vgl. § 268 RStrGB.), nicht bestanden hat, wird durch § 344 Abs. 2 AVG. die Verfolgung wegen Urkundenfälschung ausgeschlossen, auch wenn die Handlungsweise des Täters an sich den Tatbestand des § 267 RStrGB. erfüllen würde.

§ 345 (349).

Wer unbefugt[1]) offenbart, was ihm in amtlicher Eigenschaft als

Mitglied eines Organs oder Angestelltem der Reichsversicherungsanstalt[2]),

Mitglied oder Angestelltem einer nach diesem Gesetze zur Feststellung der Leistungen zuständigen Behörde,[3])

Vertreter oder Beisitzer bei einer solchen Behörde

über Krankheiten oder andere Gebrechen Versicherter oder ihre Ursachen bekannt geworden ist, wird mit Geldstrafe[4]) oder mit Gefängnis bis zu drei Monaten bestraft. Die Verfolgung tritt nur auf Antrag[5]) des Versicherten oder der Aufsichtsbehörde ein.

Den Versicherten stehen andere Personen[6]) gleich, für die dieses Gesetz eine Leistung der Reichsversicherungsanstalt vorsieht.

1. unbefugt: Ausgenommen sind die Fälle des § 220 Abs. 2 Satz 2 (Zeugnispflicht); s. auch Anm. 4 zu § 220. Ob eine „unbefugte“ Offenbarung vorliegt, kann nur von Fall zu Fall geprüft werden.

Der Versicherte und die ihm nach Abs. 3 gleichstehenden Personen können von der Schweigepflicht entbinden.

2. Organs der Reichsversicherungsanstalt: § 97.

3. zuständigen Behörde: Versicherungsämter, Oberversicherungsämter und Reichsversicherungsamt.

4. wird bestraft: Die Zuwiderhandlungen gegen § 345 sind Vergehen im strafgesetzlichen Sinn und werden gerichtlich bestraft. Zuständig sind die Amtsgerichte (§§ 24 Z. 2, 25 Z. 2b des Ger.-Verf.-Ges.).

Zwischen den beiden Strafarten hat das Gericht die Wahl; vereinigt können sie nicht werden.

5. nur auf Antrag: Vergehen gegen § 345 werden also nicht von Amts wegen verfolgt. Wegen des Strafantrags s. die §§ 61—65 des RStrGB.

6. andere Personen: D. s. die Witwen, die Waisen, der erwerbsunfähige Ehemann (§§ 32—35) und Angehörige (§§ 44 Abs. 1, 61 Abs. 2, 385).

§ 346 (350).

Mit Geldstrafe oder mit Gefängnis[1]) werden die im § 345 Abs. 1 Bezeichneten bestraft, wenn sie unbefugt[2]) Geschäfts- oder Betriebsgeheimnisse[3]) offenbaren[4]), die ihnen in amtlicher Eigenschaft bekannt geworden[5]) sind.

Tun sie dies, um den Unternehmer zu schädigen[6]) oder sich oder anderen einen Vermögensvorteil[7]) zu verschaffen, so werden sie mit Gefängnis[8]) bestraft. Neben der Gefängnisstrafe kann auf Verlust der bürgerlichen Ehrenrechte[9]) und auf Geldstrafe erkannt werden.

Die Verfolgung tritt im Falle des Abs. 1 nur auf Antrag[10]) des Unternehmers ein.

1. Geldstrafe oder Gefängnis: Das Gericht hat die Wahl zwischen den beiden Strafarten; vereinigt können sie nicht werden.

Auch die Zuwiderhandlungen gegen § 346 sind Vergehen im strafgesetzlichen Sinn. Zuständig sind die Schöffengerichte (§§ 24 Z. 2, 25 Z. 2b u. c, 26, 28 des Ger.-Verf.-Ges.). Nach Abs. 3 tritt die Verfolgung im Falle des Abs. 1 nur auf Antrag ein.

2. unbefugt: S. Anm. 1 zu § 345.

3. Geschäfts- oder Betriebsgeheimnisse: Jene sind Geheimnisse kaufmännischer, diese gewerblicher Art. Ob ein Geheimnis vorliegt, kann nur von Fall zu Fall beurteilt werden.

4. offenbaren: Das braucht keine Veröffentlichung zu sein; auch die unbefugte Mitteilung an Einzelne genügt. Das bloße Verwerten solcher Geheimnisse, ohne sie zu offenbaren, fällt unter Umständen unter § 347.

§ 346 gilt nicht im Falle des § 80 des Einkommensteuergesetzes vom 10. Aug. 1925 (RGBl. I S. 189).

5. in amtlicher Eigenschaft bekannt geworden: S. bes. die §§ 200, 218—220.

6. um . . . zu schädigen: Die Absicht genügt, es ist nicht erforderlich, daß sie auch wirklich erreicht wird.

7. Vermögensvorteil: Dieser braucht kein rechtswidriger zu sein.

8. mit Gefängnis: Entweder nur mit Gefängnis (bis zu 5 Jahren) oder daneben noch mit Geldstrafe bis 10 000 ℳ; auf Geldstrafe allein kann hier nicht erkannt werden, außer wenn mildernde Umstände vorliegen (§ 348).

9. Verlust der bürgerlichen Ehrenrechte: S. auch §§ 32—36 des RStrGB.

10. nur auf Antrag: Im Falle des Abs. 2 geschieht die Verfolgung von Amts wegen durch die Staatsanwaltschaft. Über den Antrag s. §§ 61—65 des RStrGB.

§ 347 (351).

Die im § 345 Abs. 1 Bezeichneten werden mit Gefängnis[1]) bestraft, wenn sie Geschäfts- oder Betriebsgeheimnisse unbefugt verwerten[2]), um den Unternehmer zu schädigen oder sich oder anderen einen Vermögensvorteil[3]) zu verschaffen. Neben der Gefängnisstrafe kann auf Verlust der bürgerlichen Ehrenrechte[4]) und auf Geldstrafe[5]) erkannt werden.

1. mit Gefängnis: S. aber § 348.

Die Straffälle des § 347 sind Vergehen (§ 1 des RStrGB.), zuständig zur Aburteilung sind die Amts-(Schöffen-)gerichte (§§ 24 Z. 2, 25 Z. 2c, 28 des Ger.-Verf.-Ges.).

2. verwerten: Hier braucht also keine „Offenbarung" der Geschäfts- oder Betriebsgeheimnisse vorzuliegen. Nach der überwiegen-

den Ansicht ist es zur Strafbarkeit notwendig, daß die Verwertung zu gewerblichen Zwecken geschehen ist.

3. zu schädigen ... Vermögensvorteil: S. Anm. 6 u. 7 zu § 346.

4. Verlust der bürgerlichen Ehrenrechte: Siehe §§ 32—36 des RStrGB.

5. Geldstrafe: Bis zu 10000 ℳ (Vorbem. vor § 335, Z. 1 Abs. 2).

§ 348 (352).

Sind in den Fällen des § 346 Abs. 2 oder des § 347 mildernde Umstände vorhanden, so ist auf Geldstrafe[1]) zu erkennen.

1. Geldstrafe: Freiheitsstrafe ist also in diesem Falle ausgeschlossen.

§ 349 (353).

Für Beamte[1]), die der Dienstgewalt einer staatlichen oder gemeindlichen Behörde unterstehen, bewendet es an Stelle der §§ 345 bis 348[2]) bei den für sie geltenden Vorschriften[3]).

1. Beamte: Jeder Art, Reichs-, Staats- oder Gemeindebeamte, die haupt- oder nebenamtlich für die Versicherung tätig sind.

2. an Stelle der §§ 345 bis 348: Der Bestimmung, daß diese Paragraphen für Beamte nicht gelten sollen, liegt die Erwägung zugrunde, daß jedem Beamten ohnehin die Pflicht obliegt, über alles, was er in amtlicher Eigenschaft erfährt, Stillschweigen zu beobachten und daß eine Verletzung dieser Pflicht disziplinarrechtlich geahndet wird. Es ist nicht etwa beabsichtigt, die Beamten zu bevorzugen.

3. bei den für sie geltenden Vorschriften: Dazu gehören nicht nur die disziplinarrechtlichen Vorschriften, sondern gegebenenfalls auch die Strafbestimmungen über Verbrechen oder Vergehen im Amte (§§ 331 ff. des RStrGB.).

§ 350 (354).

Mit Gefängnis nicht unter drei Monaten[1]), neben dem auf Verlust der bürgerlichen Ehrenrechte[2]) erkannt werden kann, wird bestraft, wer Marken[3]) fälschlich anfertigt oder verfälscht[4]), um sie als echte zu verwenden, oder wer zu demselben Zwecke falsche Marken sich verschafft, verwendet[5]), feilhält oder in Verkehr bringt[6]).

1. Gefängnis nicht unter drei Monaten: Die Fälle des § 350 sind Vergehen im Sinn des Reichsstrafgesetzbuchs; zuständig zur Aburteilung sind die Amts-(Schöffen-)gerichte (§§ 24 Z. 2, 25 Z. 2c, 28 des Ger.-Verf.-Ges.).

2. Verlust der bürgerlichen Ehrenrechte: S. §§ 32 bis 36 des RStrGB.

3. Marken: S. § 175!

4. fälschlich anfertigt oder verfälscht: „Fälschlich anfertigen" ist Anfertigung ohne Auftrag der RVAnstalt; „verfälschen" ist unbefugte Abänderung, namentlich des Wertes, echter Marken.

§ 350 enthält eine Sondervorschrift, die die gleichzeitige Anwendung der Bestimmungen des RStrGB. über Betrug (§ 263) oder Urkundenfälschung (§§ 267, 268) ausschließt.

5. verwendet: Verwendung jeder Art, sowohl zur Beitragsleistung als auch zum Verkauf o. dgl.

6. in Verkehr bringt: D. i. jedes Überlassen an einen anderen, sei es gegen oder ohne Entgelt.

§ 351 (355).

Mit der gleichen Strafe (§ 350) wird bestraft, wer wissentlich bereits verwendete Marken[1]) wieder verwendet oder zur Wiederverwendung sich verschafft, feilhält oder in Verkehr bringt. Bei mildernden Umständen darf auf Geldstrafe[2]) oder Haft[3]) erkannt werden.

1. bereits verwendete Marken: Nämlich zur Beitragsleistung verwendete. Nicht erforderlich ist, daß sie entwertet sind.

Hierunter fällt also namentlich der nicht ganz seltene Unfug, aus den Versicherungskarten Verstorbener die Marken abzulösen und sie nochmals zu verwenden!

2. Geldstrafe: Bis zu 10000 RM. (Vorbem. vor § 335, Z. 1 Abs. 2).

3. Haft: Von 1 Tag bis zu 6 Wochen (§ 18 des RStrGB.).

§ 352 (356).

In den Fällen der §§ 350, 351 ist zugleich auf Einziehung der Marken[1]) zu erkennen, auch wenn sie dem Verurteilten nicht gehören. Das muß auch geschehen, wenn keine bestimmte Person verfolgt oder verurteilt werden kann[2]).

1. auf Einziehung der Marken: S. die §§ 40, 42 des RStrGB. und §§ 430—432 der RStrPO. Die Einziehung ist hier zwingend vorgeschrieben (anders § 353 Abs. 2).

2. wenn ... verurteilt werden kann: „Keine bestimmte Person" (schlechte Ausdrucksweise, die aus dem Reichsstrafgesetzbuch stammt!) ist soviel wie „niemand". Der Fall, daß niemand verurteilt werden kann, ist gegeben, wenn der Täter nicht zurechnungsfähig war oder wenn er im Falle des § 351 nicht „wissentlich" gehandelt hat.

§ 353 (357).

Wer ohne schriftlichen Auftrag der Reichsversicherungsanstalt oder einer sonstigen Behörde Stempel, Siegel, Stiche, Platten oder andere Formen, die zur Herstellung von Marken dienen können, oder Abdrücke solcher Formen anfertigt, sich verschafft oder einem anderen als der Reichsversicherungsanstalt oder der Behörde überläßt, wird mit Geldstrafe bis zu 150 Goldmark oder mit Haft[1]) bestraft.

Neben der Geldstrafe oder Haft kann auf Einziehung der Stempel, Siegel, Stiche, Platten oder Formen erkannt werden[2]), auch wenn sie dem Verurteilten nicht gehören.

1. mit Geldstrafe bis zu 150 Goldmark (vgl. dazu Anm. 4 zu § 56!) oder mit Haft: Übertretung im Sinne des Reichsstrafgesetzbuchs; zuständig ist das Amtsgericht (§§ 24 Z. 1, 25 Z. 1 des Ger.-Verf.-Ges.).
Goldmark — jetzt Reichsmark.

2. kann ... erkannt werden: S. Anm. 1 zu § 352.

§ 354 (358).

Auf Beschwerden[1]) gegen Strafverfügungen der Reichsversicherungsanstalt[2]) und der Versicherungsämter[3]) entscheidet[4]) das Oberversicherungsamt (Beschlußkammer).

1. Beschwerden: S. die §§ 324—326, wegen der Berechnung der Frist auch die §§ 320, 321.

2. Strafverfügungen der Reichsversicherungsanstalt: §§ 335, 336 AVG.; 10 Abs. 3 der Beitr.-O.

3. Strafverfügungen der Versicherungsämter: Vgl. § 343.

4. entscheidet: Und zwar endgültig! Hiebei kann jedoch nicht nebenbei über die Frage der Versicherungspflicht entschieden werden; diese Frage ist vielmehr im Verfahren nach § 194 auszutragen (AVN. 1918 S. 12).

§ 355 (359).

Die Geldstrafen, mit Ausnahme der gerichtlich erkannten[1]), fließen in die Kasse der Reichsversicherungsanstalt.

Die Strafen, außer den gerichtlich erkannten[2]), werden wie Gemeindeabgaben beigetrieben[3]).

1. mit Ausnahme der gerichtlich erkannten: Mit dieser Ausnahme fließen in die Kasse der RVAnstalt alle übrigen Geldstrafen, nicht nur die, die von der RVAnstalt selbst, sondern auch die, die von den Versicherungsbehörden ausgesprochen sind.

Die gerichtlich erkannten Geldstrafen fließen in die Staatskasse.

2. außer den gerichtlich erkannten: Wegen deren Beitreibung s. die §§ 451, 459, 463 der RStrPO.

3. wie Gemeindeabgaben beigetrieben: Nach den hierüber bestehenden landesrechtlichen Vorschriften.

§ 356 (360).

Zuwiderhandlungen gegen die Strafvorschriften dieses Gesetzes, für welche die Gerichte nicht zuständig sind[1]) verjähren[2]) in fünf Jahren[3]). Die Verjährung beginnt mit dem Tage[4]), an dem die Handlung begangen ist[5]). Sie wird unterbrochen durch jede gegen den Täter gerichtete Handlung dessen, der zur Verhängung der Strafe zuständig ist[6]). Mit der Unterbrechung beginnt eine neue Verjährung; sie endet spätestens mit Ablauf von zehn Jahren seit dem Tage, an dem die Zuwiderhandlung begangen ist[5]).

1. für welche die Gerichte nicht zuständig sind: § 356 regelt die Verjährung der Strafverfolgung (im Gegensatz zur Strafvollstreckung, § 357), soweit die Gerichte nicht zuständig sind. Soweit sie zuständig sind, ist die Verjährung im Reichsstrafgesetzbuch geregelt (§§ 67—69).

2. verjähren: Durch Verjährung wird die Strafverfolgung und die Strafvollstreckung ausgeschlossen (§ 66 des RStrGB.). Sie ist von Amts wegen zu berücksichtigen.

3. in fünf Jahren: Das jetzige Gesetz kennt nur noch diese Verjährungsfrist. Das frühere kannte auch eine solche von

1 Jahr, soweit nämlich eine Zuwiderhandlung mit nicht mehr als 300 ℳ (Freiheitsstrafen kommen hier überhaupt nicht in Betracht, sondern nur Geldstrafen, soweit die Gerichte zuständig sind) bedroht war. Da durch die jetzige Gesetzgebung über die Geldstrafen (s. die Vorbemerkung vor § 335, Z. 1 Abs. 2) dieser besondere Höchstbetrag der Geldstrafen beseitigt ist, so ist auch die einjährige Verjährungsfrist gegenstandslos geworden.

4. beginnt mit dem Tage: Wegen der Berechnung der Frist s. die §§ 320, 321, 322.

5. die Handlung begangen ist: Bei Unterlassungen ist der Tag maßgebend, an dem die unterlassene Handlung pflichtgemäß hätte vorgenommen werden sollen (Beispiel: Unterlassene Verwendung von Beitragsmarken, §§ 336 mit 182, ferner § 184).

6. zur Verhängung der Strafe zuständig: Das ist die RVAnstalt (§§ 200 Abs. 4, 201, 335, 336, 373 Abs. 3 AVG.; § 10 Abs. 4 der Beitr.-O.); der Präsident des Direktoriums (§ 114); das Versicherungsamt (§§ 139 Abs. 2, 141 Abs. 2, 221 Abs. 2, 343); das Oberversicherungsamt (§ 152), das Reichsversicherungsamt (§ 161 Abs. 2), die untere Verwaltungsbehörde (§ 128 Abs. 2); die Ortspolizeibehörde (§ 177 Abs. 1); endlich die Aufsichtsbehörde einer Lebensversicherungsunternehmung (§ 377).

§ 357 (361).

Endgültig verhängte Strafen [1]), die nicht von den Gerichten erkannt sind, verjähren in zwei Jahren. Die Verjährung beginnt mit dem Tage, an dem die Entscheidung endgültig geworden ist. Sie wird unterbrochen durch jede auf Vollstreckung der Strafe gerichtete Handlung dessen, dem die Vollstreckung obliegt [2]). Mit der Unterbrechung beginnt eine neue Verjährung; sie endet spätestens mit Ablauf von vier Jahren seit dem Tage, an dem die Entscheidung endgültig geworden ist.

1. Endgültig verhängte Strafen: § 361 regelt die Verjährung der Strafvollstreckung. Soweit es sich um Strafen handelt, die von den Gerichten erkannt sind, gelten auch hier die Bestimmungen des Reichsstrafgesetzbuchs (§§ 70—72).

Endgültig ist gleichbedeutend mit „rechtskräftig".

2. dem die Vollstreckung obliegt: Das ist die Stelle, der die Geldstrafe zufließt, also in der Regel die RVAnstalt (s. Anm. 1 zu § 355).

VII. Ausländische Gesetzgebung.

§ 358 (362).

Soweit andere Staaten eine der Angestelltenversicherung entsprechende Fürsorge[1]) durchgeführt haben, kann die Reichsregierung mit Zustimmung des Reichsrats unter Wahrung der Gegenseitigkeit vereinbaren, in welchem Umfang für Betriebe, die aus dem Gebiete des einen Staates in das des anderen übergreifen, sowie für Versicherte, die zeitweise im Gebiete des anderen Staates beschäftigt werden, die Fürsorge nach diesem Gesetz oder nach den Fürsorgevorschriften des anderen Staates geregelt werden soll.

Auf gleichem Wege kann bei entsprechender Gegenleistung die Versicherung von Angehörigen eines ausländischen Staates abweichend von den Vorschriften dieses Gesetzes geregelt und die Durchführung der Fürsorge des einen Staates in dem Gebiete des anderen erleichtert werden. In diesen Vereinbarungen darf die nach diesem Gesetze bestehende Beitragspflicht des Arbeitgebers nicht ermäßigt oder beseitigt werden[2]); sie sind dem Reichstag mitzuteilen.

1. entsprechende Fürsorge: Ob die Fürsorge des anderen Staates „entsprechend" sei, ist eine Ermessensfrage, die von der Reichsregierung und dem Reichsrat zu entscheiden ist. Daß die Fürsorge der des deutschen Gesetzes völlig gleichen müsse, ist selbstverständlich nicht erforderlich.

Bis jetzt besteht lediglich in Österreich (Gesetz vom 16. Dez. 1906) eine Fürsorge für Angestellte, die mit der des Deutschen Reiches verglichen werden kann.

Doch ist eine Vereinbarung auf Grund des § 358 noch nicht getroffen worden.

Vereinbarungen, die auf Grund des Friedensvertrags von Versailles getroffen sind, gehören nicht hieher.

2. darf die ... Beitragspflicht des Arbeitgebers nicht ermäßigt oder beseitigt werden: Damit nicht für die Arbeitgeber ein Anreiz entsteht, Ausländer zu beschäftigen.

§ 359 (363).

Die Reichsregierung kann mit Zustimmung des Reichsrats anordnen, daß gegen Angehörige eines ausländischen

Staates und ihre Rechtsnachfolger ein Vergeltungsrecht [1]) angewendet wird.

1. Vergeltungsrecht: Wenn in einem ausländischen Staat die Deutschen von der Gesetzgebung hinsichtlich des Versicherungswesens schlechter gestellt werden würden als die eigenen Staatsangehörigen.

Neunter Abschnitt.

Private Pensionseinrichtungen. Verträge mit Lebensversicherungsunternehmungen.

I. Private Pensionseinrichtungen.

Vorbemerkung.

Die Begründung zum Gesetz von 1911 führt aus:

„Eine der schwierigsten und am meisten umstrittenen Fragen bei den Erörterungen über die Regelung der Angestelltenversicherung war die Zulassung von Ersatzinstituten zur Durchführung dieser Versicherung. Viele Firmen haben für ihre Angestellten, nicht selten unter Einbeziehung der Arbeiter, besondere Pensions- und Unterstützungskassen eingerichtet, die zum Teil einen Rechtsanspruch auf die durch eine Satzung geregelten Bezüge gewähren, zum Teil weitgehende Unterstützungen ohne Rechtsanspruch in Aussicht stellen. Es kommen hier u. a. in Frage Fabrik-, Betriebs-, Haus-, Seemanns- und ähnliche Kassen und Einrichtungen. In der Regel zahlen Arbeitgeber und Arbeitnehmer zu diesen Kassen Beiträge, und die Leistungen sind vielfach erheblich höher, als sie in dem Gesetze bestimmt sind. Die Kassen werden, soweit sie einen Rechtsanspruch auf die Leistungen gewähren, nach den Vorschriften des Privatversicherungsgesetzes vom 12. Mai 1901 beaufsichtigt. Beim Ausscheiden aus den zurzeit bestehenden Fürsorgekassen verfallen in der Regel die Beiträge zugunsten der verbleibenden Versicherten, mindestens, wenn das Ausscheiden in den ersten drei bis fünf Jahren erfolgt. Bei späterem Ausscheiden werden vielfach die von den Versicherten selbst eingezahlten Beiträge ohne Zinsen zurückgezahlt; bei einzelnen Einrichtungen wird auch die freiwillige Fortsetzung der Versicherung gegen Entrichtung der vollen Beiträge gestattet. Von der letzteren Vergünstigung wird wegen der Höhe der Beiträge selten Gebrauch gemacht. Stellungswechsel gehört bei den Angestellten zu den regelmäßigen Vorkommnissen; er wird dann stets in großer Zahl auftreten, wenn infolge wirtschaftlicher Krisen eine allgemeine Personalverminderung eintritt. Mit dem Stellungswechsel ist in der Regel der Austritt aus der Fürsorgeeinrichtung verbunden, der weiterhin zur Folge hat, daß die erworbenen Anrechte der Ausscheidenden verfallen. Diesem Umstand verdanken nicht wenige Fürsorgeeinrichtungen, daß sie mit verhältnismäßig geringen Beiträgen erhebliche Leistungen gewähren können, da den verbleibenden Versicherten die Reserven für die von den Ausscheidenden aufgegebenen Anwartschaften zugute kommen. Soweit die Mitgliedschaft in einer solchen Fürsorgeeinrichtung als gleichwertiger Ersatz für den Eintritt in die reichsgesetzliche Angestelltenversicherung anerkannt werden soll, kann es hierbei naturgemäß nicht bleiben. Denn der Zweck der neuen Versicherung würde nur unvollkommen erreicht werden, wenn den Angestellten, die nach Inkrafttreten der neuen Versicherung zu den gedachten Fürsorgeeinrichtungen Beiträge entrichten, beim Ausscheiden aus den Einrichtungen die erworbenen Anwartschaften nicht aufrecht erhalten würden und sie in vorgerücktem Alter, zugleich zum Nachteil der übrigen Pflichtversicherten, gezwungen wären, erst wieder durch langjährige Beitragsentrichtung einen Anspruch zu erwerben. Inwieweit die einzelnen Fürsorgekassen in der Lage sein werden, die erworbenen Anwartschaften im reichsgesetzlichen Umfang aufrechtzuerhalten, muß von Fall zu Fall festgestellt werden. Hierzu kommt, daß es bei vielen Kassen an sich fraglich ist, ob sie dauernd leistungsfähig sein werden. Vom versicherungstechnischen Standpunkt ist es ohne weiteres klar, daß, ganz abgesehen von der rechnerischen Zulänglichkeit der Beiträge, eine Einrichtung mit wenigen Hunderten versicherter Angestellter, aber mit Pensionsbezügen von einigen Hunderten bis zu vielen Tausenden von Mark keine einwandfreie Versicherungsgemeinschaft bildet. Einige Fälle mit hohen Pensionsbezügen können die besten und zuverlässigsten Berechnungen der Reserven über den Haufen werfen und die Leistungsfähigkeit in Frage stellen. Auf solche Einrichtungen findet das Gesetz der großen Zahlen keine Anwendung. Einrichtungen dieser Art können aber als Zuschußkassen weiter bestehen bleiben und als solche segensreich wirken. Das Gesetz unterscheidet deshalb „Zuschußkassen" (§§ 365—371)*) und „Ersatzkassen" (§§ 372 bis 386)**). Die Beteiligung bei den letzteren soll von der Versicherung bei der Reichsversicherungsanstalt befreien."

Außer diesen beiden Arten von Kassen gibt es auch noch sog. Zulagekassen; mit diesen befaßt sich jedoch das Gesetz nicht, sie stehen in keinem Zusammenhang mit der Angestelltenversicherung. Ihre Mitglieder sind nach dem Gesetz bei der RVAnstalt versichert, während die Kasse besondere Leistungen nach ihrer Satzung gewährt (vgl. auch Art. 36 des Einf.-Ges. zum Reichsknappschaftsgesetz, vom 23. Juni 1923, RGBl. I S. 454).

---

*) Jetzt §§ 360—362.
**) Jetzt §§ 363—374.

1. Zuschußkassen.

§ 360 (365, 389 Abs. 1).

Fabrik-, Betriebs-, Haus-, Seemanns- und ähnliche Kassen[1]) für eine oder mehrere Unternehmungen können auf ihre satzungsmäßigen Leistungen aus Invaliden-, Alters- oder Hinterbliebenenunterstützungen, die sie ihren nach diesem Gesetze versicherten Mitgliedern[2]) geben[3]), die Ruhegeld- oder Hinterbliebenenbezüge dieses Gesetzes anrechnen[4]). Voraussetzung ist dabei, daß die Kassen nur für die im § 1 Abs. 1 bezeichneten Personen errichtet sind oder der Teil des Vermögens der Kassen für die Angestelltenversicherung ausgeschieden und besonders verwaltet wird, sowie daß die Kassen die Beiträge aus ihren Mitteln entrichten[5]) und die Arbeitgeber Zuschüsse zu der Kasse zahlen, die mindestens der Hälfte der nach diesem Gesetze zu entrichtenden Beiträge gleichkommen.

Kommen mehrere Kassen in Frage[6]), die für den Berechtigten Beiträge zur Reichsversicherungsanstalt entrichtet haben, so teilt diese jeder einzelnen Kasse den für sie in Anrechnung kommenden, den entrichteten Beiträgen entsprechenden Betrag der Leistungen[7]) dieses Gesetzes mit.

Das gleiche[8]) gilt für andere öffentlich-rechtliche Pensionseinrichtungen[9]) und für solche zur Invaliden-, Alters- und Hinterbliebenenfürsorge bestimmte Kassen, für die nach Ortsstatut eine Beitragspflicht[10]) besteht.

1. Kassen: Darunter sind Versicherungseinrichtungen zu verstehen, die auf vereinsrechtlicher Grundlage beruhen, im Gegensatz zu den im § 362 Abs. 1 genannten „Wohlfahrtseinrichtungen" und „Versicherungseinrichtungen", die z. B. auch den Charakter von Stiftungen haben können.

Als Zuschußkassen im Sinne des Gesetzes können aber (nach seiner Entstehungsgeschichte) nur solche Kassen in Wirksamkeit treten, deren Sitz sich im Inland befindet (AVN. 1914 S. 89 Nr. 1).

Eine Erweiterung des § 360 enthält § 362.

Im Gegensatz zu den Ersatzkassen (s. § 363) brauchen die Zuschußkassen nicht vor dem 5. Dez. 1911 (d. i. dem Tag, an dem das alte Gesetz im Reichstag angenommen wurde) bestanden zu haben; es können also auch noch neue Zuschußkassen gegründet werden. Doch ist die Zahl der jetzt noch bestehenden Zuschußkassen gering.

2. nach diesem Gesetz versicherten Mitgliedern: Sowohl den zwangsweise als auch den freiwillig (§§ 21, 22) versicherten.

3. geben: Die Mitglieder müssen einen Rechtsanspruch auf die Leistungen haben. Hat die Kasse bisher einen solchen nicht gewährt, so muß sie, wenn sie als Zuschußkasse wirken will, ihre Satzung entsprechend ändern (§ 361).

Als Zuschußkasse kann eine Kasse überhaupt nur dann in Wirksamkeit treten, wenn sie ihren Mitgliedern mehr gewährt als die Leistungen der reichsgesetzlichen Versicherung (AVN. 1913 S. 210).

4. können ... anrechnen: Nur allen der Angestelltenversicherung unterliegenden Mitgliedern gegenüber (nicht etwa gegenüber einzelnen nach Belieben) nach Maßgabe der Satzung, die entsprechend zu ändern ist (§ 361 Satz 1).

Diese Änderung kann nötigenfalls von den beteiligten Arbeitgebern oder von der Mehrheit der Kassenmitglieder erzwungen werden (§ 361 Satz 2).

Eine eigentliche Anerkennung oder Zulassung einer Pensionskasse oder Fürsorgeeinrichtung als Zuschußkasse ist im Gesetz nicht vorgesehen. Die Kasse tritt als Zuschußkasse in Wirksamkeit, wenn die Satzungen die Vorschriften der §§ 360 ff. angepaßt sind und die gesetzlichen Beiträge aus den Mitteln der Kasse entrichtet werden (AVN. 1914 S. 89 Nr. 2).

5. aus ihren Mitteln entrichten und die Arbeitgeber ... zahlen: Die für die Zuschußkassen gegebenen Vorschriften bezwecken eine Art Rückversicherung in Höhe der reichsgesetzlichen Leistungen bei der Reichsversicherungsanstalt. Dadurch können nicht nur bestehende Fürsorgekassen, die den Anforderungen auf Zulassung als Ersatzkasse nicht genügen, weiter erhalten, sondern im Interesse der Angestellten neue Kassen auch in Zukunft gegründet werden. Das Gesetz sieht deshalb vor, daß die bestehenden Fürsorgekassen für ihre Mitglieder die reichsgesetzlichen Beiträge an die Reichsversicherungsanstalt entrichten und die letztere hiefür die reichsgesetzlichen Leistungen an die Kassenmitglieder übernimmt. Um die diesen Kassen angehörenden Mitglieder nicht schlechter zu stellen als die übrigen Pflichtversicherten, müssen zu diesem Zwecke die Beiträge aus den Mitteln der Kasse entrichtet werden und der Beitrag des Arbeitgebers mindestens der Hälfte der nach dem Gesetz zu entrichtenden Beiträge gleichkommen. Die Kasse darf nur für Personen errichtet sein, die der reichsgesetzlichen Angestelltenversicherung unterliegen; ist dies nicht der Fall, so muß für die Angestelltenversicherung ein besonderer Vermögensteil ausgeschieden und getrennt verwaltet werden (s. auch § 362).

Nach jetzigem Recht (das frühere Gesetz enthielt in § 365 Abs. 1 Satz 3—6 abweichende Vorschriften, die jetzt beseitigt sind) werden die reichsgesetzlichen Leistungen für die Mitglieder der Zuschußkassen nicht mehr durch diese, sondern unmittelbar durch die RVAnstalt, wie die für die anderen Versicherten auch, ausbezahlt.

6. Kommen mehrere Kassen in Frage: Ein Fall, der eintreten kann, wenn der Versicherte während der Dauer der Versicherung in verschiedenen Betrieben, für die Zuschußkassen bestehen, beschäftigt war.

7. den entrichteten Beiträgen entsprechenden Betrag der Leistungen: Diese Mitteilung ist notwendig, weil ja die Zuschußkasse auf ihre satzungsmäßigen Leistungen die gesetzlichen Ruhegeld- und Hinterbliebenenbezüge anrechnen darf.

Der Jahresbetrag der Leistungen (§§ 56—59) ist nach den Regeln der Teilungsrechnung im Verhältnis der Summe der Beiträge, die jede beteiligte Kasse geleistet hat, zu teilen.

Beiträge aus der Inflationszeit (1. Aug. 1921 bis 31. Dez. 1923; vgl. das Gesetz vom 23. März 1925, RGBl. S. 28) werden, da sie nach § 56 und dem eben erwähnten Gesetz auf die Berechnung der Leistungen keinen Einfluß haben, außer Betracht zu lassen sein.

Ebenso werden bei Wanderversicherten (§§ 27 u. 57) die Beiträge zur Invalidenversicherung und die ihnen entsprechenden, in den Leistungen enthaltenen Steigerungssätze außer Betracht bleiben müssen, da sie die Zuschußkasse nichts angehen.

8. Das gleiche: D. h. die Bestimmungen der Abs. 1 u. 2 dieses Paragraphen.

9. andere öffentliche Pensionseinrichtungen: z. B. Eisenbahn- und Postkassen.

10. Beitragspflicht: Druckfehler im Reichsgesetzblatt von 1911, der (unbegreiflicherweise) in dem von 1924 wiederkehrt! Richtig muß es heißen: Beitrittspflicht. —

Bemerkung:

Im alten Gesetz folgte hier § 366, welcher lautete:

Tritt bei Mitgliedern der im § 365 bezeichneten Kassen*) innerhalb der ersten zehn Jahre nach Inkrafttreten dieses Gesetzes ein Versicherungsfall der in diesem Gesetz bezeichneten Art ein und haben die Kassen nach ihrer Satzung Leistungen zu gewähren, an denen die Reichsversicherungsanstalt nicht beteiligt ist, so leistet die Reichsversicherungsanstalt zur Bestreitung der Kassenleistungen einen einmaligen Zuschuß in Höhe der Nettobeiträge mit Einschluß der rechnungsmäßigen Zinsen und Zinseszinsen.

Streit über den Zuschuß entscheidet das Oberschiedsgericht.

---

*) D. i. eben der Zuschußkassen!

Diese Bestimmung, die nur vorübergehende Bedeutung hatte, ist jetzt durch Zeitablauf gegenstandslos geworden und daher in das neue Gesetz nicht übergegangen.

Ferner lautete § 367 des alten Gesetzes:

> Die im § 365 bezeichneten Kassen sind berechtigt, ihre satzungsmäßigen Leistungen, die sie vor dem Inkrafttreten dieses Gesetzes bewilligt haben, gegen Einzahlung des Deckungskapitals auf die Reichsversicherungsanstalt zu übertragen.
>
> Sie können die Wartezeit ihrer Mitglieder durch Einzahlung der entsprechenden Prämienreserve an die Reichsversicherungsanstalt abkürzen oder auf diese die gesamten Anwartschaften übertragen.
>
> Für die Feststellung der übertragenen Leistungen und für die Entscheidung bei Streit hierüber gelten die Vorschriften dieses Gesetzes über das Verfahren.

Auch diese Bestimmung ist, da sie nur eine Übergangsvorschrift enthielt, in das neue Gesetz nicht mehr übernommen worden.

Mit dem Wegfall der §§ 366 und 367 des alten Gesetzes hängt auch die Aufhebung dessen § 368 Abs. 2 zusammen. Beseitigt ist aber auch § 368 Abs. 1, wonach der Bundesrat für die Entrichtung der Beiträge aus Kassenmitteln (§ 365 alt, jetzt § 360 Abs. 1 Satz 2) näheres bestimmen konnte; davon war kein Gebrauch gemacht worden.

§ 361 (369).

Zur Durchführung der Vorschriften im § 360 sind die Satzungen der Kassen zu ändern[1]); die Änderung bedarf der Genehmigung der zuständigen Behörde[2]). Die Behörde kann auf Antrag die Änderung rechtsgültig selbst vornehmen, wenn ein Beschluß über Satzungsänderung nicht zustande kommt. Den Antrag kann die Mehrheit der Arbeitgeber oder der nach § 1 Abs. 1 versicherten Mitglieder stellen.

1. Satzungen ... zu ändern: Vgl. Anm. 3 und 4 zu § 360.

2. zuständigen Behörde: Das Reichs-Aufsichtsamt für Privatversicherung, wenn der Geschäftsbetrieb des Versicherungsunternehmens sich nicht auf das Gebiet nur eines Landes beschränkt, anderenfalls die Landesbehörde.

§ 362 (370).

Die §§ 360, 361 sind entsprechend anzuwenden[1]) auf Wohlfahrtseinrichtungen[2]) und auf solche Versicherungsein-

richtungen[3]), die für die im § 1 Abs. 1 bezeichneten Personen errichtet sind.

Einrichtungen, die von Gemeindeverbänden[4]) verwaltet werden, können sich auch auf andere Personen erstrecken.

1. sind entsprechend anzuwenden: Die §§ 360, 361 gelten für Wohlfahrtseinrichtungen im Sinn des § 362 nur in der Höhe der von der RVAnstalt zu gewährenden Leistungen, darüber hinaus nur insoweit, als den Mitgliedern ein Rechtsanspruch auf die satzungsmäßigen Leistungen zusteht (AVN. 1916 S. 195 Z. 133).

2. Wohlfahrtseinrichtungen: Vgl. Anm. 1 zu § 360. Wohlfahrtseinrichtungen, die nur Selbsthilfeeinrichtungen der Angestellten ohne Beteiligung der Arbeitgeber sind, eignen sich nicht als Zuschußkassen (AVN. 1914 S. 89).

3. Versicherungseinrichtungen: Hier ist namentlich an die von Berufsverbänden errichteten Pensions- und Hinterbliebenenversicherungskassen zu denken.

4. Gemeindeverbänden: S. § 317 Z. 2.

2. Ersatzkassen.

§ 363 (373).

Die Beteiligung[1]) bei einer nach dem Versicherungsgesetze für Angestellte vom 20. Dezember 1911 (Reichsgesetzbl. S. 989) zugelassenen[2]) Ersatzkasse[3]) gilt, unbeschadet des § 393[4]) für die Angestellten derjenigen Unternehmungen, für die die Zulassung erfolgt ist, der Versicherung bei der Reichsversicherungsanstalt gleich[5]).

Scheidet ein Angestellter aus der versicherungspflichtigen Beschäftigung bei einer solchen Unternehmung aus, so kann er sich bei der Ersatzkasse weiterversichern[6]) (§ 21).

1. Die Beteiligung: Eine „Beteiligung" im Sinne des Gesetzes lag nach bisherigem Recht nur dann vor, wenn der Versicherungspflichtige bei einer Unternehmung beschäftigt war, für welche die Kasse errichtet ist; eine freiwillige Zugehörigkeit zur Ersatzkasse (Weiterversicherung) kam nicht in Betracht (AVN. 1920 S. 215 Z. 428). Das ist jetzt geändert durch Art. IV Z. 1 des Gesetzes vom 28. Juli 1925 (RGBl. I S. 157), wodurch dem § 363 der jetzige Abs. 2 angefügt wurde; hiernach ist jetzt auch die freiwillige Weiterversicherung (§ 21) bei einer Ersatzkasse zugelassen.

Die Selbstversicherung bei einer Ersatzkasse (§ 22) ist nicht zugelassen, auch nicht für den Fall des § 22 Z. 1. Ein Angestellter eines Unternehmens, für das eine Ersatzkasse zugelassen ist, kann daher, wenn sein Jahresarbeitsverdienst die für die Versicherungspflicht festgesetzte Grenze übersteigt, nur bei der RVAnstalt, nicht bei der Ersatzkasse, eine Selbstversicherung nehmen.

2. nach dem Versicherungsgesetz ... zugelassenen: Das neue Gesetz in der Fassung von 1924 sagte bloß: „zugelassenen". Daraus wurde stellenweise der — allerdings unberechtigte — Schluß gezogen, die Beteiligung an Ersatzkassen sei freigegeben. Die Rechtsprechung des RVAmts ist dieser Auffassung mit Recht entgegengetreten. Das Gesetz vom 28. Juli 1925 hat daher die Fassung des § 363 so geändert, daß die Rechtslage geklärt und das Ergebnis der Rechtsprechung bestätigt wird.

Hiernach können also nur solche Kassen in Betracht kommen, die schon nach dem Gesetz von 1911 (§ 372 alt) als Ersatzkassen zugelassen waren (vgl. auch § 393 neu). Neue Ersatzkassen können nicht mehr zugelassen werden.

Über die Zulassung verordnete das Gesetz von 1911 in § 372 Abs. 1 u. 2:

> „Der Bundesrat bestimmt auf Antrag, daß Versicherungseinrichtungen der in §§ 365, 370 bezeichneten Art als Ersatzkassen zugelassen werden.
>
> Die Versicherungseinrichtungen müssen schon vor dem 5. Dezember 1911 bestanden haben und bei Stellung des Antrags rechtsfähig sein. Der Antrag ist vom Vorstand der Versicherungseinrichtung oder der Mehrheit der bei ihr versicherten Angestellten vor dem 1. Januar 1913 beim Bundesrate zu stellen."

Die Kassen hatten hienach, wenn die gesetzlichen Voraussetzungen (§ 372 Abs. 2 Satz 1, § 373 Abs. 2 des alten Gesetzes) gegeben waren, einen Anspruch auf Zulassung.

Als Versicherungseinrichtungen der in §§ 365, 370 bezeichneten Art kamen nur Versicherungseinrichtungen, nicht auch Wohlfahrtseinrichtungen in Betracht, und zwar diese auch dann nicht, wenn sie sich erst nach dem 5. Dez. 1911 in Versicherungseinrichtungen umwandelten.

Die Versicherungseinrichtungen mußten ihren Mitgliedern einen Rechtsanspruch auf die Leistungen gewähren (denn sonst wären ihre Leistungen denen der RVAnstalt nicht gleichwertig gewesen; vgl. §§ 373 Abs. 2, 375 Abs. 1 des alten Gesetzes).

Als Versicherungseinrichtungen im Sinn des § 372 kamen nur solche in Betracht, die im Deutschen Reich zum Geschäftsbetriebe zugelassen waren und im Sinne des Gesetzes über die privaten Versicherungsunternehmungen vom 12. Mai 1901 unter Staatsaufsicht standen (AVN. 1914 S. 89).

Der 5. Dez. 1911 war als Stichtag gewählt worden, weil an diesem Tage das alte Gesetz im Reichstag angenommen worden war.

Die Rechtsfähigkeit, die bei Stellung des Antrags vorhanden sein mußte, wird erworben bei Versicherungsvereinen auf Gegenseitigkeit dadurch, daß die Aufsichtsbehörde gemäß § 15 des Gesetzes vom 12. Mai 1901 über die privaten Versicherungsunternehmungen die Erlaubnis zum Geschäftsbetriebe erteilt, bei Aktiengesellschaften durch die Eintragung ins Handelsregister (§ 200 des HGB.).

Die Rechtsfähigkeit brauchte nicht — wie die Versicherungseinrichtungen selbst — schon am 5. Dez. 1911 bestanden zu haben; es genügte, wenn sie bis zur Stellung des Antrags erworben wurde.

Zur Sicherstellung der reichsgesetzlichen Beitragsleistung für den Fall der Nichtzulassung hatten ferner die Versicherungseinrichtungen eine Sicherheit bei der RVAnstalt zu hinterlegen (§ 372 Abs. 3 des alten Gesetzes; dazu vgl. jetzt § 393 Abs. 2 u. 3 des neuen).

3. Ersatzkasse: Während die Beteiligung bei einer Zuschußkasse neben der gesetzlichen Versicherung bei der RVAnstalt einhergeht, gilt nach § 363 Abs. 1 die Beteiligung bei einer zugelassenen Ersatzkasse der Versicherung bei der RVAnstalt gleich, d. h. sie befreit von der gesetzlichen Versicherungspflicht.

Den Wünschen auf Zulassung von Pensionseinrichtungen als Ersatzkassen konnte man nur insoweit entgegenkommen, als nicht die Interessen der Allgemeinheit, der Reichsversicherungsanstalt, geschädigt werden. Die Zulassung mußte auf solche Einrichtungen beschränkt werden, die bei der Annahme des Gesetzes im Reichstag, d. i. am 5. Dez. 1911, bereits bestanden (vgl. o. Anm. 2). Hätte man weiter gehen und etwa auch Einrichtungen zulassen wollen, die nach diesem Zeitpunkt erst begründet werden, so wäre hierdurch der RVAnstalt eine schwere Schädigung zugefügt worden. Denn es darf als sicher angenommen werden, daß nach Einführung der Pflichtversicherung für alle Angestellten diejenigen Unternehmungen, welche glaubten, mit den gleichen Beiträgen ihren Angestellten höhere Leistungen, als das Gesetz sie bietet, sicherstellen zu können, eigene Ersatzkassen eingerichtet hätten. Da die Unternehmungen bei Annahme der Angestellten zugleich eine gewisse Auswahl der Risiken herbeiführen und weniger gesunde sowie ältere Personen nach Möglichkeit ausschließen können, so würde nicht nur die Gefahr bestehen, daß Berufskreise mit grundsätzlich verhältnismäßig günstigerer Berufsunfähigkeits- und Sterbegefahr der RVAnstalt entzogen würden, sondern es würden ihr auch diejenigen Angestellten zufallen, welche wegen mangelhafter Gesundheitsverhältnisse oder infolge des vorgerückteren Alters von Unternehmungen mit Pensionseinrichtungen zur Beschäftigung nicht angenommen werden. Die natürliche Folge würde die sein, daß die RVAnstalt für den ihr zufallenden Kreis von Versicherten Beiträge erheben müßte, die kaum erschwinglich wären und die allgemeine Angestelltenversicherung unmöglich machen würden.

Die Interessen der Allgemeinheit würden weiterhin geschädigt werden, wenn bei den bereits bestehenden Kassen, sofern sie den übrigen Anforderungen genügen, zugestanden würde, daß sie eine Auswahl der Risiken treffen können. Hiergegen sprechen gleichfalls die bereits angeführten Gründe. Es kann sich deshalb bei der Zulassung von Ersatzkassen nur um solche bereits bestehende Kassen handeln, die sämtliche nach dem Gesetz Versicherungspflichtigen der Unternehmungen, für die sie errichtet sind, aufnehmen (vgl. jetzt § 364).

Ob die Kassen nur für e i n e Unternehmung oder für mehrere Unternehmungen mit Zwangsbeitritt ihrer sämtlichen Angestellten errichtet sind, fällt im allgemeinen nicht ins Gewicht (s. jetzt § 364). Kassen von Berufsvereinigungen, die Unternehmungen mit sämtlichen von ihnen beschäftigten versicherungspflichtigen Angestellten in sich aufgenommen haben und gleichzeitig die Versicherung von einzelnen Angestellten betreiben, können als Ersatzkassen nur insoweit in Frage kommen und von der gesetzlichen Pflichtversicherung bei der RVAnstalt befreien, als es sich um die Versicherung von Unternehmungen mit ihren sämtlichen Angestellten handelt. Einzelversicherungen würden nach §§ 375—377 (neu) als Versicherungsverträge mit Lebensversicherungsunternehmungen zu behandeln sein und deshalb, wenn sie nach dem 5. Dez. 1911 abgeschlossen sind, von der gesetzlichen Beitragspflicht zur RVAnstalt nicht mehr befreien.

Als Ersatzkassen sind heute noch zugelassen:

1. Der Beamtenversicherungsverein des Deutschen Bank- und Bankiergewerbes a. G., Berlin,
2. die Pensions-, Witwen- und Waisenkasse für die kaufmännischen Angestellten der Firma Rudolph Hertzog zu Berlin,
3. die Pensions-, Witwen- und Waisenkasse für die Angestellten der Firma Rudolf Mosse in Berlin,
4. die Versorgungskasse Vereinigter Rhedereien auf Gegenseitigkeit in Hamburg,
5. die Pensions- und Sterbekasse der Beamten und Bediensteten der Bayerischen Hypotheken- und Wechselbank, Versicherungsverein a. G., in München,
6. die Pensionskasse für die Angestellten der Berliner Handelsgesellschaft zu Berlin,
7. der Beamtenversicherungsverein Lätitia in Hamburg,
8. die B. M. Struppsche Pensionskasse in Meiningen,
9. die Pensionskasse des Vereins Deutscher Handelsmüller in Charlottenburg,
10. der Beamtenfürsorgeverein der Deutschen Bank A.-G. in Berlin,
11. der Gebrüder Arnholdsche Pensionsverein in Dresden.

Die bisherigen knappschaftlichen Ersatzkassen haben zufolge Art. 37 des Einf.-Ges. zum Reichsknappschaftsgesetz, vom 23. Juni 1923 (RGBl. I S. 454) mit dem 31. Dez. 1923 als solche zu bestehen aufgehört. Ihre Rechte und Verbindlichkeiten sind auf den Reichsknappschaftsverein übergegangen.

4. unbeschadet des § 393: Nach dieser Vorschrift hatten die bisher zugelassenen Ersatzkassen, wenn sie weiter bestehen wollten, bis zum 30. Juni 1924 die erforderliche Weiterzulassung auf Grund ihrer abgeänderten Satzungen bei dem Reichsarbeitsminister zu beantragen. —

Nach „393" dürfte im Gesetz ein Beistrich ausgefallen sein.

5. steht . . . gleich: S. auch § 370 Satz 2.

Die Versicherung bei der Ersatzkasse ersetzt die reichsgesetzliche Versicherung, sie befreit daher besonders von der reichsgesetzlichen Versicherungspflicht.

6. kann er sich . . . weiterversichern: Abs. 2 ist neu, er wurde erst durch das Gesetz vom 28. Juli 1925 angefügt. S. im übrigen Anm. 1!

§ 364 (374).

Der Ersatzkasse müssen sämtliche Versicherungspflichtigen[1]) der Unternehmungen, für die sie errichtet ist[2]), angehören, soweit sie nicht von der eigenen Beitragsleistung befreit sind[3]).

1. sämtliche Versicherungspflichtigen: Den Ersatzkassen ist daher das Recht, die Risiken auszuwählen, nicht zugestanden; über die Gründe hierfür s. Anm. 3 Abs. 3 zu § 363.

Sie sind aber nicht gehindert, neben den nach dem Gesetz Versicherungspflichtigen auch noch andere Personengruppen zu umfassen, sei es Angestellte, die nach dem Gesetz nicht versicherungspflichtig sind, oder Personen, die überhaupt nicht unter den Begriff der Angestellten fallen. Die Ausscheidung und gesonderte Verwaltung eines für die versicherungspflichtigen Angestellten bestimmten Vermögensteils kann in einem solchen Falle nicht gefordert werden, da § 360 Abs. 1 Satz 2 für Ersatzkassen nicht gilt.

2. der Unternehmungen, für die sie errichtet ist: Damit will das Gesetz den Wirkungskreis der Ersatzkassen abgrenzen. Das frühere Gesetz enthielt in § 374 Abs. 3 weiter die Vorschrift:

> Bei Kassen, die für mehrere Unternehmungen errichtet sind, befreit der Beitritt einer Unternehmung, welche der Kasse gegenüber am 5. Dezember 1911 noch nicht vertraglich zur Versicherung der Mehrheit oder einer bestimmten Gruppe ihrer Angestellten verpflichtet war, die Angestellten dieser Unternehmung nicht von der Pflicht zur Versicherung bei der Reichsversicherungsanstalt.

Diese Bestimmung sollte die RVAnstalt davor schützen, daß bestehende Kassen nachträglich andere Unternehmungen sich angliedern und auf diese Weise den Angehörigen der angegliederten Kassen die Befreiung von der gesetzlichen Versicherungspflicht verschaffen.

In das neue Gesetz ist diese Vorschrift nicht aufgenommen worden, aber nicht deshalb, weil der Gesetzgeber etwa zulassen wollte, daß die Ersatzkassen den Kreis der ihnen angeschlossenen Mitglieder nachträglich ausdehnen, sondern weil er der Anschauung ist, daß sie mit Beendigung des seinerzeitigen Zulassungsgeschäfts gegenstandslos geworden sei. Demgemäß hat auch das RVAmt entschieden, daß ein Beitritt von neuen Unternehmungen zu einer zugelassenen Ersatzkasse mit der Wirkung, daß die Angestellten dieser Unternehmungen von der Beitragspflicht zur RVAnstalt befreit werden, nicht mehr zulässig ist (AN. 1925 S. 43 Z. 2842).

Die (bereits bestehende) Mitgliedschaft einer Unternehmung bei einer Ersatzkasse erlischt jedoch nicht dadurch, daß in der Person des Unternehmers ein Wechsel oder in der Rechtsform des Unternehmens eine Änderung eintritt. Die Mitgliedschaft der Unternehmung bleibt vielmehr bestehen, wenn der Nachfolger unter Eintritt in die bestehenden Beziehungen zur Ersatzkasse das bisherige Unternehmen im wesentlichen unverändert fortführt (AN. ebenda).

Bei Streit zwischen der RVAnstalt und einem Arbeitgeber darüber, ob Beiträge an die RVAnstalt oder an eine zugelassene Ersatzkasse zu entrichten seien, sind die Versicherungsbehörden der Angestelltenversicherung zur Entscheidung zuständig (AN. ebenda).

3. soweit sie nicht ... befreit sind: Angestellte, die gemäß § 375 von der eigenen Beitragsleistung befreit sind, haben mit den Arbeitgeberbeiträgen nicht der Ersatzkasse, sondern der RVAnstalt anzugehören.

§ 365 (375).

Die Kassenleistungen[1]) müssen den reichsgesetzlichen Leistungen mindestens gleichwertig[2]) und in dieser Höhe gewährleistet sein. Die Leistungen für die Zwecke des Heilverfahrens gelten als gleichwertig, wenn die Ersatzkasse den gleichen Betrag[3]) aufwendet, den die Reichsversicherungsanstalt nach dem zuletzt veröffentlichten Rechnungsabschluß aus ihren Beitragseinnahmen für das Heilverfahren aufgewendet hat. Die für die Ersatzkasse zuständige Aufsichtsbehörde[4]) überwacht die Ausführung dieser Vorschrift.

§ 49a gilt sinngemäß[5]) auch für die Ersatzkassen.

1. Die Kassenleistungen: D. h. die satzungsmäßigen Leistungen. Die Höhe der Beiträge kommt bei Prüfung der Gleichwertigkeit nicht in Betracht.

Die Mitglieder der Kasse müssen — mindestens soweit die Leistungen der Kasse den reichsgesetzlichen entsprechen — einen **Rechtsanspruch** auf die Leistungen haben.

2. **gleichwertig:** Nicht **gleichartig!** Die Prüfung, ob die Leistungen gleichwertig seien, bietet besondere Schwierigkeiten. Es handelt sich, abgesehen von dem Heilverfahren und den Beitragserstattungsfällen, um dreierlei Bezüge, nämlich um Ruhegeld, Witwenrenten und Waisenrenten, die völlig verschieden bewertet werden müssen. Hierzu kommt, daß bei manchen Fürsorgekassen dem Ruhegeld besondere Bedeutung beigelegt wird und die Hinterbliebenenrenten minder hoch bewertet werden und umgekehrt. Auch die Wartezeit für die Erlangung des Anspruchs auf die Leistungen ist sehr verschieden.

Es sind deshalb bei Prüfung der Gleichwertigkeit nicht notwendig die einzelnen Leistungen getrennt zu vergleichen. Vielmehr ist der Wert der Anwartschaft der Kassenmitglieder auf die satzungsmäßigen Leistungen dem Werte der Anwartschaft auf die reichsgesetzlichen Leistungen gegenüberzustellen. In diesen Anwartschaftswerten wird der verschiedene Umfang und die verschiedene Höhe der Leistungen sowie die verschiedene Wartezeit zum Ausdruck kommen.

3. **der gleiche Betrag:** D. h. den gleichen Bruchteil (Hundertsatz) der **Beitragseinnahmen.**

4. **Aufsichtsbehörde:** Entweder das Reichsaufsichtsamt für Privatversicherung oder die Landesaufsichtsbehörde (s. Anm. 2 zu § 361).

5. **§ 49a gilt sinngemäß:** Abs. 2 ist erst durch das Gesetz vom 28. Juli 1925 angefügt. S. die Bem. zu § 49a.

§ 366 (376).

Wird die Zulassung als Ersatzkasse zurückgezogen oder die Ersatzkasse aufgelöst [1]), so geht die Verpflichtung zur Befriedigung der reichsgesetzlichen Ansprüche auf die Reichsversicherungsanstalt über [2]). Aus dem Vermögen der Ersatzkasse sind der Reichsversicherungsanstalt die erforderlichen Deckungsmittel für die übernommenen reichsgesetzlichen Leistungen zu überweisen [3]). Der Reichsarbeitsminister bestimmt das Nähere [4]).

Bei Streit entscheidet das Reichsversicherungsamt [5]).

1. **Zulassung ... zurückgezogen ... Ersatzkasse aufgelöst:** Die Zulassung kann selbstverständlich nur vom Reichsarbeitsminister, der sie erteilt hat (vgl. § 393), zurückgezogen werden. Aufgelöst werden kann die Kasse durch Beschluß ihrer satzungsmäßigen Organe, durch Konkurs oder auch von der Aufsichtsbehörde.

Die Kasse kann auch, ohne sich aufzulösen, bloß die Eigenschaft als Ersatzkasse aufgeben.

2. geht die Verpflichtung ... über: Die Verpflichtung der Ersatzkasse geht, wie das Gesetz ausdrücklich bestimmt, auf die RVAnstalt nur insoweit über, als sie den reichsgesetzlichen Leistungen entspricht. Weitergehende Ansprüche der Versicherten bleiben ihnen, wenn nur die Zulassung zurückgezogen oder die Eigenschaft als Ersatzkasse freiwillig aufgegeben wird, gegenüber der Kasse gewahrt; wird aber die Kasse aufgelöst, so gehen sie unter.

3. Deckungsmittel zu überweisen: Geht die Verpflichtung der Ersatzkasse auf die RVAnstalt über, so haftet diese den Versicherten (für die reichsgesetzlichen Leistungen) gerade so, wie wenn sie die Beiträge erhalten hätte. Tatsächlich hat aber nicht die RVAnstalt, sondern die Ersatzkasse die Beiträge erhalten; es muß daher für die RVAnstalt ein Ausgleich geschaffen werden durch Überweisung der Deckungsmittel. Wegen deren Berechnung s. Anm. 4.

Für ihren Anspruch auf Überweisung der Deckungsmittel hat die RVAnstalt gegenüber anderen Gläubigern der Ersatzkasse kein Vorzugsrecht. Es besteht daher die Gefahr, daß sie einen Ausfall erleidet; den Schaden hätten dann die Versicherten der RVAnstalt zu tragen. Daraus ergab sich für die RVAnstalt, die vom Bundesrat über alle Anträge auf Zulassung gehört wurde, die unabweisbare Pflicht, die Verhältnisse der antragstellenden Kassen genau zu prüfen, was ihr — sehr mit Unrecht — von den Beteiligten vielfach dahin ausgelegt wurde, als suche sie die Zulassung zu erschweren.

4. bestimmt das Nähere: Auf Grund dessen hat der Reichsarbeitsminister in § 3 der Verordnung zur Durchführung der Angestelltenversicherung bei den Ersatzkassen, vom 4. Aug. 1925 (RGBl. I S. 187) bestimmt:

> Wird die Zulassung der Ersatzkasse zurückgezogen oder die Ersatzkasse aufgelöst, so ist der Reichsversicherungsanstalt die Summe der seit dem 1. Januar 1924 an die Ersatzkasse entrichteten reichsgesetzlichen Reinbeiträge samt Zinsen und Zinseszinsen abzüglich der in gleicher Weise aufgezinsten, nach § 2 dieser Verordnung seit dem 1. Januar 1924 an die Reichsversicherungsanstalt bereits abgeführten Beträge*) zu überweisen.
>
> Als reichsgesetzliche Reinbeiträge gelten die gesetzlichen Beiträge abzüglich fünfzehn vom Hundert für Verwaltungskosten und Heilverfahren. Als Rechnungszinsfuß gilt bis auf weiteres sechs vom Hundert.

5. entscheidet das Reichsversicherungsamt: Hier entscheidet also sofort die oberste Instanz; daher ist die Entscheidung endgültig und unanfechtbar (§ 158).

---

*) Hiewegen vgl. Anm. 6 zu § 372!

§ 367 (377).

Die Beiträge der Arbeitgeber zu den Kassen müssen mindestens den reichsgesetzlichen Arbeitgeberbeiträgen und, sofern die Beiträge der Versicherten höher sind [1]), diesen gleichkommen. Die von den Arbeitgebern gemachten besonderen Aufwendungen [2]) sind auf die Beiträge der Versicherten und der Arbeitgeber gleichmäßig anzurechnen [3]).

1. sofern die Beiträge der Versicherten höher sind: Das wird namentlich bei Kassen der Fall sein, die für Betriebe errichtet sind, in denen eine erhöhte Invaliditäts- und Sterblichkeitsgefahr besteht.

Die Beiträge können bei solchen Kassen höher sein als die reichsgesetzlichen, ohne daß die Leistungen höher wären als die der RV-Anstalt.

Verschieden hohe Beiträge der Arbeitgeber und der Versicherten sind nach § 367 bei Ersatzkassen schlechthin unzulässig. Dadurch wird auch verhindert, daß eine Kasse höhere Leistungen gewährt als die RVAnstalt, die Mittel dazu aber bloß durch Beiträge der Versicherten aufbringt.

2. besonderen Aufwendungen: Die Beantwortung der Frage, ob die von den Arbeitgebern zu den Ersatzkassen geleisteten Beiträge den reichsgesetzlichen Arbeitgeberbeiträgen gleichkommen, wird vielfach Schwierigkeiten bieten. Die Kassen haben in vielen Fällen freiwillige Zuwendungen der Arbeitgeber, sei es an Kapitalien bei günstigen Rechnungsabschlüssen oder bei sonstiger Veranlassung, erhalten; auch findet vielfach kostenlose Übernahme der Verwaltung und ähnliches statt. Es würde unbillig sein, bei Beurteilung des Arbeitgeberbeitrags diese Zuwendungen außer Betracht zu lassen. § 367 sieht deren Einbeziehung vor. Eine allgemeine gesetzliche Vorschrift für die Beurteilung der Höhe der Zuwendungen im Vergleiche zu den laufenden gesetzlichen Beiträgen wird bei der Verschiedenartigkeit der Zuwendungen kaum möglich sein; vielmehr muß von Fall zu Fall entschieden werden. Für die Entscheidung wird eine Bilanz aufzustellen sein, in der die Leistungen der Arbeitgeber und der Angestellten getrennt darzustellen sind.

3. gleichmäßig anzurechnen: Solche Aufwendungen sind also, obwohl sie nur von den Arbeitgebern herrühren, nicht auf die Beiträge dieser allein anzurechnen (wie der Entwurf des Gesetzes von 1911 bestimmen wollte; die Änderung wurde vom Reichstag beschlossen).

§ 368 (378).

Den Versicherten muß bei der Verwaltung der Kasse und bei der Feststellung von Kassenleistungen [1]) eine den

Vorschriften dieses Gesetzes entsprechende Mitwirkung [2]) eingeräumt sein. Die Wahl muß geheim sein [3]).

1. bei der Feststellung von Kassenleistungen: S. § 371!

2. entsprechende Mitwirkung: Ob den Versicherten bei der Verwaltung der Kasse und bei der Entscheidung über die Gewährung der Kassenleistungen eine den Vorschriften dieses Gesetzes entsprechende Mitwirkung eingeräumt ist, hat der Reichsarbeitsminister zu prüfen. Im übrigen ist es der Satzung überlassen, wie die Verwaltung der Kasse eingerichtet werden soll.

3. geheim sein: Anderenfalls hätten die Versicherten keine den Vorschriften des Gesetzes entsprechende Mitwirkung bei der Verwaltung der Kasse und bei der Feststellung von Kassenleistungen. Für die Organe der reichsgesetzlichen Angestelltenversicherung ist allerdings im Gesetz nicht ausdrücklich vorgeschrieben, daß die Wahlen geheim sein müssen (vgl. §§ 108, 136). Es ist aber nicht zu bezweifeln, daß der Gesetzgeber an keine andere Wahl gedacht hat als an eine geheime.

Da aber das Gesetz für die Wahlen den Grundsatz der Verhältniswahl vorschreibt, so müssen auch bei den Ersatzkassen die Wahlen nach diesem Grundsatze vorgenommen werden.

§ 369 (379 mit 371).

Die Vorschriften der §§ 91, 92 wegen Übertragung, Verpfändung, Pfändung und Aufrechnung der Versicherungsansprüche gelten entsprechend für Ansprüche an Ersatzkassen. Sie gelten nicht, soweit die Leistungen der Ersatzkasse die reichsgesetzlichen Leistungen übersteigen.

§ 370 (380).

Für die Berechnung der Wartezeit, des Ruhegeldes und der sonstigen Renten gelten in bezug auf den reichsgesetzlichen Anspruch die Vorschriften dieses Gesetzes [1]). Die Zeit der Versicherung bei Ersatzkassen steht der bei der Reichsversicherungsanstalt gleich [2]).

1. gelten . . . die Vorschriften dieses Gesetzes: Die §§ 370—373 sollen die Freizügigkeit im Umfang der reichsgesetzlichen Leistungen sichern. Zu diesem Zweck ist zunächst in § 370 vorgeschrieben, daß für die Berechnung der Wartezeit, des Ruhegelds und der sonstigen Renten in Bezug auf den reichsgesetzlichen Anspruch die Vorschriften des AVG. gelten,

ferner in § 372, daß dem Berechtigten gegenüber die RVAnstalt zur Leistung verpflichtet ist, und in § 371, daß die reichsgesetzlichen Leistungen der Ersatzkassen die RVAnstalt feststellt.

2. steht . . . gleich: § 370 bezweckt, wie erwähnt, den Stellungswechsel, der einen Wechsel des Versicherungsträgers zur Folge hat, seiner nachteiligen Folgen zu entkleiden, soweit es sich um den reichsgesetzlichen Anspruch handelt. Er gilt also sowohl für den Fall, daß ein bisher bei der RVAnstalt versicherter Angestellter bei einem Arbeitgeber in Beschäftigung tritt, der einer Ersatzkasse angeschlossen ist, wie auch für den Fall, daß ein bisher bei einer Ersatzkasse versicherter Angestellter in die Dienste eines Arbeitgebers kommt, dessen Angestellte bei der RVAnstalt oder bei einer anderen Ersatzkasse zu versichern sind.

Wenn mit dem Ausscheiden aus der bisherigen Stellung die Aufgabe der versicherungspflichtigen Beschäftigung verbunden ist, so kann die Versicherung nach § 363 Abs. 2 des Gesetzes freiwillig fortgesetzt werden, sofern mindestens vier Beitragsmonate auf Grund der Versicherungspflicht zurückgelegt sind. Die Versicherung kann sowohl bei der RVAnstalt freiwillig fortgesetzt werden als auch bei der Ersatzkasse, aus der der Angestellte ausscheidet.

Ein Ausscheiden aus der versicherungspflichtigen Beschäftigung kann auch gegeben sein, ohne daß ein Stellungswechsel vorliegt. Dies ist der Fall, wenn der Jahresarbeitsverdienst eines bei einer Ersatzkasse versicherten bisher Versicherungspflichtigen die festgesetzte Grenze (§ 3; z. Zt. 6000 RM.) überschreitet, oder wenn der Versicherte in eine nicht versicherungspflichtige Beschäftigung übertritt. Auch in solchen Fällen muß von der Weiterversicherung Gebrauch gemacht werden, um das Erlöschen der Anwartschaft zu verhindern.

Die Zeit der Versicherung bei Ersatzkassen steht außer bei der Berechnung der Wartezeit, des Ruhegelds und sonstigen Renten (wovon § 370 Satz 1 ausdrücklich spricht), der Versicherung bei der RVAnstalt auch für die Erhaltung der Anwartschaft (§§ 54, 55) gleich.

Die Beteiligung bei der Ersatzkasse muß aber eine wirkliche Ersatzversicherung darstellen, d. h. der bei der Ersatzkasse Versicherte müßte auch bei der RVAnstalt versicherungspflichtig oder versicherungsberechtigt gewesen sein.

§ 371 (382 Abs. 1 Satz 2, 3; 378 Abs. 2, 3).

Die reichsgesetzlichen Leistungen[1]) der Ersatzkassen stellt die Reichsversicherungsanstalt fest[2]). Die beteiligten Ersatzkassen können vorher gehört werden[3]). Der Bescheid ist ihnen zuzustellen[3]). Jede von ihnen ist berechtigt, Rechtsmittel einzulegen[4]). Die zur Entscheidung berufene Stelle[5]) kann die Ersatzkasse beiladen[6]).

Zu den Kosten des Feststellungsverfahrens bei der Reichsversicherungsanstalt sowie zu den Kosten der Versicherungsbehörden[7]) haben die Ersatzkassen einen Beitrag zu entrichten. Der Reichsarbeitsminister bestimmt das Nähere[8]). Bei Streit über die Kosten des Feststellungsverfahrens bei der Reichsversicherungsanstalt entscheidet das Oberversicherungsamt[9]).

1. reichsgesetzlichen Leistungen: Das Heilverfahren, auf das der Versicherte keinen Anspruch hat, fällt nicht unter § 371.

Dagegen gehören hieher auch die Beitragserstattungen (§§ 61, 62) und die Abfindung § 63); vgl. AVN. 1919 S. 193 Z. 362, 1920 S. 80 Z. 403, 1921 S. 93 Z. 472, AN. 1923 S. 279 Z. 547.

2. stellt die Reichsversicherungsanstalt fest: War der Versicherte bis zum Eintritt des Versicherungsfalls immer bei derselben Ersatzkasse versichert, so kam nach dem früheren Gesetz die RVAnstalt weder für die Festsetzung noch für die Zahlung der Leistungen in Frage. Beide richteten sich alsdann nach der Kassensatzung unter Beachtung von § 378 Abs. 1 (des alten Gesetzes). Dagegen bestimmte sich das Rechtsmittelverfahren auch in diesem Falle nach dem Gesetz (§ 378 Abs. 2 alt).

War aber der Versicherte bei verschiedenen Ersatzkassen oder bei der RVAnstalt und einer oder mehreren Ersatzkassen versichert, so war eine Bestimmung darüber notwendig, wer in diesem Falle die Leistungen festzusetzen und auszuzahlen hatte. Diese Bestimmung enthielt § 382 Abs. 1 (alt). Darnach gewährte in einem solchen Falle die reichsgesetzlichen Leistungen die RVAnstalt, der die beteiligten Ersatzkassen die auf sie entfallenden Anteile dieser Leistungen zu erstatten hatten (§ 384 alt).

Das ist jetzt grundsätzlich geändert. Der Versicherte hat jetzt in allen Fällen einen Leistungsanspruch gegen die RVAnstalt, und diese stellt auch in allen Fällen die reichsgesetzlichen Leistungen fest, wobei nur die reichsgesetzlichen Vorschriften zu berücksichtigen sind; Mehrleistungen dagegen stellt die Ersatzkasse selbst fest (AN. 1925 S. 279 Z. 2883).

3 können gehört werden . . . ist zuzustellen: Die Anhörung der Ersatzkassen steht im freien Ermessen der RVAnstalt; in einfachen, klar liegenden Fällen (z. B. § 63) ist sie wohl überflüssig.

Dagegen haben die Ersatzkassen einen Anspruch darauf, daß ihnen der Bescheid der RVAnstalt (§ 249) zugestellt wird.

4. berechtigt, Rechtsmittel einzulegen: Da das streitige Rechtsverhältnis dem Versicherten und den Ersatzkassen gegenüber nur einheitlich festgestellt werden kann, so wird dem Versicherten und den Kassen im Streitverfahren vor den Versicherungsbehörden die Stellung der sog. „notwendigen Streitgenossen“ (§ 62 RZPO.) zukommen.

Das hat zur Folge, daß, wenn einer der Streitgenossen eine Frist *) versäumt, er als durch die anderen, nicht säumigen, vertreten angesehen wird, so daß die Frist auch dem Säumigen gegenüber gewahrt ist.

Lehnt also z. B. die RVAnstalt einen Anspruch auf Ruhegeld ab und beruhigt sich der Versicherte dabei, ergreift aber eine beteiligte Ersatzkasse die gesetzlichen Rechtsmittel und dringt sie damit durch, so kommt dieses Obsiegen der Kasse auch dem Versicherten zugute; das Ruhegeld ist ihm anzuweisen und zu zahlen.

5. berufene Stelle: D. i. das OVAmt oder RVAmt.

6. kann . . . beiladen: Nach ihrem Ermessen. Die Beiladung kommt natürlich nur in Frage, wenn die Kasse kein Rechtsmittel eingelegt hat; anderenfalls muß sie zur Verhandlung geladen werden (§§ 258, 273 Abs. 1 mit § 231).

7. Versicherungsbehörden: Das Gesetz von 1924 sagte: „Oberversicherungsämter und des Reichsversicherungsamts.“ Die Änderung beruht auf dem Gesetz vom 28. Juli 1925.

Die Kosten der Spruchbehörden trägt die RVAnstalt (§§ 156, 167 mit 145). Es wäre unbillig, ihr diese Kosten auch insoweit aufzuerlegen, als die Gerichte solchen Versicherten Recht sprechen, die nicht der RVAnstalt, sondern einer Ersatzkasse angehören.

Im Verfahren bei Feststellung von Leistungen werden aber auch die Versicherungsämter tätig, wenn auch nicht als Spruchbehörden (§§ 214—247). Die Billigkeit spricht dafür, die Ersatzkassen auch zu deren Kosten heranzuziehen. Das bisherige Gesetz bot aber keine Handhabe dazu; daher die neue Fassung! S. auch § 2 Abs. 2 der Verordn. vom 4. Aug. 1925, RGBl. I S. 187 (Anm. 6 zu § 372).

8. bestimmt das Nähere: Bisher noch nicht geschehen.

9. entscheidet das Reichsversicherungsamt: Die Entscheidung ist also endgültig und unanfechtbar (§ 158).

§ 372 (382 Abs. 1 Satz 1, 384).

Dem Berechtigten gegenüber ist die Reichsversicherungsanstalt zur Leistung verpflichtet[1]). Die Ersatzkassen haben die

*) Die Versäumung eines Termins, wovon § 62 ZPO. gleichfalls spricht, kommt hier nicht in Betracht, da es im Verfahren nach dem AVG. kein Versäumnisverfahren (§§ 330—347 RZPO.) gibt.

Deckungsmittel für die ihnen zur Last fallenden reichsgesetzlichen Leistungen spätestens binnen zwei Wochen nach der ihnen zugegangenen Aufforderung der Reichsversicherungsanstalt zu überweisen[2]). Die Reichsversicherungsanstalt kann die Frist unter Berechnung von Verzugszinsen[3]) verlängern.

Streit über die Höhe der Deckungsmittel entscheidet das Reichsversicherungsamt[4]).

Die Deckungsmittel werden wie die Gemeindeabgaben beigetrieben.[5])

Der Reichsarbeitsminister bestimmt die Grundsätze[6]) für die Berechnung der Deckungsmittel nach Anhören der Reichsversicherungsanstalt.

1. die Reichsversicherungsanstalt..verpflichtet: S. Anm. 2 zu § 371!

Die reichsgesetzlichen Leistungen (s. auch Anm. 1 zu § 371), zu denen die RVAnstalt dem Berechtigten gegenüber verpflichtet ist, sind auch für die Zeit der Zugehörigkeit zur Ersatzkasse nach den gesetzlichen Gehaltsklassen zu bemessen (§§ 56—59), nicht nach den satzungsmäßig geleisteten Beiträgen (AVN. 1921 S. 93 Z. 472).

Die Leistungspflicht der RVAnstalt schließt aber natürlich auch aus, daß dem Versicherten die an die RVAnstalt gezahlten Beiträge oder die an die Ersatzkasse gezahlten, soweit sie erforderlich sind, um die gesetzlichen Leistungen zu erhalten, zurückgezahlt werden. Darauf gerichtete Anträge sind also zwecklos.

2. die Deckungsmittel ... zu überweisen: Das geschieht erst nach Eintritt des Versicherungsfalls; beim Wechsel des Versicherungsträgers während der Versicherungsdauer findet eine Überweisung nicht statt.

Das frühere Gesetz sah die einmalige Überweisung eines Deckungskapitals vor. Das ist jetzt geändert, die Deckungsmittel werden jetzt fortlaufend überwiesen nach näherer Bestimmung des R.-Arb.-Ministers (vgl. Abs. 4 dieses Paragraphen).

Die Ersatzkassen haben der RVAnstalt die Deckungsmittel auch dann zu überweisen, wenn es sich um eine Leistung handelt, die die Satzung der Ersatzkasse nicht kennt, z. B. um Abfindung (AN. 1923 S. 280 Z. 574).

3. Verzugszinsen: Diese werden nach den Grundsätzen des Bürgerlichen Rechts zu bemessen sein.

4. das Reichsversicherungsamt: S. Anm. 5 zu § 366!

5. wie Gemeindeabgaben beigetrieben: Nach den landesrechtlichen Bestimmungen, die für den Sitz der Ersatzkasse gelten.

6. bestimmt die Grundsätze: Auf Grund dieser Vorschrift hat der R.-Arb.-Minister in § 2 der „Verordnung zur Durchführung der Angestelltenversicherung bei den Ersatzkassen", vom 4. Aug. 1925 (RGBl. I S. 187) bestimmt:

Die Ersatzkassen erstatten gemäß § 372 des Angestelltenversicherungsgesetzes der Reichsversicherungsanstalt bis auf weiteres anteilig im Verhältnis der Versicherungsdauer und, soweit Steigerungsbeträge und Beitragserstattungen in Frage kommen, entsprechend dem Gesamtbetrage der entrichteten Beiträge, die tatsächlichen Aufwendungen für Renten und einmalige Zahlungen. Die Reichsversicherungsanstalt berechnet nach Ablauf jedes Kalendervierteljahrs den Erstattungsbetrag und teilt ihn der Ersatzkasse mit. Die Ersatzkasse ist binnen vierzehn Tagen zur Zahlung verpflichtet.

Abs. 1 gilt entsprechend für die gemäß § 371 Abs. 2 des Angestelltenversicherungsgesetzes den Ersatzkassen auferlegte Erstattung der Kostenanteile für das Feststellungsverfahren und für die anteiligen Kosten der Spruchbehörden der Angestelltenversicherung.

§ 373 (383, 385, 386).

Jede Ersatzkasse hat beim Austritt eines der Versicherungspflicht unterliegenden Kassenmitglieds[1]) innerhalb eines Monats nach dem Austritt der Reichsversicherungsanstalt eine Bescheinigung[2]) zu übersenden, die über die Zahl und Höhe der nach diesem Gesetz errichteten Beiträge Auskunft gibt. Eine gleiche Bescheinigung[3]) ist zu übersenden, wenn das Kassenmitglied berufsunfähig geworden[4]) oder gestorben ist.

Der Reichsarbeitsminister bestimmt[5]) Form und Inhalt der Bescheinigung nach Anhören der Reichsversicherungsanstalt.

Wird die Bescheinigung nicht rechtzeitig[6]) übersandt, so kann die Reichsversicherungsanstalt die säumigen Organe der Kasse mit Ordnungsstrafe in Geld[7]) bestrafen[8]).

1. der Versicherungspflicht unterliegenden Kassenmitglieds: Für den Austritt freiwillig Versicherter kann die Übersendung einer solchen Bescheinigung nicht vorgeschrieben werden, da die Ersatzkasse nur in einem Teil der einschlägigen Fälle, nämlich, wenn von der Weiterversicherung bei der Ersatzkasse Gebrauch gemacht wird (§ 363 Abs. 2), die Beiträge erhält, in den anderen Fällen aber — Weiterversicherung bei der RVAnstalt, Selbstversicherung (s. Anm. 1 Abs. 2 zu § 363) — die Ersatzkasse keine Kenntnis davon erhält, wie viele Beiträge und in welcher Höhe der Versicherte entrichtet. Überdies werden ja solche Beiträge

durch Marken der RVAnstalt entrichtet, so daß eine Bescheinigung auch überflüssig wäre.

2. Bescheinigung: Diese muß erteilt werden, einerlei ob der Austretende sofort in die Versicherung bei der RVAnstalt eintritt oder nicht.

Die Erteilung der Bescheinigung ist notwendig wegen der Bestimmungen in den §§ 371 u. 372, wonach die RVAnstalt auf Grund der Beiträge, die an sie und an die Ersatzkasse entrichtet sind, die reichsgesetzlichen Leistungen einheitlich festzusetzen hat und hiefür dem Berechtigten leistungspflichtig ist. Zu diesem Zweck muß sie die Zahl und Höhe der Beiträge, die an die Ersatzkasse entrichtet sind, kennen.

3. gleiche Bescheinigung ... wenn: Dadurch wird dem Austritt des Versicherten aus der Ersatzkasse der Fall gleichgestellt, daß ein Versicherter, der verschiedenen Ersatzkassen oder der RVAnstalt und einer oder mehreren Ersatzkassen angehört hat, beim Eintritt des Versicherungsfalles noch Mitglied einer Ersatzkasse ist.

4. berufsunfähig geworden: Die Bescheinigung wird, wenn sie ihren Zweck vollständig erfüllen soll, schon dann zu übersenden sein, wenn das Kassenmitglied behauptet, berufsunfähig geworden zu sein, und einen Anspruch auf das Ruhegeld erhebt.

5. der Reichsarbeitsminister bestimmt: Auf Grund dessen ist erlassen § 1 der „Verordnung zur Durchführung der Angestelltenversicherung bei den Ersatzkassen", vom 4. Aug. 1925 (RGBl. I S. 187), der lautet:

Die Bescheinigung nach § 373 Abs. 1 des Angestelltenversicherungsgesetzes muß die erforderlichen Angaben enthalten zur Feststellung

1. der persönlichen Verhältnisse des Versicherten,
2. des Arbeitgebers des Versicherten,
3. der Dauer der Mitgliedschaft, der Art, Zahl, Höhe und Verteilung der Beiträge sowie der Ersatzzeiten.

Die Reichsversicherungsanstalt entwirft das Muster der Bescheinigung.

6. nicht rechtzeitig: D. h. nicht innerhalb eines Monats nach Austritt des Kassenmitglieds, seinem Tod oder dem Eintritt seiner Berufsunfähigkeit; selbstverständlich steht dem der Fall gleich, daß die Bescheinigung gar nicht übersandt wird.

7. mit Ordnungsstrafe in Geld: Also bis zu 1000 RM. (s. die Vorbemerkung vor § 335). Das frühere Gesetz drohte nur „Geldstrafe bis zu 20 M" an.

Die Strafe fließt in die Kasse der RVAnstalt (§ 355). Nach Abs. 2 jenes Paragraphen werden solche Strafen wie Gemeindeabgaben beigetrieben; das Verfahren richtet sich also nach dem Landesrecht, das am Sitz der Ersatzkasse gilt.

8. kann ... bestrafen: Nach ihrem Ermessen; ein Zwang dazu besteht nicht.

Auf Beschwerde gegen eine solche Strafverfügung entschied nach dem früheren Gesetz der Reichskanzler endgültig. Jetzt entscheidet gemäß § 354 das OVAmt (Beschlußkammer); auch dessen Entscheidung ist endgültig (§ 294). Zuständig ist das OVAmt, in dessen Bezirk „die strafbare Handlung begangen" ist, d. h. hier also wohl dasjenige OVAmt, in dessen Bezirk die beteiligte Kasse ihren Sitz hat (§ 12 OVAOfAV.).

§ 374 (381).

Die Reichsregierung bestimmt[1]) den Betrag, bis zu dem das Vermögen in den im § 205 Abs. 1 Nr. 1 genannten Forderungen[2]) anzulegen ist[3]); dieser Betrag darf jedoch fünfundzwanzig vom Hundert des für die reichsgesetzliche Versicherung zurückgestellten Vermögens[4]) nicht übersteigen[5]).

1. die Reichsregierung bestimmt: Vgl. § 211 und die Bekanntmachung des R.-Arb.-Ministers „über die Anlegung des Vermögens der Träger der Sozialversicherung", vom 14. Juli 1923 (RGBl. I S. 646).

2. in den im § 205 Abs. 1 Nr. 1 genannten Forderungen: Das sind verbriefte Forderungen gegen das Reich oder ein Land oder gegen eine Kreditanstalt des Reichs oder eines Landes sowie Forderungen, die in das Schuldbuch des Reichs oder eines Landes eingetragen sind.

Die übrigen, in § 205 Abs. 1 genannten Vermögensanlagen kommen nicht in Betracht.

3. anzulegen ist: Die Vorschrift ist bindend; das Gesetz sagt jedoch nicht, wem die Überwachung ihres Vollzugs obliege. Zuständig wird die Aufsichtsbehörde der Ersatzkasse sein, d. h. also entweder das Reichsaufsichtsamt für Privatversicherung oder die Landesaufsichtsbehörde.

4. des . . . zurückgestellten Vermögens: Also nicht des Gesamtvermögens der Kasse, soweit es auch zur Deckung der Mehrleistungen bestimmt ist.

5. darf . . nicht übersteigen: Das frühere Gesetz (§ 381) schrieb bindend vor, daß mindestens ein Viertel des Kassenvermögens auf die vorgeschriebene Weise anzulegen sei. Jetzt ist dieser Betrag nicht mehr der Mindest-, sondern der Höchstbetrag, das Gesetz gewährt der Reichsregierung einen Spielraum. Die Bekanntmachung des R.-Arb.-Ministers vom 14. Juli 1923 (siehe Anm. 1) hat jedoch den Betrag auf fünfunzwanzig vom Hundert festgesetzt.

Bemerkung:

Im alten Gesetz folgten hier die §§ 387 u. 388, die davon handelten, daß Knappschaftsvereine oder Knappschaftskassen die Stellung von Zuschußkassen übernehmen, ferner daß solche Vereine oder Kassen oder Vereinigungen von solchen als Ersatzkassen zugelassen werden konnten.

Diese Versicherungseinrichtungen sind jedoch jetzt im Reichsknappschaftsverein aufgegangen (s. Anm. 3, letzten Abs., zu § 363). Die Bestimmungen der §§ 387 u. 388 des alten Gesetzes sind dadurch gegenstandslos geworden und aus diesem Grunde in das neue Gesetz nicht übergegangen.

II. Verträge mit Lebensversicherungsunternehmungen.

§ 375 (390 Abs. 2).

Angestellte, die beim Eintritt in die versicherungspflichtige Beschäftigung [1]) das dreißigste Lebensjahr überschritten haben [2]) und [3]) für die [4] seit mindestens drei Jahren [5]) ein Versicherungsvertrag bei einer öffentlichen oder privaten Lebensversicherungsunternehmung [6]) (§ 1 des Gesetzes über die privaten Versicherungsunternehmungen vom 12. Mai 1901 — Reichsgesetzbl. S. 139 —) geschlossen ist [7]), können [8]) auf ihren Antrag [9]) von der eigenen Beitragsleistung befreit werden [10]), wenn der Jahresbetrag der Beiträge für diese Versicherungen [11]) beim Eintritt in die versicherungspflichtige Beschäftigung [12]) mindestens den ihren Gehaltsverhältnissen entsprechenden Beiträgen gleichkommt [13]), die sie nach diesem Gesetze zu tragen hätten (Halbversicherte).

Streit über die Befreiung wird nach § 194 entschieden [14]).

1. beim Eintritt in die versicherungspflichtige Beschäftigung: Gemeint ist das erstmalige Eintreten. Wer dagegen beim Eintreten in die versicherungspflichtige Beschäftigung das 30. Lebensjahr überschritten, aber erst beim Eintritt in eine zweite oder fernere versicherungspflichtige Beschäftigung seit drei Jahren einer Lebensversicherung angehört hat, kann nicht auf Grund des § 390 Abs. 2 von der Beitragsleistung befreit werden (AVN. 1914 S. 64).

2. das dreißigste Lebensjahr überschritten haben: Wer schon in jüngerem Alter in eine versicherungspflichtige Beschäftigung eintritt, kann nach dem jetzigen Recht von der Beitragsleistung nicht befreit werden.

Nach dem früheren Gesetz war dies möglich (§ 390 Abs. 1); der jetzige § 375 gibt aber nur den Abs. 2 des früheren § 390 wieder.

Die Befreiung von der eigenen Beitragsleistung ist daher jetzt (gegenüber dem alten Gesetz) wesentlich eingeschränkt.

3. und: Die beiden Voraussetzungen (Vollendung des 30. Lebensjahrs beim Eintritt in die versicherungspflichtige Beschäftigung, Abschluß eines Lebensversicherungsvertrags) müssen jetzt, abweichend vom früheren Recht (§ 390 Abs. 1) stets zusammen vorliegen, eine allein genügt nicht.

4. für die: Das Gesetz sagt nicht „von denen"; es ist daher nicht erforderlich, daß der Angestellte selbst der Versicherungsnehmer ist oder daß er die Beiträge selbst bezahlt. Dies kann auch der Arbeitgeber oder ein anderer tun; der Angestellte muß aber ein unmittelbares Recht auf die Versicherungsleistungen haben.

Daher ist besonders eine vom Arbeitgeber auf das Leben oder die Invalidität seiner Angestellten genommene Pensionsversicherung dann als „für den Angestellten" geschlossen anzusehen, wenn nach den zugrunde liegenden Vertragsbestimmungen die Gewähr dafür gegeben ist, daß die Versicherungsleistung auch tatsächlich dem versicherten Angestellten zufließt (AVN. 1914 S. 59).

Ist der Ehegatte oder ein Kind des Angestellten Versicherungsnehmer, so darf für den Regelfall angenommen werden, daß die Familie in häuslicher Gemeinschaft lebt und daß die Kosten der Versicherung zu Lasten des Gesamthaushalts gehen. Auch ist das Recht der Frau und der Kinder gegenüber dem Zugriff etwaiger Gläubiger des Angestellten dann am sichersten, wenn sie selbst als Versicherungsnehmer auftreten. Daher sind Verträge, in denen die Ehefrau oder Kinder des Angestellten Versicherungsnehmer und Begünstigte sind, zur Befreiung des Angestellten von der eigenen Beitragsleistung geeignet (AVN. 1913 S. 212), wenn nur die Versicherung auf den Todes- oder Erlebensfall des Angestellten selbst (nicht etwa der Frau oder der Kinder) genommen ist.

Beleihung oder Verpfändung des Versicherungsscheins hindert die Befreiung von der Beitragsleistung nicht, sofern nur der Versicherungsschein vorgelegt wird. Wenn dagegen die Versicherung mit allen Rechten übertragen ist, so kann der Angestellte auf Grund dieser Versicherung nicht mehr die Befreiung von der eigenen Beitragsleistung beantragen (AVN. 1913 S. 129, 212).

5. seit mindestens drei Jahren: Der Vertragsabschluß selbst muß vor mindestens 3 Jahren zustande gekommen sein. Dies kann aber auch mündlich geschehen; ein Lebensversicherungsvertrag ist daher rechtswirksam zustande gekommen, sobald z. B. der Versicherungsnehmer dem zum Vertragsabschluß von der Gesellschaft ermächtigten Agenten den schriftlichen Versicherungsantrag vorgelegt und sich mit der von diesem unter der Bedingung einer bestimmten Wartezeit abgegebenen Annahmeerklärung mündlich einverstanden erklärt hat (AVN. 1914 S. 213). Wird der Antrag auf Abschluß einer Versicherung von dem Versicherungsunternehmen nur mit Anderungen angenommen, so ist der Vertrag erst dann geschlossen, wenn die Erklärung des Antragstellers, daß er mit den Änderungen einverstanden sei, dem Versicherer zugegangen ist (AVN. 1914 S. 59). Der Beginn der Versicherung darf auch erst später, zu einem Zeitpunkt, der noch nicht 3 Jahre zurückliegt, eingetreten sein, wenn nur der Versicherungsvertrag rechtzeitig vor diesem Termin abgeschlossen ist.

Die Rückdatierung eines erst später abgeschlossenen Vertrags hat selbstverständlich keine Rechtswirkung. Für das Zustandekommen des Versicherungsvertrags ist das Datum des Versicherungsscheins überhaupt nicht maßgebend, auch dann nicht, wenn er wirklich schon vor mehr als 3 Jahren ausgestellt, also richtig datiert ist. Maßgebend ist vielmehr der Tag, an dem dem Versicherten mitgeteilt worden ist, daß sein Versicherungsantrag angenommen sei, da erst mit diesem Zeitpunkt die gegenseitige vertragliche Bindung eingetreten ist (AVN. 1913 S. 136).

Dem Erfordernis, daß der Versicherungsvertrag vor mehr als 3 Jahren geschlossen sein muß, wird auch nicht dadurch genügt, daß vor diesem Tage eine Verpflichtung des Arbeitgebers begründet war, seine Angestellten bei einer bestimmten Versicherungsunternehmung zu versichern, und daß die Gesellschaft verpflichtet war, die Versicherungsanträge dieser Angestellten anzunehmen. Denn eine derartige Vereinbarung stellt keinen Versicherungsvertrag dar, sondern sie begründet nur für die Zukunft die Verpflichtung zum Abschluß von solchen Verträgen; sie fällt also nicht unter die Vorschrift des § 375 (AVN. 1913 S. 214).

Eine Nachversicherung begründet auch dann die Befreiung von der eigenen Beitragsleistung, wenn sie als Fortsetzung einer vor mehr als 3 Jahren geschlossenen Versicherung bei derselben Gesellschaft in der Weise abgeschlossen ist, daß mit dem Abschluß der Nachversicherung die frühere Versicherung als aufgelöst erklärt und deren volle Prämienreserve auf die neue Versicherung angerechnet wird (AVN. 1913 S. 210, 1920 S. 182 Z. 412).

Die Befreiung von der eigenen Beitragsleistung gemäß § 375 setzt aber nicht nur voraus, daß seit mindestens 3 Jahren ein Lebensversicherungsvertrag abgeschlossen ist, sondern auch, daß er z. Zt. der Antragstellung noch fortbestand. Er darf also nicht durch Ablauf seiner Gültigkeitsdauer, Auszahlung der Versicherungssumme usw. beseitigt sein (AVN. 1914 S. 118). Die Umwandlung der Versicherung in eine prämienfreie ist in wirtschaftlicher Hinsicht der Aufhebung der Versicherung gleichzustellen (AVN. 1913 S. 129; siehe auch 1914 S. 254). Auch auf eine Versicherung, die infolge von Kündigung oder durch Unterbrechung der Prämienzahlung erloschen war und erst später durch einen neuen Vertrag wieder in Kraft gesetzt worden ist, kann die Befreiung von der Beitragsleistung nicht begründet werden (AVN. 1913 S. 130; 1914 S. 38, 62).

6. bei einer öffentlichen oder privaten Lebensversicherungsunternehmung: Wegen der öffentlichen Lebensversicherungsunternehmung vgl. § 119 des Gesetzes über die privaten Versicherungsunternehmungen, vom 12. Mai 1901, RGBl. S. 139 ff. Es handelt sich hiernach um öffentliche Versicherungsanstalten, die auf Grund landesrechtlicher Vorschriften errichtet sind.

Als private Lebensversicherungsunternehmungen im Sinne des erwähnten Gesetzes sind nach dessen § 1 Abs. 2 solche Personenvereinigungen nicht anzusehen, die ihren Mitgliedern nur Unterstützungen gewähren, ohne ihnen einen Rechtsanspruch darauf einzuräumen. Als Lebensversicherung im Sinne des Gesetzes gilt auch die Invaliditäts-, Alters-, Witwen-, Waisen- und Aussteuer-Versicherung, gleichviel ob auf Kapital oder Renten (§ 6 Abs. 3 des erwähnten Gesetzes).

Versicherungsunternehmungen im Sinne des § 375 sind daher: 1. die inländischen öffentlichen Versicherungsunternehmungen, 2. die privaten, auf Grund des Gesetzes über die privaten Versicherungsunternehmungen vom 12. Mai 1901 zum Geschäftsbetriebe im Inland befugten inländischen oder ausländischen Versicherungsunternehmungen (AVN. 1913 S. 129, 211; 1914 S. 39). Ausländische, zum Geschäftsbetriebe im Inland nicht zugelassene Lebensversicherungsunternehmungen fallen dagegen nicht unter § 375 (AVN. 1914 S. 97, 124, 1915 S. 14 Z. 20, S. 54 Z. 27).

Ist eine Pensionskasse als „kleiner Verein" im Sinne des § 53 des Gesetzes über die privaten Versicherungsunternehmungen vom 12. Mai 1901 zugelassen, so ist sie als Versicherungsunternehmung im Sinne des § 1 jenes Gesetzes zu erachten. Die Zugehörigkeit zu einer solchen Kasse befreit von der eigenen Beitragsleistung jedoch nur dann, wenn der Versicherte vor mehr als 3 Jahren beigetreten ist und die Kasse damals bereits als Lebensversicherungsunternehmung zugelassen war (AVN. 1913 S. 129).

Vereine, die auf Grund des § 103 des Gesetzes vom 12. Mai 1901 eine Versicherungstätigkeit betreiben (das sind solche Vereine, die, ohne die Rechtsfähigkeit zu besitzen, die Versicherung ihrer Mitglieder nach dem Grundsatz der Gegenseitigkeit betreiben), sind Lebensversicherungsunternehmungen im Sinne des § 375 (AVN. 1913 S. 216).

7. ein Versicherungsvertrag . . . geschlossen ist: Nach § 6 Abs. 3 des Gesetzes über die privaten Versicherungsunternehmungen (vom 12. Mai 1901) gilt als Lebensversicherung im Sinne des Gesetzes auch die Invaliditäts-, Alters-, Witwen-, Waisen- und Aussteuer-Versicherung, gleichviel ob auf Kapital oder auf Renten. Dieser letztere Grundsatz ist auch für das Gebiet der Angestelltenversicherung maßgebend; zur Befreiung von der Beitragsleistung gemäß § 375 ist daher keine Kapitalsversicherung erforderlich, sondern es genügt auch ein Renten-(Pensions-)Vertrag, und zwar einerlei ob dadurch für den Invaliditätsfall oder für die Hinterbliebenen besonders vorgesorgt wird (AVN. 1913 S. 129).

Auch die sog. Risikoversicherung ist zur Befreiung von der Beitragsleistung gemäß § 375 geeignet (AVN. 1913 S. 215). Eine sog. Risikoumtauschpolice kann dagegen zur Befreiung von der Beitragsleistung nur bis zu dem Zeitpunkt führen, zu dem die ursprüngliche Versicherung nach den vor mehr als 3 Jahren getroffenen Vereinbarungen ihr Ende erreicht (AVN. 1914 S. 83; s. auch 1915 S. 152 Z. 35).

Unfallversicherungen — auch solche mit Prämienrückgewähr für den Fall, daß der Versicherte stirbt oder ein bestimmtes Lebensalter erreicht — sind keine Lebensversicherungsverträge im Sinne des § 375 und können daher die Befreiung von der eigenen Beitragsleistung nicht begründen (AVN. 1913 S. 129, 134; 1914 S. 62, 102); das gleiche gilt auch von einer Nachversicherung zu einer Unfallversicherung, wenn auch die Nachversicherung eine Lebensversicherung betrifft (AVN. 1914 S. 62; eine solche Versicherung könnte nur für sich allein als Lebensversicherungsvertrag in Betracht kommen, müßte aber dann schon vor mehr als 3 Jahren geschlossen sein).

Der Abschluß einer reinen Sparversicherung (wobei die Ungewißheit, wie lange eine bestimmte Person leben wird, überhaupt nicht in Betracht kommt) begründet die Befreiung von der eigenen Beitragsleistung nicht (AVN. 1914 S. 219).

Ob eine Begräbnis-(Sterbegeld-)Versicherung unter § 375 falle, ist streitig; nach der Ansicht der RVAnstalt ist eine solche Versicherung keine Lebensversicherung im Sinne des Gesetzes (Archiv für Reichsversicherung 1912 S. 118).

Die freiwillige Fortsetzung der Invalidenversicherung kann nicht in Betracht kommen (AVN. 1914 S. 85, 109, 266); desgleichen auch nicht die Pflichtversicherung bei einer Sonderanstalt (AVN. 1914 S. 41).

Wird eine vor mehr als 3 Jahren abgeschlossene Lebensversicherung, auf Grund deren die Befreiung von der Beitragsleistung gemäß § 375 genehmigt worden war, später zurückgekauft und an deren Stelle eine Versicherung mit einer anderen Unternehmung geschlossen (welche Versicherung noch keine 3 Jahre besteht), so hat der Rückkauf der Versicherung den Wegfall der Befreiung von der Beitragsleistung zur Folge (AVN. 1921 S. 237).

Besteht für einen versicherungspflichtigen Angestellten neben der Zugehörigkeit zu einer Ersatzkasse ein privater Lebensversicherungsvertrag, der den Erfordernissen des § 375 genügt, so kann, wenn der Angestellte von der Ersatzkasse zur RVAnstalt übertritt, Befreiung von der eigenen Beitragsleistung, auch wenn während der Zugehörigkeit zur Ersatzkasse die vollen Beiträge geleistet worden sind, jedenfalls dann beantragt werden, wenn der Antrag rechtzeitig gestellt wird (AVN. 1920 S. 6 Z. 368). Der Antrag ist in diesem Sinne rechtzeitig gestellt, wenn er beim Übertritt zur RVAnstalt oder nachher in einer angemessenen Frist gestellt wird (AVN. 1920 S. 40 Z. 382).

Sind die Rechte von einem Lebensversicherungsvertrag an die Ehefrau des Versicherten abgetreten, so kann dieser selbst die Befreiung von der eigenen Beitragsleistung gemäß § 375 nicht beantragen (AVN. 1919 S. 197 Z. 365).

Das Antragsrecht besteht auch dann nicht, wenn eine vor mehr als 3 Jahren durch Kündigung der Versicherungsgesellschaft erloschene Versicherung zu einem Zeitpunkt, der noch nicht 3 Jahre zurückliegt, durch eine neue Vereinbarung wieder in Kraft gesetzt worden ist (AVN. 1915 S. 37).

Der Befreiungsantrag ist ferner nicht begründet, wenn eine Versicherung, die vor mehr als 3 Jahren geschlossen und später (vor nicht 3 Jahren) prämienfrei geworden war, infolge eines neuen Vertrags dadurch aufgehoben wird, daß die herabgesetzte Versicherungssumme der alten Versicherung gegen den Prämienanspruch der Versicherungsgesellschaft aus der neuen Versicherung aufgerechnet wird (AVN. 1915 S. 38).

8. können: Es besteht kein Anspruch auf Befreiung, diese steht vielmehr im freien Ermessen der RVAnstalt (sowie der Spruchbehörden; vgl. Abs. 2), die den Antrag auch ablehnen können, wenn die Voraussetzungen des § 375 gegeben sind, der abgeschlossene Versicherungsvertrag aber nach ihrer Meinung nicht genügt, um eine der gesetzlichen Versicherung gleichwertige Fürsorge zu schaffen (z. B. eine Todesfallversicherung zugunsten einer dritten Person, etwa eines Gläubigers).

Die gesetzlichen Voraussetzungen der Befreiung können nicht durch ein Anerkenntnis der RVAnstalt ersetzt werden (AVN. 1919 S. 36 Z. 326).

9. auf ihren Antrag: S. § 19 der Beitr.-O.

10. von der eigenen Beitragsleistung befreit werden: Der frühere Mangel einer reichsgesetzlichen Fürsorge für Angestellte hat — neben der Errichtung von Fürsorgekassen — eine große Anzahl von Angestellten auf den Weg der Selbsthilfe verwiesen und ihnen Anlaß gegeben, mit Versicherungsunternehmungen Lebensversicherungsverträge, vielfach unter Leistung erheblicher Zuschüsse der Arbeitgeber, abzuschließen. Ohne Gefährdung ihrer wirtschaftlichen Lage werden die Angestellten im allgemeinen nicht in der Lage sein, neben den Prämien an die Versicherungsunternehmungen auch noch die Beiträge zu zahlen, die ihnen durch die gesetzliche Versicherung auferlegt werden. Ebensowenig kann diesen Angestellten zugemutet werden, die bei diesen Unternehmungen erworbenen Rechte aufzugeben. Im günstigsten Falle würde ihnen der Rückkaufswert gewährt werden, der jedoch nur einen Teil der für ihre Versicherungen angesammelten Prämienreserve ausmacht. Sie würden somit empfindlichen Schädigungen und Vermögensverlusten ausgesetzt werden. Dies muß vermieden werden. Das Gesetz läßt es deshalb zu, daß die Angestellten von den Beiträgen zur neuen Versicherung befreit werden, wenn sie aus eigenen Mitteln für die Lebensversicherung mindestens den gleichen Beitrag entrichten, der ihnen durch die neue Pflichtversicherung auferlegt wird.

Diese Erwägungen, die der Gesetzgeber bei Erlassung des alten Gesetzes anstellte, treffen jedoch jetzt, nachdem die Versicherung seit mehr als 12 Jahren in Kraft ist, nicht mehr in dem Umfang zu wie früher. Der Gesetzgeber hat daher, wie schon in Anm. 2 bemerkt, die Befreiung von der eigenen Beitragsleistung im neuen Gesetz wesentlich eingeschränkt.

An der aus § 1 des Gesetzes sich ergebenden Versicherungspflicht wird durch bestehende Lebensversicherungsverträge grundsätzlich nichts geändert; die §§ 375—377 enthalten nur eine Ausnahme von der gesetzlichen Beitragspflicht.

Diese Ausnahme kann zweifacher Art sein: Entweder der Angestellte allein bezahlt die Beiträge für die Lebensversicherung, dann gelten die §§ 375, 376 Abs. 1—3, befreit von der gesetzlichen Beitragsleistung wird in diesem Falle nur der Angestellte; oder der Arbeitgeber leistet Zuschüsse zu den Beiträgen für die Lebensversicherung, dann schafft § 376 Abs. 4 auch für ihn Erleichterungen der gesetzlichen Beitragslast.

Es handelt sich also zunächst nur um die Befreiung des Angestellten von der ihn treffenden Beitragsleistung.

Ferner handelt es sich nur um die Befreiung von den Pflichtbeiträgen; im Falle der freiwilligen Versicherung ist eine Befreiung von der Beitragsleistung nicht zulässig (ABN. 1913 S. 129).

Auf Ersatzkassen ist die Bestimmung des § 375 nicht anwendbar. Daher bemißt sich die Frage, ob ein Angestellter, der einer Ersatzkasse angehört, auf Grund eines Lebensversicherungsvertrages Befreiung von seiner Beitragsleistung zur Ersatzkasse erhalten kann, nicht nach § 375, sondern ausschließlich nach dem geltenden Landesrecht und der Satzung der Kasse (ABN. 1914 S. 230).

Die Befreiung äußert ihre Wirkung nur hinsichtlich der Leistungen der gesetzlichen Versicherung, insofern als für die Zeit der Befreiung nur die Arbeitgeber-Beiträge, für die übrige Zeit dagegen die vollen Beiträge der betreffenden Klasse der Berechnung der Leistungen zugrunde gelegt werden. Fällt daher die Befreiung — infolge des Verzichts oder aus den Gründen des § 377 — weg, so beginnt nicht etwa hinsichtlich des Angestelltenbeitrags eine neue Wartezeit; auf deren Lauf ist vielmehr die Befreiung ohne Einfluß (ABN. 1913 S. 129).

Die Befreiung des Angestellten von der eigenen Beitragsleistung schließt, solange sie dauert, die freiwillige Beitragsentrichtung aus (ABN. 1913 S. 129, 1915 S. 59).

Auf die Befreiung kann jederzeit verzichtet werden; der Verzicht ist dann aber endgültig (ABN. 1913 S. 129). Verzichtet ein Angestellter nachträglich auf Befreiung, so hat der Verzicht keine rückwirkende Kraft in dem Sinne, daß dem Angestellten eine Nachzahlung für die Zeit, in der für ihn nur die Arbeitgeber-Beiträge eingegangen sind, gestattet werden könnte. Sind dagegen für einen nach § 375 Befreiten schon vor der ausdrücklichen Verzichtserklärung die vollen Beiträge entrichtet, so sind diese nicht (zur Hälfte) zurückzuzahlen. Denn die Vermutung spricht dafür, daß die Beiträge schon mit der Absicht, auf die Befreiung zu verzichten, gezahlt worden sind. Der ausdrückliche Verzicht bedeutet dann nur eine Bestätigung jener Absicht (AVN. 1914 S. 118).

Ein Angestellter, der früher gemäß § 375 von der eigenen Beitragsleistung befreit worden, dann aber zu einem Arbeitgeber übergetreten ist, der einer Ersatzkasse angeschlossen ist, und seitdem die vollen Beiträge zur Ersatzkasse entrichtet hat, bleibt, wenn er später wieder zur RVAnstalt übertritt, von diesem Tage an von der eigenen Beitragsleistung weiterhin befreit (AVN. 1921 S. 31).

Für Bayern siehe noch Art. 57 Satz 2 des Ausführungsgesetzes zur RVO., vom 3. Nov. 1912 (GVBl. S. 1135). In diesem Falle kann die Befreiung von der Beitragsleistung gemäß § 375 eintreten (Min.-Bekanntm. vom 11. Dez. 1912 über das Verhältnis der Gemeindebeamten zum Versicherungsgesetz für Angestellte, Z. IV Nr. 4 Abs. 4 MABl. des Innern und des Äußern 1912 S. 1075).

11. f ü r d i e s e V e r s i c h e r u n g e n: Dabei ist nicht an mehrere Versicherungen eines Angestellten gedacht, sondern an die Mehrheit der Angestellten (AVN. 1913 S. 138). Daher ist § 375 auch dann anwendbar, wenn ein Angestellter nur e i n e, dem Gesetze genügende Versicherung abgeschlossen hat.

12. b e i m E i n t r i t t i n d i e v e r s i c h e r u n g s p f l i c h t i g e B e s c h ä f t i g u n g: Dieser Zeitpunkt bleibt ein für allemal maßgebend. Kommt der Versicherungsbeitrag eines Angestellten in diesem Zeitpunkt den reichsgesetzlichen Beiträgen, die seinen Gehaltsverhältnissen zu diesem Zeitpunkt entsprechen, gleich, so ist e i n e s p ä t e r e E r h ö h u n g d e r L e b e n s v e r s i c h e r u n g b e i m S t e i g e n d e s G e h a l t s n i c h t e r f o r d e r l i c h.

Die Erhöhung der schon seit mindestens 3 Jahren bestehenden Versicherung auf das Mindestmaß des § 375, die bis zum Eintritt in die versicherungspflichtige Beschäftigung bewirkt sein muß, kann auch durch eine neue Versicherung bei einer anderen Unternehmung bewirkt werden (AVN. 1914 S. 119; das Gesetz verlangt nur, daß e i n Versicherungsantrag vor mehr als 3 Jahren abgeschlossen ist). Dagegen kann eine Nachversicherung, die erst nach dem Eintritt in die versicherungspflichtige Beschäftigung geschlossen worden ist, die Befreiung von der eigenen Beitragsleistung nicht mehr begründen (AVN. 1914 S. 40).

Die zum Zwecke, die Prämien auf das Mindestmaß des § 375 zu erhöhen, abgeschlossene Nachversicherung äußert ihre Wirkung für die Befreiung von der Beitragsleistung nur insoweit und solange als der vor mehr als 3 Jahren abgeschlossene Versicherungsvertrag fortbesteht (AVN. 1914 S. 118).

13. w e n n d e r J a h r e s b e t r a g d e r B e i t r ä g e . . . m i n d e s t e n s . . . g l e i c h k o m m t: Der Jahresbetrag der Versicherungsbeiträge muß mindestens der Hälfte der im § 172 festgesetzten Beiträge gleichkommen. Maßgebend ist aber hierbei die tarifmäßige Prämie, nicht etwa die um die vertragsmäßige Dividende gekürzte. Die von den Versicherungsanstalten gewährten Dividenden bilden eine Einnahme des Versicherten; die übliche Kürzung am Beitrage bildet nur eine im Interesse geschäftlicher Erleichterung eingeführte Verrechnungsart.

Ist eine Jahresprämie vereinbart und sind bei Ratenzahlungen kleine Zuschläge für Zinsverlust mitzuentrichten, so sind diese Zuschläge als Teile der Prämie zu behandeln (ABR. 1913 S. 130).

Eine Versicherung, die beim Beginn der Versicherungspflicht prämienfrei war, ist zur Befreiung von der Beitragsleistung gemäß § 375 nicht geeignet (ABR. 1913 S. 217). Der Antrag auf Befreiung ist jedoch begründet, wenn ein vor mehr als 3 Jahren abgeschlossener und später in einen prämienfreien Vertrag umgewandelter Lebensversicherungsvertrag beim Beginn der Versicherungspflicht noch besteht und wenn noch vorher ein neuer Lebensversicherungsvertrag geschlossen ist, der den Versicherten beim Eintritt in die versicherungspflichtige Beschäftigung zur Zahlung einer Jahresprämie verpflichtet, die mindestens seinen Gehaltsverhältnissen zu diesem Zeitpunkt entspricht. Die Befreiung erstreckt sich aber zeitlich nicht über die Dauer des vor mehr als 3 Jahren geschlossenen Lebensversicherungsvertrags hinaus (ABR. 1914 S. 120). Der Antrag auf Befreiung ist ferner dann begründet, wenn die Beiträge zur Lebensversicherung durch eine einmalige Kapitalszahlung abgelöst worden sind (ABR. 1914 S. 254; durch diese Entscheidung des vorm. Schiedsgerichts ist die in ABR. 1913 S. 135 mitgeteilte gegenteilige des vorm. Rentenausschusses aufgehoben worden).

14. nach § 194 entschieden: D. h. es entscheidet das Versicherungsamt, das für den Beschäftigungsort des Versicherten zuständig ist, und auf Beschwerde das OBAmt endgültig (§ 294).

§ 376 (392 Abs. 1 u. 2).

Für Halbversicherte entrichtet der Arbeitgeber die Beiträge, die dem halben Jahresarbeitsverdienst entsprechen [1]). Entspricht die Hälfte des Beitrags nicht einem der im § 172 genannten Beiträge, so ist der nächsthöhere Monatsbeitrag zu entrichten; der Arbeitgeber kann die Erstattung des Mehrbetrags von dem Halbversicherten verlangen [2]).

Halbversicherte erhalten Ruhegeld und sonstige Renten nach den Vorschriften dieses Gesetzes [3]). Erstattungsansprüche aus den §§ 61, 62, 385 sind ausgeschlossen [4]).

Die Reichsversicherungsanstalt kann die Gewährung eines Heilverfahrens für einen halbversicherten Erkrankten davon abhängig machen, daß er die Kosten bis zur Hälfte vorher einzahlt[5]).

Hat der Arbeitgeber zur Lebensversicherung eines Halbversicherten Zuschüsse gezahlt, so kann er diese Zuschüsse um den Beitrag kürzen[6]), den er zur gesetzlichen Angestelltenversicherung zu leisten hat.

1. Beiträge, die ... entsprechen: Diese Fassung des § 376 beruht auf dem Gesetz vom 28. Juli 1925 (RGBl. I S. 157); das Gesetz von 1924 sagte: „die Hälfte des Beitrags ihrer Gehaltsklasse."

Die neue Fassung geht insofern mit den §§ 171 u. 172 nicht zusammen, als diese die Beiträge nicht nach dem Jahresarbeitsverdienst, sondern nach dem Monatsverdienst bemessen. Sie kann daher in den Fällen zu Schwierigkeiten führen, in denen der Monatsverdienst schwankt, der Jahresarbeitsverdienst also zu der Zeit, in der der Monatsbeitrag zu entrichten ist, noch nicht feststeht. Man wird hier wohl § 4 der Beitragsordnung entsprechend anwenden und den Jahresarbeitsverdienst schätzen, und daraus durch Teilen mit 12 den durchschnittlichen Monatsverdienst ableiten müssen.

Die neue Vorschrift bringt für höher gelohnte Angestellte eine erhöhte Beitragslast des Arbeitgebers. Zwei Beispiele mögen das klar machen:

I. Der Angestellte (Halbversicherte) habe einen Jahresgehalt von 2400 RM., also monatlich 200 RM.; nach § 171 gehört er in die Gehaltsklasse C, der ein Monatsbeitrag von 8 RM. entspricht (§ 172).

Nach der bisherigen Fassung des Gesetzes hatte der Arbeitgeber davon die Hälfte, also 4 RM., zu entrichten.

Nach der neuen Fassung aber ist zu rechnen: Halber Jahresarbeitsverdienst 1200 RM. — monatlich 100 RM. — Gehaltsklasse B — Monatsbeitrag 4 RM.

Hier ergibt sich also kein Unterschied.

II. Hat aber der Halbversicherte einen Jahresarbeitsverdienst von 5400, also monatlich 450 RM., so gestaltet sich die Sache anders.

Der Angestellte gehört in die Gehaltsklasse F, der ein Monatsbeitrag von 20 RM. entspricht.

Hiervon hatte der Arbeitgeber nach dem bisherigen Gesetz die Hälfte zu zahlen, also 10 RM. monatlich. Diese Beitragshälfte entspricht keinem der in § 172 genannten Beträge; nach dem zweiten Satze, Halbsatz 1, in § 376 Abs. 1 hatte daher der Arbeitgeber den nächstfolgenden Monatsbeitrag zu entrichten, d. i. eben 12 RM. Er konnte aber die Erstattung des Mehrbetrags von 2 RM. von dem Halbversicherten verlangen (2. Halbsatz a. a. O.).

Nach dem neuen Gesetz aber gilt: Halber Jahresarbeitsverdienst 2700 RM. — monatlich 225 RM. — Gehaltsklasse D —

Monatsbeitrag 12 RM. Der Fall aber, daß die „Beitragshälfte" (eine solche wird jetzt nicht mehr entrichtet) einem der in § 172 genannten Beträge nicht entspricht, ist jetzt nicht mehr gegeben, und gar nicht mehr möglich. Der Arbeitgeber kann daher auch von dem Halbversicherten keinen „Mehrbetrag" mehr erstattet verlangen, er muß jetzt in unserem Beispiel den ganzen Monatsbeitrag von 12 RM. selbst tragen.

Hiedurch ergibt sich also ein höherer Arbeitgeberbeitrag als früher!

2. Entspricht die Hälfte . . . verlangen: Wie schon in Anm. 1, Beispiel II, bemerkt, ist der Fall, den der 3. Satz von § 376 Abs. 1 im Auge hat, jetzt nicht mehr möglich. Dieser Satz ist daher gegenstandslos geworden und hätte gestrichen werden sollen.

3. erhalten Ruhegeld . . . dieses Gesetzes: Das alte Gesetz von 1911 gewährte „die halben Leistungen". Die neue Vorschrift bedeutet — im Zusammenhalt mit der neuen Berechnung des Ruhegelds (§ 56) — eine wesentliche Besserstellung der Halbversicherten. Denn der Halbversicherte erhält jetzt den Grundbetrag des Ruhegelds unverkürzt, die infolge der Halbversicherung niedrigeren Beiträge (des Arbeitgebers) äußern ihre Wirkung nur beim Steigerungssatz; das ergibt eine wesentlich günstigere Berechnung.

Beispiel: Der Halbversicherte hat, als er berufsunfähig wird, 150 Pflichtbeiträge entrichtet; seinem Gehalt würde die Gehaltsklasse C mit dem Monatsbeitrag von 8 RM. entsprochen haben, der Arbeitgeber hat aber gemäß § 376 Abs. 1 monatlich 4 RM. entrichtet.

Würden die alten Vorschriften in §§ 58 und 392 Abs. 1, Halbsatz 2 des Gesetzes von 1911 noch gelten, so würde sich das Ruhegeld berechnen auf

$1/4 \times 120 \times 8 + 1/8 \cdot 30 \times 8 = 270$ RM.; davon erhielte der Halbversicherte aber nur die Hälfte, also 135 RM. jährlich.

Nach dem jetzigen Recht gestaltet sich aber die Berechnung wie folgt:

Grundbetrag (§ 56 des neuen Gesetzes) . . .	480 RM.
Steigerungssatz (s. ebenda):	
150 · 4 · 0,15 = ...	90 RM.
zusammen	570 RM.

4. Erstattungsansprüche . . . ausgeschlossen: Dieser Satz ist erst durch das Gesetz vom 28. Juli 1925 eingefügt worden.

Es handelt sich um die Fälle, daß

a) eine Versicherte nach Ablauf der Wartezeit für das Ruhegeld vor Eintritt in den Genuß eines Ruhegelds stirbt und kein Anspruch auf Hinterbliebenenrente besteht (§ 61),

b) eine Versicherte nach Ablauf der Wartezeit für das Ruhegeld heiratet und binnen drei Jahren nach der Verheiratung aus der versicherungspflichtigen Beschäftigung ausscheidet (§ 62), und
c) der Versicherungsfall innerhalb der ersten fünfzehn Jahre nach dem 1. Januar 1918 eintritt, ohne daß ein Anspruch auf Leistungen aus diesem Gesetz oder aus der Invalidenversicherung geltend gemacht werden kann (§ 385).

5. kann . . . einzahlt: Diese Maßregel steht im freien Ermessen der RVAnstalt.

6. kann er . . . kürzen: Es sind hier zu unterscheiden Lebensversicherungsverträge mit Zuschüssen und Verträge ohne Zuschüsse der Arbeitgeber.

Da das Gesetz beabsichtigt, den Angestellten eine zweifellos gesicherte Fürsorge zu bieten, so sind in den letzteren Fällen die Beiträge der Arbeitgeber an die RVAnstalt abzuführen und von dieser zur Sicherung der Leistungen des Gesetzes zu verwenden (§ 376 Abs. 2). Aber auch in den anderen Fällen wird den Absichten der Arbeitgeber, durch ihre Zuschüsse eine Fürsorge für ihre Angestellten zu sichern, nur entsprochen, wenn auch die Zuschüsse in Höhe des gesetzlichen Beitrags an die RVAnstalt abgeführt und hier zur Sicherung einer Anwartschaft auf Ruhegeld und Hinterbliebenenrente verwendet werden. Der Arbeitgeber darf den bisherigen Zuschuß zur Lebensversicherung um den für die gesetzliche Versicherung zu zahlenden Beitrag kürzen. Um auch hier den Versicherten vor finanziellen Verlusten zu schützen, wird dem Arbeitgeber das Recht gegeben (§ 7 der Beitr.=O.), zu beantragen, daß ihm die bisher geleisteten Zuschüsse von der RVAnstalt ersetzt werden. Näheres hierüber s. bei § 7 a. a. O.!

§ 377 (393).

Werden die Versicherungen[1]) (§ 375) vor Eintritt des Todes des Angestellten durch Ablauf[2]), Verfall oder aus anderen Gründen[3]) aufgehoben[4]), so fällt die Befreiung von der Beitragsleistung weg[5]). Die Lebensversicherungsunternehmungen haben die Aufhebung von Versicherungsverträgen der Reichsversicherungsanstalt mitzuteilen[6]), wenn ihnen die Befreiung des Angestellten von der Beitragsleistung angezeigt worden ist[7]). Zuwiderhandlungen werden von der Aufsichtsbehörde mit Ordnungsstrafen in Geld bestraft[8]).

1. die Versicherungen: Gemeint sind nur die ursprünglich, im Sinn des § 375 rechtzeitig abgeschlossenen Verträge; mit dem Ablauf dieser fällt die Befreiung von der eigenen Vertragsleistung weg. Dieser Zeitpunkt kann weder durch Abänderung des Vertrags noch durch Abschluß einer Zusatzversicherung hinausgeschoben werden (AVN. 1913 S. 129, 135, 136, 210). Eine Nachversicherung, durch die die Prämie auf den nach § 375 Abs. 1 erforderlichen Mindestbetrag gebracht wird, hat also nur Einfluß auf die Zulässigkeit der Befreiung von der Beitragsleistung, dagegen nicht auf die Dauer dieser Befreiung.

Ist dagegen eine Befreiung auf Grund mehrerer Versicherungen ausgesprochen, so fällt sie weg, sobald nur eine dieser Versicherungen aufgehoben ist und die Prämien für die anderen das nach § 375 Abs. 1 erforderliche Mindestmaß nicht mehr erreichen (AVN. 1916 S. 218 Z. 142).

2. durch Ablauf: Dazu gehört natürlich auch die Auszahlung der Versicherungssumme bei einer abgekürzten Lebensversicherung (AVN. 1913 S. 136; 1914 S. 221). Auch hier kann durch eine Nachversicherung an dem Wegfall der Befreiung nichts geändert werden.

3. oder aus anderen Gründen: Als solche kommen in Betracht — außer dem Verzicht (s. Anm. 10 Abs. 9 zu § 375) —

a) die Abtretung der Rechte aus der Versicherung, ausgenommen, die Rechte würden an den Ehegatten oder die Kinder abgetreten, da auch in diesem Falle die Versicherung als „für den Angestellten" geschlossen gilt (vgl. Anm. 4 zu § 375). Dasselbe gilt, wenn die Abtretung lediglich eine Sicherheitsübereignung darstellt (AVN. 1914 S. 89);

b) die Bestellung eines unwiderruflich Begünstigten gemäß §§ 330 ff. BGB., § 166 des Gesetzes über den Versicherungsvertrag (vom 30. Mai 1908, RGBl. S. 263 ff.). Auch hier gilt das zu a Gesagte (AVN. 1914 S. 89);

c) die Umwandlung der Versicherung in eine prämienfreie. Hierunter ist der Fall zu verstehen, daß die Prämienzahlung vom Versicherten eigenmächtig eingestellt wird (AVN. 1914 S. 90);

d) der Fall, daß die Versicherung bedingungsgemäß vor der Auszahlung prämienfrei geworden ist (Versicherung mit abgekürzter Prämienzahlung), abgesehen von dem Fall, daß die Dividende die Tarifprämie erreicht oder übersteigt, und daß nur aus diesem Grunde die Entrichtung der Prämien aufhört (AVN. 1914 S. 90).

Keinen Wegfall der Befreiung begründet — außer der erwähnten Sicherheitsübereignung — auch die Beleihung und die Verpfändung oder Pfändung der Versicherung (AVN. 1914 S. 90).

Die Umwandlung einer Lebensversicherung mit Vorbehalt der Ermäßigung der versicherten Summe in eine gewöhnliche mit gleicher Versicherungssumme und Prämie bedeutet auch dann keine Aufhebung der Versicherung im Sinn des § 377, wenn die Umwandlung von dem freien Ermessen des Versicherten und dem Ausfall einer neuen ärztlichen Untersuchung abhängt (AVN. 1918 S. 208 Z. 299).

Bei einer Altersrentenversicherung bewirkt die Fälligkeit der Rentenzahlungen nicht die Aufhebung der Versicherung im Sinn des § 377 (AVN. 1920 S. 77 Z. 400).

4. aufgehoben: Darunter ist nicht etwa nur eine nicht bestimmungsgemäße, sondern auch jede, durch den ursprünglichen Versicherungsvertrag vorgesehene Beendigung des Versicherungsverhältnisses zu verstehen.

Wenn nach den Versicherungsbedingungen dem Versicherten das Recht zusteht, die von der Gesellschaft gekündigte Versicherung innerhalb einer gewissen Frist durch eine einseitige Willenserklärung wieder in Kraft zu setzen, so entsteht die Frage, ob die Wiederaufnahme der Prämienzahlung als neuer Versicherungsvertrag anzusehen sei oder nicht. Ein neuer Versicherungsvertrag wird nicht vorliegen, wenn die Prämienzahlung wieder aufgenommen worden ist, solange dem Versicherten einseitig das Recht zustand, die Versicherung wieder in Kraft zu setzen. Nach Ablauf der hierfür bestimmten Frist aber — und besonders, wenn die Wiederinkraftsetzung der Versicherung von der Beibringung eines ärztlichen Zeugnisses abhängig war — bedeutet die Wiederinkraftsetzung einen neuen Vertrag, also in allen Fällen, in denen die Wiederaufnahme an die Einwilligung der Versicherungsgesellschaft geknüpft war (AVN. 1914 S. 90).

5. fällt die Befreiung von der Beitragsleistung weg: Der Versicherte hat also die ihn treffenden Pflichtbeiträge wieder zu entrichten; s. auch Anm. 10 zu § 375.

Fällt die Befreiung von der eigenen Beitragsleistung weg, so ist der Arbeitgeber auch dann verpflichtet, die vollen Beiträge (vom Zeitpunkt des Wegfalls an) nachzuentrichten (soweit sie nicht etwa gemäß § 213 Abs. 1 bereits verjährt sind), auch wenn ihm der Wegfall der Befreiung nicht bekannt geworden ist und er, weil der Angestellte inzwischen aus der Beschäftigung ausgeschieden ist, keine Möglichkeit mehr hat, von diesem die auf ihn entfallende Beitragshälfte wieder einzuziehen (AVN. 1920 S. 195 Z. 416, S. 222 Z. 434).

Über den Zeitpunkt des Wegfalls der Befreiung, der sich je nach der Art der Versicherung, den Vertragsbedingungen und dem Grunde der Aufhebung des Vertrags verschieden gestalten kann, s. Näheres in der „Monatsschrift für Arbeiter- und Angestelltenversicherung", 1915 Nr. 10 (AVN. 1915 S. 222).

Ist eine Befreiung von der eigenen Beitragsleistung durch rechtskräftige Entscheidung festgestellt, so kann nicht auf Grund des § 377 nachträglich geltend gemacht werden, daß die Voraussetzungen der Befreiung nicht vorgelegen hätten (AVN. 1921 S. 12 Z. 411).

6. die Lebensversicherungsunternehmungen haben . . . mitzuteilen: Außer den oben in Anm. 2 u. 3 behandelten Gründen der Aufhebung eines Versicherungsvertrags bedeutet auch die Herabsetzung der Versicherung eine teilweise Aufhebung; sie ist daher der RVAnstalt mitzuteilen (AVN. 1914 S. 90).

Stand einem Versicherten das Recht zu, die von der Gesellschaft gekündigte Versicherung durch eine einseitige Willenserklärung wieder in Kraft zu setzen und hat er innerhalb der bestimmten Frist von diesem Rechte keinen Gebrauch gemacht, so ist die Befreiung von der Beitragsleistung endgültig weggefallen; der RVAnstalt ist daher Anzeige zu erstatten, sobald die Frist abgelaufen ist (AVN. 1914 S. 90).

7. wenn ihnen ... angezeigt worden ist: Nämlich von der RVAnstalt.

8. Zuwiderhandlungen werden ... bestraft: S. Anm. 2 zu § 361. Der Höchstbetrag der Strafe — die in die Kasse der RVAnstalt fließt (§ 355 Abs. 1) — ist 1000 RM. (Vorbemerkung vor § 335).

Zehnter Abschnitt.

Übergangs- und Schlußvorschriften.

§ 378 (neu).

Als Jahresarbeitsverdienstgrenzen gelten[1])

1. vom 1. Januar 1913 bis zum 31. August 1918	5 000	Mark,
2. vom 1. September 1918 bis zum 30. April 1920 für bereits Versicherte	7 000	„
für erstmalig Versicherte . .	5 000	„
3. vom 1. Mai 1920 bis zum 31. Juli 1921	15 000	„
4. vom 1. August 1921 bis zum 30. Juni 1922	30 000	„
5. vom 1. Juli bis zum 31. August 1922	100 000	„
6. vom 1. September bis zum 31. Oktober 1922	300 000	„
7. vom 1. November bis zum 31. Dezember 1922 . . .	840 000	„
8. vom 1. bis zum 31. Januar 1923	1 200 000	„

9. vom 1. bis zum 28. Februar 1923	4 200 000	Mark,
10. vom 1. März bis zum 31. Mai 1923	7 200 000	"
11. vom 1. bis zum 30. Juni 1923 im unbesetzten Gebiet . . .	27 000 000	"
im besetzten Gebiet, im Einbruchsgebiet und in dem Gebiet, in dem besondere Vorschriften für die Erwerbslosenfürsorge galten	34 000 000	"
12. vom 1. bis zum 31. Juli 1923 im unbesetzten Gebiet . . .	78 000 000	"
im besetzten Gebiet, im Einbruchsgebiet und in dem Gebiet, in dem besondere Vorschriften für die Erwerbslosenfürsorge galten	96 000 000	"
13. vom 1. bis zum 31. August 1923 im unbesetzten Gebiet	2,4 Milliarden	"
im besetzten Gebiet, im Einbruchsgebiet und in dem Gebiet, in dem besondere Vorschriften für die Erwerbslosenfürsorge galten	3 "	"
14. vom 1. bis zum 30. September 1923 im unbesetzten Gebiet .	48 "	"
im besetzten Gebiet, im Einbruchsgebiet und in dem Gebiet, in dem besondere Vorschriften für die Erwerbslosenfürsorge galten	60 "	"
15. vom 1. bis zum 31. Oktober 1923 im unbesetzten Gebiet .	6,6 Billionen	"
im besetzten Gebiet, im Einbruchsgebiet und in dem Gebiet, in dem besondere Vorschriften		

	für die Erwerbslosenfürsorge galten	8,2 Billionen Mark,
16.	vom 1. bis zum 30. November 1923 im unbesetzten Gebiet .	1 200 „ „
	im besetzten Gebiet, im Einbruchsgebiet und in dem Gebiet, in dem besondere Vorschriften für die Erwerbslosenfürsorge galten	1 600 „ „
17.	vom 1. Dezember 1923 an .	4 000 Goldmark[2]).

1. gelten: § 378 enthält lediglich eine Aufzählung der Jahresarbeitsverdienstgrenzen (§ 1 Abs. 3), die vor der Bekanntmachung des AVG. in seiner jetzigen Fassung (28./31. Mai 1924) gegolten haben. Diese Aufzählung erleichtert den Vollzug der §§ 381 u. 383, bei dem man sonst immer wieder auf die früheren Gesetze und Verordnungen über die Erhöhung der Jahresarbeitsverdienstgrenze zurückgehen müßte.

Spätere Änderungen der Verdienstgrenze haben jetzt, abgesehen von § 1 Abs. 3, nur noch Bedeutung für § 379 (für die §§ 380 u. 384, für die sie nach der Fassung von 1924 ebenfalls von Bedeutung waren, haben sie diese durch die neue Fassung jener Paragraphen, die das Gesetz vom 28. Juli 1925 gebracht hat, verloren).

2. 4000 Goldmark: Und seit dem 1. Mai 1925: 6000 RM. (Verordn. vom 23. April 1925, RGBl. I S. 51).

An die Stelle der „Mark" und „Goldmark" ist jetzt die Reichsmark getreten (§ 2 Abs. 3 mit Anl. 3 der „Zweiten Verordnung zur Durchführung des Münzgesetzes", vom 12. Dez. 1924, RGBl. I S. 775).

§ 379 (neu).

Angestellte, die durch Erhöhung der Jahresarbeitsverdienstgrenze[1]) versicherungspflichtig werden und entweder niemals versicherungspflichtig gewesen sind, oder zwar schon versicherungspflichtig gewesen sind, aber die Anwartschaft verloren haben[2]) oder sie ohne die Entrichtung freiwilliger Beiträge und[3]) ohne die Vorschrift des § 54 Abs. 2 verloren hätten (Neuversicherte), werden auf Grund des § 14 von der Versicherungspflicht rückwirkend auf den Tag ihres Beginns[4]) befreit[5]). Der Befreiungsantrag muß binnen sechs Monaten nach der Erhöhung der Jahresarbeitsverdienstgrenze beim

Versicherungsamt oder der Reichsversicherungsanstalt eingegangen sein. Die gesetzlichen Voraussetzungen für die Befreiung müssen bereits zu dem früheren Zeitpunkt vorgelegen haben[5]).

1. Erhöhung der Jahresarbeitsverdienstgrenze: Vgl. § 1 Abs. 3 und § 3, ferner Anm. 1 zu § 378.

2. die Anwartschaft verloren haben: Für die Frage, ob die Anwartschaft gewahrt sei, können hier nur die §§ 54 u. 55 Abs. 1 u. 2 (Wiederaufleben einer erloschenen Anwartschaft) in Betracht kommen, dagegen nicht § 55 Abs. 3, da diese Vorschrift nach ihrem klaren Wortlaut und der Natur der Sache nur für den Versicherungsfall gilt. Nach § 54 Abs. 2 gelten aber alle erworbenen Anwartschaften als bis zum 31. Dez. 1923 aufrechterhalten.

3. und: Druckfehler; es muß richtig heißen: „oder". Die Verbindung der beiden Möglichkeiten des Wiederauflebens nach § 54 Abs. 1 u. 2 hätte keinen Sinn. Vgl. auch § 380 Abs. 2!

4. rückwirkend auf den Tag ihres Beginns: Dadurch unterscheidet sich diese Befreiung von der auf Grund des § 14, die keine rückwirkende Kraft hat (§ 15 Abs. 2).

5. werden auf Grund des § 14 ... befreit: § 14 enthält die Fälle, in denen ein Angestellter auf seinen eigenen Antrag von der Versicherungspflicht befreit wird; diesen fügt § 14 einen neuen hinzu.

Im Gegensatze zu § 375 handelt es sich hier um eine Befreiung von der Versicherungspflicht selbst, nicht bloß von der eigenen Beitragsleistung des Angestellten. Daher hat, wenn ein auf Grund des § 379 gestellter Antrag genehmigt worden ist, auch der Arbeitgeber keine Beiträge zu leisten.

Der Versicherte hat einen Anspruch auf Befreiung, wenn die Voraussetzungen des § 379 vorliegen.

Die Ausdrucksweise des Gesetzes: „auf Grund des § 14" ist nicht sehr glücklich gewählt; denn der Angestellte wird eben nicht auf Grund des § 14, sondern des § 379 befreit. Die Bezugnahme des Gesetzes auf § 14 soll wohl nur besagen, daß ein Antrag des Angestellten erforderlich ist (vgl. auch den nächsten Satz in § 379), und daß die Vorschriften der §§ 15 Abs. 1 u. 3 und wohl auch des § 16 Abs. 2 hier gelten sollen (§ 15 Abs. 2 kommt nicht in Betracht, weil das Gesetz in § 379 das Gegenteil bestimmt; § 16 Abs. 1 ist unanwendbar, weil dieser Fall hier nicht vorkommen kann). Hienach hat also über den Antrag auf Befreiung die RVAnstalt zu entscheiden, auf Beschwerde entscheidet das OVAmt, in dessen Bezirk der Antragsteller wohnt (gemäß § 294 ist diese Entscheidung endgültig); der Angestellte wird auf die Befreiung verzichten können.

Eine Vorschrift dieser Art findet sich erstmals im Gesetz vom 10. Nov. 1922 (RGBl. I S. 849), Art. III; sie ist dann in die späteren Verordnungen über die Erhöhung der Verdienstgrenze und in die neue Fassung des Gesetzes von 1924 übernommen worden, um Härten, die sich aus einer Erhöhung der Verdienstgrenze ergeben könnten, beseitigen zu können.

Die Vorschrift gilt jetzt ohne zeitliche Beschränkung, daher auch für die jüngste Erhöhung der Jahresarbeitsverdienstgrenze vom 23. April 1925.

6. müssen ... vorgelegen haben: Daher kann z. B. ein Angestellter, der früher schon einmal versicherungspflichtig war und die Anwartschaft verloren hat, aber erst nach Erhöhung der Verdienstgrenze, durch die er wieder versicherungspflichtig wurde, von der Versicherungspflicht nach § 379 nicht befreit werden.

§ 380 (397).

Angestellte, die beim Eintritt in die versicherungspflichtige Beschäftigung das fünfundfünfzigste Lebensjahr vollendet haben[1]), werden auf ihren Antrag[2]) von der Versicherungspflicht befreit[3]), wenn ihnen die Abkürzung der Wartezeit[4]) nicht gestattet wird oder nicht zugemutet werden kann[5]). Der Befreiungsantrag ist innerhalb der ersten drei Jahre nach Beginn der Versicherungspflicht[6]) zu stellen.

Diese Vorschriften gelten entsprechend[7]) für Angestellte, die zwar schon versicherungspflichtig gewesen sind, aber die Anwartschaft verloren haben[8]) oder sie ohne die Vorschrift des § 54 Abs. 2[9]) verloren hätten.

1. Angestellte, die ... vollendet haben: So lautete auch die Vorschrift in § 397 des Gesetzes von 1911; später und so auch in der Neufassung des Gesetzes von 1924 wurde sie aber auf „Neuversicherte" beschränkt, d. i. auf Versicherte, die mit einem Jahresarbeitsverdienst versicherungspflichtig werden, der die zuletzt gültig gewesene Jahresarbeitsverdienstgrenze überschreitet (AN. 1924 S. 174 Z. 2806). Das Gesetz vom 28. Juli 1925 hat die alte Fassung wiederhergestellt.

Der § 397 des alten Gesetzes galt jedoch nur für solche Angestellte, die beim Inkrafttreten des Gesetzes, d. i. am 1. Jan. 1913, das 55. Lebensjahr bereits vollendet hatten; er hatte mehr nur die Bedeutung einer Übergangsvorschrift. Dagegen findet der jetzige § 380 auf alle Angestellten Anwendung, die beim Eintritt in die versicherungspflichtige Beschäftigung schon 55 Jahre (oder darüber) alt sind. Damit hat die Vorschrift dauernde Bedeutung erhalten, sie ist keine Übergangsvorschrift mehr (obwohl das Gesetz sie unter den „Übergangs- und Schlußvorschriften" bringt).

2. auf ihren Antrag: Nach dem 2. Satze in Abs. 1 des § 380 ist der Antrag innerhalb der ersten drei Jahre nach Beginn der Versicherungspflicht zu stellen.

3. werden . . . befreit: Auch hier (vgl. Anm. 5 Abs. 3 zu § 379) hat der Angestellte einen Anspruch auf Befreiung, wenn die Voraussetzungen des Gesetzes vorliegen.

Ferner handelt es sich auch hier um eine Befreiung von der Versicherungspflicht selbst, nicht bloß von der eigenen Beitragsleistung des Angestellten (s. Anm. 5 Abs. 2 zu § 379).

Streit über die Befreiung wird nach § 194 entschieden (AVN. 1916 S. 162 Z. 114). In einem solchen Streit ist auch der Arbeitgeber berechtigt, Beschwerde einzulegen (AVN. 1921 S. 10 Z. 440); daher wird ihn auch schon das Versicherungsamt zuziehen und hören müssen.

Die Befreiung auf Grund des § 380 wird erst mit dem Tage wirksam, an dem der Befreiungsantrag „gestellt", d. h. bei der RVAnstalt — oder wohl auch beim Versicherungsamt (vgl. § 379) — eingegangen ist (AVN. 1916 S. 162 Z. 114).

Ein Verzicht auf die Befreiung hat keine rückwirkende Kraft (AVN. 1918 S. 236 Z. 312).

4. die Abkürzung der Wartezeit: Vgl. § 384! Nach dieser Vorschrift hat der Versicherte keinen Anspruch auf Abkürzung.

5. nicht zugemutet werden kann: Z. B. weil sie nicht imstande wären, die Deckungsmittel (§ 384) aufzubringen.

6. innerhalb der ersten drei Jahre nach Beginn der Versicherungspflicht: Auch diese Fristbestimmung beruht auf dem Gesetz vom 28. Juli 1925.

7. gelten entsprechend: Abs. 2 ist erst durch das Gesetz vom 28. Juli 1925 angefügt worden.

8. die Anwartschaft verloren haben: Der Angestellte wird auch in diesem Falle das 55. Lebensjahr vollendet haben müssen; für einen jüngeren Angestellten ist es keine unbillige Zumutung, die Anwartschaft gemäß § 55 Abs. 1 oder 2 wieder zum Aufleben zu bringen.

9. Vorschrift des § 54 Abs. 2: Nach dieser gelten alle erworbenen Anwartschaften als bis zum 31. Dez. 1923 gewahrt. Es handelt sich also hier um Anwartschaften, die ohne diese Vorschrift schon vor dem 31. Dez. 1923 erloschen wären.

§ 381 (neu).

Angestellten, die versicherungspflichtig gewesen [1]), infolge Erhöhung ihres Jahresarbeitsverdienstes aus der Versicherungspflicht ausgeschieden sind [2]) und bis zum 30. Juni 1923 [3]) infolge Heraufsetzung der Jahresarbeitsverdienstgrenze wieder versicherungspflichtig geworden sind (Wiederversicherten [4]), sind die Kalendermonate der Zwischenzeit als Vormonate für die Weiterversicherung (§ 21) anzurechnen [5]).

Wenn ein solcher Angestellter von dem Rechte der Weiterversicherung nach § 21 für die zurückliegende Zeit, während der er nicht versicherungspflichtig war, Gebrauch macht [6]) oder gemacht hat, so gelten die freiwilligen Beiträge, die er für diese Zeit entrichtet hat oder gültig nachentrichtet, für die Zurücklegung der Wartezeit als Pflichtbeiträge [7]). Die freiwillige Versicherung hat die Wirkung der Pflichtversicherung nur insoweit, als ihre Beiträge mindestens [8]) in der Gehaltsklasse des letzten Pflichtbeitrags vor jenem Ausscheiden aus der Versicherungspflicht oder in der diesem Pflichtbeitrag am nächsten liegenden Gehaltsklasse entrichtet sind oder gültig nachentrichtet werden.

1. versicherungspflichtig gewesen: Es kommen nur solche Angestellte in Betracht, die noch nicht 4 (nach früherem Recht 6) Pflichtbeiträge entrichtet haben (s. Anm. 5). Für alle anderen ist Abs. 1 gegenstandslos; seine Bedeutung ist daher überhaupt gering.

2. infolge Erhöhung ... ausgeschieden sind: Vgl. § 1 Abs. 3; eine dem übrigen § 3 Abs. 2 entsprechende Vorschrift fehlte früher!

3. bis zum 30. Juni 1923: Spätere „Heraufsetzungen" (sprachgemäßer: Erhöhungen) der Jahresarbeitsverdienstgrenze kommen also nicht in Betracht.

Der Grund liegt darin, daß früher nicht nur eine Vorschrift, wie sie jetzt in § 3 Abs. 2 enthalten ist, fehlte (vgl. Anm. 2), sondern daß auch zur Erhöhung der Verdienstgrenze eine Änderung des Gesetzes, die Mitwirkung der gesetzgebenden Körperschaften, erforderlich war; dieses Verfahren vermochte dem Sinken des Geldwerts nicht rasch genug zu folgen. Dadurch kam es, daß Angestellte, die bisher versicherungspflichtig gewesen, durch die Erhöhung ihres Gehalts, die mit dem Sinken ihres Geldwerts eintrat, versicherungsfrei und nach einiger Zeit durch eine Erhöhung der Jahresarbeitsverdienstgrenze wieder versicherungspflichtig wurden — selbstverständlich ein sehr unerwünschter Zustand, der mit Nachteilen für die Angestellten verbunden war. Nachdem aber das Gesetz entsprechend geändert war, sind solche Mißstände nicht mehr eingetreten; für die spätere Zeit ist daher die Vorschrift des § 381 Abs. 1 überflüssig.

4. (Wiederversicherte): Wenn aus den Versicherungskarten oder sonstigen Unterlagen ersichtlich ist, daß der Versicherte für Zeiten vor dem 30. Juni 1923 zwischen Pflichtbeiträgen freiwillige Beiträge entrichtet hat, so ist zu prüfen, ob er zu den „Wiederversicherten" im Sinn des Gesetzes gehört und ob daher § 381 auf ihn anzuwenden ist; in der Unterlassung dieser Prüfung ist ein wesentlicher Mangel des Verfahrens zu erblicken (AGN. 1924 S. 221 Z. 2825).

5. sind . . . anzurechnen: Für andere Zwecke als für die Berechtigung zur Weiterversicherung (§ 21) können die Kalendermonate der Zwischenzeit nicht angerechnet werden, besonders nicht für die Erhaltung der Anwartschaft (hier hilft aber § 54 Abs. 2). Da aber auch nach dem früheren Recht (vor dem 1. Jan. 1923) die Berechtigung zur Weiterversicherung schon mit 6 Pflichtbeiträgen erworben wurde, so brauchen alle beteiligten Angestellten, für die früher schon mehr als 6 Pflichtbeiträge entrichtet waren, den § 381 Abs. 1 überhaupt nicht. Die Bedeutung dieser Vorschrift ist daher, wie schon in Anm. 1 bemerkt, ziemlich gering.

6. Gebrauch macht: Nämlich nachträglich; selbstverständlich ist dies nur innerhalb der Grenzen des § 188 (auf 1 Jahr zurück) zulässig.

7. gelten . . . für die Zurücklegung der Wartezeit als Pflichtbeiträge: Das ist sehr wichtig wegen der Vorschrift in § 53 Abs. 2. Die Anwendung des § 381 Abs. 2 bewirkt gegebenenfalls, daß für den Versicherten nicht die längere Wartezeit des § 53 Abs. 2, sondern die kürzere des Abs. 1 a. a. O. in Betracht kommt.

Abs. 2 des § 381 ist von weit größerer Bedeutung für die Versicherten als Abs. 1.

Dagegen können die freiwilligen Beiträge nur, soweit es sich um das Zurücklegen der Wartezeit handelt, als Pflichtbeiträge angerechnet werden, nicht für andere Zwecke, etwa als Pflichtbeiträge im Sinne des § 55 Abs. 2.

8. mindestens: Dabei ist zu beachten, daß nach § 18 des alten Gesetzes (im Gegensatz zum jetzigen § 185) eine freiwillige Versicherung höchstens in derjenigen Gehaltsklasse zulässig war, die dem Durchschnitt der letzten sechs Pflichtbeiträge entsprach oder am nächsten kam.

§ 382 (neu).

Auf die Wartezeiten[1]) werden die vollen Kalendermonate angerechnet[2]), in denen Versicherte während des letzten Krieges[3]) dem Deutschen Reiche oder einem mit ihm verbündeten oder befreundeten Staate Kriegs-, Sanitäts- oder ähnliche Dienste[4]) geleistet haben. Dies gilt auch für

Versicherte, die[5]) sich in der Zeit vom 1. Januar 1913[6]) bis zum Beginn ihres Kriegsdienstes[7]) noch in der Ausbildung für einen Angestelltenberuf befanden oder nach vorheriger Beschäftigung als Angestellter ihrer aktiven Dienstpflicht genügten und daher von der Versicherungspflicht nicht erfaßt wurden.

Diese Vorschrift gilt nicht für Versicherte, die in dem letzten Beitragsmonate vor den bezeichneten Diensten bei einer Ersatzkasse versichert[8]) gewesen sind.

1. Auf die Wartezeiten: Nur auf diese, jedoch nur deshalb, weil eine anderweitige Anrechnung keinen Zweck hätte. Denn die Anwartschaften gelten sämtlich bis zum 31. Dez. 1923 als erhalten (§ 54 Abs. 2), für die Rentensteigerung (§ 56) aber kommen Ersatzzeiten überhaupt nicht in Betracht.

2. werden ... angerechnet: Man hat es auch hier mit sog. unvollkommenen Ersatzzeiten zu tun (vgl. die Ausführungen zu § 170).

Die Vorschrift geht zurück auf die beiden Bekanntmachungen des Reichskanzlers, betr. die Angestelltenversicherung während des Krieges, vom 26. Aug. 1915 (RGBl. S. 531) und vom 2. Aug. 1917 (RGBl. S. 680).

War der Angestellte vorher versicherungspflichtig beschäftigt, so sind auch die Monate der Kriegs- usw.-Dienste als Beitragsmonate auf Grund der Versicherungspflicht, im übrigen sind sie als Zeiten freiwilliger Beitragsleistung anzurechnen (AVN. 1920 S. 32 Z. 381).

3. während des letzten Krieges: D. i. in der Zeit vom 2. Aug. 1914 bis 10. Jan. 1920.

4. Kriegs-, Sanitäts- oder ähnliche Dienste: Der vaterländische Hilfsdienst kommt hier nicht in Betracht; er war durch § 18 der Verordnung über die Versicherung der im vaterländischen Hilfsdienst Beschäftigten, vom 24. Febr. 1917 (RGBl. S. 167) zwar als Ersatzzeit im Sinn der §§ 15 u. 49 des alten AVG. anerkannt, auf die Wartezeiten aber auch nach jener Verordnung nicht anrechenbar.

5. Dies gilt auch für Versicherte, die: Satz 2 des § 382 Abs. 1 ist durch das Gesetz vom 28. Juli 1925 eingefügt worden.

Die bisherige Fassung des § 382 schloß zwei Gruppen von Kriegsteilnehmern von der Vergünstigung dieses Paragraphen aus, nämlich a) alle, die sich bis zum Beginn ihres Kriegsdienstes noch nicht in einem Beschäftigungsverhältnis als Angestellte, sondern erst in der Ausbildung dafür befanden, und b) alle, die ihre Ausbildung zwar schon beendet hatten, aber zunächst ihrer aktiven Dienstpflicht genügten und aus diesem Grunde beim Beginn ihres Kriegsdienstes noch nicht versicherte Angestellte waren.

Diesen Unbilligkeiten hilft das neue Gesetz ab.

6. vom 1. Januar 1913: An diesem Tage ist das alte Gesetz über die AV. in Kraft getreten. Die frühere Zeit kann daher nicht in Betracht kommen.

7. ihres Kriegsdienstes: Auch hier werden außer dem eigentlichen Kriegsdienst mit der Waffe gleichfalls Sanitäts- und ähnliche Dienste einzubeziehen sein, dagegen nicht der vaterländische Hilfsdienst (s. Anm. 4).

8. bei einer Ersatzkasse versichert: Die Vorschrift des Abs. 2 beruht auf der Besorgnis des Gesetzgebers um die Leistungsfähigkeit mancher Ersatzkassen. Die Satzung der Ersatzkasse kann jedoch die Geltung des Abs. 2 ausschließen, die Wirksamkeit des Abs. 1 also auf die Ersatzkasse erstrecken (AVN. 1920 S. 32 Z. 381).

§ 383 (396).

In der Zeit vom 1. Januar 1913 bis zum Schlusse des Jahres 1928[1]) genügt[2]) zur Erfüllung der Wartezeit bei den Hinterbliebenenrenten[3]) die Zurücklegung von sechzig Beitragsmonaten auf Grund der Versicherungspflicht[4]).

Für Neuversicherte[5]) gilt in den ersten fünfzehn Jahren seit der Heraufsetzung der Jahresarbeitsverdienstgrenze Abs. 1 entsprechend.

1. In der Zeit ... 1928: D. h. wenn der Tod des Versicherten in dieser Zeit eintritt (AN. 1925 S. 231 Z. 2869).

§ 383 entspricht dem § 396 Abs. 1 des alten Gesetzes. Dieser hatte aber die Geltung der darin enthaltenen Vergünstigung für die Hinterbliebenen auf die ersten 10 Jahre nach dem Inkrafttreten des Gesetzes, d. i. auf die Zeit bis zum 31. Dez. 1922 beschränkt, er war also durch Fristablauf bereits gegenstandslos geworden. Das Gesetz von 1924 wiederholte die Vergünstigung, schränkte sie aber auf Neuversicherte ein, die in der Zeit vom 1. Mai 1920 bis zum 31. Okt. 1922 infolge Erhöhung der Jahresarbeitsverdienstgrenze versicherungspflichtig geworden waren, und auf den Fall, daß der Tod des Versicherten in den ersten 10 Jahren seit der „Heraufsetzung" der Jahresarbeitsverdienstgrenze eingetreten wäre. Das Gesetz vom 28. Juli 1925 stellt die Fassung des § 396 Abs. 1 des alten Gesetzes wieder her; § 383 Abs. 1 gilt daher wieder für alle Versicherten, nicht bloß für Neuversicherte. Jedoch ist die Geltung der Vergünstigung jetzt auf die Zeit bis zum Ende des Jahres 1928 beschränkt. Ferner hat das Gesetz von 1925 einen neuen Abs. 2 angefügt, der die Vergünstigung auch auf Neuversicherte erstreckt.

Der Abs. 2 des alten § 396 ist, da er mit der veränderten Berechnung der Leistungen (§ 56) nicht mehr vereinbar wäre, aufgehoben.

2. genügt: Nämlich nur für die Berechnung der Wartezeit; die Anwartschaft muß auch im Falle des § 383 aufrechterhalten sein (§ 54, 55).

3. Wartezeit bei den Hinterbliebenenrenten: Die Bestimmung des § 383 gilt nur für die Hinterbliebenenrenten; für das Ruhegeld besteht keine Abkürzung der Wartezeit, diese bemißt sich vielmehr lediglich nach § 53.

Nach § 53 Abs. 1 Z. 2 würde die Wartezeit für die Hinterbliebenenrenten 120 Beitragsmonate betragen. Die Lage der innerhalb der Wartezeit von 120 Beitragsmonaten hinterbleibenden Witwen und Waisen wäre aber innerhalb der Übergangszeit mißlich. Um dies abzuschwächen, ist § 383 in das Gesetz eingefügt.

4. auf Grund der Versicherungspflicht: Die sog. Ersatzzeiten des § 170 können hier, mangels einer entsprechenden Vorschrift des Gesetzes (§ 383 ist in § 170 nicht angeführt), nicht angerechnet werden.

5. Neuversicherte: Wann dieselben versicherungspflichtig geworden sind, ist jetzt belanglos. Abs. 2 gilt daher auch für die Neuversicherten, die gemäß der Verordnung vom 23. April 1925 seit dem 1. Mai 1925 der Versicherungspflicht unterliegen. Für diese gilt § 383 Abs. 2 bis zum 30. April 1940.

§ 384 (395).

Die Reichsversicherungsanstalt kann dem Versicherten[1]) nach vorhergehender ärztlicher Untersuchung[2]) gestatten[3]), die Wartezeit (§ 53) durch Einzahlung der entsprechenden Deckungsmittel[4]) abzukürzen[5]). Auch nach Erfüllung der Wartezeit ist unter den gleichen Voraussetzungen der Einkauf von Beitragsmonaten[6]) zulässig.

Der Reichsarbeitsminister bestimmt die Grundsätze[7]) für die Berechnung der Deckungsmittel nach Anhören der Reichsversicherungsanstalt.

1. dem Versicherten: Sowohl Zwangs- als freiwillig Versicherten, auch Selbstversicherten (die Entscheidung in AVN. 1913 S. 133, die das Gegenteil aussprach, beruhte auf der abweichenden Fassung des früheren Gesetzes). S. ferner auch Anm. 5!

Mitglieder der Ersatzkassen können die Wartezeit bei der RV-Anstalt nicht abkürzen (AVN. 1914 S. 90).

2. nach vorhergehender ärztlicher Untersuchung: Durch die selbstverständlich festgestellt sein muß, daß der Untersuchte gesund, daß also sein Tod oder das Eintreten der Berufsunfähigkeit sobald nicht zu befürchten ist.

3. kann ... gestatten: Nach freiem Ermessen; ein Rechtsanspruch darauf besteht nicht. Daher gibt es auch kein Rechtsmittel gegen eine etwaige Ablehnung.

Eine zeitliche Beschränkung, wie sie § 395 des alten Gesetzes („in den ersten 3 Jahren nach dem Inkrafttreten dieses Gesetzes") vorsah, besteht jetzt nicht mehr. Es ist daher jederzeit zulässig, von § 384 Gebrauch zu machen.

Auch die Entscheidung darüber, in welcher Gehaltsklasse die Wartezeit abgekürzt werden soll, steht im freien Ermessen der RVAnstalt. Dieselbe läßt die Abkürzung im allgemeinen in jeder Gehaltsklasse (§§ 171—172a) zu, in den unteren Gehaltsklassen jedoch nicht für die volle Abkürzung, weil die Beiträge dieser Gehaltsklassen die Versicherungsleistungen nicht voll decken.

4. durch Einzahlung der entsprechenden Deckungsmittel: Diese Zahlung ist selbstverständlich von dem Versicherten allein zu leisten, der Arbeitgeber ist nicht verpflichtet, dazu beizutragen. Wegen der Berechnung der Deckungsmittel s. Abs. 2 dieses Paragraphen.

5. abzukürzen: Die Bestimmungen des § 384 über die Abkürzung der Wartezeit haben ihre jetzige Fassung erst durch das Gesetz vom 28. Juli 1925 erhalten.

§ 395 des alten Gesetzes gestattete die Abkürzung der Wartezeit zwar allen „Angestellten" (woraus damals der Schluß gezogen wurde, daß sie Selbständigen, die sich auf Grund des § 394 Abs. 2 des alten Gesetzes selbst versichert hatten, nicht gestattet werden könne), aber nur innerhalb der ersten Jahre nach dem Inkrafttreten jenes Gesetzes (also 1913, 1914 u. 1915). Das Gesetz von 1924 schränkte die Möglichkeit, die Wartezeit abzukürzen, auf Neuversicherte ein, und gestattete sie überdies nur in den ersten 3 Jahren seit „Heraufsetzung" der Jahresarbeitsverdienstgrenze. Das Gesetz von 1925 hat die Möglichkeit in zweifacher Richtung wieder erweitert; es gestattet sie wieder, wie vordem, allen Versicherten, ferner hebt es die Zeitbeschränkung auf; außerdem bringt es auch die neue Vorschrift in Abs. 1 Satz 2 über den Einkauf von Beitragsmonaten.

6. Einkauf von Beitragsmonaten: Diese Einrichtung ist, wie soeben bemerkt, erst durch das Gesetz vom 28. Juli 1925 neu eingeführt worden.

Satz 1 des § 384 Abs. 1 hat nur den Fall im Auge, daß die Wartezeit noch nicht erfüllt ist. Dabei hatte es nach früherem Recht sein Bewenden; freiwillige Beiträge, die nicht wirklich zurückgelegten Beitragsmonaten entsprechen, nach Erfüllung der Wartezeit noch einzuzahlen, um die Versicherungsleistungen zu steigern, war nicht zulässig (AVN. 1921 S. 196 Z. 486). Die jetzige Fassung des Gesetzes (Abs. 1 Satz 2) gestattet das jedoch, allerdings nur „unter den gleichen Voraussetzungen" wie die Abkürzung der Wartezeit nach Abs. 1 Satz 1. Der Versicherte, der Beitragsmonate einkaufen will, muß also nicht nur durch eine ärztliche Untersuchung nachweisen, daß er gesund ist, sondern es steht auch hier im freien Ermessen der RVAnstalt, ob sie dem Antrag stattgeben will oder nicht. Dagegen unterliegt auch der Einkauf von Beitragsmonaten nach Erfüllung der Wartezeit keiner zeitlichen Beschränkung.

7. Bestimmt die Grundsätze: Hiezu s. die Verordnung des Reichsarbeitsministers „über die Berechnung der Deckungsmittel bei Abkürzung der Wartezeit für die Angestelltenversicherung, vom 26. Febr. 1923, RGBl. I S. 161.

Aus dieser sind besonders die Bestimmungen hervorzuheben, daß die Abkürzung der Wartezeit nur für volle Jahre zulässig ist, und daß für die Berechnung der Deckungsmittel das Alter des Versicherten maßgebend ist, das er an demjenigen Geburtstag vollendet, welcher dem Zeitpunkt des Beginns der Versicherung folgt.

§ 385 (398).

Tritt der Versicherungsfall[1]) innerhalb der ersten fünfzehn Jahre[2]) nach dem 1. Januar 1913 ein, ohne daß ein Anspruch auf Leistungen[3]) nach diesem Gesetz oder aus der Invalidenversicherung[4]) geltend gemacht werden kann[5]), so steht beim Tode des Versicherten[6]) der hinterlassenen Witwe oder dem Witwer[7]) oder, falls solche nicht vorhanden sind, den hinterlassenen Kindern unter 18 Jahren[8]) ein Anspruch[9]) auf vier Zehntel[10]) der für die Zeit seit dem 1. Januar 1924 entrichteten Beiträge[11]) zu. Der Anspruch verfällt[12]), wenn er nicht innerhalb eines Jahres nach dem Tode[13]) des Versicherten geltend gemacht wird[14]).

1. Versicherungsfall: Dieser kann eintreten durch
a) den Tod des Versicherten (§§ 25, 32 ff.),
b) dessen dauernde Berufsunfähigkeit (§ 30 Abs. 1),
c) vorübergehende Berufsunfähigkeit (§ 30 Abs. 2),
d) Vollendung des 65. Lebensjahres (§ 30 Abs. 1).

Doch kommen nach der zweifellosen Absicht des Gesetzes (und der Natur der Sache) hier nur die beiden Fälle unter a und b in Betracht. Aber auch im Falle unter b entsteht der Anspruch auf Beitragserstattung nicht sofort, sondern erst, wenn der Versicherte stirbt, wobei es jedoch nichts ausmacht, wenn sein Tod erst nach Ablauf der ersten 15 Jahre nach dem 1. Jan. 1913 eintritt.

2. ersten 15 Jahre: Also in den Jahren 1913 mit 1927.

3. Leistungen: Gemeint sind nur Leistungen an Hinterbliebene (§§ 25 AVG., 1252 RVO.).

4. oder aus der Invalidenversicherung: Diese Bestimmung war dem alten Gesetz unbekannt. Nach jetzigem Recht schließt aber auch ein Leistungsanspruch der Hinterbliebenen aus der Invalidenversicherung den Ersatzanspruch des § 385 aus.

5. ohne daß ... geltend gemacht werden kann: Nämlich weil die Wartezeit (§§ 53, 383) nicht erfüllt ist. Die Anwartschaft muß auch im Falle des § 385 erhalten sein (weil auch diese Beitragserstattung eine Versicherungsleistung ist, auf die daher kein Anspruch besteht, wenn die Anwartschaft nicht erhalten ist); vgl. AVN. 1916 S. 228, 1919 S. 66 Z. 340.

Kann beim Tode eines Versicherten ein Anspruch auf Witwenrente geltend gemacht werden (§§ 25, 53, 383), so ist der Anspruch auf Beitragserstattung (§ 385) stets ausgeschlossen, und zwar auch dann, wenn tatsächlich Leistungen der AV. deshalb nicht gewährt worden sind, weil der Rentenanspruch und der Anspruch auf Abfindung verspätet geltend gemacht worden sind (§§ 28, 63); s. AVN. 1922 S. 13 Z. 509.

6. beim Tode des Versicherten: Vgl. Anm. 1.

Ist der Versicherte verschollen, so gilt die Bestimmung des § 38 über die Festsetzung des Todestags auch hier (AVN. 1920 S. 64 Z. 394). Hiezu s. auch die Bekanntm. des Reichskanzlers über die Berechnung der Frist für die Geltendmachung des Erstattungsanspruchs bei Kriegsvermißten, vom 11. Mai 1916 (AVN. 1916 S. 80).

7. der Witwe oder dem Witwer: Beide brauchen nicht bedürftig zu sein. Die Bedürftigkeit der Witwe kommt bei der Angestelltenversicherung (abweichend von der Invalidenversicherung) überhaupt nicht in Betracht; aber auch für den Witwer ist die Bedürftigkeit hier, mangels einer gesetzlichen Vorschrift (anders § 34) nicht Voraussetzung des Anspruchs.

8. Kinder unter 18 Jahren: Darunter sind zunächst die ehelichen Kinder zu verstehen, dann aber auch die, die ihnen nach § 34 Abs. 2 gleichgestellt sind. Sind auch solche nicht vorhanden, so besteht kein Anspruch auf Beitragserstattung. Eltern haben daher keinen solchen (AVN. 1919 S. 67 Z. 341).

Etwa vorhandene andere Erben des Versicherten, die nicht nach § 385 bezugsberechtigt sind, haben ebenfalls keinen Anspruch. Aber auch die Erben der nach § 385 Berechtigten haben einen Erstattungsanspruch nur dann, wenn der Berechtigte selbst ihn bereits geltend gemacht hatte (AVN. 1917 S. 398 Z. 202, 1920 S. 216 Z. 429).

9. ein Anspruch: Während der Übergangszeit treten für die große Anzahl der in höheren Altersjahren stehenden Angestellten auch wegen der größeren Ster-

benswahrscheinlichkeit besondere Härten ein, da ihren Hinterbliebenen Bezüge nur gewährt werden, wenn der Verstorbene die Wartezeit erfüllt hatte. Dasselbe ist der Fall, wenn die Berufsunfähigkeit des Versicherten vor Erfüllung der Wartezeit eintritt; denn beim späteren Tode des berufsunfähigen Angestellten gehen die Hinterbliebenen gleichfalls leer aus. Da nach dem Inkrafttreten des Gesetzes die Angestellten in der Regel in jüngeren Jahren in die Versicherung eintreten, verlieren diese Fälle nach Ablauf der Übergangszeit ihre Bedeutung. Bei den verhältnismäßig hohen Beiträgen, die für die Hinterbliebenen verloren gehen, erscheint es billig, ihnen in solchen Fällen einen Teil der von dem Versicherten selbst entrichteten Beiträge zurückzuerstatten.

War der verstorbene Versicherte von der eigenen Beitragsleistung befreit (§ 375), so besteht kein Erstattungsanspruch (AVN. 1918 S. 52, 1919 S. 70 Z. 343).

10. vier Zehntel: Das alte Gesetz gewährte die volle Hälfte, und wenn der Verstorbene freiwillig versichert gewesen war, drei Viertel der für ihn eingezahlten Beiträge.

Das neue Gesetz berücksichtigt den Bedarf der RVAnstalt für Verwaltungskosten und Heilverfahren, und rechnet dafür zwei Zehntel der Gesamtbeiträge vorweg ab; von den verbleibenden acht Zehnteln wird sodann die Hälfte erstattet.

Einen Unterschied zwischen Pflicht- und freiwilliger Versicherung macht das jetzige Gesetz nicht mehr.

War die Wartezeit abgekürzt (§ 384), so ist der Beitragserstattung der Betrag zugrunde zu legen, der während der Zeit, um die die Wartezeit abgekürzt worden ist, an Beiträgen zu entrichten gewesen wäre (AVN. 1919 S. 80 Z. 348).

11. seit dem 1. Januar entrichteten Beiträge: Die früheren Beiträge bleiben außer Betracht, weil sie entwertet sind.

12. Der Anspruch verfällt: D. h. er erlischt endgültig. Die einjährige Frist, in der der Erstattungsanspruch geltend gemacht werden muß, ist eine Ausschlußfrist; gegen ihren Ablauf kann daher die Wiedereinsetzung in den vorigen Stand (§ 327) nicht gewährt werden (AVN. 1920 S. 83 Z. 406).

13. innerhalb eines Jahres nach dem Tode: Diese Frist beginnt auch dann nach dem Tode des Versicherten (wegen der Berechnung vgl. § 320 Abs. 1), wenn die Versicherungspflicht des Verstorbenen erst nach seinem Tode festgestellt wird und zu seinen Lebzeiten Beiträge für ihn nicht entrichtet worden sind (AVN. 1920 S. 220 Z. 433).

14. geltend gemacht wird: Dieser Ausdruck des Gesetzes ist weit auszulegen; daher kann z. B. auch eine Anfrage über die Anspruchsberechtigung als Geltendmachung angesehen werden (AVN. 1916 S. 77). Im übrigen gilt für die Geltendmachung § 214.

§ 386 (neu).

Der Abschluß der bis zum 31. Dezember 1922 geführten Versicherungskonten[1]) ist den Beteiligten auf Antrag mitzuteilen. Er wird bindend, wenn nicht binnen zwei Monaten[2]) Widerspruch erhoben wird; der Versicherte ist bei Mitteilung des Abschlusses darauf hinzuweisen. Gegen den Bescheid der Reichsversicherungsanstalt ist das Streitverfahren nach § 194 zulässig[3]).

1. Der Abschluß . . . der Versicherungskonten: Die Vorschrift beruht auf Art. I Nr. 6 des Gesetzes über die vorläufige Umgestaltung der Angestelltenversicherung, vom 11. Juni 1922 (RGBl. I S. 505), das das bisherige Kontenverfahren (§ 182 des alten Gesetzes) beseitigt und durch das Markenverfahren ersetzt hat.

Die alten Beiträge haben zwar keine Bedeutung mehr für die Erhaltung der Anwartschaft (§ 54 Abs. 2), wohl aber behielten sie Bedeutung für die Erfüllung der Wartezeit (§ 53); neuerdings ist ihnen durch das Gesetz „über Zusatzsteigerung der Renten in der Angestelltenversicherung", vom 23. März 1925 (RGBl. I S. 28), durch das auch § 396 Satz 1 AVG. (s. dort) aufgehoben wurde, teilweise Bedeutung für die Berechnung des Steigerungssatzes (§ 56) beigelegt worden.

2. binnen zwei Monaten: Wegen der Berechnung dieser Frist s. die §§ 320, 321.

3. ist das Streitverfahren . . . zulässig: Eine Frist hiefür bestimmt das Gesetz nicht.

Nach § 194 Abs. 1 entscheidet das Versicherungsamt, das für den Beschäftigungsort des Versicherten zuständig ist, und auf Beschwerde das Oberversicherungsamt (und zwar gemäß § 294 endgültig).

§ 387 (neu).

Versicherte, die eine vor dem 1. Januar 1923 ausgestellte Versicherungskarte[1]) besitzen, legen sie der Ausgabestelle vor und lassen sich eine neue Versicherungskarte[2]) ausstellen. Sie erhält die Nummer 1.

Halbversicherte[3]) erhalten die neue Versicherungskarte mit dem Vermerke, daß die Befreiung noch besteht.

1. eine vor dem 1. Januar 1923 ausgestellte Versicherungskarte: D. i. eine Karte nach dem alten Muster (§ 191 des alten Gesetzes, Bekanntm. des Reichskanzlers vom 29. Juni 1912, RGBl. S. 408).

2. neue Versicherungskarte: S. die §§ 176—180.

3. Halbversicherte: S. § 375.

§ 388 (208).

Beiträge für die Zeit vor dem 1. September 1925 [1]) sind vom 10. September 1925 an nach den Vorschriften dieses Gesetzes zu entrichten.

Sind Beiträge für die Zeit vor dem 1. Januar 1923 nach den früheren Vorschriften eingezahlt worden, und hat die Reichsversicherungsanstalt nicht innerhalb eines Jahres nach der Einzahlung dieser Beiträge die Versicherungspflicht oder das Recht zu freiwilliger Versicherung beanstandet [2]), so kann der Rentenanspruch nicht mit der Begründung abgelehnt werden [3]), daß die Beiträge zu Unrecht entrichtet sind.

Die bis zum 31. Dezember 1923 verwendeten Beitragsmarken dürfen nur insoweit beanstandet werden, als die Versicherungspflicht oder die Versicherungsberechtigung in Frage steht [4]).

1. vor dem 1. September 1925: § 388 Abs. 1 hat seine jetzige Fassung durch das Gesetz vom 28. Juli 1925 erhalten. In ihrer ursprünglichen Fassung von 1924 lautete die Vorschrift: „Beiträge für die Zeit vor dem 1. Januar 1924" usw. Die Erweiterung auf die Zeit bis zum 1. Sept. 1925 ist durch die Beitragserhöhung, die das Gesetz vom 28. Juli 1925 bringt und die gemäß Abschn. D Art. I Abs. 1 dieses Gesetzes mit dem 1. Sept. 1925 in Kraft getreten ist, notwendig geworden. Für die Nachentrichtung von Beiträgen für die Zeit vor dem 1. Sept. 1925 ist eine kurze Nachfrist bis 9. Sept. 1925 einschließlich bestimmt.

Vom 10. Sept. 1925 an müssen alle Beiträge für frühere Zeiten, auch solche für die Zeit vor dem 1. Jan. 1923, nach den Vorschriften des jetzt geltenden Gesetzes, also in der jetzigen Höhe, nachentrichtet werden.

Sind noch Beiträge aus der Inflationszeit nachzuentrichten (vgl. § 187), so wird der Papiermarkwert der Gehaltszahlungen nach dem amtlichen Dollarkurs, der z. Zt. der Zahlung galt, in Goldmark umzurechnen und danach die Beitragsklasse (§§ 171, 172 des jetzigen Gesetzes) zu bestimmen sein.

2. hat die Reichsversicherungsanstalt nicht... beanstandet: Die Beanstandung muß von der RVAnstalt selbst innerhalb der einjährigen Frist ausgegangen sein; das Versicherungsamt ist nicht zuständig, Beiträge auf Grund des § 388 Abs. 2 kraft eigenen Rechts mit Wirkung für die RVAnstalt zu beanstanden (AN. 1925 S. 171 Z. 2853). Sie bedarf ferner zu ihrer Wirksamkeit einer genauen Bezeichnung der beanstandeten Beiträge (AN. 1925 S. 229 Z. 2868).

3. kann ... nicht ... abgelehnt werden: Diese Vorschrift geht auf § 208 des alten Gesetzes zurück. Sie bildet im neuen Gesetz eine Ergänzung zu § 190 und soll die Versicherten davor schützen, daß sie nach jahrelanger Beitragsentrichtung mit ihren Leistungsansprüchen abgewiesen werden, weil sie gar nicht berechtigt gewesen seien, Beiträge zu entrichten.

4. als die Versicherungspflicht oder die Versicherungsberechtigung in Frage steht: Eine Beanstandung solcher Beiträge besonders aus dem Grunde, daß die verwendeten Marken z. Zt. der Verwendung nicht mehr gültig gewesen seien (1923!) ist also ausgeschlossen.

§ 389 (neu).

In den Fällen des § 18[1]) ist der Arbeitgeber berechtigt, sich die für die Zeit bis zum 1. Januar 1924 zu verwendenden Marken auf seine Kosten von der Reichsversicherungsanstalt zu beschaffen. Soweit der Gesamtwert den Betrag von 1000 Goldmark übersteigt, kann der Arbeitgeber verlangen, daß ihm die Zahlung bis zum Schlusse des Jahres 1928 gestundet wird[2]). In diesen Fällen sind für den gestundeten Betrag jährlich sechs[3]) vom Hundert Zinsen und Zinseszinsen zu berechnen.

1. In den Fällen des § 18: Dies sind die Fälle, in denen Personen, die gemäß § 11, § 12 Nr. 1 bis 3, § 17 versicherungsfrei waren, aus der versicherungsfreien Beschäftigung ausscheiden, ohne daß gegen den Arbeitgeber ein Anspruch auf Ruhegeld oder Hinterbliebenenrente (§ 11 Abs. 1) entsteht oder im Falle des Vorhandenseins von Hinterbliebenen ein Anspruch auf Hinterbliebenenrente entstehen würde. Hier sind nach § 18 die Beiträge für die beendete versicherungsfreie Zeit nachzuentrichten (die Ausführungen zu § 18 sind zu vergleichen).

2. gestundet wird: Diese Maßnahme hat der Gesetzgeber getroffen, um die derzeitigen ungünstigen wirtschaftlichen Verhältnisse zu berücksichtigen.

Gestundet wird aber nur der Teil der Gesamtzahlung, der den Betrag von 1000 Goldmark (RM.) übersteigt. Bis zu 1000 GM. ist sofort Zahlung zu leisten.

3. sechs vom Hundert: Der Zinsfuß war ursprünglich (in der Fassung des Gesetzes von 1924) auf 3½ v. H. festgesetzt; das Gesetz vom 28. Juli 1925 hat ihn (mit Wirkung vom 1. Sept. 1925 — vgl. Abschn. D Art. I Abs. 1 a. a. O.) auf 6 v. H. erhöht.

§ 390 (neu).

Bei Änderung der wirtschaftlichen Verhältnisse kann der Reichsarbeitsminister[1]) mit Zustimmung des Reichsrats und des Ausschusses des Reichstags für soziale Angelegenheiten Teuerungszulagen festsetzen und die Beiträge ändern.

1. kann der Reichsarbeitsminister: Um in solchen Fällen nicht den umständlichen Weg der Erlassung eines neuen Gesetzes beschreiten zu müssen. Die Vorschrift sieht den Fall vor, daß die wirtschaftlichen Verhältnisse sich sehr ungünstig ändern und eine neue Inflation herbeiführen sollten. In solchen Zeiten erweist sich der Weg der Gesetzgebung als nicht gut gangbar.

§ 391 (neu).

Zur Abgeltung der Aufwendungen für Rentenerhöhungen an Angestellte, die Leistungen aus der Invalidenversicherung beziehen[1], überweist die Reichsversicherungsanstalt am 31. Dezember jedes der Jahre 1923 bis 1926 den Trägern der Invalidenversicherung einen Betrag, den der Reichsarbeitsminister festsetzt[2]).

Die Ersatzkassen haben für jedes versicherungspflichtige Mitglied und jeden angefangenen oder vollen Beitragsmonat bis spätestens 15 Tage nach Ablauf des Beitragsmonats an die Reichsversicherungsanstalt einen Betrag zu zahlen, den der Reichsarbeitsminister festsetzt[2]); die Reichsversicherungsanstalt kann andere Zahlungsfristen zulassen.

Der Reichsarbeitsminister bestimmt das Nähere[3]).

1. Angestellte, die ... beziehen: Gemeint sind Angestellte, die früher, als noch die Doppelversicherung bestand (vgl. die alte Fassung des § 1226 RVO.) auch in der Invalidenversicherung versichert waren. Leistungen für solche Angestellte müssen jetzt, da in der Invalidenversicherung keine Kapitaldeckung mehr vorhanden ist, von den Arbeitern (und deren Arbeitgebern) allein (s. die jetzige Fassung des § 1226 RVO.!) aufgebracht werden. Sie sollten aber eigentlich der RVAnstalt zur Last fallen.

2. den der Reichsarbeitsminister festsetzt: Der Reichsarbeitsminister bestimmt das Nähere: Diese Bestimmungen sind noch nicht ergangen.

§ 392 (372).

Den Entscheidungen des Reichsversicherungsamts stehen für die Anwendung der §§ 194, 269, 283, die Entscheidungen des früheren Oberschiedsgerichts für Angestelltenversicherung gleich.

§ 393 (neu).

Die zugelassenen Ersatzkassen [1]) haben bis zum 30. Juni 1924 die erforderliche Weiterzulassung auf Grund ihrer abgeänderten Satzungen bei dem Reichsarbeitsminister zu beantragen [2]). Sie gelten als neu zugelassen, bis der Reichsarbeitsminister hierüber beschlossen hat.

Auf Antrag der Reichsversicherungsanstalt kann der Reichsarbeitsminister bestimmen, daß sie zur Sicherstellung der reichsgesetzlichen Beitragsleistung für den Fall der Nichtzulassung eine Sicherheit bei der Reichsversicherungsanstalt zu hinterlegen haben.

Wird der Antrag auf Weiterzulassung abgelehnt, so sind die rückständigen Beiträge unter Anrechnung von dreieinhalb vom Hundert Zinsen und Zinseszinsen nachzuzahlen. Bei Streit über die Höhe des nachzuzahlenden Betrags entscheidet das Reichsversicherungsamt.

1. Die zugelassenen Ersatzkassen: D. h. die auf Grund des Gesetzes von 1911 zugelassenen; vgl. die neue Fassung des § 363, die er durch das Gesetz vom 28. Juli 1925 erhalten hat. Neue Ersatzkassen werden nicht mehr zugelassen (s. Anm. 2 zu § 365).

2. haben ... zu beantragen: Kassen, die diesen Antrag nicht bis zum 30. Juni 1924 gestellt haben, können als Ersatzkassen nicht weiterbestehen.

§ 394 (neu).

Ansprüche auf Leistungen, über die das Feststellungsverfahren am 1. Juni 1924 schwebt, unterliegen den Vorschriften dieses Gesetzes [1]).

Ist Invaliden- oder Altersrente aus der Invalidenversicherung vor dem 1. Juni 1924 bereits rechtskräftig festgesetzt, und schwebt zu diesem Zeitpunkt ein Verfahren über einen Anspruch auf Ruhegeld der Angestelltenversicherung, oder wird nach diesem Zeitpunkt ein solcher Anspruch geltend gemacht[2]), so wird dem Berechtigten nur das Ruhegeld der Angestelltenversicherung zuzüglich des Steigerungsbetrags der Invalidenversicherung (§ 57) gewährt, wenn die Wartezeit für das Ruhegeld erfüllt[3]) und die Anwartschaft nicht erloschen ist; die frühere Festsetzung wird hinfällig[4]).

Sind Hinterbliebenenrenten[5]) aus der Invalidenversicherung vor dem 1. Juni 1924 bereits rechtskräftig festgesetzt, und schwebt zu diesem Zeitpunkt ein Verfahren über einen Anspruch auf Hinterbliebenenrenten der Angestelltenversicherung, so werden den Berechtigten nur die Hinterbliebenenrenten der Angestelltenversicherung zuzüglich des Steigerungsbetrags der Invalidenvenversicherung (§§ 57, 59) gewährt, wenn die Wartezeit für die Hinterbliebenenrente erfüllt und die Anwartschaft nicht erloschen ist; die frühere Festsetzung wird hinfällig. Im Falle des § 40 Satz 1[6]) steht den Hinterbliebenen nur das Recht auf die Hinterbliebenenrente der Invalidenversicherung zu.

Dies gilt auch dann, wenn das Wahlrecht[5]) nach der früheren Fassung dieser Vorschriften bereits ausgeübt ist. Die Nichtanwendung der Vorschriften in ihrer neuen Fassung gilt auch dann als Revisionsgrund, wenn das Berufungsgericht sie noch nicht anwenden konnte.

Das Nähere über die Durchführung kann der Reichsarbeitsminister bestimmen.

1. unterliegen den Vorschriften dieses Gesetzes: Und zwar allgemein, nicht bloß dann, wenn sie für den Berechtigten günstiger sind.

2. Ist Invaliden- oder Altersrente ... rechtskräftig festgesetzt, und schwebt ... oder wird ... geltend gemacht: Die Fälle, die diese Vorschrift im Auge hat — doppelte Ansprüche des Versicherten sowohl aus der Angestellten- als auch aus der Invalidenversicherung — können nach dem jetzigen Recht (§ 27 AVG., § 1254 a RVO.) nicht mehr vorkommen. Die Übergangsvorschrift des § 394 Abs. 2 will die Fälle solcher Doppelansprüche, die vom früheren Recht her noch möglich sind, mit dem jetzigen (§§ 27, 57 AVG.) in Einklang bringen.

3. die Wartezeit für das Ruhegeld erfüllt: Ist sie nicht erfüllt, so gilt § 1290 a RVO.

4. wird hinfällig: Kraft Gesetzes; die Instanzen der AV. sind aber nicht befugt, einen solchen Invalidenrentenbescheid formell aufzuheben (AN. 1925 S. 172 Z. 2854).

5. Hinterbliebenenrenten: Hier gilt das, was in Anm. 2—4 bemerkt, ebenfalls.

6. § 40 Satz 1: Dieser Paragraph ist jetzt aufgehoben durch das Gesetz vom 28. Juli 1925, Abschn. A Art. II Z. 1.

7. Wahlrecht: Vgl. Abschn. A, Art. I Nr. 13 des Gesetzes „über Änderung des Versicherungsgesetzes für Angestellte (und der Reichsversicherungsordnung)", vom 10. Nov. 1922, RGBl. I S. 849; ferner die Ausführungen zu § 27.

Das Wahlrecht der Wanderversicherten ist durch Abschn. B Z. 1 der Verordnung „über Vereinfachungen in der Sozialversicherung", vom 30. Okt. 1923, RGBl. I S. 1057, wieder beseitigt worden.

8. kann ... bestimmen: Bis jetzt nicht geschehen.

§ 395.

ist durch Art. I Z. 2 des Gesetzes „über Zusatzsteigerung der Renten in der Angestelltenversicherung", vom 23. März 1925, RGBl. I S. 28, aufgehoben worden. Er lautete:

> Die am 1. Januar 1924 laufenden Renten werden in Höhe des Grundbetrags (§§ 56, 59) gezahlt. Bezieht ein Empfänger von Ruhegeld Kinderzuschuß, so wird der Kinderzuschuß in Höhe des § 58 Abs. 1 gewährt.

Mit den Bestimmungen des erwähnten Gesetzes (s. die Bemerkungen zu § 56) war diese Vorschrift nicht mehr vereinbar.

§ 396 (neu).

Renten für die Zeit bis zum 31. Dezember 1923 sind im Monatsbetrage von zwei Goldmark[1]) festzusetzen.

1. zwei Goldmark: Diese Festsetzung enthält eine Art von Aufwertung der entwerteten früheren Leistungen (eine allgemeine Aufwertung derselben findet nicht statt; vgl. AN. 1924 S. 73 Z. 3161).

§ 396 hatte früher noch einen ersten Satz, der lautete:

> Für Zeiten vor dem 1. Januar 1924 werden Steigerungsbeträge nicht angerechnet.

Auch dieser Satz ist durch das Gesetz vom 23. März 1925 (vgl. die Bem. zu § 395) aufgehoben worden.

§ 397 (neu).

Zur Vermeidung unbilliger Härten kann die Reichsversicherungsanstalt[1]) bis zum Ablauf des Jahres 1928 in Fällen, in denen die Wartezeit nicht erfüllt ist[2]), aber mindestens einhundert Pflichtbeiträge geleistet sind, die Entrichtung freiwilliger Beiträge auch entgegen den Vorschriften des § 188 zulassen.

1. kann die Reichsversicherungsanstalt: § 397 ist erst durch das Gesetz vom 28. Juli 1925 eingeführt worden.

Die Maßnahme steht im freien Ermessen der RVAnstalt, ein Anspruch darauf kann aus § 397 nicht hergeleitet werden.

Sie ist auch zeitlich beschränkt, nämlich nur bis zum Ablauf des Jahres 1928 zulässig.

2. die Wartezeit nicht erfüllt ist: Gestattet die RVAnstalt auf Grund des § 397 die Entrichtung freiwilliger Beiträge, so kann das nicht nur dazu dienen, die Wartezeit zu erfüllen, sondern auch, die Anwartschaft aufrechtzuerhalten (s. u. Anm. 3, b).

Es kann sich hauptsächlich nur um Ruhegeldansprüche handeln, und nur um solche männlicher Versicherter. Denn für Hinterbliebenenrenten ist § 397 durch die Vorschrift des § 383, für Ruhegeldansprüche weiblicher Versicherter ist er schon durch § 53 Abs. 1 Z. 1 überflüssig. Zufolge § 53 Abs. 3 kommen jedoch auch Ruhegeldansprüche weiblicher Selbstversicherter in Betracht.

3. entgegen den Vorschriften des § 188: Hienach kommt nur die Nachentrichtung freiwilliger Beiträge in Betracht, und nur eine Abweichung von deren zeitlichen Beschränkungen (nicht etwa die Möglichkeit, daß für einen Monat 2 Beiträge entrichtet werden, o. dgl.). Es wird sich um 2 Fälle handeln:

a) einem freiwillig Versicherten wird gestattet, Beiträge auf mehr als 1 Jahr zurück nachzuentrichten, oder

b) einem Zwangsversicherten wird gestattet, freiwillige Beiträge, die zur Aufrechterhaltung der Anwartschaft noch erforderlich sind, nach Ablauf der 2 Kalenderjahre, die dem Kalenderjahre der Fälligkeit der Beiträge folgten, nachzuentrichten.

Da § 188 ausdrücklich auf § 55 Abs. 1 verweist, so wird die RVAnstalt auf Grund des § 397 auch von § 55 Abs. 1 abweichen können.

II.

Verordnung über die Außerkraftsetzung von Vorschriften über die Angestelltenversicherung vom 28. Mai 1924.

Auf Grund des Artikel LXIII des Gesetzes über Änderungen der Reichsversicherungsordnung vom 19. Juli 1923 (Reichsgesetzbl. I S. 686) werden alle Gesetze und Verordnungen, die das Angestelltenversicherungsgesetz geändert oder seine Vorschriften erweitert oder eingeengt haben, mit Wirkung vom 1. Juni 1924 außer Kraft gesetzt[1]); zum Ausgleich von Härten bleibt in Einzelfällen ihre Weiteranwendung zulässig[2]).

Berlin, den 28. Mai 1924.

Der Reichsarbeitsminister

In Vertretung

Dr. Geib.

1. werden ... außer Kraft gesetzt: Damit ist der fast unübersehbare Wirrwarr von Vorschriften, der jahrelang geherrscht hatte, endlich beseitigt und die Einheitlichkeit des Rechts der AV. wiederhergestellt.

Auf die Gesetze, die dieses Recht seit dem 1. Juni 1924 schon wieder geändert haben, hat die Verordnung natürlich keinen Einfluß.

2. bleibt ... zulässig: Die Weiteranwendung ist, wie die Verordnung ausdrücklich sagt, nur in Einzelfällen, nicht allgemein, zulässig, und nur zum Ausgleich von Härten.

Darüber, ob die alten Vorschriften noch anzuwenden seien, entscheidet zunächst die RVAnstalt; bei Streit entscheiden das OVAmt und das RVAmt.

Die Weiteranwendung ist aber nicht zulässig, wenn es sich um Vorschriften des alten Rechts handelt, deren von vornherein beschränkte Geltungsdauer bereits abgelaufen war (AN. 1925 S. 173 Z. 2855; der Fall, auf den sich diese Entscheidung unmittelbar bezieht, wäre allerdings jetzt auf Grund der Änderung des § 383 anders zu beurteilen).

Ein Beispiel für die Anwendung der Verordn. vom 28. Mai 1924 kann aber der folgende Fall bieten:

Eine Kriegsverordnung (Bekanntmachung, betr. Erstattung von Beiträgen zur Angestelltenversicherung an berufsunfähige Kriegsteilnehmer) vom 26. Mai 1916 (RGBl. S. 425) bestimmte, daß versicherten Kriegsteilnehmern, die infolge ihrer Teilnahme am Kriege dauernd berufsunfähig geworden waren oder noch werden, auf ihren Antrag die Hälfte der für sie an die RVAnstalt entrichteten Pflichtbeiträge zu erstatten sei (bei freiwilliger Versicherung drei Viertel der eingezahlten Beiträge). Diese Bekanntmachung ist jetzt, und zwar durch die Verordnung vom 28. Mai 1924, wieder aufgehoben. Sie war aber noch keineswegs gegenstandslos geworden; denn der Fall, daß ein Kriegsteilnehmer infolge seiner Teilnahme am Kriege dauernd berufsunfähig wird, kann immer noch vorkommen. Tritt der Fall ein, so kann jedoch nach dem Gesetz in seiner jetzigen Fassung eine Beitragserstattung nicht gewährt werden (vgl. die §§ 61, 62, 385). Hier wird durch Weiteranwendung der Verordn. vom 26. Mai 1916 zu helfen sein.

III.

Beitragsordnung der Angestelltenversicherung. Vom 21. November 1924.

Vorbemerkung.

Nach früherem Recht war das Beitragsverfahren im Gesetz selbst geregelt (§§ 170—218 des alten Gesetzes), wozu dann noch die Bekanntmachungen der RVAnstalt über das Postscheckverfahren kamen (Bek. vom 24. Mai 1912, Reichsanz. Nr. 125, und vom 31. Okt. 1912, Reichsanz. Nr. 262).

Bei Einführung des Markenverfahrens (s. Anm. 1 zu § 175) erschien es angezeigt, die Vorschriften über die Beitragsentrichtung den wechselnden Bedürfnissen der Praxis leichter anpassen zu können, und zu diesem Zweck alle Bestimmungen über die Beitragsentrichtung, die ihrem Wesen nach nur Ausführungsvorschriften sind, aus dem Gesetz selbst zu entfernen und sie in einer besonderen Verordnung zusammenzufassen.

Demgemäß erließ der Reichsarbeitsminister auf Grund des Art. I Nr. 6 des Gesetzes „über vorläufige Umgestaltung der Angestelltenversicherung, vom 11. Juni 1922 (RGBl. I S. 505), sowie des § 175 des AVG. in der Fassung vom 10. Nov. 1922 (RGBl. I S. 849) die „Beitragsordnung der Angestelltenversicherung" vom 2. Dez. 1922 (RGBl. I S. 903).

Sie hatte jedoch nur eine kurze Geltungsdauer. Zahlreiche Änderungen des Gesetzes, die schließlich zu dessen Neufassung vom 28. Mai 1924 führten (RGBl. I S. 563; vgl. Einleitung S. 3 u. 4) und gewonnene Erfahrungen ließen auch eine Neufassung der Beitragsordnung als notwendig erscheinen. Auf Grund des § 174 AVG. (jetziger Fassung) hat daher der R.-Arb.-Minister, unter Aufhebung der alten, unterm 21. Nov. 1924 eine neue Beitragsordnung erlassen (RGBl. I S. 745). Sie ist im folgenden abgedruckt. In Kraft getreten ist sie mit dem Tage, der auf ihre Verkündung folgte, d. i. mit dem 23. Nov. 1924.

Auf Grund des § 174 des Angestelltenversicherungsgesetzes vom 28. Mai 1924 (Reichsgesetzbl. I S. 563) wird unter Aufhebung der Beitragsordnung der Angestelltenversicherung vom 2. Dezember 1922 (Reichsgesetzbl. I S. 903) nach Anhören der Reichsversicherungsanstalt mit Zustimmung des Reichsrats folgendes verordnet:

Erster Abschnitt.

Beitragsverfahren.

I. Marken.

§ 1.

Für jede Gehaltsklasse werden Monatsmarken[1]) ausgegeben.

Ihr Aussehen wird durch die Reichsversicherungsanstalt mit Zustimmung des Reichsarbeitsministers bestimmt[2]).

Ihre Gültigkeitsdauer kann der Reichsarbeitsminister unter Bekanntgabe des Ablaufstags beschränken. Ungültig gewordene Marken können binnen drei Monaten[3]) nach Ablauf der Gültigkeitsdauer bei den Verkaufsstellen[4]) umgetauscht werden.

1. Monatsmarken: Andere Marken, besonders solche für längere Zeiträume, gibt es nicht (in der Invalidenversicherung gab es früher Marken für 2 und für 13 Wochen).

Nach §§ 171 u. 172 AVG. ist für die Zugehörigkeit zu den Gehaltsklassen und damit für die Höhe der Beiträge der monatliche Arbeitsverdienst maßgebend. Dem entspricht die Ausgabe von Monatsmarken. § 1 Abs. 1 der Beitr.-O. ergänzt daher den § 175 Abs. 1 AVG.

Diese Einrichtung weicht von der der Invalidenversicherung, wo die Beiträge wöchentlich erhoben werden, ab (§§ 1245, 1392, 1418, 1426 RVO.).

Für jeden Monat ist in allen Fällen nur 1 Beitrag zu entrichten, auch im Falle der sog. Teilbeschäftigung (vgl. Anm. 3 zu § 184 AVG).

2. wird ... bestimmt: Das Aussehen der gegenwärtig gültigen Marken darf wohl als bekannt vorausgesetzt werden, so daß es überflüssig erscheint, die Marken hier zu beschreiben.

3. binnen drei Monaten: § 1 Abs. 3 wiederholt lediglich die gesetzliche Vorschrift des § 175 Abs. 2 AVG.

Nach der früheren Beitragsordnung vom 2. Dez. 1922 betrug die Frist 2 Jahre; sie ist also jetzt bedeutend verkürzt.

4. bei den Verkaufsstellen: S. Anm. 2 zu § 175. Die Verkaufsstellen nehmen auch den Umtausch von Marken gegen solche anderer Werte vor, wobei jedoch Barbeträge nicht herausgezahlt werden.

Marken, die unbrauchbar geworden oder durch Zufall vernichtet worden sind (z. B. durch Brand), zu ersetzen ist die RVAnstalt nicht verpflichtet; es besteht aber auch kein Hindernis, dahin gehenden Gesuchen aus Billigkeitsgründen zu entsprechen. Solche Gesuche sind aber nicht an die Verkaufsstellen, sondern nur an die RVAnstalt selbst zu richten. Das gleiche gilt von der Bareinlösung nicht verwendbarer Marken. (Diese Gesichtspunkte, nach denen auch in der AV. verfahren wird, hat das RVAmt s. Zt. zuerst für die Invalidenversicherung aufgestellt; s. das Rundschr. vom 12. März 1912, AN. S. 511, sowie auch AN. 1902 S. 400 Z. 979 und dazu AN. 1903 S. 379).

§ 2.

Die Marken werden zum Nennwert[1]) verkauft.

Der Verkauf erfolgt durch die Deutsche Reichspost[2]), soweit der Reichsarbeitsminister nichts anderes nach Anhören der Reichsversicherungsanstalt bestimmt[3]).

Für den Verkauf erhält die Deutsche Reichspost von der Reichsversicherungsanstalt mit Zustimmung des Reichsarbeitsministers eine Vergütung.

1. zum Nennwert: Die Post (s. Abs. 2) erhebt keinen Aufschlag, sie erhält die Vergütung für ihre Mitwirkung von der RVAnstalt (s. Abs. 3 dieses Paragraphen).

2. Deutsche Reichspost: Verkaufsstellen sind, wie schon in Anm. 2 zu § 175 bemerkt, alle Postanstalten und -Agenturen.

3. anderes . . . bestimmt: S. die Verordn. „über den Verkauf von Beitragsmarken der Angestelltenversicherung", vom 29. Dez. 1924 (Reichsarb.-Bl. 1925 S. 14). Hienach geben auch die RVAnstalt selbst und ihre Überwachungsbeamten Marken in kleineren Beträgen ab.

Weitere Verkaufsstellen sind nicht eingerichtet.

II. Versicherungskarte.

§ 3.

Die Reichsversicherungsanstalt bestimmt das Aussehen[1]) der Versicherungskarte mit Zustimmung des Reichsarbeitsministers.

Beitragsmarken dürfen nur in Markenfelder eingeklebt werden, immer nur eine Marke in ein Feld[2]).

1. bestimmt das Aussehen: Die jetzt in Gebrauch befindliche Versicherungskarte ist bekanntlich grün; diese Farbe wurde gewählt, um sie von den älteren (gelben) Versicherungskarten, die jetzt ungültig sind, sowie von den Quittungskarten der Invalidenversicherung (§ 1416 RVO.) deutlich zu unterscheiden. Im übrigen darf das Aussehen der Versicherungskarten wohl als bekannt vorausgesetzt werden.

2. eine Marke in ein Feld: S. Anm. 1 zu § 1 Beitr.-O. und Anm. 3 zu § 184 AVG.!

III. Beitragsentrichtung durch Arbeitgeber.

§ 4.

Als Arbeitsverdienst für die Beitragsberechnung[1]) gilt der Entgelt[2]), den der Angestellte für den laufenden Monat[3]) erhalten hat. Steht am Schlusse des Monats der Gesamtentgelt noch nicht fest[4]), so wird er geschätzt. Gewinnanteile, Gratifikationen und ähnliche Bezüge, die nicht in jedem Monat zu erwarten sind[5]), sind anteilig mitzurechnen.

Als Arbeitsverdienst für Teilbeschäftigte[6]) gilt der gesamte Verdienst für den Kalendermonat.

Die Reichsversicherungsanstalt kann mit Genehmigung des Reichsarbeitsministers Berechnungsgrundsätze aufstellen[7]).

1. Arbeitsverdienst für die Beitragsberechnung: § 4 der Beitr.-O. entspricht dem § 17 des früheren Gesetzes, der in das neue nicht übergegangen ist. Inhaltlich ist die Bestimmung jedoch wesentlich geändert.

Die entsprechende Vorschrift für die Invalidenversicherung enthält § 1245 RVO. mit Bek. des R.-Arb.-Ministers vom 14. Juni 1924 (RGBl. I S. 647).

2. Entgelt: S. § 2 AVG. und die Bemerkungen dazu!

Die Bezüge der Erwerbslosen (Unterstützung, Zuschläge, Prämien u. A.), die auf Grund der Bestimmungen des R.-Arb.-Ministers über öffentliche Notstandsarbeiten, vom 17. Nov. 1923/18. Januar 1924 (RGBl. I 1923 S. 1111, 1924 S. 35) als Notstandsarbeiter beschäftigt sind, gelten nicht als Entgelt im Sinn der AV. (AN. 1925 S. 287 Z. 2888).

Auch einmalige Kriegsteuerungszulagen, die für eine nicht feststehende, zurückliegende Zeit gezahlt sind, bleiben außer Betracht (AVN. 1920 S. 197 Z. 418).

Übernimmt ein Arbeitgeber durch Vertrag die gesetzlich dem Angestellten zur Last fallende Beitragshälfte, so sind diese Beträge dem Entgelt im allgemeinen zuzurechnen; jedoch z. B. dann nicht, wenn der Angestellte darein willigt, daß das ihm vom Arbeitgeber zugesicherte Ruhegehalt um den Betrag des ihm gesetzlich zustehenden Ruhegelds gekürzt wird (ABN. 1916 S. 25 Z. 76).

3. für den laufenden Monat: Nach früherem Recht, noch nach der Beitragsordnung von 1922 (§ 4), war der Jahresarbeitsverdienst maßgebend. Das neue Gesetz gründet jedoch, wie schon in den Bemerkungen zu §§ 171 u. 172 und in Anm. 1 Abs. 2 zu § 1 der Beitr.-O. hervorgehoben, die Beitragserhebung auf den Monatsverdienst.

Für die Verdienstgrenze der § 1 Abs. 3, § 3 AVG. ist auch jetzt noch der Jahresarbeitsverdienst maßgebend. Die Bestimmungen jener Paragraphen decken sich daher nicht mit § 4 der Beitr.-O., und die Auslegungsgrundsätze zu denselben können nicht ohne weiteres auch hier angewendet werden, und umgekehrt.

In Betracht kommt nur der Entgelt, der für die versicherungspflichtige Beschäftigung gezahlt wird. Eine Bestimmung wie in § 3 Abs. 1 Satz 2 AVG. fehlt aber hier. Daher sind auch die sog. sozialen Zulagen (Zuschläge, die mit Rücksicht auf den Familienstand gezahlt werden), hier mitzurechnen. Deshalb kann sich, obwohl die Verdienstgrenze für die Versicherungspflicht auf 6000 RM. festgesetzt ist, für einen Versicherungspflichtigen ein höherer Monatsverdienst als 500 RM. ergeben; der Beitrag ist in einem solchen Fall natürlich nach Gehaltsklasse F zu entrichten (vgl. § 172 Abs. 1 AVG., wonach diese Gehaltsklasse für alle Monatsverdienste von mehr als 400 RM. gilt), der Versicherte kann aber gemäß §§ 171 a u. 184 Abs. 2 Satz 2 auch von den Beitragsklassen G und H (s. auch § 172 a) Gebrauch machen.

Bei monatlicher Vorauszahlung des Gehalts ist der Beitrag schon am Anfang des Monats zu entrichten (vgl. § 6 Abs. 2 der Beitr.-O.); bei vierteljährlicher Vorauszahlung ist am Anfang eines jeden Monats eine, dem Monatsverdienst entsprechende Marke zu kleben.

Meistens werden jedoch die Gehälter der Angestellten nachträglich bezahlt; dann ist die Marke am Schluß des Monats zu kleben.

Bei wöchentlicher Gehaltszahlung sind zwar die Abzüge wöchentlich zu machen (§ 183), zu kleben ist aber auch in diesem Fall nur jeden Monat 1 Marke (Wochenmarken gibt es in der AV. nicht).

4. steht . . . noch nicht fest: Der Entgelt der Angestellten besteht sehr häufig ganz oder teilweise aus schwankenden Bezügen (Provisionen, Spesen u. dgl.). Steht der Betrag solcher Bezüge am Monatsende bereits fest, so ist dieser Betrag maßgebend. Nur wenn der Betrag am Monatsende noch nicht feststeht, ist er zu schätzen. Um hiebei eine sichere Grundlage zu gewinnen, empfiehlt

es sich, den Durchschnitt eines möglichst langen Zeitraums zu berechnen; dabei ist es auch nicht ausgeschlossen, Bezüge, die Vorgänger des betr. Angestellten in gleicher Diensteseigenschaft erhalten haben, in die Rechnung miteinzubeziehen.

5. die nicht in jedem Monat zu erwarten sind: Hieher gehören z. B. Weihnachtsgratifikationen. Deren Betrag ist also in jedem Monat mit einem Zwölftel anzurechnen.

6. Teilbeschäftigte: S. § 184 AVG. Schon in Anm. 3 zu jenem Paragraphen, sowie in Anm. 1 Abs. 4 zu § 1 der Beitr.-O. wurde hervorgehoben, daß auch für Teilbeschäftigte in jedem Monat nur 1 Beitrag zu entrichten ist. Die Entrichtung obliegt hier dem Angestellten selbst, maßgebend für die Gehaltsklasse ist nach ausdrücklicher Vorschrift des § 4 Abs. 2 der Beitr.-O. der gesamte Verdienst für den Kalendermonat. Die Beträge, die der Angestellte von den mehreren Arbeitgebern einzeln erhalten hat, spielen nur eine Rolle beim Berechnen der verhältnismäßigen Anteile der Arbeitgeberhälfte des Beitrags (§ 184 Abs. 1 Satz 2), die die Arbeitgeber dem Angestellten zu erstatten haben. Beispiel: Ein Angestellter hat im abgelaufenen Monat von 3 Arbeitgebern 90, 120 und 150 RM. erhalten. Maßgebend für die Gehaltsklasse ist der Gesamtverdienst von 360 RM., daher Gehaltsklasse E, Beitrag 16 RM. (§§ 171, 172 AVG.). Die 3 Arbeitgeber haben dem Angestellten die Arbeitgeberhälfte von 8 RM. anteilig zu erstatten. Diese ist also im Verhältnis der gezahlten Entgelte, d. i. 90 : 120 : 150 oder 3 : 4 : 5 zu teilen. Hienach trifft auf den ersten Arbeitgeber ein Betrag von 2 RM., auf den zweiten ein solcher von 2,67, auf den dritten ein solcher von 3,33 RM.

7. kann . . . aufstellen: Bis jetzt noch nicht geschehen.

§ 5.

Arbeitszeiten, die sich nicht feststellen lassen[1]), sind für die Beitragsleistung abzuschätzen. Bei Streit[2]) entscheidet das Versicherungsamt endgültig.

Die Reichsversicherungsanstalt kann mit Genehmigung des Reichsarbeitsministers Berechnungsgrundsätze aufstellen[3]).

1. Arbeitszeiten, die sich nicht feststellen lassen: Vgl. § 1427 RVO. Im Gegensatz zu § 4 Abs. 1 Satz 2, wo von der Schätzung des Entgelts (bei feststehender Arbeitszeit) die Rede ist, handelt es sich hier um den Fall, daß auch die vom Angestellten verwendete Arbeitszeit nicht feststeht. § 5 Abs. 1 ergänzt daher den § 4 Abs. 1.

2. bei Streit: Gemeint ist nur ein Streit über das Ergebnis der Abschätzung. Andere Streitigkeiten, so besonders darüber, ob überhaupt Anlaß zum Abschätzen bestehe, sind nach § 194 AVG. zu entscheiden.

3. kann aufstellen: Noch nicht geschehen.

§ 6.

Der Arbeitgeber erwirbt die Marken[1]) aus eigenen Mitteln[2]).

Er klebt bei der Gehaltszahlung[3]) die Marke der Gehaltsklasse in die Versicherungskarte.

Wird kein festes Bargehalt[4]) gezahlt, so sind die Marken am Monatsschluß einzukleben, ebenso bei Teilbeschäftigung (§ 184 Angestelltenversicherungsgesetz).

In Ausnahmefällen kann die Reichsversicherungsanstalt einen anderen Zeitpunkt[5]) zum Einkleben gestatten.

Abschlagszahlungen[6]) gelten hierbei nicht als Gehaltszahlungen[7]).

1. erwirbt die Marken: Dies ist eine zwingende Vorschrift des Gesetzes, die — abgesehen von gewissen, nachher zu erwähnenden Ausnahmefällen — stets maßgebend ist.

Der Arbeitgeber muß daher die Marken, und zwar in der vom Angestellten gewünschten Gehaltsklasse, auch dann erwerben, wenn der Angestellte gemäß § 184 Abs. 2 AVG. von der Befugnis Gebrauch macht, sich in einer höheren Gehaltsklasse, als seinem Arbeitsverdienst entsprechen würde, zu versichern, selbst wenn er die Höherversicherung mit dem Angestellten nicht vereinbart hat. Ob eine solche Vereinbarung besteht oder nicht, hat nur Einfluß auf den Gehaltsabzug (§ 184 Abs. 2 AVG., Satz 2, Halbsatz 2). Der Versicherte kann aber auch die Marken der höheren Gehaltsklasse selbst erwerben und sich vom Arbeitgeber den treffenden Betrag erstatten lassen.

Eine Ausnahme von der Beitragsentrichtung durch Marken enthält § 5 AVG. mit Verordn. vom 26. April 1923, RGBl. I S. 273. In diesen Fällen werden die bar eingezahlten Beiträge von der RVAnstalt verbucht, dem Angestellten wird auf Wunsch eine Bescheinigung darüber ausgestellt.

2. aus eigenen Mitteln: Auch dies ist eine zwingende gesetzliche Vorschrift. Entgegenstehende Vereinbarungen mit den Angestellten sind nichtig (§ 341 AVG.), ein Arbeitgeber, der solche Vereinbarungen abschließt, macht sich überdies strafbar nach § 342 AVG.

3. bei der Gehaltszahlung: Hieran knüpft sich eine Streitfrage, nämlich die, wann eigentlich die Beiträge fällig seien, ob erst bei der tatsächlichen Auszahlung des Gehalts oder schon, wenn dieses fällig ist. Das RVAmt hat im letzteren Sinn entschieden (AN. 1904 S. 624 Z. 1171, bes. S. 627 o.). Dieser Ansicht ist auch beizutreten, da nur sie den Belangen sowohl der RVAnstalt als auch der Versicherten gerecht wird; a. M. jedoch Hanow-Lehmann, Komm. z. RVO., Bd. IV, 4. Aufl. S. 428, Anm. 5 zu § 1428 RVO.

4. kein festes Bargehalt: Entlohnung durch Sachbezüge oder durch schwankende Barbezüge; auch an gewisse Fälle der Entlohnung durch Dritte (§ 3 AVG.) ist hier zu denken. Die Vorschrift des § 6 Abs. 2 ist in solchen Fällen unvollziehbar; daher schreibt das Gesetz vor, daß die Marken stets am Monatsschluß einzukleben sind.

Wegen der Teilbeschäftigten vgl. Anm. 6 zu § 4 und die dortigen Verweisungen.

5. einen anderen Zeitpunkt: Hier kommen namentlich große Betriebe mit vielen Angestellten in Betracht, bei denen es auf Schwierigkeiten stoßen könnte, wenn alle Marken sofort bei der Gehaltszahlung geklebt werden müßten.

Der Arbeitgeber kann in einem solchen Falle gemäß § 6 Abs. 3 ein Gesuch an die RVAnstalt richten; eigenmächtig über die Vorschrift des Abs. 2 sich hinwegsetzen darf er aber nicht!

6. Abschlagszahlungen: Vgl. § 1434 RVO., sowie auch § 183 Abs. 4 AVG. (hinsichtlich der Gehaltsabzüge).

Abschlagszahlungen sind nur Teilzahlungen, die ohne rechtliche Pflicht vor der Fälligkeit des Gehalts geleistet werden (Hanow-Lehmann, Anm. 1a zu § 1434 RVO.).

7. gelten nicht als Gehaltszahlungen: D. h. der Arbeitgeber braucht dabei keine Marken zu kleben, der Versicherte braucht sich keinen Gehaltsabzug gefallen zu lassen (§ 183 Abs. 4 AVG.). Beides hat erst bei der endgültigen Zahlung am Tage der Fälligkeit des Gehalts stattzufinden.

§ 7.

Einem Arbeitgeber, der die bisher geleisteten Zuschüsse zur Lebensversicherung eines Halbversicherten[1]) um den zur gesetzlichen Angestelltenversicherung zu entrichteten Beitrag kürzen will[2]), ersetzt die Reichsversicherungsanstalt[3]) auf seinen Antrag[4]) die von ihm fortentrichteten Zuschüsse[5]) bis zur Höhe des Arbeitgeberbeitrags[6]), soweit die folgenden Voraussetzungen vorliegen[7]):

1. die Versicherung muß noch in einer dem § 375 des Angestelltenversicherungsgesetzes entsprechenden Höhe bestehen[8]),
2. der Versicherungsschein muß hinterlegt sein[9]),
3. zur Sicherung der Anwartschaft auf Ruhegeld und Hinterbliebenenrente muß die Forderung aus der Lebensversicherung in Höhe der Zuschußkürzung an die Reichsversicherungsanstalt abgetreten sein[10]).

Dem Erstattungsantrage sind die Versicherungskarte und die Quittungen über die Prämienzahlung beizufügen.

1. Lebensversicherung eines Halbversicherten: S. § 375 AVG.! Es müssen also die sämtlichen Bedingungen dieses Paragraphen erfüllt sein, was auch die Z. 1 des § 7 hinsichtlich der Höhe der Versicherung ausdrücklich verlangt. Andere Fälle können nicht in Betracht kommen. Ist also z. B. die Lebensversicherung des Angestellten, zu der der Arbeitgeber Zuschüsse leistet, nicht hoch genug, um die Befreiung von der eigenen Beitragsleistung nach § 375 AVG. zu begründen, so ist § 7 der Beitr.-O. nicht anwendbar.

2. Einem Arbeitgeber, der ... kürzen will: Nach § 376 Abs. 4 AVG. kann der Arbeitgeber, der zur Lebensversicherung eines Halbversicherten (§ 375) Zuschüsse gezahlt hat, diese um den Beitrag kürzen, den er zur gesetzlichen Angestelltenversicherung zu leisten hat. Der Arbeitgeberbeitrag berechnet sich dabei gemäß § 376 Abs. 1 in der Fassung des Gesetzes vom 28. Juli 1925 nach dem halben Jahresarbeitsverdienst des Angestellten.

3. ersetzt die Reichsversicherungsanstalt: Die Vorschrift entspricht dem § 392 Abs. 3 des alten Gesetzes.

Vor dessen Inkrafttreten hatten viele Angestellte durch den Abschluß von Lebensversicherungsverträgen für den Fall der Berufsunfähigkeit, des Alters und ihres Todes vorgesorgt, die Arbeitgeber haben häufig zu diesen Versicherungen Zuschüsse gezahlt; nachdem die gesetzliche Versicherung dazu gekommen war, gestattete das Gesetz dem Arbeitgeber, um dessen Überlastung zu verhindern, daß er die Zuschüsse, die er zu den Beiträgen für Versicherungen seiner Angestellten gezahlt hatte, um die an die RVAnstalt zu entrichtenden Beiträge kürzen durfte (§ 392 Abs. 2 alt, jetzt § 376 Abs. 4, s. o. Anm. 2). Um aber eine Beeinträchtigung der Lebensversicherung des Angestellten, die durch diese Kürzung eintreten konnte, zu vermeiden, bestimmte das Gesetz weiter (§ 392 Abs. 3 alt), daß auf Antrag des Versicherten die RVAnstalt die an dem Zuschuß des Arbeitgebers gekürzten Beträge an die Lebensversicherungsunternehmung aus den Arbeitgeberbeiträgen weiter zu zahlen hatte, wenn gewisse Bedingungen erfüllt wurden (diese bezweckten, die RVAnstalt zu sichern und zu vermeiden, daß sie an den Angestellten Leistungen zu gewähren hatte, für die sie die Beiträge zwar erhalten, aber nicht behalten, sondern an die Lebensversicherung weiter gegeben hatte).

Dieses Verfahren entsprach der damaligen Einrichtung der Versicherungskonten mit Barzahlung der Beiträge; zu dem jetzigen Markenverfahren würde es nicht mehr passen.

Der Gesetzgeber hat daher die Sache in § 7 der Beitr.-O. jetzt so eingerichtet, daß die RVAnstalt dem Arbeitgeber auf dessen Antrag die Zuschüsse zur Lebensversicherung des Angestellten, soweit er sie um den gesetzlichen Arbeitgeberbeitrag hätte kürzen können, aber an die Lebensversicherungsunternehmung fortentrichtet hat, ersetzt. Die Bedingungen, die dabei erfüllt sein müssen, sind die gleichen geblieben wie früher (§ 7 Z. 1—3 der Beitr.-O.). —

Streitigkeiten aus dieser Vorschrift sind Beitragsstreitigkeiten und daher nach § 194 AVG. zu entscheiden (AVN. 1917 S. 16 u. S. 247 Z. 247).

4. auf seinen Antrag: Früher auf Antrag des Versicherten; der Grund dieser Änderung ist schon in Anm. 3 dargelegt. Wegen der Erfordernisse des Antrags s. Abs. 2 des § 7.

5. die fortentrichteten Zuschüsse: Gemeint ist also (s. Anm. 3) der Fall, daß der Arbeitgeber von der Befugnis, die ihm nach § 376 Abs. 4 AVG. zugestanden hätte, keinen Gebrauch gemacht, sondern seine Zuschüsse zur Lebensversicherung des Angestellten ungekürzt fortentrichtet hat; dafür kann er dann nach § 7 Ersatz erhalten.

6. bis zur Höhe des Arbeitgeberbeitrags: Siehe § 376 Abs. 1 AVG. (o. Anm. 2).

7. die folgenden Voraussetzungen: Wie schon in Anm. 3 bemerkt, sind das die gleichen Voraussetzungen wie nach dem alten Gesetz.

8. muß noch . . . bestehen: Wäre das nicht der Fall, so würde nach § 377 AVG. die Befreiung des Angestellten von der eigenen Beitragsleistung (Halbversicherung, § 375) wegfallen; es würde sich um eine Aufhebung der Versicherung, auf die die Halbversicherung begründet war, „aus anderen Gründen" (§ 377) handeln.

9. muß hinterlegt sein: Der Vorschrift wird nicht dadurch genügt, daß über den der RVAnstalt abgetretenen Teil der Versicherung eine Zweigurkunde ausgestellt und nur diese der RV-Anstalt ausgeantwortet wird; es muß vielmehr der Versicherungsschein über die ganze Versicherung hinterlegt werden.

Durch die Abtretung der Forderung aus der Versicherung (Z. 3) werden der Angestellte und die RVAnstalt gemäß § 952 BGB. Miteigentümer von dem über die ganze Forderung ausgestellten Versicherungsschein. Nr. 2 des § 7 bezweckt nun, dem Angestellten die Verpfändung und Abtretung sowie den Rückkauf des nicht abgetretenen Teils der Forderung aus der Versicherung zu erschweren.

Denn jede vorzeitige Flüssigmachung des in der Versicherung angelegten Kapitals durch den Angestellten bedeutet nicht nur eine Vereitelung des vom Gesetzgeber angestrebten Zweckes, sondern sie schließt auch für die RVAnstalt erhebliche geldliche Gefahren in sich. Diese werden dadurch gemildert, daß der Angestellte durch die Hinterlegung des Versicherungsscheins bei der RVAnstalt überhaupt verhindert wird, seine Versicherung vorzeitig zu Geld zu machen, und sich äußerstenfalls darauf beschränken muß, den ihm verbliebenen Teil in eine prämienfreie Versicherung umwandeln zu lassen (AVN. 1913 S. 132 Nr. 5 u. 6).

10. m u ß d i e F o r d e r u n g . . . a b g e t r e t e n s e i n: Nach § 376 Abs. 2 AVG. erhalten Halbversicherte Ruhegeld und sonstige Renten nach den Vorschriften des Gesetzes, d. h. der Grundbetrag des Ruhegelds beträgt auch hier 480 RM. (§ 56 AVG.), der Steigerungsbetrag bemißt sich nach dem vom Arbeitgeber gemäß § 376 Abs. 1 geleisteten Beiträgen. Daran wird auch nichts geändert, wenn der Arbeitgeber auf Grund des § 7 der Beitr.-O. seinen Zuschuß zur Lebensversicherung des Angestellten erstatten läßt.

In diesem Falle hätte also die RVAnstalt Leistungen zu gewähren, obwohl sie die Beiträge nicht behält, sondern dem Arbeitgeber erstatten muß. Die RVAnstalt wird nun für die ihr so entgehenden Arbeitgeberbeiträge dadurch schadlos gehalten, daß ihr aus der Lebensversicherung des Angestellten ein entsprechender Teil abgetreten wird. Dieser abgetretene Teil verbleibt endgültig und in voller Höhe der RVAnstalt. Es wird von ihm nichts zurückgewährt, selbst dann nicht, wenn der Angestellte innerhalb der Wartezeit stirbt, mithin Leistungen an ihn oder an seine Hinterbliebenen nicht zu bewirken sind. Denn an der Dauer der Wartezeit (oder an der Höhe der Leistungen) wird ja nichts geändert. Danach kann die RVAnstalt allerdings in einzelnen Fällen einen Gewinn erzielen, indem sie zwar den abgetretenen Teil erhält, andererseits aber Leistungen in dem betreffenden Falle nicht zu gewähren hat. Diese Überschüsse im einzelnen Fall sind aber erforderlich, um die Verluste auszugleichen, die die RVAnstalt wieder in anderen Fällen erleidet, in denen die abgetretene Summe nicht zur Deckung der Leistungen ausreicht (AVN. 1913 S. 133 Nr. 7).

Ist eine Kapitalversicherung mit Prämienfreiheit und Rente im Invaliditätsfall abgeschlossen, so verlangt die RVAnstalt die Abtretung eines entsprechenden Teiles der Kapitalversicherung mit Prämienfreiheit im Invaliditätsfall, aber ausschließlich des Anspruchs auf Rentenbezug (AVN. 1913 S. 132 Nr. 3).

Der Teil der Forderung aus der Versicherung, den der Angestellte der RVAnstalt abzutreten hat, war nach dem früheren Recht (Z. III Nr. 5 der Bekanntm. des Reichskanzlers vom 11. Jan. 1913, RGBl. S. 19) nach der Formel

$$S = \frac{b \cdot R}{P}$$

zu berechnen (hierin bedeutet S den abzutretenden Teil, b den von der RVAnstalt weitergezahlten Beitragsteil, R den Barwert der zukünftigen Prämienzahlung im Jahresbetrag 1 und P die einmalige Nettoprämie für die Versicherungsleistung 1. Als Rechnungsgrundlagen galten die für die Tarifberechnung der Lebensversicherungsunternehmung beim Abschluß der Versicherung maßgebend gewesenen Grundlagen; waren diese nicht zu beschaffen, so war die Tafel M und W I der 23 deutschen Lebensversicherungsgesellschaften und ein Zinsfuß von $3^1/_2$ vom Hundert zu verwenden. Man wird die obige Formel wohl auch jetzt noch anwenden können. —

Die Abtretung der Forderung genießt Gebührenfreiheit gemäß §§ 333, 334 (AVN. 1913 S. 219).

§ 8.

Besteht der Entgelt nur in Sachbezügen[1]), so kann der Arbeitgeber den Sachbezug um den Beitragsteil des Versicherten kürzen[2]). Maßgebend sind dabei die Ortspreise[3]), die nach § 2 des Angestelltenversicherungsgesetzes gelten. Kein Kürzungsrecht besteht, wenn der Versicherte seinen Beitragsteil dem Arbeitgeber bar erstattet.

Wird der Entgelt vom Dritten gewährt[4]), so hat der Versicherte seinen Beitragsteil dem Arbeitgeber bar zu erstatten[2]), wenn dieser den vollen Beitrag entrichtet hat[5]).

1. nur in Sachbezügen: Nicht hieher gehört der Fall, daß als Entgelt nur freier Unterhalt gewährt wird; denn in diesem Falle besteht nach § 9 AVG. Versicherungsfreiheit. Es handelt sich also um Sachbezüge, die über den freien Unterhalt hinausgehen.

2. kann kürzen ... hat zu erstatten: Streit hierüber ist nach § 195 AVG. zu entscheiden.

Nach früherem Recht (§ 180 alt) konnte die oberste Verwaltungsbehörde bestimmen, wie der Beitragsanteil Versicherungspflichtiger aus ihrem Entgelt zu erstatten sei, wenn dieser nur aus Sachbezügen besteht oder von Dritten gewährt wird. Die auf Grund dessen erlassenen Ausführungsbestimmungen sind jetzt gegenstandslos.

3. Ortspreise: Also nicht etwa der Selbstkostenpreis des Arbeitgebers! Nach § 2 AVG. gelten die Ortspreise, die das Versicherungsamt nach § 160 Abs. 2 RVO. festsetzt (vgl. Anm. 8 zu § 2 AVG.).

4. vom Dritten gewährt: „vom" ist wohl ein Druckfehler, es soll heißen „von"; denn in solchen Fällen kommen meistens viele „Dritte" in Betracht; vgl. Anm. 7 zu § 2 AVG.

5. entrichtet hat: Der Arbeitgeber muß zuerst den vollen Beitrag entrichtet haben und dies durch die eingeklebte (und entwertete) Marke nachweisen; dann erst tritt sein Erstattungsanspruch gegen den Versicherten ein.

§ 9.

Der Arbeitgeber[1]) hat die von ihm eingeklebten Marken sofort[2]) zu entwerten[3]).

Für Beiträge, die zwangsweise[4]) oder durch Überwachungsbeamte[5]) eingezogen sind, werden Marken geklebt; zum Ersatze kann die Reichsversicherungsanstalt in der Versicherungskarte die Einziehung vermerken oder durch ihre Beauftragten vermerken lassen.

Die Ausgabestellen und die Überwachungsstellen der Reichsversicherungsanstalt haben in den Versicherungskarten unentwertete Marken nach Feststellung der Beschäftigungszeit[6]), für die sie gelten, zu entwerten.

1. Der Arbeitgeber: Unter Umständen aber auch der Versicherte; vgl. § 11 und die Bem. dazu!

2. sofort: Nämlich nach dem Einkleben; dies ist eine zwingende Vorschrift, die unter allen Umständen befolgt werden muß.

3. hat ... zu entwerten: Wegen der Form der Entwertung s. § 10.

Der Zweck der Entwertung ist nicht nur, einen Mißbrauch der Marke zu verhindern, sondern ganz besonders auch, ersichtlich zu machen, für welchen Zeitraum die Marke gilt; dies ist von größter Wichtigkeit für die Erhaltung der Anwartschaft (§ 54 AVG.).

Mit der Unterlassung der sofortigen Entwertung sind auch — außer der Strafe nach § 10 Abs. 2 der Beitr.-O. — Rechtsnachteile verknüpft (vgl. §§ 184 Abs. 3 u. 190 AVG.).

4. zwangsweise: S. § 196 Abs. 1 AVG.

5. durch Überwachungsbeamte: S. § 1 der Überwachungsvorschriften (im Anhang abgedruckt).

6. Festsetzung der Beschäftigungszeit: Diese obliegt zunächst der Ausgabestelle oder dem Überwachungsbeamten, in zweifelhaften Fällen wird sie aber der RVAnstalt selbst zu überlassen, bei Streit wird nach §§ 194, 195 zu entscheiden sein.

§ 10.

Die Entwertung erfolgt dadurch[1]), daß auf der Marke ihr letzter Geltungstag[2]) handschriftlich oder mit Stempel vermerkt wird. Sie darf den Monat in Ziffern abkürzen, zum Beispiel 31. 10. 24. Andere Entwertungszeichen[3]) sind unzulässig. Nur Tinte oder haltbarer Farbstoff ist gestattet.

Die Entwertung muß deutlich sein und darf das Markenbild, insbesondere Geldwert und Gehaltsklasse, nicht unkenntlich machen.

Wer den Entwertungsvorschriften zuwiderhandelt, kann von der Reichsversicherungsanstalt mit Ordnungsstrafe in Geld[4]) bestraft werden, wenn keine härtere Strafe nach anderen Vorschriften eintritt.

1. erfolgt dadurch: Nur auf diese Weise; andere Entwertungszeichen sind, wie die Beitragsordnung im 3. Satze des Abs. 1 ausdrücklich sagt, unzulässig.

2. ihr letzter Geltungstag: Das ist also der letzte Tag des Monats, für den die Marke gilt, da es andere als Monatsmarken nicht gibt.

Bei Prüfung der Frage (im Streitfall), für welche Zeit Beitragsmarken gelten sollen, ist davon auszugehen, daß der Versicherte in erster Linie das für ihn Zweckmäßigste gewollt habe und daß demgemäß sein Wille regelmäßig dahin ging, es sollten Beiträge innerhalb der gesetzlichen Grenzen statt für eine ursprünglich gedachte, ihm ungünstige Zeit für eine andere, ihm möglichst günstige gelten (AN. 1925 S. 232 Z. 2870).

3. andere Entwertungszeichen: Jeder Art, so namentlich der öfters beliebte wagrechte Strich durch die Marken, oder Durchlochungen u. dgl.

Solche Entwertungszeichen sind aber, abgesehen von der bestimmten Vorschrift des § 10 Abs. 1 der Beitragsordnung, auch schon deswegen zu unterlassen, weil sie leicht gegen § 180 Abs. 1 AVG. (unzulässige Merkmale der Versicherungskarte!) verstoßen können.

4. Ordnungsstrafe in Geld: 1—1000 RM. (s. die Vorbem. vor § 335 AVG.).

Auf Beschwerden gegen solche Strafen entscheidet nach §§ 354, 294 AVG. das RVAmt endgültig. Beschwerdefrist: § 324.

Ob die RVAnstalt von der Strafbefugnis Gebrauch machen will, steht in ihrem freien Ermessen („kann" bestraft werden).

5. härtere Strafen nach anderen Vorschriften: Abgesehen von Betrug und Urkundenfälschung ist hier z. B. auch an den Fall zu denken, daß ein Arbeitgeber in der Absicht, den Inhaber der Versicherungskarte anderen Arbeitgebern gegenüber kenntlich zu machen, die in der Karte eingeklebten Marken mit besonderen, unzulässigen Entwertungszeichen versieht; er macht sich dadurch nach § 344 AVG. strafbar.

IV. Beitragsentrichtung durch Versicherte.

§ 11.

Für die Entrichtung der Beiträge durch Versicherte[1]) gelten die §§ 4 bis 10 sinngemäß. Freiwillige Versicherte[2]) entwerten mit dem Zusatz „f".

1. Entrichtung der Beiträge durch Versicherte: In Betracht kommen die Fälle der §§ 21, 22, 184 Abs. 1 und Abs. 2 AVG.

2. Freiwillig Versicherte: Hier kommen natürlich nur die Fälle der §§ 21 u. 22 AVG. in Betracht (auch im Falle des § 184 Abs. 2 ist also der Zusatz „f" nicht zu machen).

Unterliegt bei freiwilliger Versicherung (Weiterversicherung) im Ausland (§ 21 Abs. 2 AVG.) das Kleben von Marken Schwierigkeiten, so nimmt die RVAnstalt die Beiträge auch in bar entgegen.

V. Ersatzzeiten.

§ 12.

Ersatzzeiten[1]) im Sinne des § 170 Abs. 1, 2, 5 des Angestelltenversicherungsgesetzes sollen durch Bescheinigungen (Ersatzzeitschein) nachgewiesen werden[2]).

Die Ersatzzeitscheine werden nach dem beigefügten Muster A[3]) ausgestellt

1. bei Krankheitszeiten durch Behörden oder Krankenkassen, die von den obersten Verwaltungsbehörden hiefür bestimmt sind[4]),
2. bei Zeiten des Schulbesuchs durch den Leiter der Anstalt,
3. bei Kriegsdienstzeiten[5]) durch die Heeresbehörden[6]).

Bei Ersatzzeiten gemäß § 170 Abs. 5 des Angestelltenversicherungsgesetzes bestimmt der Reichsarbeitsminister das Nähere[7]).

1. Ersatzzeiten: S. die Ausführungen zu § 170 AVG.

2. sollen ... nachgewiesen werden: Vgl. § 1438 RVO.; § 12 der Beitr.-O. entspricht dem § 54 des alten Gesetzes.

Wie aus der Ausdrucksweise des Gesetzes („sollen") ohne weiteres hervorgeht, ist die Vorschrift keine zwingende (AVN. 1920 S. 183 Z. 413). Der Nachweis der Ersatzzeiten durch Ersatzzeitschein ist zwar die Regel, doch kann er auch auf andere Weise geführt werden.

Der Ersatzzeitschein ist **kein formales Beweismittel**, sondern er unterliegt, falls Zweifel an seiner Richtigkeit entstehen, der Nachprüfung durch die zuständigen Stellen (RVAnstalt und Versicherungsbehörden).

Nach dem früheren Recht wurden, abweichend von den Bestimmungen der RVO. (§ 1419 Abs. 3), bei der Angestelltenversicherung die Ersatzzeiten nicht in die Versicherungskarten eingetragen. Es blieb dem Versicherten überlassen, die Ausweispapiere aufzubewahren, bis im Einzelfall die Notwendigkeit an ihn herantritt, diesen Nachweis zu führen (AVN. 1913 S. 265). Nach jetzigem Recht (§ 21 Abs. 2 Z. 2 der Beitr.-O.) werden auch die Ersatzzeiten bei der Aufrechnung der Versicherungskarte in diese eingetragen. Die Bescheinigungen sind mit einzureichen, sie werden mit der Versicherungskarte der RVAnstalt übersandt und von dieser aufbewahrt.

3. Muster A: Gemäß § 32 Abs. 2 der Beitr.-O. liefert die RVAnstalt auf ihre Kosten die Vordrucke den Ausgabestellen.

4. Behörden . . . die bestimmt sind: Die Erwähnung der Krankenkassen ist hier neu; doch hat die Praxis schon von jeher Bescheinigungen derselben zugelassen.

Auf Grund des § 54 Abs. 2 des früheren Gesetzes sind die nachstehenden Bestimmungen erlassen worden, durch die meist die Gemeinde- oder Ortsbehörden, für Angestellte, die in Reichs- oder Staatsbetrieben beschäftigt sind, auch die vorgesetzten Dienstbehörden als zuständig erklärt werden.

a) Für das Reich:
Verf. des Reichspostamts vom 11. März 1913, Amtsbl. d. R.-Post-A. S. 71.

b) Für Preußen:
Min.-Erlasse vom 25. Jan. 1913, Handels-Min.-Bl. S. 83, und vom 8. März 1913, Min.-Bl. f. innere Verw. S. 51.

c) Für Bayern:
§ 6 der Min.-Bekanntm. vom 8. Aug. 1912, Ges.- u. Verordn.-Bl. S. 701;
s. auch Min.-Bek. vom 6. März 1925 Nr. 1108 a 11.

d) Für das vorm. Königreich Sachsen:
Verordn. vom 28. Dez. 1922, Ges.-Bl. S. 629.

e) Für Württemberg:
§ 8 der Min.-Verf. vom 29. Dez. 1922, Reg.-Bl. 1923 S. 39.

f) Für Baden:
§§ 5—9 der Min.-Verordn. vom 5. Aug. 1912, Ges.- u. Verordn.-Bl. S. 339.

g) Für Hessen:
§ 2 der Min.-Bekanntm. vom 4. Okt. 1912, Reg.-Bl. S. 489.

h) Für Mecklenburg-Schwerin:
Min.-Bekanntm. vom 26. Jan. 1921, Reg.-Bl. S. 123.

i) Für Mecklenburg-Strelitz:
Bekanntm. vom 21. Febr. 1923, Amtl. Anz. S. 164.

k) Für Oldenburg:
Z. II Abs. 2 der Min.-Bekanntm. vom 6. Jan. 1913, Ges.-Bl. S. 335, und Bekanntm. vom 25. März 1913, ebenda S. 504.

l) Für Braunschweig:
Verordn. vom 16. März 1925, G.- u. V.-Samml. S. 124, u. Ausf.-Best. zur Beitr.-O., vom 3. Febr. 1923, G.- u. V.-Samml. S. 36.

m) Für Anhalt:
Nr. 1 der Verordn. vom 10. Febr. 1913, Ges.-Samml. S. 165.

n) Für Thüringen:
Verordn. vom 9. Febr. 1923, Ges.-Samml. S. 65.

o) Für Waldeck-Pyrmont:
Nr. I der Bekanntm. des Landesdirektors vom 11. Febr. 1923, Reg.-Bl. S. 81.

p) Für Schaumburg-Lippe:
Nr. III der Min.-Bekanntm. vom 23. Mai 1912, Anz. d. Fürstent. Sch.-L. S. 213, und Min.-Erlaß vom 14. Febr. 1913, ebenda 1913 S. 82.

q) Für Lippe-Detmold:
Ausf.-V. zur Beitr.-O., vom 25. Jan. 1923, Ges.-Samml. S. 4.

r) Für Lübeck:
Bekanntm. des Senats vom 18. Dez. 1912, Ges.- u. Verordn.-Bl. S. 586.

s) Für Bremen:
§ 2 der Verordn. vom 19. Juli 1912, Ges.-Bl. S. 183.

t) Für Hamburg:
§ 2 der Bekanntm. des Senats vom 12. Juli 1912, Amtsbl. S. 743.

5. bei Kriegsdienstzeiten: Vgl. § 382 AVG. Der Heeresdienst im Frieden kann jetzt, nach Aufhebung der allgemeinen Wehrpflicht, als Ersatzzeit nicht mehr in Betracht kommen (vgl. dafür § 4 AVG.); für die frühere Zeit, vor dem Weltkriege, ist er belanglos geworden durch § 54 Abs. 2 AVG.

6. Heeresbehörden: Meistens wird der Nachweis schon durch Vorlage des Militärpasses geführt werden können; ist ausnahmsweise ein solcher nicht vorhanden, so hat sich der Versicherte an die zuständige Reichswehrzweigstelle zu wenden.

7. bestimmt . . . das Nähere: S. die Verordn. des R.-Arb.-Ministers „über die Anrechnung von Beitragsmonaten in der Angestelltenversicherung", vom 7. Febr. 1925 (RGBl. I S. 10), wo in Abs. 2 bestimmt ist:

> „Die oberste Verwaltungsbehörde bestimmt das Nähere über die Bescheinigung der Ausweisung oder Verdrängung. Die Bescheinigung gilt als Ersatzzeitschein und ist bei der Aufrechnung der Versicherungskarte zu berücksichtigen."

Zweiter Abschnitt.

Ausgabestellen.

I. Einrichtung und Zuständigkeit.

§ 13.

Ausgabestellen[1]) sind in Städten mit mehr als 50 000 Einwohnern die Ausgabestellen der Invalidenversicherung[2]), sonst die bisherigen Ausgabestellen[1]) der Angestelltenversicherung. Die Länder können andere Stellen bestimmen.

Sie heißen „Ausgabestelle der Angestelltenversicherung in . . . . " und führen einen Stempel mit dieser Bezeichnung. Ihr Dienstgebäude trägt dieselbe Bezeichnung. Die Diensträume sind durch Aushang an sichtbarer Stelle kenntlich zu machen.

Auch die Reichsversicherungsanstalt kann Versicherungskarten ausstellen, umtauschen, ersetzen oder durch ihre Beauftragten bei der Beitragsüberwachung ausstellen, umtauschen und ersetzen lassen.

1. Ausgabestellen: S. Anm. 1 zu § 178.

2. Ausgabestellen der Invalidenversicherung: S. die §§ 1416, 1455 Abs. 1 Z. 1, 1456 RVO.

3. können . . . bestimmen: Hiezu s. für Württemberg § 9 der Min.-Verf. vom 29. Dez. 1922 (Reg.-Bl. S. 39) in der Fassung der Verf. vom 10. März 1923 (Reg.-Bl. S. 124) und vom 16. Jan. 1925 (Reg.-Bl. S. 6).

§ 14.

Zuständig[1]) ist jede Ausgabestelle, in deren Bezirk der Versicherte wohnt[2]) oder beschäftigt ist, bei Ersatz einer Versicherungskarte[3]) auch[4]) die Ausgabestelle des früheren Beschäftigungsorts.

Bei Beschäftigung im Ausland[5]) ist die Ausgabestelle des inländischen Betriebssitzes zuständig, mangels eines solchen die Ausgabestelle Berlin.

1. Zuständig: Es handelt sich hier um die örtliche Zuständigkeit. Handlungen in Bezug auf Ausstellung usw. von Quittungskarten, die eine unzuständige Ausgabestelle vornehmen würde, wären an sich nichtig; doch könnte das auf die Gültigkeit der in einer solchen Karte entrichteten Beiträge keinen Einfluß haben.

2. wohnt: S. Anm. 2 zu § 122 AVG.

3. Ersatz einer Versicherungskarte: S. § 25 der Beitr.-O.

4. auch: Hier besteht also die Zuständigkeit zweier Ausgabestellen nebeneinander. Der Versicherte (oder der Arbeitgeber) hat die Wahl zwischen ihnen.

5. Beschäftigung im Ausland: S. Anm. 6 Abs. 7 zu § 1 AVG.

II. Verfahren.

1. Allgemeine Bestimmungen.

§ 15.

Die Ausgabestelle beurkundet mit Tinte; Radieren und der Gebrauch des Tintenstifts sind unzulässig. Häufig wiederkehrende Eintragungen können gedruckt oder gestempelt werden. In Vordrucken sind offene Räume, die nicht ausgefüllt werden, zu durchstreichen.

Berichtigungen dürfen nur durch einfaches Durchstreichen [1]) erfolgen. Sie sind unter Angabe des Tages sowie der Zahl der gestrichenen Worte und Ziffern zu beglaubigen [2]).

Alle Eintragungen und Berichtigungen sind zu unterschreiben. Die Unterschrift wird durch den verantwortlichen Beamten mit seinem Namen oder Namensstempel unter Beidrückung des Stempels und Bezeichnung der Ausgabestelle geleistet.

1. einfaches Durchstreichen: Die zu berichtigende Stelle darf nicht unlesbar gemacht werden, da die Berichtigung später der Würdigung der RVAnstalt oder der Versicherungsbehörden unterliegen kann!

2. zu beglaubigen: Die Beglaubigung ist auch zu unterschreiben (s. Abs. 3 Satz 1 dieses Paragraphen).

2. Ausstellung der ersten Versicherungskarte.

§ 16.

Die Versicherungskarte wird durch die Ausgabestelle auf Antrag[1]) des Versicherten oder des Arbeitgebers[2]) ausgestellt[3]) und dem Antragsteller unverzüglich ausgehändigt.

1. auf Antrag: Dieser ist an keine Form gebunden. Die frühere Aufnahmekarte (§ 188 alt) ist weggefallen.

2. des Arbeitgebers: S. § 177 Abs. 2 AVG.

3. wird . . . ausgestellt: Der Vordruck wird jetzt von der Ausgabestelle ausgefüllt (nach dem alten Gesetz — §§ 188, 191 — hatte es der Versicherte selbst zu tun).

§ 17.

Die persönlichen Verhältnisse und die Anschrift sind besonders sorgfältig einzutragen[1]). Bei Frauen ist auch der Geburtsname[2]) anzugeben.

Der Familienname ist zu unterstreichen, bei mehreren Vornamen auch der Rufname.

Die Berufsangabe hat sich nicht auf eine allgemeine Bezeichnung zu beschränken, sondern auch den engeren Berufszweig zu enthalten, zum Beispiel nicht Buchhalter, Techniker, Lehrer, sondern Bankbuchhalter, Tiefbautechniker, Musiklehrer.

Die Versicherungskarte erhält die Nummer 1[3]).

Die Versicherungskarte für Selbstversicherer[4]) ist am Kopfe der ersten Seite als solche zu bezeichnen.

1. sorgfältig einzutragen: Um Verwechselungen, bes. beim Einordnen der abgelieferten Karten in die Kartei der RVAnstalt §§ 22 der Beitr.-O.) vorzubeugen. Solche Verwechselungen sind schon vorgekommen, sie können zu sehr unangenehmen Weiterungen und Streitigkeiten führen (vgl. Mon.-Schr. f. Arbeiter- u. Angest.-Vers. 1925 Sp. 378 u. 626)!

2. der Geburtsname: Er ist bei allen Frauen anzugeben, die ihn durch Verheiratung verloren haben, also auch bei Witwen und geschiedenen Frauen (hinsichtlich dieser s. § 1577 BGB.).

3. erhält die Nr. 1: Gemeint ist die erste grüne Karte (jetziges Muster); die gelben Karten nach dem früheren Muster zählen nicht mit. Spätere Karten dieses Versicherten erhalten jeweils die nächsthöhere Nummer (§ 23 Abs. 2 der Beitr.-O.).

4. für Selbstversicherer: In der Angestelltenversicherung gibt es nicht, wie in der Invalidenversicherung, besondere Karten für die Selbstversicherung. Karten, die diesem Zweck dienen sollen, müssen daher besonders gekennzeichnet werden.

§ 18.

Die Ausgabestelle prüft vor der Ausstellung[1]) die Versicherungspflicht[2]).

Die Ausstellung ist auch zulässig, wenn der Antragsteller glaubhaft macht[3]), daß er eine bestimmte versicherungspflichtige Beschäftigung nur beginnen kann, wenn er schon eine Versicherungskarte besitzt.

Bei Zweifel[4]) über die Versicherungspflicht stellt die Ausgabestelle dem Antragsteller die Versicherungskarte aus[5]), teilt aber der Reichsversicherungsanstalt oder der von ihr bezeichneten Stelle[6]) ihre Bedenken mit[7]).

1. vor der Ausstellung: Nämlich der ersten Karte; wegen der späteren Karten s. § 23 Abs. 1 der Beitr.-O.

2. die Versicherungspflicht: Selbstverständlich auch die Versicherungsberechtigung, falls auf Grund dieser die Ausstellung einer Karte beantragt wird.

3. glaubhaft macht: Dazu kann jedes Beweismittel dienen, besonders eine Bestätigung des Arbeitgebers, bei dem der Antragsteller eintreten will; sie kann auch mündlich (durch den Fernsprecher) erteilt werden.

4. bei Zweifel: Es muß sich um einen wirklichen Zweifel handeln. Abs. 3 hindert natürlich nicht, den Antragsteller sofort abzuweisen, wenn er sicher der Angestelltenversicherung nicht unterliegt (z. B. ein gewöhnlicher Tagarbeiter oder Dienstknecht beantragt irrtümlicherweise, ihm eine Versicherungskarte der AV. auszustellen).

5. stellt aus: Damit, falls der Zweifel sich als unbegründet erweist und der Antragsteller wirklich der AV. unterliegt, die Beitragsentrichtung nicht erschwert oder verzögert wird.

Für den Fall, daß der Antragsteller als nicht versicherungspflichtig erklärt wird, besteht das Recht auf Rückforderung der geleisteten Beiträge (s. jedoch §§ 191, 196 Abs. 2, 213 Abs. 2 AVG.).

6. der von ihr bezeichneten Stelle: Bis jetzt nicht geschehen.

7. teilt . . . ihre Bedenken mit: Die RVAnstalt wird die Sache prüfen und nötigenfalls eine Entscheidung nach §§ 193 oder 194 herbeiführen.

§ 19.

Befreiung von der eigenen Beitragsleistung[1]) (§ 375 des Angestelltenversicherungsgesetzes) beantragt der Angestellte[2]) bei der Ausgabestelle[3]). Der Antrag wird nach dem beigefügten Muster B[4]) gestellt. Mit dem Antrag ist der Versicherungsschein vorzulegen.

Die Ausgabestelle prüft die Angaben und sendet den Antrag nebst Versicherungskarte an die Reichsversicherungsanstalt. Diese entscheidet über die Befreiung und übersendet die Versicherungskarte mit ihrem Vermerk über die Befreiung dem Versicherten.

1. Befreiung von der eigenen Beitragsleistung. Es handelt sich nur um neue Befreiungen auf Grund des jetzigen Gesetzes; wer bereits auf Grund der früheren Gesetzgebung befreit war, bleibt es, sofern die Voraussetzungen noch bestehen (§ 377).

2. der Angestellte: Nur dieser selbst, nicht der Arbeitgeber, kann den Antrag stellen (s. § 375 AVG.).

3. bei der Ausgabestelle: Nach Abs. 2 des § 19 hat die Ausgabestelle lediglich den Antrag entgegenzunehmen und die Angaben zu prüfen, alles weitere, besonders die Entscheidung über den Antrag, ist Sache der RVAnstalt.

Wegen Streits über die Befreiung s. § 375 Abs. 2!

4. Muster B: Nach § 32 Abs. 2 der Beitr.-O. liefert die RVAnstalt diesen Vordruck nicht.

3. Umtausch der Versicherungskarte.

§ 20.

Der Versicherte tauscht die Versicherungskarte bei der Ausgabestelle[1]), wenn die Markenfelder gefüllt sind[2]), spätestens aber drei Jahre[3]) nach der Ausstellung um[4]).

1. bei der Ausgabestelle: Wegen der Zuständigkeit s. § 14 der Beitr.-O. S. ferner auch § 13 Abs. 3!

2. wenn die Markenfelder gefüllt sind: Da die Karte 24 Felder hat, so werden diese bei ununterbrochener Beitragsentrichtung schon nach 2 Jahren gefüllt sein.

3. spätestens aber drei Jahre: S. § 179 AVG., dessen Vorschrift hier lediglich wiederholt ist. Die 5jährige Frist des alten Gesetzes (§ 195) ist auf 3 Jahre verkürzt.

4. tauscht . . . um: S. die §§ 21—23 der Beitr.-O.
Trotz der bestimmten Ausdrucksweise des § 20 handelt es sich doch nur um eine Sollvorschrift (s. § 179 AVG.!), deren Nichtbeachtung nicht etwa die Ungültigkeit der Karte und der darin entrichteten Beiträge, sondern nur den in § 179 angedrohten Rechtsnachteil, sowie den Verlust der Rechtsvermutung des § 190 Abs. 1 im Gefolge hat (s. die Ausführungen zu § 179!).

§ 21.

Die Ausgabestelle rechnet die Versicherungskarte auf[1]).

Die Aufrechnung geschieht an der im Vordruck vorgesehenen Stelle folgendermaßen:

1. Beitragsmonate, die durch Marken in der Versicherungskarte nachgewiesen sind, werden nach Beitragsklassen zusammengerechnet[2]).
2. Ersatzzeiten (§ 12) werden an der hierfür vorgemerkten Stelle nach Anfangs- und Endtag der einzelnen Zeiten eingetragen[3]).

   Unter den Beitragsmonaten werden sie nicht mitgezählt[4]). Sie werden überhaupt nicht eingetragen, wenn der Versicherte vor ihrem Beginne noch keine versicherungspflichtige Beschäftigung ausgeübt hat[5]).

   Die Eintragung erfolgt auf Grund der Ersatzzeitscheine; sonstige Nachweise, zum Beispiel ärztliche Zeugnisse, sind nicht ausgeschlossen. Bei Zweifel über die Anrechnungsfähigkeit hat die Ausgabestelle zwar die Ersatzzeiten einzutragen, jedoch ihre Bedenken der Reichsversicherungsanstalt oder der von ihr bezeichneten Stelle[6]) mitzuteilen.
3. Die Endzahlen über die Aufrechnung werden dem Inhaber nach dem beigefügten Muster C bescheinigt (Aufrechnungsbescheinigung)[7]).

   Die Aufrechnungsbescheinigung wird mit der neuen Versicherungskarte ausgehändigt. Unbestellbar gebliebene oder verwahrte Aufrechnungsbescheinigungen[8]) kann die Ausgabestelle ein Jahr nach Ablauf des Eingangsjahrs[9]) vernichten.

Die Reichsversicherungsanstalt kann die Aufrechnungsbescheinigung von Amts wegen oder auf Einspruch eines

Beteiligten[10]) ändern. Gegen ihren Bescheid ist das Streitverfahren nach § 194 des Angestelltenversicherungsgesetzes zulässig, die Entscheidung bindet die Instanzen.

Nach Ablauf von 10 Jahren seit Aufrechnung der Versicherungskarte kann die rechtsgültige Verwendung der in der Aufrechnung bescheinigten Marken nicht mehr beanstandet werden[11]), es sei denn, daß der Versicherte oder sein Vertreter oder ein zur Fürsorge für ihn Verpflichteter die Verwendung der Marken in betrügerischer Absicht herbeigeführt hat.

1. rechnet ... auf: Die Aufrechnung hat den Zweck, dem Versicherten die Kenntnis der Endzahlen, die sich aus der Karte ergeben, zu vermitteln und gegenwärtig zu halten (AN. 1899 S. 283 Z. 704). S. auch Anm. 7!

Dazu kommt aber nach dem jetzigen Gesetz noch eine andere, sehr wichtige Bedeutung der Aufrechnung. Von dieser an läuft nämlich die 10jährige Frist des § 190 Abs. 2 AVG. (§ 21 Abs. 4 der Beitr.-O.).

2. werden ... zusammengerechnet: Die RVAnstalt hat hiefür in einem Merkblatt vom Juli 1925 die folgenden Grundsätze aufgestellt:

I. Die in den umzutauschenden Versicherungskarten enthaltenen Marken sind nach Anzahl und Gehaltsklasse (A, B, C usw.)

1. in der Versicherungskarte in den mit „Aufrechnung" überdruckten Feldern,

2. in der für den Versicherten bestimmten Aufrechnungsbescheinigung aufzurechnen. Die Aufrechnung und die Aufrechnungsbescheinigung müssen übereinstimmend ausgefüllt werden. Die in den Aufrechnungen alten Musters vorgedruckten römischen Gehaltsklassenbezeichnungen I bis IX sind zu streichen. Die zweite Hälfte der Versicherungskarte darf nicht abgerissen und dem Angestellten als Aufrechnung übergeben werden.

Befinden sich in einer Versicherungskarte nicht entwertete Marken, so sind diese von der Ausgabestelle bei der Aufrechnung zu entwerten.

II. Für die Zeit bis 31. Dez. 1923 ist nur die Gesamtzahl der Beitragsmonate anzugeben. Die Angabe der Gehaltsklassen unterbleibt, da diese Beiträge im Leistungsfalle durch den Grundbetrag als abgegolten gelten*). Dies gilt auch dann,

---

*) Das ist zwar jetzt, nach Änderung des § 56 AVG. durch das Gesetz vom 23. März 1925, RGBl. I S. 28 (s. Anm. 9 zu § 56) nicht mehr richtig. Ihre praktische Bedeutung dürfte aber die Frage größtenteils schon verloren haben.

wenn Marken der Gehaltsklassen A, B usw. nachträglich für 1923 verwendet wurden.

III. Für die Zeit nach dem 31. Dezember 1923 verwendete Marken der Gehaltsklassen 1—50 sind nicht mit aufzurechnen, da diese Marken nach dem genannten Tage keine Gültigkeit mehr haben.

IV. Für jeden durch eine Beitragsmarke belegten Monat ist eine Marke als verwendet aufzurechnen, auch wenn irrtümlich verwendet worden sind:

1. mehrere Marken für einen Monat,
2. eine Marke für mehrere Monate.

Zu 1. Mehrere Marken für einen Monat sind als zusammengehörig (durch Schleife oder dgl.) kenntlich zu machen. Dabei ist zu vermerken: Gilt als eine Marke für Monat ... in Gehaltsklasse ... Hierbei gilt die Gehaltsklasse, die durch den Gesamtwert aller für den einen Monat verwendeten Marken voll gedeckt ist. Bei Zeiten bis 31. Dez. 1923 ist die Gehaltsklasse nicht anzugeben *).

Zu 2. Neben einer Marke für mehrere Monate ist anzugeben: Gilt als eine Marke für Monat ... in Gehaltsklasse ... und eine Marke für Monat ... in Gehaltsklasse ... Der Betrag sämtlicher hierbei angegebenen Gehaltsklassen darf den verwendeten Markenwert nicht übersteigen. Sofern die betr. Marke nur für die Zeit vor dem 31. Dez. 1923 gilt, unterbleibt die Angabe der Gehaltsklassen *).

V. Der Wert etwaiger Ergänzungsmarken, das sind Marken, die infolge zu niedriger Markenverwendung vom Überwachungsbeamten nachgeklebt wurden, ist dem Wert der für den in Frage kommenden Monat ursprünglich geklebten Marke hinzuzurechnen. Es ist also nur eine Marke — in Höhe des Gesamtwerts — als verwendet einzusetzen.

VI. Befinden sich in einer Versicherungskarte Marken der Invalidenversicherung, Steuermarken oder dgl., so ist demjenigen, der die Karte zum Umtausch vorlegt, zunächst aufzugeben, für die fragliche Zeit Beiträge zur Angestelltenversicherung nachzuentrichten und sich wegen Erstattung des Wertes der fremden Marken an die zuständige Stelle (Landesversicherungsanstalt, Finanzamt) zu wenden.

VII. Befinden sich in einer Versicherungskarte nur Marken einer Versicherungsanstalt der abgetretenen Gebiete (Danzig**), Polen usw.) oder des Saargebiets, so dürfen diese Karten weder abgenommen noch aufgerechnet werden. Die Versicherten sind in

---

*) Siehe Note auf Seite 417.

**) Für die Marken mit dem Aufdruck „Danzig" gilt folgendes: Marken, die nur den Aufdruck „Danzig" (in roter oder schwarzer Farbe) tragen, gelten als Marken der Reichsversicherungsanstalt. Tragen solche Marken außerdem noch den Aufdruck des Guldenwertes, dann sind es Marken der Landesversicherungsanstalt Danzig.

solchen Fällen an die Versicherungsanstalt oder an eine Ausgabestelle des betreffenden abgetretenen Gebiets oder des Saargebiets zu verweisen.

Um einem Versicherten, der eine derartige Karte besitzt und jetzt etwa bei der Reichsversicherungsanstalt versicherungspflichtig ist oder sich dort freiwillig weiterversichern will, die weitere Beitragszahlung zu ermöglichen, ist von der Ausgabestelle eine neue Karte mit der der letzten Karte der Reichsversicherungsanstalt folgenden Nummer auszustellen. Die Nummer ist lediglich nach den Angaben des Versicherten in die neue Karte einzutragen.

VIII. Befinden sich in einer Versicherungskarte außer den Marken der Reichsversicherungsanstalt Marken einer Versicherungsanstalt der abgetretenen Gebiete (Danzig, Polen usw.) oder des Saargebiets, so sendet die Ausgabestelle die Versicherungskarte, auf der mit Bleistift die genaue Anschrift des Angestellten anzugeben ist, zweckmäßig der Reichsversicherungsanstalt ein. Diese wird im Regelfalle ihre eigenen Marken ungültig machen, die Beiträge dem Konto des Versicherten zuschreiben und dem Versicherten eine Aufrechnungsbescheinigung unter gleichzeitiger Rückgabe der Versicherungskarte mit dem Anheimgeben übermitteln, sich wegen der Aufrechnung der fremden Marken an die Versicherungsanstalt oder an eine Ausgabestelle des betreffenden abgetretenen Gebiets oder des Saargebiets zu wenden.

IX. Sind für die Zeiten vor dem 1. Januar 1923 Marken in den Versicherungskarten verwendet, so sind diese ebenfalls aufzurechnen, aber die Zeit, für die sie gelten sollen, besonders zu vermerken.

3. werden . . . eingetragen: S. Anm. 2, letzten Absatz, zu § 12 der Beitr.-O.

4. werden sie nicht mitgezählt: Weil diese Ersatzzeiten sog. unvollkommene sind; wenn es vollkommene Ersatzzeiten gäbe — was z. Zt. nicht der Fall ist — so müßten sie allerdings unter den Beitragsmonaten mitgezählt werden. Vgl. Anm. 1 zu § 170 AVG.

5. noch keine . . . ausgeübt hat: Weil die Versicherung nicht mit Ersatzzeiten beginnen kann (vgl. Anm. 3 zu § 170 AVG.).

6. bezeichneten Stelle: Auch hier (vgl. § 18 Abs. 3) bis jetzt noch nicht geschehen.

7. Aufrechnungsbescheinigung: Diese ist kein Ersatz für die Versicherungskarte und ihr nicht gleichwertig (AN. 1899 S. 283 Z. 704).

Sie ist aber eine öffentliche Urkunde (im Sinn des § 418 ZPO.), welche den vollen Beweis der darin bezeugten Tatsachen begründet, solange nicht ihre Unrichtigkeit erwiesen ist. Dazu genügt aber nicht ein einfaches Bestreiten von Seite der Gegenpartei (hier der RVAnstalt), sondern dieser liegt es ob, den Gegenbeweis zu führen (AN. 1904 S. 420 Z. 1131 u. S. 624 Z. 1171; 1911 S. 435 Z. 1552).

8. verwahrte Aufrechnungsbescheinigungen: Bezieht sich auf den Fall des § 24 Abs. 2 der Beitr.-O. In diesem Falle erhält der Arbeitgeber nur eine Empfangsbescheinigung über die eingelieferte Karte, die Aufrechnungsbescheinigung aber wird von der Ausgabestelle verwahrt.

9. nach Ablauf des Eingangsjahrs: Einerlei, ob die Bescheinigung im Januar oder erst im Dezember des betr. Jahrs eingegangen ist, muß immer erst der Ablauf des nächsten Jahres abgewartet werden. Die Zeiten, während deren solche Bescheinigungen aufbewahrt werden müssen, können hienach also recht ungleich ausfallen.

10. eines Beteiligten: D. i. des Versicherten selbst oder eines seiner Hinterbliebenen.

11. kann ... nicht mehr beanstandet werden: Abs. 4 des § 21 wiederholt wörtlich den Abs. 2 des § 190 AVG. Die Bem. zu demselben sind zu vergleichen!

§ 22.

Die abgegebenen alten Versicherungskarten nebst den Ersatzzeitscheinen und sonstigen Belegen für Ersatzzeiten werden von der Ausgabestelle verwahrt und spätestens[1]) am Schlusse jedes Kalendervierteljahrs eingeschrieben und portofrei[2]) der Reichsversicherungsanstalt übersandt[3]); bei Übersendung durch die Bahn genügt die Angabe des Interesses an der Lieferung im Frachtbrief. Wünschen der Reichsversicherungsanstalt auf frühere Übersendung in Einzelfällen ist zu entsprechen.

1. spätestens: Die Ausgabestelle kann nach ihrem Ermessen die Karten auch in kürzeren Zwischenräumen, z. B. wöchentlich oder monatlich, an die RVAnstalt einsenden, z. B. um eine zu große Anhäufung von Karten zu vermeiden.

2. portofrei: Die Ausgabestelle erhält jedoch u. a. auch für diese Portoauslagen eine Vergütung nach § 32 Abs. 1 Satz 2 der Beitr.-O. (mit Verordn. des R.-Arb.-Ministers vom 4. März 1924, RGBl. I S. 170).

3. der Reichsversicherungsanstalt übersandt: Diese nimmt die Karten endgültig in Verwahr und hinterlegt sie in

ihrer Kartei, wo sie dann im Bedarfsfall, namentlich wenn ein Leistungsanspruch erhoben wird, zum Nachweis der Beiträge und Ersatzzeiten bereit liegen.

§ 23.

Die Ausstellung der neuen Versicherungskarte beim Umtausch hängt nicht von einer Prüfung der gegenwärtigen Versicherungspflicht ab [1]). Hat die Ausgabestelle Zweifel oder ist sie überzeugt, daß bereits Berufsunfähigkeit vorliegt, so stellt sie die Versicherungskarte aus, teilt aber der Reichsversicherungsanstalt oder der von ihr bezeichneten Stelle [2]) ihre Bedenken mit [3]).

Als Beruf ist in der neuen Versicherungskarte der Beruf zur Zeit der Ausstellung einzutragen, auch wenn die alte Karte einen anderen Beruf angab. Die neue Karte erhält die nächst höhere Nummer. Im übrigen gelten die Vorschriften über die erste Ausstellung entsprechend [4]).

1. hängt nicht ... ab: S. Anm. 1 u. 2 zu § 18 der Beitr.-O.

2. der von ihr bezeichneten Stelle: Auch hier (vgl. §§ 18 Abs. 3 u. 21 Abs. 2 Z. 2 Abs. 3) noch nicht geschehen.

3. teilt ... ihre Bedenken mit: Das ist notwendig wegen der Vorschriften in §§ 13 u. 188, 2. Halbsatz, des AVG.

4. gelten ... entsprechend: Von den Vorschriften über die erste Ausstellung kommen namentlich in Betracht die §§ 15, 16, 17 Abs. 1—3 u. Abs. 5, 18 Abs. 2 der Beitr.-O.

§ 24.

Der Arbeitgeber kann Versicherungskarten, die bei ihm zurückgelassen sind, an die Ausgabestelle abgeben, jedoch frühestens drei Monate [1]) nach Abgang des Versicherten.

Die Ausgabestelle rechnet diese Karten auf und erteilt dem Arbeitgeber eine Empfangsbescheinigung [2]) mit dem Vermerke, daß eine neue Karte nicht ausgestellt ist. Die abgegebene Versicherungskarte erhält denselben Vermerk und wird der Reichsversicherungsanstalt gleichzeitig mit den übrigen Karten übersandt. Versicherungskarten, die gefunden oder aus einem anderen Grunde bei der Ausgabestelle abgeliefert sind, werden entsprechend behandelt [3]).

1. frühestens drei Monate: Der Gesetzgeber rechnet damit, daß die Versicherten innerhalb dieser Zeit ihre Karten von selbst abholen werden; nur wenn das wider Erwarten nicht geschieht, soll die Behörde mit der Sache befaßt werden.

2. Empfangsbescheinigung: Diese erhält, wie die Vorschrift ausdrücklich sagt, der Arbeitgeber. Die Ausgabestelle stellt jedoch über die Karte — die sie nach Vorschrift des Abs. 2 aufzurechnen hat — auch eine Aufrechnungsbescheinigung aus. Diese erhält aber nicht der Arbeitgeber, sondern sie bleibt bei der Ausgabestelle hinterlegt, welche sie, wenn sie vom Versicherten nicht abgeholt wird, nach Maßgabe des § 21 Abs. 2 Z. 3, Abs. 2 vernichten kann.

3. werden entsprechend behandelt: D. h. die Empfangsbestätigung erhält hier der Finder oder Ablieferer der Karte, usw.

4. Ersatz der Versicherungskarte.

§ 25.

Verlorene, unbrauchbare oder zerstörte Versicherungskarten[1]) ersetzt[2]) die Ausgabestelle.

Das gleiche gilt, wenn eine Versicherungskarte dem Berechtigten widerrechtlich vorenthalten wird[3]).

Außerdem kann der Versicherte auf seine Kosten[4]) auch sonst[5]) stets eine neue Versicherungskarte gegen Rückgabe der alten verlangen.

1. Verlorene, unbrauchbar oder zerstörte Versicherungskarten: Bei verlorenen Karten ist es gleichgültig, wer sie verloren hat, ob der Inhaber oder der Arbeitgeber; auch die Ausgabestelle oder die RVAnstalt könnte die Karte verloren haben.

Unbrauchbar sind nicht nur Karten, die z. B. so beschmutzt sind, daß ihr Inhalt nicht mehr erkennbar ist, sondern besonders auch Karten, auf denen verbotene Merkmale angebracht worden sind (vgl. § 180 Abs. 1 AVG.).

Zerstörte Karten sind auch solche, die (z. B. durch Feuer) nur teilweise zerstört sind. Aber auch die widerrechtliche Entfernung eingeklebter Marken aus einer Versicherungskarte bildet eine teilweise „Zerstörung" der Karte (AN. 1899 S. 282 Z. 703 u. S. 283 Z. 704, 1906 S. 286 Z. 1254).

2. ersetzt: Vgl. § 27 Abs. 1 der Beitr.-O. Ein Aufgebotsverfahren (vgl. § 946 ff. ZPO.) ist hier nicht vorgeschrieben.

3. vorenthalten wird: Dieser Fall kann aber nur dann in Betracht kommen, wenn es der Ortspolizeibehörde nach Lage der Sache nicht möglich ist, die Karte dem, der sie dem Berechtigten widerrechtlich vorenthält, abzunehmen (§ 181 Abs. 1 AVG.).

4. auf seine Kosten: S. § 32 Abs. 4 u. 5 der Beitr.-O. Der Betrag ist z. Zt. auf 5 RPf. festgesetzt.

5. auch sonst: So namentlich, wenn der Versicherte den Verdacht hegt, daß der Arbeitgeber die Karte mit einem (unauffälligen) verbotenen Merkmal (§ 180 AVG.) versehen habe, ohne dies bestimmt erweisen zu können; oder wenn er seine Stelle wechselt und verhindern will, daß der neue Arbeitgeber aus den eingeklebten Marken darauf schließen kann, welchen Gehalt der Versicherte in seiner früheren Stellung bezogen hat.

§ 26.

Der bisherige Inhaber hat den Inhalt der Versicherungskarte nachzuweisen[1]). Ist sie noch vorhanden, so ist ihr erkennbarer Inhalt ohne Nachprüfung maßgebend. Andernfalls ist der Inhalt glaubhaft zu machen[2]). Regelmäßig genügt die Vorlage der Lohnliste[3]), wenn aus ihr die Markenverwendung hervorgeht, oder eine zuverlässige Auskunft[4]) des Arbeitgebers, der Einzugsstelle oder der Mitarbeiter.

Die Befreiung von der eigenen Beitragsleistung wird durch die vorhergehende Aufrechnungsbescheinigung nachgewiesen[5]), andernfalls[6]) hat der Angestellte glaubhaft zu machen[7]), daß die Lebensversicherung noch besteht.

1. hat . . . nachzuweisen: Das kann freilich unter Umständen mit Schwierigkeiten verbunden sein. Andererseits ist für die Ausgabestelle Vorsicht geboten, da sonst leicht Unterschleife versucht werden könnten.

Die Ausgabestelle wird über die Beweisverhandlung jedenfalls eine Niederschrift aufzunehmen haben, die dann gemäß § 27 Abs. 3 der RVAnstalt mit zu übersenden sein wird.

2. glaubhaft zu machen: Dazu genügt an sich jedes Beweismittel, die nachfolgende Aufzählung in § 26 Abs. 1 ist nicht erschöpfend. Ob aber ein beigebrachtes Beweismittel genüge, unterliegt der freien Würdigung der Ausgabestelle.

3. Vorlage der Lohnliste: Aus diesem Grunde, weil die Lohnliste der Ausgabestelle des früheren Beschäftigungsorts leichter vorgelegt werden kann, hat der Gesetzgeber in § 14 Abs. 1 der Beitr.-O. bei Ersatz einer Versicherungskarte auch diese Ausgabestelle für zuständig erklärt.

4. zuverlässige Auskunft: Ob eine Auskunft, besonders des Arbeitgebers oder der Mitarbeiter, „zuverlässig“ sei, hat ebenfalls die Ausgabestelle nach ihrem freien Ermessen zu beurteilen.

5. durch die vorhergehende Aufrechnungsbescheinigung nachgewiesen: Die Aufrechnungsbescheinigung allein wird für diesen Nachweis regelmäßig nicht genügen, da man es den Gehaltsklassen der in der Bescheinigung aufgerechneten Marken nicht ansehen kann, ob die Marken für den ganzen oder gemäß § 376 AVG. (neuer Fassung; s. dort!) für den halben Jahresarbeitsverdienst entrichtet sind. Die Ausgabestelle wird daher noch weitere Glaubhaftmachung verlangen müssen (s. Anm. 7).

6. anderenfalls: Wenn die vorhergehende Aufrechnungsbescheinigung nicht mehr vorhanden ist. Aber auch wenn sie vorhanden ist, wird, wie soeben in Anm. 5 bemerkt, weitere Glaubhaftmachung verlangt werden müssen.

7. glaubhaft zu machen: Zu diesem Zweck wird hier die Vorlage des Versicherungsscheins und der letzten Prämienquittung verlangt werden müssen.

§ 27.

Auf Grund der beigebrachten Beweismittel stellt die Ausgabestelle eine Aufrechnungsbescheinigung[1]) aus. Sie erhält die Nummer der Versicherungskarte, die sie ersetzt, und den Vermerk: „Ausgestellt als Ersatz der verlorenen — unbrauchbaren — zerstörten[2]) — Versicherungskarte Nr. . . . ."

Für die Abänderung und Anfechtung der Aufrechnungsbescheinigung gelten die Vorschriften des § 21 Abs. 3[3]).

Die Beweismittel mit Ausnahme der Lohnlisten werden dem Antragsteller abgenommen und der Reichsversicherungsanstalt oder der von ihr bezeichneten Stelle[4]) mit der nächsten Kartensendung übersandt nebst einer Mitteilung über den sonstigen Nachweis und einer Abschrift der Aufrechnungsbescheinigung.

Der Antragsteller erhält eine neue Versicherungskarte mit der nächst höheren Nummer und die Aufrechnungsbescheinigung. Für die Ausstellung der neuen Karte gelten im übrigen die allgemeinen Vorschriften entsprechend[5]). Läßt sich die Vornummer auch nach den Angaben des Versicherten nicht feststellen, so ist sie bei der Reichsversicherungsanstalt zu erfragen[6]).

1. Aufrechnungsbescheinigung: Die Aufrechnungsbescheinigung des § 27 hat eine andere Bedeutung als die gewöhn-

liche Aufrechnungsbescheinigung des § 21. Wegen dieser vgl. Anm. 7 zu § 21. Die Bescheinigung des § 27 dagegen ersetzt — wie § 27 im nächsten Satze ausdrücklich sagt — die Versicherungskarte. Darin liegt übrigens eine Abweichung von der RVO. — § 1421 —, nach welcher Bestimmung in solchen Fällen, wie hier, stets eine neue Quittungskarte ausgestellt wird.

Da die Bescheinigung des § 27 die Versicherungskarte ersetzen soll, so ergibt sich daraus, obwohl die Beitragsordnung es nicht ausdrücklich vorschreibt, doch die Notwendigkeit, die Bescheinigung so abzufassen, daß aus ihr alles ersichtlich ist, was auch aus der betr. Versicherungskarte ersichtlich war. Angesichts der Bestimmungen des Gesetzes über die Berechnung der Wartezeiten (§ 53 AVG.) wird es notwendig sein, Pflicht- und freiwillige Beiträge auszuscheiden; die Vorschriften über die Erhaltung der Anwartschaft (§ 54) werden erfordern, daß die Zeiten, für die die Beiträge gelten, ersichtlich gemacht werden; endlich wird auch die Abweichung zwischen den Abs. 1 u. 4 des § 170 dazu führen, daß Ersatzzeiten nach Abs. 4 a. a. O. ausdrücklich als solche bezeichnet werden.

Im übrigen gilt, was in Anm. 7 Abs. 2 zu § 21 bemerkt ist, auch hier.

2. verlorenen — unbrauchbaren — zerstörten: Die Vorschrift vergißt die widerrechtlich vorenthaltenen Versicherungskarten (§ 25 Abs. 2 der Beitr.-O.); für diese muß das gleiche gelten wie für verlorene usw.

3. § 21 Abs. 3: Außerdem wird aber auch Abs. 4 des § 21 gelten müssen!

4. der von ihr bezeichneten Stelle: Auch hier noch nicht geschehen.

5. gelten . . . entsprechend: In Betracht kommen die §§ 15, 16, 17 Abs. 1—3 u. 5, 18 Abs. 2 der Beitr.-O.

6. ist . . . zu erfragen: Die RVAnstalt, in deren Kartei ja die betr. Versicherungskarte hinterlegt ist, kann die Nummer ohne weiteres angeben.

5. Berichtigung der Versicherungskarte.

§ 28.

Die Ausgabestelle[1]) kann die Versicherungskarte berichtigen[2]),

1. wenn der Versicherte nachweist, daß die persönlichen Verhältnisse[3]) bei Ausstellung der Karte unrichtig eingetragen worden sind,
2. wenn eine nachträgliche Änderung des Namens[4]) durch die entsprechende Urkunde nachgewiesen wird,

3. wenn bei der Aufrechnung oder Erneuerung eine unvorschriftsmäßige Markenverwendung [5]) festgestellt wird,
4. wenn der Angestellte auf die Befreiung von der eigenen Beitragsleistung für die Zukunft verzichtet [6]).

Von der Berichtigung ist stets bei Änderung des Namens [7]), sonst in Zweifelsfällen [8]) der Reichsversicherungsanstalt oder der von ihr bezeichneten Stelle [9]) bei der nächsten Kartensendung Kenntnis zu geben. Die Reichsversicherungsanstalt kann die Berichtigung ändern.

Die Beteiligten [10]) können gegen die Berichtigung das Streitverfahren nach § 194 des Angestelltenversicherungsgesetzes beantragen; die Entscheidung bindet die Instanzen.

1. die Ausgabestelle: Nämlich die nach § 14 der Beitr.-O. zuständige. S. aber auch die §§ 29 u. 30 der Beitr.-O.

2. kann . . . berichtigen: Die Berichtigung ist also Ermessenssache. Doch wird sie, wenn ein sachlicher Grund dazu besteht, nicht unterbleiben dürfen. Es wird sich nur fragen, ob die Ausgabestelle die Berichtigung selbst vornehmen oder die Sache der RVAnstalt vorlegen soll.

3. die persönlichen Verhältnisse: Vgl. § 17 der Beitr.-O.

4. Änderung des Namens: Hier können sehr verschiedene Anlässe in Betracht kommen, nämlich: Verheiratung einer Versicherten, Ehescheidung und Aufhebung der ehelichen Gemeinschaft, Legitimation und Ehelichkeitserklärung unehelicher Kinder, Annahme an Kindesstatt und ihre Aufhebung, Namenserteilung an ein uneheliches Kind, endlich die behördliche Bewilligung zur Änderung des Vor- oder des Familiennamens (BGB. §§ 1355, 1577 Abs. 2 u. 3, 1586 u. 1587, 1719, 1736, 1758, 1772, 1706 Abs. 2; die Bewilligung zur Namensänderung ist landesgesetzlich geregelt).

5. unvorschriftsmäßige Markenverwendung: Aller Art. Also die Fälle, in denen zu wenig oder zu viel oder ungültige Marken oder solche einer zu niedrigen Gehaltsklasse verwendet sind, oder die Marken unrichtig oder gar nicht entwertet sind, oder in denen die Versicherungspflicht irrtümlich angenommen wurde (hiewegen s. aber auch § 191 Abs. 1 AVG.). Soweit mit der Berichtigung der Karte eine Nacherhebung oder Rückzahlung von Beiträgen verbunden ist, wird die Ausgabestelle wohl stets an die RV-Anstalt berichten müssen.

6. auf die Befreiung . . . verzichtet: Vgl. § 375 AVG. und Anm. 10 Abs. 10 dazu.

7. stets bei Änderung des Namens: Damit die RV-Anstalt ihre Kartei berichtigen kann.

8. sonst in Zweifelsfällen: Hierher werden namentlich manche Änderungen der persönlichen Verhältnisse gehören.

9. der von ihr bezeichneten Stelle: Auch hier noch nicht geschehen.

10. Die Beteiligten: Nicht nur der Versicherte oder seine Hinterbliebenen; auch der Arbeitgeber kann hier dazu gehören.

§ 29.

Abgesehen von dem Befreiungsvermerke nach § 30 Abs. 2 Nr. 3 Satz 1[1]) können Berichtigungen der Versicherungskarten, die bei der Überwachung erforderlich werden, durch die Überwachungsstelle[2]) vorgenommen werden, soweit die Beteiligten einverstanden sind[3]).

1. Befreiungsvermerk nach § 30 Abs. 2 Nr. 3 Satz 1: Für diesen ist nur die RVAnstalt zuständig.

2. Überwachungsstelle: S. die §§ 199, 201 AVG. u. 51 der Überw.-Vorschriften (im Anhang abgedruckt).
Die Überwachungsbeamten können auch die Nachentrichtung von Beiträgen bewirken, dagegen nicht deren Rückerstattung.

3. soweit die Beteiligten einverstanden sind: Beteiligte sind der Arbeitgeber und der Versicherte. Sind sie nicht einverstanden, so entscheidet die RVAnstalt.

§ 30.

In sonstigen Fällen[1]) erfolgt die Berichtigung der Versicherungskarten und die Vernichtung eingeklebter Marken durch die Reichsversicherungsanstalt.

Die Ausgabestelle gibt zu diesem Zwecke der Reichsversicherungsanstalt oder der von ihr bezeichneten Stelle unter Beifügung der Versicherungskarte Kenntnis,

1. wenn ihr bekannt wird, daß ein Arbeitgeber, der bisher versicherungspflichtige Angestellte beschäftigt hat, keine Marken mehr verwendet[2]),
2. wenn Marken unvorschriftsmäßig, insbesondere in zu niedriger Gehaltsklasse verwendet sind, soweit nicht § 28 Abs. 1 Nr. 3 Platz greift[3]),
3. wenn der Angestellte nachträglich nachweist[4]), daß er von der eigenen Beitragsleistung befreit ist. Das

gleiche gilt, wenn die Befreiung nach Ansicht der Ausgabestelle fortgefallen ist[5]).

Die Reichsversicherungsanstalt übersendet den Versicherten die Versicherungskarten nach Eintragung des Vermerkes zusammen mit ihrem etwaigen Bescheide. Die Beteiligten[6]) können hiergegen das Streitverfahren nach § 194 des Angestelltenversicherungsgesetzes beantragen; die Entscheidung bindet die Instanzen.

Ist ein Beitragsstreit rechtskräftig entschieden oder sonstwie die Versicherungspflicht oder -berechtigung rechtskräftig verneint, so hat die Reichsversicherungsanstalt die Versicherungskarte zu berichtigen und rückständige Beiträge einzuziehen[7]) oder zuviel entrichtete Beiträge auf Antrag zurückzuerstatten[8]), soweit noch keine Verjährung eingetreten ist.

1. In sonstigen Fällen: Das sind die Fälle, in denen
a) die Ausgabestelle nicht berichtigen kann oder will (s. Anm. 2 zu § 28 der Beitr.-O.),
b) die Überwachungsbeamten nicht berichtigen können (§ 29 der Beitr.-O.), und
c) die sonst zur Kenntnis der RVAnstalt kommen.

2. keine Marken mehr verwendet: Diese Bestimmung fände richtiger ihren Platz in den Überwachungsvorschriften der RVAnstalt; denn eine „Berichtigung" ist hier eigentlich gar nicht in Frage.

3. soweit nicht ... Platz greift: Bezieht sich nur auf Umtausch oder Ersatz von Versicherungskarten; alle anderen Fälle sind der RVAnstalt vorbehalten.

4. nachweist: S. § 26 Abs. 2 der Beitr.-O.

5. fortgefallen ist: S. § 377 AVG.

6. Die Beteiligten: Dazu gehört auch der Arbeitgeber.

7. einzuziehen: Vgl. § 212 AVG.

8. zurückzuerstatten: S. § 198 AVG. Wegen der Verjährung vgl. § 213 Abs. 2.

§ 31.

Die Vernichtung von Marken besteht darin, daß ein Ungültigkeitsvermerk[1]) auf die Marke gesetzt wird. Auf der Außenseite der Versicherungskarte wird die Zahl der vernichteten Marken handschriftlich oder gestempelt unter Bezeichnung der vernichtenden Stelle[2]) vermerkt.

1. Ungültigkeitsvermerk: Der Ausdruck „Vernichtung" ist also nicht wörtlich zu nehmen. Die Marken werden nicht etwa zerstört, sondern nur als ungültig gekennzeichnet.
2. der vernichtenden Stelle: Nach § 196 Abs. 2 AVG. könnte das auch das Versicherungsamt sein. Da aber mit der Vernichtung von Marken regelmäßig auch die Rückerstattung des Werts verbunden sein wird, so wird tatsächlich nur die RVAnstalt in Betracht kommen.

6. Kosten.

§ 32.

Die gesamte Tätigkeit der Ausgabestelle ist für die Arbeitgeber und Versicherten kosten- und gebührenfrei [1]), soweit nicht im Abs. 4 etwas anderes bestimmt ist. Jedoch erhält die Ausgabestelle von der Reichsversicherungsanstalt eine Vergütung nach Grundsätzen, die der Reichsarbeitsminister mit Zustimmung des Reichsrats aufstellt [2]).

Die Reichsversicherungsanstalt liefert auf ihre Kosten die Vordrucke für die Versicherungskarte, die Aufrechnungsbescheinigung und den Ersatzzeitschein.

Die Ausgabestellen fordern ihre Vergütung nach Schluß jedes Kalenderjahrs für das abgelaufene Jahr bei der Reichsversicherungsanstalt an. Die Reichsversicherungsanstalt kann mit den Ausgabestellen kürzere Fristen vereinbaren [3]).

Die Ausgabestelle kann von dem Antragsteller für die Ausstellung einer Versicherungskarte Kostenersatz nur beanspruchen,

1. wenn die neue Karte gegen Rückgabe der alten nach § 25 Abs. 3 beantragt wird [4]),
2. wenn der Arbeitgeber die Ausstellung beantragt [5]), weil der Versicherte dies zu Unrecht unterlassen hat.

Die Höhe des Betrags setzt der Reichsarbeitsminister fest [6]).

Berlin, den 21. November 1924.

Der Reichsarbeitsminister

In Vertretung

Dr. Geib.

1. kosten- und gebührenfrei: Die Bestimmung ergänzt den § 333 AVG. (dieses bezieht sich nur auf die Behörden, die für die Feststellung der Leistungen zuständig sind; § 334 würde auch nicht recht ausreichen).

2. die . . . aufstellt: Auf Grund dessen ist ergangen die Verordnung des R.-Arb.-Ministers „über die Vergütung der Ausgabestellen in der Angestelltenversicherung", vom 4. März 1924, RGBl. I S. 170. Sie lautet:

Auf Grund des § 32 der Beitragsordnung der Angestelltenversicherung vom 2. Dez. 1922 (RGBl. I S. 903) *) wird bestimmt:

§ 1.

Für die Ausstellung einer Versicherungskarte hat die Reichsversicherungsanstalt für Angestellte der Ausgabestelle eine Vergütung von fünf Rentenpfennig **) für jede in einem Kalendervierteljahr ausgestellte Versicherungskarte zu gewähren.

§ 2.

In den beiden Fällen des § 32 Abs. 4 der Beitragsordnung kann die Ausgabestelle von dem Antragsteller als Kostenersatz fünf Rentenpfennig **) beanspruchen.

§ 3.

Die Verordnung tritt mit Wirkung vom 1. Januar 1924 in Kraft, die Vorschrift des § 2 dagegen erst mit dem auf die Verkündung folgenden Tage ***).

3. kann . . . vereinbaren: Nach ihrem Ermessen. Die Bestimmung ist von Bedeutung für die Ausgabestellen größerer Städte, bei denen die jährliche Abrechnung zu umfangreich werden würde.

4. wenn die neue Karte . . . beantragt wird: S. Anm. 5 zu § 25 der Beitr.-O.

5. wenn der Arbeitgeber . . . beantragt: Siehe § 177 Abs. 2 AVG.

6. setzt . . . fest: S. § 2 der oben abgedruckten Verordnung vom 4. März 1924.

---

*) Inzwischen ersetzt durch die vorstehend abgedruckte Beitragsordnung vom 21. Nov. 1924!

**) Jetzt Reichspfennig!

***) Das war der 15. März 1924.

Angestelltenversicherung **Muster A**

Ersatzzeitschein

(§ 170 des Angestelltenversicherungsgesetzes)

Der — Die — ....

geboren am .... in ....

— war — hat — ....

krank und arbeitsunfähig. Er — Sie hat sich die Krankheit weder vorsätzlich noch bei Begehung eines durch strafgerichtliches Urteil festgestellten Verbrechens oder durch schuldhafte Beteiligung bei Schlägereien oder Raufhändeln zugezogen.	die (Name der Schule) .... in .... besucht. Die Schule gilt als staatlich anerkannte Lehranstalt im Sinne des § 170 des Angestelltenversicherungsgesetzes.	bei den auf der Rückseite näher bezeichneten Truppenteilen Kriegsdienste geleistet.
vom .... 19......	vom .... 19......	vom .... 19......
bis .... 19......	bis .... 19......	bis .... 19......

.... den .... 19......

....

(Stempel)

Angestelltenversicherung **Muster B**

Antrag
auf Befreiung von der eigenen Beitragsleistung gemäß § 375 des Angestelltenversicherungsgesetzes.

....
(Zu- und Vorname, bei Frauen auch Geburtsname)

geboren am .... im Jahre ....

zu ....
(Geburtsort) (Kreis, Amt)

....
(Wohnort) (Wohnung)

....
(Berufsstellung) (Berufszweig)

beschäftigt bei ....

Name und Sitz des Lebensversicherungsunternehmens ....

....

Nummer des Versicherungsscheins	Datum des Abschlusses der Versicherung	Datum der Wirksamkeit der Versicherung	Jahresbetrag der Beiträge*) (anzugeben ob Papier- oder Goldmark)

Tag des Eintritts in die versicherungspflichtige Beschäftigung ....

Jahresarbeitsverdienst beim Eintritt in die versicherungspflichtige Beschäftigung .... Mark.

Die vorstehenden Angaben sind wahrheitsgemäß gemacht.

...., den .... 19.....

....
(Unterschrift des Angestellten)

*) Jahresprämie ohne Dividendenabzüge usw.

Angestelltenversicherung **Muster C**

Bescheinigung

über die Endzahlen aus der Aufrechnung der Versicherungskarte Nr. ......

de ....

geboren am .... in ....

Kreis / Amt ....

Beitragsmonate

in Gehaltsklasse . . .												
Anzahl												

Nachgewiesene Ersatzzeiten, und zwar

Krankheit		Besuch einer staatlich anerkannten Lehranstalt		Kriegsdienst	
vom	bis	vom	bis	vom	bis

Ort und Datum: ....

(Stempel) Bezeichnung der Ausgabestelle: ....

Unterschrift d. ausstellenden Beamten: ....

IV.

Anhang.

1. Anleitung des Direktoriums der RVAnstalt, betr. den Kreis der nach dem Versicherungsgesetz für Angestellte vom 20. Dezember 1911 versicherten Personen.

Vom 20. Juni 1912 *) **).

A. Versicherungspflicht.

1. **Einleitung.** — Das Gesetz nimmt davon Abstand, den Begriff des Angestellten zu bestimmen. Es grenzt den Kreis der Versicherungspflichtigen dadurch ab, daß nach unten hin alle der handarbeitenden Bevölkerungsklasse angehörenden Personen (Arbeiter, Gehilfen, Gesellen, Lehrlinge, Dienstboten), nach oben hin die Selbständigen von der Versicherung ausgeschlossen werden. Abweichend von der RVO. erfaßt das Gesetz auch solche Angestellte, die in einer über das Maß der Betriebsbeamten und Werkmeister hinaus gehobenen Stellung beschäftigt werden, insbesondere Personen mit einer höheren, mehr künstlerischen oder wissenschaftlichen Tätigkeit, sowie Angestellte in leitender Stellung.

In der Abgrenzung der innerhalb dieses allgemeinen Rahmens in Betracht kommenden Personengruppen schließt sich das Gesetz in der Hauptsache an die RVO. an (vgl. § 210 Abs. 3, 4).

Die allgemeinen Bedingungen der Versicherungspflicht sind, daß eine zu den im Gesetze genannten Gruppen gehörende Person, die das 16. Lebensjahr vollendet hat und nicht berufsunfähig ist, gegen Entgelt als Angestellter beschäftigt ist und daß ihr Jahresverdienst 5000 Mark nicht übersteigt.

---

*) Unter „Gesetz" ist das Versicherungsgesetz für Angestellte vom 20. Dezember 1911, unter Paragraphen ohne nähere Bezeichnung sind die Paragraphen dieses Gesetzes zu verstehen.

RVO. = Reichsversicherungsordnung.

**) Die „Anleitung" wird hier abgedruckt, weil sie vieles enthält, was für die Auslegung auch des neuen Gesetzes sehr wertvoll ist. Angesichts der Änderungen aber, die das neue Gesetz gebracht hat, sind die Ausführungen zu den einschlägigen Paragraphen dieses Gesetzes stets zu vergleichen!

Der Eintritt in die versicherungspflichtige Beschäftigung ist nach Vollendung des 60. Lebensjahres ausgeschlossen.

Die Versicherung kann frühestens mit dem Inkrafttreten des Gesetzes beginnen.

2. Räumlicher Bereich. Allgemeines. — Der Versicherungszwang ergreift grundsätzlich alle im Inlande — deutsche Schutzgebiete gelten hierbei als Ausland — verrichteten Tätigkeiten ohne Rücksicht darauf, ob sie mit einem ausländischen Betriebe zusammenhängen (z. B. auf Fahrzeugen eines ausländischen Schiffahrtsbetriebs geleistet werden), oder ob die im Inlande (z. B. in einer an der Grenze belegenen Fabrik) tätige Person im Auslande wohnt. Jedoch gelten fremde Kriegsschiffe oder unter der Flagge ihres Staatsoberhaupts fahrende sonstige fremde Seeschiffe auch bei ihrem Aufenthalt in deutschen Häfen völkerrechtlich nicht als Inland. Da es zweifelhaft sein kann, inwieweit ausländische Staaten oder Personen, die nicht der inländischen Gerichtsbarkeit unterstehen, für die von ihnen im Inlande beschäftigten Personen die Pflichten der Arbeitgeber zu erfüllen haben, ist dem Bundesrat in § 5 die Befugnis gegeben worden, den deutschen Bediensteten solcher Staaten oder Personen die Pflichten der Arbeitgeber aufzuerlegen.

Bedienstete deutscher Beamten im Auslande. — Da der Versicherungszwang begrifflich an den Grenzen der inländischen Staatsgewalt seine Schranke findet, unterliegen im Auslande beschäftigte Personen grundsätzlich der Versicherungspflicht nicht, ohne Unterschied, ob sie selbst Inländer oder Ausländer, ob sie bei Inländern oder bei Ausländern bedienstet sind.

Nach § 3 sind jedoch Deutsche versichert, die bei einer amtlichen Vertretung des Reichs oder eines Bundesstaats im Ausland oder bei deren Leitern oder Mitgliedern beschäftigt sind. Das Gesetz hat hierbei die Behörde im Auge, die zur Vertretung des Reichs oder eines Bundesstaats im völkerrechtlichen Sinne berufen sind.

Ausstrahlung eines inländischen Betriebes. — Eine weitere Ausnahme von dem Grundsatz in Abs. 2 gilt, wenn eine im Auslande stattfindende Tätigkeit nach Lage des besonderen Falles als Teil, Zubehör, Fortsetzung oder Ausstrahlung eines inländischen Betriebs anzusehen ist. Sie ist dann versicherungspflichtig. Beispiele: im Auslande belegene Grenzstation eines inländischen Eisenbahnunternehmens; Herstellung von Bauten im Auslande von einem inländischen Betrieb aus mit dazu ausgesandten Arbeitskräften. Daß die beschäftigte Person vorher im Inland in demselben Betriebe tätig war, ist nicht erforderlich.

Ähnliches gilt, wenn persönliche Bedienstete ihren Arbeitgeber bei einem vorübergehenden Aufenthalt im Auslande begleiten.

In allen diesen Beziehungen kann der Reichskanzler mit Zustimmung des Bundesrats mit auswärtigen Staaten nach Maßgabe des § 362 eine abweichende Regelung vereinbaren.

Seeschiffahrt. — Während die obigen Grundsätze auch auf die Binnenschiffahrt Anwendung finden, unterliegt die Seeschiffahrt einer abweichenden Regelung. Hier entscheidet nach § 1 Abs. 1 Nr. 6 lediglich die Staatszugehörigkeit des Fahrzeugs. Die deutschen Seeschiffe gelten, wo sie sich auch befinden, gewissermaßen als deutscher Boden, die Tätigkeit der Besatzung (der Inländer wie der Ausländer) als Tätigkeit im Inland. Ebenso ist umgekehrt die Besatzung (s. darüber Z. 18) fremder Seefahrzeuge auch in deutschen Gewässern von der Versicherung frei.

I. Allgemeine Voraussetzung der Versicherungspflicht.

3. Persönliche Umstände. — Alter. — Der Versicherungszwang beginnt mit dem ersten Tage des 17. Lebensjahrs.

Eine Altersgrenze nach oben sieht das Gesetz in der Gestalt vor, daß Personen, die das 60. Lebensjahr vollendet haben, in den Kreis der Versicherungspflichtigen nicht eintreten können.

Geschlecht. Familienstand. — Keinen Unterschied machen grundsätzlich Geschlecht oder Familienstand. Das Gesetz findet Anwendung ebensowohl auf männliche wie auf weibliche Personen, auf Verheiratete wie auf Ledige.

Jedoch begründet die Beschäftigung eines Ehegatten durch den anderen keine Versicherungspflicht (§ 6).

Staatsangehörigkeit. — Wird ein Beschäftigungsverhältnis gemäß Z. 2 durch das Gesetz räumlich erfaßt, so ist es, vorbehaltlich der Vorschrift in § 362, ohne Belang, ob der Arbeitgeber oder Beschäftigte oder beide deutscher oder fremder Staatsangehörigkeit sind. Namentlich sind die im Inlande beschäftigten Ausländer grundsätzlich versicherungspflichtig, wenn sie auch demnächst in das Ausland zurückzukehren beabsichtigen und daher keine Aussicht auf Erfüllung der Wartezeit oder den Bezug der Versicherungsleistungen haben.

4. Erwerbsfähigkeit. — Berufsunfähigkeit schließt die Versicherungspflicht aus. Berufsunfähig ist der Versicherte, dessen Arbeitsfähigkeit infolge körperlicher Gebrechen oder infolge Schwäche seiner körperlichen und geistigen Kräfte auf weniger als die Hälfte der Arbeitsfähigkeit eines körperlich und geistig gesunden Versicherten von ähnlicher Ausbildung und gleichwertigen Kenntnissen und Fähigkeiten herabgesunken ist (§ 25 Abs. 1 Satz 2). Die Frage nach der Berufsunfähigkeit wird sich in den einfacheren Fällen einheitlich beantworten lassen. Wo das nicht zutrifft, ist sie in die beiden Fragen zu zerlegen, wieviel Personen gleicher Art zu verdienen imstande sein müßten, um erwerbsfähig zu sein (Verdienstgrenze), und ob der Einzelne nach seinem körperlichen und geistigen Zustande diesen Betrag durch angemessene Tätigkeit noch erreichen kann (persönliche Leistungsfähigkeit).

Zu den körperlichen Gebrechen im Sinne der angeführten Vorschriften gehören auch die Krankheiten.

5. Unselbständigkeit. — Allgemeines. — Die in § 1 Abs. 1 bezeichneten Personen sind nur dann versicherungspflichtig, wenn sie als Angestellte beschäftigt werden. Darnach wird tatsächliche Arbeitsleistung vorausgesetzt; jedoch steht eine ständige Dienstbereitschaft, die auch für die Pausen Unfreiheit mit sich bringt, der wirklichen Arbeit gleich. Ferner besteht das Beschäftigungsverhältnis während eines Urlaubs fort.

Das „Beschäftigtwerden" setzt ein Verhältnis persönlicher und wirtschaftlicher Abhängigkeit des Beschäftigten von einem Arbeitgeber voraus. Auf die rechtliche Erscheinungsform dieser Beziehungen kommt es nicht entscheidend an; ein Beschäftigungsverhältnis kann z. B. in die Gestalt eines Pachtvertrages gekleidet sein.

Mittelbares Beschäftigungsverhältnis. — Es kommen mittelbare Beschäftigungsverhältnisse vor, bei denen der Beschäftigte von einem Mittelsmann angenommen wird, der Erfolg seiner Tätigkeit aber einem Dritten zugute kommt und der Entgelt für seine Tätigkeit in der dem Mittelsmanne gewährten Vergütung enthalten ist. Ein derartiges Beschäftigungsverhältnis kann zwischen dem Arbeitgeber und dem Mittelsmanne vereinbart sein. Es ist aber auch dann anzunehmen, wenn der Beschäftigte ohne ausdrückliche Abrede mit dem Arbeitgeber, aber mit dessen Wissen die dem Mittelsmann übertragenen Arbeiten in erheblichem Umfange verrichtet, so besonders wenn der letztere regelmäßig verhindert ist, die Arbeiten selbst zu verrichten. Der Beschäftigung mit Wissen und Willen des Arbeitgebers steht es gleich, wenn dieser nach Lage der Umstände annehmen muß, daß der Beschäftigte zur Ausführung der ihm übertragenen Aufgaben einer Mithilfe bedarf. Dies kann z. B. bei der Ehefrau eines Geschäftsführers zutreffen, die durch ihre Tätigkeit eine fremde Hilfskraft ersetzt.

Beteiligung bei einem Gesamtunternehmen. Ein Beschäftigungsverhältnis liegt nicht vor, wenn mehrere Personen gemeinsam bei demselben Unternehmer mitwirken; z. B. können die Mitglieder einer genossenschaftlich gestalteten Musikkapelle gleichberechtigte Mitunternehmer sein.

Anderseits schließt die Beteiligung bei einem Gesamtunternehmen nicht aus, daß der einzelne Beteiligte ein versicherungspflichtiger Angestellter dieses Unternehmens ist. So kann das Direktionsmitglied einer Privatsparkasse deren Betriebsbeamter sein, obwohl er zugleich Garant ist; ferner kann das Mitglied einer Molkereigenossenschaft, als ihr Buchhalter, Handlungsgehilfe, oder ein Mitreeder auf einem seiner Reederei gehörigen Schiffe Kapitän sein.

6. Entgelt. — Die Versicherungspflicht ist auf Personen beschränkt, die gegen Entgelt tätig sind. Zum Entgelt gehören neben Gehalt oder Lohn auch Gewinnanteile, Sach- und andere Bezüge, die der Versicherte, wenn auch nur gewohnheitsmäßig, statt des Gehalts oder Lohnes oder neben ihm von dem Arbeitgeber oder einem Dritten erhält (§ 2 Abs. 1).

Es kommt also nicht darauf an, worin die Leistung besteht, sofern sie nur Vermögenswert hat. Neben der Hingabe von Geld oder Naturalien kommt namentlich die Gewährung von Gelegenheit zu einem lohnenden Nebenerwerb in Betracht. Zum Entgelt gehören auch Provisionen. Ferner, soweit sie für den Versicherten einen wirtschaftlichen Vorteil bedeuten, Reisespesen und Reisekosten; dagegen nicht der Teil der Vergütung, der z. B. den Postagenten für Beschaffung, Heizung und Beleuchtung eines Dienstraums gewährt wird und dafür erforderlich ist.

Zum Entgelt gehören auch sogenannte Weihnachtsgratifikationen und ähnliche Leistungen, die ohne Vertragszwang in gewisser Höhe gegeben zu werden pflegen.

Von den in § 2 erwähnten Arten des Entgelts bezeichnet „Gehalt" die auf längere Zeiträume bemessene Vergütung für Dienstleistungen höherer Art, „Lohn" die auf kürzere Zeiträume oder nach der Menge der Leistung bemessene Vergütung für untergeordnete Leistungen. „Gewinnanteil" ist jeder Anteil am Ertrage der Arbeit, bei Handlungsgehilfen u. dgl. meist nach dem Geschäftsgewinn eines Jahres bemessen, aber auch die in anderer Weise nach dem Ertrage bemessene Vergütung (z. B. Erhöhung der festen Vergütung bei Verstärkung des Betriebs). „Sachbezüge" umfaßt alles, was als Gegenstand menschlichen Gebrauchs oder Verbrauchs verwendbar oder verwertbar ist, also nicht nur Wohnung, Kleidung, Nahrungsmittel, Feuerung u. dgl., sondern auch z. B. Landnutzung, Viehfutter, Aussaat, Erlaubnis zur Einstellung von Schafen in die Herde des Dienstherrn, so daß sie an Futter und Weide teilnehmen, sowie freie ärztliche Behandlung.

Die Vorschrift des § 2 Abs. 1 bezieht sich nicht nur auf Sachleistungen neben Geldlohn, sondern auch auf einen ausschließlich in Sachbezügen bestehenden Entgelt.

Für Sachbezüge sieht Abs. 2 des § 2 eine Wertfestsetzung nach Ortspreisen vor, die namentlich für die Anwendbarkeit des § 16 Bedeutung hat.

7. Freier Unterhalt. — Nach § 7 des Gesetzes ist eine Beschäftigung, für die als Entgelt nur f r e i e r U n t e r h a l t gewährt wird, versicherungsfrei. Der „freie Unterhalt" erfüllt an sich den Begriff des Entgelts; § 7 nimmt ihm diese Eigenschaft nicht, begründet vielmehr nur eine Ausnahme hinsichtlich des Eintritts der Versicherungspflicht.

„Freier Unterhalt" ist dasjenige Maß von wirtschaftlichen Gütern, das zur unmittelbaren Befriedigung der notwendigen Lebensbedürfnisse des Angestellten erforderlich ist. Hierzu gehören jedoch nicht nur Unterkunft, Beköstigung, Kleidung u. dgl., sondern auch mancherlei kleinere, je nach dem Alter, dem Geschlecht und den Lebensgewohnheiten verschiedene Leistungen.

Im einzelnen ist folgendes zu bemerken:

a) Sachleistung, nicht Geldlohn. — Grundsätzlich kommen nach der vorstehenden Begriffsbestimmung nur Sachleistungen in Betracht.

Wer nur Geldzahlungen empfängt, mögen sie auch den unbedingt zum Lebensunterhalt erforderlichen Betrag nicht übersteigen oder nicht einmal erreichen, fällt nicht unter § 7. Andernfalls würde zu Unrecht eine Arbeit schon deshalb von der Versicherung frei sein, weil sie gering gelohnt wird. Die Geringfügigkeit der Zahlung kann indes die Eigenschaft als Arbeitsentgelt ausschließen.

Geldaufwendungen des Arbeitgebers, um z. B. den Arbeitnehmer bei einem Dritten in Kost zu geben oder einzumieten, machen den Arbeitsentgelt nicht zu einem Geldlohne. Dies trifft auch dann zu, wenn der Arbeitgeber in jedem Bedarfsfalle dem Bediensteten selbst den zur Anschaffung des erforderlichen Gegenstandes (z. B. von Kleidungsstücken) notwendigen Geldbetrag gibt. Die Vorschrift des § 7 ist im allgemeinen auch dann anwendbar, wenn zwar ursprünglich Geldlohn verabredet war, dieser aber demnächst nicht gezahlt, sondern auf den tatsächlich gewährten Unterhalt verrechnet wird. Anderseits verliert die Vergütung nicht dadurch die Eigenschaft des Barlohns, daß sie dem Beschäftigten lediglich in Gestalt des freien Unterhalts zugute kommt.

b) Nebensächliche Geldleistungen. — Neben dem vollständigen oder teilweisen Unterhalte gewährte unerhebliche Barlohnzahlungen (z. B. sogenanntes Taschengeld), die den Empfänger in den Stand setzen sollen, gewisse geringfügige Lebensbedürfnisse zu befriedigen, haben häufig, auch wenn sie nicht lediglich freigebige Zuwendungen und dann überhaupt nicht „Entgelt" sind, keine selbständige rechtliche Bedeutung. Vielmehr nehmen sie als nebensächliches Zubehör das Wesen der Hauptleistung, nämlich der Unterhaltsgewährung an. Ob dies zutrifft, läßt sich nur nach Lage des einzelnen Falles unter Berücksichtigung der Lebensumstände der Beteiligten entscheiden.

c) Art und Maß der Sachleistungen. — Damit § 7 anwendbar wird, müssen die Sachbezüge nach Art und Maß zur Bestreitung des Unterhalts geeignet und bestimmt sein. Eine Reihe von Sachbezügen scheidet schon damit aus, daß sie nicht zur unmittelbaren Befriedigung der Lebensbedürfnisse dienen (Landnutzung, Weide, Gespannvorhaltung u. dgl.). Aber auch Lebensmittel usw. brauchen nicht unter den Begriff des Unterhalts zu fallen. Dies ist vielmehr nur dann der Fall, wenn die Lebensmittel nach Umfang und Art des Bedarfs unmittelbar zum Ver- und Gebrauch, nicht aber nach vorbestimmtem Maße zu beliebiger Verfügung gegeben werden.

8. Löhnung durch Dritte oder an Dritte. — Ein Beschäftigtwerden gegen Entgelt kann in der Weise vorkommen, daß dieser nicht von dem eigentlichen Arbeitgeber, sondern von Dritten gewissermaßen für Rechnung des Arbeitgebers hergegeben wird (vgl. § 2 Abs. 1 am Ende), oder daß nicht der Arbeitnehmer, sondern eine Mittelsperson die Vergütung von dem Arbeitgeber empfängt.

Unter dem ersteren Gesichtspunkte sind die Gebühren, auf die manche Arten von Angestellten anstatt fester Besoldung angewiesen werden, als „Entgelt" im gesetzlichen Sinne anzusehen.

Unter den zweiten Gesichtspunkt gehören Fälle, wie der einer Ehefrau, die durch den Arbeitgeber ihres Ehemanns mit einem Teil der von diesen übernommenen Arbeiten ohne gesonderte Bezahlung beschäftigt wird (vgl. Z. 5).

9. Obergrenze des Jahresarbeitsverdienstes. — Der Jahresarbeitsverdienst des Beschäftigten darf 5000 Mk. nicht übersteigen, wenn die Versicherungspflicht Platz greifen soll.

Einkünfte aus anderen Quellen als der Lohnarbeit, z. B. ein Zinseinkommen, bleiben bei der Berechnung des Jahresarbeitsverdienstes außer Betracht. Ferner ist abzurechnen, was auf die Arbeitsleistung einer anderen Person, z. B. der Ehefrau, als Vergütung entfällt.

Zusammenzurechnen ist, was dieselbe Person aus verschiedenen unter das Gesetz fallenden Stellungen bezieht.

II. Die einzelnen Gruppen der Versicherungspflichtigen.

10. Angestellte in leitender Stellung. Hauptberuf. Angestellte in leitender Stellung sind Personen, die nach der Art ihrer Stellung nicht zu ausführender, sondern zu selbständiger Tätigkeit berufen sind, also z. B. die Betriebsdirektoren in Industrie und Bergbau, die Leiter kaufmännischer Betriebe, die Verwalter größerer Landgüter. Sie sind versichert, wenn diese Beschäftigung ihren Hauptberuf bildet.

Das Erfordernis, daß die Beschäftigung als Angestellter den Hauptberuf des Beschäftigten bilden müsse, schließt die Anwendung des Gesetzes für vorübergehend Beschäftigte sowie für solche Angestellte aus, die ihre Stellung nur nebenamtlich versehen (z. B. Gewerbetreibende, die nebenbei die Geschäfte eines Gemeindeschreibers, eines Postagenten, des Rendanten einer Darlehenskasse wahrnehmen). Der Hauptberuf bestimmt sich bei mehreren Erwerbstätigkeiten nach dem Verhältnisse der auf sie verwendeten Arbeitszeit und des dafür gewährten Entgelts. Wenn neben einer hierher gehörigen Tätigkeit keine andere Erwerbstätigkeit ausgeübt, vielmehr der Lebensunterhalt im übrigen aus Vermögen bestritten wird, so bildet sie darum nicht notwendig den Hauptberuf. Es kommt noch darauf an, ob die Beschäftigung, sei es, weil sie die Arbeitskraft hauptsächlich in Anspruch nimmt, sei es, weil sie den Beschäftigten einem bestimmten Gesellschaftskreise zuweist, für die Lebensstellung tatsächlich oder nach seiner Ansicht maßgebend ist; dabei wird auch auf die Höhe und Sicherheit des Arbeitsentgelts Wert zu legen sein. Werden mehrere Tätigkeiten ausgeübt, deren jede den Beschäftigten zum Angestellten macht, so kommt es darauf an, ob die Gesamtheit dieser Beschäftigungen gegenüber der sonstigen, nicht versicherungspflichtigen Tätigkeit den Hauptberuf bildet.

11. Betriebsbeamte. — Das Gesetz faßt Betriebsbeamte, Werkmeister und andere Angestellte in gehobener Stellung nach gewisser Richtung hin zusammen.

Der Begriff des **Betriebsbeamten** erfordert das Vorhandensein eines Betriebs und eine gewisse Stellung innerhalb dieses Betriebs.

Ein Betrieb in diesem Sinne ist ein Inbegriff fortdauernder wirtschaftlicher, d. h. auf Erwerb gerichteter Tätigkeiten. Die Gemeinnützigkeit des Unternehmens schließt den Betriebsbegriff nicht aus. Die Stellung des Betriebsbeamten im Betrieb ist eigentümlich ein Zurücktreten der persönlichen Mitwirkung bei den Herstellungs- und Gewinnungsvorgängen, eine gewisse Beteiligung bei der Leitung, eine Aufsichtsstellung gegenüber den nur ausführenden Arbeitern, Gesellen und Gehilfen. Ein Betriebsbeamter ist demnach eine in dem Betriebe mit einer über die Tätigkeit des Arbeiters oder Gehilfen hinausgehenden, leitenden oder beaufsichtigenden Stellung betraute Person.

Die Geschäfte eines Einzelhaushalts bilden keinen Betrieb, auch nicht die Bewirtschaftung eines Haus- oder Ziergartens. Wohl aber kann die Wirtschaftsführung eines Pensionats und ähnlicher Anstalten den Betriebsbegriff erfüllen. Dasselbe gilt, wenn mit der Hauswirtschaft ein gewerbliches Unternehmen oder eine Landwirtschaft verbunden ist.

Um wirtschaftliche Tätigkeiten handelt es sich nicht bei der Ausübung obrigkeitlicher Befugnisse. Demgemäß sind die lediglich bei den sogenannten regiminellen Aufgaben der Kommunalverwaltung beschäftigten Personen nicht Betriebsbeamte, und zwar auch dann nicht, wenn sich ihrer eigentlichen Amtsverwaltung eine wirtschaftliche Tätigkeit, z. B. auf dem Gebiete der Land- oder Forstwirtschaft oder des Bauwesens, hinzugesellt.

Soweit aber der Staat oder die Gemeindeverbände Träger eines besonderen auf Erwerb gerichteten Unternehmens sind, wie bei staatlichen Fabriken, Berg- und Hüttenwerken, einer städtischen Brauerei oder Gasanstalt, einer städtischen Sparkasse, bei Gemeindeforsten usw., ist auch ein Betrieb im Sinne des Gesetzes gegeben.

Ein Betrieb kommt ferner nicht in Frage bei den Verwaltungen der Versicherungsträger.

Als Betriebsbeamte sind hiernach anzusehen, soweit sie nicht Angestellte in noch höherer, insbesondere in leitender Stellung sind:

> die Gutsverwalter, Gutsinspektoren und in ähnlicher Stellung Beschäftigten, die technisch gebildeten Betriebsbeamten in Industrie, Bergbau, Baugewerbe, Gärtnerei, Tierzucht, Forstwirtschaft, Jagd, Handel und Verkehr, einschließlich der Gast- und Schankwirtschaft, z. B. Prokuristen, Disponenten, Betriebsinspektoren, Ingenieure, Chemiker und Techniker in Fabriken, Leiter einer zu einem Bergbaubetriebe gehörigen Musik-(Berg-) Kapelle, der Kolorist einer Kattunfabrik, der Aufsichtsbefugnisse gegenüber dem Farbkochmeister und dessen Personal sowie anderen Arbeitern ausübt, der Kassierer einer Volksbank, der Inspektor einer Versicherungsgesellschaft.

Betriebsbeamte sind nur versicherungspflichtig, wenn diese Beschäftigung ihren Hauptberuf bildet; vgl. hierüber Z. 10.

12. Werkmeister. — Der Werkmeister bildet eine Mittelstufe zwischen dem Betriebsbeamten und dem Gewerbegehilfen (Vorarbeiter, Arbeiter), in der die betriebsleitende und die auf körperlicher Mitwirkung beruhende Tätigkeit ungefähr von gleicher Bedeutung sind. Hierher gehören neben eigentlichen „Werkmeistern", Obersteiger und Steiger, die mit einer gewissen Selbständigkeit ausgestatteten Monteure größerer Bauunternehmungen, Zuschneider in besonderen Fällen.

Werkmeister sind nur dann versicherungspflichtig, wenn diese Beschäftigung ihren Hauptberuf bildet; vgl. hierüber Z. 10.

13. Andere Angestellte. — Die Klasse „andere Angestellte" ist zuerst durch das Invalidenversicherungsgesetz vom 13. Juli 1899 in die Versicherungsgesetzgebung eingeführt worden. Dieses Gesetz fügte die „sonstigen Angestellten, deren dienstliche Beschäftigung ihren Hauptberuf bildet", hinzu, um Ungleichheiten zu beseitigen, die dadurch erwuchsen, daß Personen in zwar abhängiger, aber doch die der eigentlichen Arbeiter usw. überragender Stellung versicherungsrechtlich verschieden beurteilt werden mußten, je nachdem, ob sie einem „Betriebe" (vgl. Z. 11) angehörten oder nicht. Die Gesetzesänderung sollte hauptsächlich solche Personen treffen, die innerhalb eines nicht unter die Bezeichnung „Betrieb" fallenden, aber ähnlich gearteten Inbegriffs von Geschäften eine von dessen Leitung abhängige und durch sie näher bestimmte Stellung einnehmen, gleichwohl nach der Art ihrer Tätigkeit nicht mehr zur Klasse der niederen, lediglich ausführenden Hilfsarbeiter gezählt werden können, anderseits auch nicht eine höhere, mehr wissenschaftliche Tätigkeit ausüben. Das hindert aber nicht, den Begriff „andere Angestellte" auch auf Personen anzuwenden, die in einem auf Erwerb gerichteten Betriebe tätig sind.

Die RVO. bezeichnet diese Personengruppen als „andere Angestellte in ähnlich gehobener Stellung".

Das Versicherungsgesetz für Angestellte erweitert den Kreis dieser Personen, indem es auch die in einer höheren Stellung befindlichen Angestellten hinzufügt. Danach können auch Personen in einer eigentlich wissenschaftlichen Beschäftigung hierher gehören, zumal die Art der Vorbildung keinen Unterschied begründet. Anderseits schränkt das Gesetz den Begriff der „anderen Angestellten" ein, indem es die Bureauangestellten herausnimmt und besonders behandelt.

Mit diesem Vorbehalte gehören hierher hauptsächlich die Angestellten mittlerer Stufe, das wissenschaftlich, technisch oder kaufmännisch gebildete Verwaltungs- und Aufsichtspersonal in öffentlichen oder privaten Verwaltungen und Geschäftsbetrieben jeder Art sowie im Haushalte, soweit nicht der Begriff des Betriebsbeamten zutrifft.

Angestellte in einer Stellung, welche ähnlich wie die der Betriebsbeamten und Werkmeister gehoben ist oder sie überragt, sind z. B.:

Chemiker und Techniker in Fabriken, Mustermaler, Zeichner in Konstruktionsbureaus von Fabriken oder in Architektenbureaus, Lokomotivführer, u. U. Oberkellner, Küchenchefs,

Fleischbeschauer und Trichinenschauer, die in Schlachthöfen angestellt oder als Einzelbeamte tätig sind, Erheber, Eichmeister, Bezirksbauschätzer, Feuerschauer und Bezirksbaukontrolleure in Baden, Stadtmissionare, Postagenten und ihre Vertreter, Küster, wenn sie nicht lediglich niedere Dienste verrichten, Verwalter bei gemeinnützigen Stiftungen, Hausväter von Wohltätigkeitsanstalten oder Rettungshäusern, soweit sie nicht als Erzieher anzusehen sind, ferner Privatsekretäre, Kinderfräulein, Gesellschafterinnen, Hausdamen, Repräsentantinnen, Justitiare,

das Verwaltungspersonal an Bibliotheken, wissenschaftlichen Instituten, wissenschaftlichen und Kunstsammlungen im Musik-, Theater- und Schaustellungswesen, das Verwaltungs- und Wartepersonal an Krankenanstalten,

Redakteure und Schriftsteller, soweit zur Presse gehörig, die Berichterstatter der Presse und die sonstigen Journalisten; dagegen nicht Berichterstatter, die lediglich Nachrichten für Anzeige- u. dgl. Blätter sammeln, ohne daß dabei selbständige geistige Leistungen in Frage kämen.

Zu den Angestellten gehören — wie in den Verhandlungen im Reichstage festgestellt wurde — nicht die sogenannten Ökonomiebaumeister (d. s. Großknechte, die als Gehilfen anzusehen sind), Handwerksgesellen, die vorübergehend, z. B. nach dem Tode des Meisters, einen Handwerksbetrieb leiten, ferner im allgemeinen nicht die Agenten der Versicherungsgesellschaften. Flieger werden im allgemeinen als Chauffeure, die einen Motor bedienen, zu betrachten sein.

Angestellte sind nur dann versicherungspflichtig, wenn diese Beschäftigung ihren Hauptberuf bildet; vgl. hierüber Z. 10.

14. Bureauangestellte. — Bureauangestellte, soweit sie nicht mit niederen oder lediglich mechanischen Dienstleistungen beschäftigt werden. Danach sind die lediglich mit körperlichen Arbeiten, z. B. mit dem Reinigen der Zimmer oder mit Botendiensten beschäftigten Personen, von der Versicherung ausgeschlossen. Aber auch die in einem Bureau mit schriftlichen Arbeiten beschäftigten Personen sind nicht sämtlich versicherungspflichtig. Vielmehr sind Personen, die lediglich abschreiben, gleichviel ob mit der Hand oder mit der Maschine, versicherungsfrei. Versichert sind dagegen Expedienten, Registratoren, Kalkulatoren, Kassenbeamte, Gemeindeschreiber, Gemeinderechner, Kirchenrechner, Personen, die in Rechtsanwaltsbureaus Schriftsätze anfertigen oder Kostenrechnungen aufstellen, Rechnungsführer und Buchhalter der Gutsverwaltungen, Stenographen.

Bureauangestellte sind nur dann versicherungspflichtig, wenn diese Beschäftigung ihren Hauptberuf bildet; vgl. hierüber Z. 10.

15. Handlungsgehilfen, Gehilfen in Apotheken. — Handlungsgehilfen sind nach § 59 HGB. vom 10. Mai 1897 (RGBl. S. 219) Personen, „die in einem Handelsgewerbe zur Leistung kaufmännischer Dienste angestellt" sind. Was als Handelsgewerbe anzusehen ist, bestimmt sich nach den Vorschriften der §§ 1—3 HGB. Zu den Handlungsgehilfen gehören hiernach Verkäufer, Kassierer, Reisende, Korrespondenten, Buchhalter; dagegen weder die in gesindeähnlicher Stellung beschäftigten Hilfspersonen, wie Hausdiener, Ausläufer, Wächter, noch auch die bei den gewerblich-technischen Aufgaben eines Betriebs mitwirkenden Arbeitskräfte, wie Gesellen, Fabrikarbeiter, Packer, Rollkutscher, Koch oder Kellner eines Gastwirts, Zuschneider.

Neben den Handlungsgehilfen führt das Gesetz in § 1 Abs. 1 Nr. 3 auch die Gehilfen in Apotheken auf.

16. Bühnen- und Orchestermitglieder. — Schauspieler, Artisten und Musiker sind nach § 1 Abs. 1 Nr. 4 des Gesetzes versicherungspflichtig, wenn sie Bühnen- oder Orchestermitglieder sind. Ob das der Fall ist, läßt sich nur nach der Lage des einzelnen Falles bestimmen. Ein Orchester kann schon beim Zusammenwirken von drei oder vier Personen gegeben sein. Vorauszusetzen ist, daß sich die Mitwirkenden einem Dirigenten oder einem sonstigen Unternehmer derart unterordnen, daß sie als abhängig, nicht als Mitunternehmer anzusehen sind.

Schauspieler, Artisten oder Musiker, die nicht Bühnen- oder Orchestermitglieder sind, können je nach den Umständen selbständige Unternehmer, insbesondere Mitunternehmer (vgl. Z. 5), oder Gewerbegehilfen eines Wirtes — und dann versicherungsfrei — oder als „andere Angestellte" nach Nr. 2 in Abs. 1 des § 1 versicherungspflichtig sein.

Die in Übereinstimmung mit der Ausdrucksweise der RVO. (vgl. § 165 Abs. 1 Nr. 4, § 1226 Abs. 1 Nr. 4 daselbst) hinzugefügten Worte „ohne Rücksicht auf den Kunstwert der Leistungen" schließen eine Unterscheidung aus, wie sie in der früheren Rechtsprechung der Krankenversicherung und der Invalidenversicherung gemacht wurde und wonach die höhere, mehr künstlerische Tätigkeit im Gegensatze zu der mehr gewerblichen Betätigung versicherungsfrei blieb.

17. Lehrer und Erzieher. — Die Tätigkeit der Lehrer und Erzieher richtet sich auf die geistige Entwicklung auf dem Gebiete der höheren und elementaren Wissenschaften und der schönen Künste sowie auf die Bildung des Charakters und des Gemüts. Im allgemeinen ist danach die Tätigkeit des Lehrers eine höhere, mehr geistige Arbeit, die ein gewisses Maß von Bildung und Kenntnissen voraussetzt. Dahin gehört auch die Unterweisung in körperlichen Übungen und Fertigkeiten, soweit sie dem Erziehungszwecke dient.

Zur Lehrtätigkeit in diesem Sinne gehört dagegen nicht der vom Erziehungszwecke losgelöste und überwiegend nach gewerblichen Gesichtspunkten betriebene Unterricht in körperlichen und mechanischen Fertigkeiten, wie er in Reit- und Schwimmanstalten, Fahrradinstituten, von Fecht- und Tanzlehrern oder Schneiderinnen erteilt wird. Die von solchen Instituten oder Unternehmern angestellten Reit- usw. Lehrer sind nicht als Lehrer im Sinne des § 1 Abs. 1 Nr. 5, sondern Gewerbegehilfen. In besonderen Fällen können sie „andere Angestellte" im Sinne der Nr. 2 sein.

Für die Beurteilung, ob jemand Lehrer ist, macht es keinen Unterschied, ob er Erwachsene oder Unerwachsene unterrichtet, ob er Lehrgegenstände der allgemeinen Bildung oder der Fachbildung behandelt (Lehrer an einer gewerblichen Fortbildungsschule, an einer Handelsschule, Baugewerkschule, Ackerbauschule, an einem Militärpädagogium, Technikum usw.).

Der Versicherungszwang ergreift aber nur Lehrer und Erzieher in abhängiger Stellung, wie angestellte Lehrer an öffentlichen oder privaten Schulen oder Anstalten und Hauslehrer; ferner solche Personen, die aus dem Stundengeben bei wechselnden Auftraggebern ein Gewerbe machen (selbständige Musiklehrer, Sprachlehrer usw.), und zwar auch, soweit sie im eigenen Hause unterrichten. Dagegen nicht Lehrer oder Erzieher, die Inhaber einer Lehranstalt sind.

Es sind versichert:

18. Schiffsbesatzung. — Aus der Schiffsbesatzung deutscher Seefahrzeuge und aus der Besatzung von Fahrzeugen der Binnenschiffahrt Kapitäne, Offiziere des Decks- und Maschinendienstes, Verwalter und Verwaltungsassistenten sowie die in einer ähnlich gehobenen oder höheren Stellung befindlichen Angestellten ohne Rücksicht auf ihre Vorbildung, sämtlich, wenn diese Beschäftigung ihren Hauptberuf bildet (§ 1 Abs. 1 Nr. 6).

Als deutsches Seefahrzeug gilt jedes Fahrzeug, das unter deutscher Flagge fährt und ausschließlich oder vorzugsweise zur Seefahrt benutzt wird. Vgl. hierzu das Gesetz, betreffend das Flaggenrecht der Kauffahrteischiffe vom 22. Juni 1899 (RGBl. S. 319), 29. Mai 1901 (RGBl. S. 184).

Über die Frage, ob eine Beschäftigung den Hauptberuf bildet, vgl. Z. 10.

19. Selbständige Personen. — Selbständige Personen sind nach dem Gesetze nicht versicherungspflichtig. Nach § 4 kann aber der Bundesrat allgemein die Versicherungspflicht auf solche Personen erstrecken, welche eine ähnliche Tätigkeit wie die in § 1 genannten auf eigene Rechnung ausüben, ohne in ihrem Betrieb Angestellte zu beschäftigen. Der Bundesrat hat von dieser Ermächtigung bisher noch keinen Gebrauch gemacht.

Wegen der freiwilligen Versicherung der Unternehmer vgl. Z. 21.

III. Ausnahmen von der Versicherungs- oder Beitragspflicht.

20. Ausnahmen von der Versicherungspflicht. — a) Allgemeines. — Die §§ 8 bis 14 regeln eine Reihe von Ausnahmen von der Versicherungspflicht. Sie gehen davon aus, daß die Versicherung entbehrlich ist für Personen, die bereits auf anderem Wege eine ausreichende Fürsorge erhalten oder die wegen des Zweckes oder der Art ihrer Beschäftigung oder wegen ihres vorgeschrittenen Lebensalters voraussichtlich nicht zu einer anspruchreifen Anwartschaft gelangen werden.

In diesen Fällen tritt die Ausnahme von der Versicherungspflicht teils unmittelbar kraft Gesetzes ein beim Vorliegen der gesetzlichen Voraussetzungen, teils wird sie auf Antrag des Arbeitgebers durch den Bundesrat oder auf Antrag des Versicherten durch den Rentenausschuß ausgesprochen.

b) Freiheit kraft Gesetzes.

aa) Nach § 8 bestimmt der Bundesrat, wieweit vorübergehende Dienstleistungen versicherungspflichtig sind. Eine solche Bestimmung ist noch nicht ergangen.

bb) Weiter schreibt § 9 folgendes vor:

„Versicherungsfrei sind die in Betrieben oder im Dienste des Reichs, eines Bundesstaats, eines Gemeindeverbandes, einer Gemeinde oder eines Trägers der reichsgesetzlichen Arbeiter- oder Angestelltenversicherung Beschäftigten, wenn ihnen Anwartschaft auf Ruhegeld und Hinterbliebenenrente im Mindestbetrage nach den Sätzen einer vom Bundesrate festzusetzenden Gehaltsklasse (§ 16) gewährleistet ist; dabei ist das Durchschnittseinkommen der betreffenden Beamtenklassen zu berücksichtigen.

Das gleiche gilt für die Geistlichen der als öffentlich-rechtliche Korporationen anerkannten Religionsgesellschaften sowie für Lehrer und Erzieher an öffentlichen Schulen oder Anstalten.

Ob eine Anwartschaft als gewährleistet anzusehen ist, entscheidet für die Beschäftigten in Betrieben oder im Dienste des Reichs oder eines vom Reiche beaufsichtigten Trägers der reichsgesetzlichen Arbeiter- oder Angestelltenversicherung der Reichskanzler; im übrigen entscheidet die oberste Verwaltungsbehörde desjenigen Bundesstaats, in dessen Betrieben oder Dienst die Beschäftigung stattfindet oder in dessen Gebiete der Gemeindeverband oder die Gemeinde liegt oder der Träger der reichsgesetzlichen Arbeiterversicherung seinen Sitz hat. In den Fällen des Abs. 2 entscheidet die oberste Verwaltungsbehörde desjenigen Bundesstaats, in dessen Gebiete die Korporation oder die öffentliche Schule oder Anstalt ihren Sitz hat."

Als Gemeindeverbände und Gemeinden kommen nur die politischen Verbände und Gemeinden in Betracht. Welche Verbände als Gemeindeverbände zu gelten haben, bestimmt die oberste Verwaltungsbehörde (§ 321 Abs. 1 Nr. 1).

Ist bezüglich eines Verbandes keine Entscheidung der obersten Verwaltungsbehörde ergangen, so entscheiden die rechtsprechenden Behörden.

Für die Abgrenzung des Begriffes des Ruhegeldes und der gewährleisteten Anwartschaft wird die Rechtsprechung auf dem Gebiete der Invalidenversicherung als Anhalt dienen können.

cc) Nach § 10 sind versicherungsfrei:

1. Beamte des Reichs, der Bundesstaaten, der Gemeindeverbände und der Gemeinden, Geistliche der als öffentlich-rechtliche Korporationen anerkannten Religionsgesellschaften, Lehrer und Erzieher an öffentlichen Schulen oder Anstalten, solange sie

lediglich für ihren Beruf ausgebildet werden, sowie die im Reichs- oder Staatsdienste vorläufig beschäftigten Beamten und vorläufig beschäftigten Geistlichen der als öffentlich-rechtliche Korporationen anerkannten Religionsgesellschaften,

2. Angestellte in Eisenbahn-, Post- und Telegraphenbetrieben des Reichs oder der Bundesstaaten, die Aussicht auf Übernahme in das Beamtenverhältnis und Anwartschaft auf eine ausreichende Invaliden- und Hinterbliebenenfürsorge haben,
3. Personen des Soldatenstandes, die eine der in § 1 bezeichneten Tätigkeiten im Dienste oder während der Vorbereitung zu einer bürgerlichen Beschäftigung ausüben, auf die § 9 anzuwenden ist,
4. Personen, die während der wissenschaftlichen Ausbildung für ihren zukünftigen Beruf gegen Entgelt unterrichten,
5. Ärzte, Zahnärzte und Tierärzte in ihrer beruflichen Tätigkeit.

Ob die Voraussetzungen der Nr. 1, 2 vorliegen, entscheiden die nach § 9 Abs. 3 zuständigen Stellen.

Die Vorschrift in Abs. 1 Nr. 4 trifft z. B. zu auf Hilfslehrer, die in der Zeit der Vorbereitung auf die zweite Lehrerprüfung an Volksschulen unterrichten, und auf ausländische Lehrer, die in der Heimat die erforderlichen Prüfungen teilweise abgelegt haben und in Deutschland, wo sie die deutsche Sprache erlernen wollen, an einer Privatschule unterrichten; dagegen nicht auf Lehrer, die zwischen der Ablegung der Prüfung und ihrer Verwendung im öffentlichen Schuldienst an einer Privatanstalt unterrichten, noch auf französische Lehramtsassistenten an einer deutschen höheren Schule.

c) Befreiung auf Antrag.

aa) § 11 schreibt folgendes vor:

„Auf seinen Antrag wird von der Versicherungspflicht befreit,

wem von dem Reiche, einem Bundesstaat, einem Gemeindeverband, einer Gemeinde oder einem Versicherungsträger der reichsgesetzlichen Arbeiterversicherung, oder

wem auf Grund früherer Beschäftigung als Lehrer oder Erzieher an öffentlichen Schulen oder Anstalten

Ruhegeld, Wartegeld oder ähnliche Bezüge im Mindestbetrage nach den Sätzen der Gehaltsklasse A bewilligt sind und daneben Anwartschaft auf Hinterbliebenenfürsorge (§ 9) gewährleistet ist.“

Über den Antrag entscheidet der Rentenausschuß (§ 98).

Das Nähere hierüber, sowie über den Widerruf der Befreiung und den Verzicht auf sie, regeln die §§ 12, 13.

bb) Für die Übergangszeit gilt folgendes:

Angestellte, die beim Inkrafttreten des Gesetzes das 55. Lebensjahr bereits vollendet haben, werden auf ihren Antrag von der Versicherungspflicht befreit, wenn ihnen die Abkürzung der Wartezeit nicht gestattet wird oder aus einem anderen Grunde unmöglich ist (§ 397).

cc) § 14 bestimmt folgendes:

„Der Bundesrat kann auf Antrag des Arbeitgebers bestimmen, wieweit § 9, § 10 Nr. 1, 2, §§ 11 bis 13 gelten für

1. die in Betrieben oder im Dienste anderer öffentlicher Verbände oder von Körperschaften oder von Eisenbahnen des öffentlichen Verkehrs oder als Lehrer und Erzieher an nicht öffentlichen Schulen oder Anstalten Beschäftigten, wenn ihnen mindestens die im § 9 bezeichneten Anwartschaften gewährleistet sind oder sie lediglich für ihren Beruf ausgebildet werden,
2. Personen, denen auf Grund früherer Beschäftigung bei solchen Verbänden oder Körperschaften oder Eisenbahnen, Schulen oder Anstalten Ruhegeld, Wartegeld oder ähnliche Bezüge im Mindestbetrage nach den Sätzen der vom Bundesrate festgesetzten Gehaltsklasse (§ 9) bewilligt sind und daneben eine Anwartschaft auf Hinterbliebenenfürsorge (§ 9) gewährleistet ist,
3. Beamte und Bedienstete der landesherrlichen Hof-, Domanial-, Kameral-, Forst- und ähnlichen Verwaltungen, der Herzoglich Braunschweigischen Landschaft, der Fürstlich Hohenzollernschen Fideikommißverwaltung und der standesherrlichen Verwaltungen sowie Angestellte in Betrieben, für die eine besondere Invaliden- und Hinterbliebenenversorgung bereits durch reichs- oder landesrechtliche Vorschriften geregelt ist."

dd) Befreiung des Angestellten von der Beitragsleistung.

Angestellte, für die vor dem 5. Dezember 1911 bei öffentlichen oder privaten Lebensversicherungsunternehmungen (§ 1 des Gesetzes über die privaten Versicherungsunternehmungen vom 12. Mai 1901, RGBl. S. 139) ein Versicherungsvertrag geschlossen ist, können auf ihren Antrag von der Beitragsleistung befreit werden, wenn der Jahresbetrag der Beiträge für diese Versicherungen beim Inkrafttreten dieses Gesetzes mindestens den ihren Gehaltsverhältnissen zur Zeit des Antrags entsprechenden Beiträgen gleichkommt, die sie nach diesem Gesetze zu tragen hätten.

Das gleiche gilt für Angestellte, die beim Eintreten in die verversicherungspflichtige Beschäftigung das 30. Lebensjahr überschritten haben und seit mindestens 3 Jahren in einer dem ersten Absatz entsprechenden Weise versichert sind (§ 390).

Der Antrag auf Befreiung von der Beitragsleistung ist in der ersten Aufnahmekarte (§ 188) zu stellen. Mit dem Antrag ist der Versicherungsschein (Aufnahmeschein u. dgl.) vorzulegen. Die Befreiung ist in der Aufnahme und Versicherungskarte zu bescheinigen, Streit über die Befreiung wird nach § 210 entschieden (§ 391).

B. Freiwillige Versicherung.

21. Freiwillige Versicherung. — I. Die Selbstversicherung kennt das Gesetz nur in den Fällen des § 394. Dort ist folgendes bestimmt:

„Im ersten Jahre nach dem Inkrafttreten dieses Gesetzes hat die Reichsversicherungsanstalt auf Antrag Angestellten mit einem Jahresarbeitsverdienste von 5000 bis unter 10 000 Mark zu gestatten, sich nach den Vorschriften dieses Gesetzes über die freiwillige

Versicherung selbst zu versichern, wenn sie den Nachweis führen, daß sie in den letzten 4 Kalenderjahren vor dem Inkrafttreten des Gesetzes eine nach diesem Gesetz ohne Rücksicht auf das Jahreseinkommen versicherungspflichtige Beschäftigung in mindestens 30 Kalendermonaten ausgeübt haben.

Dasselbe Recht steht Personen zu, die in ihrem Betriebe regelmäßig höchstens 3 versicherungspflichtige Personen beschäftigen, vorausgesetzt, daß sie in mindestens 30 Kalendermonaten eine den Bestimmungen des § 1 entsprechende Beschäftigung ausgeübt haben.

Die im § 51 bezeichneten Zeiten sind der versicherungspflichtigen Beschäftigung gleich zu achten."

II. Über die freiwillige Weiterversicherung schreibt § 15 folgendes vor:

„Wer aus einer versicherungspflichtigen Beschäftigung ausscheidet und mindestens 6 Beitragsmonate auf Grund der Versicherungspflicht zurückgelegt hat, kann die Versicherung freiwillig fortsetzen. Hat er 120 Beitragsmonate zurückgelegt, so kann er sich die bis dahin erworbene Anwartschaft durch Zahlung einer Anerkennungsgebühr (§ 172 Abs. 2) erhalten.

Unter den gleichen Voraussetzungen kann die Versicherung auch während des Aufenthalts des Versicherten im Auslande freiwillig fortgesetzt oder aufrecht erhalten werden."

Eine freiwillige Versicherung ist höchstens in derjenigen Gehaltsklasse zulässig, die dem Durchschnitte der letzten 6 Pflichtbeiträge entspricht oder am nächsten kommt (§ 18).

III. Über die freiwillige Höherversicherung bestimmt § 19 folgendes:

„Der Versicherte kann bis zum vollendeten 25. Lebensjahr in eine höhere Gehaltsklasse, als der Höhe seines Jahresarbeitsverdienstes entspricht, übertreten.

Ein Versicherter, der in eine versicherungspflichtige Beschäftigung mit geringerem Entgelt, als seiner bisherigen Gehaltsklasse entspricht, eintritt, kann in seiner bisherigen Gehaltsklasse bleiben, falls er mindestens 6 Beitragsmonate in der höheren Gehaltsklasse auf Grund der Versicherungspflicht zurückgelegt hat.

Der Arbeitgeber ist nur dann zum höheren Beitrage verpflichtet, wenn dies vereinbart worden ist."

---

2. Bestimmung von Berufsgruppen der Angestellten-versicherung.

Vom 8. März 1924 *).

Auf Grund des § 1 Abs. 5 des Versicherungsgesetzes für Angestellte in der Fassung des Gesetzes vom 10. November 1922 (Reichsgesetzbl. I S. 849) wird nach Anhören der Reichsversicherungsanstalt für Angestellte und des Reichsversicherungsamts bestimmt:

A. Zu den Angestellten im Sinne des § 1 Abs. 1 Nr. 2 — technischen Angestellten — gehören insbesondere, sofern sie nicht unter § 1 Abs. 1 Nr. 1 fallen;

I. In der Textilindustrie:

1. Ingenieure, Techniker,
2. Musterzeichner, Vorzeichner; Patroneure, Dessinateure oder unter einer ähnlichen Bezeichnung Tätige, sofern sie überwiegend mit nicht lediglich mechanischen technischen oder mit künstlerischen Aufgaben betraut sind,
3. Vorwerks-, Web-, Spinn- (Fleyer-, Droßle-), Selfaktor-, Kamm-, Haspel-, Flecht-, Krempel-, Stuhl-, Lüstrier-, Zwirn-, Bandwirker-, Lager-, Schlicht-, Passier-, Scheren-, Bleicher-, Putz-, Drucker-, Stopf-, Färber-, Nopp-, Wasch-, Liefer-, Saal-, Rauh-, Walk-, Spul-, Appreturmeister und -untermeister, Obervorrichter, Warenschauer, Aufseher oder unter einer ähnlichen Bezeichnung Tätige, sofern sie
   a) nicht nur vorübergehend mit der Leitung oder Beaufsichtigung eines Betriebs oder eines Betriebsteils oder mit der Entscheidung über die Arbeitsabnahme beschäftigt und nicht überwiegend in der Arbeit an der Maschine oder sonst körperlich tätig sind oder
   b) sonst in einer für die Zwecke des Betriebs wesentlichen, nicht überwiegend körperlichen Arbeit unter eigener Verantwortung tätig sind; z. B. Bleichermeister, Färbermeister, sofern sie die Bleichlösungen und Farben selbständig bestimmen und herstellen.

II. Im Bergbau:

1. Betriebsführer, Steiger, technische Aufseher und andere Personen, deren Befähigung zur Leitung und Beaufsichtigung eines Bergwerksbetriebs von der Bergbehörde geprüft und anerkannt ist,
2. Ingenieure, Markscheider, Maschinen-, Bau-, Vermessungstechniker, Kokereiassistenten; Analytiker, sofern sie nach der Verkehrsanschauung als Angestellte gelten,
3. Maschinen-, Schmiede-, Elektro-, Brikettmeister und -untermeister oder unter einer ähnlichen Bezeichnung Tätige, sofern sie
   a) nicht lediglich vorübergehend mit der Leitung oder Beaufsichtigung eines Betriebs oder eines Betriebsteils oder mit der

*) Die im RGBl. 1924 S. 410 angegebenen Berichtigungen sind hier bereits berücksichtigt.

Entscheidung über die Arbeitsabnahme beschäftigt und nicht überwiegend in der Arbeit an der Maschine oder sonst körperlich tätig sind oder

b) sonst in einer für die Zwecke des Betriebs wesentlichen, nicht überwiegend körperlichen Arbeit unter eigener Verantwortung tätig sind,

4. Fahrhäuer, Oberhäuer, Feldes-, Maschinen-, Förder-, Schießaufseher, Lampen-, Schachtmeister oder unter einer ähnlichen Bezeichnung als Aufsichtspersonen Tätige, die nicht zu den zu 1 und 3 Genannten gehören, sofern sie nach der Verkehrsanschauung als Angestellte gelten,

5. Fördermaschinisten, sofern sie wegen der Größe ihrer Verantwortung, vornehmlich bei Beschäftigung auf Steinkohlenbergwerken, nach der Verkehrsanschauung als Angestellte gelten,

6. Markenkontrolleure, Wiege-, Wagemeister, Verwieger oder Verwiegeaufseher, sofern sie bei ihrer Tätigkeit schriftliche Arbeiten in größerem Umfang zu erledigen haben.

III. In der chemischen Industrie:

1. Chemiker, Physiker, Laboratoriums-, Chemo- und Färbereitechniker; Laboranten, sofern sie nach der Verkehrsanschauung als Angestellte gelten,

2. Laboratoriums-, Betriebs-, Misch-, Pulver-, Prüfungs-, Destillier-, Saalmeister und -untermeister, Aufseher oder unter ähnlicher Bezeichnung Tätige, sofern sie

a) nicht lediglich vorübergehend mit der Leitung oder Beaufsichtigung eines Betriebs oder eines Betriebsteils oder mit der Entscheidung über die Arbeitsabnahme beschäftigt und nicht überwiegend in der Arbeit an der Maschine oder sonst körperlich tätig sind oder

b) sonst in einer für die Zwecke des Betriebs wesentlichen, nicht überwiegend körperlichen Arbeit unter eigener Verantwortung tätig sind.

IV. In der Metallindustrie:

1. Ingenieure, Techniker, Betriebskalkulatoren, Betriebsassistenten,

2. Zeichner, Vorzeichner (nicht Ankörner); Modelleure, Photographen oder unter einer ähnlichen Bezeichnung Tätige, sofern sie überwiegend mit nicht lediglich mechanischen technischen oder mit künstlichen Aufgaben betraut sind,

3. Gießer-, Schmelz-, Former-, Maschinen-, Schlosser-, Dreher-, Schmiede-, Revisions-, Kabinett-, Lager-, Platz-, Montage-, Richtmeister und -untermeister, Obermonteure, Werkführer, Aufseher oder unter einer ähnlichen Bezeichnung Tätige, sofern sie

a) nicht lediglich vorübergehend mit der Leitung oder Beaufsichtigung eines Betriebs oder eines Betriebsteils oder mit der Entscheidung über die Arbeitsabnahme im Innen- oder Außendienste beschäftigt und nicht überwiegend in der Arbeit an der Maschine oder sonst körperlich tätig sind oder

b) sonst in einer für die Zwecke des Betriebs wesentlichen, nicht überwiegend körperlichen Arbeit unter eigener Verantwortung tätig sind.

V. In der Industrie der Steine und der Erden:

1. Techniker, insbesondere Steinmetztechniker; technische Hilfskräfte, sofern sie nach der Verkehrsanschauung als Angestellte gelten,
2. Steinbruch-, Steinmetz-, Säge-, Ziegel-, Former-, Maschinen-, Brenn-, Torf-, Schamotte-, Laboratoriums-, Misch-, Prüfungs-, Destillier-, Lademeister, -untermeister und -poliere, Obermüller, Aufseher oder unter einer ähnlichen Bezeichnung Tätige, sofern sie
   a) nicht lediglich vorübergehend mit der Leitung oder Beaufsichtigung eines Betriebs oder eines Betriebsteils oder mit der Entscheidung über die Arbeitsabnahme beschäftigt und nicht überwiegend in der Arbeit an der Maschine oder sonst körperlich tätig sind oder
   b) sonst in einer für die Zwecke des Betriebs wesentlichen, nicht überwiegend körperlichen Arbeit unter eigener Verantwortung tätig sind,
3. Sprengstoffaufseher, die nicht zu den zu 2 Genannten gehören, sofern sie schriftliche Arbeiten in größerem Umfang zu verrichten haben oder sonst nach der Verkehrsanschauung als Angestellte gelten.

VI. In der Glas- und keramischen Industrie:

1. Ingenieure, Techniker, Chemiker, Optikergehilfen, Refraktionisten,
2. Mustermaler, Musterzeichner; Modelleure, Graveure oder unter einer ähnlichen Bezeichnung Tätige, sofern sie überwiegend mit nicht lediglich mechanischen technischen oder mit künstlerischen Aufgaben betraut sind,
3. Glasbläser-, Brenn-, Schleifer-, Polier-, Glasier-, Glasmaler-, Hütten-, Prüffeldmeister und -untermeister, Obermaler, Oberdreher, Oberlithographen oder unter einer ähnlichen Bezeichnung Tätige, die nicht zu den zu 2 Genannten gehören, sofern sie
   a) nicht lediglich vorübergehend mit der Leitung oder Beaufsichtigung eines Betriebs oder eines Betriebsteils oder mit der Entscheidung über die Arbeitsabnahme beschäftigt und nicht überwiegend in der Arbeit an der Maschine oder sonst körperlich tätig sind oder
   b) sonst in einer für die Zwecke des Betriebs wesentlichen, nicht überwiegend körperlichen Arbeit unter eigener Verantwortung tätig sind.

VII. In der Bekleidungsindustrie:

1. Zuschneider, Direktricen oder andere überwiegend in nicht lediglich mechanischer Formgebung Tätige,
2. Musterzeichner,
3. Näh-, Plätt-, Hutmachermeister und -untermeister, Direktricen, Einrichter oder unter einer ähnlichen Bezeichnung Tätige, sofern sie
   a) nicht lediglich vorübergehend mit der Leitung oder Beaufsichtigung eines Betriebs oder eines Betriebsteils oder mit der Entscheidung über die Arbeitsabnahme beschäftigt und nicht

überwiegend in der Arbeit an der Maschine oder sonst körperlich tätig sind oder

b) sonst in einer für die Zwecke des Betriebs wesentlichen, nicht überwiegend körperlichen Arbeit unter eigener Verantwortung tätig sind.

VIII. In der Lederindustrie:

1. Modelleure, sofern sie überwiegend mit nicht lediglich mechanischen technischen oder mit künstlerischen Aufgaben betraut sind,
2. Gerber-, Leisten-, Zuschneide-, Stanzerei-, Stepp-, Zwick-, Boden-, Maschinen-, Wende-, Ausputz-, Fintsh-, Portefeuille-, Handschuhmacher-, Sattler-, Dekorationsmeister und -untermeister, Aufseher oder unter einer ähnlichen Bezeichnung Tätige, sofern sie
   a) nicht lediglich vorübergehend mit der Leitung oder Beaufsichtigung eines Betriebs oder eines Betriebsteils oder mit der Entscheidung über die Arbeitsabnahme beschäftigt und nicht überwiegend in der Arbeit an der Maschine oder sonst körperlich tätig sind oder
   b) sonst in einer für die Zwecke des Betriebs wesentlichen, nicht überwiegend körperlichen Arbeit unter eigener Verantwortung tätig sind.

IX. In der Papierindustrie:

1. Ingenieure, Techniker,
2. Papier-, Streich-, Kocher-, Schleiferei-, Kalander-, Kartonnagen-, Wellpappen-, Buchdruck-, Buchbinder-, Stereotyp-, Saalmeister und -untermeister, Oberlithographen, Faktoren, Aufseher oder unter einer ähnlichen Bezeichnung Tätige, sofern sie
   a) nicht lediglich vorübergehend mit der Leitung oder Beaufsichtigung eines Betriebs oder eines Betriebsteils oder mit der Entscheidung über die Arbeitsabnahme beschäftigt und nicht überwiegend in der Arbeit an der Maschine oder sonst körperlich tätig sind oder
   b) sonst in einer für die Zwecke des Betriebs wesentlichen, nicht überwiegend körperlichen Arbeit unter eigener Verantwortung tätig sind.

X. Im Druckgewerbe:

1. Faktoren, sofern sie unter dieser Bezeichnung oder als Betriebsleiter, Saalmeister, Oberdrucker oder unter einer ähnlichen Bezeichnung nicht lediglich vorübergehend mit der Leitung oder Beaufsichtigung eines Betriebs oder eines Betriebsteils beschäftigt und nicht überwiegend in der Arbeit an der Maschine oder sonst körperlich tätig sind,
2. Korrektoren nur, sofern sie überwiegend Faktorenarbeit im Sinne von 1 verrichten.

XI. In Graphik und Kunstgewerbe:

1. Maler, Kupferstecher, Graveure, Modelleure, Photographen oder sonstige Graphiker oder Kunstgewerbler, sofern sie freischaffend oder wiedergebend künstlerisch tätig sind,

2. Stahlgraveur-, Kupferstechermeister und -untermeister, Oberlithographen, Faktoren oder unter einer ähnlichen Bezeichnung Tätige, sofern sie
   a) nicht lediglich vorübergehend mit der Leitung oder Beaufsichtigung eines Betriebs oder eines Betriebsteils oder mit der Entscheidung über die Arbeitsabnahme beschäftigt und nicht überwiegend in der Arbeit an der Maschine oder sonst körperlich tätig sind oder
   b) sonst in einer für die Zwecke des Betriebs wesentlichen, nicht überwiegend körperlichen Arbeit unter eigener Verantwortung tätig sind.

XII. Im Vermessungswesen und Kartographie:

1. Landmesser, Kataster-, Vermessungstechniker,
2. Kulturamtszeichner, Kartographen, Kupferstecher, Pantographisten, technische Hilfsarbeiter oder unter einer ähnlichen Bezeichnung im Vermessungswesen und Kartographie Tätige, sofern sie überwiegend mit nicht lediglich mechanischen technischen Aufgaben betraut sind,
3. Kupferstecher, Guillocheure oder unter einer ähnlichen Bezeichnung Tätige, die nicht zu den zu 1 Genannten gehören, sofern sie
   a) nicht lediglich vorübergehend mit der Leitung oder Beaufsichtigung eines Betriebs oder eines Betriebsteils oder mit der Entscheidung über die Arbeitsabnahme beschäftigt und nicht überwiegend in der Arbeit an der Maschine oder sonst körperlich tätig sind oder
   b) sonst in einer für die Zwecke des Betriebs wesentlichen, nicht überwiegend körperlichen Arbeit unter eigener Verantwortung tätig sind.

XIII. In der Holzindustrie:

1. Musterzeichner, Bildhauer, Modelleure, sofern sie überwiegend mit nicht lediglich mechanischen technischen oder mit künstlerischen Aufgaben betraut sind,
2. Holzhauer-, Hobelwerk-, Bildhauer-, Tischler-, Modelltischler-, Drechsler-, Knopfmacher-, Kamm-, Spritzerei-, Lackier-, Färber-, Spinn-, Bürstenmachermeister und -untermeister, Aufseher oder unter einer ähnlichen Bezeichnung Tätige, sofern sie
   a) nicht lediglich vorübergehend mit der Leitung oder Beaufsichtigung eines Betriebs oder eines Betriebteils oder mit der Entscheidung über die Arbeitsabnahme beschäftigt und nicht überwiegend in der Arbeit an der Maschine oder sonst körperlich tätig sind oder
   b) sonst in einer für die Zwecke des Betriebs wesentlichen, nicht überwiegend körperlichen Arbeit unter eigener Verantwortung tätig sind

XIV. In der Nahrungs- und Genußmittelindustrie:

1. Chemiker, Nahrungsmittelchemiker, Techniker, Brautechniker,
2. Müller-, Metzger-, Räucher-, Brau-, Siede-, Brenn-, Back-, Keller-, Tabak-, Zigarren-, Sortiermeister und -untermeister, Ober-

mälzer, Weinküfer, Brau-, Gährführer, Aufseher oder unter einer ähnlichen Bezeichnung Tätige, sofern sie

a) nicht lediglich vorübergehend mit der Leitung oder Beaufsichtigung eines Betriebs oder eines Betriebsteils oder mit der Entscheidung über die Arbeitsabnahme beschäftigt und nicht überwiegend in der Arbeit an der Maschine oder sonst körperlich tätig sind oder

b) sonst in einer für die Zwecke des Betriebs wesentlichen, nicht überwiegend körperlichen Arbeit unter eigener Verantwortung tätig sind.

XV. Im Baugewerbe:

1. Architekten, Bauingenieure, Bautechniker,
2. Zeichner,
3. Bauaufseher-, Maurer-, Zimmer-, Straßenbaumeister, Poliere, Schachtmeister oder unter einer ähnlichen Bezeichnung Tätige, sofern sie

a) nicht lediglich vorübergehend mit der Leitung oder Beaufsichtigung eines Betriebs oder eines Betriebsteils oder mit der Entscheidung über die Arbeitsabnahme beschäftigt und nicht vorwiegend in der Arbeit an der Maschine oder sonst körperlich tätig sind oder

b) sonst in einer für die Zwecke des Betriebs wesentlichen, nicht überwiegend körperlichen Arbeit unter eigener Verantwortung tätig sind.

XVI. In der Land- und Forstwirtschaft:

1. Landwirtschaftliche Verwalter und Inspektoren, Meierei-, Molkerei-, Brennereiverwalter, Förster,
2. Techniker, Gartenbautechniker,
3. Wirtschafter, Wirtschaftsvögte, Schweine-, Futter-, Gestüts-, Geflügel-, Fisch-, Wiesen-, Garten-, Wald-, Holzmeister, Ökonomiebaumeister, Obergärtner, Obermeier, Oberschweizer oder unter einer ähnlichen Bezeichnung Tätige, die nicht zu den zu 1 und 2 Genannten gehören, sofern sie

a) nicht lediglich vorübergehend mit der Leitung oder Beaufsichtigung eines Betriebs oder eines Betriebsteils oder mit der Entscheidung über die Arbeitsabnahme beschäftigt und nicht überwiegend in der Arbeit an der Maschine oder sonst körperlich tätig sind oder

b) bei ihrer Tätigkeit schriftliche Arbeiten in größerem Umfang zu erledigen haben.

XVII. Im Verkehrswesen:

1. Fahrdienstleiter, Bahnmeister, verantwortlich im Zugmelde- oder Verschiebedienste Tätige; Lokomotiv-, Triebwagen- und Zugführer auf Staatsbahnen oder Staatsbahnanschlußgleisen oder solchen Bahnen, die nach der Betriebsart Staatsbahnen entsprechen; Fahrkartenrevisoren, Betriebskontrolleure,

2. Maschinen-, Lade-, Boden-, Werk-, Wagenmeister, Werkführer, Materialienverwalter oder unter einer ähnlichen Bezeichnung Tätige, sofern sie
   a) nicht lediglich vorübergehend mit der Leitung oder Beaufsichtigung eines Betriebs oder eines Betriebsteils oder mit der Entscheidung über die Arbeitsabnahme beschäftigt und nicht überwiegend in der Arbeit an der Maschine oder sonst körperlich tätig sind oder
   b) sonst in einer für die Zwecke des Betriebs wesentlichen, nicht überwiegend körperlichen Arbeit unter eigener Verantwortung tätig sind,
3. Betriebs-, Haltestellenaufseher oder unter einer ähnlichen Bezeichnung als Aufsichtspersonen Tätige, die nicht zu den zu 1 und 2 Genannten gehören, sofern sie nach der Verkehrsanschauung als Angestellte gelten,
4. Wiegemeister, sofern sie bei ihrer Tätigkeit schriftliche Arbeiten in größerem Umfang zu erledigen haben,
5. Bahnagenten, sofern sie schriftliche Arbeiten in größerem Umfang zu erledigen haben oder sonst nach der Verkehrsanschauung, insbesondere im Hinblick auf die Größe der Haltestelle oder die Art ihrer tariflichen Behandlung, als Angestellte gelten.

XVIII. In Polizei und Feuerwehr:

1. Beamte der allgemeinen, der Gesundheits-, Gewerbe-, Bau-, Forst-, Wasser-, Deichpolizei und der Feuerwehr mit der Maßgabe des § 9 des Versicherungsgesetzes für Angestellte, Fleischbeschauer und Trichinenschauer,
2. im Forst-, Jagd- oder sonstigen Sicherheitsdienste Tätige und Feuerwehrleute, die nicht zu den zu 1 Genannten gehören, sofern sie nach der Verkehrsanschauung, insbesondere im Hinblick auf ihre denjenigen der zu 1 Genannten gleichstehenden Aufgaben und Kenntnisse, als Angestellte gelten.

XIX. In Haus- und Gastwirtschaft:

1. Hausdamen, Gesellschafterinnen, Empfangsdamen bei Ärzten, Zahnärzten oder Photographen,
2. Küchenchefs, Maschinen-, Handwerks-, Kellermeister, Küfer, Oberkellner, Auskunfts-, Empfangs-, Etagen-, Personalchefs, Portiers, Wirtschafterinnen oder unter einer ähnlichen Bezeichnung Tätige, sofern sie
   a) nicht lediglich vorübergehend mit der Leitung oder Beaufsichtigung eines Betriebs oder eines Betriebsteils oder mit der Entscheidung über die Arbeitsabnahme beschäftigt und nicht überwiegend in der Arbeit an der Maschine oder sonst körperlich tätig sind oder
   b) sonst in einer für die Zwecke des Betriebs wesentlichen, nicht überwiegend körperlichen Arbeit unter eigener Verantwortung tätig sind.

XX. Bühnenwesen:

1. Dramaturgen, überwiegend mit nicht lediglich mechanischen Aufgaben betraute Theatermaler und Kostümzeichner, Solorepetitoren, Souffleure,
2. Theater-, Maschinenmeister, Requisiteure, Inspizienten, Oberbeleuchter, Oberschneiderinnen, Obergarderobieren oder unter einer ähnlichen Bezeichnung Tätige, sofern sie
   a) nicht lediglich vorübergehend mit der Leitung oder Beaufsichtigung eines Betriebs oder Betriebsteils oder mit der Entscheidung über die Arbeitsabnahme beschäftigt und nicht überwiegend in der Arbeit an der Maschine oder sonst körperlich tätig sind oder
   b) sonst in einer für die Zwecke des Betriebs wesentlichen, nicht überwiegend körperlichen Arbeit unter eigener Verantwortung tätig sind.

B. Zu den Angestellten im Sinne des § 1 Abs. 1 Nr. 3 — Büroangestellten — gehören insbesondere

1. Redakteure, Bibliothekare, Archivare, Bibliographen, Referenten bei Behörden, wissenschaftliche Hilfsarbeiter, Sekretäre,
2. Bürovorsteher, Dolmetscher, Buchhalter, Korrespondenten, Expedienten, Chiffreure, Rechnungsprüfer, Rendanten, Rechnungsführer, Rentmeister, Registratoren, Kalkulatoren, Statistiker, Kartothekführer, Tarifeure, Lektoren, Kanzleivorsteher, Stenographen, Hand- und Maschinenschreiber, Maschinenrechner, Zeichner, Lagerverwalter, Lageristen, sofern sie bei ihrer Tätigkeit auch mit Lagerbuch- oder Lagerkartothekführung beschäftigt sind, Telephonisten, Telegraphisten, Ferndrucker, Funkentelegraphisten, Reklameleiter, Geld- und Kuponzähler, Botenmeister, Versicherungsinspektoren,
3. Kassierer und Kassenboten, sofern sie bei ihrer Tätigkeit schriftliche Arbeiten in größerem Umfang zu erledigen haben,
4. Arbeitsvermittler, Berufsberater.

C. Zu den Angestellten im Sinne des § 1 Abs. 1 Nr. 6 — Angestellten in Berufen der Erziehung und Wohlfahrt — gehören insbesondere Assistenzärzte, Zahntechniker, Lehrer, Fach-, Kunst-, Sportlehrer, Prediger, Missionare, wissenschaftliche Assistenten von Hochschulinstituten, geprüfte Kindergärtnerinnen, Erzieherinnen, Jugendleiter, Wohlfahrtspfleger, Fürsorge- und Wirtschaftsschwestern, Pfleger in Krankenanstalten, Röntgenassistenten, Hebammen, Krankenbesucher, sofern sie zugleich eine ermittelnde Tätigkeit ausüben, Hausväter von Rettungshäusern und Asylen, sofern sie erzieherische Aufgaben haben oder sonst nach der Verkehrsanschauung, insbesondere im Hinblick auf ihre Aufsichtsbefugnisse, als Angestellte gelten.

D. Zu den Angestellten im Sinne des § 1 Abs. 1 Nr. 7 — Schiffahrtsangestellten — gehören in der Binnenschiffahrt (ohne Baggerschiffahrt):

1. Führer von maschinell angetriebenen Personenfahrzeugen mit einer Schiffsmannschaft von mindestens zwei Personen. Ausgenommen sind Fahrzeuge für den Verkehr von einem Ufer zum andern. Diese Ausnahme gilt nicht für das Hafengebiet Harburg, Altona

und Hamburg. Das Hafengebiet Hamburg umfaßt die Elbe von der Einmündung der Dove-Elbe bis zu der Linie, welche die Westseite des Köhlbrandhöfts mit der Westspitze des Altonaer Leitdamms verbindet, nebst allen auf dieser Strecke mit dem Elbstrom in Verbindung stehenden, der Ebbe und Flut unbehindert zugänglichen Wasserstraßen und Wasserflächen, soweit sie zum Hamburgischen Gebiete gehören, die Wasserflächen zwischen der Alsterschleuse und den Schleusen am Graskeller, an der Michaelisbrücke und an der Mühlenbrücke, die Häfen in Waltershof einschließlich der dort zwischen dem südlichen Elbufer und dem davor stehenden Dückdalben einzurichtenden Schiffsliegeplätze, das Köhlfleth und die mit der Elbe in Verbindung stehenden Hafeneinschnitte vor Finkenwärder.

2. Führer sonstiger maschinell angetriebener Fahrzeuge
   a) in der Streckenfahrt mit einer Schiffsmannschaft von mindestens zwei Personen,
   b) bei ausschließlicher Streckenfahrt auf künstlichen Wasserstraßen, bei Fahrt im Hafendienst und örtlichen Verkehre mit einer Schiffsmannschaft von mindestens drei Personen.
3. Der erste Steuermann auf Rheindampfern, die lediglich der Personenbeförderung dienen.

Die sonstige Besatzung von Fahrzeugen der Binnenschiffahrt einschließlich der Ewerführer und Deckschutenschiffer ist nicht angestelltenversicherungspflichtig.

E. Die Bestimmung von Berufsgruppen der Angestelltenversicherung vom 16. Dezember 1923, Reichsministerialblatt S. 2016, wird aufgehoben.

Berlin, den 8. März 1924.

Der Reichsarbeitsminister.

Dr. Brauns.

---

3. Merkblatt des Rentenausschusses Berlin (F. I) über den Jahresarbeitsverdienst.

1. Die Versicherungspflicht nach dem Versicherungsgesetz für Angestellte hängt unter anderem davon ab, daß der Angestellte gegen Entgelt beschäftigt wird.

2. Über den Begriff **„Beschäftigungsverhältnis"** vgl. Merkblatt F. 50.

3. Bei dem Begriff: **„Entgelt"** ist der Nachdruck weniger auf die Benennung des Bezuges und auf die rechtliche Erscheinungsform, als auf den wirklichen Tatbestand und seinen wirtschaftlichen Inhalt zu legen. Demgemäß ist es für die Beitragspflicht nicht erforderlich, daß ein Rechtsanspruch des Versicherten gegen den Arbeitgeber auf Zahlung des Entgelts besteht. Vielmehr genügt es, wie sich aus § 2 des Gesetzes ergibt, wenn die Vergütung, oder wie die Leistung sonst genannt werden mag, auch nur gewohnheitsmäßig dem Angestellten

gegeben wird. Sie muß aber stets als Gegenwert für die Leistung des Angestellten gedacht sein. Daher fällt eine Summe, die nur zur Deckung der ihm aus Anlaß des Dienstes entstehenden Unkosten bestimmt ist, nicht unter den Begriff Entgelt (Ehrenamt mit Dienstunkosten-Entschädigung).

4. Eine **Mindestgrenze** des die Versicherungspflicht begründenden Entgelts ist vom Gesetz nicht vorgesehen. Aber nicht jede geringfügige Barvergütung fällt unter den Begriff des Entgelts. Namentlich wird dies bei den Lehrlingen mehr zur Aufmunterung gewährten Zahlungen häufig zutreffen. Daher ist in der von der Reichsversicherungsanstalt und vom Rentenausschuß bisher beobachteten Rechtsübung als Grenze, bis zu der die einem Lehrling gewährte Barvergütung nicht als Arbeitsentgelt anzusehen ist, im allgemeinen der halbe Ortslohn (§§ 149, 150 der Reichsversicherungsordnung) für Arbeiter desselben Geschlechts und desselben Alters angesehen worden.

5. Nach § 7*) des Gesetzes ist eine Beschäftigung, für die als Entgelt nur freier Unterhalt gewährt wird, versicherungsfrei. **Freier Unterhalt** ist dasjenige Maß von wirtschaftlichen Gütern, das zur unmittelbaren Befriedigung der notwendigen Lebensbedürfnisse des Arbeitnehmers erforderlich ist.

Neben dem vollständigen oder teilweisen Unterhalt gewährte unerhebliche Barlohnzahlungen (zum Beispiel sogenanntes **Taschengeld**), die den Empfänger in den Stand setzen sollen, gewisse geringfügige Lebensbedürfnisse zu befriedigen, haben häufig, auch wenn sie nicht lediglich freigebige Zuwendungen und dann überhaupt nicht „Entgelt" sind, keine selbständige rechtliche Bedeutung; vielmehr nehmen sie als nebensächliches Zubehör das Wesen der Hauptleistung, nämlich der Unterhaltsgewährung an. Ob dieses zutrifft, läßt sich nur nach Lage des einzelnen Falles unter Berücksichtigung der Lebensumstände der Beteiligten entscheiden. Der gleiche Geldbetrag kann in einfachen Verhältnissen von wesentlichem Werte, anderwärts aber im Vergleich zu höheren Unterhaltungskosten oder für Angehörige besser gestellter Klassen nur ein Taschengeld sein. Übersteigt aber das monatliche Taschengeld den Betrag von 10 ℳ und wird gleichwohl Versicherungsfreiheit behauptet, so ersuchen wir um eine Anfrage unter Darlegung der näheren Umstände des Falles.

6. Nach § 1 des Gesetzes vom 31. Mai 1920 entfällt die Versicherungspflicht, wenn der Jahresarbeitsverdienst **15000 ℳ übersteigt****).

Bei der Berechnung des Jahresarbeitsverdienstes ist nur das Einkommen aus einer versicherungspflichtigen Beschäftigung zu berücksichtigen, Einkünfte aus sonstigen Quellen bleiben hierbei außer Betracht.

7. Unter den Begriff „Entgelt" fallen zum Beispiel:

a) **Gehalt oder Lohn;**

b) **Überstundengelder;**

---

*) Jetzt § 9!

**) S. jetzt § 1 Abs. 3, § 3 AVG.

c) **Provisionen.**

d) **Reisespesen, Reisekosten** insoweit, als sie nicht auf einen durch die geschäftliche Tätigkeit verursachten notwendigen Mehraufwand zu rechnen sind, also entweder Ausgaben im Haushalt ersparen oder in bar erspart werden, mithin einen wirtschaftlichen Vorteil des Angestellten bedeuten.

Hiernach sind von den gewährten Reisespesen die Mehrkosten, die durch die Reisetätigkeit tatsächlich entstanden sind, abzusetzen; zum Beispiel Fahrtkosten und Trinkgelder ganz, von den Unterhaltskosten nur derjenige Teil, der ohne die Reisetätigkeit nicht hätte aufgewendet zu werden brauchen. Dieser Betrag wird für Reisende, die eine ständige Wohnung nicht unterhalten, kleiner sein als für andere Reisende; ebenso wird er für unverheiratete Reisende kleiner sein als für verheiratete.

Bei Reisenden, die **„Vertrauensspesen"** beziehen, kommt die Erzielung barer Ersparnisse an den Spesen nicht in Betracht. Demnach ist für sie als Entgelt nur derjenige Betrag in Ansatz zu bringen, den sie schätzungsweise dadurch ersparen, daß sie an Reisetagen den Lebensunterhalt von den Spesen, statt von ihren sonstigen Bezügen bestreiten.

e) **Auslands-Zulagen** insoweit, als sie nicht auf den durch den Aufenthalt im Auslande verursachten notwendigen Mehraufwand zu rechnen sind.

f) **Teuerungszulagen** und zwar sowohl einmalige als auch fortlaufend gewährte. Demgemäß sind für Angestellte, die unter Hinzurechnung solcher Teuerungszulagen zu ihrem sonstigen Entgelt in eine höhere Gehaltsklasse kommen, die erhöhten Beiträge zu entrichten. Für Zulagen, die für einen bereits in der Vergangenheit liegenden Zeitraum gewährt werden, gilt Abschnitt 12 Satz 2.

g) **Kleidergelder,** wenn eine besondere Dienstkleidung nicht zu tragen ist, ganz, sonst insoweit sie für die Beschaffung von Dienstkleidung nicht verausgabt werden.

h) **Mankogelder,** und zwar in voller Höhe.

i) **Gewinnanteile.**

k) **Gratifikationen,** die einen Rechtsanspruch oder eine Gewohnheit zur Grundlage haben; eine Gewohnheit, die sich innerhalb der betreffenden Branche oder innerhalb des betreffenden Betriebes herausgebildet hat, genügt; wird einem Angestellten gekündigt, so daß die Aussicht auf die am Ende des Geschäftsjahres zu zahlende Gratifikation wegfällt, so ist von der Kündigung ab die Gratifikation bei der Berechnung des Jahresarbeitsverdienstes und der monatlich festzustellenden Gehaltsklasse außer Ansatz zu lassen; infolgedessen kann ein Angestellter unter Umständen in eine niedrigere Gehaltsklasse kommen, oder — wenn er versicherungsfrei war, weil sein Jahresarbeitsverdienst die Höchstgrenze überstieg — versicherungspflichtig werden; die vor der Kündigung zuviel gezahlten Beiträge können aber nicht zurückgefordert werden, auch hat der Eintritt der Versicherungspflicht keine rückwirkende Kraft.

l) Diejenigen Beiträge, die nach dem Dienstvertrage außer dem, dem Angestellten selbst zustehenden Entgelt an die für den Arbeitgeber **nicht** tätige Ehefrau des Angestellten zu zahlen sind. Es ist also der vom Arbeitgeber an beide **Eheleute** gezahlte Gesamtbetrag als Entgelt des angestellten Ehemannes anzusehen.

Ist dagegen die Ehefrau gleichfalls für den Arbeitgeber tätig, so ist, wenn der Gesamtentgelt an den Ehemann gezahlt wird, bei der Berechnung des Jahresarbeitsverdienstes des Ehemannes derjenige Teil des Gesamtentgelts abzusetzen, der auf die Arbeitsleistung der Ehefrau entfällt.

m) **Schulden-Tilgungsbeträge**, die für die Leistung des Angestellten mit seinem Einverständnis unmittelbar an Dritte entrichtet werden.

n) Beträge, die der Arbeitgeber dem Sparguthaben des Angestellten **gutschreibt**.

o) Die **Prämien** für eine Lebensversicherung des Angestellten, welche vom Arbeitgeber gezahlt werden, **wenn** die Versicherung derart abgeschlossen ist, daß dem Angestellten aus dem Versicherungsvertrag ein unmittelbares Recht auf die Versicherungsleistung zusteht; das gleiche gilt für die vom Arbeitgeber zu den Prämien geleisteten Zuschüsse.

p) Wenn ein Arbeitgeber sich dem Angestellten gegenüber verpflichtet, die **Arbeitnehmerbeiträge** zur Kranken-, Invaliden- und Angestelltenversicherung aus eigenen Mitteln zu tragen, das heißt, wenn er auf den Abzug des dem Angestellten zur Last fallenden Teiles der Beiträge verzichtet, so kann dem die Absicht zu Grunde liegen, dem Angestellten auf diese Weise ein entsprechend höheres Gehalt zuzuwenden, aber durch die gewählte Art der Regelung das Aufsteigen des Angestellten in eine höhere Gehaltsstufe mit Rücksicht auf die Bemessung der Beiträge zu vermeiden. In einem Falle dieser Art, der auf eine Umgehung des Gesetzes abzielt, muß der Beitragsanteil des Angestellten dem Gehalt bei der Bemessung der Beiträge zugerechnet werden.

Möglich ist aber auch eine andere Auffassung dieses Verhältnisses, nämlich dahin, daß der Arbeitgeber aus Wohlwollen, um dem Angestellten die Lasten der sozialen Versicherung zu erleichtern, den auf den Angestellten entfallenden Beitragsteil übernimmt. In einem solchen Falle ist eine Zuwendung dieser Art dem Entgelt nicht zuzurechnen.

q) Der Wert der dem Angestellten gewährten **freien Fahrt** vom Wohnort zur Arbeitsstätte und umgekehrt.

Das Recht der ständigen freien Fahrt auf gewissen Linien **insoweit**, als durch ihre außerdienstliche Benutzung Ersparnisse erzielt werden.

r) Die **Gebühren**, auf die manche Arten von Angestellten statt fester Bezüge oder neben solchen angewiesen sind.

s) **Trinkgelder**.

t) Die **Sachbezüge,** das heißt: alles, was als Gegenstand menschlichen Gebrauchs oder Verbrauchs verwendbar oder verwertbar ist, zum Beispiel: freier Unterhalt, freie Kleidung, freie Beköstigung, freie Wohnung, Heizung oder Beleuchtung, Landnutzung, Weide, Viehfutter, Aussaat, Leistung von Spanndiensten, freie ärztliche Behandlung.

Bei der Ermittlung des Jahresarbeitsverdienstes wird der Wert der Sachbezüge gemäß § 2 Absatz 2 des Gesetzes*) nach Ortspreisen berechnet, die die untere Verwaltungsbehörde festsetzt. Welches die untere Verwaltungsbehörde in den einzelnen Bundesstaaten ist, teilen wir auf besondere Anfrage mit.

Werden dem Angestellten vom Arbeitgeber oder in dessen Auftrage von einem Dritten Sachbezüge gegen einen so geringen Entgelt gewährt, daß die Unkosten der Sachbezüge den vom Angestellten dafür gezahlten Entgelt wesentlich übersteigen, so ist bei der Feststellung des Jahresarbeitsverdienstes der von der unteren Verwaltungsbehörde für Sachbezüge dieser Art festgesetzte Betrag abzüglich des vom Angestellten dafür gezahlten Entgelts in Ansatz zu bringen.

8. **Nicht zum Jahresarbeitsverdienst gehören:**

a) Pensionen,

b) Renten,

c) Kapitalzinsen,

d) Einkünfte aus Gesellschaftsanteilen,

e) Einkünfte aus einer selbständigen Unternehmertätigkeit,

f) Einkünfte aus jeder anderen nicht versicherungspflichtigen Tätigkeit,

g) die Entschädigung für erhöhte Abnutzung von Kleidungsstücken, Schuhzeug, bei Feld-, Garten-, Erd- usw. Arbeiten,

h) derjenige Teil der Vergütung, der zum Beispiel den Postagenten für Beschaffung, Heizung und Beleuchtung eines Dienstraumes gewährt wird und dafür erforderlich ist.

9. Von dem gewährten Entgelt **dürfen** bei der Berechnung des versicherungspflichtigen Jahresarbeitsverdienstes **nicht abgesetzt werden:**

a) die dem Angestellten zur Last fallenden Beiträge zur Kranken-, Invaliden- und Angestellten-Versicherung,

b) das Fahrgeld für die Fahrten zu und von der Arbeitsstätte.

10. Wird einem erkrankten Angestellten das **Krankengeld** auf seinen Entgelt angerechnet, so ist der verbleibende Restbetrag als derjenige Arbeitsverdienst anzusehen, von dem Beiträge zu entrichten sind; verbleibt kein Restbetrag, so sind auch keine Beiträge zu entrichten.

11. Unerheblich ist, ob dem Angestellten wegen einer **Gegenforderung des Arbeitgebers** (zum Beispiel, weil der Angestellte sich einer Veruntreuung schuldig oder sonst schadenersatzpflichtig gemacht hat) das Gehalt ganz oder teilweise nicht ausgezahlt wird.

---

*) S. jetzt § 2 Satz 2 AVG.!

12. Eine für die Zukunft in Aussicht gestellte **Erhöhung des Entgelts** bleibt außer Betracht. Eine mit rückwirkender Kraft ausgestattete Erhöhung des Entgelts ist vom Ersten desjenigen Monats zu berücksichtigen, in dem sie bewilligt ist.

13. Für die **Berechnung des Jahresarbeitsverdienstes** sind diejenigen Bezüge, deren Höhe im voraus zahlenmäßig feststeht (unten Abschnitt I) von den anderen (Abschnitt II) zu trennen, und bei den letzteren gestaltet sich die Berechnung wiederum verschieden, je nachdem es sich um die Frage handelt, ob die für die Versicherungspflicht vorgesehene Höchstgrenze überschritten ist (Abschnitt II A), oder aber um die Frage, in welcher Klasse die Beiträge zu entrichten sind (Abschnitt II B). Eine Besonderheit endlich gilt für die sogenannten Saison-Angestellten (Abschnitt III).

I. Die **Bezüge, deren Höhe im voraus zahlenmäßig feststeht,** sind, wenn sie nicht jährlich gezahlt werden, für die Feststellung sowohl der Versicherungspflicht als auch der Gehaltsklasse auf ein Jahr umzurechnen. Als Jahresarbeitsverdienst gilt also bei wöchentlicher Zahlung das Zweiundfünfzigfache, bei monatlicher Zahlung das Zwölffache, bei vierteljähriger Zahlung das Vierfache des gezahlten Betrages. Wird Tagelohn gewährt, so gilt als Jahresarbeitsverdienst das Dreihundertfache des Tagelohnes, vorausgesetzt, daß für Sonn- und Feiertage kein Entgelt gezahlt wird, andernfalls das Dreihundertfünfundsechzigfache.

Hierbei ist von den jeweilig gewährten Bezügen auszugehen ohne Rücksicht darauf, welcher Gesamtbetrag in dem betreffenden K a l e n d e r j a h r erreicht wird. Beläuft sich zum Beispiel das Monatsgehalt eines Angestellten vom 1. Januar bis zum 31. Oktober 1921 auf 1000 *M**) und seitdem auf 1500 *M*, so ist der Angestellte bis zum 31. Oktober 1921 versicherungspflichtig, weil das Zwölffache des Monatsgehalts (12 × 1000 *M*) unter der Höchstgrenze der Versicherungspflicht bleibt. Dagegen ist er vom 1. November 1921 ab nicht mehr versicherungspflichtig, weil fortan das Zwölffache des Monatsgehalts (12 × 1500 *M*) die Höchstgrenze von 15 000 *M* übersteigt, obgleich der Gesamtentgelt für das K a l e n d e r j a h r 1921 nur 13 000 *M* beträgt.

Gratifikationen, die im voraus in bestimmter Höhe zugesichert werden, sind mit dem Betrage des l a u f e n d e n Geschäftsjahres anzusetzen. Erhält zum Beispiel ein Angestellter monatlich 300 *M* Gehalt und ist ihm eine feste Gratifikation von 1000 *M* zu Weihnachten zugesagt, so ist er das ganze Jahr hindurch mit einem Jahresarbeitsverdienst von 4600 *M* in der Klasse J**) zu versichern.

Garantierte Mindestbeträge ungewisser Bezüge gelten gleichfalls als festes Gehalt.

II. Was diejenigen **Bezüge betrifft,** deren **Höhe nicht im voraus zahlenmäßig feststeht** (Provisionen, Reingewinn aus Spesen,

*) Vgl. jetzt § 1 Abs. 3 und § 3 AVG.!
**) Vgl. jetzt §§ 171, 172 AVG.

Gewinnanteile, nicht im voraus in bestimmter Höhe **zugesicherte** Gratifikationen, Überstundengelder, Trinkgelder, Gebühren usw.), so ist

A. **für die Feststellung der Versicherungspflicht** der voraussichtliche Jahresbetrag der Bezüge unter Berücksichtigung der gesamten Umstände des Einzelfalls zu schätzen. Diese Schätzung ist in der Regel beim Beginn des Beschäftigungsverhältnisses und, wenn Veränderungen in den Bezügen eintreten, beim Eintritt der Veränderungen vorzunehmen. Wechselt aber die Höhe der Bezüge dauernd (z. B. bei Provisionen, Spesen, Spielhonoraren u. dgl.), so ist die Schätzung jedesmal zu demjenigen Zeitpunkt vorzunehmen, in dem der Beitrag zur Angestelltenversicherung nach § 181 *) des Gesetzes zu zahlen ist oder wäre. Als Unterlagen für die Schätzung können die Ergebnisse der Vorjahre, die Erfolge gleichgestellter Vorgänger oder Mitangestellter, besondere Aussichten für die Zukunft usw. dienen. Wenn auf Grund einer derartigen für jede Beitragsperiode vorzunehmenden, gewissenhaften Schätzung die Frage der Versicherungspflicht entschieden ist, so gilt, falls nicht etwa Änderungen in den Vertragsbedingungen oder in den Schätzungsgrundlagen eintreten, diese Feststellung für das betreffende Jahr, auch wenn sich nachträglich herausstellen sollte, daß der tatsächliche Verdienst hinter dem schätzungsweise angenommenen zurückbleibt oder ihn übersteigt. Eine nachträgliche Versicherung oder eine Rückzahlung von Beiträgen kommt also in diesem Falle nicht in Frage.

B. **Bei der Feststellung der Gehaltsklasse** **) ist zunächst zu beachten, daß das Ergebnis ungewisser Bezüge zwar in den einzelnen Monaten verschieden ist, daß es aber oft am Ende der einzelnen Monate oder bei Fälligkeit des Beitrages feststellbar ist. Dies gilt z. B. für Spesen und Überstundengelder stets, für Provisionen dann nicht, wenn der Verdienst daraus nicht nur von dem Abschluß des Geschäfts, sondern noch von anderen, erst später eintretenden Umständen (z. B. Eingang der Bezahlung, des Preises oder der Prämie) abhängig ist.

Soweit ungewisse Bezüge am Schlusse eines Monats feststehen, ist ihr Ergebnis mit 12 zu vervielfältigen und in dieser Höhe in die Berechnung des Jahresarbeitsverdienstes einzustellen.

Dagegen sind Bezüge, die am Schluß des betreffenden Monats noch nicht endgültig feststehen, in derjenigen Höhe anzusetzen, in der sie dem Angestellten im letzten Geschäftsjahr zugeflossen sind. Für den Fall, daß noch kein Ergebnis eines Geschäftsjahres vorliegt, ist zu unterscheiden:

a) Bezüge, die (wie Gewinnanteile oder Gratifikationen) erst am Schluß längerer Zeiträume gewährt werden, bleiben, so lange sie dem Angestellten nur in Aussicht stehen,

---

*) Jetzt § 182 AVG. mit § 6 der Beitr.-O.!

**) Hiefür ist jetzt nach § 171 AVG. der monatliche Arbeitsverdienst maßgebend. Die Bem. zu § 171 sind zu vergleichen!

außer Betracht, und bei der Berechnung des Jahresarbeitsverdienstes wird nur der sonstige Entgelt berücksichtigt.

b) Handelt es sich aber um Bezüge, die in kurzen Zeiträumen gewährt werden (wie z. B. Provisionen, die jeweilig nach dem betreffenden Abschluß oder monatlich gezahlt werden, wenn auch ihre endgültige Feststellung hiermit noch nicht getroffen ist), so ist am Schlusse des ersten Monats das tatsächliche Ergebnis der Bezüge in diesem Monat mit 12 zu vervielfältigen, am Ende des zweiten Monats ist das Mittel aus den beiden Monaten mit 12 zu vervielfältigen, am Ende des dritten das Mittel aus den drei Monaten und so fort bis zum Ablauf von 12 Monaten. Hat z. B. ein Angestellter im ersten Monat 100 ℳ Provision verdient, im zweiten 200 ℳ und im dritten Monat 300 ℳ, so ist für die Beitragsberechnung im ersten Monat ein Jahresarbeitsverdienst von 1200 ℳ, im zweiten ein solcher von $\frac{100+200}{2} \times 12 = 1800$ ℳ, im dritten ein solcher von $\frac{100+200+300}{3} \times 12 = 2400$ ℳ zu Grunde zu legen, es ist also im ersten Monat ein Beitrag der Klasse D, im zweiten ein Beitrag der Klasse E, und im dritten ein Beitrag der Klasse F zu entrichten. Ist der Angestellte erst am Fünfzehnten des ersten Monats eingetreten und hat er für den halben Monat 50 ℳ verdient, so sind für den ersten Monat gemäß § 177 des Gesetzes 8 % von 50 ℳ, also 4 ℳ, zu entrichten. Für die folgenden Monate ist der Ertrag des ersten halben Monats auf einen vollen Monat umzurechnen. Der erste Monat ist also wie im ersten Beispiel mit 100 ℳ anzusetzen. Infolgedessen ergeben sich für den zweiten und dritten Monat dieselben Zahlen wie oben.

III. Bei sogenannten **Saison-Angestellten**, die ihr Gehalt nicht jährlich, sondern in kürzeren Zwischenräumen erhalten, aber nur für einen Teil des Jahres Gehalt beziehen, insbesondere zum Beispiel bei **Schauspielern**, berechnet sich der Jahresarbeitsverdienst

A. zur Feststellung der Versicherungspflicht in den verschiedenen Abschnitten des Jahres nach dem wirklichen Einkommen, das der Betreffende in dem Kalenderjahre hat, soweit es sich im Augenblick der Prüfung der Versicherungspflicht feststellen läßt. Demnach kommen im Anfang des Kalenderjahres während der Dauer des Winterengagements für Schauspieler, die bereits ein Sommerengagement und ein Engagement für den folgenden Winter besitzen, auch diese Engagements, soweit sie in das laufende Kalenderjahr fallen, in Betracht, dagegen für solche, die noch nicht für den Sommer und den folgenden Winter engagiert sind, nur der in das Kalenderjahr fallende Teil des laufenden Winterengagements. Im Laufe des Sommerengagements kommt sowohl dieses als auch der in das Kalenderjahr fallende Teil des abgelaufenen Winterengagements sowie, wenn ein Engagement für den folgenden Winter bereits abgeschlossen ist, auch dieses bis zum Ablauf des Kalenderjahres zum Ansatz.

B.*)

---

4. Verordnung über Versicherungsfreiheit vorübergehender Dienstleistungen in der Angestelltenversicherung.

Vom 9. Februar 1923.

Auf Grund des § 8 des Versicherungsgesetzes für Angestellte vom 20. Dezember 1911 (Reichsgesetzbl. S. 989 ff.) und des Artikels 179 Abs. 2 der Reichsverfassung wird mit Zustimmung des Reichsrats folgendes verordnet:

§ 1.

Versicherungsfrei bleiben:

1. vorübergehende Dienstleistungen, wenn sie
   a) von Personen, die überhaupt keine die Angestelltenversicherungspflicht begründende Beschäftigung ausüben, nur gelegentlich, insbesondere zur gelegentlichen Aushilfe ausgeführt werden,
   b) von Personen, die sonst berufsmäßig keine die Angestelltenversicherungspflicht begründende Beschäftigung ausüben, zwar in regelmäßiger Wiederkehr, aber nur nebenher und gegen einen geringfügigen Entgelt ausgeführt werden. Als geringfügig gilt ein Entgelt, wenn er für den Lebensunterhalt während des Zeitraums, innerhalb dessen die Beschäftigung in regelmäßiger Wiederkehr ausgeübt wird, nicht wesentlich ist;
2. vorübergehende Dienstleistungen von Deutschen, die bei einer amtlichen Vertretung des Reichs oder eines Landes im Ausland aushilfsweise beschäftigt werden;
3. Dienstleistungen von Angestellten, die bei Stellenlosigkeit in gemeinnützigen Schreibstuben oder in Verpflegungsstationen oder ähnlichen Wohltätigkeitsanstalten während eines verhältnismäßig geringen Zeitraums des Kalenderjahrs beschäftigt werden, auch wenn eine Geldentschädigung gewährt wird;
4. Dienstleistungen von Angestellten ausländischer Eisenbahnverwaltungen in Eisenbahnbetrieben des Inlandes, soweit diese Angestellten in letzteren vorübergehend beschäftigt werden;
5. Dienstleistungen im Inland von Angestellten ausländischer Betriebe, soweit diese mit einzelnen Betriebshandlungen vorübergehend in das Inland hinübergreifen;
6. Dienstleistungen von Angestellten ausländischer Schiffe, die im Binnenschiffsverkehre deutsche Wasserstraßen befahren, sofern nicht diese Schiffe nach der Entscheidung des zuständigen Versicherungs-

*) Dieser Abschnitt ist durch Änderung des Gesetzes gegenstandslos geworden.

amts (§ 1331 der Reichsversicherungsordnung) im Inland einen regelmäßigen Verkehr von erheblicher Dauer unterhalten;

7. vorübergehende Dienstleistungen nicht zur Schiffsbesatzung gehörender Personen auf deutschen Seeschiffen im Ausland.

§ 2.

Diese Verordnung tritt mit Wirkung vom 1. November 1922 ab in Kraft. Mit dem gleichen Tage treten die Bestimmungen der Bekanntmachungen vom 9. Juli 1913 und vom 4. Mai 1916 über die Ausführung des § 8 des Versicherungsgesetzes für Angestellte (Reichsgesetzbl. 1913 S. 571, 1916 S. 364) außer Wirksamkeit.

Berlin, den 9. Februar 1923.

Der Reichsarbeitsminister
In Vertretung
Dr. Geib.

---

5. Merkblatt der Reichsversicherungsanstalt für Angestellte für die Einleitung eines Heilverfahrens (§§ 36 bis 43*) des Versicherungsgesetzes für Angestellte).

Vom 27. Januar 1914.

I. Allgemeines.

Um die infolge Erkrankung drohende Berufsunfähigkeit eines Versicherten abzuwenden, kann die Reichsversicherungsanstalt in den ihr geeignet erscheinenden Fällen ein Heilverfahren gewähren, soweit nicht bereits durch einen Träger der reichsgesetzlichen Arbeiterversicherung (Krankenkasse, Landesversicherungsanstalt, Berufsgenossenschaft usw.) ein solches eingeleitet ist. Dasselbe gilt, wenn zu erwarten ist, daß ein Heilverfahren den bereits berufsunfähigen Empfänger eines Ruhegeldes wieder berufsfähig macht.

Die Reichsversicherungsanstalt ist also nicht verpflichtet, jedem Antrage auf Einleitung eines Heilverfahrens zu entsprechen. Daraus ergibt sich, daß dem Antragsteller gegen die Ablehnung eines Heilverfahrens ein Rechtsmittel (Berufung, Beschwerde) nicht zusteht.

Für Heilverfahren, die ohne Genehmigung der Reichsversicherungsanstalt begonnen oder durchgeführt sind oder in einer anderen als der bewilligten Form durchgeführt werden, wird Kostenerstattung grundsätzlich abgelehnt.

Akute Erkrankungen (Blinddarm-, Brustfell-, Lungenentzündungen, Gallensteinkoliken, Schlaganfälle, akute Augen- und Ohrenerkrankungen u. a., ferner Infektionskrankheiten wie Typhus, Diphtherie, Scharlach u. a.)

---

*) Jetzt §§ 41—49.

können im Sinne des § 36 des Gesetzes nicht Gegenstand eines Heilverfahrens sein.

Ferner sind vor der Übernahme eines Heilverfahrens ausgeschlossen: Geisteskrankheiten, Epilepsie, schwere Hysterie u. a., sowie alle Erkrankungen, bei denen die Wiederherstellung der Berufsfähigkeit ausgeschlossen ist.

Ebensowenig fallen Verletzungen und Unfallerkrankungen, z. B. Unfallneurosen, in das Heilverfahrensgebiet der Reichsversicherungsanstalt. Für die Behandlung von Unfallfolgen tritt die Reichsversicherungsanstalt nur dann ein, wenn es sich um eine verzögerte Wiederherstellung der Berufsfähigkeit handelt, und wenn von anderer Seite eine Verpflichtung zur Übernahme eines Heilverfahrens nicht besteht.

Es ist auch nicht Aufgabe der Reichsversicherungsanstalt, für die den Krankenkassen obliegenden Pflichten einzutreten oder im Falle von Krankheiten der erwähnten Art bei solchen Versicherten, die keiner Krankenkasse angehören, die mangelnde materielle Vorsorge für den etwaigen Eintritt einer Krankheit zu ersetzen.

Sogenannter Erholungsurlaub im Rahmen des gewöhnlichen Sommerurlaubs entspricht nicht den Voraussetzungen für die Gewährung eines Heilverfahrens, ebensowenig eine Kur, zu deren Durchführung nur eine verhältmäßig kurze Zeit zur Verfügung steht.

Heilverfahren in Orten außerhalb des deutschen Reichsgebietes werden nicht gewährt.

Es muß außerdem billigerweise verlangt werden, daß die Versicherten im Rahmen ihrer wirtschaftlichen Verhältnisse selbst zur Erhaltung ihrer Gesundheit und Berufsfähigkeit beitragen. Infolgedessen werden Kosten für sogenannte kleine Heilmittel wie Bruchbänder, Brillen, Gummistrümpfe, Plattfußeinlagen, Plattfußschuhe usw. nicht übernommen.

Nach Abschluß eines Heilverfahrens werden Mittel zu sogenannten Haus- oder Nachkuren nicht gewährt.

Anträge auf Verlängerung eines von der Reichsversicherungsanstalt bewilligten und in der Durchführung begriffenen Heilverfahrens müssen durch den behandelnden Arzt rechtzeitig unter eingehender Begründung eingereicht werden.

Wiederholungen einer Kur auf Kosten der Reichsversicherungsanstalt sind binnen Jahresfrist nach Ablauf eines gewährten Heilverfahrens überhaupt nicht, später nur in besonderen Fällen statthaft.

Im Hinblick auf die große Zahl der während der Sommermonate und in der Zeit des gewöhnlichen Sommerurlaubs gestellten Anträge wird ausdrücklich darauf hingewiesen, daß die Winterkuren den Sommerkuren insbesondere auch bei Lungenleiden im Erfolge gleichstehen. Die Reichsversicherungsanstalt muß sich daher vorbehalten, nicht dringliche Heilverfahren auf den Winter zu verlegen, wozu sie wegen der im Sommer fast ständigen Vollbelegung namentlich der Lungenheilstätten häufig gezwungen ist.

II. Antrag nebst Anlagen.

Die Anträge auf Einleitung eines Heilverfahrens werden zweckmäßig unmittelbar bei der Reichsversicherungsanstalt, Abteilung II H, Berlin-

Wilmersdorf, Hohenzollerndamm eingereicht. Es empfiehlt sich, nicht gleichzeitig bei der Reichsversicherungsanstalt und einem Träger der Arbeiterversicherung einen Heilverfahrensantrag zu stellen, weil durch die notwendigen Rückfragen Verzögerungen in der Erledigung eintreten. Im allgemeinen ist erforderlich, daß die Stellung des Antrages einige Wochen vor dem gewünschten Beginn der Kur erfolgt. Vormerkungen für eine spätere Durchführung eines Heilverfahrens finden nicht statt, da die bei Stellung des Antrages eingereichten ärztlichen Zeugnisse alsdann keine verläßliche Unterlage mehr bilden.

Das von der Reichsversicherungsanstalt, den Ortsausschüssen oder den Vertrauensmännern erhältliche Antragsformular ist auf das genaueste auszufüllen. Es ist zweckmäßig, hierbei die Hilfe der Ortsausschüsse oder der Vertrauensmänner in Anspruch zu nehmen. Wenn durch Ungenauigkeit oder Fehler in der Ausfüllung des Antragsformulars zeitraubende Rückfragen erforderlich werden, ist eine Verzögerung im Beginn des Heilverfahrens unvermeidlich.

In dem Antrage ist auch anzugeben, ob das Heilverfahren innerhalb der nächsten Wochen ohne Störung für die beruflichen oder häuslichen Verhältnisse des Antragstellers begonnen werden kann. Es ist dringend erwünscht, den Arbeitgeber von der Einreichung des Antrages in Kenntnis zu setzen.

Zur Ausstellung der Fahrpreisbescheinigung, zur Festsetzung der Höhe des Hausgeldes oder etwaiger Zuschüsse bei Heilmitteln usw. ist die Einreichung eines behördlichen Nachweises über das jährliche Gesamteinkommen in jedem Falle erforderlich. Der Nachweis ist durch Beifügung der Steuerveranlagung, der letzten Steuerquittung oder durch eine behördliche Bescheinigung (Ortspolizeibehörde, vorgesetzte Dienstbehörde des Antragstellers u. a.) zu führen.

III. Ärztliche Bescheinigung, vertrauensärztliches Gutachten.

Sofern der Antragsteller sich bereits in Behandlung eines Arztes befindet, ist dem Antrag eine von diesem Arzte ausgestellte Bescheinigung über

a) Art der Krankheit,
b) Dauer der bisherigen Behandlung,
c) Notwendigkeit und
d) Aussicht

des beantragten Heilverfahrens beizufügen.

Die Bestimmung der Gebührenhöhe für diese Bescheinigung, für welche ein Formular nicht vorgesehen ist, bleibt dem behandelnden Arzt überlassen. Die Reichsversicherungsanstalt zahlt zu diesen Gebühren gegen Vorlage der ärztlichen Quittung einen Zuschuß bis zu drei Mark, wenn die Bescheinigung den gestellten Bedingungen (a bis d) entspricht.

Die Erledigung des Antrages wird beschleunigt, wenn gleichzeitig ein Gutachten auf vorgeschriebenem Formular durch einen Vertrauensarzt der Reichsversicherungsanstalt ausgestellt wird. Das Gutachten muß von dem Vertrauensarzt der Reichsversicherungsanstalt unmittelbar und verschlossen übersandt werden. Das Ergebnis der vertrauensärztlichen Untersuchung ist dem Antragsteller nicht bekannt zu geben. Dem Vertrauensarzt ist bei der Untersuchung die Bescheinigung des behandelnden Arztes vorzulegen. Formulare für die Gutachten sind in Händen der Vertrauensärzte. Namen und Adressen der Vertrauensärzte teilen die Reichsversicherungsanstalt, die Ortsausschüsse und die Vertrauensmänner auf Anfrage mit.

Von den Gebühren für das vertrauensärztliche Gutachten ist nur ein Teil — zurzeit drei Mark — von dem Antragsteller zu tragen und sofort an den Arzt zu entrichten; den Hauptteil der Gebühren trägt die Reichsversicherungsanstalt.

IV. Bescheid der Reichsversicherungsanstalt.

Über die Genehmigung oder Ablehnung des Antrages erteilt die Reichsversicherungsanstalt einen Bescheid, gegen den ein gesetzliches Rechtsmittel (Berufung, Beschwerde) nach den Bestimmungen des Versicherungsgesetzes für Angestellte nicht gegeben ist.

Die für die Ablehnung eines Heilverfahrens maßgebenden Gründe werden nicht bekannt gegeben.

Nach Eingang der Genehmigung eines Heilverfahrens muß eine weitere Mitteilung über den festgesetzten, gewöhnlich kurzfristigen Zeitpunkt abgewartet werden, an dem die Uebersiedelung in die bezeichnete Heilanstalt zu erfolgen hat.

V. Hausgeld.

Angehörige des Erkrankten, deren Unterhalt er ganz oder überwiegend aus seinem Arbeitsverdienst bestritten hat (hierher rechnet nicht die Abgabe von Gehalt für gewährte Wohnung, Verpflegung, Kleidung usw.), erhalten unter bestimmten Voraussetzungen während des dem Erkrankten von der Reichsversicherungsanstalt bewilligten Heilverfahrens als Unterstützung ein sogenanntes Hausgeld.

VI. Gewährung sogenannter größerer Heilmittel.

Zu den sogenannten „größeren Heilmitteln" (künstlichen Gliedmaßen, orthopädischen Stützapparaten usw.) gewährt die Reichsversicherungsanstalt einen angemessenen Zuschuß, sofern die Beschaffung derartiger Heilmittel den bei der Gewährung eines Heilverfahrens maßgebenden Grundsätzen entspricht. Außer den auch bei einem ständigen Heilverfahren erforderlichen Unterlagen (Antragsformular, Bescheinigung des behandelnden Arztes, vertrauensärztliches Gutachten, Einkommensbescheinigung) ist dem Antrag ein Kostenvoranschlag über die durch das Heilmittel entstehenden Kosten beizufügen.

VII. Zahnheilverfahren.

Die Reichsversicherungsanstalt gewährt in den Fällen, in welchen ein umfangreicherer Ersatz von Zähnen zur Abwehr drohender Berufsunfähigkeit notwendig wird, nach ihrem Ermessen auf Antrag einen Zuschuß bis höchstens zur Hälfte der durch einen einfachen Zahnersatz entstehenden Kosten. Es wird ausdrücklich bemerkt, daß für Zahnbehandlung Zuschüsse nicht bewilligt werden.

Dem Antrag, der ohne Benutzung eines Antragsformulars unmittelbar bei der Reichsversicherungsanstalt zu stellen ist, sind beizufügen:

a) eine kurze ärztliche Bescheinigung darüber, daß der Ersatz von Zähnen notwendig ist zur Vermeidung des Eintritts der Berufsunfähigkeit, z. B. infolge von Magenleiden oder Ernährungsstörungen,
b) ein Voranschlag eines Zahnarztes oder Zahntechnikers auf vorgeschriebenem Formular über Art und Ausdehnung des noch erforderlichen Zahnersatzes sowie über die Kosten.

Für die ärztliche Bescheinigung wird dem Antragsteller gegen Vorlage der Quittung des Arztes bis auf weiteres ein Zuschuß bis zu drei Mark gewährt.

Es wird ausdrücklich darauf hingewiesen, daß für bereits begonnene oder durchgeführte Zahnheilverfahren Kosten nicht erstattet werden.

6. Verordnung über Errichtung von Ausschüssen und Kammern für Angestelltenversicherung.

Vom 21. Dezember 1922.

Auf Grund der §§ 157, 168d des Versicherungsgesetzes für Angestellte in der Fassung des Gesetzes über Änderung des Versicherungsgesetzes für Angestellte und der Reichsversicherungsordnung vom 10. November 1922 (Reichsgesetzbl. I S. 849) wird nach Anhören der Reichsversicherungsanstalt mit Zustimmung des Reichsrats folgendes verordnet:

§ 1.

Für die Angelegenheiten, die in der Angestelltenversicherung den Versicherungsämtern und Oberversicherungsämtern übertragen sind, sind zuständig für:

I. Preußen (ohne Sigmaringen)

die Versicherungsämter Königsberg, Breslau, Berlin, Stettin, Magdeburg, Hannover, Kiel, Cassel, Frankfurt a. M., Erfurt, Münster i. W., Köln,

die Oberversicherungsämter Königsberg, Breslau, Berlin, Hannover, Cassel, Dortmund,

Sigmaringen

das Versicherungsamt Ulm,

das Oberversicherungsamt Stuttgart,

II. Bayern

die Versicherungsämter München, Regensburg, Nürnberg, Ludwigshafen a. Rh.,

die Oberversicherungsämter München, Nürnberg,

III. Sachsen

die Versicherungsämter Bautzen, Dresden-Neustadt, Leipzig, Chemnitz, Zwickau,
die Oberversicherungsämter Dresden, Leipzig,

IV. Württemberg

die Versicherungsämter Stuttgart, Ulm,
das Oberversicherungsamt Stuttgart,

V. Baden

die Versicherungsämter Mannheim, Karlsruhe, Freiburg i. B.,
das Oberversicherungsamt Karlsruhe,

VI. Thüringen

das Versicherungsamt Weimar,
das Oberversicherungsamt Gotha,

VII. Hessen

das Versicherungsamt Darmstadt,
das Oberversicherungsamt Darmstadt*),

VIII. Hamburg

das Versicherungsamt Hamburg,
das Oberversicherungsamt Hamburg,

IX. Mecklenburg-Schwerin

das Versicherungsamt Schwerin,
das Oberversicherungsamt Schwerin,

X. Oldenburg, Landesteil Oldenburg

das Versicherungsamt Oldenburg,
das Oberversicherungsamt Hannover,

Landesteil Birkenfeld

das Versicherungsamt Köln,
das Oberversicherungsamt Dortmund,

Landesteil Lübeck

das Versicherungsamt Lübeck,
das Oberversicherungsamt Hamburg,

XI. Braunschweig

das Versicherungsamt Braunschweig,
das Oberversicherungsamt Hannover,

XII. Anhalt

das Versicherungsamt Dessau,
das Obersicherungsamt Cassel,

*) Vgl. RGBl. 1924, I S. 410.

XIII. Bremen

das Versicherungsamt Bremen,
das Oberversicherungsamt Hamburg,

XIV. Lippe

das Versicherungsamt Hannover,
das Oberversicherungsamt Hannover,

XV. Lübeck

das Versicherungsamt Lübeck,
das Oberversicherungsamt Hamburg,

XVI. Mecklenburg-Strelitz

das Versicherungsamt Strelitz,
das Oberversicherungsamt Schwerin,

XVII. Waldeck

das Versicherungsamt Cassel,
das Oberversicherungsamt Cassel,

XVIII. Schaumburg-Lippe

das Versicherungsamt Hannover,
das Oberversicherungsamt Hannover.

§ 2.

Den örtlichen Wirkungskreis der Ausschüsse und Kammern für Angestelltenversicherung bestimmt die Oberste Verwaltungsbehörde des Landes, in welchem die Ausschüsse und die Kammern ihren Sitz haben.

§ 3.

Diese Verordnung tritt mit dem 1. Januar 1923 in Kraft.

Berlin, den 21. Dezember 1922.

Der Reichsarbeitsminister.
Dr. Brauns.

---

7. Verfahrensordnung für die Ausschüsse der Angestelltenversicherung.

Vom 21. Dezember 1922.

Auf Grund des § 228a des Versicherungsgesetzes für Angestellte in der Fassung des Gesetzes über Änderung des Versicherungsgesetzes für Angestellte und der Reichsversicherungsordnung vom 10. November 1922 (Reichsgesetzbl. I S. 849) wird nach Anhören der Reichsversicherungsanstalt für Angestellte folgendes verordnet:

A. Einleitende Vorschriften.

§ 1.

Für den Geschäftsgang und das Verfahren der Ausschüsse für Angestelltenversicherung bei den Versicherungsämtern gelten sinngemäß die Vorschriften der Verordnung über Geschäftsgang und Verfahren der Versicherungsämter vom 24. Dezember 1911 (Reichsgesetzbl. S. 1107) in der Fassung des Art. I der Verordnung vom 14. Dezember 1923 (Reichsgesetzbl. I S. 1199), soweit nicht nachstehend etwas anderes bestimmt ist.

§ 2.

Der Vorsitzende bildet nach Bestimmung der obersten Verwaltungsbehörde einen oder mehrere Spruch- und Beschlußausschüsse für Angestelltenversicherung.

Die Versicherungsvertreter des Spruchausschusses für Angestelltenversicherung bilden zugleich den Beschlußausschuß. Sind mehrere Spruchausschüsse für Angestelltenversicherung gebildet, so kann der Vorsitzende mit Zustimmung der höheren Verwaltungsbehörde anordnen, daß die Versicherungsvertreter für den Beschlußausschuß nach § 5 Abs. 2 und 3 der Verordnung vom 24. Dezember 1911 gewählt werden.

§ 3.

Alle Entscheidungen, Beschlüsse, Anordnungen, Verfügungen, Ersuchen, Berichte usw. des Ausschusses für Angestelltenversicherung ergehen unter dem Namen des Versicherungsamts mit dem Zusatz „Ausschuß für Angestelltenversicherung". Dabei ist Spruchausschuß und Beschlußausschuß zu unterscheiden.

§ 4.

Im Beitragsstreitverfahren nach §§ 192a, 193 des Versicherungsgesetzes für Angestellte in der Fassung des Gesetzes vom 10. November 1922 entscheidet der Ausschuß für Angestelltenversicherung unter Ausschluß der sonstigen Ausschüsse. Wird eine Angelegenheit, die zur Zuständigkeit des Ausschusses für Angestelltenversicherung gehört, bei einem Ausschuß anderer Art desselben oder eines anderen Versicherungsamts anhängig, so hat dieser seine Unzuständigkeit auszusprechen und die Sache an den zuständigen Ausschuß für Angestelltenversicherung zu verweisen. Entsprechendes gilt, wenn bei einem Ausschuß für Angestelltenversicherung eine Angelegenheit anhängig wird, die nicht zur Zuständigkeit eines Ausschusses für Angestelltenversicherung gehört. Die Entscheidung, durch die der verweisende Ausschuß seine Zuständigkeit verneint, ist bindend.

Ist ein Ausschuß für Angestelltenversicherung angerufen, der nur örtlich unzuständig ist, so hat er den Antrag an das Versicherungsamt mit dem zuständigen Ausschuß für Angestelltenversicherung abzugeben.

B. Ordnung des Verfahrens.

I. Allgemeines.

§ 5.

Die Kosten des nach § 18 der Verordnung vom 24. Dezember 1911 bestellten besonderen Vertreters gelten als gerichtliche Kosten.

§ 6.

Der Vorsitzende kann zur Aufklärung des Sachverhalts dem Versicherten, auch wenn er persönlich erscheint, ausnahmsweise gestatten, sich auf Kosten der Reichsversicherungsanstalt einen Vertreter zu nehmen. Der Vorsitzende bestimmt Art und Umfang der Vertretung; er kann auch den Vertreter selbst bestimmen.

§ 7.

Dem nach § 6 gestatteten Vertreter werden auf seinen Antrag die Auslagen erstattet, die er zur zweckentsprechenden Rechtsverfolgung aufgewendet hat. Auch kann ihm für seine Mühewaltung eine angemessene Vergütung gewährt werden. Der Antrag ist an den Vorsitzenden zu richten. Die Unterlagen für die Berechnung sind glaubhaft zu machen.

Die baren Auslagen werden besonders erstattet. Der Vorsitzende kann sie auch in die Vergütung einbeziehen oder neben der Vergütung einen Pauschbetrag festsetzen.

Reisekosten werden nur erstattet, wenn der Vorsitzende zur Ausführung der Reise vorher ermächtigt hatte. Nachträgliche Genehmigung ist ausnahmsweise statthaft, wenn die Reise notwendig war.

Für den durch eine Reise verursachten Zeitaufwand kann neben der Vergütung des Abs. 1 eine angemessene besondere Entschädigung gewährt werden. Ob eine Fahrt als Reise zu gelten hat, ist im Einzelfalle vom Vorsitzenden zu entscheiden.

§ 8.

Sind mehrere Streitfälle zu gemeinsamer Verhandlung und Entscheidung verbunden, so werden die nach § 7 zu zahlenden Beträge nur einmal gewährt, soweit nicht durch die Behandlung eines Falles besondere Kosten entstanden sind.

§ 9.

Die Kosten werden nach § 7 auch dann erstattet, wenn der Vertretene unterliegt.

Weitere Kosten werden auch im Falle des Obsiegens nicht erstattet.

§ 10.

Soweit nicht in den §§ 5 bis 9 etwas anderes bestimmt ist, gelten für die Kostenentscheidung ausschließlich die Vorschriften der §§ 311, 312 des Versicherungsgesetzes für Angestellte.

§ 11.

Ist ein Vertrauensmann mit der Einnahme eines Augenscheins außerhalb der mündlichen Verhandlung beauftragt, so kann er in einfacheren Fällen allein eine Feststellung zu den Akten bringen oder einreichen.

§ 12.

Für die Berichtigung und Ergänzung der Entscheidung gelten die Vorschriften der §§ 281, 282 des Versicherungsgesetzes für Angestellte in der Fassung des Gesetzes vom 10. November 1922.

§ 13.

Mündliche Verhandlung findet im Beschlußverfahren nur in den Fällen statt, die im § 296 g des Versicherungsgesetzes für Angestellte in der Fassung des Gesetzes vom 10. November 1922 und der Verordnung vom 30. Oktober 1923 (Reichsgesetzbl. I S. 1057) *) bestimmt sind.

II. Besonderer Teil.

§ 14.

Anträge auf Leistungen, die bei dem Versicherungsamte gestellt werden, sind unverzüglich an die Reichsversicherungsanstalt abzugeben, auch wenn der Antragsteller die Begutachtung der Sache durch das Versicherungsamt verlangt hat.

Das Versicherungsamt kann vor der Abgabe der Sache für die Beschaffung fehlender Beweisstücke sorgen, ärztliche Gutachten aber nicht einholen.

Wird die Sache von der Reichsversicherungsanstalt von Amts wegen oder auf Antrag des Antragstellers an das Versicherungsamt zur Begutachtung abgegeben, so gelten die §§ 15 bis 21.

§ 15.

Beim Anspruch auf Ruhegeld wegen Berufsunfähigkeit sind vorzulegen die Versicherungskarten, die Ersatzscheine (§ 172 des Versicherungsgesetzes für Angestellte in der Fassung des Gesetzes vom 10. November 1922) **) und etwaige Nachweise über die Beitragsleistung bei einer Ersatzkasse.

Ferner hat der Antragsteller eine ärztliche, behördliche oder andere zuverlässige Bescheinigung vorzulegen, aus der sich seine Beschwerden, der körperliche Befund, die Berufsunfähigkeit und ihre Dauer ergeben.

Hat der Antragsteller Kinder unter 18 Jahren (§ 56 des Versicherungsgesetzes für Angestellte in der Fassung des Gesetzes vom 13. Juli 1923, Reichsgesetzbl. I S. 636), so sind die Geburtsurkunden und die zum Nachweis der Verwandtschaft, der Ehelichkeitserklärung, der Annahme an Kindes Statt und der Feststellung der Vaterschaft erforderlichen Urkunden einzureichen.

Hat der Antragsteller auch Beiträge zur Invalidenversicherung entrichtet, so sind auch die im § 74 Abs. 1 der Verordnung vom 24. Dezember 1911 bezeichneten Urkunden vorzulegen.

§ 16.

Bei einem Antrag auf Witwenrente aus der Angestelltenversicherung ist Berufsunfähigkeit nicht nachzuweisen. Sie ist keine Voraussetzung des Anspruchs.

---

*) Jetzt § 288 AVG.!
**) Jetzt § 12 der Beitr.-O.!

§ 17.

Bei Ansprüchen auf Waisenrente aus der Angestelltenversicherung ist die Bedürftigkeit der Waisen in keinem Falle nachzuweisen. Sie ist keine Voraussetzung des Anspruchs.

§ 18.

Beim Anspruch auf Abfindung (§ 60 des Versicherungsgesetzes für Angestellte) sind die Sterbeurkunden und die das Verwandtschaftsverhältnis klarstellenden Urkunden vorzulegen, auch hat der Antragsteller glaubhaft zu machen, daß ihm Besserberechtigte nicht bekannt sind.

Außerdem gelten die Vorschriften über den Antrag auf Ruhegeld entsprechend.

§ 19.

Bei Ansprüchen auf Erstattung aus § 62 des Versicherungsgesetzes für Angestellte in der Fassung des Gesetzes vom 13. Juli 1923 ist die Heiratsurkunde vorzulegen.

Außerdem gelten die Vorschriften über den Antrag auf Ruhegeld entsprechend.

§ 20.

Bei Ansprüchen auf § 398 des Versicherungsgesetzes für Angestellte in der Fassung des Gesetzes vom 10. November 1922 sind die Sterbeurkunde und bei Ansprüchen von Witwen oder Witwern die Heiratsurkunden, bei Ansprüchen von Kindern die Geburtsurkunden und die Sterbeurkunde auch des andern Elternteils vorzulegen.

Außerdem gelten die Vorschriften über den Antrag auf Ruhegeld entsprechend.

§ 21.

Das Versicherungsamt hat bei einem Antrag aus der Invalidenversicherung festzustellen, ob der Antragsteller Beiträge auch zur Angestelltenversicherung und bei einem Antrag aus der Angestelltenversicherung, ob er Beiträge auch zur Invalidenversicherung entrichtet hat. In beiden Fällen hat das Versicherungsamt ferner festzustellen, ob der Antragsteller bereits früher Anträge auf Gewährung von Leistungen der Unfall-, der Invaliden- und Hinterbliebenen- oder der Angestelltenversicherung gestellt hat und welche Bescheide ihm erteilt worden sind.

Das Versicherungsamt hat von den betreffenden Versicherungsträgern die Akten und Belege einzufordern (Abschrift oder Auszug aus den Versicherungskonten der Reichsversicherungsanstalt, die Versicherungskarten, nötigenfalls auch die Quittungskarten der Invalidenversicherung, ferner die etwa vorhandenen Verhandlungen über Streit wegen der Versicherungspflicht, über Beitragsüberwachung, über Heilbehandlung, in geeigneten Fällen auch über frühere Invalidenrenten-, Altersrenten- und Hinterbliebenenansprüche sowie die etwa vorhandenen Krankenkassenakten usw.).

§ 22.

Das Versicherungsamt hat festzustellen, ob der Antragsteller Beiträge auch zur Invalidenversicherung entrichtet hat, und ob er bereits früher Anträge auf Gewährung von Leistungen der Unfall-, der Invaliden- oder der Angestelltenversicherung gestellt hat und welche Bescheide ihm erteilt worden sind.

(§ 23 ist weggefallen!)

C. Schlußbestimmungen.

§ 24.

§ 88 der Verordnung vom 24. Dezember 1911 erhält folgende Fassung:

„Außer den im § 1624 Abs. 1 der Reichsversicherungsordnung und den im § 262 des Versicherungsgesetzes für Angestellte bezeichneten Fällen findet eine mündliche Verhandlung im Spruchverfahren nicht statt, wenn

1. es sich lediglich um den Beginn oder die Höhe der Rente (Invalidenrente, Witwenrente, Ruhegeld) handelt,
2. es sich um einen Anspruch auf Invalidenrente wegen Zurücklegung des 65. Lebensjahrs handelt,
3. es sich um die Erfüllung der Wartezeit handelt, es sei denn, daß die Entscheidung von der Feststellung der Versicherungspflicht oder der Versicherungsberechtigung oder des Beginns der Invalidität oder der Berufsunfähigkeit abhängt.

§ 25.

§§ 96, 97 der Verordnung vom 24. Dezember 1911 gelten nicht für das Verfahren vor dem Ausschuß für Angestelltenversicherung. Statt dessen gelten die §§ 168 b, 168 n des Versicherungsgesetzes für Angestellte in der Fassung des Gesetzes vom 10. November 1922 und die dazu ergehenden Ausführungsbestimmungen.

§ 26.

Diese Verordnung tritt mit dem 1. Januar 1923 in Kraft.

Berlin, den 21. Dezember 1922.

Der Reichsarbeitsminister.

Dr. Brauns.

8. Verfahrensordnung für die Kammern der Angestelltenversicherung.

Vom 21. Dezember 1922.

Auf Grund des § 228a des Versicherungsgesetzes für Angestellte in der Fassung des Gesetzes über Änderung des Versicherungsgesetzes für Angestellte und der Reichsversicherungsordnung vom 10. November 1922 (Reichsgesetzbl. I S. 849) wird nach Anhören der Reichsversicherungsanstalt für Angestellte folgendes verordnet:

§ 1.

Für den Geschäftsgang und das Verfahren der Kammern für Angestelltenversicherung bei den Oberversicherungsämtern gelten sinngemäß die Vorschriften der Verordnung über Geschäftsgang und Verfahren der Oberversicherungsämter vom 24. Dezember 1911 (Reichsgesetzbl. S. 1095) in der Fassung des Art. III der Verordnung vom 14. Dezember 1923 (Reichsgesetzbl. I S. 1199), soweit nicht nachstehend etwas anderes bestimmt ist.

§ 2.

Alle Entscheidungen, Beschlüsse, Anordnungen, Verfügungen, Ersuchen, Berichte usw. der Kammer für Angestelltenversicherung ergehen unter dem Namen des Oberversicherungsamts mit dem Zusatz „Kammer für Angestelltenversicherung".

§ 3.

Die Kosten des nach § 15 der Verordnung vom 24. Dezember 1911 bestellten besonderen Vertreters gelten als gerichtliche Kosten.

§ 4.

Der Vorsitzende kann zur Aufklärung des Sachverhalts dem Versicherten, auch wenn er persönlich erscheint, ausnahmsweise gestatten, sich auf Kosten der Reichsversicherungsanstalt einen Vertreter zu nehmen. Der Vorsitzende bestimmt Art und Umfang der Vertretung. Er kann auch den Vertreter selbst bestimmen.

§ 5.

Dem Vertreter werden auf seinen Antrag die Auslagen erstattet, die er zur zweckentsprechenden Rechtsverfolgung aufgewendet hat, auch kann ihm für seine Mühewaltung eine angemessene Vergütung gewährt werden. Der Antrag ist an den Vorsitzenden zu richten, die Unterlagen für die Berechnung sind glaubhaft zu machen.

Die baren Auslagen werden besonders erstattet. Der Vorsitzende kann sie auch in die Vergütung einbeziehen oder neben der Vergütung einen Pauschbetrag festsetzen.

Reisekosten werden nur erstattet, wenn der Vorsitzende zur Ausführung der Reise vorher ermächtigt hatte. Nachträgliche Genehmigung ist ausnahmsweise statthaft, wenn die Reise notwendig war.

Für den durch eine Reise verursachten Zeitaufwand kann neben der Vergütung des Abs. 1 eine angemessene besondere Entschädigung gewährt werden. Ob eine Fahrt als Reise zu gelten hat, ist im Einzelfalle vom Vorsitzenden zu entscheiden.

§ 6.

Sind mehrere Streitfälle zu gemeinsamer Verhandlung und Entscheidung verbunden, so werden die nach § 5 zu zahlenden Beträge nur einmal gewährt, soweit nicht durch die Behandlung besondere Kosten entstanden sind.

§ 7.

Die Kosten werden nach § 5 auch dann erstattet, wenn der Vertretene unterliegt.

Weitere Kosten werden auch im Falle des Obsiegens nicht erstattet.

§ 8.

Soweit nicht in den §§ 3 bis 7 etwas anderes bestimmt ist, gelten für die Kostenentscheidung ausschließlich die Vorschriften der §§ 311, 312 des Versicherungsgesetzes für Angestellte.

Die auf Grund des § 311 auferlegten Kosten werden in der Entscheidung festgesetzt und wie Gemeindeabgaben beigetrieben.

§ 9.

Gegen Personen, die auf Grund des § 256 des Versicherungsgesetzes für Angestellte in der Fassung des Gesetzes vom 10. November 1922 aus dem Sitzungszimmer entfernt worden sind, wird in der gleichen Weise verfahren, wie wenn sie sich freiwillig entfernt hätten.

§ 10.

Der Vorsitzende oder das Oberversicherungsamt kann Auskünfte der Vertrauensmänner einholen. Die Äußerungen der Vertrauensmänner unterliegen keinen Formvorschriften.

§ 11.

Im Falle des § 372 i *) des Versicherungsgesetzes für Angestellte in der Fassung des Gesetzes vom 10. November 1922 ist für die Berufung dasjenige Oberversicherungsamt zuständig, in dessen Bezirk der Berechtigte zur Zeit der Berufseinlegung wohnt oder beschäftigt ist. Im übrigen gelten § 230 Abs. 2, §§ 231, 232 des Versicherungsgesetzes für Angestellte in der Fassung des Gesetzes vom 10. November 1922 entsprechend.

Eine entgegenstehende Vereinbarung ist nichtig.

§ 12.

In den Fällen des § 198 des Versicherungsgesetzes für Angestellte in der Fassung des Gesetzes vom 10. November 1922 und

---

*) Jetzt § 371 AVG.!

des § 358 des Versicherungsgesetzes für Angestellte entscheidet dasjenige Oberversicherungsamt, in dessen Bezirk die Pflichtwidrigkeit oder die strafbare Handlung begangen ist. Sind hiernach mehrere Oberversicherungsämter zuständig, so entscheidet das zuerst angegangene. Hält dieses ein anderes für zuständig, so gibt es die Sache dahin weiter.

Hält sich auch das letztere nicht für zuständig, so entscheidet das Reichsversicherungsamt über die Zuständigkeit.

§ 13.

Hat in unterer Instanz im Beschlußverfahren nicht der Vorsitzende, sondern der Ausschuß für Angestelltenversicherung beim Versicherungsamt entschieden, so entscheidet im Instanzenzuge die Kammer für Angestelltenversicherung; für die Zurückweisung des Rechtsmittels als verspätet gelten die allgemeinen Vorschriften.

§ 14.

Diese Verordnung tritt mit dem 1. Januar 1923 in Kraft.

Berlin, den 21. Dezember 1922.

Der Reichsarbeitsminister.
Dr. Brauns.

9. Verfahrensordnung der Senate für Angestelltenversicherung.

Vom 12. Januar 1923.

Auf Grund des § 228a des Versicherungsgesetzes für Angestellte in der Fassung des Gesetzes über Änderung des Versicherungsgesetzes für Angestellte und der Reichsversicherungsordnung vom 10. November 1922 (Reichsgesetzbl. I S. 849) wird nach Anhören der Reichsversicherungsanstalt für Angestellte folgendes verordnet:

§ 1.

Für den Geschäftsgang und das Verfahren der Senate für Angestelltenversicherung im Reichsversicherungsamte gelten sinngemäß die Bestimmungen der Verordnung über Geschäftsgang und Verfahren des Reichsversicherungsamts vom 24. Dezember 1911 (Reichsgesetzbl. 1911 S. 1083) in der Fassung des Art. V der Verordnung vom 14. Dezember 1923 (Reichsgesetzbl. I S. 1199), soweit nicht im Versicherungsgesetz für Angestellte oder nachstehend etwas anderes bestimmt ist.

Wo in der Verordnung über Geschäftsgang und Verfahren des Reichsversicherungsamts vom 24. Dezember 1911 von Spruchsenaten oder Beschlußsenaten die Rede ist, sind darunter auch die Spruchsenate und Beschlußsenate für Angestelltenversicherung zu verstehen.

§ 2.

Im § 4 der Verordnung über Geschäftsgang und Verfahren des Reichsversicherungsamts vom 24. Dezember 1911 tritt an Stelle des Wortes: „Hinterbliebenenversicherung" das Wort „Angestelltenversicherung".

§ 3.

§ 15 der Verordnung vom 24. Dezember 1911 wird wie folgt geändert:

a) im Satz 1 wird das Wort: „Hinterbliebenenversicherung" ersetzt durch das Wort: „Angestelltenversicherung",

b) als Satz 2 wird eingefügt: „Gehört der Dienstälteste von den Senatspräsidenten der Senate für Angestelltenversicherung nicht zu den drei dienstältesten Senatspräsidenten der Abteilung, so tritt er an die Stelle des jüngsten dieser drei Senatspräsidenten".

§ 4.

Zu den Entscheidungen des Beschlußsenats können Mitglieder des Reichsversicherungsamts (§ 168 r des Versicherungsgesetzes für Angestellte), die mit der Bearbeitung der Sache betraut sind, zugezogen werden.

(§ 5 ist weggefallen!)

§ 6.

Will ein Senat des Reichsversicherungsamts in einer grundsätzlichen Rechtsfrage von der Entscheidung eines anderen Senats des Reichsversicherungsamts oder will ein anderer Senat als der Senat für Angestelltenversicherung von einer Entscheidung des bisherigen Oberschiedsgerichts für Angestelltenversicherung abweichen, so hat er die Spruchsache an den Großen Senat zu verweisen.

§ 7.

Im § 35 Abs. 2 der Verordnung vom 24. Dezember 1911 tritt in Zeile 6 an die Stelle des Wortes: „Hinterbliebenenversicherung" das Wort: „Angestelltenversicherung", und sind in Zeile 6 hinter dem Worte: „Revisionssenat" hinzuzufügen die eingeklammerten Worte: „(für Angestelltenversicherung)".

§ 8.

Die §§ 3 bis 7 der Verfahrensordnung für die Kammern für Angestelltenversicherung vom 21. Dezember 1922 (Reichsgesetzbl. I S. 959 gelten entsprechend.

§ 9.

Diese Verordnung tritt am 1. Januar 1923 in Kraft.

Berlin, den 12. Januar 1923.

Der Reichsarbeitsminister.
In Vertretung
Dr. Geib.

10. Verordnung über Geschäftsgang und Verfahren der Versicherungsämter.*)

Vom 24. Dezember 1911 (RGBl. S. 1107).

Wir Wilhelm, von Gottes Gnaden Deutscher Kaiser, König von Preußen ꝛc.

verordnen auf Grund des § 35 Abs. 2 der Reichsversicherungsordnung im Namen des Reichs, nach erfolgter Zustimmung des Bundesrats, was folgt:

A. Einleitende Bestimmungen.

§ 1.

Vorsitzende, Versicherungsvertreter und Hilfskräfte des Versicherungsamts.

Die ständigen Stellvertreter des Vorsitzenden des Versicherungsamts (§ 39 der Reichsversicherungsordnung) werden, soweit sie nicht bereits einen Diensteid geleistet haben, durch einen Beauftragten der obersten Verwaltungsbehörde, in deren Bezirke das Versicherungsamt seinen Sitz hat, vor dem Antritt ihres Amtes auf die gewissenhafte Erfüllung der Amtspflichten eidlich verpflichtet. Das gleiche gilt für den Vorsitzenden eines als selbständige Behörde errichteten Versicherungsamts (§ 38 der Reichsversicherungsordnung).

Die Versicherungsvertreter werden spätestens in der ersten Verhandlung, zu der sie zugezogen werden, von dem Vorsitzenden des Versicherungsamts auf die gewissenhafte Erfüllung ihrer Amtspflichten eidlich verpflichtet (§ 53 Abs. 1 der Reichsversicherungsordnung). § 51 Abs. 5 des Gerichtsverfassungsgesetzes gilt entsprechend. Die Verpflichtung gilt für die Dauer der Wahlzeit. Im Falle der Wiederwahl genügt die Verweisung auf die frühere Verpflichtung.

Der Vorsitzende verpflichtet die Hilfskräfte des Versicherungsamts, soweit sie nicht bereits einen Diensteid geleistet haben, eidlich auf die gewissenhafte Erfüllung der Amtspflichten.

Über die Verpflichtung ist eine Niederschrift aufzunehmen.

§ 2.

Name und Wohnort des Vorsitzenden und seiner ständigen Stellvertreter sind in der Weise zu veröffentlichen, wie sie im Bezirke des Versicherungsamts für amtliche Bekanntmachungen der Verwaltungsbehörde üblich ist.

§ 3.

Der Vorsitzende übt die unmittelbare Dienstaufsicht über die Hilfskräfte aus.

---

*) In der jetzt gültigen Fassung!

§ 4.

Die Versicherungsvertreter haben dem Vorsitzenden anzuzeigen, wenn durch eine Änderung in ihren persönlichen Verhältnissen die Voraussetzungen ihrer Wählbarkeit (§ 47 der Reichsversicherungsordnung) wegfallen.

Werden dem Vorsitzenden von einem Versicherungsvertreter Tatsachen bekannt, die seine Wählbarkeit ausschließen oder eine grobe Verletzung seiner Amtspflicht darstellen (§ 52 der Reichsversicherungsordnung), so hat der Vorsitzende den Versicherungsvertreter zu den Sitzungen einstweilen nicht zuzuziehen. Vor der Enthebung vom Amte ist dem Versicherungsvertreter Gelegenheit zur Äußerung zu geben.

§ 5.

Spruchausschüsse und Beschlußausschuß.

Der Vorsitzende bildet die Spruchausschüsse und den Beschlußausschuß (§§ 56, 57 der Reichsversicherungsordnung).

Die Versicherungsvertreter für den Beschlußausschuß (§ 57 Abs. 2 der Reichsversicherungsordnung) werden schriftlich (durch einzusendende oder verdeckt abzugebende Stimmzettel) oder — sofern kein Widerspruch erfolgt — auf andere Weise (durch mündliche Abstimmung, Zuruf oder Handerheben) gewählt. Der Vorsitzende des Versicherungsamts leitet die Wahl. Bei Stimmengleichheit entscheidet das vom Vorsitzenden zu ziehende Los.

Über den Hergang der Wahl ist eine Niederschrift aufzunehmen. Bei Streit über die Wahl entscheidet das Oberversicherungsamt endgültig.

§ 6.

Der Vorsitzende des Versicherungsamts setzt im voraus für jedes Kalenderhalbjahr, zum ersten Male für die Zeit bis zum 31. Dezember 1912, die Reihenfolge fest, in der die Versicherungsvertreter und ihre Stellvertreter (§§ 40, 46 der Reichsversicherungsordnung) zu den Verhandlungen der Spruchausschüsse (§§ 1656, 1771 a. a. O.) zugezogen werden. Dabei sind die allgemeinen Bestimmungen zu beachten, die das Oberversicherungsamt getroffen hat.

Versicherungsvertreter, die im Beschlußausschusse mitwirken, sind entsprechend seltener zu den Verhandlungen der Spruchausschüsse zuzuziehen.

Die Gründe, aus denen in Ausnahmefällen von der im Abs. 1 festgesetzten Reihenfolge abgewichen wird, sind in den Akten zu vermerken.

§ 7.

Innerer Geschäftsgang.

Alle Entscheidungen, Beschlüsse, Anordnungen, Verfügungen, Ersuchen, Berichte usw. ergehen unter dem Namen des Versicherungsamts, und zwar, sofern sie von einem Spruchausschuß oder vom Beschlußausschuß ausgehen, unter zusätzlicher Bezeichnung des betreffenden Ausschusses.

§ 8.

Der Vorsitzende führt die Geschäfte und Verhandlungen des Versicherungsamts, zeichnet die Verfügungen und Entscheidungen und vollzieht die Reinschriften — vorbehaltlich des § 10 dieser Verordnung. Er regelt, leitet und beaufsichtigt den Geschäftsgang bei dem Versicherungsamte.

Der Tag des Eingangs ist auf den eingehenden Schriftstücken zu vermerken.

§ 9.

Im Falle der Behinderung des Vorsitzenden tritt an seine Stelle, vorbehaltlich des § 54 dieser Verordnung, der ständige Stellvertreter (§ 39 der Reichsversicherungsordnung).

Im übrigen bestimmt die oberste Verwaltungsbehörde das Nähere über die Vertretung des Vorsitzenden durch die ständigen Stellvertreter. Dabei ist dem Vorsitzenden die Befugnis vorzubehalten, im einzelnen Falle eine Amtshandlung selbst zu übernehmen.

§ 10.

Ausfertigungen und Abschriften. Vereinfachung des Geschäftsganges.

Ausfertigungen und Abschriften sind als solche zu bezeichnen.

Die Ausfertigungen werden am Schlusse mit dem Siegel des Versicherungsamts (§ 11 dieser Verordnung) versehen und entweder vom Vorsitzenden unterzeichnet oder, sofern dies von der obersten Verwaltungsbehörde zugelassen ist, von einem Bureau- oder Kanzleibeamten des Versicherungsamts in der Weise vollzogen, daß unter die einschließlich der Unterschrift gefertigte Abschrift gesetzt wird:

„Die Übereinstimmung dieser Ausfertigung mit der Urschrift wird hierdurch beglaubigt",

und daß der Beamte diesen Zusatz unter Bezeichnung seiner Amtseigenschaft unterschreibt.

Die oberste Verwaltungsbehörde kann, soweit es sich nicht um Verfügungen mit entscheidendem Inhalt (§ 34 dieser Verordnung) handelt, anordnen oder genehmigen, daß und in welcher Form der Erlaß einfacher Verfügungen, insbesondere vorbereitender, prozeßleitender und ähnlicher Art, sowie die Vollziehung der Reinschriften durch einen Bureau- oder Kanzleibeamten geschehen darf.

§ 11.

Siegel. Geschäftssprache.

Das Versicherungsamt führt ein Siegel, das die Bezeichnung des Versicherungsamts unter Angabe seines Sitzes zu enthalten hat und im übrigen durch die für den Sitz des Versicherungsamts zuständige oberste Verwaltungsbehörde bestimmt wird.

Für die Geschäftssprache vor dem Versicherungsamte gelten die §§ 186 bis 193 des Gerichtsverfassungsgesetzes*) entsprechend. Schrift-

---

*) Jetzt §§ 184 bis 191!

stücke, die nicht in deutscher Sprache abgefaßt sind, brauchen nicht berücksichtigt zu werden.

§ 12.

Besondere Bestimmungen.

Für Versicherungsämter, die bei unteren Verwaltungsbehörden errichtet sind, gelten die §§ 2, 8, 9, 10 dieser Verordnung nicht. Die oberste Verwaltungsbehörde bestimmt das Nähere.

B. Ordnung des Verfahrens.

I. Allgemeiner Teil.

§ 13.

Antrag.

Die Anträge sind schriftlich oder mündlich zu stellen.

Wird ein Antrag mündlich gestellt, so ist darüber eine Niederschrift zu fertigen.

Die Anträge sollen den Anspruch bestimmt bezeichnen, insbesondere den in Anspruch genommenen Träger der Versicherung oder den beteiligten sonstigen Verpflichteten und den etwa erteilten Bescheid sowie die Tatsachen und Beweismittel angeben, die zur Begründung des Anspruchs dienen.

§ 14.

Ist den im § 13 dieser Verordnung bezeichneten Erfordernissen nicht vollständig genügt, insbesondere der Antrag nicht hinreichend bestimmt, so hat das Versicherungsamt die Ergänzung zu veranlassen. Es hat auch dahin zu wirken, daß die Parteien die angemessenen und sachdienlichen Anträge stellen.

§ 15.

Vertretung der Parteien.

Die Schriftsätze müssen entweder von dem Antragsteller selbst oder seinem gesetzlichen Vertreter oder von einem Bevollmächtigten unterzeichnet sein.

§ 16.

Die Beistände prozeßfähiger Personen, die mit diesen erschienen sind, sind neben den Parteien auf deren Verlangen zu hören.

§ 17.

Die Prozeßfähigkeit der Parteien, die Vertretungsbefugnisse sowie die Vollmachten sind von Amts wegen zu prüfen. Der Vorsitzende hat darauf hinzuwirken, daß etwaige Mängel beseitigt werden.

§ 18.

Für nicht prozeßfähige Parteien ohne gesetzlichen Vertreter hat der Vorsitzende die Bestellung eines solchen (Vormundes oder Pflegers) zu veranlassen. Bis zu dessen Eintritt kann der Vorsitzende der

Partei für das Verfahren einen besonderen Vertreter bestellen. Diesem stehen in dem Verfahren alle Parteirechte außer der Empfangnahme von Zahlungen zu.

Das Gleiche gilt, wenn der Aufenthaltsort der Partei oder ihres gesetzlichen Vertreters unbekannt oder vom Sitze des Versicherungsamts weit entfernt ist.

Die nicht prozeßfähige Partei ist auf ihr Verlangen selbst zu hören.

Die Kosten des besonderen Vertreters gelten als Parteikosten (§ 1670 der Reichsversicherungsordnung, § 35 dieser Verordnung).

§ 19.

Die Vollmacht muß schriftlich erteilt werden. Ehegatten, Verwandte oder Verschwägerte der aufsteigenden Linie und volljährige Verwandte oder Verschwägerte der absteigenden Linie können auch ohne den Nachweis einer schriftlichen Vollmacht zur Vertretung zugelassen werden. Dasselbe gilt von den im § 1663 Abs. 2 der Reichsversicherungsordnung bezeichneten Personen; indessen ist diesen die Nachbringung einer schriftlichen Vollmacht aufzugeben. Die Partei muß die Prozeßführung gegen sich gelten lassen, wenn sie auch nur mündlich Vollmacht erteilt oder wenn sie die Prozeßführung ausdrücklich oder stillschweigend genehmigt hat.

Die Vorschriften der Reichsversicherungsordnung über die Zurückweisung von Bevollmächtigten und Beiständen (§ 1663) gelten für das Verfahren vor dem Versicherungsamt auch außerhalb der Fälle, für die jene Vorschriften getroffen sind.

§ 20.

Beifügung von Abschriften.

In Streitsachen über Ansprüche, die das Versicherungsamt zu entscheiden hat, ist von den eingereichten Schriftstücken für jeden Gegner eine Abschrift beizufügen. Das Versicherungsamt kann jedoch die Einreichung von Abschriften der Schriftstücke erlassen. Wird eine Abschrift nicht eingereicht, so kann das Versicherungsamt die erforderlichen Abschriften anfertigen lassen und die Kosten dafür vom Antragsteller einziehen.

§ 21.

Mitteilung des Antrags an die Beteiligten.

In den im § 20 dieser Verordnung bezeichneten Streitsachen wird jedem Beteiligten der Antrag oder der wesentliche Inhalt des Antrags mit dem Anheimgeben mitgeteilt, binnen einer bestimmten Frist, die in der Regel nicht länger als zwei Wochen zu bemessen ist, eine Gegenerklärung abzugeben. Dabei ist darauf hinzuweisen, daß auch verhandelt und entschieden werden kann, wenn die Gegenerklärung nicht innerhalb der Frist abgegeben sei.

Die Frist zur Gegenerklärung kann auf Antrag verlängert werden.

§ 22.

Akteneinforderung.

Wenn der Versicherungsträger oder der sonst Verpflichtete dem Versicherungsamte die Verhandlungen nicht gleichzeitig mit dem Antrag auf Entscheidung oder mit der Gegenerklärung eingereicht hat, so hat das Versicherungsamt sie unverzüglich einzufordern.

Die Vorverhandlungen umfassen die sämtlichen Schriftstücke über den Anspruch, die bei dem Versicherungsträger oder dessen Organen oder bei den sonst Verpflichteten vorhanden sind, einschließlich derjenigen, die sich in Vorakten befinden oder etwa im Laufe des Verfahrens neu entstanden sind. Die neuen Schriftstücke sind auch ohne Auffordern unverzüglich nachzureichen.

§ 23.

Zuziehung Dritter.

Dritte, die an dem Ausgang des Verfahrens ein berechtigtes Interesse haben, können vom Versicherungsamt auf Antrag oder von Amts wegen zum Verfahren zugezogen werden.

Solche Dritte sind auch ohne Zuziehung jederzeit berechtigt, dem Verfahren beizutreten, Ausführungen zu machen und Anträge zu stellen.

Sie sind im Falle der Zuziehung oder des Beitritts von dem Gange und dem Ausgang des Verfahrens in Kenntnis zu setzen.

§ 24.

Klarstellung des Sachverhalts.

Für die Vorbereitung der Entscheidung und für die Klarstellung des Sachverhalts gilt § 1652 der Reichsversicherungsordnung auch in anderen als den dort vorgesehenen Fällen entsprechend.

§ 25.

Sollen in oder außerhalb einer mündlichen Verhandlung Beweise erhoben, insbesondere Zeugen oder Sachverständige vernommen werden, so ist den Beteiligten eine Nachricht über Zeit, Ort und Gegenstand der Beweisverhandlung mit dem Bemerken zuzustellen, daß ihnen die Anwesenheit bei der Vernehmung auf ihre Kosten freistehe.

Zwischen der Benachrichtigung und dem Tage der Beweisverhandlung soll in der Regel ein Zeitraum von mindestens drei Tagen liegen.

Die Beteiligten sind berechtigt, den Zeugen oder Sachverständigen oder einem anderen Beteiligten diejenigen Fragen vorlegen zu lassen, welche sie zur Aufklärung der Sache für dienlich halten. Der Vorsitzende kann ihnen gestatten, selbst Fragen zu stellen. Zweifel über die Zulässigkeit einer Frage entscheidet der Vorsitzende.

§ 26.

Der Vorsitzende kann das persönliche Erscheinen einer Partei zu einer Beweiserhebung oder zum Zwecke einer solchen anordnen.

In diesem Falle ist ihr zu eröffnen, daß ihr auf Verlangen dafür bare Auslagen und Zeitverlust vergütet werden, und daß aus dem Nichterscheinen ungünstige Schlüsse für ihren Anspruch gezogen werden können.

§ 27.

Den Zeugen und Sachverständigen ist mit der Ladung der Gegenstand ihrer Vernehmung mitzuteilen. Aus besonderen Gründen, namentlich zur Herbeiführung einer unbeeinflußten, wahren Aussage, kann hiervon abgesehen werden. Die Gründe sind in den Akten zu vermerken.

§ 28.

Über die Beweisaufnahme ist unter Zuziehung eines vereidigten oder durch Handschlag verpflichteten Schriftführers eine Niederschrift aufzunehmen.

Den Zeugen und Sachverständigen ist ihre niedergeschriebene Aussage unmittelbar nach der Vernehmung vorzulesen oder zur Durchsicht vorzulegen und Gelegenheit zur Berichtigung und Ergänzung zu geben. In der Niederschrift ist zu bemerken, daß sie vorgelesen oder vorgelegt und daß sie genehmigt ist oder welche Einwendungen erhoben sind.

§ 46 Abs. 2, § 47 Abs. 2 dieser Verordnung sind anzuwenden.

Über das Ergebnis eines Augenscheins außerhalb der mündlichen Verhandlung kann in einfacheren Fällen der Vorsitzende oder der von ihm beauftragte Versicherungsvertreter (§ 55 der Reichsversicherungsordnung) allein eine Feststellung zu den Akten bringen.

Abs. 1 bis 3 und § 25 gelten nicht für eine lediglich vorbereitende Befragung von Auskunftspersonen.

§ 29.

Unterbrechung des Verfahrens.

Die Vorschriften des § 239 Abs. 1, 2 und der §§ 241, 249 der Zivilprozeßordnung über die Unterbrechung des Verfahrens gelten entsprechend.

§ 30.

Mitteilung neuen Vorbringens und der Beweisergebnisse.

Vor der Entscheidung über zulässige und rechtzeitige Anträge soll den Beteiligten von erheblichem neuen tatsächlichen Vorbringen der Gegner und von Beweiserhebungen, die ohne ihre rechtzeitige (§ 25 Abs. 2 dieser Verordnung) Benachrichtigung in ihrer Abwesenheit stattgefunden haben, Kenntnis und Gelegenheit zur Äußerung binnen angemessener Frist gegeben werden.

§ 31.

Entscheidung.

Das Versicherungsamt entscheidet innerhalb der erhobenen Ansprüche nach freiem Ermessen.

§ 32.

In der Entscheidung werden die nach § 1802 der Reichsversicherungsordnung einem Beteiligten etwa auferlegten Kosten festgesetzt.

§ 33.

Am Schlusse der Entscheidung, die über einen Anspruch ergeht — einschließlich der nach § 1657 der Reichsversicherungsordnung erlassenen Vorentscheidung —, ist darauf hinzuweisen, ob ein Rechtsmittel und zutreffendenfalls welches Rechtsmittel gegen sie gegeben und innerhalb welcher Frist und wo es einzulegen ist (§§ 128, 129, 1675, 1680, 1792, 1797 der Reichsversicherungsordnung). In Spruchsachen der Krankenversicherung ist ferner darauf hinzuweisen, daß das Oberversicherungsamt dem unterliegenden Teile eine Gebühr auflegt*) (§ 1803 der Reichsversicherungsordnung).

§ 34.

Entscheidungen, die durch ein Rechtsmittel anfechtbar sind, sind schriftlich niederzulegen und mit Gründen zu versehen; den Beteiligten sind sie mit den Gründen in Ausfertigung (§ 10 Abs. 2 dieser Verordnung) zuzustellen (§§ 135, 136 der Reichsversicherungsordnung).

§ 35.

Für die Kostenentscheidung sowie für die Berichtigung und Ergänzung der Entscheidung sind die Vorschriften der Reichsversicherungsordnung (§§ 1670, 1673, 1674) auch außerhalb der darin vorgesehenen Fälle entsprechend anzuwenden.

§ 36.

Akteneinsicht.

Die Beteiligten können — vorbehaltlich der Vorschriften im § 1631 Abs. 2, § 1653 Abs. 2 der Reichsversicherungsordnung — Einsicht in die Akten nehmen und sich daraus gegen Erstattung der Kosten Ausfertigungen, Auszüge und Abschriften erteilen lassen. Der Vorsitzende kann aus besonderen Gründen die Akteneinsicht versagen oder beschränken.

Dritten Personen kann der Vorsitzende des Versicherungsamts ohne Einwilligung der Parteien die Einsicht der Akten nur gestatten, wenn ein rechtliches Interesse glaubhaft gemacht wird.

Die Entwürfe zu Entscheidungen sowie Schriftstücke, die Abstimmungen betreffen, werden weder vorgelegt noch abschriftlich mitgeteilt.

---

*) Diese Vorschrift ist aufgehoben; § 1803 RVO. hat jetzt einen anderen Inhalt.

II. Besonderer Teil.

I. Verfahren mit mündlicher Verhandlung.

(§§ 1618 Abs. 2, 1626, 1660 bis 1674, 1771 bis 1775, 1781 Abs. 4 der Reichsversicherungsordnung, § 61 dieser Verordnung.)

1. Gemeinsame Vorschriften.

§ 37.

Verhandlungsort.

Die mündliche Verhandlung findet in der Regel am Sitze des Versicherungsamts statt. Der Vorsitzende ist jedoch befugt, die Verhandlung an einem anderen Orte des Bezirkes des Versicherungsamts anzuberaumen; die oberste Verwaltungsbehörde kann Näheres bestimmen.

§ 38.

Verhandlungszeit.

Von Ort und Zeit der mündlichen Verhandlung sind die Parteien und die etwa zugezogenen oder einer Partei beigetretenen Beteiligten, soweit sie ein Recht zum Erscheinen haben, zu benachrichtigen, und zwar in der Regel durch eingeschriebenen Brief oder gegen Postzustellungsurkunde. Wird einer der Bezeichneten durch einen Bevollmächtigten vertreten, so wird dieser benachrichtigt; beide werden benachrichtigt, wenn das persönliche Erscheinen eines der Bezeichneten angeordnet ist. Sind mehrere Bevollmächtigte einer Partei vorhanden, so genügt die Zustellung an einen Bevollmächtigten. Ein Ausweis über die Zustellung soll zu den Akten gebracht werden.

§ 39.

Zwischen der Mitteilung der Verhandlungszeit und dieser selbst soll regelmäßig im Spruchausschuß- und Beschlußausschußverfahren ein Zeitraum von mindestens einer Woche, im übrigen von mindestens drei Tagen liegen. Die Gründe für eine Abweichung von der Regel sind aktenkundig zu machen.

§ 40.

Die Parteien sind in der Mitteilung von der Verhandlungszeit darauf hinzuweisen, daß ihre Ansprüche von Amts wegen geprüft werden, daß ihr persönliches Erscheinen oder das Erscheinen eines Vertreters nicht erforderlich ist, und daß auch im Falle ihres Ausbleibens verhandelt und entschieden werden kann. In den Fällen der Begutachtung durch das Versicherungsamt (§ 1618 Abs. 2, § 1626 Abs. 1 der Reichsversicherungsordnung) ist darauf hinzuweisen, daß das Gutachten nach Lage der Akten werde erstattet werden. Bei der Anordnung des persönlichen Erscheinens einer Partei ist ihr zu eröffnen, daß ihr auf Verlangen bare Auslagen und Versäumnis vergütet werden (§ 1669 Abs. 1, § 1789 der Reichsversicherungsordnung), und daß aus dem Nichterscheinen ungünstige Schlüsse für ihren Anspruch gezogen werden können.

§ 41.

Die Reihenfolge der Sachen, die zur mündlichen Verhandlung gelangen, wird durch den Vorsitzenden bestimmt und durch Aushang vor dem Sitzungszimmer bekanntgemacht; die Sachen werden nach Aufruf in der Regel in der Reihenfolge erledigt, wie sie der Aushang ergibt.

§ 42.

Verhandlung.

Gegen Personen, die auf Grund des § 1664 der Reichsversicherungsordnung aus dem Sitzungszimmer entfernt worden sind, wird in gleicher Weise verfahren, wie wenn sie sich freiwillig entfernt hätten.

§ 43.

Wird bei der Verhandlung ein Bevollmächtigter oder Beistand zurückgewiesen (§ 1622 Abs. 2, § 1663 der Reichsversicherungsordnung) ohne daß dies der Partei vorher rechtzeitig angedroht worden ist, so ist, falls die Partei nicht erschienen ist oder falls sie es beim Erscheinen auf Befragen beantragt, die Verhandlung auszusetzen und eine neue Verhandlungszeit anzuberaumen.

§ 44.

Die mündliche Verhandlung wird vom Vorsitzenden geleitet und beginnt mit der Darstellung des Sachverhalts durch ihn oder durch eine andere von ihm hierzu bestimmte, beim Versicherungsamte beschäftigte Person.

Demnächst sind die erschienenen Beteiligten zu hören. Der Vorsitzende hat das Sach- und Streitverhältnis mit ihnen zu erörtern und dahin zu wirken, daß sie über alle erheblichen Tatsachen sich vollständig erklären sowie die angemessenen und sachdienlichen Anträge stellen.

Die Anträge können ergänzt, berichtigt oder geändert werden.

Der Vorsitzende hat den Versicherungsvertretern auf Verlangen zu gestatten, Fragen an die erschienenen Parteien, Parteivertreter, Beistände, Zeugen und Sachverständigen zu stellen. Zweifel über die Zulässigkeit der Fragen entscheidet der Vorsitzende.

Beschließt das Versicherungsamt eine Beweiserhebung, so soll die Aufnahme des Beweises, soweit dies tunlich ist, sofort erfolgen; insbesondere sollen Zeugen und Sachverständige, deren Vernehmung zweckdienlich erscheint, sofort vernommen werden, falls sie zur Stelle sind oder ihre unverzügliche Gestellung möglich ist.

§ 45.

Niederschrift.

Über die mündliche Verhandlung ist auch außerhalb der im Gesetze vorgesehenen Fälle (§ 1622 Abs. 2, §§ 1626, 1672 der

Reichsversicherungsordnung) durch einen vereidigten Schriftführer eine Niederschrift aufzunehmen.

Sie enthält Ort und Tag der Verhandlung, die Bezeichnung der verhandelten Sache, gegebenenfalls die Bezeichnung des tagenden Spruch- oder Beschlußausschusses, ferner den Namen und Beruf des Vorsitzenden, des Vertreters der Arbeitgeber, des Vertreters der Versicherten und des Schriftführers sowie des etwa zugezogenen Dolmetschers unter Bezeichnung der Eigenschaft, in der sie mitwirken, schließlich die Namen der erschienenen Beteiligten, Vertreter und Beistände sowie die Angabe, daß öffentlich verhandelt oder die Öffentlichkeit ausgeschlossen ist.

§ 46.

Die Niederschrift hat den Gang der Verhandlung im allgemeinen wiederzugeben. Insbesondere sind aufzunehmen

1. Erklärungen der Beteiligten, welche die Zurücknahme eines Antrags bezwecken, Anerkenntnisse, Verzichtleistungen und Vergleiche sowie andere Parteierklärungen, namentlich Geständnisse, deren Feststellung das Versicherungsamt beim Schlusse der mündlichen Verhandlung für angemessen erachtet,
2. solche Anträge und erheblichen Erklärungen der Beteiligten, die von dem Inhalt der Schriftsätze abweichen,
3. die Aussagen der Zeugen und Sachverständigen und die Feststellung, ob sie beeidigt sind oder nicht,
4. das Ergebnis eines Augenscheins,
5. die Entscheidungen des Versicherungsamts (Urteils- oder Beschlußformel, Inhalt der Verfügungen) und die Gutachten, die nach §§ 1618 Abs. 2, § 1626 Abs. 1 der Reichsversicherungsordnung zu erstatten sind,
6. die Verkündung der Entscheidungen, soweit dies vorgeschrieben ist (§ 1671 Abs. 1 der Reichsversicherungsordnung und § 51 dieser Verordnung).

Der Aufnahme in die Niederschrift steht die Aufnahme in eine Schrift gleich, die der Niederschrift als Anlage beigefügt, als solche vom Vorsitzenden und Schriftführer gekennzeichnet und in der Niederschrift aufgeführt ist.

§ 47.

Die Niederschrift ist, soweit sie die Nummern 1 bis 3 des § 46 betrifft, den Beteiligten vorzulesen oder zur Durchsicht vorzulegen. In der Niederschrift ist zu bemerken, daß dies geschehen und die Genehmigung erfolgt ist oder welche Einwendungen erhoben sind.

Die Niederschrift ist von dem Vorsitzenden und dem Schriftführer zu unterzeichnen. Ist der Vorsitzende verhindert, so genügt die Unterschrift des Schriftführers. Die Tatsache der Verhinderung des Vorsitzenden ist in der Niederschrift zu vermerken.

2. Sonderbestimmungen für das Verfahren vor den Spruchausschüssen, vor dem Vorsitzenden im Falle des § 1661 der Reichsversicherungsordnung und vor dem Beschlußausschusse.

a) Gemeinsames.

§ 48.

Verhandlung ohne vorausgegangenen Schriftwechsel.

In einfachen Fällen, namentlich dann, wenn das tatsächliche Verhältnis aus den Akten und Urkunden sich sofort feststellen läßt, kann alsbald Termin zur mündlichen Verhandlung anberaumt werden. Dem Gegner sind dann gleichzeitig mit der Terminsnachricht Abschriften des Antrags und der ihm noch nicht bekannten Beweisstücke mitzuteilen oder es ist ihm von dem wesentlichen Inhalt des Antrags und der Beweisstücke Kenntnis zu geben.

§ 49.

Mitwirkende an den Entscheidungen.

Bei den Entscheidungen dürfen nur Mitglieder mitwirken, vor denen die mündliche Verhandlung stattgefunden hat.

§ 50.

Beratung und Abstimmung.

Die Beratung und Beschlußfassung schließen sich unmittelbar an die mündliche Verhandlung an. Sie sind nicht öffentlich. Außer den zur Entscheidung Berufenen und dem Schriftführer dürfen nur die bei dem Versicherungsamte beschäftigten Personen zugegen sein, welchen der Vorsitzende des Versicherungsamts die Anwesenheit zu ihrer Ausbildung gestattet hat.

Bei der Abstimmung (§§ 1667, 1771, § 1790 Abs. 1 der Reichsversicherungsordnung) stimmen zunächst die Versicherungsvertreter, und zwar zuerst der dem Lebensalter nach jüngere. Die §§ 196, 197 des Gerichtsverfassungsgesetzes gelten entsprechend.

Die Abstimmung der einzelnen Mitglieder darf keinen schriftlichen Ausdruck finden.

Über den Hergang bei der Beratung und über das Stimmenverhältnis ist zu schweigen.

§ 51.

Verkündung.

Die Entscheidungen (Urteile — § 1661, § 1671 Abs. 1 der Reichsversicherungsordnung —, Beschlüsse und Verfügungen), die auf Grund mündlicher Verhandlung ergehen, sind zu verkünden. Die Gründe werden verkündet, soweit dies für erforderlich gehalten wird.

§ 52.

Die Verkündung der Entscheidung kann auf eine spätere Sitzung vertagt werden, die in der Regel sofort anzuberaumen ist und binnen einer Woche stattfinden soll.

§ 53.

Schriftliche Abfassung der Entscheidung.

Die Entscheidung wird schriftlich abgefaßt. Sie enthält eine gedrängte Darstellung des Sachverhalts unter Hervorhebung der Anträge (Tatbestand) und die Entscheidungsgründe (§ 34 dieser Verordnung); äußerlich davon zu sondern ist die Entscheidungsformel.

Im Eingang der Entscheidung sind die Beteiligten und ihre gesetzlichen Vertreter, das Versicherungsamt, der entscheidende Ausschuß, der Vorsitzende und — in der im § 45 Abs. 2 dieser Verordnung bezeichneten Reihenfolge — die Versicherungsvertreter, die an der Entscheidung teilgenommen haben, aufzuführen. Auch ist der Sitzungstag, an dem die Entscheidung ergangen ist, zu bezeichnen und anzugeben, ob mündlich verhandelt ist.

§ 54.

Die Urschrift der Entscheidung wird von dem Vorsitzenden, sofern er aber behindert ist, für ihn von dem an Lebensjahren ältesten Beisitzer unterzeichnet.

§ 55.

Erteilung von Ausfertigungen und Abschriften.

Die Ausfertigung der Entscheidung soll binnen zwei Wochen nach der Entscheidung den Beteiligten oder ihren gesetzlichen Vertretern zugestellt werden.

Ist ein Beteiligter durch einen Bevollmächtigten vertreten, so ist diesem die Ausfertigung zuzustellen. Sind mehrere Bevollmächtigte einer Partei vorhanden, so genügt die Zustellung an einen Bevollmächtigten.

b) Verhandlung vor den Spruchausschüssen und vor den Vorsitzenden im Falle des § 1661 der Reichsversicherungsordnung.

§ 56.

Verfahren beim Ausschlusse der Öffentlichkeit.

Das Verfahren beim Ausschlusse der Öffentlichkeit (§ 1660 Abs. 2, § 1671 Abs. 1 der Reichsversicherungsordnung) richtet sich nach den §§ 174 Abs. 2, 175 Abs. 1 des Gerichtsverfassungsgesetzes *).

*) Jetzt §§ 173 Abs. 2, 174 Abs. 1!

§ 57.

Verhandlungen außerhalb der Sitzung.

Verhandlungen außerhalb der Sitzung — insbesondere Beweisaufnahmen (§§ 25 bis 28 dieser Verordnung) — sind nicht öffentlich.

§ 58.

Form der Ausfertigung der Urteile.

Die Ausfertigungen der Urteile (§ 55 dieser Verordnung) erhalten die Überschrift, die für die gerichtlichen Urteile vorgeschrieben (z. B. „Im Namen des Königs") oder im Falle des § 36 Abs. 2 der Reichsversicherungsordnung von den beteiligten Landesregierungen vereinbart ist.

c) Verfahren in Sachen, die dem Beschlußausschusse überwiesen sind.

§ 59.

Entscheidungen des Vorsitzenden ohne die Versicherungsvertreter.

Verspätete und unzulässige Anträge können ohne Verhandlung des Beschlußausschusses durch eine mit Gründen versehene Verfügung des Vorsitzenden verworfen werden.

Der Antragsteller kann binnen einer Woche nach der Zustellung die Entscheidung des Beschlußausschusses anrufen. Die Verfügung muß darauf hinweisen.

§ 60.

In anderen Fällen kann der Vorsitzende ohne Verhandlung des Beschlußausschusses eine Vorentscheidung treffen. Die §§ 1657 und 1658 der Reichsversicherungsordnung sind entsprechend anzuwenden.

§ 61.

Mündliche Verhandlung.

Soweit in einer Beschlußsache vor dem Beschlußausschusse zu verhandeln ist, kann der Vorsitzende mündliche Verhandlung anordnen.

§ 62.

Mitteilung an die Versicherungsvertreter.

Den Versicherungsvertretern, die an der Verhandlung mitwirken, ist abgesehen von eiligen Fällen mitzuteilen, welche Sachen verhandelt werden sollen.

II. Verfahren bei Entlassung eines der Dienstordnung unterstehenden Angestellten einer Krankenkasse oder eines Kassenverbandes (§ 358 Abs. 1 Satz 3, § 413 Abs. 2 Satz 1 der Reichsversicherungsordnung).

§ 63.

Für das Verfahren bei Entlassung eines Angestellten einer Krankenkasse oder eines Kassenverbandes, welcher der Dienstordnung untersteht, gelten die Vorschriften über das Verfahren vor dem Beschlußausschusse sowie die §§ 13 bis 55, 59 bis 62 dieser Verordnung, soweit die §§ 64 bis 72 nichts anderes bestimmen.

§ 64.

Staatsanwaltschaft.

Nach Eingang des Antrags auf Entscheidung des Versicherungsamts (Beschlußausschusses) überreicht der Vorsitzende des Versicherungsamts die Akten der höheren Verwaltungsbehörde. Diese ernennt einen oder mehrere Beamte, die im Verfahren die Verrichtungen der Staatsanwaltschaft wahrzunehmen haben. Den Beamten der Staatsanwaltschaft sind die Akten, die auf das Verfahren Bezug haben, auf Verlangen jederzeit vorzulegen.

§ 65.

Vernehmung des Angestellten und Beweiserhebungen.

Der entlassene Angestellte ist unter Mitteilung der Anschuldigung vor den Vorsitzenden des Versicherungsamts zur Vernehmung vorzuladen und zu befragen, ob und zutreffendenfalls welche Beweiserhebungen (§§ 24 bis 28 dieser Verordnung) er vor der mündlichen Verhandlung beantragt.

Der Beamte der Staatsanwaltschaft und die Krankenkasse sind von den Zeiten der Vernehmung des Angestellten und der Beweiserhebungen zu benachrichtigen und befugt, ihnen beizuwohnen oder sich dabei vertreten zu lassen.

Die Zeugen sind auf Antrag des Beamten der Staatsanwaltschaft oder des Angestellten oder der Krankenkasse in der mündlichen Verhandlung zu vernehmen, wenn die Tatsachen, über die sie vernommen werden sollen, erheblich sind und das Versicherungsamt nicht die Überzeugung gewinnt, daß der Antrag nur auf Verschleppung der Sache abzielt. Der Antrag kann abgelehnt werden, wenn dem Erscheinen des Zeugen Krankheit, große Entfernung oder andere erhebliche Hindernisse entgegenstehen. Als große Entfernung im Sinne dieser Verordnung gilt es nicht, wenn der Zeuge sich im Bezirke des dem Versicherungsamt übergeordneten Oberversicherungsamts befindet.

§ 66.

Anschuldigungsschrift.

Der Beamte der Staatsanwaltschaft fertigt eine Anschuldigungsschrift an, sobald die Sache vorbereitet ist. Die Anschuldigungsschrift muß außer der Anschuldigung die ihr zu Grunde liegenden Tatsachen und die Beweismittel enthalten. Der Beamte der Staatsanwaltschaft ist an die Auffassung der Krankenkasse und des Versicherungsamts nicht gebunden. Hält er die Anschuldigung nicht für begründet und wird die Entlassung nicht zurückgenommen (§ 70 Abs. 1 dieser Verordnung), so bringt er seine Auffassung in der Anschuldigungsschrift zum Ausdruck.

§ 67.

Mündliche Verhandlung.

Der Angestellte und die Krankenkasse werden unter Mitteilung einer Abschrift der Anschuldigungsschrift zur mündlichen Verhandlung in einer vom Vorsitzenden zu bestimmenden Sitzung des Versicherungsamts (Beschlußausschuß) geladen. Die Verhandlung ist nicht öffentlich (§ 1790 Abs. 1 der Reichsversicherungsordnung).

Der Beamte der Staatsanwaltschaft wird von der Sitzung benachrichtigt.

Auch in Abwesenheit der Beteiligten wird mündlich verhandelt.

§ 68.

In der Ladung ist dem Angeschuldigten und der Krankenkasse mitzuteilen, daß und wie sie sich vertreten lassen können, und daß auch im Falle des Ausbleibens des Angestellten oder der Parteivertreter die Sache verhandelt und entschieden werde.

Ist nachgewiesen, daß ein Vertreter bestellt ist, so ist dieser in der gleichen Weise von der Sitzung zu benachrichtigen.

Ist das persönliche Erscheinen des Angeschuldigten angeordnet, so müssen die Ladung an ihn und die Nachricht an seinen Vertreter die Verwarnung enthalten, daß bei seinem Ausbleiben ein Vertreter zur Verteidigung nicht werde zugelassen werden.

§ 69.

In der mündlichen Verhandlung wird der wesentliche Inhalt der Anschuldigung vom Beamten der Staatsanwaltschaft mündlich vorgetragen.

Demnächst wird der Angeschuldigte vernommen.

Der Vorsitzende gibt, wenn dies nach den Erklärungen des Angeschuldigten noch erforderlich ist, auf Grund der Verhandlungen eine Darstellung der Beweisaufnahme, soweit sie sich auf die Anschuldigung bezieht.

Soweit der Beschlußausschuß es für erforderlich hält, werden sodann die anwesenden Zeugen und Sachverständigen vernommen.

Nach Abschluß der Beweisaufnahme werden der Beamte der Staatsanwaltschaft und der Vertreter der Krankenkasse mit ihren Anträgen, der Angeschuldigte und sein Vertreter mit der Verteidigung gehört.

Dem Angeschuldigten steht das letzte Wort zu.

§ 70.

Zurücknahme der Entlassung oder des Antrags.

Die Krankenkasse kann mit Genehmigung des Versicherungsamts sowie unter Zustimmung des Beamten der Staatsanwaltschaft und mit Einwilligung des Angeschuldigten die Entlassung jederzeit zurücknehmen.

Der entlassene Angestellte kann bis zur Verkündung der Entscheidung den Antrag auf Entscheidung über die gegen ihn verhängte Entlassung zurücknehmen.

Die Zurücknahme der Entlassung oder des Antrags hat die Einstellung des Verfahrens zur Folge. Dabei gilt § 1802 der Reichsversicherungsordnung.

§ 71.

Entscheidung.

Bei der Entscheidung hat das Versicherungsamt (Beschlußausschuß) nach seiner freien, aus dem Inbegriffe der Verhandlungen und Beweise geschöpften Überzeugung zu beurteilen, inwieweit die Anschuldigung für begründet zu erachten ist.

Ist die Anschuldigung nicht begründet, so hebt der Beschlußausschuß die Verfügung der Krankenkasse, welche die Entlassung ausspricht, auf und erklärt die Entlassung für unzulässig.

Ist die Anschuldigung begründet, so kann die Entscheidung auf Abweisung des Antrags oder unter Aufhebung der von der Krankenkasse ausgesprochenen Entlassung auf eine Ordnungsstrafe lauten, wie sie in der Dienstordnung vorgesehen ist.

§ 72.

Beschwerde.

Gegen die Entscheidung steht neben den Parteien auch dem Beamten der Staatsanwaltschaft das Rechtsmittel der Beschwerde zu; für die Berechnung der Beschwerdeschrift gilt § 128 der Reichsversicherungsordnung.

III. Mitwirkung des Versicherungsamts im Verfahren der Invaliden- und Hinterbliebenenversicherung (§§ 1613 bis 1629 der Reichsversicherungsordnung).

§ 73.

Entgegennahme, Vorbereitung und Begutachtung der Anträge.

Den Anträgen auf die Leistungen der Invaliden- und Hinterbliebenenversicherung (§§ 1613, 1743, 1250 ff. der Reichsversicherungsordnung), die an das Versicherungsamt gerichtet werden, sind die zu ihrer Begründung dienenden Beweisstücke beizufügen, und zwar insbesondere die in den §§ 74 bis 80 dieser Verordnung bezeichneten Urkunden. Für die Gebühren- und Stempelfreiheit dieser Urkunden gelten die §§ 137, 138 der Reichsversicherungsordnung.

An Stelle der danach erforderlichen Sterbeurkunde des Versicherten ist gegebenenfalls eine Erklärung der Gemeindebehörde über seine Verschollenheit beizubringen (§ 1265 der Reichsversicherungsordnung).

§ 74.

Beim Anspruch auf Invalidenrente sind vorzulegen die letzte Quittungskarte (bei Seeleuten das Seefahrtsbuch und etwa vorhandene Nachweisungen), die Bescheinigungen über Aufrechnung der früheren Quittungskarten, über Krankheitszeiten und militärische Dienstleistungen, soweit diese nicht in den Quittungskarten aufgerechnet sind, sowie zutreffendenfalls die Bescheinigungen über die vorgesetzliche Wartezeit (Artikel 64, 66 des Einführungsgesetzes zur Reichsversicherungsordnung) und die Bescheinigungen der Sonderanstalten (§ 1370 der Reichsversicherungsordnung).

Beizufügen ist auch eine ärztliche, behördliche oder andere zuverlässige Bescheinigung über Ursache und Dauer der Invalidität.

Wird Erhöhung der Invalidenrente nach § 1291 der Reichsversicherungsordnung beantragt, so sind außerdem die Geburtsurkunden der Kinder vorzulegen.

Wenn der Antragsteller auch Beiträge zur Angestelltenversicherung entrichtet hat, sind auch die zum Nachweis dieser Beitragsleistung erforderlichen Urkunden (Versicherungskarten, Ersatzzeitscheine gemäß § 172 des Versicherungsgesetzes für Angestellte in der Fassung des Gesetzes vom 10. November 1922 *), Bescheinigungen von Ersatzkassen) vorzulegen.

§ 75.

Beim Anspruch auf Altersrente sind außer den im § 74 Abs. 1 dieser Verordnung bezeichneten Urkunden der Geburtsschein und gegebenenfalls die Bescheinigungen über die vorgesetzliche Wartezeit (Artikel 65, 66 des Einführungsgesetzes zur Reichsversicherungsordnung) vorzulegen.

§ 76.

Beim Anspruch auf Witwenrente**) sind, soweit der Verstorbene nicht bereits Invalidenrente bezogen hat, dessen letzte Quittungskarte und die im § 74 Abs. 1 dieser Verordnung bezeichneten Bescheinigungen sowie die Heirats- und Sterbeurkunde vorzulegen.

§ 74 Abs. 2 gilt, abgesehen von dem Fall des § 1743 der Reichsversicherungsordnung, entsprechend.

§ 77.

Beim Anspruch auf Witwerrente sind vorzulegen die letzte Quittungskarte sowie die Bescheinigungen über Aufrechnung der früheren Quittungskarten und über nicht schon aufgerechnete Krankheitszeiten der Verstorbenen, ferner die Heirats- und Sterbeurkunde, eine Bescheinigung der Gemeindebehörde über die Bedürftigkeit des Witwers, endlich auch eine Bescheinigung der Gemeindebehörde des letzten Wohnorts der Verstorbenen darüber, daß diese wegen Erwerbsunfähigkeit ihres Ehemanns die Ernährerin ihrer Familie gewesen ist.

§ 78.

Bei Anspruch auf Witwengeld***) sind außer den im § 76 Abs. 1 dieser Verordnung bezeichneten Beweisstücken die letzte Quittungskarte

---

*) Jetzt § 12 der Beitragsordnung der Angestelltenversicherung.
**) Jetzt ersetzt durch die Altersinvalidenrente (§ 1255 Abs. 1 RVO.).
***) Diese Versicherungsleistung ist jetzt aufgehoben!

der Antragstellerin selbst sowie die Bescheinigungen über die Aufrechnung ihrer früheren Quittungskarten und über ihre Krankheitszeiten vorzulegen.

§ 79.

Beim Anspruch auf Waisenrente sind vorzulegen die Geburtsurkunden der Waisen (§ 1259 der Reichsversicherungsordnung in der Fassung des Gesetzes vom 13. Juli 1923), die etwa vorhandenen Bestallungen der Pfleger oder Vormünder, ferner die zur Begründung des Anspruchs erforderlichen Heirats- und Sterbeurkunden, gegebenenfalls die zum Nachweis der Verwandtschaft, der Ehelichkeitserklärung, der Annahme an Kindesstatt und der Feststellung der Vaterschaft erforderlichen Urkunden, die letzte Quittungskarte des Verstorbenen und die im § 74 Abs. 1 dieser Verordnung bezeichneten, den Verstorbenen betreffenden Bescheinigungen.

Außerdem sind beizufügen

1. bei einem Anspruch nach §§ 1260, 1262 der Reichsversicherungsordnung eine Bescheinigung der Gemeindebehörde über die Bedürftigkeit der Waisen sowie die am Schlusse des § 77 dieser Verordnung bezeichnete Bescheinigung der Gemeindebehörde,
2. bei einem Anspruch nach § 1261 Abs. 1 der Reichsversicherungsordnung eine Bescheinigung der Gemeindebehörde des Wohnorts der Verstorbenen darüber, daß, seit wann und aus welchem Grunde sich der Ehemann von der häuslichen Gemeinschaft ferngehalten und seiner väterlichen Unterhaltspflicht entzogen hat sowie eine Bescheinigung der Gemeindebehörde über die Bedürftigkeit der Waisen,
3. bei einem Anspruch nach § 1261 Abs. 2 der Reichsversicherungsordnung eine Bescheinigung der in Nr. 2 bezeichneten Gemeindebehörde darüber, daß und seit wann der Vater sich seiner Unterhaltspflicht entzogen hat sowie eine Bescheinigung der Gemeindebehörde über die Bedürftigkeit der Waisen.

§ 80.

Beim Anspruch auf Waisenaussteuer*) sind die Geburtsurkunden der Waisen, etwa vorhandene Bestallungen der Pfleger oder Vormünder und die im § 78 dieser Verordnung bezeichneten Urkunden vorzulegen.

§ 81.

Das Versicherungsamt hat die Vollständigkeit der vorgelegten Beweisstücke zu prüfen und dahin zu wirken, daß fehlende Beweisstücke nachgeliefert werden. Dabei sind die Vorschriften über Gebühren- und Stempelfreiheit (§§ 137, 138 der Reichsversicherungsordnung) zu beachten. Die nicht offensichtlich begründeten oder unbegründeten Anträge sind tunlichst in persönlicher Verhandlung mit dem Antragsteller zu erörtern.

Sodann sind die Verhandlungen unverzüglich an die Landesversicherungsanstalt zu senden.

---

*) Diese Versicherungsleistung ist jetzt aufgehoben.

Kommt jedoch nach den vorgelegten Beweisstücken im Falle der Wanderversicherung die Erfüllung der Wartezeit in der Angestelltenversicherung in Frage, so sind die Verhandlungen unmittelbar an die Reichsversicherungsanstalt für Angestellte zu senden.

§ 81 a.

Wird die Sache von der Landesversicherungsanstalt an das Versicherungsamt zur Begutachtung abgegeben oder hat der Antragsteller die Begutachtung der Sache durch das Versicherungsamt verlangt (§ 1613 Abs. 4 der Reichsversicherungsordnung), so gelten die §§ 82 bis 91.

§ 82.

Das Versicherungsamt hat festzustellen, ob der Antragsteller bereits früher Anträge auf Gewährung von Leistungen der Unfall-, Invaliden- und Hinterbliebenenversicherung oder der Angestelltenversicherung gestellt hat und welche Bescheide ihm erteilt worden sind.

Das Versicherungsamt hat von den betreffenden Versicherungsträgern die Akten und Belege einzufordern (die Quittungskarten, die etwa vorhandenen Verhandlungen über Streit wegen der Versicherungspflicht, über Beitragsüberwachung, über Heilbehandlung, über frühere Invalidenrenten-, Altersrenten- und Hinterbliebenenansprüche sowie die etwa vorhandenen Unfall- und Krankenkassenakten usw.).

§ 83.

Die Aufklärung des Sachverhalts (§ 1617 der Reichsversicherungsordnung) hat sich bei Bedenken über die Versicherungspflicht insbesondere auf folgendes zu erstrecken,

1. ob und gegebenenfalls welche Familienbeziehungen zwischen dem Arbeitgeber und dem Versicherten bestehen oder bestanden haben,
2. ob der Versicherte erst im vorgeschrittenen Alter in die Versicherung eingetreten ist oder nur verhältnismäßig wenig Beiträge geleistet sind, aus welchen Gründen dies geschehen ist, und wie seine wirtschaftlichen Verhältnisse vor und während der Versicherungszeit gewesen sind. Hierbei ist zum Ausdruck zu bringen, ob die Feststellung über die wirtschaftlichen Verhältnisse auf den eigenen Angaben des Antragstellers, auf der Kenntnis und den Wahrnehmungen des Versicherungsamts oder auf welchen anderen Erhebungen beruht.

§ 84.

Bei der Frage nach der Erwerbsunfähigkeit (§ 1255 Abs. 2, 3, § 1258 Abs. 2, 3 der Reichsversicherungsordnung) ist der Beginn der Erwerbsunfähigkeit tunlichst genau zu ermitteln, namentlich dann, wenn davon die Erfüllung der Wartezeit abhängt, oder wenn sich die Erwerbsunfähigkeit infolge von Alterserscheinungen oder schleppenden Krankheiten allmählich herausgebildet hat.

Dabei ist unter Berücksichtigung des Schlußsatzes im § 83 dieser Verordnung festzustellen, ob der Versicherte in den letzten Jahren die Arbeit wegen Krankheit hat aussetzen müssen, ob er das Arbeiten freiwillig aufgegeben oder ob der Arbeitgeber ihn wegen mangelnder Arbeitsfähigkeit entlassen hat, ob, unter welchen Verhältnissen und namentlich gegen welche Vergütung er etwa noch Arbeiten verrichtet.

§ 85.

Bei der Frage nach der Bedürftigkeit (§§ 1260 bis 1262, 1617 Abs. 2 der Reichsversicherungsordnung) ist unter Berücksichtigung des Schlußsatzes im § 83 dieser Verordnung festzustellen, wie die Lebens- und Wirtschafts-, die Erwerbs- und die sonstigen Einkommensverhältnisse des Rentenbewerbes sind, insbesondere, ob und zutreffendenfalls welche unterstützungspflichtige Personen vorhanden sind und ihrer Unterstützungspflicht ausreichend nachkommen.

§ 86.

Bei Invaliden-, Witwen- und Witwerrentenansprüchen ist von einer ärztlichen Untersuchung und Begutachtung des Rentenbewerbers (§ 1617 Abs. 3, § 1619, § 1622 Abs. 2 der Reichsversicherungsordnung) dann abzusehen, wenn sich klar ergibt, daß

1. die Wartezeit nicht erfüllt oder die Anwartschaft erloschen ist,
2. weder eine Versicherungspflicht noch eine Versicherungsberechtigung vorgelegen hat,
3. ein Antrag auf Invaliden- oder Witwenrente ohne die nach § 1635 der Reichsversicherungsordnung erforderliche Bescheinigung wiederholt wird,
4. der Witwer nicht bedürftig ist (§ 1260 Abs. 1 der Reichsversicherungsordnung).

§ 87.

Von einer ärztlichen Untersuchung und Begutachtung (§ 1617 Abs. 3, § 1619, § 1622 Abs. 2 der Reichsversicherungsordnung) kann in der Regel abgesehen werden, wenn

1. die Erwerbsunfähigkeit durch einen Unfall herbeigeführt ist und der Verletzte eine Unfallrente erhält (§ 1522 der Reichsversicherungsordnung) *),
2. ein Antrag auf Invalidenrente, der bei Anerkennung der Erwerbsunfähigkeit wegen Nichterfüllung der Wartezeit zurückgewiesen worden war, wiederholt wird, ohne daß ein Anhalt dafür vorliegt, daß der Rentenbewerber seit der letzten Ablehnung infolge Besserung seines Körperzustandes wieder erwerbsfähig gewesen ist,
3. der Antragsteller eine Altersrente bezieht und schon auf andere Weise als durch ärztliche Begutachtung die Erwerbsunfähigkeit glaubhaft festgestellt ist,
4. augenscheinlich erkennbar oder in einem Heilverfahren oder in anderer Weise glaubhaft nachgewiesen ist, daß Erwerbsunfähig-

---

*) Ziff. 1 ist durch Änderung des § 1522 RVO. gegenstandslos geworden.

keit nicht vorliegt, oder daß und seit wann dauernde Erwerbsunfähigkeit eingetreten ist.

§ 88.

Außer den im § 1624 Abs. 1 der Reichsversicherungsordnung und den im § 262 des Versicherungsgesetzes für Angestellte bezeichneten Fällen findet eine mündliche Verhandlung im Spruchverfahren nicht statt, wenn

1. es sich lediglich um den Beginn oder die Höhe der Rente (Invalidenrente, Witwenrente, Ruhegeld) handelt,
2. es sich um einen Anspruch auf Invalidenrente wegen Zurücklegung des 65. Lebensjahrs handelt,
3. es sich um die Erfüllung der Wartezeit handelt, es sei denn, daß die Entscheidung von der Feststellung der Versicherungspflicht oder der Versicherungsberechtigung oder des Beginns der Invalidität oder der Berufsunfähigkeit abhängt.

(§§ 89 und 90 sind weggefallen!)

§ 91.

Die Akten und das Gutachten werden mit tunlicher Beschleunigung an den Versicherungsträger (§ 1625 der Reichsversicherungsordnung) übersendet.

§ 92.

Begutachtung der Entziehung und Einstellung von Renten.

Das Versicherungsamt hat, sobald der Vorstand der Versicherungsanstalt ihm das Ersuchen um Abgabe eines Gutachtens über Entziehung oder Einstellung einer Rente (§ 1626 der Reichsversicherungsordnung) zugehen läßt, die etwa noch erforderlichen Erhebungen über die wirtschaftlichen Verhältnisse und über die körperliche Leistungsfähigkeit des Rentenempfängers anzustellen und sodann, sofern es sich nicht um eine Einstellung der Renten handelt (§ 1626 Abs. 3 der Reichsversicherungsordnung), tunlichst bald die mündliche Verhandlung zur Abgabe des Gutachtens anzuberaumen.

Die §§ 81, 83 Nr. 2 letzter Satz, §§ 84, 85, § 86 Nr. 4, § 87 Nr. 1, 4, §§ 90, 91 dieser Verordnung sind entsprechend anzuwenden.

§ 93.

Eine mündliche Verhandlung findet außer den in den §§ 1624 und 1626 Abs. 3 der Reichsversicherungsordnung bezeichneten Fällen nicht statt, wenn

1. der Rentenempfänger ausdrücklich erklärt hat, keinen Anspruch auf Weitergewährung der Rente zu haben, und der Akteninhalt diese Erklärung rechtfertigt,
2. lediglich der Zeitpunkt des Wegfalls der Rente in Frage steht,
3. die Rentenzahlung infolge des Nachweises eingestellt werden soll, daß ein Versicherter, der als verschollen galt, noch lebt (§ 1310 der Reichsversicherungsordnung).

§ 94.

Soll wegen Gewährung einer Unfallrente die gewährte Invalidenrente ganz oder teilweise wegfallen, so sind § 1626 Abs. 1, 2 der Reichsversicherungsordnung sowie die §§ 92, 93 dieser Verordnung entsprechend anzuwenden.

§ 95.

Wird die Einstellung einer Rentenzahlung deshalb erforderlich, weil der Berechtigte eine Freiheitsstrafe von mehr als einem Monat verbüßt oder in einem Arbeitshaus oder in einer Besserungsanstalt untergebracht ist (§ 1312 der Reichsversicherungsordnung), so ist durch Anfrage bei der Gemeindebehörde festzustellen, ob der Berechtigte im Inland Angehörige hat, die er ganz oder überwiegend aus seinem Arbeitsverdienst unterhalten hat.

C. Schlußbestimmungen.

§ 96.

Erstattung der Barauslagen des Versicherungsamts.

Die Versicherungsträger haben zur Bestreitung der von ihnen zu erstattenden Barauslagen (§ 59 Abs. 2 der Reichsversicherungsordnung) dem Versicherungsamt auf dessen Erfordern Vorschüsse zu leisten. Die oberste Verwaltungsbehörde kann näheres bestimmen. Gegen die Vorschußforderung ist Beschwerde nach § 97 Abs. 2, 3 dieser Verordnung zulässig.

§ 97.

Die vom Versicherungsamte gezahlten Barauslagen werden zu Lasten des erstattungspflichtigen Versicherungsträgers gebucht und, falls nicht ein anderer Zeitpunkt vereinbart ist, am Schlusse eines jeden Geschäftsjahrs unter Aufführung der Vorschüsse (§ 96 dieser Verordnung) für die einzelnen Versicherungsträger zusammengestellt. Das Versicherungsamt übersendet diese Zusammenstellung nebst den Kassenbelegen dem Verpflichteten mit dem Ersuchen, die noch ungedeckten Auslagen binnen einer bestimmten Frist an das Versicherungsamt postgeldfrei zu erstatten.

Die Zusammenstellung gilt als Festsetzung der zu erstattenden Auslagen, gegen die binnen einem Monat Beschwerde an das Oberversicherungsamt zulässig ist; die Beschwerde ist beim Versicherungsamt einzulegen.

Das Versicherungsamt kann der Beschwerde abhelfen, wenn es sie für begründet erachtet. Andernfalls legt es die Beschwerde mit einer gutachtlichen Äußerung dem Oberversicherungsamte vor. Dieses entscheidet endgültig. Die §§ 1794 bis 1796 der Reichsversicherungsordnung gelten entsprechend.

§ 98.

Geschäftsbericht.

Der Vorsitzende des Versicherungsamts erstattet einen Geschäftsbericht; das Nähere bestimmt der Bundesrat.

§ 99.

Inkrafttreten der Verordnung.

Diese Verordnung tritt für die Invaliden- und Hinterbliebenenversicherung am 1. Januar 1912, für die anderen Zweige der Reichsversicherung an den Tagen in Kraft, von denen an für diese die Vorschriften der Reichsversicherungsordnung über das Verfahren in Kraft gesetzt werden.

Urkundlich unter Unserer Höchsteigenhändigen Unterschrift und beigedrucktem Kaiserlichen Insiegel.

Gegeben Neues Palais, den 24. Dezember 1911.

(L. S.) **Wilhelm.**

von Bethmann Hollweg.

---

11. Verordnung über Geschäftsgang und Verfahren der Oberversicherungsämter*).

Vom 24. Dezember 1911.

Wir Wilhelm, von Gottes Gnaden Deutscher Kaiser, König von Preußen ꝛc.

verordnen auf Grund des § 35 Abs. 2 der Reichsversicherungsordnung im Namen des Reichs nach erfolgter Zustimmung des Bundesrats, was folgt:

I. Allgemeines.

§ 1.

Die Mitglieder des Oberversicherungsamts und ihre Stellvertreter werden, soweit sie nicht bereits einen Diensteid geleistet haben, durch einen Beauftragten der obersten Verwaltungsbehörde, in deren Bezirk es seinen Sitz hat, auf die gewissenhafte Erfüllung ihrer Amtspflichten eidlich verpflichtet.

Die Beisitzer werden spätestens in der ersten Verhandlung, in der sie zugezogen werden, von dem Vorsitzenden auf die gewissenhafte Erfüllung ihrer Amtspflichten eidlich verpflichtet (§ 76 in Verbindung mit § 53 Abs. 1 der Reichsversicherungsordnung). § 51 Abs. 5 des Gerichtsverfassungsgesetzes gilt entsprechend. Die Verpflichtung gilt für die Dauer der Wahlzeit. Im Falle der Wiederwahl genügt die Verweisung auf die frühere Verpflichtung.

Der Vorsitzende verpflichtet die Hilfskräfte des Oberversicherungsamts, soweit sie nicht bereits einen Diensteid geleistet haben, eidlich auf die gewissenhafte Erfüllung der Amtspflichten.

Über die Verpflichtung ist eine Niederschrift aufzunehmen.

---

*) In der jetzt gültigen Fassung!

§ 2.

Der Vorsitzende leitet und beaufsichtigt die Geschäfte beim Oberversicherungsamte. Er zeichnet die Verfügungen und Entscheidungen und vollzieht die Reinschriften, soweit nicht diese Verordnung etwas anderes bestimmt.

In den Sachen, die im Spruchverfahren oder durch die Beschlußkammern zu erledigen sind, zeichnet der Vorsitzende der Kammer die Verfügungen und Entscheidungen und vollzieht die Reinschriften. In den übrigen Sachen kann die oberste Verwaltungsbehörde neben dem Vorsitzenden des Oberversicherungsamts auch andere Mitglieder damit betrauen oder die Regelung dem Vorsitzenden überlassen. Sie kann auch die Geschäfte zwischen dem Vorsitzenden und diesen Mitgliedern verteilen, unbeschadet des Rechtes des Vorsitzenden, im einzelnen Falle die endgültige Zeichnung und Vollziehung für sich zu beanspruchen.

Die oberste Verwaltungsbehörde kann die Vollziehung der Reinschriften durch Beglaubigungsvermerk eines Bureau- oder Kanzleibeamten zulassen.

Der Vorsitzende des Oberversicherungsamts übt die unmittelbare Dienstaufsicht über die Hilfskräfte aus.

§ 3.

Der Vorsitzende des Oberversicherungsamts bildet die Spruch- und Beschlußkammern und zieht die Beisitzer zu den Kammern zu.

§ 4.

Die Beisitzer für die Beschlußkammern und ihre Stellvertreter werden schriftlich gewählt. Der Vorsitzende des Oberversicherungsamts leitet die Wahl, über deren Hergang unter Zuziehung eines vereidigten Schriftführers eine Niederschrift aufzunehmen ist. Bei Stimmengleichheit entscheidet das Los, bei Streit über die Wahl das Reichsversicherungsamt.

Die Beisitzer haben dem Vorsitzenden Tatsachen, die ihre Wählbarkeit ausschließen (§ 76 in Verbindung mit § 47 der Reichsversicherungsordnung), anzuzeigen. Werden dem Vorsitzenden von einem Beisitzer Tatsachen bekannt, die seine Wählbarkeit ausschließen oder eine grobe Verletzung seiner Amtspflicht darstellen, so hat er ihn zu den Sitzungen einstweilen nicht zuzuziehen. Vor der Enthebung vom Amte ist dem Beisitzer Gelegenheit zur Äußerung zu geben.

§ 5.

Zu den Verhandlungen der Beschlußkammern in Sachen der Unfallversicherung kann der Vorsitzende statt der Beisitzer Stellvertreter zuziehen, die in dem entsprechenden Bereiche der Unfallversicherung besondere Sachkunde besitzen.

(§ 6 aufgehoben!)

§ 7.

Die Beschlußsachen, die nicht durch die Beschlußkammer zu entscheiden sind, werden nach einer im voraus aufgestellten Geschäftsverteilung durch ein Mitglied des Oberversicherungsamts erledigt.

§ 8.

Der Vorsitzende des Oberversicherungsamts erstattet einen Geschäftsbericht; das Nähere bestimmt der Bundesrat.

§ 9.

Für die Geschäftssprache vor dem Oberversicherungsamte gelten die §§ 186 bis 193 des Gerichtsverfassungsgesetzes*) entsprechend. Schriftstücke, die nicht in deutscher Sprache abgefaßt sind, brauchen nicht berücksichtigt zu werden.

§ 10.

Die Vorschriften, die für die Spruch- und Beschlußkammern am Sitze des Oberversicherungsamts gelten, sind für die Spruch- und Beschlußkammern entsprechend anzuwenden, welche die oberste Verwaltungsbehörde außerhalb dieses Sitzes für den Bezirk eines oder mehrerer Versicherungsämter bildet.

§ 11.

Das Oberversicherungsamt führt ein Siegel, das die Bezeichnung des Oberversicherungsamts unter Angabe seines Sitzes zu enthalten hat und im übrigen durch die für den Sitz des Oberversicherungsamts zuständige oberste Verwaltungsbehörde bestimmt wird.

§ 12.

Für Oberversicherungsämter, die an höhere Reichs- oder Staatsbehörden angegliedert sind, gelten die §§ 2, 7 dieser Verordnung nicht. Die oberste Verwaltungsbehörde bestimmt das Nähere.

II. Verfahren in Spruchsachen.

§ 13.

Die Berufung ist schriftlich einzulegen. Sie kann auch zu Protokoll einer inländischen Behörde oder eines Organs der Versicherungsträger, in Streitsachen aus der See-Unfallversicherung auch eines deutschen Seemannsamts des Auslandes erklärt werden.

In der Berufung sollen die Parteien, der Gegenstand des Anspruchs, der Bescheid oder Endbescheid**) des Versicherungsträgers oder das Urteil des Versicherungsamts, die angefochten werden, bezeichnet, ein bestimmter Antrag gestellt und die zur Begründung erforderlichen Tatsachen und Beweismittel angegeben werden.

Wird ein Schriftsatz eingereicht, so ist für jede Gegenpartei eine Abschrift beizufügen.

---

*) Jetzt §§ 184 bis 191!

**) Infolge Beseitigung des Einspruchsverfahrens (in der Unfallversicherung) weggefallen!

§ 14.

Die Berufung muß entweder von dem Beteiligten selbst oder von seinem gesetzlichen Vertreter oder von einem Bevollmächtigten unterzeichnet sein. Das gleiche gilt für die übrigen Schriftsätze.

Die Vollmacht muß schriftlich erteilt werden. Ehegatten, Verwandte oder Verschwägerte der aufsteigenden Linie und volljährige Verwandte oder Verschwägerte der absteigenden Linie können auch ohne den Nachweis der Vollmacht zur Vertretung zugelassen werden. Dasselbe gilt von den im § 1663 Abs. 2 der Reichsversicherungsordnung bezeichneten Personen; indessen ist diesen die Nachbringung einer schriftlichen Vollmacht aufzugeben. Die Partei muß die Prozeßführung gegen sich gelten lassen, wenn sie auch nur mündlich Vollmacht erteilt oder wenn sie die Prozeßführung ausdrücklich oder stillschweigend genehmigt hat.

Die Prozeßfähigkeit einer Partei, die Vertretungsbefugnis eines gesetzlichen Vertreters und die Vollmachten sind von Amts wegen zu prüfen.

§ 15.

Für nicht prozeßfähige Parteien ohne gesetzlichen Vertreter hat der Vorsitzende die Bestellung eines solchen (Vormundes oder Pflegers) zu veranlassen. Bis zu dessen Eintritt kann der Vorsitzende der Partei für das Verfahren einen besonderen Vertreter bestellen. Diesem stehen in dem Verfahren alle Parteirechte außer der Empfangnahme von Zahlungen zu.

Die Bestellung eines besonderen Vertreters ist auch zulässig, wenn der Aufenthaltsort der Partei oder ihres gesetzlichen Vertreters unbekannt oder vom Sitze des Oberversicherungsamts weit entfernt ist.

Die nicht prozeßfähige Partei ist auf ihr Verlangen selbst zu hören.

Die Kosten des besonderen Vertreters gelten als Parteikosten.

§ 16.

Der Tag des Einganges der Berufung ist sofort auf der Urschrift und den Abschriften zu vermerken. Fehlen die Abschriften, so hat sie das Oberversicherungsamt anzufertigen und den Vermerk des Einganges auf sie zu übertragen. Die Kosten können von dem Antragsteller eingezogen werden.

Der Vorsitzende der Kammer teilt jeder Gegenpartei eine Abschrift der Berufung mit dem Anheimgeben mit, binnen einer bestimmten Frist, die in der Regel nicht über zwei Wochen zu bemessen ist, eine Gegenschrift einzureichen. Dabei ist zu vermerken, daß auch verhandelt und entschieden werden kann, wenn die Gegenschrift innerhalb der Frist nicht eingeht. Die Frist kann auf Antrag verlängert werden.

Der Gegenschrift und etwaigen weiteren Schriftsätzen sind für jede Gegenpartei die erforderlichen Abschriften beizufügen. Ist eine

Abschrift der Gegenschrift nicht eingereicht, so fordert sie das Oberversicherungsamt nachträglich ein oder fertigt sie selbst an. Das gleiche gilt von weiteren Schriftsätzen, falls sie neue und wesentliche Anführungen enthalten. Dabei ist Abs. 1 Satz 3 anzuwenden.

§ 17.

Die Vorverhandlungen sind, soweit sie nicht von dem Versicherungsträger oder von dem Versicherungsamte gleichzeitig mit der Berufung eingereicht werden, unverzüglich einzufordern.

Sie umfassen die sämtlichen Schriftstücke über den Anspruch, die bei dem Versicherungsträger oder dessen Organen oder dem Versicherungsamte vorhanden sind, einschließlich derjenigen, welche sich in Vorakten befinden oder etwa im Laufe des Verfahrens neu entstanden sind. Die neuen Schriftstücke sind auch ohne Auffordern unverzüglich nachzureichen.

Das Versicherungsamt hat auf Erfordern des Oberversicherungsamts eine Abschrift des angefochtenen Urteils einzureichen.

Der Vorsitzende der Kammer kann in geeigneten Fällen einen Beisitzer zum Berichterstatter ernennen.

§ 18.

Dritte, die an dem Ausgang des Verfahrens ein berechtigtes Interesse haben, können vom Oberversicherungsamt auf Antrag oder von Amts wegen zum Verfahren zugezogen werden.

Solche Dritte sind auch ohne Zuziehung jederzeit berechtigt, dem Verfahren beizutreten, Ausführungen zu machen und Anträge zu stellen.

Sie sind im Falle der Zuziehung oder des Beitritts von dem Gange und dem Ausgang des Verfahrens in Kenntnis zu setzen. Die §§ 13 bis 16 gelten entsprechend.

§ 19.

Die Beteiligten sind berechtigt, den Zeugen und Sachverständigen diejenigen Fragen vorlegen zu lassen, welche sie zur Aufklärung der Sache oder der Verhältnisse des Befragten für dienlich halten. Der Vorsitzende kann ihnen die unmittelbare Fragestellung gestatten. Zweifel über die Zulässigkeit einer Frage entscheidet die Spruchkammer. Findet die Vernehmung nicht vor der Spruchkammer statt, so entscheidet vorläufig der Leiter der Verhandlung.

§ 20.

Den Zeugen und Sachverständigen ist mit der Ladung der Gegenstand ihrer Vernehmung mitzuteilen. Aus besonderen Gründen, namentlich zur Herbeiführung einer unbeeinflußten, wahren Aussage, kann hiervon abgesehen werden. Die Gründe sind in den Akten zu vermerken.

§ 21.

Die Vorschriften des § 239 Abs. 1, 2 und der §§ 241, 249 der Zivilprozeßordnung über die Unterbrechung des Verfahrens gelten entsprechend.

§ 22.

Die Beteiligten können — vorbehaltlich der Vorschriften im § 1631 Abs. 2, § 1653 Abs. 2 der Reichsversicherungsordnung — Einsicht in die Akten nehmen und sich daraus gegen Erstattung der Kosten Ausfertigungen, Auszüge und Abschriften erteilen lassen. Der Vorsitzende kann aus besonderen Gründen die Akteneinsicht versagen oder beschränken.

Dritten Personen kann der Vorsitzende ohne Einwilligung der Parteien die Einsicht der Akten nur gestatten, wenn ein rechtliches Interesse glaubhaft gemacht wird.

Die Entwürfe zu Entscheidungen sowie Schriftstücke, die Abstimmungen betreffen, werden weder vorgelegt noch abschriftlich mitgeteilt.

§ 23.

Die Sitzungen der Kammer finden, unbeschadet des § 10, in der Regel am Sitze des Oberversicherungsamts statt.

Der Vorsitzende der Kammer kann sie zu Sitzungen an andere Orte des Bezirks berufen. Das Nähere bestimmt der Vorsitzende des Oberversicherungsamts, sofern die oberste Verwaltungsbehörde nichts anderes anordnet.

Die Sachen, die verhandelt werden sollen, werden durch Aushang vor dem Sitzungszimmer bekanntgemacht und in der Regel in der Reihenfolge erledigt, wie sie der Aushang ergibt.

§ 24.

Von Ort und Zeit der mündlichen Verhandlung sind die Beteiligten, ihre gesetzlichen Vertreter oder, falls sie Bevollmächtigte bestellt haben, diese, und zwar in der Regel durch eingeschriebenen Brief oder gegen Postzustellungsurkunde zu benachrichtigen. Außer dem Bevollmächtigten ist der Beteiligte selbst zu benachrichtigen, wenn sein persönliches Erscheinen angeordnet ist. Sind mehrere Bevollmächtigte einer Partei vorhanden, so genügt die Benachrichtigung eines Bevollmächtigten. Ein Ausweis über die Benachrichtigung soll zu den Akten gebracht werden.

Die Beteiligten sind darauf hinzuweisen, daß auch im Falle ihres Ausbleibens verhandelt und entschieden werden kann. Wird das persönliche Erscheinen des Antragstellers angeordnet, so ist ihm dabei zugleich zu eröffnen, daß aus seinem Nichterscheinen ungünstige Schlüsse für seinen Anspruch gezogen werden können.

Das persönliche Erscheinen des Antragstellers kann auch angeordnet werden, wenn außerhalb der mündlichen Verhandlung Beweis erhoben wird. Dabei gilt Abs. 2 Satz 2.

§ 25.

Zwischen der Mitteilung der Verhandlungszeit und dieser selbst soll in der Regel ein Zeitraum von mindestens einer Woche liegen. Die Gründe für eine Abweichung von der Regel sind aktenkundig zu machen.

Dies gilt auch für die Beweiserhebung außerhalb der mündlichen Verhandlung.

§ 26.

Wird bei der Verhandlung ein Bevollmächtigter oder Beistand zurückgewiesen, ohne daß dies dem Beteiligten vorher rechtzeitig angedroht worden ist, so ist, falls der Beteiligte nicht erschienen ist, oder falls er es beim Erscheinen auf Befragen beantragt, die Verhandlung auszusetzen und eine neue Verhandlungszeit anzuberaumen.

Gegen Personen, die auf Grund des § 1664 der Reichsversicherungsordnung aus dem Sitzungszimmer entfernt worden sind, wird in der gleichen Weise verfahren, wie wenn sie sich freiwillig entfernt hätten.

§ 27.

Das Verfahren beim Ausschluß der Öffentlichkeit richtet sich nach § 174 Abs. 2, § 175 Abs. 1 des Gerichtsverfassungsgesetzes*).

§ 28.

Die mündliche Verhandlung wird vom Vorsitzenden geleitet und beginnt mit der Darstellung des Sachverhalts durch diesen oder den Berichterstatter.

Demnächst sind die erschienenen Beteiligten zu hören. Der Vorsitzende hat das Sach- und Streitverhältnis mit ihnen zu erörtern und dahin zu wirken, daß sie über alle erheblichen Tatsachen sich vollständig erklären sowie die angemessenen und sachdienlichen Anträge stellen.

Die Anträge können ergänzt, berichtigt oder geändert werden.

Der Vorsitzende hat den Beisitzern auf Verlangen zu gestatten, Fragen an die erschienenen Beteiligten, Bevollmächtigten, Beistände, Zeugen und Sachverständigen zu stellen. Zweifel über die Zulässigkeit der Fragen entscheidet die Spruchkammer.

Beschließt die Spruchkammer eine Beweiserhebung, so soll der Beweis, soweit dies tunlich ist, sofort erhoben werden; insbesondere sollen Zeugen und Sachverständige sofort vernommen werden, falls sie zur Stelle sind oder ihre unverzügliche Gestellung möglich ist. Ist ein Beteiligter bei der Beweiserhebung nicht zugegen und nicht vertreten, so darf in diesem Termin ein ihm ungünstiges Urteil nicht erlassen werden.

§ 29.

Zu den Sitzungen der Kammer ist ein vereidigter Schriftführer zuzuziehen.

Die Niederschrift enthält Ort und Tag der Verhandlung, die Bezeichnung der tagenden Spruchkammer, Namen und Beruf des Vorsitzenden, der Beisitzer und des Schriftführers unter Bezeichnung der Eigenschaft, in der sie mitwirken, den Namen des etwa zugezogenen Dolmetschers, die Bezeichnung der Streitsache, die Namen

---

*) Jetzt §§ 173 Abs. 2, 174 Abs. 1!

der erschienenen Beteiligten, gesetzlichen Vertreter, Bevollmächtigten und Beistände sowie die Angabe, daß öffentlich verhandelt oder die Öffentlichkeit ausgeschlossen ist.

§ 30.

Der Gang der Verhandlung ist im allgemeinen anzugeben.

In die Niederschrift sind aufzunehmen

1. Erklärungen der Parteien, welche die Zurücknahme einer Berufung bezwecken, Anerkenntnisse, Verzichtleistungen und Vergleiche sowie andere Parteierklärungen, namentlich Geständnisse, deren Feststellung beim Schlusse der mündlichen Verhandlung für angemessen erachtet wird,
2. solche Anträge und erheblichen Erklärungen der Beteiligten, die von dem Inhalt der Schriftsätze abweichen,
3. die Aussagen der Zeugen und Sachverständigen und die Feststellung, ob sie beeidigt sind oder nicht,
4. das Ergebnis eines Augenscheins,
5. Beschlüsse des Oberversicherungsamts, die Urteilsformel und deren Verkündung.

Der Aufnahme in die Niederschrift steht die Aufnahme in eine Schrift gleich, die der Niederschrift als Anlage beigefügt, als solche vom Vorsitzenden und Schriftführer gekennzeichnet und in der Niederschrift aufgeführt ist.

§ 31.

Die Niederschrift ist, soweit sie die Nummern 1 bis 3 des § 30 Abs. 2 betrifft, den Beteiligten vorzulesen. In der Niederschrift ist zu bemerken, daß dies geschehen und die Genehmigung erfolgt ist oder welche Einwendungen erhoben sind.

Die Niederschrift ist von dem Vorsitzenden und dem Schriftführer zu unterzeichnen. Ist der Vorsitzende verhindert, so genügt die Unterschrift des Schriftführers. Die Tatsache der Verhinderung des Vorsitzenden ist in der Niederschrift zu vermerken.

§ 32.

Auch über das Ergebnis von Beweisverhandlungen außerhalb der Sitzungen der Kammer ist unter Zuziehung eines vereidigten oder durch Handschlag verpflichteten Schriftführers eine Niederschrift aufzunehmen. § 29 Abs. 2, §§ 30, 31 gelten entsprechend. Jedoch kann in einfacheren Fällen der Vorsitzende allein über das Ergebnis eines Augenscheins außerhalb der mündlichen Verhandlung eine Feststellung zu den Akten bringen.

§ 33.

Das Oberversicherungsamt entscheidet innerhalb der erhobenen Ansprüche nach freiem Ermessen.

§ 34.

Die Beratung und Beschlußfassung schließen sich unmittelbar an die mündliche Verhandlung an. Sie sind nicht öffentlich. Außer den zur Entscheidung Berufenen und dem Schriftführer dürfen nur die beim Oberversicherungsamte beschäftigten Personen zugegen sein, welchen der Vorsitzende des Oberversicherungsamts die Anwesenheit zu ihrer Ausbildung gestattet hat.

Die Entscheidung darf nur von den Mitgliedern der Kammer getroffen werden, die an der Verhandlung der Sache teilgenommen haben.

Bei der Abstimmung stimmt der Berichterstatter (§ 17 Abs. 4) zuerst. Ist kein Berichterstatter ernannt, so stimmen die Beisitzer nach der Reihenfolge ihres Lebensalters, und zwar der jüngste zuerst. Der Vorsitzende stimmt in allen Fällen zuletzt. Die §§ 196, 197 des Gerichtsverfassungsgesetzes gelten entsprechend.

Die Abstimmung der einzelnen Mitglieder der Kammer darf keinen schriftlichen Ausdruck finden.

Über den Hergang bei der Beratung und über das Stimmenverhältnis ist zu schweigen.

§ 35.

Bei der Verkündung des Urteils werden die Gründe mitgeteilt, soweit dies für erforderlich gehalten wird. Die Verkündung des Urteils kann auf eine spätere Sitzung vertagt werden, die in der Regel sofort anzuberaumen ist und binnen einer Woche stattfinden soll.

§ 36.

Das Urteil enthält außer den Gründen eine gedrängte Darstellung des Sach- und Streitstandes auf Grund der gesamten Verhandlungen unter Hervorhebung der in der Sache gestellten Anträge (Tatbestand) und die hiervon und von den Gründen äußerlich zu sondernde Urteilsformel. Bei endgültigen Urteilen genügt neben der Urteilsformel die Angabe der Gründe.

Im Eingang des Urteils sind die Beteiligten und ihre gesetzlichen Vertreter, die Spruchkammer, welche die Entscheidung gefällt, und die Mitglieder der Kammer, die bei ihr mitgewirkt haben, die letzteren nach § 29 Abs. 2, aufzuführen. Auch ist der Sitzungstag, an dem die Entscheidung ergangen ist, zu bezeichnen und anzugeben, daß mündlich verhandelt ist.

Im Falle der Behinderung des Vorsitzenden unterzeichnet für ihn der an Lebensjahren älteste Beisitzer das Urteil.

Für die Vorentscheidung (§ 1679 Abs. 1 in Verbindung mit § 1657 der Reichsversicherungsordnung) gelten Abs. 1 bis 3 entsprechend.

§ 37.

Eine Ausfertigung des Urteils soll spätestens binnen drei Wochen nach der Verkündung den Beteiligten oder ihren gesetzlichen Vertretern zugestellt werden. Sind die Beteiligten durch Bevollmächtigte vertreten, so ist die Ausfertigung diesen zuzustellen. Sind mehrere Bevollmächtigte einer Partei vorhanden, so genügt die Zustellung an einen Bevollmächtigten.

§ 38.

Ausfertigungen und Abschriften sind als solche zu bezeichnen.

Die Ausfertigung erhält die Überschrift, die für gerichtliche Urteile vorgeschrieben (z. B. „Im Namen des Königs") oder im Falle des § 62 Abs. 3 der Reichsversicherungsordnung von den beteiligten Landesregierungen vereinbart ist.

Am Schlusse wird die Ausfertigung mit dem Siegel des Oberversicherungsamts versehen und von dem Vorsitzenden der Kammer, im Falle seiner Behinderung von seinem Stellvertreter unterzeichnet.

Hat die oberste Verwaltungsbehörde bestimmt, daß die Ausfertigungen von einem Bureau- oder Kanzleibeamten des Oberversicherungsamts unterzeichnet werden, so ist unter die einschließlich der Unterschrift gefertigte Abschrift zu setzen:

„Die Übereinstimmung dieser Ausfertigung mit der Urschrift wird hierdurch beglaubigt."

Der Beamte unterschreibt diesen Zusatz unter Beifügung seiner Amtseigenschaft.

§ 39.

Das Versicherungsamt, dessen Entscheidung angefochten war, erhält eine Abschrift des Urteils.

III. Verfahren in Beschlußsachen.

§ 40.

Für das Beschlußverfahren gelten die Bestimmungen über die Einleitung des Verfahrens und die Vertretung der Parteien (§§ 13 bis 16, § 17 Abs. 1 bis 3, § 18), über die Beweiserhebung, die Unterbrechung des Verfahrens und die Akteneinsicht (§§ 19 bis 22, § 24 Abs. 3, § 25 Abs. 2, § 32) entsprechend.

Das Oberversicherungsamt kann jedoch die Einreichung von Abschriften der Schriftsätze erlassen und von der Anfertigung von solchen und ihrer Mitteilung an die übrigen Beteiligten absehen.

§ 41.

Die §§ 1673, 1674 der Reichsversicherungsordnung gelten entsprechend.

§ 42.

Für das Verfahren vor der Beschlußkammer gilt außerdem folgendes:

Der Vorsitzende kann in geeigneten Fällen Beisitzer zum Berichterstatter ernennen.

Soweit in einer Beschlußsache vor der Beschlußkammer zu verhandeln ist, kann der Vorsitzende der Beschlußkammer mündliche Verhandlung anordnen; dies muß geschehen, wenn es die Kammer beschließt oder wenn in den Fällen des § 24 Abs. 3, des § 51 Abs. 3, des § 52 Abs. 2 und des § 53 Abs. 3 der Reichsversicherungsordnung ein Beteiligter es beantragt. Für die mündliche Verhandlung gelten die Bestimmungen über die Verhandlungszeit, die Vertagung bei Zurückweisung eines Bevollmächtigten oder Beistandes, den Gang der mündlichen Verhandlung und die Verkündung der Entscheidung (§ 24 Abs. 1, 2, § 25 Abs. 1, §§ 26, 28, 35) entsprechend.

Im übrigen sind die Bestimmungen über Ort und Niederschrift der Verhandlung, über Beratung und Beschlußfassung sowie über die Urteile und ihre Zustellung (§§ 23, 29 bis 31, 34, 36 bis 39) entsprechend anzuwenden, auch wenn nicht mündlich verhandelt wird.

§ 43.

In dem Verfahren bei Entlassung eines Angestellten wegen Vergehens gegen die Dienstordnung oder im Falle des § 354 Abs. 6 der Reichsversicherungsordnung (§ 358 Abs. 1, § 413 Abs. 2 a. a. O.) sind die Beschwerdeschriften des Angeschuldigten und der Krankenkasse sowie deren spätere Schriftsätze dem Beamten der Staatsanwaltschaft (§ 64 der Verordnung über Geschäftsgang und Verfahren der Versicherungsämter) in Urschrift vorzulegen.

Neue Tatsachen, welche die Grundlage einer anderen Beschuldigung bilden, dürfen vor dem Oberversicherungsamte nicht vorgebracht werden.

Eine mündliche Verhandlung findet in jedem Falle statt.

Für die Vernehmung des Angestellten, die Beweisaufnahme, die mündliche Verhandlung, die Zurücknahme der Entlassung oder des Antrags und für die Entscheidung gelten § 65 Abs. 2, 3, §§ 67, 68, § 69 Abs. 4 bis 6, §§ 70, 71 der Verordnung über Geschäftsgang und Verfahren der Versicherungsämter entsprechend.

IV. Kosten des Verfahrens.

§ 44.

Die Kosten des Verfahrens werden vorbehaltlich der Vorschrift des § 1679 in Verbindung mit § 1670 der Reichsversicherungsordnung durch Verfügung des Oberversicherungsamts festgesetzt, und zwar in Sachen, die von der Spruch- oder Beschlußkammer zu erledigen sind, durch Verfügung des Vorsitzenden der Kammer. Gegen die Verfügung kann binnen einer Woche nach Zustellung Beschwerde bei dem Oberversicherungsamt eingelegt werden. Hält der Vorsitzende die Beschwerde für begründet, so kann er ihr abhelfen. Anderenfalls ist die Beschwerde mit einer gutachtlichen Äußerung unter Beifügung der Verhandlungen dem Reichsversicherungsamte vorzulegen. An dessen Stelle tritt das Landesversicherungsamt, sofern es in der Sache selbst zuständig ist.

§ 45.

§ 1670 der Reichsversicherungsordnung gilt entsprechend für das Beschlußverfahren.

In den Fällen des § 358 Abs. 1 (§ 413 Abs. 2) der Reichsversicherungsordnung gilt als Partei der Bundesstaat, wenn der Beamte der Staatsanwaltschaft (§ 43 Abs. 1 dieser Verordnung) Beschwerde eingelegt hat.

§ 46.

Die gemäß § 1802 der Reichsversicherungsordnung einem Beteiligten auferlegten Kosten werden in der Entscheidung festgesetzt; sie werden wie Gemeindeabgaben beigetrieben.

§ 47.

In Spruchsachen der Krankenversicherung beträgt die dem unterliegenden Teile aufzuerlegende Gebühr*) (§ 1803 der Reichsversicherungsordnung) für je einhundert Mark des Streitgegenstandes zwei Mark bis zum Höchstbetrage von zwanzig Mark. Angefangene Wertbeträge werden voll gerechnet.

Vorstehende Sätze können auf die Hälfte ermäßigt werden, wenn die Sache durch Anerkenntnis, Vergleich oder Zurücknahme des Rechtsmittels erledigt wird. Sie können bis auf den doppelten Betrag, jedoch nicht über den Betrag von zwanzig Mark hinaus, erhöht werden, wenn eine Beweisaufnahme stattgefunden hat oder sonst umfangreichere Erhebungen oder Verhandlungen notwendig waren.

Der Wert wiederkehrender Leistungen, deren Dauer noch nicht feststeht, ist nach freiem Ermessen zu schätzen. Das gleiche gilt für solche Leistungen, die keine Geldleistungen sind.

§ 48.

Diese Verordnung tritt für die Invaliden- und Hinterbliebenenversicherung am 1. Januar 1912, für die anderen Zweige der Reichsversicherung an den Tagen in Kraft, von denen an für diese die Vorschriften der Reichsversicherungsordnung über das Verfahren in Kraft gesetzt werden.

Mit denselben Tagen tritt für die einzelnen Zweige der Reichsversicherung die Verordnung, betreffend das Verfahren vor den Schiedsgerichten für Arbeiterversicherung vom 22. November 1900 (Reichs-Gesetzbl. S. 1017) außer Kraft.

Urkundlich unter Unserer Höchsteigenhändigen Unterschrift und beigedrucktem Kaiserlichen Insiegel.

Gegeben Neues Palais, den 24. Dezember 1911.

(L. S.) **Wilhelm.**

von Bethmann Hollweg.

---

*) Aufgehoben! § 1803 RVO. hat jetzt einen anderen Inhalt.

12. Verordnung über Geschäftsgang und Verfahren des Reichsversicherungsamts*).

Vom 24. Dezember 1911.

Wir Wilhelm, von Gottes Gnaden Deutscher Kaiser, König von Preußen 2c.

verordnen auf Grund des § 35 Abs. 2 der Reichsversicherungsordnung im Namen des Reichs, nach erfolgter Zustimmung des Bundesrats, was folgt:

I. Geschäftsgang (Diensteinteilung).

Dienststellung des Präsidenten.

§ 1.

Der Präsident leitet und beaufsichtigt den gesamten Dienst. Er ernennt die Beauftragten des Amtes.

§ 2.

Der Präsident führt die innere Verwaltung des Amtes. Er verteilt insbesondere, vorbehaltlich der §§ 15, 16, des § 18 Abs. 3 und des § 19 Abs. 4, die Geschäfte unter die Mitglieder, richterlichen Beisitzer und Beamten, ordnet die Einrichtung der Bureaus, Akten und Geschäftsregister und hat die Verfügung in den Personalsachen sowie in den Angelegenheiten, die das Haushalts- und Kassenwesen, das Dienstgebäude und seine Einrichtung, die amtlichen Veröffentlichungen, die Bibliothek und ähnliche Gegenstände betreffen (Präsidialsachen).

Der Präsident bestimmt, abgesehen von den Sachen, die der Beschlußsenat entscheidet, diejenigen Beschluß- und Aufsichtssachen, welche er endgültig zeichnen will. Er führt, unbeschadet des § 19 Abs. 2, in dem Beschlußsenate sowie in dem Großen Senate den Vorsitz und kann auch in sonstigen Sitzungen, vorbehaltlich der §§ 15 ff., den Vorsitz übernehmen.

Vertretung des Präsidenten.

§ 3.

Den Präsidenten vertritt bei Behinderung der vom Reichskanzler (Reichsamt des Innern) zum ständigen Vertreter des Präsidenten bestellte Direktor und bei dessen Behinderung der andere Direktor. Ist auch dieser verhindert, so liegt, wenn der Reichskanzler (Reichsamt des Innern) nichts anderes bestimmt, die Vertretung den übrigen ständigen Mitgliedern in der Reihenfolge ihres Dienstalters ob.

---

*) In der jetzt geltenden Fassung.

Abteilungen.

§ 4.

Im Reichsversicherungsamte bestehen zwei Abteilungen. In der einen Abteilung werden die Angelegenheiten der Unfallversicherung, in der anderen Abteilung die Angelegenheiten der Kranken-, Invaliden- und Angestelltenversicherung, der Sonderanstalt der See-Berufsgenossenschaft (§ 1375 der Reichsversicherungsordnung) sowie der Ersatzansprüche nach dem Fünften Buche der Reichsversicherungsordnung bearbeitet.

Direktoren.

§ 5.

An der Spitze jeder Abteilung steht ein Direktor. Der Präsident bestimmt mit Genehmigung des Reichskanzlers (Reichsamt des Innern), welcher Direktor die eine oder die andere Abteilung leitet.

Der Direktor leitet die Geschäfte seiner Abteilung unter der Oberleitung des Präsidenten. Er vollzieht, unbeschadet des § 2 Abs. 2 Satz 1, die Entwürfe, Ausfertigungen und Reinschriften in denjenigen Sachen, welche die Abteilung betreffen.

Bei Behinderung vertreten den Direktor, vorbehaltlich des § 6 Abs. 1, die in der Abteilung beschäftigten ständigen Mitglieder in der Reihenfolge ihres Dienstalters.

§ 6.

Der Präsident kann für bestimmte Gruppen von Geschäften die ständige Vertretung des Direktors einem oder mehreren Senatspräsidenten übertragen. Diese vollziehen, vorbehaltlich des § 2 Abs. 2 Satz 1 und unbeschadet der Befugnis des Direktors selbst zu zeichnen, die Entwürfe, Ausfertigungen und Reinschriften aus dem betreffenden Geschäftskreis. Ist ein mit der ständigen Vertretung des Direktors betrauter Senatspräsident verhindert, so liegt die Vertretung den übrigen ständigen Mitgliedern aus der betreffenden Gruppe in der Reihenfolge des Dienstalters ob.

Die nach Abs. 1 getroffenen Verfügungen sind dem Reichskanzler (Reichsamt des Innern) anzuzeigen.

Nichtständige Mitglieder.

§ 7.

Der Reichskanzler (Reichsamt des Innern) bestimmt, wieviel Stellvertreter für die als nichtständige Mitglieder des Reichsversicherungsamts gewählten Arbeitgeber und Versicherten zu wählen sind (§ 87 Abs. 2 der Reichsversicherungsordnung).

Richterliche Beisitzer.

§ 8.

Der Reichskanzler (Reichsamt des Innern) beruft die richterlichen Beisitzer für die Dauer ihres Hauptamts. Er kann sie bei vorübergehendem Bedürfnis auch auf Zeit berufen.

Gesamt- und Abteilungssitzungen.

§ 9.

Wichtige Angelegenheiten, insbesondere zweifelhafte Rechtsfragen, können in Gesamt- oder Abteilungssitzungen erörtert werden.

Gesamtsitzungen finden auf Anordnung des Präsidenten statt, Abteilungssitzungen auf Anordnung des Präsidenten oder des Direktors.

Den Vorsitz in den Gesamtsitzungen führt der Präsident, in den Abteilungssitzungen der Präsident oder der Direktor.

Werden in den Sitzungen Fragen verhandelt, die später in Spruch- oder Beschlußsenaten zu entscheiden sind, so bindet die Stellungnahme in der Sitzung nicht für die Abstimmung im Senate.

§ 10.

Zur Teilnahme an den Gesamtsitzungen sind einzuladen
a) die ständigen Mitglieder und diejenigen Hilfsarbeiter, welche Geschäfte von Mitgliedern bearbeiten,
b) die vom Bundesrate gewählten nichtständigen Mitglieder,
c) die als nichtständige Mitglieder gewählten Arbeitgeber und Versicherten, die in Berlin oder seiner näheren Umgebung wohnen, oder am Sitzungstag in Berlin anwesend sein werden,
d) vier richterliche Beamte. Dies sind, soweit der Präsident nichts anderes bestimmt, die vier am längsten im Reichsversicherungsamte beschäftigten Richter.

Ist ein zur Sitzung eingeladener Arbeitgeber oder Versicherter an der Teilnahme verhindert und teilt er dies dem Präsidenten rechtzeitig mit, so ist ein stellvertretendes Mitglied der entsprechenden Art einzuladen, das in Berlin anwesend ist oder in Berlin oder seiner näheren Umgebung wohnt.

Der Vorsteher und die Mitglieder der Rechnungsstelle sind nach Bedarf zuzuziehen.

Bei der Einladung ist die Tagesordnung mitzuteilen.

§ 11.

Zur Teilnahme an den Abteilungssitzungen sind einzuladen
a) die in der Abteilung beschäftigten ständigen Mitglieder und Hilfsarbeiter, die Geschäfte von Mitgliedern bearbeiten,
b) die vom Bundesrate gewählten nichtständigen Mitglieder,
c) je ein Arbeitgeber und Versicherter. Der Präsident oder der Direktor kann bestimmen, daß noch je ein oder je zwei weitere Arbeitgeber und Versicherte zuzuziehen sind,
d) zwei richterliche Beisitzer, soweit es zur Erörterung von Rechtsfragen für erforderlich erachtet wird, nach näherer Bestimmung des Präsidenten.

Für die Zuziehung der Arbeitgeber und Versicherten gelten § 10 Abs. 1 c, Abs. 2 entsprechend.

§ 10 Abs. 3 und 4 sind entsprechend anzuwenden.

§ 12.

Stimmberechtigt sind die in der Sitzung anwesenden Mitglieder des Reichsversicherungsamts und ihre Stellvertreter sowie die zugezogenen richterlichen Beamten.

Die vom Bundesrate gewählten Mitglieder nehmen ihre Stelle zwischen dem Vorsitzenden und den übrigen Mitgliedern ein. Ihre Reihenfolge untereinander bestimmt sich nach der Reihenfolge im Bundesrate, soweit sie diesem angehören, sonst nach ihrem Dienstalter.

Die Sitzungen sind nicht öffentlich.

§ 13.

Der Vorsitzende leitet die Verhandlungen und Beratungen; er stellt die Fragen und sammelt die Stimmen.

Für den mündlichen Vortrag in der Sitzung werden Berichterstatter ernannt.

Bei Abstimmungen entscheidet Stimmenmehrheit. Bei Stimmengleichheit gibt der Vorsitzende den Ausschlag. Für die Reihenfolge der Abstimmung gilt § 32 entsprechend.

Durch Abstimmung wird auch entschieden, wenn Zweifel über den Gegenstand, die Fassung oder Reihenfolge der Fragen oder über das Ergebnis der Abstimmung entstehen.

Beschlußsachen.

§ 14.

Beschlußsachen, die nicht im Beschlußsenate zu entscheiden sind, werden von Mitgliedern als Berichterstattern bearbeitet und von dem Präsidenten, einem Direktor oder seinem für bestimmte Gruppen von Geschäften bestellten ständigen Vertreter (§ 6 Abs. 1) endgültig gezeichnet.

Spruchsenate.

§ 15.

Über den Vorsitz in den Spruchsenaten und die Verteilung der Spruchsachen auf die einzelnen Senate beschließen für je ein Geschäftsjahr im voraus für jede Abteilung der Präsident, der Direktor und in der Abteilung für Unfallversicherung die sieben, in der Abteilung für Kranken-, Invaliden- und Angestelltenversicherung die drei dienstältesten Senatspräsidenten nach Stimmenmehrheit. Gehört der Dienstälteste von den Senatspräsidenten der Senate für Angestelltenversicherung nicht zu den drei dienstältesten Senatspräsidenten der Abteilung, so tritt er an die Stelle des jüngsten dieser drei Senatspräsidenten. Bei Stimmengleichheit gibt die Stimme des Präsidenten den Ausschlag.

§ 16.

Auf dem im § 15 bezeichneten Wege wird für bestimmte Zeiträume, in der Regel für die Dauer eines Vierteljahrs im voraus bestimmt, in welchen Senaten und an welchen Tagen die einzelnen der Abteilung angehörenden ständigen Mitglieder sowie die nichtständigen Mitglieder und die richterlichen Beisitzer an den Spruchsitzungen teilnehmen.

Im übrigen verteilt der Vorsitzende die Geschäfte in den Senaten, er trifft auch die wegen des Fortganges des Verfahrens erforderlichen Verfügungen und zeichnet sie im Entwurf und in der Reinschrift.

§ 17.

Der Präsident regelt im einzelnen Falle die Vertretung verhinderter Vorsitzender und Mitglieder der Senate.

Großer Senat.

§ 18.

Von den vom Bundesrate gewählten Mitgliedern sind je zwei zu den Sitzungen des Großen Senats in der im § 12 Abs. 2 Satz 2 bestimmten Reihenfolge zuzuziehen.

Das Landesversicherungsamt, das im Falle des § 1718 Abs. 2 der Reichsversicherungsordnung ein zweites Mitglied zu entsenden hat, wechselt für jede Sitzung, an der ein Landesversicherungsamt beteiligt ist. Wie oft die einzelnen Landesversicherungsämter ein zweites Mitglied zu entsenden haben, richtet sich nach der Zahl der Stimmen, die dem betreffenden Bundesstaat im Bundesrate zusteht. Ist nach der Reihenfolge das verweisende Landesversicherungsamt berufen, so entsendet das dann folgende das zweite Mitglied.

Die übrigen Mitglieder des großen Senats, die Reihenfolge, in der sie an den Sitzungen teilnehmen, und ihre Stellvertreter werden vom Präsidenten, den Direktoren und den zehn im § 15 bezeichneten dienstältesten Senatspräsidenten mit Stimmenmehrheit für ein Geschäftsjahr im voraus bestimmt. Bei Stimmengleichheit gibt die Stimme des Präsidenten den Ausschlag. Dabei sind je zwei ständige Mitglieder und je zwei richterliche Beamte sowie ihre Stellvertreter besonders zu bezeichnen für Sachen der Krankenversicherung, der Unfallversicherung sowie der Invaliden- und Hinterbliebenenversicherung (§ 102 Abs. 2 der Reichsversicherungsordnung). Die Stellvertreter treten bei Behinderung der zunächst benannten Mitglieder in der Reihenfolge ihrer Bezeichnung ein.

Gehört das vom verweisenden Senate bezeichnete Mitglied (§ 1717 Abs. 2 Satz 1 der Reichsversicherungsordnung) nicht schon dem Großen Senat an, so tritt es in diesen als Mitglied ein. Alsdann scheidet das nach dem Dienstalter im Reichsversicherungsamte jüngere Mitglied der gleichen Gruppe des Großen Senats für die Entscheidung der Sache aus; die vom Bundesrate gewählten Mitglieder scheiden in der umgekehrten Reihenfolge aus, als sie im § 12 Abs. 2 Satz 2 festgesetzt ist.

Beschlußsenate.

§ 19.

Für jede Abteilung wird ein Beschlußsenat errichtet. Nach Bedarf werden auf dem im Abs. 4 bezeichneten Wege weitere Beschlußsenate unter Bestimmung ihres Geschäftsbereichs gebildet. Der Präsident bestimmt in jedem einzelnen Falle den Beschlußsenat, der nach §§ 24, 95 der Reichsversicherungsordnung zu entscheiden hat.

Den Vorsitz im Beschlußsenate führt der Präsident, bei seiner Behinderung der Direktor der Abteilung. Ist auch dieser behindert, so treten die Senatspräsidenten der Abteilung in der Reihenfolge ihres Dienstalters als Vorsitzende ein. Soweit es sich um technische Angelegenheiten handelt (zu vergleichen § 864 Abs. 1, § 910 Abs. 2 usw. der Reichsversicherungsordnung), hat vor den übrigen Senatspräsidenten der technisch vorgebildete Senatspräsident den Vorsitz zu führen.

Die vom Bundesrate gewählten Mitglieder nehmen an den Sitzungen der Beschlußsenate entsprechend der im § 12 Abs. 2 Satz 2 bestimmten Reihenfolge teil. Sind die vom Bundesrate gewählten Mitglieder sämtlich verhindert, so werden statt ihrer durch Verfügung des Präsidenten ständige Mitglieder zugezogen.

Die sonst zur Besetzung der Beschlußsenate erforderlichen Mitglieder (§ 100 Abs. 2 Satz 1 der Reichsversicherungsordnung) und die Reihenfolge, in der sie an den Sitzungen teilnehmen, werden für jede Abteilung auf dem im § 15 bezeichneten Wege für ein Geschäftsjahr im voraus bestimmt. In gleicher Weise werden für jedes ständige Mitglied mindestens fünf Stellvertreter bestimmt, die in der Reihenfolge ihrer Bezeichnung eintreten. Der Präsident bestimmt in jedem einzelnen Falle über die Vertretung verhinderter nichtständiger Mitglieder aus den Kreisen der Arbeitgeber und der Versicherten. Kommen Versicherungsträger aus mehr als einem Bereiche der Unfallversicherung in Frage, so gilt § 17 Satz 2 entsprechend.

Sind die in der Sache bestellten Berichterstatter nicht schon Mitglieder des Beschlußsenats, so sind auch sie zu den Entscheidungen zuzuziehen. Stets zuzuziehen ist dasjenige Mitglied, welches nach § 1781 Abs. 2 der Reichsversicherungsordnung die Verhandlung im Beschlußsenate beantragt hat.

Zuziehung nichtständiger Mitglieder.

§ 20.

Die nichtständigen Mitglieder sollen mindestens zwei Wochen vor der Sitzung einberufen werden. Die Einberufung darf nur aus zwingenden Gründen abgelehnt werden; diese sind auf Verlangen glaubhaft zu machen.

II. Verfahren.

Spruchsachen.

§ 21.

Wird eine Spruchsache nach § 1717 Abs. 1 der Reichsversicherungsordnung an den Großen Senat verwiesen, so ist die zu entscheidende Rechtsfrage und die Entscheidung, von der abgewichen werden soll, zu bezeichnen.

§ 22.

Die Entscheidung des Reichsversicherungsamts in Spruchsachen ist, unbeschadet des § 129 Abs. 2 der Reichsversicherungsordnung, beim Reichsversicherungsamte schriftlich zu beantragen.

Der Schriftsatz soll den Anspruch bezeichnen, einen bestimmten Antrag enthalten und, wenn es sich um ein Rechtsmittel handelt, die Gründe für seine Einlegung angeben. Die Rekursschrift soll auch etwa neu vorzubringende Tatsachen und Beweismittel anführen, die Revisionsschrift die Gesichtspunkte, aus denen sich die Nichtanwendung oder die unrichtige Anwendung des bestehenden Rechtes oder ein Verstoß wider den klaren Inhalt der Akten oder wesentliche Mängel des Verfahrens ergeben.

Von den Schriftsätzen ist für jeden Beteiligten eine Abschrift beizufügen.

Der Versicherungsträger, das Versicherungsamt und das Oberversicherungsamt haben dem Reichsversicherungsamte die Vorverhandlungen einzureichen. Sie umfassen die sämtlichen auf den Anspruch sich beziehenden Schriftstücke einschließlich derjenigen, welche sich in Vorakten befinden oder im Laufe des Verfahrens neu entstehen. Das Oberversicherungsamt hat, wenn eine von ihm getroffene Entscheidung angefochten wird, auch eine Abschrift der Entscheidung bei Übersendung der Akten beizufügen.

§ 23.

Das Reichsversicherungsamt teilt die Abschrift des Antrags dem Gegner zur Einreichung einer Gegenschrift binnen einer bestimmten Frist mit. In besonderen Fällen kann hiervon abgesehen werden. Der Gegner wird zugleich davon verständigt, daß auch verhandelt und entschieden werden kann, wenn die Gegenschrift nicht innerhalb der gesetzten Frist eingeht. Die Frist kann auf Antrag verlängert werden. Die Gegenschrift sowie weitere Schriftsätze, falls sie neue und wesentliche Anführungen enthalten, stellt das Reichsversicherungsamt gleichfalls dem Gegner in Abschrift zu. Ist ein Versicherungsträger beigeladen, so werden die Schriftsätze auch diesem mitgeteilt und seine Erklärungen den Beteiligten übermittelt.

§ 24.

Die Schriftsätze müssen von den Beteiligten selbst oder ihren gesetzlichen Vertretern oder ihren Bevollmächtigten unterzeichnet sein.

Die Vollmacht muß schriftlich erteilt werden. Ehegatten, Verwandte oder Verschwägerte der aufsteigenden Linie und volljährige Verwandte oder Verschwägerte der absteigenden Linie können auch ohne den Nachweis einer Vollmacht zur Vertretung zugelassen werden.

§ 25.

Von dem Termine zur mündlichen Verhandlung vor dem Spruchsenate werden die Beteiligten durch eingeschriebenen Brief oder gegen Postzustellungsurkunde mit dem Bemerken in Kenntnis gesetzt, daß auch im Falle ihres Ausbleibens verhandelt und entschieden werden kann. Hält der Senat das persönliche Erscheinen eines Beteiligten für angezeigt, so ist diesem zu eröffnen, daß aus dem Nichterscheinen ungünstige Schlüsse gezogen werden können.

§ 13 Abs. 2 ist anzuwenden.

Vor dem Verhandlungstermine haben die Berichterstatter einen Bericht nebst Gutachten zu den Akten zu geben.

§ 26.

Die zu verhandelnden Sachen werden in der Regel in der durch Aushang vor dem Sitzungszimmer bekannt zu machenden Reihenfolge erledigt.

§ 27.

§ 13 Abs. 1 gilt entsprechend.

Die Verhandlung beginnt nach dem Aufruf der Sache mit der Darstellung des Sachverhalts durch einen Berichterstatter. Die erschienenen Beteiligten sind zu hören. Der Vorsitzende hat jedem Mitglied des Senats auf Verlangen zu gestatten, Fragen zu stellen.

§ 28.

Über die Verhandlung hat ein vereidigter Schriftführer eine Niederschrift aufzunehmen. Der Gang der Verhandlung ist nur im allgemeinen anzugeben. Aufzunehmen sind Anerkenntnisse, Verzichtleistungen und Vergleiche sowie die Formel der Urteile; ferner sollen auch die Anträge und erheblichen Erklärungen der Beteiligten aufgenommen werden, soweit sie von den Anträgen und Erklärungen in den Schriftsätzen abweichen.

Die Niederschrift ist von dem Vorsitzenden und dem Schriftführer zu vollziehen, und wenn sie eine Urteilsformel enthält, auch von dem Berichterstatter.

§ 29.

Die vom Senate wegen Ungebühr in öffentlicher Sitzung festgesetzten Ordnungsstrafen, die gegen Zeugen und Sachverständige festgesetzten Geldstrafen und die einem Beteiligten nach § 1802 der Reichsversicherungsordnung auferlegten besonderen Verfahrenskosten werden wie Gemeindeabgaben beigetrieben und fließen in die Reichskasse.

§ 30.

Die Beratung und Beschlußfassung schließen sich unmittelbar an die mündliche Verhandlung an. Sie sind nicht öffentlich. Außer den zur Entscheidung Berufenen und dem Schriftführer dürfen nur die beim Reichsversicherungsamte beschäftigten Personen zugegen sein, denen der Präsident die Anwesenheit zu ihrer Ausbildung gestattet hat.

§ 31.

Der Senat entscheidet innerhalb der erhobenen Ansprüche nach freiem Ermessen.

Bei Entscheidungen auf Grund einer Verhandlung dürfen nur Mitglieder mitwirken, die an der Verhandlung teilgenommen haben.

§ 32.

Der Senat entscheidet nach Stimmenmehrheit. Die Stimmen werden in nachstehender Reihenfolge abgegeben

1. von den Berichterstattern,
2. von den Versicherten,
3. von den Arbeitgebern,
4. von den richterlichen Beamten,
5. von den ständigen Mitgliedern,
6. von den vom Bundesrate gewählten Mitgliedern,
7. von dem Vorsitzenden.

In der ersten Gruppe richtet sich die Reihenfolge der Abstimmung nach der Reihenfolge der Bestellung zum Berichterstatter, in der zweiten und dritten Gruppe nach dem Lebensalter, in der vierten und fünften nach dem Dienstalter im Reichsversicherungsamte, bei gleichem Dienstalter nach dem Lebensalter; der dem Dienst- oder Lebensalter nach jüngere stimmt zuerst. Die vom Bundesrate gewählten Mitglieder stimmen in der umgekehrten Reihenfolge, als sie im § 12 Abs. 2 Satz 2 festgesetzt ist.

Sind in den Großen Senat Mitglieder von Landesversicherungsämtern eingetreten, so geben sie ihre Stimme vor den ständigen Mitgliedern des Reichsversicherungsamts ab.

Die §§ 196, 197 des Gerichtsverfassungsgesetzes gelten entsprechend.

§ 33.

Die Entscheidung des Spruchsenats wird öffentlich verkündet, auch wenn die Öffentlichkeit der Verhandlung ausgeschlossen war.

Die Verkündung kann auf eine spätere Sitzung vertagt werden, die in der Regel binnen einer Woche stattfinden soll.

Wird die Verkündung der Gründe für angemessen erhalten, so geschieht sie durch Verlesen der Urteilsgründe oder durch mündliche Mitteilung ihres wesentlichen Inhalts.

§ 34.

Die Urteile der Spruchsenate werden mit Gründen versehen und in der Urschrift von dem Vorsitzenden und dem Berichterstatter unterschrieben. Der Vorsitzende kann die Unterschrift noch weiterer Mitglieder des Senats einholen.

Ist der Vorsitzende oder der Berichterstatter verhindert, so hat für ihn ein anderes rechtskundiges Mitglied des Senats, das bei der Entscheidung mitgewirkt hat, zu unterschreiben.

§ 35.

Im Eingang des Urteils sind der Tag der Entscheidung und die Mitglieder des Senats, die an ihr teilgenommen haben, anzugeben.

Die Ausfertigungen werden mit der Überschrift versehen:

„Im Namen des Reichs."

Sie enthalten neben dem Siegel des Reichsversicherungsamts die Schlußformel:

„Urkundlich unter Siegel und Unterschrift."

„Das Reichsversicherungsamt, Abteilung für Unfallversicherung" (Abteilung für Kranken-, Invaliden- und Angestelltenversicherung).

„Der ...... Rekurssenat."

Der ...... Revisionssenat (für Angestelltenversicherung).

Die Ausfertigung vollzieht der Vorsitzende, bei seiner Behinderung das dem Dienstalter nach älteste ständige rechtskundige Mitglied des Senats, das bei der Entscheidung mitgewirkt hat.

§ 36.

Dem Oberversicherungsamte, dessen Entscheidung angefochten war, ist eine Urteilsabschrift zu erteilen.

Beschlußsachen.

§ 37.

Für die Eingaben in Beschlußsachen gelten § 22 Abs. 1, 3 und § 24 entsprechend.

§ 38.

Ist der Vorsitzende des Senats mit dem Berichterstatter darüber einig, daß die Beschwerde unzulässig oder verspätet eingelegt ist, so kann er sie ohne Verhandlung im Senate verwerfen. Der Antragsteller kann binnen einer Woche nach Zustellung der Verfügung die Entscheidung des Beschlußsenats anrufen; die Verfügung muß darauf hinweisen.

§ 39.

Soweit in einer Beschlußsache vor dem Beschlußsenate zu verhandeln ist, kann der Vorsitzende des Beschlußsenats die mündliche Verhandlung der Sache anordnen; dies muß geschehen, wenn der Senat es beschließt oder wenn in den Fällen des § 24 Abs. 3, der §§ 95, 705, 978, 1147 der Reichsversicherungsordnung ein Beteiligter es beantragt.

Im übrigen gelten für das Verfahren vor dem Beschlußsenate § 25 Abs. 1, §§ 27 bis 32, 34 bis 36 entsprechend.

Ergibt sich bei der Abstimmung des Beschlußsenats Stimmengleichheit, so gibt der Vorsitzende den Ausschlag.

§ 40.

Wegen der außergerichtlichen Kosten der Beteiligten ist § 1670 der Reichsversicherungsordnung entsprechend anzuwenden.

§ 41.

Die Ausfertigungen und Reinschriften ergehen unter der Unterschrift „Das Reichsversicherungsamt“. Handelt es sich nicht um gemeinsame Angelegenheiten, so ist die in Betracht kommende Abteilung (für Unfallversicherung oder für Kranken-, Invaliden- und Hinterbliebenenversicherung) und bei Angelegenheiten eines Beschlußsenats auch der Senat näher zu bezeichnen.

III. Schlußbestimmungen.

§ 42.

Für die Geschäftssprache vor dem Reichsversicherungsamte gelten die §§ 186 bis 193 des Gerichtsverfassungsgesetzes*) entsprechend. Schriftstücke, die nicht in deutscher Sprache abgefaßt sind, brauchen nicht berücksichtigt zu werden.

§ 43.

Vorladungen und sonstige nur dem Geschäftsbetriebe dienende formularmäßige Schreiben werden durch die Unterschrift eines dazu bestimmten Beamten und unter Beifügung des Siegels des Reichsversicherungsamts beglaubigt.

Das Reichsversicherungsamt führt zwei Siegel:

1. ein großes, das dem Siegel des Reichsgerichts entspricht und nur bei förmlichen Ausfertigungen, insbesondere der Urteile und der abschließenden Entscheidungen der Beschlußsenate, gebraucht wird,
2. ein kleineres, das den bei den Gesandschaften des Deutschen Reichs eingeführten Siegeln entspricht, mit der Umschrift „Reichsversicherungsamt“.

§ 44.

Am Schlusse eines jeden Jahres hat das Reichsversicherungsamt dem Reichskanzler (Reichsamt des Innern) einen Geschäftsbericht einzureichen.

§ 45.

Die Verordnung tritt für die Invaliden- und Hinterbliebenenversicherung am 1. Januar 1912, für die anderen Zweige der Reichs-

*) Jetzt §§ 184 bis 191.

versicherung an den Tagen in Kraft, von denen an für diese die Vorschriften der Reichsversicherungsordnung über das Verfahren in Kraft gesetzt werden.

Mit denselben Tagen tritt für die einzelnen Zweige der Reichsversicherung die Verordnung, betreffend den Geschäftsgang und das Verfahren des Reichsversicherungsamts, vom 19. Oktober 1900 außer Kraft.

Urkundlich unter Unserer Höchsteigenen Unterschrift und beigedrucktem Kaiserlichen Insiegel.

Gegeben Neues Palais, den 24. Dezember 1911.

(L. S.) **Wilhelm.**

von Bethmann-Hollweg.

---

13. Verordnung über die Verrechnung von Beiträgen der Wanderversicherten.

Vom 25. Januar 1923.

Auf Grund des § 55a Abs. 3 des Versicherungsgesetzes für Angestellte und des § 1290a der Reichsversicherungsordnung in der Fassung des Gesetzes über Änderung des Versicherungsgesetzes für Angestellte und der Reichsversicherungsordnung vom 10. November 1922 (Reichsgesetzbl. Teil I S. 849) wird folgendes bestimmt:

I.

a) Die Steigerungssätze der Invalidenversicherung werden nach Abschluß eines jeden Jahres für die in diesem Jahre erstmalig zur Zahlung angewiesenen Renten der Reichsversicherungsanstalt von den Trägern der Invalidenversicherung durch Ueberweisung des Kapitalwerts erstattet.

b) Die Reichsversicherungsanstalt trägt die von ihr zur Zahlung angewiesenen Renten, die zu erstattende Steigerungsbeträge enthalten, für jede Rentenart (Ruhegeld, Krankenruhegeld, Witwen- [Witwer-] Rente, Waisenrente) fortlaufend in ein Verzeichnis mit folgenden Spalten ein:

1. Laufende Nummer,
2. Name des Wanderversicherten,
3. Renten- oder Aktenzeichen,
4. Jahresbetrag des von den Trägern der Invalidenversicherung zu erstattenden Steigerungsbetrags.

In der Spalte 4 ist bei den Hinterbliebenenrenten — bei Waisenrenten ohne Rücksicht auf die Zahl der Waisen und ohne Rücksicht darauf, ob es sich um einfache oder Doppelwaisen handelt — der Steigerungsbetrag des für die Berechnung der Hinterbliebenenrente maßgebenden Ruhegeldes einzutragen.

Die nach § 55a Abs. 2 festgesetzten Ergänzungen sind in gleicher Weise wie die Steigerungsbeträge der erstmalig zur Zahlung angewiesenen Renten zu behandeln.

c) Die Verzeichnisse (Ib) sind am Ende des Jahres abzuschließen. Die zu erstattenden Kapitalwerte werden ermittelt, indem die Summe der in Spalte 4 nachgewiesenen Steigerungsbeträge
bei den Ruhegeldern mit 8,4,
„ „ Krankenruhegeldern mit 1,
„ „ Witwen- (Witwer)Renten mit 4,8,
„ „ Waisenrenten mit 3,0
vervielfältigt wird.

d) Die gemäß Ic festgestellten Kapitalwerte und ihre Summe sind der Rechnungsstelle des Reichsversicherungsamts alsbald nach Jahresschluß mitzuteilen.

e) Die Rechnungsstelle des Reichsversicherungsamts verteilt den Gesamtbetrag auf die einzelnen Träger der Invalidenversicherung nach dem im § 1405 Satz 3 der Reichsversicherungsordnung bestimmten Maßstab und veranlaßt seine Erstattung an die Reichsversicherungsanstalt.

II.

a) Die Steigerungsbeträge der Angestelltenversicherung werden nach Abschluß eines jeden Jahres für die in diesem Jahre erstmalig zur Zahlung angewiesenen Renten den Trägern der Invalidenversicherung von der Reichsversicherungsanstalt durch Überweisung des Kapitalwerts erstattet.

b) Jeder Träger der Invalidenversicherung trägt die von ihm zur Zahlung angewiesenen Renten, die zu erstattende Steigerungsbeträge enthalten, für jede Rentenart (Invaliden-, Kranken-, Witwen- [Witwer-], Witwenkranken-, Waisenrenten) fortlaufend in ein Verzeichnis mit folgenden Spalten ein:
1. Laufende Nummer,
2. Name des Wanderversicherten,
3. Renten- oder Aktenzeichen,
4. Jahresbeitrag*) des von der Reichsversicherungsanstalt zu erstattenden Steigerungsbetrags.

In der Spalte 4 ist bei den Hinterbliebenenrenten — bei Waisenrenten ohne Rücksicht auf die Zahl der Waisen — der Steigerungsbetrag der für die Berechnung der Hinterbliebenenrente maßgebenden Invalidenrente einzutragen.

c) Die Verzeichnisse (IIb) sind am Ende des Jahres abzuschließen. Die zu erstattenden Kapitalwerte werden ermittelt, indem die Summe der in Spalte 4 nachgewiesenen Steigerungsbeträge
bei den Invalidenrenten mit 7,
„ „ Krankenrenten mit 1,
„ „ Witwen- (Witwer-)Renten mit 4,
„ „ Witwenkrankenrenten mit 0,4,
„ „ Waisenrenten mit 2,5
vervielfältigt wird.

---

*) Druckfehler im Reichsgesetzblatt; richtig: Jahresbetrag!

d) Die gemäß II c festgestellten Kapitalwerte und ihre Summe sind der Rechnungsstelle des Reichsversicherungsamts alsbald nach Jahresschluß mitzuteilen.

e) Die Rechnungsstelle des Reichsversicherungsamts veranlaßt die Erstattung der Gesamtsumme der Kapitalwerte durch die Reichsversicherungsanstalt für Angestellte und verrechnet sie im Anschluß an die Jahresabrechnung (§§ 1405 ff. der Reichsversicherungsordnung) zugunsten der einzelnen Träger der Invalidenversicherung nach dem im § 1405 Satz 3 der Reichsversicherungsordnung bestimmten Maßstab.

Berlin, den 25. Januar 1923.

Der Reichsarbeitsminister.
In Vertretung
Dr. Geib.

---

14. Verordnung über die Gewährung von Leistungen der Sozialversicherung nach ausländischen Grenzgebieten.

Vom 7. Februar 1925.

Auf Grund des § 31 Abs. 2 und des § 62 des Reichsknappschaftsgesetzes, auf Grund des § 596, des § 615 Abs. 2, des § 950 Abs. 1, des § 955, des § 1098 Abs. 2 und des § 1314 a der Reichsversicherungsordnung und auf Grund des § 75 des Angestelltenversicherungsgesetzes wird mit Zustimmung des Reichsrats verordnet:

(§ 1 ist hier ohne Belang!)

§ 2.

Für die in der Anlage bezeichneten Grenzgebiete werden

1. die Vorschriften des § 615 Abs. 1 Nr. 3, des § 955 und des § 1314 Nr. 1 der Reichsversicherungsordnung sowie des § 74 Nr. 1 des Angestelltenversicherungsgesetzes über das Ruhen des Rechtes auf den Bezug der Renten aus der Unfall-, Invaliden- und Angestelltenversicherung,
2. die Vorschriften des § 596, des § 950 Abs. 1 und des § 1098 Abs. 2 der Reichsversicherungsordnung, wonach die Hinterbliebenen eines Ausländers, die sich zur Zeit des Unfalls nicht gewöhnlich im Inland oder an Bord eines deutschen Seeschiffs aufhielten, keinen Anspruch auf Rente haben,

außer Kraft gesetzt.

§ 3.

Soweit die Vorschriften des § 2 die Unfall- und die Invalidenversicherung betreffen, treten sie an die Stelle der entsprechenden Vorschriften der Bekanntmachungen des Reichskanzlers vom 16. Oktober 1900 und vom 12. Juni 1901 (Zentralblatt für das

Deutsche Reich 1900 S. 540 und 1901 S. 210) und der zu diesen Bekanntmachungen ergangenen Nachträge.

§ 4.

Die Verordnung tritt mit dem 1. Januar 1925 in Kraft.

Berlin, den 7. Februar 1925.

Der Reichsarbeitsminister.
Dr. Brauns.

Anlage

Verzeichnis der ausländischen Grenzgebiete.

Republik Österreich.

Die politischen Bezirke Bregenz, Reutte, Imst, Innsbruck einschließlich des Stadtgebiets Innsbruck, Schwaz, Kufstein, Kitzbühel, Zell am See, St. Johann, Hallein, Salzburg einschließlich des Stadtgebiets Salzburg, Braunau am Inn, Ried, Schärding, Rohrbach.

Tschechoslowakische Republik.

Die politischen Bezirke Prachatitz (Prachatice), Schüttenhofen (Sušice), Klattau (Klatovy), Bischofteinitz (Horšuv Týn), Tachau (Tachov), Plan (Planá), Marienbad (Marianské Lázně), Eger (Cheb), Asch (Aš), Graslitz (Kraslice), Neudek (Neudek), Joachimstal (Jáchymov), Weipart (Výprty), Preßnitz (Přísečnice), Kommotau (Chomatov), Brüx (Most), Dux (Duchcov), Teplitz-Schönau (Teplice), Aussig (Ústi a. L.), Tetschen und Böhmisch-Kamnitz (Děčín a Česká Kamenice), Warnsdorf (Varnsdorf), Rumburg (Rumburk), Schluckenau (Šluknov), Deutsch Gabel (Německé Jablonné), Reichenberg (Liberec), Friedland (Frýdlant), Gablonz a. d. Neiße (Jablonec n. N.), Starkenbach (Jilemnice), Hohenelbe (Vrchlabi), Trautenau (Trutnov), Braunau (Broumov), Nachod (Nachod), Neustadt a. d. M. (Nové Město n. M.), Senftenberg (Žamberk), Mährisch-Schönberg (Šumperk), Freiwaldau (Frývaldov), Jägerndorf (Krnov), Troppau (Opava).

---

15. Bestimmungen über die Abfindung berechtigter Ausländer, die sich gewöhnlich im Ausland aufhalten.

Vom 8. September 1924.

Auf Grund des § 76 des Angestelltenversicherungsgesetzes wird bestimmt:

Zur Berechnung der Abfindungssummen an berechtigte Ausländer die sich gewöhnlich im Ausland aufhalten, ist der Jahresbetrag ihrer bisherigen Bezüge mit den aus den Anlagen 1 bis 3 zu entnehmenden Kapitalwerten zu vervielfältigen.

Für die Berechnung der Abfindung an Empfänger von Ruhegeld oder Witwenrente ist das Alter nach vollen Lebensjahren maßgebend;

dabei werden angefangene Jahre bis unter sechs Monaten nicht, von sechs und mehr Monaten voll gerechnet.

Für die Empfänger von Waisenrente ist das Alter nach vollen Monaten maßgebend; dabei werden angefangene Monate bis unter fünfzehn Tagen nicht, von fünfzehn und mehr Tagen voll gerechnet.

Berlin, den 8. September 1924.

Der Reichsarbeitsminister.
In Vertretung: Dr. Geib.

Anlage 1.

Kapitalwerte der monatlich im voraus zahlbaren Ruhegelder vom Jahresbetrage 1.

Alter in vollen Lebensjahren	Kapitalwert	Alter in vollen Lebensjahren	Kapitalwert	Alter in vollen Lebensjahren	Kapitalwert	Alter in vollen Lebensjahren	Kapitalwert
19	8.269						
20	8.524	40	11.094	60	9.109	80	3.882
21	8.777	41	11.110	61	8.874	81	3.676
22	9.024	42	11.118	62	8.628	82	3.470
23	9.265	43	11.118	63	8.381	83	3.282
24	9.496	44	11.109	64	8.128	84	3.102
25	9.714	45	11.083	65	7.872	85	2.924
26	9.917	46	11.046	66	7.609	86	2.752
27	10.101	47	10.995	67	7.339	87	2.578
28	10.260	48	10.825 *)	68	7.059	88	2.392
29	10.391	49	10.846	69	6.775	89	2.193
30	10.494	50	10.760	70	6.488	90	1.991
31	10.578	51	10.662	71	6.200	91	1.763
32	10.654	52	10.549	72	5.912	92	1.527
33	10.728	53	10.426	73	5.626	93	1.272
34	10.797	54	10.282	74	5.353	94	0.950
35	10.863	55	10.121	75	5.084	95	0.536
36	10.927	56	9.946	76	4.823		
37	10.983	57	9.756	77	4.574		
38	11.031	58	9.551	78	4.336		
39	11.065	59	9.336	79	4.104		

*) Offenbar Druckfehler in der amtlichen Bekanntmachung? Es wird „10,925" heißen müssen!

Anlage 2.

Kapitalwerte der monatlich im voraus zahlbaren Witwenrenten vom Jahresbetrage 1.

Alter in vollen Lebensjahren	Kapitalwert	Alter in vollen Lebensjahren	Kapitalwert	Alter in vollen Lebensjahren	Kapitalwert	Alter in vollen Lebensjahren	Kapitalwert
		40	13.492	65	7.972	90	2.291
16	6.140	41	13.550	66	7.645	91	2.184
17	6.224	42	13.575	67	7.322	92	2.075
18	6.325	43	13.569	68	7.001	93	1.971
19	6.446	44	13.531	69	6.685	94	1.879
20	6.591	45	13.459	70	6.373	95	1.770
21	6.762	46	13.355	71	6.066	96	1.640
22	6.967	47	13.221	72	5.768	97	1.478
23	7.208	48	13.061	73	5.481	98	1.309
24	7.493	49	12.876	74	5.207	99	1.027
25	7.822	50	12.667	75	4.947	100	0.536
26	8.204	51	12.435	76	4.700		
27	8.644	52	12.181	77	4.464		
28	9.145	53	11.909	78	4.242		
29	9.706	54	11.618	79	4.029		
30	10.329	55	11.311	80	3.825		
31	10.983	56	10.992	81	3.629		
32	11.587	57	10.662	82	3.442		
33	12.101	58	10.326	83	3.263		
34	12.471	59	9.987	84	3.094		
35	12.738	60	9.648	85	2.937		
36	12.954	61	9.309	86	2.789		
37	13.134	62	8.971	87	2.652		
38	13.285	63	8.636	88	2.525		
39	13.405	64	8.303	89	2.404		

Anlage 3.

Kapitalrente der monatlich im voraus zahlbaren Waisenrente vom Jahresbetrage 1.

Alter des bezugsberechtigten Kindes in Jahren																		Mo= naten
0	1	2	3	4	5	6	7	8	9	10	11	12	13	14	15	16	17	
9.041	11.044	11.159	10.905	10.518	10.046	9.507	8.917	8.281	7.606	6.894	6.147	5.368	4.557	3.713	2.837	1.927	0.982	0
9.208	11.054	11.138	10.873	10.479	10.001	9.458	8.864	8.225	7.547	6.832	6.082	5.300	4.487	3.640	2.761	1.848	0.900	1
9.375	11.063	11.117	10.841	10 439	9.956	9.409	8.811	8.169	7.487	6.770	6.017	5.233	4.416	3.567	2.685	1.770	0.818	2
9.542	11.073	11.096	10.808	10.400	9.911	9.360	8.758	8.112	7.428	6.707	5.952	5.165	4.346	3.494	2.610	1.691	0.737	3
9.709	11.082	11.074	10.776	10.361	9.866	9.310	8.705	8.056	7.369	6.645	5.887	5.098	4.276	3.421	2.534	1.612	0.655	4
9.876	11.092	11.053	10.744	10.321	9.821	9.261	8.652	8.000	7.309	6.583	5.822	5.030	4.205	3.348	2.458	1.533	0.573	5
10.043	11.102	11.032	10.712	10.282	9.777	9.212	8.599	7.944	7.250	6.521	5.758	4.963	4.135	3.275	2.382	1.455	0.491	6
10.209	11.111	11.011	10.679	10.243	9.732	9.163	8.546	7.887	7.191	6.458	5.693	4.895	4.065	3.202	2.306	1.376	0.409	7
10.376	11.121	10.990	10.647	10.203	9.687	9.114	8.493	7.831	7.131	6.396	5.628	4.827	3.994	3.129	2.230	1.297	0.327	8
10.543	11.130	10.969	10.615	10.164	9.642	9.065	8.440	7.775	7.072	6.334	5.563	4.760	3.924	3.056	2.155	1.218	0.246	9
10.710	11.140	10.947	10.583	10.125	9.597	9.015	8.387	7.719	7.013	6.272	5.498	4.692	3.854	2.983	2,079	1.140	0.164	10
10.877	11.149	10.926	10.550	10.085	9.552	8.966	8.334	7.662	6.953	6.209	5.433	4.625	3.783	2.910	2.003	1.061	0.082	11

16. Wahlordnung für die Wahl der Mitglieder des Verwaltungsrats der Angestelltenversicherung (§§ 105 ff. des Angestelltenversicherungsgesetzes).

Vom 17. Juni 1924.

I. Allgemeine Bestimmungen.

Wahlbezirk.

§ 1.

Wahlbezirk ist das Reichsgebiet.

Wahlleitung.

§ 2.

Die Wahl leitet ein Beauftragter des Reichsarbeitsministers. Der Name des Wahlleiters wird im Deutschen Reichsanzeiger und Preußischen Staatsanzeiger bekanntgemacht.

Wahlberechtigung.

§ 3.

Die Arbeitgebervertreter des Verwaltungsrats werden von den Vertrauensmännern, die Arbeitgebervertreter sind, die Versichertenvertreter von den Vertrauensmännern, die Versichertenvertreter sind, gewählt.

Wählbarkeit.

§ 4.

Wählbar als Vertreter der Arbeitgeber ist, wer regelmäßig mindestens einen versicherten Angestellten beschäftigt.

Wählbar als Vertreter der Versicherten sind nur Versicherte, die nicht als Vertreter der Arbeitgeber wählbar sind.

II. Wahlverfahren.

1. Wahlvorbereitung.

Wahlbekanntmachung.

§ 5.

Der Wahlleiter erläßt eine Wahlbekanntmachung. Sie hat zu enthalten:

1. die Zahl der zu wählenden Vertreter,
2. die Aufforderung an die Vertrauensmänner, Vorschlagslisten für die Wahl nach dem als Anlage 1 beigefügten Muster bis spätestens einen Monat vor dem letzten Tage der Wahlfrist bei dem Wahlleiter einzureichen (Vorschlagsfrist),

3. den vom Wahlleiter bestimmten Zeitraum, innerhalb dessen die Stimmzettel einzusenden sind (Wahlfrist),
4. den Hinweis, daß nur für unveränderte Vorschlagslisten gestimmt werden darf,
5. einen Hinweis auf die Möglichkeit der Listenverbindung nach § 12,
6. einen Auszug aus den gesetzlichen Vorschriften über Wahlberechtigung und Wählbarkeit.

Der Wahlleiter hat die Wahlbekanntmachung spätestens zwei Monate vor dem Ablauf der Wahlfrist im Deutschen Reichsanzeiger und Preußischen Staatsanzeiger zu veröffentlichen.

Vorschlagslisten.

§ 6.

Die Vorschlagslisten sind für die Arbeitgebervertreter und für die Versichertenvertreter getrennt aufzustellen.

Jede Vorschlagsliste soll mindestens sechsunddreißig Namen enthalten. Enthält eine Vorschlagsliste weniger Namen, so wird sie dadurch nicht ungültig.

Die einzelnen Bewerber sind unter fortlaufenden Nummern oder in sonst erkennbarer Reihenfolge aufzuführen und nach Vor- und Zunamen, Beruf und Wohnort zweifelsfrei zu bezeichnen.

Mit den Vorschlagslisten ist eine Erklärung jedes darin aufgeführten Bewerbers darüber vorzulegen, daß er zur Annahme der Wahl bereit ist.

§ 7.

Die Vorschlagslisten müssen von mindestens fünf Wahlberechtigten mit Vor- und Zunamen unterschrieben sein. Ein Wahlberechtigter darf nur eine Vorschlagsliste unterschreiben. Hat er mehrere Vorschlagslisten unterzeichnet, so wird seine Unterschrift auf allen Vorschlagslisten gestrichen.

Jede Vorschlagsliste soll mit einem Kennwort versehen sein, das zur deutlichen Unterscheidung von anderen Vorschlagslisten geeignet ist. Trägt sie kein Kennwort, so gilt der Name des an erster Stelle genannten Bewerbers als Kennwort.

§ 8.

Auf jeder Vorschlagsliste soll ein Listenvertreter und ein Stellvertreter für ihn benannt werden, die zur Abgabe von Erklärungen gegenüber dem Wahlleiter oder seinem Beauftragten bevollmächtigt sind. Fehlt diese Benennung, so gilt der erste Unterzeichner als Listenvertreter, der zweite als sein Stellvertreter. Erklärt mehr als die Hälfte der Unterzeichner einer Vorschlagsliste schriftlich, daß der Listenvertreter (Stellvertreter) durch einen anderen ersetzt werden soll, so tritt dieser an die Stelle des früheren Listenvertreters (Stellvertreters), sobald die Erklärung dem Wahlleiter zugegangen ist.

Zulassung der Vorschlagslisten.

§ 9.

Der Wahlleiter versieht die Vorschlagslisten mit dem Eingangstag und mit Ordnungsnummern nach der Reihenfolge des Eingangs.

Er prüft die Vorschlagslisten, teilt Mängel dem Listenvertreter unverzüglich mit und fordert ihn unter Bestimmung einer angemessenen Frist (Berichtigungsfrist) zu ihrer Beseitigung auf.

§ 10.

Ungültig sind Vorschlagslisten,
1. die verspätet eingereicht sind,
2. die nicht mindestens fünf gültige Unterschriften tragen,
3. auf denen die Bewerber nicht in erkennbarer Reihenfolge aufgeführt sind,

in den beiden letzteren Fällen, wenn die Mängel nicht innerhalb der Berichtigungsfrist (§ 9 Abs. 2) beseitigt werden.

§ 11.

Die Namen einzelner Bewerber sind in den Vorschlagslisten zu streichen,
1. wenn ihre Zustimmungserklärung fehlt,
2. wenn sie nachgewiesenermaßen nicht wählbar sind,
3. wenn sie nicht in der nach § 6 Abs. 3 vorgeschriebenen Weise bezeichnet sind und der Listenvertreter die Bezeichnung innerhalb der Berichtigungsfrist nicht ergänzt hat.

Listenverbindung.

§ 12.

Mehrere Vorschlagslisten können in der Weise miteinander verbunden werden, daß sie gegenüber den anderen Vorschlagslisten als eine einzige Vorschlagsliste gelten. In diesem Falle müssen die Unterzeichner der Vorschlagslisten oder die Listenvertreter übereinstimmend spätestens bis zum Ablauf des elften Tages vor dem letzten Tage der Wahlfrist die Erklärung abgeben, daß die Vorschlagslisten miteinander verbunden sein sollen. Andernfalls ist die Erklärung über die Verbindung ungültig.

Bekanntmachung der Vorschlagslisten.

§ 13.

Frühestens zehn, spätestens acht volle Tage vor dem letzten Tage der Wahlfrist sind die gültigen Vorschlagslisten von dem Wahlleiter gleichzeitig mit ihrem Kennwort und unter Hinweis auf die Zusammengehörigkeit verbundener Vorschlagslisten im Deutschen Reichsanzeiger und Preußischen Staatsanzeiger bekanntzumachen.

Wahl ohne Stimmabgabe.

§ 14.

Wird nur eine gültige Vorschlagsliste der Arbeitgebergruppe oder der Versichertengruppe eingereicht, so unterbleibt bei dieser Gruppe die Wahl, und es gelten die in der Vorschlagsliste gültig bezeichneten Bewerber in der Reihenfolge der Liste als gewählt. Das gleiche gilt, wenn auf allen gültigen Vorschlagslisten einer Gruppe im ganzen nur so viele wählbare Bewerber benannt werden, wie Vertreter zu wählen sind.

Der Wahlleiter macht dies im Deutschen Reichsanzeiger und Preußischen Staatsanzeiger mit dem Bemerken bekannt, daß eine Wahlhandlung insoweit nicht stattfindet.

2. Wahlhandlung.

Stimmabgabe.

§ 15.

Gewählt wird durch Stimmzettel. Die Stimmzettel sind dem Wahlleiter in einem verschlossenen Umschlag einzureichen.

Die Reichsversicherungsanstalt liefert den Wahlberechtigten die Stimmzettel sowie abgestempelte Umschläge.

Die Stimmzettel müssen von dem wählenden Vertrauensmann unterschrieben sein und dürfen keine Verwahrung und keinen Vorbehalt enthalten.

Die Stimme darf nur für unveränderte Vorschlagslisten abgegeben werden. Als verändert gelten auch solche Vorschlagslisten, in denen die Reihenfolge der Vorgeschlagenen geändert ist.

Der Stimmzettel muß die Ordnungsnummer oder das Kennwort der Vorschlagsliste enthalten; er kann statt dessen oder außerdem die Namen der Bewerber, die in einer der zugelassenen Vorschlagslisten eingetragen sind, in deren Reihenfolge aufführen. Als Stimmzettel kann auch eine Vorschlagsliste, die vom Wahlleiter mitgeteilt ist, oder ein Abdruck davon benutzt werden.

Ungültige Stimmzettel.

§ 16.

Ungültig sind Stimmzettel,

1. die nach Ablauf der Wahlfrist eingehen,
2. die von einer gültigen Vorschlagsliste abweichen,
3. die eine Verwahrung oder einen Vorbehalt enthalten oder nicht unterschrieben sind,
4. die nicht in einem mit dem Stempel der Reichsversicherungsanstalt versehenen Umschlag eingereicht werden.

3. Ermittlung des Wahlergebnisses.

Wahlvorstand.

§ 17.

Zur Teilnahme an der Feststellung des Wahlergebnisses beruft der Wahlleiter zwei in Groß-Berlin wohnende Vertrauensmänner, und zwar je einen Arbeitgebervertreter und einen Versichertenvertreter, als Beisitzer. Ferner wird ein Schriftführer zugezogen.

Der Wahlleiter verpflichtet die Beisitzer und den Schriftführer durch Handschlag auf gewissenhafte Erfüllung ihrer Obliegenheiten, insbesondere zur Geheimhaltung ihrer Beobachtungen bei der Feststellung des Wahlergebnisses. Der Wahlleiter und die Beisitzer bilden den Wahlvorstand.

Zählung der Stimmen.

§ 18.

Der Wahlleiter öffnet die Wahlumschläge, nimmt die Stimmzettel heraus und prüft ihre Gültigkeit. Sodann stellt der Wahlvorstand die Zahl der gültigen Stimmen fest, die insgesamt abgegeben und die jeder Vorschlagsliste und jeder Gruppe verbundener Vorschlagslisten zugefallen sind.

Befinden sich in einem Umschlag mehrere Stimmzettel derselben Art, so werden sie, wenn sie vollständig übereinstimmen, nur als ein Stimmzettel gezählt; andernfalls sind sie ungültig.

Jeder gültige Stimmzettel zählt als eine Stimme.

Verteilung der Stellen auf die Vorschlagslisten.

§ 19.

Die Sitze der Vertreter werden unter die Vorschlagslisten nach dem Verhältnis der Zahl der ihnen zugefallenen Stimmen (§ 18) verteilt, und zwar in der Reihenfolge der nach der Größe geordneten Höchstzahlen, die sich bei der folgenden Rechnung ergeben.

Die den einzelnen Vorschlagslisten zugefallenen Stimmenzahlen sind in einer Reihe nebeneinander zu stellen und alle durch 1, 2, 3, 4 usw. zu teilen. Die ermittelten Teilzahlen sind nacheinander reihenweise unter den Zahlen der ersten Reihe aufzuführen. Die Teilung ist fortzusetzen, bis anzunehmen ist, daß höhere Zahlen als aus den früheren Reihen für die Zuweisung von Sitzen in Betracht kommen, nicht mehr entstehen; Bruchteile von Zahlen sind wegzulassen. Sind bei der Verteilung des letzten Sitzes mehrere gleiche Zahlen vorhanden, so entscheidet insoweit das Los.

Sind einer Vorschlagsliste mehr Sitze zuzuweisen, als auf ihr Bewerber vorgeschlagen sind, so sind alle auf ihr Vorgeschlagenen gewählt. Die überzähligen Sitze werden unter die übrigen Vorschlagslisten durch Fortsetzung des in Abs. 1, 2 bestimmten Verfahrens verteilt.

§ 20.

Verbundene Vorschlagslisten gelten gegenüber anderen als eine einzige. Die auf sie entfallenden Sitze werden auf die einzelnen verbundenen Vorschlagslisten nach dem im § 19 bestimmten Verfahren verteilt.

Zuweisung der Sitze an die Bewerber.

§ 21.

Die auf die einzelne Vorschlagsliste entfallenen Sitze werden den gültig vorgeschlagenen Bewerbern nach der Reihenfolge zugewiesen, in der die Bewerber in der Liste aufgeführt sind. Würde eine Person wegen ihrer Benennung auf mehreren Vorschlagslisten mehrfach gewählt sein, so gilt sie auf der Liste als gewählt, auf der ihr die größte Höchstzahl zufällt; bei gleichen Höchstzahlen entscheidet das Los. Bei den anderen tritt an die Stelle des bereits als gewählt geltenden Bewerbers der nächste Bewerber.

Niederschrift über die Feststellung des Wahlergebnisses.

§ 22.

Über die Feststellung des Wahlergebnisses ist eine Niederschrift aufzunehmen. In ihr sind Zeit und Ort der Verhandlung, die Namen der Mitglieder des Wahlvorstandes, die Gesamtzahl der abgegebenen gültigen Stimmen, ferner die Stimmenzahl, die jeder Vorschlagsliste und jeder Gruppe verbundener Vorschlagslisten zugefallen ist, die berechneten Höchstzahlen, ihre Verteilung auf die Vorschlagslisten, die Namen der Gewählten sowie Besonderheiten, die sich bei der Feststellung des Wahlergebnisses gezeigt haben, anzugeben.

Die Niederschrift ist von dem Wahlvorstand und dem Schriftführer zu unterzeichnen.

4. Benachrichtigung der Gewählten.

§ 23.

Der Wahlleiter benachrichtigt die Gewählten von ihrer Wahl mit dem Hinweis darauf, daß die Wahl als angenommen gilt, wenn sie nicht binnen einer Woche abgelehnt wird.

5. Bekanntmachung des Wahlergebnisses.

§ 24.

Das Wahlergebnis ist durch den Wahlleiter im Deutschen Reichsanzeiger und Preußischen Staatsanzeiger zu veröffentlichen, sobald feststeht, daß die Gewählten die Wahl annehmen. Gleichzeitig teilt der Wahlleiter das Ergebnis dem Reichsarbeitsminister und dem Direktorium der Reichsversicherungsanstalt mit.

III. Ersatzmänner.

§ 25.

Lehnen gewählte Personen die Wahl rechtswirksam ab oder scheiden sie vor Ablauf ihrer Wahlzeit aus, so rücken die auf derselben Liste gültig vorgeschlagenen, noch nicht gewählten Bewerber als Ersatzmänner in der Reihenfolge ein, in der sie in der Liste aufgeführt sind. Diese Regelung gilt auch für die Vertretung bei Verhinderungsfällen, soweit nicht die Geschäftsordnung des Verwaltungsrats hierüber besonderes bestimmt.

Ersatzwahlen finden während der Dauer der Wahlzeit nicht statt.

IV. Anfechtung der Wahl.

§ 26.

Die Wahl, sei es einer, sei es beider Vertretergruppen, kann als ungültig angefochten werden, wenn gegen wesentliche Vorschriften des Wahlverfahrens verstoßen und weder eine nachträgliche Ergänzung möglich noch nachgewiesen ist, daß durch den Verstoß das Wahlergebnis nicht verändert werden konnte.

Die Wahl einer einzelnen Person kann als ungültig angefochten werden,

1. wenn sie zur Zeit der Wahl nicht wählbar war und auch die Wählbarkeit nicht inzwischen erlangt hat,
2. wenn von ihr oder zu ihren Gunsten von Dritten die Wahl rechtswidrig oder durch Gewähren oder Versprechen von Geschenken beeinflußt worden ist, es sei denn, daß dadurch das Wahlergebnis nicht verändert werden konnte.

§ 27.

Die Anfechtung muß binnen einem Monat nach der Bekanntmachung des Wahlergebnisses beim Reichsarbeitsminister erfolgen.

Die Anfechtung der Wahl hindert nicht die einstweilige Ausübung des Amtes als Vertreter oder Ersatzmann.

Wird die ganze Wahl für ungültig erklärt, so ist alsbald ein neues Wahlverfahren einzuleiten. Wird die Wahl einer Vertretergruppe für ungültig erklärt, so ist nur die Wahl dieser Gruppe zu wiederholen.

Wird die Wahl einer einzelnen Person für ungültig erklärt, so gilt die Vorschrift des § 25.

V. Schlußbestimmungen.

Aktenaufbewahrung.

§ 28.

Die Akten über die Ermittlung des Wahlergebnisses sowie die Stimmzettel werden von dem Wahlleiter dem Reichsarbeitsminister übersandt und von diesem verwahrt.

Kosten.

§ 29.

Die Kosten der Wahl trägt die Reichsversicherungsanstalt.

Berlin, den 17. Juni 1924.

Der Reichsarbeitsminister.
In Vertretung
Dr. Geib.

Anlage 1.

Vorschlagsliste
für die Mitglieder des Verwaltungsrats als Vertreter der Arbeitgeber*).

Lfde. Nr.	Vor- und Zuname	Beruf	Wohnort
1.			
2.			
3.			
4.			
usw.			

(Unterschriften: Vor- und Zuname)

1. ....
2. ....
3. ....
4. ....
5. ....

Zur Abgabe von Erklärungen gegenüber dem Wahlleiter oder seinem Beauftragten sind bevollmächtigt

(Vor- und Zuname) (Stand oder Beruf) (Wohnort)

Listenvertreter: ....

Stellvertreter: ....

*) Oder „als Vertreter der Versicherten".

Anlage 2.

Muster
der Rechnung nach §§ 19—21 der Wahlordnung.

Für die Arbeitgeber- (Angestellten-) Gruppe sind 12 Vertreter zu wählen. Für die Wahlen seien vier Listen A, B, C, D aufgestellt. Es seien Stimmen entfallen auf

Liste	A	B	C	D
	6 212	952	946	942.

Die Bildung der Teilzahlen hat folgendes Ergebnis:

Teilung durch	A	B	C	D	B + C + D
1.	6 212	952	946	942	2 840
2.	3 106	476	473	471	1 420
3.	2 070	317	315	314	946
4.	1 553	238	236	235	710
5.	1 242	190	189	188	568
6.	1 035	158	157	157	473
7.	887	136	135	134	405
8.	776	119	118	117	355
9.	690	105	105	104	315
10.	621	95	94	94	284
11.	564				258
12.	517				236
13.	477				
14.	443				
15.	414				
16.	388				
17.	365				
18.	345				
19.	326				
20.	310				
21.	295				
22.	282				
23.	270				
24.	258				
25.	248				
26.	238				

1. Ordnung der Höchstzahlen bei unverbundenen Listen.

1. 6 212 (Liste A)	7. 952 (Liste B)
2. 3 106 (Liste A)	8. 946 (Liste C)
3. 2 070 (Liste A)	9. 942 (Liste D)
4. 1 553 (Liste A)	10. 887 (Liste A)
5. 1 242 (Liste A)	11. 776 (Liste A)
6. 1 035 (Liste A)	12. 690 (Liste A),

demnach kommen auf

Sitz	Nr. 1	Nr. 2	Nr 3	Nr. 4	Nr. 5	Nr. 6
Vertreter	A	A	A	A	A	A
Sitz	Nr. 7	Nr. 8	Nr. 9	Nr. 10	Nr. 11	Nr. 12
Vertreter	B	C	D	A	A	A,

also auf

Liste A .... 9 Vertreter,
Liste B .... 1 Vertreter,
Liste C .... 1 Vertreter,
Liste D .... 1 Vertreter.

2. Ordnung der Höchstzahlen bei Verbindung der Listen B, C, D.

1. 6 212 (Liste A)
2. 3 106 (Liste A)
3. 2 840 (Liste B + C + D)
4. 2 070 (Liste A)
5. 1 553 (Liste A)
6. 1 420 (Liste B + C + D)
7. 1 242 (Liste A)
8. 1 035 (Liste A)
9. 946 (Liste B + C + D)
10. 887 (Liste A)
11. 776 (Liste A)
12. 710 (Liste B + C + D),

demnach kommen auf

Sitz	Nr. 1	Nr. 2	Nr. 3	Nr. 4	Nr. 5	Nr. 6
Vertreter	A	A	B	A	A	C
Sitz	Nr. 7	Nr. 8	Nr. 9	Nr. 10	Nr. 11	Nr. 12
Vertreter	A	A	D	A	A	B,

also auf

Liste A .... 8 Vertreter,
Liste B .... 2 Vertreter,
Liste C .... 1 Vertreter,
Liste D .... 1 Vertreter,

17. Wahlordnung für die Wahl der Vertrauensmänner und Ersatzmänner.

(§§ 145 ff.*) des Versicherungsgesetzes für Angestellte.)

Vom 3. Juli 1912.

(RGBl. 1912 S. 419.)

§ 1.

Die Vertrauensmänner und ihre Ersatzmänner werden für den Bezirk der unteren Verwaltungsbehörde gewählt. An die Stelle dieses Bezirkes tritt, soweit die oberste Verwaltungsbehörde die Bezirke mehrerer unterer Verwaltungsbehörden zu einem Bezirke zusammengefaßt hat, der Gesamtbezirk.

Die Wahl leitet die nach § 321 oder § 145 Abs. 3 des Versicherungsgesetzes für Angestellte bestimmte untere Verwaltungsbehörde.

Der Leiter der unteren Verwaltungsbehörde kann sich durch die Beamten vertreten lassen, die im übrigen zu seiner Vertretung befugt sind. Die oberste Verwaltungsbehörde kann zulassen, daß der Leiter der unteren Verwaltungsbehörde auch einen anderen Beamten dieser Behörde mit seiner Vertretung beauftragen darf.

§ 2.

Der Wahlleiter bestimmt, an welchem Orte sowie zu welcher Zeit und zu welchen Tagesstunden die Stimmzettel abzugeben sind. Er macht sie unter Mitteilung eines Auszugs aus den gesetzlichen Vorschriften über Wahlberechtigung und Wählbarkeit mindestens zweimal in dem für die amtlichen Bekanntmachungen der unteren Verwaltungsbehörde bestimmten Blatte bekannt; das Muster einer Bekanntmachung ist in Anlage 1 beigefügt.

Zwischen der ersten Bekanntmachung und dem Wahltag, bei mehreren Wahltagen dem ersten, muß eine Frist von mindestens sechs Wochen liegen.

Als versicherte Angestellte im Sinne dieser Bestimmungen gelten die Personen, die nach § 188 des Versicherungsgesetzes für Angestellte verpflichtet sind, sich eine Versicherungskarte ausstellen zu lassen.

§ 3.

Die Wahlen der Vertrauensmänner aus den Arbeitgebern und den versicherten Angestellten können zu verschiedenen Zeiten stattfinden.

Die wahlberechtigten Arbeitgeber nehmen nur an der Wahl der Vertrauensmänner aus den Arbeitgebern, die wahlberechtigten versicherten Angestellten nur an der Wahl der Vertrauensmänner aus den versicherten Angestellten teil.

---

*) Jetzt §§ 124 ff.

§ 4.

Jeder Wahlberechtigte hat eine Stimme. Jedoch haben Arbeitgeber, die mehr als fünfzig, aber nicht mehr als hundert versicherte Angestellte beschäftigen, zwei Stimmen. Für je weitere angefangene hundert versicherte Angestellte erhöht sich die Zahl um eine Stimme.

Kein Arbeitgeber hat mehr als zwanzig Stimmen.

§ 5.

Wahlberechtigt als Arbeitgeber sind — wenn sie nicht als Angestellte wahlberechtigt sind — auch

1. die gesetzlichen Vertreter geschäftsunfähiger und beschränkt geschäftsfähiger natürlicher Personen,
2. bei juristischen Personen die Mitglieder des Vorstandes, bei Gesellschaften mit beschränkter Haftung die Geschäftsführer, bei anderen Gesellschaften die persönlich haftenden Gesellschafter, soweit sie nicht von der Vertretung ausgeschlossen sind. Sind hiernach für eine juristische Person oder Gesellschaft mehrere wahlberechtigte Personen vorhanden, so darf nur eine von ihnen das Wahlrecht ausüben.

Sind Reich oder Staat Arbeitgeber, so kann für das Reich der Reichskanzler, für den Staat die oberste Verwaltungsbehörde über die Ausübung des Wahlrechts das Nähere bestimmen.

§ 6.

Wählbar als Arbeitgeber sind auch die im § 5 Abs. 1, 2 bezeichneten Personen, ferner die bevollmächtigten Betriebsleiter sämtlich, wenn sie nicht als Angestellte wählbar sind.

§ 7.

In den Bekanntmachungen (§ 2 Abs. 1, 2) sind die Wahlberechtigten aufzufordern, für die Wahl Vorschlagslisten bis spätestens 3 Wochen vor dem Wahltag, bei mehreren Wahltagen vor dem ersten Tage, dem Wahlleiter einzureichen. Zugleich sind sie darauf hinzuweisen, daß nur für unveränderte Vorschlagslisten gestimmt werden darf.

§ 8.

Die Vorschlagslisten sind für die Arbeitgeber und die versicherten Angestellten getrennt aufzustellen. Jede Vorschlagsliste soll mindestens so viel Namen enthalten, als Vertrauensmänner und Ersatzmänner (§ 145 Abs. 2, § 150 des Versicherungsgesetzes für Angestellte) zu wählen sind; sie darf höchstens die doppelte Anzahl solcher Namen aufweisen.

Die Vorgeschlagenen sind nach Vor- und Zunamen, Stand oder Beruf und Wohnort zu bezeichnen und in erkennbarer Reihenfolge aufzuführen. Mangels anderer ausdrücklicher Erklärung wird angenommen, daß die an erster Stelle Aufgeführten als Vertrauensmänner vorgeschlagen werden.

Die Vorschlagslisten müssen von mindestens fünf Wahlberechtigten unter Benennung eines für weitere Verhandlungen bevollmächtigten Vertreters unterschrieben sein.

Der Wahlleiter kann einen Nachweis über die Wahlberechtigung der Unterzeichner verlangen.

§ 9.

Die Vorschlagsliste soll die Wählervereinigung, von der sie ausgeht, nach unterscheidenden Merkmalen kenntlich machen.

Ist die Wählervereinigung nicht kenntlich gemacht und kommt der Vertreter der Aufforderung dies nachzuholen nicht binnen einer vom Wahlleiter bestimmten Frist nach, so bezeichnet der Wahlleiter den Vorschlag (§ 12 Abs. 1).

§ 10.

Ist eine Person auf mehreren Listen vorgeschlagen, so wird sie von dem Wahlleiter aufgefordert, sich binnen einer Frist für eine bestimmte Liste zu entscheiden. Erklärt sie sich nicht innerhalb dieser Frist, so wird ihr Name auf allen Vorschlagslisten gestrichen. Den bevollmächtigten Vertretern ist dies unverzüglich mitzuteilen und anheimzugeben, binnen einer Frist Ersatzvorschläge zu machen. Personen, die bereits in einer Vorschlagsliste aufgeführt sind, dürfen dabei nicht vorgeschlagen werden.

§ 11.

Hat ein Wähler mehrere Vorschlagslisten unterzeichnet, so ist seine Unterschrift auf allen Vorschlagslisten zu streichen; den bevollmächtigten Vertretern (§ 8 Abs. 3) ist nötigenfalls die Beschaffung anderer Unterschriften an Stelle der gestrichenen binnen einer Frist zur Vermeidung der Ungültigkeit der Vorschlagslisten aufzugeben.

§ 12.

Der Wahlleiter versieht die Vorschlagslisten mit dem Tage des Einganges und einem Buchstaben nach der Reihenfolge des Einganges.

Er prüft die Vorschlagslisten und teilt etwaige Anstände alsbald dem bevollmächtigten Vertreter (§ 8 Abs. 3) mit. Zur Beseitigung der Anstände ist eine Frist zu setzen.

§ 13.

Die Vorschlagslisten sind ungültig, wenn sie verspätet eingereicht werden, oder wenn sie den Vorschriften des § 8 Abs. 3 nicht entsprechen und der Mangel nicht rechtzeitig behoben wird.

Ist ein vorgeschlagener Vertrauensmann oder Ersatzmann nicht in der im § 8 Abs. 2 vorgeschriebenen Weise bezeichnet und kommt der bevollmächtigte Vertreter der Aufforderung, die Bezeichnung zu ergänzen, nicht rechtzeitig nach, so wird der Name des unvollständig Bezeichneten gestrichen.

Enthält eine Vorschlagsliste eine größere als die zugelassene Zahl von Vertrauens- und Ersatzmännern, so werden diejenigen Vorgeschlagenen gestrichen, deren Namen den in zulässiger Zahl vor ihnen Genannten folgen.

§ 14.

Zwei oder mehr Vorschlagslisten können in der Weise miteinander verbunden werden, daß sie den Vorschlagslisten anderer Wählervereinigungen gegenüber als eine einzige Vorschlagsliste gelten. In diesem Falle müssen die Unterzeichner der Vorschlagslisten oder die bevollmächtigten Vertreter (§ 8 Abs. 3) übereinstimmend spätestens bis zum Ablauf des elften Tages vor dem Wahltag, bei mehreren Wahltagen vor dem ersten Tage, die Erklärung abgeben, daß die Vorschlagslisten miteinander verbunden sein sollen. Andernfalls ist die Erklärung über die Verbindung ungültig.

§ 15.

Die Beseitigung der Anstände soll bis zum Ablauf des elften Tages vor dem Wahltag, bei mehreren Wahltagen vor dem ersten Tage, beendigt sein.

Frühestens neun und spätestens drei volle Tage vor dem Wahltag, bei mehreren Wahltagen dem ersten Tage, sind die gültigen Vorschlagslisten von dem Wahlleiter gleichzeitig mit ihrer Bezeichnung (§§ 9, 12) öffentlich bekannt zu machen. Hierbei ist auf die Zusammengehörigkeit verbundener Vorschlagslisten hinzuweisen.

§ 16.

Wird innerhalb der Frist des § 7 nur eine Vorschlagsliste von den Arbeitgebern oder den versicherten Angestellten eingereicht, so findet bei dieser Gruppe keine Wahl statt. Die in der Vorschlagsliste gültig verzeichneten Personen gelten in der für den Wahlbezirk erforderlichen Zahl in der Reihenfolge des Vorschlags als gewählt.

§ 17.

Die Wahlhandlung ist öffentlich.

Zum Zwecke der Stimmabgabe kann die untere Verwaltungsbehörde örtliche Stimmbezirke einrichten. In diesem Falle bestimmt sie den Vorsteher der Wahl und seinen Vertreter aus der Zahl der öffentlichen Beamten.

§ 18.

Die Wähler haben sich über ihre Wahlberechtigung auszuweisen. Für die versicherten Angestellten dient die Versicherungskarte als Ausweis, für die Arbeitgeber eine von der Gemeindebehörde des Betriebsitzes ausgestellte Bescheinigung nach dem Muster in Anlage 2. Bei den zweiten und folgenden Wahlen nach dem Inkrafttreten des Gesetzes dürfen nur solche Versicherungskarten als Ausweis dienen, in denen wenigstens ein Beitrag innerhalb der letzten zwölf Monate vor der Wahl nachgewiesen ist.

§ 19.

Das Wahlrecht wird in Person und durch Abgabe eines Stimmzettels ausgeübt. Die Stimmzettel dürfen nicht unterschrieben sein und keinen Protest oder Vorbehalt enthalten. Sie sind außerhalb des Wahlraums handschriftlich oder im Wege der Vervielfältigung herzustellen.

Der Wahlberechtigte darf sein Wahlrecht nur in dem Stimmbezirk, in welchem er wohnt, ausüben.

Es kann nur für unveränderte Vorschlagslisten gestimmt werden; als veränderte Vorschlagslisten gelten auch solche, in welchen die Reihenfolge der Vorgeschlagenen geändert worden ist. Es genügt, daß der Wähler die Bezeichnung der Liste (§§ 9, 12) angibt, für die er sich entscheidet. Im übrigen sind Stimmzettel, die von den Vorschlagslisten abweichen, ungültig.

§ 20.

Die zur Ausübung ihres Wahlrechts Erschienenen sind in Listen einzutragen, von denen die eine für die Arbeitgeber, die andere für die versicherten Angestellten bestimmt ist. In den Listen ist die fortlaufende Nummer, Name und Beruf der Erschienenen, in der Liste der versicherten Angestellten auch der Name des Arbeitgebers, bei dem der Versicherte beschäftigt ist, anzugeben.

Wird ein zur Wahl Erschienener als nicht wahlberechtigt zurückgewiesen, so ist sein Name gleichwohl in der Liste, für die er sich angemeldet hat, aufzuführen; der Zurückweisungsgrund ist dabei zu vermerken.

Zur Aufnahme der Stimmzettel ist für Arbeitgeber und versicherte Angestellte je eine besondere Wahlurne aufzustellen, in welche die Wahlberechtigten ihre Stimmzettel in einem verschlossenen Umschlag, der mit dem Stempel der Reichsversicherungsanstalt versehen ist, durch die Hand des dazu bestimmten Beamten hineinlegen. Hat ein Arbeitgeber mehrere Stimmen (§ 4), so hat er jeden Stimmzettel in besonderem Umschlag zu verschließen.

Die Umschläge werden von der Reichsversicherungsanstalt geliefert und sind im Wahlraum den Wahlberechtigten zur Verfügung zu stellen.

§ 21.

Nach Ablauf der zur Wahl festgesetzten Zeit sind nur noch die Personen, die bereits im Wahlraum anwesend sind, zur Wahl zuzulassen.

Alsdann wird die Wahl für geschlossen erklärt und auf den Listen von dem dazu bestimmten Beamten durch Namensunterschrift bescheinigt, daß sich während der festgesetzten Zeit niemand weiter zur Ausübung des Wahlrechts gemeldet habe.

§ 22.

Hierauf sind die Umschläge aus den beiden Wahlurnen zu entnehmen und getrennt zu zählen. Ergibt sich hierbei eine Abweichung von der in den Listen festgestellten Zahl der zur Abgabe ihrer Stimme Zugelassenen, so ist dies nebst dem zur Aufklärung Dienlichen in der Niederschrift (§ 23) zu vermerken.

Die Umschläge dürfen nicht geöffnet werden.

§ 23.

Über die Wahlhandlung ist eine Niederschrift zu fertigen, welche Zeit und Ort der Wahlhandlung, die Gesamtzahl der Wähler, die abgestimmt haben, ferner die bei der Wahl sich etwa ergebenden Beanstandungen, die Entscheidungen über die Zulassung zur Wahl sowie alle sonstigen Vorfälle enthält, die für die Gültigkeit der Wahl in Betracht kommen. Die Niederschrift ist vom Vorsteher der Wahl (§ 17 Abs. 2) oder dessen Vertreter zu unterschreiben.

§ 24.

Falls die Stimmabgabe in örtlichen Stimmbezirken stattgefunden hat, werden die Umschläge mit den Wählerlisten und der Niederschrift in einem versiegelten Paket unverzüglich, spätestens aber am dritten Tage nach der Wahlhandlung, dem Wahlleiter übersendet.

§ 25.

Den Arbeitgebern ist es gestattet, an Stelle der persönlichen Stimmabgabe ihren Stimmzettel dem Wahlleiter innerhalb einer von diesem bestimmten Zeit brieflich einzusenden. Beizufügen ist der Ausweis über die Wahlberechtigung (§ 18), der nicht zurückgegeben wird. Die erforderlichen Umschläge sind den Arbeitgebern von dem Vorsteher der Wahl (§ 17) auf Verlangen auszuhändigen.

Nachträglich eingehende Stimmzettel sind ungültig.

§ 26.

Zur Feststellung des Wahlergebnisses beruft der Wahlleiter vier im Wahlbezirke Wohnhafte zu Beisitzern; die Beisitzer sollen zur Hälfte aus den Arbeitgebern und zur anderen Hälfte aus den versicherten Angestellten entnommen werden.

Der Wahlleiter verpflichtet die Beisitzer durch Handschlag auf gewissenhafte Erfüllung ihrer Obliegenheiten.

Der Wahlleiter und die Beisitzer bilden den Wahlvorstand.

§ 27.

Der Wahlvorstand stellt die Zahl der abgegebenen gültigen Stimmen und die Zahl der für jede Vorschlagsliste abgegebenen gültigen Stimmen fest.

Befinden sich in einem Umschlag mehrere Stimmzettel, so gelten sie als ein Stimmzettel, wenn sie gleichlautend sind; andernfalls sind sie nicht zu zählen.

Jeder gültige Stimmzettel zählt als eine Stimme.

§ 28.

Die Vertrauens- und Ersatzmänner werden unter die Vorschlagslisten nach dem Verhältnis der Zahl der ihnen zugefallenen Stimmen (§ 27) verteilt, und zwar in der Reihenfolge der der Größe nach geordneten Höchstzahlen, die sich bei der folgenden Rechnung ergeben, für die in Anlage 3 als Muster mehrere Beispiele beigefügt sind.

Die den einzelnen Vorschlagslisten zugefallenen Stimmenzahlen sind in einer Reihe nebeneinander zu stellen und sämtliche durch 1,

2, 3, 4 usw. zu teilen. Die ermittelten Teilzahlen sind nacheinander reihenweise unter den Zahlen der ersten Reihe aufzuführen. Die Teilung ist fortzusetzen, bis anzunehmen ist, daß höhere Zahlen als aus den früheren Reihen für die Zuweisung von Sitzen in Betracht kommen, nicht mehr entstehen, Bruchteile von Zahlen sind wegzulassen.

Zunächst werden die Sitze für die Vertrauensmänner und danach die Sitze für die ersten und für die zweiten Ersatzmänner verteilt. Sind bei der Verteilung des letzten Sitzes der Vertrauensmänner oder der ersten oder der zweiten Ersatzmänner mehrere gleiche Zahlen vorhanden, so entscheidet das Los über die Reihenfolge.

§ 29.

Verbundene Vorschlagslisten gelten gegenüber anderen als eine einzige.

Die auf sie entfallenden Sitze werden demnächst auf die einzelnen verbundenen Vorschlagslisten nach dem im § 28 bestimmten Verfahren verteilt.

§ 30.

Für die Zuweisung der auf die einzelne Vorschlagsliste entfallenden Sitze an die vorgeschlagenen Bewerber ist die Reihenfolge maßgebend, in der die Bewerber in der Liste aufgeführt sind.

Sind einer Vorschlagsliste mehr Sitze zuzuweisen, als auf ihr Bewerber vorgeschlagen sind, so sind alle auf ihr Vorgeschlagenen gewählt. Die überzähligen Sitze werden unter die übrigen Vorschlagslisten durch Fortsetzung des im § 28 bestimmten Verfahrens verteilt. War jedoch die Vorschlagsliste, für welche Sitze überzählig sind, mit anderen Vorschlagslisten verbunden, so fallen die überzähligen Sitze zunächst diesen Vorschlagslisten zu.

§ 31.

Über die Prüfung des Wahlergebnisses ist eine Niederschrift zu fertigen. In ihr sind Zeit und Ort der Verhandlung, die Namen der Mitglieder des Wahlvorstandes, die Gesamtzahl der abgegebenen gültigen Stimmen, ferner die jeder Vorschlagsliste und jeder Gruppe verbundener Vorschlagslisten zugefallene Stimmenzahl, die berechneten Höchstzahlen, deren Verteilung auf die Vorschlagslisten und die Namen der Gewählten anzugeben.

Der Reichsversicherungsanstalt ist unverzüglich eine Abschrift der Niederschrift zu übersenden.

§ 32.

Das Ergebnis der Wahl ist durch den Wahlleiter spätestens eine Woche nach dem Wahltag in dem für die amtlichen Bekanntmachungen der unteren Verwaltungsbehörde bestimmten Blatte bekannt zu machen.

§ 33.

Gleichzeitig ist es den Gewählten mit der Aufforderung mitzuteilen, sich über die Annahme der Wahl zu erklären. Geht binnen einer Woche eine Erklärung nicht ein, so gilt die Wahl als angenommen.

Lehnt ein Gewählter die Wahl mit Erfolg ab (§§ 116, 153 des Versicherungsgesetzes für Angestellte), so gilt an seiner Stelle der auf derselben Liste nach ihm Vorgeschlagene, noch nicht Gewählte als gewählt. § 30 Abs. 2 gilt entsprechend.

Ersatzwahlen finden während der Dauer der Wahlzeit nicht statt.

§ 34.

Die Gültigkeit der Wahl kann binnen einem Monat nach der Bekanntmachung des Wahlergebnisses bei der unteren Verwaltungsbehörde angefochten werden. Auf Beschwerde entscheidet die höhere Verwaltungsbehörde endgültig.

Die Anfechtung der Wahl hindert nicht die Ausübung des Amtes als Vertrauensmann.

§ 35.

Die Wahl, sei es einer, sei es beider Gruppen, ist ungültig, wenn gegen wesentliche Vorschriften über das Wahlverfahren verstoßen und weder eine nachträgliche Ergänzung möglich noch nachgewiesen ist, daß durch den Verstoß das Wahlergebnis nicht verändert werden konnte.

Ist die ganze Wahl ungültig, so ist alsbald ein neues Wahlverfahren einzuleiten. Ist nur die Wahl der Arbeitgeber oder diejenige der versicherten Angestellten ungültig, so ist nur die Wahl der betreffenden Gruppe zu wiederholen.

§ 36.

Ungültig ist die Wahl einer Person, die zur Zeit der Wahl nicht wählbar war.

Ungültig ist die Wahl einer Person, von der oder zu deren Gunsten von Dritten die Wahl rechtswidrig (zu vergleichen insbesondere §§ 107 bis 109, 240, 339 des Reichsstrafgesetzbuchs) oder durch Gewährung oder Versprechung von Geschenken beeinflußt worden ist, es sei denn, daß dadurch das Wahlergebnis nicht verändert werden konnte.

§ 33 Abs. 2, 3 gilt entsprechend.

§ 37.

Von der endgültigen Feststellung des Wahlergebnisses ist der Reichsversicherungsanstalt unverzüglich Mitteilung zu machen. Zugleich hat der Wahlleiter das endgültige Ergebnis der Wahl zu veröffentlichen.

§ 38.

Die Akten über die Feststellung des Wahlergebnisses und die Stimmzettel sind bis zum Ablauf der Wahlzeit von der die Wahl leitenden Stelle aufzubewahren.

§ 39.

Die oberste Verwaltungsbehörde kann zur Ausführung dieser Wahlordnung näheres bestimmen.

Anlage 1.

Muster einer Bekanntmachung*),
betr. die Wahl der Vertrauensmänner und Ersatzmänner
(§§ 145 ff. des Versicherungsgesetzes für Angestellte).

Die Wahl der Vertrauensmänner und Ersatzmänner für die Angestelltenversicherung findet statt:
für die Arbeitgeber**)

am .... (vom ...., den .... bis ....

den ....)***) von ......Uhr ...... mittags bis ......Uhr ...... mittags,

für die Angestellten

am .... (vom ...., den .... bis ....

den ....) von ......Uhr ...... mittags bis ......Uhr ...... mittags,

für den Wahlkreis umfassend ....

....

....

Gewählt wird:

für Stimmbezirk A (§ 17 Abs. 2 der Wahlordnung) in ....

....

für Stimmbezirk B in ....

....

für Stimmbezirk C in ....

....

Es sind zu wählen .... Vertrauensmänner und .... Ersatzmänner.

---

*) Diese Bekanntmachung ist mindestens zweimal in dem für die amtlichen Bekanntmachungen der unteren Verwaltungsbehörde bestimmten Blatte zu erlassen. Zwischen der ersten Bekanntmachung und dem Wahltag (beziehungsweise dem ersten Wahltag) muß eine Frist von mindestens sechs Wochen liegen.

**) Die Wahlen können auch zu gleicher Zeit stattfinden.

***) Die Klammer bedeutet, daß die untere Verwaltungsbehörde bestimmen kann, ob die Stimmabgabe an einem Tage oder an mehreren Tagen stattfinden soll. Die untere Verwaltungsbehörde kann unter den mehreren Fassungen wählen.

[*) Die Vertrauensmänner und Ersatzmänner werden je zur Hälfte aus den versicherten Angestellten, die nicht Arbeitgeber sind, und aus den Arbeitgebern der versicherten Angestellten gewählt.

Die Vertrauens- und Ersatzmänner aus den Arbeitgebern werden von den Arbeitgebern der versicherten Angestellten, die übrigen von den versicherten Angestellten gewählt.

Wahlberechtigt sind volljährige Deutsche, männlichen und weiblichen Geschlechts, sofern sie zu den versicherten Angestellten oder deren Arbeitgebern gehören und im Bezirke des/der .... (Name des Wahlbezirkes) wohnen.

Wahlberechtigt als Arbeitgeber sind — wenn sie nicht als Angestellte wahlberechtigt sind — auch

1. die gesetzlichen Vertreter geschäftsunfähiger und beschränkt geschäftsfähiger natürlicher Personen,
2. bei juristischen Personen die Mitglieder des Vorstandes, bei Gesellschaften mit beschränkter Haftung die Geschäftsführer, bei anderen Handelsgesellschaften die persönlich haftenden Gesellschafter, soweit sie nicht von der Vertretung ausgeschlossen sind. Sind hiernach für eine juristische Person oder Gesellschaft mehrere wahlberechtigte Personen vorhanden, so darf nur eine von ihnen das Wahlrecht ausüben.

Wählbar sind nur Versicherte, die nicht Arbeitgeber sind, und Arbeitgeber der versicherten Angestellten, die im Bezirke des/der .... (Name des Wahlbezirkes) wohnen oder beschäftigt werden oder ihren Betriebssitz haben.

Wählbar als Arbeitgeber sind — wenn sie nicht als Angestellte wählbar sind — auch:

1. die gesetzlichen Vertreter geschäftsunfähiger und beschränkt geschäftsfähiger natürlicher Personen,
2. die Mitglieder des Vorstandes einer juristischen Person, die Geschäftsführer einer Gesellschaft mit beschränkter Haftung, die persönlich haftenden Gesellschafter bei anderen Handelsgesellschaften, soweit sie nicht von der Vertretung ausgeschlossen sind,
3. die bevollmächtigten Betriebsleiter.

Weder wahlberechtigt noch wählbar ist, wer

1. infolge strafgerichtlicher Verurteilung die Fähigkeit zur Bekleidung öffentlicher Ämter verloren hat oder wegen eines Verbrechens oder Vergehens, das den Verlust dieser Fähigkeiten zur Folge haben kann, verfolgt wird, falls gegen ihn das Hauptverfahren eröffnet ist,

---

*) Die in Klammern [] stehenden Ausführungen können gestrichen werden, wo ein Bedürfnis für eine eingehendere Belehrung nicht besteht.

2. infolge gerichtlicher Anordnung in der Verfügung über sein Vermögen beschränkt ist.

Angestellte, die nach § 390 des Versicherungsgesetzes für Angestellte von der Beitragsleistung befreit sind, sind sowohl wahlberechtigt als auch wählbar.]

Gewählt wird schriftlich nach den Grundsätzen der Verhältniswahl.

Die Wahlberechtigten werden aufgefordert, Vorschlagslisten für die Wahl bis spätestens drei Wochen vor dem Wahltag, bei mehreren Wahltagen vor dem ersten bei dem unterzeichneten Wahlleiter .... einzureichen.

Die Vorschlagslisten sind für die Arbeitgeber und die versicherten Angestellten getrennt aufzustellen. Jede Vorschlagsliste soll mindestens so viel Namen enthalten, als Vertrauensmänner und Ersatzmänner zu wählen sind; sie darf höchstens die doppelte Zahl solcher Namen aufweisen.

Die Vorgeschlagenen sind nach Vor- und Zunamen, Stand oder Beruf und Wohnort zu bezeichnen und in erkennbarer Reihenfolge aufzuführen. Mangels anderer ausdrücklicher Erklärung wird angenommen, daß die an erster Stelle Aufgeführten als Vertrauensmänner vorgeschlagen werden.

Die Vorschlagslisten müssen von mindestens fünf Wahlberechtigten unter Benennung eines für weitere Verhandlungen bevollmächtigten Vertreters unterschrieben sein.

Die Vorschlagsliste soll die Wählervereinigung, von der sie ausgeht, nach unterscheidenden Merkmalen kenntlich machen.

Hat ein Wähler mehrere Vorschlagslisten unterzeichnet, so wird seine Unterschrift auf allen Vorschlagslisten gestrichen.

Die Vorschlagslisten sind ungültig, wenn sie verspätet eingereicht werden oder wenn sie nicht vorschriftsmäßig unterschrieben sind und der Mangel nicht rechtzeitig behoben wird.

Zwei oder mehr Vorschlagslisten können in der Weise miteinander verbunden werden, daß sie den Vorschlagslisten anderer Wählervereinigungen gegenüber als eine einzige Vorschlagsliste gelten. In diesem Falle müssen die Unterzeichner der Vorschlagslisten oder die bevollmächtigten Vertreter übereinstimmend spätestens bis zum Ablauf des elften Tages vor dem (ersten) Wahltag die Erklärung abgeben, daß die Vorschlagslisten miteinander verbunden sein sollen. Andernfalls ist die Erklärung über die Verbindung ungültig.

Wird von den Arbeitgebern oder von den versicherten Angestellten bis zum .... nur eine Vorschlagsliste eingereicht, so findet für die betreffende Gruppe keine Wahl statt. Die in der Vorschlagsliste gültig verzeichneten Personen gelten dann in der für den Wahlbezirk erforderlichen Zahl in der Reihenfolge des Vorschlags als von dieser Gruppe gewählt.

Die Wähler haben sich über ihre Wahlberechtigung auszuweisen. Für die versicherten Angestellten dient die Versicherungskarte als Ausweis*), für die Arbeitgeber eine von der Gemeindebehörde (dem Gutsvorsteher) des Betriebssitzes ausgestellte Bescheinigung. Die Arbeitgeber werden aufgefordert, sich die Bescheinigung ausstellen zu lassen**).

Das Wahlrecht wird in Person und durch Abgabe eines Stimmzettels ausgeübt. Die Stimmzettel dürfen nicht unterschrieben sein und keinen Protest oder Vorbehalt enthalten. Sie sind außerhalb des Wahlraums handschriftlich oder im Wege der Vervielfältigung herzustellen.

Den Arbeitgebern ist es gestattet, an Stelle der persönlichen Stimmabgabe ihren Stimmzettel dem Wahlleiter unter Beifügung des Ausweises über ihre Wahlberechtigung brieflich einzusenden. Die erforderlichen Umschläge erhalten die Arbeitgeber auf Verlangen von dem Vorsteher der Wahl des örtlichen Stimmbezirkes ausgehändigt. Der Brief muß spätestens am .... bei der unterzeichneten Behörde eingegangen sein. Nachträglich eingehende Stimmzettel sind ungültig.

Jeder Wahlberechtigte hat eine Stimme, Arbeitgeber, die mehr als fünfzig, aber nicht mehr als hundert versicherte Angestellte beschäftigen, haben zwei Stimmen. Für je weitere angefangene hundert versicherte Angestellte erhöht sich die Zahl um eine Stimme. Kein Arbeitgeber hat mehr als zwanzig Stimmen.

Hat ein Arbeitgeber mehrere Stimmen, so hat er jeden Stimmzettel in einem besonderen Umschlag zu verschließen.

Enthält ein Umschlag mehrere Stimmzettel, so gelten sie als ein Stimmzettel, wenn sie gleichlautend sind; andernfalls sind sie ungültig.

Der Wahlberechtigte darf sein Wahlrecht nur in dem Stimmbezirk, in dem er wohnt, ausüben.

Es kann nur für unveränderte Vorschlagslisten gestimmt werden; auch die Reihenfolge der Vorgeschlagenen in der Vorschlagsliste darf nicht geändert werden.

[***) Ungültig ist die Wahl einer Person, die zur Zeit der Wahl nicht wählbar war.

Ungültig ist ferner die Wahl einer Person, von der oder zu deren Gunsten von Dritten die Wahl rechtswidrig (§§ 107 bis 109,

---

*) Bei den zweiten und folgenden Wahlen ist zuzusetzen: „falls in derselben wenigstens ein Beitrag innerhalb der letzten zwölf Monate vor der Wahl nachgewiesen ist."

**) Ein Muster für die Bescheinigung ist in der Anlage 2 abgedruckt.

***) Die in Klammern [] stehenden Ausführungen können gestrichen werden, wo ein Bedürfnis für eine eingehende Belehrung nicht besteht.

240, 339 des Reichsstrafgesetzbuchs) oder durch Gewährung oder Versprechung von Geschenken beeinflußt worden ist, es sei denn, daß dadurch das Wahlergebnis nicht verändert worden ist.]

................................, den .... 19......

....
(Unterschrift)

Anlage 2.

Muster
für die Bescheinigung der Arbeitgeber gemäß § 149 des Versicherungsgesetzes für Angestellte.

Dem / Der .... (Name des Arbeitgebers) zu ....

wird bescheinigt, daß er / sie regelmäßig mindestens einen (mehr als ...., aber nicht mehr als ....) versicherte(n) Angestellte(n) nach dem Versicherungsgesetz für Angestellte vom 20. Dezember 1911 beschäftigt.

................................, den .... 19......

(L. S.) ....
(Unterschrift der Gemeindebehörde oder des Gutsvorstehers).

Anlage 3.

Muster
der Rechnung nach §§ 25—27 der Wahlordnung.

I. Beispiel.

Es seien für die Arbeitgeber-(Angestellten-)Gruppe 4 Vertrauensmänner und 8 Ersatzmänner zu wählen. Für die Wahlen seien fünf Listen A, B, C, D, E aufgestellt. Es seien Stimmen entfallen auf

A	B	C	D	E
6212	5626	1224	968	912

Die Bildung der Teilzahlen hat folgendes Ergebnis:

Teilung durch	A	B	C	D	E	C+D+E
1.	6212	5626	1224	968	912	3104
2.	3106	2813	612	484	456	1552
3.	2070	1875	408	322	304	1034
4.	1553	1406	306	242	228	776
5.	1242	1125	244	193	182	620
6.	1035	937	204	161	152	517
7.						

I. Ordnung der Höchstzahlen bei unverbundenen Listen.

1. 6212 (Liste A)
2. 5626 (Liste B)
3. 3106 (Liste A)
4. 2813 (Liste B)

} Vertrauensmännersitze

5. 2070 (Liste A)
6. 1875 (Liste B)
7. 1553 (Liste A)
8. 1406 (Liste B)

} Erste Ersatzmännersitze

9. 1242 (Liste A)
10. 1224 (Liste C)
11. 1125 (Liste B)
12. 1035 (Liste A)

} Zweite Ersatzmännersitze

Demnach kommen auf

	Sitz Nr. 1	Sitz Nr. 2	Sitz Nr. 3	Sitz Nr. 4
Vertrauensmänner	A	B	A	B
Erste Ersatzmänner	A	B	A	B
Zweite Ersatzmänner	A	C	A	B

II. Ordnung der Höchstzahlen bei Verbindung der Listen C, D und E.

1. 6212 (Liste A)
2. 5626 (Liste B)
3. 3106 (Liste A)
4. 3104 (Liste C+D+E)

} Vertrauensmännersitze

5. 2813 (Liste B)
6. 2070 (Liste A)
7. 1875 (Liste B)
8. 1553 (Liste A)

} Erste Ersatzmännersitze

9. 1552 (Liste C+D+E)
10. 1406 (Liste B)
11. 1242 (Liste A)
12. 1125 (Liste B)

} Zweite Ersatzmännersitze

Demnach kommen auf

	Sitz Nr. 1	Sitz Nr. 2	Sitz Nr. 3	Sitz Nr. 4
Vertrauensmänner . . .	A	B	A	verbundene Liste (C)
Erste Ersatzmänner . . .	B	A	B	A
Zweite Ersatzmänner . .	verbundene Liste (D)	B	A	B

II. Beispiel.

Es seien für die Arbeitgeber-(Angestellten-)Gruppe 3 Vertrauensmänner und 6 Ersatzmänner zu wählen. Für die Wahlen seien 4 Listen A, B, C, D aufgestellt. Es seien Stimmen entfallen auf

A	B	C	D
6212	952	946	942

Die Bildung der Teilzahlen hat folgendes Ergebnis:

Teilung durch	A	B	C	D	B+C+D
1.	6212	952	946	942	2840
2.	3106	476	473	471	1420
3.	2070	317	315	314	946
4.	1553	238	236	235	710
5.	1242	190	189	188	568
6.	1035	158	157	157	473

I. Ordnung der Höchstzahlen bei unverbundenen Listen.

1. 6212, 2. 3106, 3. 2070 } (Liste A) Vertrauensmännersitze

4. 1553, 5. 1242, 6. 1035 } (Liste A) Erste Ersatzmännersitze

7. 952 (Liste B), 8. 946 (Liste C), 9. 942 (Liste D) } Zweite Ersatzmännersitze

Demnach kommen auf

	Sitz Nr. 1	Sitz Nr. 2	Sitz Nr. 3
Vertrauensmänner	A	A	A
Erste Ersatzmänner	A	A	A
Zweite Ersatzmänner	B	C	D

II. Ordnung der Höchstzahlen bei Verbindung der Listen B, C, D.

1. 6212 (Liste A), 2. 3106 (Liste A), 3. 2840 (Liste B+C+D) } Vertrauensmännersitze

4. 2070 (Liste A), 5. 1553 (Liste A), 6. 1420 (Liste B+C+D) } Erste Ersatzmännersitze

7. 1242 (Liste A), 8. 1035 (Liste A), 9. 946 (Liste B+C+D) } Zweite Ersatzmänner sitze

Demnach kommen auf

	Sitz Nr. 1	Sitz Nr. 2	Sitz Nr. 3
Vertrauensmänner . .	A	A	verbundene Liste (B)
Erste Ersatzmänner . .	A	A	verbundene Liste (C)
Zweite Ersatzmänner . .	A	A	verbundene Liste (D).

18. Überwachungsvorschriften der Reichsversicherungsanstalt für Angestellte.

Vom 18. Juli 1924.

Die Reichsversicherungsanstalt für Angestellte erläßt auf Grund des § 201 des Angestelltenversicherungsgesetzes (Reichsgesetzbl. 1924 I S. 563 ff.) mit Genehmigung des Reichsarbeitsministers zwecks Überwachung der Beitragsentrichtung zur Angestelltenversicherung die nachstehenden Vorschriften:

A. Organe und Form der Überwachung.

§ 1.

Die Reichsversicherungsanstalt für Angestellte überwacht die rechtzeitige und vollständige Entrichtung der Beiträge zur Angestelltenversicherung durch besondere von ihr bestellte Beamte.

Diese Beamten sind berechtigt, die Beitragsentrichtung angesagt und unangesagt zu prüfen.

B. Pflichten der Arbeitgeber und Versicherten bei der Überwachung im allgemeinen.

§ 2.

Die Arbeitgeber haben dem Direktorium der Reichsversicherungsanstalt für Angestellte oder seinen Überwachungsbeamten (§ 1) genaue und vollständige Auskunft zu geben

1. über Zahl, Namen und Wohnung der von ihnen beschäftigten Angestellten,
2. über den Entgelt, den diese Personen an Gehalt, Gewinnanteilen, Sach- und anderen Bezügen (§ 2 des Gesetzes) erhalten, seine Höhe und Zahlungszeiten,
3. über Ort, Art und Dauer der Beschäftigung.

Die Arbeitgeber haben ferner den Überwachungsbeamten alle Versicherungskarten, Aufrechnungsbescheinigungen, Geschäftsbücher und Listen vorzulegen, die Eintragungen über die im Absatz 1 zu 1 bis 3 aufgeführten Punkte enthalten, ferner Dienst- und Anstellungsverträge. Erforderlichenfalls sind die Versicherungskarten und Aufrechnungsbescheinungen den Überwachungsbeamten gegen Empfangsschein auszuhändigen. Dieselben Unterlagen können auch von der Reichsversicherungsanstalt für Angestellte eingefordert werden. Die Verpflichtungen der Arbeiter erstrecken sich auch auf Beschäftigungsverhältnisse solcher Angestellten, die inzwischen ausgeschieden sind.

§ 3.

Die Versicherten und solche Angestellte, bei denen nach Ansicht der Reichsversicherungsanstalt oder ihrer Überwachungsbeamten Versicherungspflicht besteht, haben diesen genaue und vollständige Auskunft zu geben

1. über den Ort und die Art ihrer Beschäftigung, sowie über den Namen und die Wohnung ihrer Arbeitgeber,
2. über Zeit und Dauer der Beschäftigung,
3. über ihr Einkommen (Gehalt, Gewinnanteile, Sach- und andere Bezüge im Sinne des § 2 des Gesetzes).

Sie sind ferner verpflichtet, den Überwachungsbeamten die für sie ausgestellten Versicherungskarten und Aufrechnungsbescheinigungen sowie etwaige in ihren Händen befindliche Dienst- oder Anstellungsverträge und Ausweispapiere vorzulegen. Auf Erfordern haben die vorbezeichneten Angestellten die Versicherungskarten und Aufrechnungsbescheinigungen der Reichsversicherungsanstalt oder ihren Überwachungsbeamten gegen Empfangsschein auszuhändigen.

Diese Vorschriften gelten auch für vergangene Beschäftigungsverhältnisse sowohl bei Pflicht- wie auch bei Weiter- und Selbstversicherten.

§ 4.

Die Bestimmungen in § 3 dieser Vorschrift finden auch auf Ruhegeldempfänger sinngemäße Anwendung; sie haben auch über den Stand ihres Leidens und ihren sonstigen Gesundheitszustand Auskunft zu geben.

§ 5.

Versicherungskarten verstorbener, verzogener oder aus der Versicherung ausgeschiedener Personen sind an die Reichsversicherungsanstalt für Angestellte oder an deren Überwachungsbeamte gegen Empfangsbescheinigung auszuhändigen. Die Vorschrift des § 24 der Beitragsordnung wird hierdurch nicht berührt.

§ 6.

Die Überwachungsbeamten sind berechtigt, die Revision der Beitragsentrichtung in den Wohn- und Geschäftsräumen während der üblichen Betriebs- oder Geschäftszeit durchzuführen. Es ist ihnen eine angemessene Gelegenheit zum Sitzen und zur Benutzung eines Tisches zu geben.

C. Pflichten der Arbeitgeber und Versicherten.

a) Angesagte Prüfung.

§ 7.

Bei einer vorher in ortsüblicher Weise bekanntgemachten Prüfung der Beitragsentrichtung oder nach besonderer Benachrichtigung durch den Überwachungsbeamten müssen die Arbeitgeber die Versicherungskarten und Aufrechnungsbescheinigungen sowie die im § 2 Abs. 2 bezeichneten Bücher, Listen, Aufzeichnungen usw. in ihren Wohn- und Geschäftsräumen oder auf der Betriebsstätte zum Vorlegen bereit halten. Soweit diese Unterlagen von den Versicherten selbst aufbewahrt werden, hat der Arbeitgeber sie von den bei ihm Beschäftigten rechtzeitig einzufordern.

Versicherte, die beschäftigungslos sind, sowie solche Personen, die von dem Rechte der freiwilligen Weiterversicherung oder Selbstversicherung Gebrauch machen, sind gleichfalls verpflichtet, die in ihrer Verwahrung befindlichen Verſicherungskarten, Aufrechnungsbeſcheinigungen uſw. in ihrer Wohnung an den Reviſionstagen zur Vorlegung bereit zu halten.

Die Arbeitgeber müſſen den Überwachungsbeamten die Befragung ihrer Angeſtellten über ihre Beſchäftigungs- und Dienſteinkommensverhältniſſe während der Arbeitszeit geſtatten, ſoweit dadurch keine erheblichen Geſchäftsſtörungen entſtehen.

Arbeitgeber oder Verſicherte, die verhindert ſind, bei der Prüfung perſönlich anweſend zu ſein, haben eine mit den einſchlägigen Verhältniſſen genau vertraute Perſon zu ſtellen, welche die Auskunft für ſie zu erteilen und die im Abſ. 1 bezeichneten Bücher uſw. vorzulegen in der Lage iſt.

b) Unangeſagte Prüfungen

§ 8.

Bei unangeſagter Prüfung der Beitragsentrichtung haben die Arbeitgeber den Überwachungsbeamten die Verſicherungskarten und Aufrechnungsbeſcheinigungen ſowie die im § 2 Abſ. 2 bezeichneten Bücher, Liſten, Aufzeichnungen uſw. in ihren Wohn- oder Geſchäftsräumen oder auf der Betriebsſtätte ohne Verzug vorzulegen. Im übrigen gelten die Beſtimmungen des § 6 dieſer Überwachungsvorſchriften.

D. Undurchführbarkeit einer Überwachung.

§ 9.

Sind Arbeitgeber und Verſicherte den in den §§ 2 und 3 gegebenen Vorſchriften nicht nachgekommen, oder war die Prüfung in den Wohn- oder Geſchäftsräumen nicht durchführbar, ſo müſſen ſie auf Verlangen des Überwachungsbeamten nach ſeiner Beſtimmung entweder ſchriftlich oder in einem ihnen zu bezeichnenden Termine mündlich die erforderliche Auskunft unter Vorlegung der Verſicherungskarten, Aufrechnungsbeſcheinigungen, Liſten, Aufzeichnungen, Verträge uſw. erteilen. Zu dieſem Zwecke können Arbeitgeber und Verſicherte erforderlichenfalls auch an eine Stelle ihres Wohnortes durch den Überwachungsbeamten geladen werden. Dasſelbe kann auch geſchehen, wenn die Überwachung der Nachbringung von Beiträgen einen erheblichen Zeitaufwand erfordert. Den Verpflichteten bleibt es unbenommen, dieſe Auskunft durch eine mit den Verhältniſſen genau vertraute Perſon geben zu laſſen.

Arbeitgeber und Verſicherte, bei denen die Überwachung auf erhebliche Schwierigkeiten geſtoßen iſt, können mit Genehmigung des Direktoriums der Reichsverſicherungsanſtalt für Angeſtellte bei der nächſten Überwachung ohne vorhergehenden Beſuch ſofort nach Abſ. 1 behandelt werden.

Entſtehen durch die Überwachung bare Auslagen, ſo können ſie dem Arbeitgeber auferlegt werden, wenn er ſie durch Pflichtverſäumnis verurſacht hat (§ 202 des Geſetzes).

E. Auflagen für Arbeitgeber.

§ 10.

Arbeitgeber, die wegen nicht richtiger oder nicht rechtzeitiger Markenverwendung oder wegen nicht richtiger oder nicht rechtzeitiger Abführung der Beiträge oder (nach §§ 2 und 3 dieser Vorschriften) wegen ungenügender Auskunftserteilung rechtskräftig bestraft worden sind, haben auf Anordnung des Direktoriums der Reichsversicherungsanstalt für Angestellte für eine von ihm zu bestimmende Zeitdauer Listen nach beigefügtem Muster über die von ihnen beschäftigten Angestellten zu führen.

Die Eintragungen sind innerhalb dreier Tage nach Beginn, nach Änderung und nach Beendignng des Arbeitsverhältnisses zu bewirken.

Die nach Abs. 1 zu führenden Listen sind am Schlusse jedes Kalenderjahrs abzuschließen und nach ihrem Abschluß noch drei Jahre lang aufzubewahren.

F. Auflagen für Versicherte.

§ 11.

Versicherte und nach Ansicht der Reichsversicherungsanstalt oder ihrer Überwachungsbeamten versicherungspflichtige Personen, die bei mehreren Arbeitgebern beschäftigt werden (Privatlehrer und -lehrerinnen usw.), sind, wenn bei ihnen Unregelmäßigkeiten hinsichtlich der Beitragsleistung festgestellt werden oder wenn sie keine genügende Auskunft über die Beschäftigungszeiten und Verdienstverhältnisse geben, auf Anordnung des Direktoriums der Reichsversicherungsanstalt verpflichtet, fortlaufend Aufzeichnungen nach beigefügtem Muster zu führen, aus denen hervorgeht, bei wem und gegen welchen Entgelt sie während des Monats beschäftigt gewesen sind.

Diese Aufzeichnungen sind mindestens drei Jahre nach ihrem Abschluß aufzubewahren.

§ 12.

Die gemäß §§ 10 und 11 geführten Listen und Aufzeichnungen sind dem Direktorium der Reichsversicherungsanstalt, dem mit der Überwachung der Beitragsleistung beauftragten Beamten oder dem Versicherungsamt auf Erfordern vorzuzeigen oder einzusenden.

G. Strafen.

§ 13.

Gemäß § 201 des Gesetzes kann die Reichsversicherungsanstalt Arbeitgeber und Versicherte durch Zwangsstrafen in Geld nach Artikel III Abs. 1 Nr. 2 der Verordnung über Vermögensstrafen und Bußen vom 6. Februar 1924 (Reichsgesetzbl. I S. 44) von je einer bis zu je eintausend Goldmark zur Erfüllung der ihnen in diesen Vorschriften auferlegten Verpflichtungen anhalten.

H. Beschwerden.

§ 14.

Gegen die nach § 13 erfolgte Straffestsetzung ist die Beschwerde zulässig. Sie ist binnen einem Monat nach Zustellung der Strafverfügung beim Oberversicherungsamt (Beschlußkammer) einzulegen; die Entscheidung des Oberversicherungsamts ist endgültig.

I. Übertragung der Pflichten aus diesen Vorschriften auf andere Personen.

§ 15.

Arbeitgeber können die ihnen nach diesen Vorschriften auferlegten Verpflichtungen auf Betriebsleiter, Aufsichtspersonen oder andere geeignete Angestellte in ihren Betrieben übertragen. Namen und Wohnort des bevollmächtigten Vertreters hat der Arbeitgeber dem Direktorium der Reichsversicherungsanstalt für Angestellte mitzuteilen. In diesem Falle können die Strafen auf Grund dieser Vorschriften nur gegen den Vertreter festgesetzt werden. Neben ihm ist der Arbeitgeber strafbar, wenn 1. die Zuwiderhandlung mit seinem Wissen geschehen ist oder 2. er bei Auswahl und Beaufsichtigung des Stellvertreters nicht die im Verkehr erforderliche Sorgfalt beobachtet hat.

Berlin-Wilmersdorf, den 10. Juli 1924.

Das Direktorium der Reichsversicherungsanstalt für Angestellte

Dr. von Olshausen, Dr. Lehmann, Haenel,
Dr. Rothgangel, Leffler.

Anlage zu § 10 der Überwachungsvorschrift.

Liste

der bei den .... in .... beschäftigten und der Versicherungspflicht nach dem Angestelltenversicherungsgesetz unterliegenden Angestellten.

Laufende Nr.	Der Versicherten		Geburtsdaten	Beschäftigt als	Beschäftigungsdauer		Entgelt		Zu entrichtender Beitrag in Gehaltsklasse
	Zuname	Vorname			Eintrittsdaten	Austrittsdaten	in bar monatlich	in Sachleistungen, Kost, Wohnung, Gewinnanteile usw.	

Anlage zu § 11 der Überwachungsvorschrift.

Beschäftigungsnachweis für das Jahr 192....

als Nachweis für die Berechnung und Entrichtung der Beiträge zur Angestelltenversicherung.

Vor- und Zuname der Versicherten: ....

Geburtsdaten: ....

Beschäftigungszeit	bei dem Arbeitgeber			Gehalt a) in bar b) in Sachleistungen Mark
	Name	Stand	Wohnort	

19. Verordnung über die Gewährung von Leistungen der Invaliden- und der Angestelltenversicherung nach ausländischen Grenzgebieten.

Vom 24. August 1925.

Auf Grund des § 1314 a der Reichsversicherungsordnung und des § 75 des Angestelltenversicherungsgesetzes wird mit Zustimmung des Reichsrats verordnet:

§ 1.

Die Vorschriften des § 1314 Nr. 1 der Reichsversicherungsordnung und des § 74 Nr. 1 des Angestelltenversicherungsgesetzes über das Ruhen des Rechtes auf den Bezug der Renten aus der Invaliden- und Angestelltenversicherung werden für die nachstehenden schweizerischen Grenzgebiete außer Kraft gesetzt:

Kanton Bern, soweit er nördlich und nordwestlich der Zihl und der Aare, vom Einflusse der Zihl abwärts gerechnet, liegt; ferner die Kantone Solothurn, Basel-Stadt, Basel-Land, Aargau, Zürich, Schaffhausen, Thurgau, St. Gallen, Appenzell (Außer- und Inner-Roden).

§ 2.

Die Bekanntmachung des Reichskanzlers vom 16. Oktober 1900 (Zentralblatt für das Deutsche Reich S. 540) wird, soweit sie das Recht auf den Bezug der Invaliden- und Altersrente für die schweizerischen Grenzgebiete betrifft, aufgehoben.

§ 3.

Die Verordnung tritt mit Wirkung vom 1. Juli 1925 in Kraft.

Berlin, den 24. August 1925.

Der Reichsarbeitsminister.
In Vertretung
Dr. Geib.

20. Paragraphenschlüssel

(vergleichende Gegenüberstellung der Paragraphen des alten und des neuen Gesetzes).

Gesetz von		Gesetz von	
1911	1924/25	1911	1924/25
1 Abs. 1, 2	1	31	35
1 Abs. 3	13	32	36
2	2	33	37
—	3	34	38
—	4	35	39
3	5	—	40 (wieder aufgehoben)
4	6		
5	7	36	41
6	8	—	42
7	9	37	43
8	10	38	44
9	11	39	45
10	12	40	46
11	14	41	47
12	15	42	49
13	16	—	49 a
14	17	43	48
—	18	44	50
—	19	45	51
—	20	46	52
15	21	47	76
16	171	48	53 Abs. 1, 2
17	4 Beitr.-O.	—	53 Abs. 3
18	185	49	54
19	—	50	55 Abs. 1
20	23	—	55 Abs. 2, 3
21	24	51	170 Abs. 1
22	25	52	170 Abs. 2
23	28	53	170 Abs. 3
24	26	54	12 Beitr.-O.
—	27	55	56
25	30	—	57
26	31	—	58
27	— *)	56	—
28	32	57	59
29	33	58	—
30	34	59	60

*) 1281 Z. 5 RVO.

Gesetz von		Gesetz von	
1911	1924/25	1911	1924/25
60	61	102	101
61	—	103	102
62	62	104	103
63	—	105	95
64	63	106	—
65	64	107	96
66	65	108	104
67	66	109	105
68	67	—	106
69	68	110	107
70	69	111	108
71	70	112	109
72	71	113	110
73	—	114	111
74	—	115	112
75	72	116	113
76	73, 74	117	114
77	75	118	115
78	77	119	116
—	78	120	117
79	308	121	102 Abs. 3
80	309	122—142	—
81	79	143	118
82	80	144	119
83	81	145	120
84	82	146	121
85	83	147	122
86	84	148	123
87	85	149	124
88	86	150	125
89	87	151	126
90	88	152	127
91	89	153	128
92	90	154	129
93	91	155	130
94	92	156	131, 312
95	—	157—169	—
96	93	—	132—167
97	94	170 Abs. 1, 2	168
98	97	170 Abs. 3	13
99	98	171	169
100	99	—	171a
101	100	172	172

Gesetz von		Gesetz von	
1911	1924/25	1911	1924/25
—	172 a	209	191
173	173 Abs 1 S. 1	—	192
174	173 Abs. 1 S. 2	—	193
—	173 Abs. 2	210	194
175	—	211	195
—	174	212	196
—	175	—	197
176	182	213	198
177	184	214	199
178	183 Abs. 1	215	200
179	183 Abs. 2	216	201
—	183 Abs. 3, 4	217	202
180	8 Beitr.=O.	218	29 Beitr.=O.
181	—	—	203
182	—	219	204
183	175	220	205
184	—	221	206
185	9, 10 Beitr.=O.	222	207
186	—	223	208
187	184; 11 Beitr.=O.	—	209
188	177; 16—18 Beitr.=O.	—	210
		224	205
189	—	225	205
190	25 Beitr.=O.	226	211
191	3, 32 Beitr.=O.	227	212
192	3 Beitr.=O.	228 Abs. 1, 2	213
193	3 Beitr.=O.	228 Abs. 3	29
194	178; 13 Beitr.=O.	229	214
195	179; 20 Beitr.=O.	230	215
196	32 Beitr.=O.	231	216
197	25 Beitr.=O.	232	217
198	180	233	233
199	181	234	234
200	176, 2. Halbs.	235	235
201 Satz 1, 2	11 Beitr.=O.	236	236
201 Satz 3	184	237	237
202	—	238	41 Abs. 3
203	—	239	248
204	186	240	—
205	187	241	218
206	188	242	219
207	189	243	220
208	190, 388 Abs. 2, 3	244	221

Gesetz von		Gesetz von	
1911	1924/25	1911	1924/25
245	222	276	—
246	223	277	—
247	224	278	267
248	225	279	268
—	226	280	269
—	227	281	270
—	228	282	271
—	229	283	274
—	230	284	275
249	262	285	276
250	249	286	272
251	—	287	278
252	218	288	273, 254
253	231	289	279
254 Abs. 1	—	290	280
255 Abs. 2	232	291	273, 277
255	—	292	273, 260
256	238	293	281
257	239	294	282
258	240	—	283
259	241	295	284
260	—	296	285
261	242	—	286—294
262	—	297	295
263	243	298	296
—	244	299	297
—	245	300	298
—	246	301	299
—	247	302	300
264	—	303	301
265	—	304	302
266	251	305	303
267	—	306	304
268	—	307	305
269	250	308	306
270	252	309	312 Abs. 2
271	255, 256	310	307
272	253	311	310
273	254	312	311
—	257	313	313
274	258	314	314
—	259	315	313 Abs. 2
275	260	316	"

Gesetz von	
1911	1924/25
317	315
318	—
319	—
320	316
321	317
322	318
323	319
324	320
325	321
326	322
327	323
328	324
329	325
330	326
331	327
332	328
333	329
334	330
335	331
336	332
337	333
338	334
339	335
340	336
341	337
342	338
343	339
344	340
345	341
346	342
347 Abs. 1, 3	—
347 Abs. 2	343
348	344
349	345
350	346
351	347
352	348
353	349
354	350
355	351
356	352
357	353
358	354

Gesetz von	
1911	1924/25
359	355
360	356
361	357
362	358
363	359
364	—
365	360
366	—
367	—
368	—
369	361
370	362
371	—
372	393
373	363
374	364
375	365
376	366
377	367
378 Abs. 1	368
378 Abs. 2, 3	371
379	369
380	370
381	374
382 Abs. 1 S. 1	372 Abs. 1 S. 1
382 Abs. 1 S. 2, 3	371
382 Abs. 2	—
383	373 Abs. 1
384	372 Abs. 1 S. 2, 3 Abs. 2—4
385	373 Abs. 2
386	373 Abs. 3
387	—
388	—
389 Abs. 1	360 Abs. 3
389 Abs. 2	—
390 Abs. 1	—
390 Abs. 2	375
391	19 Beitr.-O.
392 Abs. 1, 2	376
392 Abs. 3, 4	7 Beitr.-O.
393	377

Gesetz von		Gesetz von	
1911	1924/25	1911	1924/25
394	22	398	385
—	378	399	—
—	379	—	386—392
—	381	—	394
—	382	—	395 (wieder aufgehoben)
395	384		
396	383	—	396
397	380	—	397

Nachtrag.

(Die hier aufgeführten Entscheidungen und Erlasse konnten, da zu spät ergangen, während der Bearbeitung und des Drucks dieses Werkes noch nicht berücksichtigt werden.)

Zu § 1, Anm. 7:

Über die Versicherungspflicht der Bürgermeister (als Angestellter in leitender Stellung) s. für Bayern Z. II der Min.=Bek. vom 16. Dezember 1925 (Nr. 75 c 16), Staatsanz. Nr. 293.

Zu § 1, Anm. 25 Abs. 5:

Hinsichtlich der mittelbaren Beschäftigungsverhältnisse s. auch AN 1925 S. 332 Z. 2906.

Zu § 30, Anm. 5 Abs. 2:

Die Berufsgruppe, auf die ein Versicherter nach § 30 AVG. bei Prüfung der Berufsunfähigkeit verwiesen werden kann, beurteilt sich nach anderen Gesichtspunkten als die Frage der Berufsgruppe im Sinn der Versicherungspflicht (AN. 1925 S. 385 Z. 2914, Z. 3).

Hiezu s. auch ebenda S. 384 Z. 2912 und 2913.

Zu § 33 Z. 4:

Die Feststellung der Vaterschaft für Waisenrenten unehelicher Kinder kann auch von den Versicherungsbehörden der Angestelltenversicherung im Leistungsfeststellungsverfahren getroffen werden (AN. 1925 S. 386 Z. 2915).

Zu § 62 Anm. 9:

Die Vorschrift, wonach im Falle der Verheiratung einer Versicherten die Hälfte der nach dem 1. Januar 1924 geleisteten Beiträge erstattet wird, gilt auch dann, wenn für eine Versicherte gem. § 18 AVG. Beiträge in einer Summe, auch für Zeiten vor dem 1. Januar 1924, nachentrichtet worden sind (AN. 1925 S. 310 Z. 2895).

Zu § 67 Anm. 2:

1. Die Entziehung des Ruhegelds nach § 67 AVG. setzt voraus, daß in dem persönlichen Zustand des Ruhegeldempfängers eine wesentliche Besserung eingetreten ist. Es genügt nicht eine andere rechtliche Beurteilung.

2. Bei Prüfung der Ruhegeldentziehung hindert die Rechtskraft des Ruhegeldbescheids, sofern eine wesentliche Besserung in dem persön=

lichen Zustand des Ruhegeldempfängers eingetreten ist, nicht, daß auch die gesamte Rechtslage ohne Bindung an die Gründe des Ruhegeldbescheids neu zu prüfen ist. (AN. 1925 S. 385 Z. 2914).

Zu § 194 Anm. 1 Abs. 2:

Über den Anspruch auf Rückerstattung von Beiträgen zur Angestelltenversicherung ist nicht im Feststellungsverfahren, sondern im Beitragsstreitverfahren gemäß § 194 AVG. zu entscheiden, auch wenn der Rückerstattungsanspruch im Leistungsverfahren hilfsweise für den Fall der Abweisung des Rentenantrags erhoben wird (AN. 1925 S. 388 Z. 2916).

Zu § 223 Anm. 1:

Die Gebührenordnung für Zeugen und Sachverständige ist geändert und neu gefaßt worden durch Gesetz vom 21. Dezember 1915 (RGBl. I S. 470, 471).

Zu § 272 Anm. 5:

S. auch AN. 1925 S. 388 Z. 2917 (wesentliche Mängel des Verfahrens).

Zu § 316:

Für Bayern ist die Min.-Bek. vom 7. Mai 1913 ersetzt durch Z. I der Min.-Bek. vom 16. Dezember 1925, Nr. 75 c 15, StAnz. Nr. 293.

Sachregister.

(Die Zahlen bedeuten die Seiten.)

A.

B.

J (J).

K.

S.

T.

U.

W.

Z.

MIX
Papier | Fördert gute Waldnutzung
FSC® C083411

Kolibri 360 GmbH
Ferdinand-Jühlke-Straße 7
99095 Erfurt, Deutschland
produktsicherheit@kolibri360.de